WERNER JOCHMANN

Gesellschaftskrise und Judenfeindschaft in Deutschland 1870–1945

CHRISTIANS

Hamburger Beiträge
zur Sozial- und Zeitgeschichte Band XXIII

*Im Auftrag der
Forschungsstelle für die Geschichte
des Nationalsozialismus in Hamburg
und der Hamburger Bibliothek
für Sozialgeschichte und Arbeiterbewegung
herausgegeben von
Werner Jochmann, Werner Johe
und Ursula Büttner*

CIP-Titelaufnahme der Deutschen Bibliothek

Jochmann, Werner:
Gesellschaftskrise und Judenfeindschaft
in Deutschland 1870–1945 /
Werner Jochmann. – Hamburg: Christians, 1988
(Hamburger Beiträge zur Sozial- und
Zeitgeschichte; Bd. 23)
ISBN 3-7672-1142-4

NE: GT

2. Auflage Oktober 1991

Ausstattung Alfred Janietz
Printed in Germany
ISBN 3-7672-1142-4

Den Mitarbeiterinnen und Mitarbeitern
der Forschungsstelle in Dankbarkeit
gewidmet

INHALT

Vorwort

Die in diesem Band vereinten Arbeiten markieren Wege der Antisemitismusforschung in den beiden letzten Jahrzehnten. Angesichts der Tatsache, daß viele von der Forschung zutage geförderten Erkenntnisse erneut von Vorurteilen oder modischen Theorien überlagert werden, bevor sie überhaupt rezipiert wurden, habe ich die Anregung in- und ausländischer Freunde und Kollegen zu dieser Veröffentlichung aufgegriffen. In ihr werden frühere – teilweise nicht mehr zugängliche – und neuere, ungedruckte Studien zur Judenfeindschaft der deutschen Bevölkerung im späten 19. und 20. Jahrhundert zusammengefaßt.

Als ich Mitte der sechziger Jahre mit Studien zur Geschichte des Antisemitismus in Deutschland begann, kam es mir zunächst auf eine Widerlegung der bequemen und damals noch weit verbreiteten These an, der Judenhaß sei wesentlich von Hitler entfacht und nach 1933 der Mehrheit des Volkes aufgezwungen worden. Über den Nachweis hinaus, daß die Ablehnung der Juden tief in der geistigen und gesellschaftlichen Tradition weiter Bevölkerungsschichten verankert war, gelangte ich zu der recht unbequemen Erkenntnis, daß Hitler die Judenfeindschaft als überaus wirksames Instrument zur Mobilisierung der Massen außerhalb des sozialistischen Lagers und damit für seinen Kampf gegen die Republik benutzen konnte.

Im Verlauf der Arbeit zeigte sich auch immer mehr, daß die Träger des

Antisemitismus nicht an erster Stelle die wirtschaftlich und sozial benachteiligten oder gefährdeten Unter- und Mittelschichten des Volkes waren. Sie lenkten zwar die Aufmerksamkeit auf sich, weil sie in den Versammlungshallen lärmten und mit ihren Aktionen auf die Straßen gingen. Initiiert und gelenkt wurde die antisemitische Bewegung aber maßgeblich von den Führungs- und Bildungsschichten. Sie wollten die ständisch gegliederte Gesellschaft verteidigen, und dazu gehörte der Schutz der Gruppeninteressen gegen aufsteigende neue Schichten des Volkes. Bereits im Kaiserreich trat die Judenfeindschaft bei den Intellektuellen stärker und weltanschaulich fundierter in Erscheinung als bei den sogenannten »dummen Kerlen«.

Weil die Juden aufgrund ihres Engagements für die Allgemeinheit in Politik, Wirtschaft, Wissenschaft und Kultur Mitsprache und Mitverantwortung in Staat und Gesellschaft beanspruchten, apostrophierten sie ihre Gegner als Avantgarde des Umsturzes und der Demokratie. Das trat besonders während des Ersten Weltkrieges in Erscheinung, als die labile Standesordnung des Kaiserreichs zerbrach und die Unter- und Mittelschichten, die die schwersten Lasten zu tragen hatten, zu politischem Einfluß gelangten. Sofort wurden die Juden für diesen tiefgreifenden gesellschaftlichen Wandel verantwortlich gemacht. So trat im Verlauf der Forschung zunehmend der enge Zusammenhang zwischen Gesellschaftskrise und Judenfeindschaft zutage.

In der Weimarer Republik, die ihnen zunächst die Befreiung von gesellschaftlichen Fesseln brachte, verloren die Juden aber schrittweise ihren politischen Rückhalt, weil sie ihre Identität gegen den mächtigen, in Umbruch- und Gefahrenzeiten unwiderstehlichen Sog zum Kollektivismus verteidigten. Sie ließen sich weder in die national oder völkisch verabsolutierte Volksgemeinschaft integrieren noch zu einem vorbehaltlosen Bekenntnis zur sozialistischen Solidarität bewegen. In dem Maße, in dem der Liberalismus im Prozeß der Polarisierung seine Gestaltungskraft und damit den politischen Rückhalt in der Bevölkerung verlor, gerieten die Juden in eine hoffnungslose Lage. Selbst die Teile des Volkes, die Hitler nicht unterstützten, ihn sogar entschlossen bekämpften, setzten sich nicht mehr für die Rechte einer Minderheit ein, weil sie Rückhalt zu verlieren fürchteten, wenn sie sich für eine Gruppe einsetzten, die nicht zu ihnen gehörte und von einer Mehrheit für alle Übel der Zeit verantwortlich gemacht wurde.

Parteien, Verbände und nicht zuletzt auch die Kirchen – deren Integrationskraft die sozial- und zeitgeschichtliche Forschung noch immer weithin übersieht – mobilisierten zur Stärkung ihres Selbstbehauptungswillens Traditionen und Werte, die zumeist eine weitere Distanzierung von den Juden zur Folge hatten. So konnte Hitler das durch die schwere Existenzkrise bis zum Extrem gesteigerte Sicherheitsbedürfnis der Bevölkerung für seine Zwecke ausbeuten. Er versprach allen Schutz und Hilfe der Gemeinschaft, wenn sie nur die angeblichen Feinde des Volkes, und das sollten an erster Stelle die Juden sein, preisgaben. Er hat die im Volk angelegten Strömungen und Ängste nicht erzeugt, sie aber in einer extremen Krisensituation wirksam gebündelt und in die von ihm gewünschte Richtung gelenkt.

Diesem Sicherheitsbedürfnis hat die Volksmehrheit Recht und Freiheit geopfert. Frauen und Männer aus allen politischen Lagern, die oft furchtlos für ihre politischen Grundüberzeugungen oder für ihren Glauben einstanden, die das Beste für ihre Kirche oder die ihnen im beruflichen Alltag verbundenen Menschen wollten, haben zur Entrechtung und Verfolgung der Juden geschwiegen. Das zwingt gerade heute zur kritischen Auseinandersetzung mit einer Tradition, die vielen die Kraft zum Widerstand gegen den Nationalsozialismus und zu bemerkenswerten Lebensleistungen in schwerer Zeit gab, sie aber gleichwohl in einer ausgeprägten Judenfeindschaft oder doch gleichgültig angesichts der Not einer als nicht zugehörig empfundenen Minderheit bleiben ließ. Nur so erklärt es sich, daß Hitlers Judenpolitik auch von Menschen bejaht und geduldet wurde, die wir sonst wegen ihrer beruflichen Leistungen, ihrer Charakterstärke und moralischen Integrität anerkennen, mit denen sich bis heute viele Bürger des Landes identifizieren können.

Die Leser werden erkennen, wo sich meine Position im Laufe der Forschung gewandelt, die Fragestellung verschoben hat. So rückte auch mit fortschreitender Zeit die Tatsache immer stärker in den Vordergrund, daß Hitlers Aufstieg zur Macht und die Sicherung seiner Herrschaft nach 1933 auch eine Folge der weitgehenden Lähmung der Gegenkräfte war, wie in den Aufsätzen über das Ende der Weimarer Republik gezeigt wird. Dieser Tatsache muß mehr Beachtung geschenkt werden. Es fördert die Erkenntnis nicht, wenn immer wieder auf die Verführbarkeit des Volkes durch Hitler hingewiesen wird, die Position derer aber, denen der Schutz der Republik anvertraut war, nicht angemessen in die Untersuchung einbezogen wird. Gerade im Hinblick auf die Judenpolitik rückt die Frage nach der Verantwortung für die schwere Staats- und Wirtschaftskrise stärker in den Vordergrund. Sie muß eindeutiger beantwortet werden als bisher.

Etwas widerstrebend habe ich vielfachem Drängen nachgegeben und Vorträge in die Sammlung aufgenommen, in denen die Forschungsprobleme mehr angedeutet als diskutiert wurden. Vielleicht vermitteln aber auch sie einige Anstöße zur Auseinandersetzung mit der zentralen Thematik dieses Bandes.

Ich widme dieses Buch den Mitarbeiterinnen und Mitarbeitern der Forschungsstelle, die durch ihr über jedes normale Maß hinausgehendes Engagement halfen, aus dem Nichts ein wissenschaftliches Institut aufzubauen. Sie fühlten sich der Aufgabe auch dann noch verpflichtet, als der politische und behördliche Rückhalt ausblieb. Ganz besonderen Dank schulde ich ihnen aber, daß sie im letzten Jahrzehnt das internationale Ansehen der Forschungsstelle gegen mancherlei Widerstände, teilweise auch aus der zuständigen Behörde, begründen und sichern halfen.

Hamburg, September 1988 Werner Jochmann

Akademische Führungsschichten und Judenfeindschaft in Deutschland 1866–1918

Einschneidende Veränderungen ihrer Lebensbedingungen und ihres sozialen Umfeldes beunruhigen die Menschen, erschüttern das Vertrauen der Völker zu ihrer politischen Führung. Sobald überkommene Werte und Grundhaltungen fragwürdig werden, greifen Ratlosigkeit und Unruhe um sich. Die von der Krise Betroffenen, die durch den Wandel benachteiligten Menschen und sozialen Gruppen beginnen alsbald mit der Suche nach den Verantwortlichen für ihre Nöte. Dabei geraten in aller Regel Gruppen ins Blickfeld, die von der gesellschaftlichen Norm abweichen oder aus unterschiedlichsten Gründen nicht in die Gemeinschaft integriert sind. Für die christlichen Völker Europas und die Deutschen waren dies immer wieder die andersgläubigen Minderheiten, an erster Stelle die Juden.

In einer solchen Situation des Wandels befand sich Deutschland am Vorabend der Reichsgründung. Es kann daher nur auf den ersten Blick überraschen, daß sich in der Vorbereitungsphase der Reichsgründung von 1866 bis 1871 heftige Aggressionen gegen die Juden entluden und danach binnen weniger Jahre die überkommene christliche Judenfeindschaft in eine bedrohliche politische Bewegung einmündete. Aufkommen und Bedeutung des radikalen Antisemitismus sind nicht zuletzt deshalb von Zeitgenossen und rückschauenden Betrachtern unzureichend beurteilt worden, weil sie die Proklamation des deutschen Kaiserreichs ausschließlich als Beginn einer neuen, zukunftsträchtigen Ära sahen. Daß und wie weit dieses

Geschehen mit seinen Folgen für viele Menschen erhebliche Umstellungsschwierigkeiten mit sich brachte, geistige und materielle Nöte verursachte, tiefgreifende soziale Umschichtungen auslöste, das übersahen sie weitgehend.

Die ersten politischen Attacken gegen die Juden während der Reichsgründungsperiode zwischen 1866 und 1871 führten eingeschworene Föderalisten und Partikularisten. Ihnen mißfiel das starke Engagement assimilierter Juden für die nationale Einigung an der Seite des liberalen Bürgertums. Im Lager der konservativen Führungsschichten in Preußen, Bayern, Sachsen und anderen Ländern gab es nicht wenige, die die Entstehung eines Einheitsstaates fürchteten. Dann, so glaubten sie, würden die Stände jeden Einfluß auf die politische Gestaltung des Reiches verlieren und die Vielfalt sowie der Reichtum des kulturellen und geistig-religiösen Lebens zerstört werden. Dieser Verdacht kam auf, weil das nationalliberale Bürgertum nicht nur für die nationale Einheit stritt, sondern auch den Säkularisierungsprozeß in allen Bereichen des staatlichen und gesellschaftlichen Lebens vorantrieb. Nach Auffassung der Traditionalisten in den Kirchen, Staatsverwaltungen und in der Wissenschaft lief die gesamte Entwicklung seit 1866 – vorher schon geistig vorbereitet – nicht nur auf eine Trennung von Kirche und Staat hinaus, sondern auf den »Abfall vom Christentum« schlechthin. In einem Reich aber, in dem alles, was zum »geistigen Leben der Nation gehört« und ihr wertvollstes Gut darstelle, so offensichtlich zurückgedrängt und mißachtet werde, seien die »moralischen Grundlagen« staatlicher Existenz gefährdet. Das neue Reich werde nur durch Machtmittel zusammengehalten und könne deshalb auf Dauer keinen Bestand haben.[1]

Diese Klagen über den Kulturverfall, das Schwinden der religiösen Bindungen und der ständischen Traditionen sollten von nun an nicht mehr verstummen. Sie begleiteten den immer deutlicher werdenden Prozeß der wirtschaftlichen und sozialen Umgestaltung des Landes. Das liberale Bürgertum mußte erstarrte Institutionen und gewachsene Lebensformen beseitigen, um den Weg für die Entwicklung der neuen kapitalistischen Wirtschaftsordnung freizumachen. Ohne sie konnte die Zukunft der rasch wachsenden Bevölkerung nicht gesichert werden. Die Juden, die nicht als fremde, sondern als gleichgestellte Partner im liberalen Lager für die Schaffung der neuen Sozialordnung arbeiteten, exponierten sich aus guten Gründen besonders stark. Nach Jahrhunderten der Abgeschlossenheit und der Benachteiligung bot sich ihnen erstmals die Möglichkeit, ihre Kräfte und Fähigkeiten voll zu entfalten. Sie taten dies nicht zuletzt auch im Interesse des Staates, in dem sie lebten und der ihnen diese Entfaltungsmöglichkeit bot.

Gerade diese erfolgreiche Mitarbeit der Juden an der gesellschaftlichen und wirtschaftlichen Umgestaltung Deutschlands mißfiel allen, die sich durch Besitz und Bildung allein zur Führung der Nation berufen wähnten, sich aber durch die neue Entwicklung zurückgesetzt und benachteiligt fühlten. Sie hatten schon seit den 50er Jahren darüber geklagt, daß »die Geldmacht den Fürsten und den Staatsgewalten über den Kopf« wachse.[2] Nun behaupteten sie, dies sei eine Folge der Emanzipation. Die Juden gehörten nur deshalb zu den »entschiedensten Reichsfreunden«, weil sie dadurch die Chance bekämen, ihren Einfluß und ihre Macht auszubauen.[3] »Unter dem Regime des Nationalliberalismus«, so behaupteten die Föderalisten, seien die Juden »in den Mittelpunkt unserer Entwicklung« gerückt, bewußt auf das Ziel orientiert, alle Bereiche des öffentlichen Lebens in Deutschland zu durchdringen. »Was sich Fortschritt nennt«, so schrieb Constantin Frantz schon 1874, »ist zuletzt nur Fortschritt in der Verjudung. Ein deutsches Reich jüdischer Nation entsteht damit vor unseren Augen.«[4]

Das Unbehagen, mit dem Bildungsbürger, Repräsentanten der Landstände und namentlich die Anhänger einer föderalistischen Staatsidee den raschen Wandel der politischen Ordnung in Deutschland in den Jahren von 1866 bis 1871 verfolgten, ist in mancher Hinsicht verständlich. Daß die Nationalliberale Partei die geistigen und religiösen Werte der Vergangenheit, die ihnen so viel bedeuteten und demgemäß auch allein geeignet schienen, das Volk zu veredeln, so zielstrebig beiseite schob, empfanden sie als schweren Verlust und als den Auftakt zu einem Kulturkampf.[5] Es erwies sich als folgenschwer, daß gerade intellektuell einflußreiche Kreise die von den Christen jahrhundertelang stigmatisierten und noch nicht in die deutsche Gesellschaft integrierten Juden sofort mit der politischen Verantwortung für alle nachteiligen Folgen belasteten, die der politische und gesellschaftliche Modernisierungsprozeß in ihren Augen hervorbrachte.

Bis in die Mitte der 70er Jahre blieben die politischen Judenfeinde aber ohne nennenswerten Einfluß. Das Werden des neuen Reiches war mit wachsender Zustimmung begleitet worden, die nationale Begeisterung hatte nach und nach auch die bürgerlichen Schichten in den nichtpreußischen Ländern erfaßt. Da sich viele von der neuen Ordnung bessere berufliche und politische Entfaltungsmöglichkeiten erhofften, überwog allenthalben der Optimismus. Er wurde auch durch die Erschwernisse bei der Vereinheitlichung der Bildungsgänge, der Umstellung der Maße, Gewichte und der Währung sowie andere Anpassungsprobleme nur geringfügig beeinträchtigt.

Der Bewußtseinswandel begann, als sich das Wirtschaftswachstum abschwächte und schließlich in eine Rezession einmündete. Unternehmenszusammenbrüche, Vermögens- und Einkommensverluste sowie hohe Arbeitslosigkeit beunruhigten die Menschen und lösten angesichts der Rat-

und Tatenlosigkeit der staatlichen Administration und der liberalen Reichstagsmehrheit eine schwere Krise aus. Als die von Constantin Frantz so engagiert bekämpfte »Religion des Nationalliberalismus« ihre Überzeugungskraft verlor, erhielten die Kritiker und Unheilspropheten mit ihren Thesen Zulauf. Wer Rückschläge und einen generellen Niedergang vorausgesagt hatte, schien nun von den Ereignissen bestätigt zu sein.

Bereitwillig griffen die durch die ökonomischen Prozesse betroffenen und gefährdeten Mittelstandsschichten die Behauptung auf, die Gesetzgebung des Norddeutschen Bundes und des neuen Reiches sei »vorzugsweise auf die Entfesselung der Kapitalmacht« mit dem Ziel der Errichtung einer »Judenherrschaft« ausgerichtet gewesen.[6] Daß solch eindimensionale Erklärungsmodelle für eine komplizierte und vielschichtige Entwicklung leichthin akzeptiert wurden, lag an ihrer Verbreitung durch die Intellektuellen, die als Autorität galten. Sie hatten jedoch in den Kleinstaaten ohne politische Perspektive gelebt und waren – der Welt der Ideale und Theorien verschrieben – mit den gesellschaftlichen und ökonomischen Realitäten kaum in Berührung gekommen. Deshalb erfaßten sie nicht, wie nachhaltig die Industrialisierung das Gesicht des Landes veränderte, oder daß Berlin nicht durch bewußte Planung, sondern infolge des deutsch-französischen Krieges und der langen Belagerung von Paris so rasch an dessen Stelle zum Finanz- und Börsenzentrum aufgestiegen war.

Unfähig, die rasche Entwicklung nachzuvollziehen und die Veränderungen in ihrer strukturellen Bedeutung zu erfassen, sah die akademische Führungsschicht die neue Wirtschaftsgesinnung mit einem moralischen Makel behaftet. Selbst ein bedeutender liberaler Wissenschaftler wie Alfred Dove hat die »Erscheinungen des sozialen Kampfes, ... der nun schon Jahre lang mit dumpfem Getöse wie ein Erdbeben beständig drohend unter dem Aufbau unserer gesellschaftlichen Zustände hin und her wühlt«, primär auf den »Verlust der sittlichen Gesinnung« zurückgeführt.[7] Dove fühlte sich, wie die große Mehrheit des deutschen Bildungsbürgertums, als Wahrer des kulturellen Erbes der Nation. Daraus leitete die Intelligenz den Anspruch ab, eine wegweisende Funktion bei der Sicherung der »moralischen Grundlagen« alles staatlichen und gesellschaftlichen Lebens wahrzunehmen, die sie durch den Siegeszug der neuen Wirtschaftsgesinnung gefährdet sah. In diesem Protest schwang nicht zuletzt auch die Enttäuschung darüber mit, daß gerade das Bürgertum die so lange beschworenen Ideale den materiellen Interessen opferte.

Da sie zudem wirtschaftliches Wachstum und Gewinnstreben in einen kausalen Zusammenhang mit der Judenemanzipation brachten, die sich parallel zur Entfaltung des kapitalistischen Wirtschaftssystems vollzogen hatte, setzten sich die Bildungsschichten mit wachsender Leidenschaft gegen die Integration der Juden in die deutsche Gesellschaft zur Wehr. Die deutschen Hochschulen wurden sehr bald zu Zentren des Antisemitismus. Dozenten und Studenten wetteiferten darum, den »deutschen Geist« gegen alle fremden Einflüsse zu schützen. Die Tatsache, daß sie kaum eine klare Vorstellung davon hatten, worum es bei den großen Auseinandersetzungen der Zeit wirklich ging, beeinträchtigte ihren Eifer keineswegs.[8]

1877 kam es erstmals in Berlin zu turbulenten Protestveranstaltungen, als die Universität den Dozenten Eugen Dühring wegen seiner antisemitisch-anarchistischen Schriften aus dem Lehrkörper ausschloß.[9] Der allgemeinen judenfeindlichen Grundstimmung trug der Historiker Heinrich von Treitschke 1879 in einem Artikel in den »Preußischen Jahrbüchern« Rechnung. Er wies auf die anwachsende antijüdische Einstellung in den von der Krise betroffenen Bevölkerungsschichten hin und konstatierte dann: »Bis in die Kreise der höchsten Bildung hinauf, unter Männern, die jeden Gedanken kirchlicher Unduldsamkeit oder nationalen Hochmuths mit Abscheu von sich weisen würden, ertönt es heute wie aus einem Munde: Die Juden sind unser Unglück!«[10] Ob die Intellektuellen im gesamten Reich so dachten, wie ihnen Treitschke unterstellte, muß bezweifelt werden. Fraglos aber verlieh er den Unzufriedenen Stimme und Autorität. Vor allem prägte er entscheidend das Denken und die politische Orientierung der nachfolgenden Akademikergeneration. Das bezeugen Studenten unterschiedlicher Herkunft und politischer Bindung. Wilhelm von Polenz, der später selbst als antisemitischer Schriftsteller hervortrat, stand 1883 ganz im Banne Treitschkes. Er notierte in sein Tagebuch: »Für mich sind seine Vorlesungen eine Weihe für den ganzen Tag.«[11]

Die Resonanz, die Treitschke mit seinen antijüdischen Ausfällen fand, ließ viele Gleichgesinnte nicht ruhen. Auch sie wollten sich von dieser Woge des Zeitgeistes tragen lassen. Neben dem österreichischen Alldeutschen Georg Ritter von Schönerer, der 1881 erstmalig seine demagogischen Fähigkeiten vor Breslauer Studenten entwickelte, nutzten bald auch viele andere in Akademikerkreisen einflußreiche Männer die Konjunktur. Nachhaltiger als Treitschke aber infizierte der Berliner Hofprediger Adolf Stoecker die Studentenschaft und die Bildungsschichten mit dem antisemitischen Ungeist.[12] Der wortgewaltige Prediger, der ebenso wie Treitschke 1879 mit ersten heftigen Attacken gegen die Juden hervorgetreten war und starken Zulauf gefunden hatte, erkannte instinktsicher die Aufnahmebereitschaft für seine Parolen, die er deshalb ganz gezielt gebrauchte. Studenten bildeten die ersten Aktionsausschüsse zur Unterstützung seiner ehrgeizigen politischen Pläne; aus ihnen gingen die Vereine deutscher Studenten hervor.

Der Hofprediger wandte sich keineswegs an das Erkenntnisstreben des akademischen Nachwuchses, das stets von Zweifeln begleitet und damit voller Gefahren war, sondern er forderte ein entschlossenes Glauben und Bekennen. Gerade damit kam er jungen Studierenden, die nach Orientierung verlangten, sehr entgegen. Nachdrücklich versicherte er ihnen immer wieder, es sei »deutsche Art, daß das Ziel des Forschens in der Wahrheit, nicht im Zweifel« liege, der nur um sich gegriffen habe, weil »falsche Geister« das Volk »verführt, betrogen und entchristlicht« hätten.[13] Stoecker stellte seine Zuhörer vor die Alternative: Aufstieg oder Untergang. Die Sicherheit, mit der er seine eigene Wahrheit als die allein verbindliche ausgab, beeindruckte, ja begeisterte die Studenten. Hier verhieß ihnen jemand eine bessere Zukunft. So gingen sie mit großer Leidenschaft daran, bei der Ausgestaltung und machtpolitischen Sicherung des Kaiserreichs mitzuwirken. Darunter verstanden sie ganz im Sinne Stoeckers die Förderung des Deutschtums und die Ausschaltung alles dessen, was von ihnen als undeutsch und jüdisch bezeichnet wurde.

Bei der Unbedingtheit des Denkens und Fühlens der Jugend breitete sich das »Feuer des Hasses« und der Intoleranz gegen Andersdenkende sehr schnell in der Studentenschaft aus. Ende 1883 notierte Wilhelm von Polenz in sein Tagebuch: »Ich habe nicht geglaubt, daß der Gegensatz zwischen den Parteien ein so schroffer sei. Der Haß und die Feindschaft, die bei der heutigen Wahl zutage traten, haben etwas Infernalisches, Erschreckendes.«[14] Den christlichen Prediger beeindruckten solche Folgen kaum. Ihn motivierte der durch keinerlei Bedenken beeinträchtigte Schwung der Studenten zu immer neuen Initiativen und Aktionen. Mit einem so tatbereiten akademischen Nachwuchs hoffte er die Emanzipation der Juden wenigstens partiell zurückdrängen, auf jeden Fall aber die Integration der Juden in die Bildungs- und Führungsschichten aufhalten zu können. Siegesgewiß verkündete er schon 1881 in einer öffentlichen Versammlung: »Aus diesen Jünglingen werden Männer, Richter, Ärzte, Philosophen und Theologen... Lassen Sie uns nur zehn Jahre arbeiten, und diese Männer stehen im Amte, auf der Tribüne der Volksversammlung und des Parlaments! An Idealismus und Talenten fehlt es nicht, welche eintreten werden für die Forderungen der neuen Zeit. Der Strom der Erneuerung geht tiefer, als wir es heute fassen können.«[15]

Mit dieser Ankündigung hatte der Hofprediger recht. Die Botschaft der Nächstenliebe, die er als Seelsorger den Menschen an erster Stelle zu verkünden hatte, zeitigte weit weniger Wirkung als die des Judenhasses. Als die jungen Akademiker sich zu Beginn der 90er Jahre in ihren Berufen zu etablieren begannen, sorgten sie in ihrem Wirkungsbereich und namentlich in den Standesverbänden sogleich für die Verbreitung ihrer antisemitischen Vorstellungen.[16] Nicht minder nachhaltig wirkten sie auf das politische

Denken und die Programmatik der bürgerlichen Parteien und der großen politisierenden Vereine ein, die gerade im letzten Jahrzehnt des 19. Jahrhunderts in großer Zahl entstanden.

Da Stoecker und sein ihm treu ergebener und stets wachsender Anhang aber nicht nur zehn, sondern 25 Jahre immer wieder das Bildungsbürgertum ansprachen, trugen sie zu der völkisch-antisemitischen Ausformung des deutschen Nationalismus erheblich bei. Dieser Zusammenhang muß in seiner Bedeutung und Folgewirkung für die gesamte Bevölkerung in erster Linie beachtet werden, wenn der Antisemitismus im Kaiserreich zutreffend beurteilt werden soll. Da sich die Bildungsschichten vornehm zurückhielten und – von Ausnahmen abgesehen – in den verbands- und parteipolitischen Kämpfen nicht exponiert Position bezogen, ist ihr Anteil an der Ausbreitung des antisemitischen Ungeistes niemals voll ins Blickfeld geraten. Gleichwohl beeinflußten gerade sie in der wissenschafts- und autoritätsgläubigen wilhelminischen Zeit maßgeblich das Denken und Handeln der Bevölkerung. Als Angestelltenorganisationen, der Bund der Landwirte, zahlreiche Mittelstandsvereinigungen und Gesellschaften zur Pflege der Heimatkultur im letzten Jahrzehnt des 19. Jahrhunderts Juden von der Mitgliedschaft ausschlossen, holten sie letztlich nur nach, was in Universitätsgremien, Altherrenbünden, studentischen Verbindungen und anderen gesellschaftlichen Zusammenschlüssen schon üblich war.

Sehr viel nachhaltiger noch prägte aber die Intelligenz das Denken der Teile der Bevölkerung, die bis in die 80er und 90er Jahre namentlich in der Provinz der Politik ferngestanden hatten und sich dann mangels anderer Informationsmöglichkeiten weitgehend an das hielten, was die »Gebildeten« ihnen anboten. Es war von großer Bedeutung, daß Gewerbetreibende, Handwerker, Angestellte und schließlich auch die Landbevölkerung, als sie politisch erwachten, sofort antisemitisch motiviert wurden. Gerade weil die Erklärungsmuster so simpel waren, nahmen die unsicher und ratlos gewordenen Mittelständler sie so bereitwillig auf und glaubten an sie. Die Juden, so hieß es, beherrschten mit ihrem Kapital mehr und mehr das Wirtschaftsleben des Landes und betrögen das strebsame, fleißige Volk um den Lohn seiner Arbeit. Um jede Gegenwehr zu unterbinden, verbreiteten sie zudem noch »undeutsche Lehren« und »sozialistische Theorien«, lösten damit die Menschen aus ihren christlichen und stammesmäßigen Bindungen und machten sie orientierungslos. Der Antisemitismus war keine spontane Bewegung benachteiligter Volksschichten, die gegen soziale Ungerechtigkeiten protestierten, sondern primär ein Instrument der Führungs- und Bildungsschichten zur Erhaltung und Stärkung der bestehenden politischen Ordnung. Wer Umfang und Bedeutung dieses Prozesses zutreffend einschätzen will, darf sich nicht nur auf die Geschichte der antisemitischen Organisationen und Parteien konzentrieren. Sie stellen nur die Spitze des Eisberges dar und lenken somit eher von den tiefer liegenden starken Schubkräften ab.[17]

Nun soll damit keineswegs bestritten werden, daß ein Teil der Menschen, die den antisemitischen Agitatoren folgten, tatsächlich in wirtschaftlicher Bedrängnis war. Da gab es zunächst einmal die große Zahl der Handwerker, die sich nach der Einführung der Gewerbefreiheit im Wettbewerb nur mühsam oder überhaupt nicht behaupten konnten. Zu ihnen kamen die vielen im Dienstleistungsbereich Beschäftigten, die mit dem raschen Wandel der Arbeitsbedingungen nicht fertig wurden, und endlich Teile der Landbevölkerung, die sich in kurzer Zeit auf neue Marktbedingungen einstellen mußten oder die das Vordringen der Industrie in ländliche Räume auf ganz neue Erwerbs- und Lebensformen verwies. Diese verunsicherten Bevölkerungsgruppen suchten nach Verantwortlichen für ihre Existenznot und ließen sich deshalb leicht einreden, es seien die Juden als Avantgarde der fortschrittsgläubigen liberalen Ära.

Der Zusammenhang zwischen ökonomischem und sozialem Wandel und dem Anwachsen des Verbandsantisemitismus liegt auf der Hand. Die erste Welle des Antisemitismus in den Jahren 1878 bis 1885 lief in Berlin auf, wo sich die Arbeits- und Lebensbedingungen in zwei Jahrzehnten grundlegend verändert hatten, erfaßte ferner bestimmte Regionen Schlesiens, Westfalens und der Rheinprovinz. Als die antisemitischen Agitatoren 1880 eine Art Plebiszit in Szene setzten und im ganzen Reich Unterschriften für eine Petition an die Reichsregierung zur Einschränkung der Judenemanzipation sammelten, wurde dies deutlich. Vom Juli 1880 bis zum April 1881 unterstützten 269000 Bürger die Eingabe an den Kanzler, mit der der Ausschluß der Juden aus dem Richteramt, ein Einwanderungsverbot für osteuropäische Juden und die Einrichtung einer speziellen Judenstatistik gefordert wurden. Ein Fünftel der Befürworter kam allein aus Schlesien, 30000 Unterschriften wurden in Berlin und der Mark Brandenburg, rund 27000 in Westfalen und 20000 in der Rheinprovinz gesammelt. In anderen preußischen Provinzen und deutschen Ländern fanden die Antisemiten dagegen kaum Anhang.[18]

In den 80er Jahren verlagerte sich der Schwerpunkt der antisemitischen Aktivitäten stärker nach Hessen, wo 1887 Otto Boeckel als erster Antisemit in den Reichstag gewählt wurde, und in bestimmte Regionen Sachsens. In den 90er Jahren erhielten die Demagogen dann in Hamburg, das durch rasches Wirtschaftswachstum und den Bau des Freihafens und die dadurch bedingte Umsiedlung von 30000 Bürgern seinen Charakter stark verändert hatte, ferner in Teilen Schleswig-Holsteins, Pommerns und Thüringens stärkeren Zulauf. In vielen Regionen verloren die Antisemitenparteien andererseits wieder ihren Anhang, sobald sich die Lage stabilisierte und die Bevölkerung sich auf die neuen Bedingungen eingestellt hatte. In der preußischen Provinz Sachsen, in Ostpreußen, Hannover, Mecklenburg, Oldenburg und anderen Regionen Deutschlands haben antisemitische Organisationen und Verbände vor 1914 niemals Bedeutung erlangt.

Wie bewußt die Antisemiten die Erregung und Unzufriedenheit bürgerlicher Bevölkerungsgruppen von der Staatsführung ab- und auf die Juden hingelenkt haben, läßt sich überall nachweisen. Da gibt es Zeugnisse von Studenten, die zahlreiche Bürger zur Unterstützung der Antisemitenpetition bewogen, die noch nie mit einem Juden in Berührung gekommen, geschweige denn von einem benachteiligt worden waren. Ein höherer Offizier aus Ostdeutschland räumte ein, sein Gefühl gebiete ihm die Ablehnung der Juden, obwohl er eigentlich nichts über sie wisse.[19] Die starke Instrumentalisierung des Judenhasses läßt sich an der Tatsache ablesen, daß sich der Antisemitismus auch in Regionen ausbreitete, in denen nur wenige Juden lebten, von ihrem etwaigen politischen oder wirtschaftlichen Einfluß ganz zu schweigen. Ausschlaggebend für Stärke und Ausbreitung des Antisemitismus war mithin nicht, was die Menschen über Juden und Judentum wußten oder nicht wußten oder was sie an Erfahrungen mit ihnen im täglichen Umgang gemacht hatten.

Die Propagierung des Judenhasses diente zuallererst dazu, möglichst große Volksschichten zu motivieren, im vermeintlich eigenen Interesse die bestehende Gesellschaftsordnung mit ihrem tiefgestaffelten System der Über- und Unterordnung gegen alle Tendenzen der Egalisierung und die wachsenden demokratischen Kräfte zu verteidigen. Die Führungsschichten wollten auf diesem Weg ihren politischen Machtanspruch behaupten. Die Akademiker und Intellektuellen boten alles auf, in einer Zeit des Kommerzes und der ständig wachsenden materiellen Interessen den Primat der Kultur und damit ihre eigenen geistigen Wächterfunktionen zu sichern. Mit größter Selbstverständlichkeit forderte während des Ersten Weltkrieges einer von ihnen, der Staat müsse entschlossen die »Familien, die Deutschland geschaffen haben, die deutsche Kunst, deutsche Gelehrsamkeit zur Blüte gebracht haben«, fördern. Nicht für die Masse sei zu sorgen, sondern für den Wohlgeborenen.[20]

Es lag in der Konsequenz dieser Bestrebungen, daß ein antisemitischer Fanatiker wie Wilhelm Marr gerade bei christlichen Standesherren und Intellektuellen Unterstützung fand und dieses »gebildete Publikum« sich dafür engagierte, seine niveaulosen Schriften und Artikel zu verbreiten. Selbst ein bekannter Dirigent wie Hans von Bülow bestellte bei Marr zahlreiche Exemplare eines Hetzartikels zur Weiterverbreitung und erwog vorübergehend sogar, in antisemitischem Sinne politisch aktiv zu werden.[21] In dem

Bestreben, ihre Ideale und politischen Werte in einer Umbruchszeit vor Gefährdung und Verfall zu bewahren, stellten die Führungsschichten Kräfte in ihren Dienst, die diese Leitbilder pervertierten und endlich zerstörten. So haben gerade die Eliten mit ihrem großen Einfluß im Erziehungs- und Bildungsbereich, im Schrifttum, in allen gesellschaftlich aktiven Zusammenschlüssen sowie in den Heimat- und Bürgervereinen dem späteren antisemitischen Radikalismus den Weg geebnet.

Nach der Jahrhundertwende trat der Antisemitismus nicht mehr so lautstark in Erscheinung, gab es keine spektakulären Aktionen und Exzesse mehr wie in den 80er und 90er Jahren. Die antisemitischen Gedanken und Parolen waren jetzt jedoch weiter verbreitet und in nahezu alle Schichten des Volkes mit Ausnahme der organisierten sozialistischen Arbeiterschaft eingedrungen. Die Entschlossenheit zur Ausgrenzung der Juden im gesellschaftlichen Leben, zur Ablehnung jeder Zusammenarbeit mit ihnen war größer geworden. Was kurz vor Beginn des Ersten Weltkrieges für die Hochschulen galt, nämlich, »daß der jüdische Student von Jahr zu Jahr mehr und mehr von seinen christlichen Kommilitonen isoliert« wurde, das traf im Kern auch für andere Bereiche des öffentlichen Lebens – von regionalen und anderen Ausnahmen abgesehen – zu.[22]

Daß nun große Teile der Bevölkerung antisemitisch infiziert waren, mindestens aber einen Teil der antisemitischen Forderungen für berechtigt hielten, beruhte zweifellos auf der wirksamen Ausbeutung der überlieferten christlichen Judenfeindschaft. Die Christen waren davon überzeugt, daß Gott den alten Bund mit den Juden gekündigt und einen neuen mit den Christen geschlossen habe. Da die Juden diesen nicht anerkannten, galten sie als verstockt, als Feinde der wahren Religion und waren daher zu bekämpfen. Im Hinblick auf diesen Sachverhalt schrieb Prinz Hohenlohe-Ingelfingen 1879 an Marr: »Ich glaube, die Klerikalen werden die Agitation sehr geschickt benutzen und die Früchte in politischer Hinsicht ernten.«[23] Nun haben die Kirchen keineswegs politische Strömungen für eigene Zwecke umgeleitet. Sie nutzten aber sehr wohl die Gunst der Stunde, die sich ihnen durch Krise und Verfall des Liberalismus bot, um verlorenen Einfluß zurückzugewinnen. Die liberalen Mehrheiten in den deutschen Parlamenten hatten ja nicht nur für den laizistischen Staat gestritten, sondern darüber hinaus zu erkennen gegeben, daß sie fortschrittsgläubig waren und das Christentum für einen Rest mittelalterlichen Denkens hielten. Als der Fortschritts- und Wachstumsoptimismus in der Notzeit schwand, suchten viele ratlos gewordene Bürger Halt auch bei den Kirchen. Das bot ihnen die Möglichkeit, über die Mobilisierung der Gläubigen wieder zu stärkerer Mitsprache im öffentlichen Leben zu gelangen.

Große Anstrengungen mußten namentlich die evangelischen Kirchen unternehmen, um im Volksleben wieder Beachtung zu finden. Ihnen gebrach es nicht nur an äußerer und innerer Geschlossenheit, sondern zumeist auch am Rückhalt in den Gemeinden. Sie waren sehr oft zu »Predigtanstalten des Staates« herabgesunken. An dieser Stelle setzte der Berliner Hofprediger Adolf Stoecker an. Er traute sich zu, das deutsche Volk zur Religion zurückzuführen, das noch schwache Staatsbewußtsein christlich zu »veredeln« und damit nachhaltig zu kräftigen. Er wollte dem deutschen Nationalismus ein preußisch-protestantisches Gepräge geben.

Um den Protestantismus mit neuem Leben zu erfüllen und ihn damit überhaupt erst in den Stand zu setzen, der Nation den Weg in eine große Zukunft zu weisen, führte Stoecker ihn in eine kompromißlose Konfrontation mit allen Kräften und Parteien, die seiner Intention widerstrebten. Das waren in erster Linie die dominierenden Liberalen und die aufstrebenden Sozialisten. Als Avantgarde beider betrachtete er die Juden. Für Stoecker gab es keinen Zweifel: Jüdisches Geld spielte im Kapitalismus und damit bei der Ausplünderung der Bevölkerung die entscheidende Rolle, jüdischer Geist herrschte in der »Umsturzbewegung« der Sozialdemokratie und jüdisches Machtstreben in der Presse bei der Korrumpierung aller redlichen Christen. Noch bevor er als antisemitischer Agitator öffentlich hervortrat, schrieb er im Juli 1878 an den Atheisten Wilhelm Marr: »Es ist seit langem meine Überzeugung, daß unser Volk an der Juden- und Judengenossenpresse sittlich und intellektuell zugrunde geht, wenn nicht bald Abhilfe kommt.«[24]

Stoecker hat nun nicht nur – wie bereits erwähnt – die studentische Jugend und die gebildeten Schichten angesprochen und bewegt, sondern nicht minder die Masse der einfachen Gläubigen. Sie, die sich bisher kaum politisch betätigt hatten, wurden durch ihn ebenfalls mobilisiert und radikalisiert. Dabei kam ihm noch zugute, daß Bismarck ihn vorübergehend in seiner Agitation förderte, weil er in Stoeckers Anhängern eine wirksame Gegenkraft gegen den Linksliberalismus sah, der besonders in der Reichshauptstadt eine starke Kraft darstellte. Ob aber gefördert oder abgelehnt, von kirchlichen Amtsstellen toleriert oder behindert, Stoecker hat in dem Vierteljahrhundert seines Wirkens den deutschen Protestantismus nachhaltig geprägt und ihn für lange Zeit zum Träger des Antisemitismus gemacht. Schon 1894 schrieb ein treuer Parteigänger: »Hätte Stoecker die Hälfte der Arbeit, die er an Berlin verschwendet hat, der Provinz gewidmet und hier nach der rednerischen Arbeit auch organisiert, so würde er heute an der Spitze einer antisemitischen Fraktion von 50–80 Mann im Reichstag stehen.« Es mag dahingestellt bleiben, ob diese Einschätzung zutrifft, zumal sich dann im letzten Jahrzehnt des Kaiserreichs viele Antisemiten in anderen Parteien und namentlich im Lager der Konservativen sammelten.

Nur die Bilanz war zutreffend: »Die Saat, die Stoecker ausgestreut hatte«, war auf fruchtbaren Boden gefallen und aufgegangen.[25]

Aber der Hofprediger hat nicht nur im Volk die »Vertiefung der Religiosität mit allen Mitteln« betrieben, wie der Berliner Theologe Reinhold Seeberg feststellte, er hat auch den theologischen Nachwuchs nachhaltig mit seinem Antisemitismus beeinflußt.[26] Dieser Nachwuchs hat dann bis in die letzten Dörfer der Provinz zur Verbreitung der gefährlichen Vorstellung beigetragen, daß die Juden ein »Fremdkörper innerhalb des deutschen Volkes« seien.[27] Dies allein genügte, um die Juden aus der Gemeinschaft auszugrenzen und sie rechtlos zu machen.

Die Katholiken, die während des Kulturkampfes in der Auseinandersetzung mit der liberalen Reichstagsmehrheit durchaus auch antijüdische Ressentiments schürten, wahrten dem politischen Antisemitismus gegenüber Distanz. Das war nicht zuletzt ein Verdienst Windthorsts, der die Zentrumspartei von der protestantischen Mehrheit im Kaiserreich bewußt abgrenzen wollte. Außerdem schien es ihm nicht Aufgabe des modernen Staates zu sein, sich in religiöse Angelegenheiten einzumischen. Mit großem Nachdruck erklärte er deshalb im preußischen Abgeordnetenhaus, auch und gerade im Gegensatz zu Stoecker: »Die politische und religiöse Duldung ist die einzige Basis, auf welcher in Deutschland bei den Verhältnissen, wie sie liegen, der Staat und die bürgerliche Gesellschaft gedeihen können. Diese Duldung sind wir allen unseren Mitbürgern schuldig, auch den jüdischen Mitbürgern und diesen besonders deshalb, weil sie in der Minorität sind.«[28]

Dieser Kurs, auf dem das Zentrum recht konsequent blieb, wurde allerdings von den katholischen Partikularisten nicht eingehalten. Sie liefen Sturm gegen das »verpreußte deutsche Kaiserreich«, weil es nach ihrer Meinung von den Juden beeinflußt war. Der schärfste Exponent dieser Richtung war Johann Baptist Sigl mit seiner Zeitung »Das Bayerische Vaterland«.[29] Auch der Antisemitismus der katholischen Österreicher blieb nicht ganz ohne Wirkung auf das Denken deutscher Katholiken. Daß daneben der Antijudaismus in der Volksfrömmigkeit eine bemerkenswerte Rolle spielte, darf nicht übersehen werden, und schließlich grenzte sich die katholische Kirche auch theologisch entschieden vom Judentum ab.

In ihrer großen Mehrheit haben so Christen, Föderalisten und die Führungs- und Bildungsschichten den Antisemitismus angenommen und ihn schließlich bewußt instrumentalisiert. Sie wollten das geistige und kulturelle Erbe, aus dem heraus sie die deutsche Einheit erstritten und gestaltet hatten, im neuen Staatsverband bewahrt sehen. Das Kaiserreich sollte aus der christlichen und ständischen Tradition seine feste Kraft schöpfen, sie ständig mehren, um so die führende Kulturnation zu werden. Um diese

Entwicklung zu fördern und zu garantieren, wurden die Juden zur Personifikation aller jener Kräfte stilisiert, die dem neuen Reich eine den modernen Erfordernissen angepaßte Verfassung und eine größere geistige Liberalität zu geben versuchten.[30] Die Kräfte der Bewahrung konnten den raschen und tiefgreifenden ökonomischen Wandel mit all seinen Folgen für das geistige und kulturelle Leben des Landes nicht nachvollziehen und verarbeiten. Unter dem Eindruck der machtpolitischen Erfolge des Reiches selbstbewußt geworden, glaubten sie, auch innenpolitischen Herausforderungen durch entschlossenes Handeln begegnen zu können. Daß gerade in den beiden Jahrzehnten nach der Reichsgründung, in denen sich das Staats- und Nationalbewußtsein der Deutschen grundlegend formte, ein so aggressiver und militanter Antisemitismus vorherrschte, war von weitreichender Bedeutung. Er durchzog den aufkommenden deutschen Nationalismus, gleichgültig, welche spezifisch christlichen, landsmannschaftlichen oder regionalen Ausformungen er auch immer fand. Dabei tat sich die Generation, die die Reichsgründung nicht politisch bewußt miterlebt hatte, besonders hervor. Sie wollte Macht und Geltung des Reiches durch nachhaltige Stärkung der Willenskräfte des Volkes mehren. Bezeichnend dafür ist der Inhalt des Schreibens, mit dem Lagarde 1886 die Gesamtausgabe seiner »Deutschen Schriften« dem Prinzen Wilhelm sandte. Er begrüßte den jungen, dynamischen Kaiserenkel als den »geborenen Führer der jetzigen Jugend«, dem er zugleich auch den Weg wies, auf dem er den kommenden Generationen vorangehen sollte: »Kleindeutschland darf«, so hieß es dort, »nur als eine, vielleicht unumgängliche, vielleicht notwendige Etappe auf dem Wege nach Groß-Deutschland gelten...«[31]

Voraussetzung für die Entstehung eines größeren Deutschlands war nach der Auffassung der jungen Nationalisten die Stärkung der Volkssubstanz. Unter Berufung auf die Losung des österreichischen Alldeutschen und Antisemiten Georg von Schönerer »Durch Reinheit zur Einheit« sollten nationale, religiöse und rassische Minderheiten entschlossen zurückgedrängt werden.[32] Im Gegenzug galt es, alle Traditionen zu stärken und wiederzuerwecken, die dem nationalen Selbstbewußtsein Auftrieb gaben. Der Protestantismus wurde entschlossen zur Religion der Deutschen hochstilisiert. Luthertum und Deutschtum wurden weitgehend als synonym betrachtet. Auch das humane Bildungsgut verlor an Geltung oder wurde im Interesse der nationalen Interessen neu interpretiert. Bezeichnend für den neuen Nationalismus war es, daß die Burschenschaften einer großen Universität die Teilnahme an einer Feier zu Ehren Goethes mit der Begründung ablehnten, er habe »der nationalen Bewegung kein Verständnis entgegengebracht« und damit nichts zur Entwicklung des deutsch-nationalen Bewußtseins beigetragen.[33] Das war der einzige Maßstab, der den Aposteln des neuen Nationalismus zur Verfügung stand. Julius Langbehn traf in seinem 1890 erschienenen Buch »Rembrandt als Erzieher« das Lebensgefühl seiner Zeit sehr genau. Er wandte sich in dem unsystematischen, schwer lesbaren Werk, das gleichwohl in zwei Jahren 33 Auflagen erlebte, gegen die Verherrlichung der technisch-industriellen Entwicklung und die ihr innewohnenden demoralisierenden Bestrebungen. Der Verfasser plädierte für ein neues, volksnahes Denken, in dem für universelle und humane Ideen kein Raum mehr sein sollte. Die Pädagogen sollten nicht mehr – wie in den humanistischen Gymnasien – mit ihren Schülern danach streben, die »Menschenrechte vom Himmel zu holen«, sondern künftig darauf bedacht sein, die »Volksrechte aus der Erde zu graben«.[34]

Von dieser Position war es nur noch ein kleiner Schritt zu der Forderung, Lebensrecht auf deutscher Erde hätten nur noch diejenigen zu beanspruchen, die diesem Boden entsprossen seien. Deutschland sollte nach dieser Auffassung allein Deutschen eine Heimstatt, Einfluß und Entfaltungsmöglichkeiten bieten. Daß dies keine bloßen Gedankenspiele blieben, sondern Überlegungen dieser Art auch im öffentlichen Leben ihren Niederschlag fanden, läßt sich vielfach nachweisen. Dazu gehört, daß in zahlreichen Berufsverbänden und anderen Organisationen seit den 90er Jahren Juden nicht mehr aufgenommen wurden, daß ältere Vereinigungen einen ausgesprochen restriktiven Kurs verfolgten und auch in Ämtern und vor Gerichten Juden zunehmend benachteiligt wurden. Die neuen Nationalisten hielten nichts mehr von Kompromissen. Sie wollten bedingungslos Deutsche sein. Deshalb wandten sie sich auch gegen die etablierten Parteien, die ihrer Meinung nach schon durch die Wahl der Parteinamen den Kompromiß zum Prinzip erhoben hatten. Die junge Generation wollte nicht mehr national-liberal, national-konservativ oder christlich-sozial, sondern ganz bewußt und ausschließlich deutschnational sein.

Diese Begriffswahl, die in den 90er Jahren viel Beifall fand, erschien vielen als Ausdruck eines neuen »Kraftgefühls«, dem jegliche »ideologische Humanitätsduseleien« fremd waren. Festigkeit und Entschlossenheit konnten aber nur durch die Pflege und Entwicklung der rassischen Qualitäten erlangt werden. Dabei wurden unter Rasse, »nicht nur die körperlichen, sondern in erster Linie die sprachlichen, sittlichen und geistig-seelischen« Merkmale verstanden, die sich aus der »Abstammung« oder durch »gemeinsame Schicksale« ergaben. Ein nationaler und rassischer »Konzentrationsprozeß« sollte die Voraussetzung für das »politisch-expansive« Streben schaffen. Darüber gab es nämlich keinen Zweifel: Ein dynamisches, lebensbejahendes Volk durfte nicht stille stehen, es mußte seine Kraft erproben. »Durch Reden und Konferenzen erhalten wir uns nie und nimmer den Platz an der Sonne«, sondern nur durch Kampf und Expansion.[35]

Schrittweise waren in den Jahrzehnten nach der Reichsgründung geistige und nicht zuletzt auch christliche Traditionen vom Nationalismus aufgesogen oder durch ihn verformt worden. Damit wurden auch noch bestehende Vorbehalte gegen den radikalen Antisemitismus schwächer. Die Überbewertung der Macht, die schwindende Hemmung, politische Probleme durch Gewaltanwendung zu lösen, schwächten auch die Rücksichtnahme auf Andersdenkende und Gegner im Innern des Landes. Die Bereitschaft, Personen und Gruppen anzuerkennen, die nicht so dachten und handelten wie die Mehrheit, schwand immer mehr. Besonders das Lebens- und Existenzrecht der Juden wurde vom integralen Nationalismus nachhaltig bedroht. Der Eintritt des Kaiserreichs in die Weltpolitik und die Zunahme der ökonomischen Potenz stärkten das Überlegenheitsgefühl der Bürger allen Nichtdeutschen gegenüber, zu denen sie vornehmlich die Juden erklärten. So entstand jene »Legierung von Antisemitismus und Nationalismus«, deren Festigkeit Friedrich Meinecke später im Rückblick beklagte.[36] Diese »Legierung« und nicht der Partei- und Verbandsantisemitismus wurde zum bestimmenden Faktor der deutschen Innenpolitik.

Trotz dieser bedrohlichen Entwicklung des politischen Lebens im kaiserlichen Deutschland konnten sich die Juden im Wirtschaftsleben und in den freien Berufen relativ ungehindert entwickeln. Die Sicherheit der Minderheit – 1914 lebten 600 000 Juden in Deutschland, das war knapp 1 Prozent der Gesamtbevölkerung – war niemals ernsthaft bedroht, weil sich ihre Gegner nicht einig waren und sich gegenseitig in Interessenauseinandersetzungen banden. Der Antisemitismus hatte alle Schichten des Volkes erfaßt und geprägt. Er bestimmte das Verhalten der evangelischen Landbevölkerung ebenso wie das der Gutsbesitzer. Antisemitische Forderungen motivierten Beamte und Angestellte, spornten Studenten zu Übergriffen und verarmte Handwerker zu Exzessen an. Offene Feindschaft gegen Juden zeigten auch Ärzte, Richter, Pastoren und Unternehmer in ihrem beruflichen und gesellschaftlichen Verhalten.

Der Antisemitismus führte diese Berufsgruppen und sozialen Schichten in der Politik aber nicht zusammen, weil sie im Klassenstaat alle vorrangig ihre besonderen, sehr unterschiedlichen Interessen verfolgten. Offiziere, Beamte und Unternehmer hielten Distanz zu den Unterschichten, weil diese das Klassenwahlrecht in den Ländern anfochten und größere Mitbestimmung im gesellschaftlichen Leben, in Gemeinden und Verbänden forderten. Die Bildungsschichten distanzierten sich von den rohen Formen der Agitatoren und dem Radau in den Versammlungsräumen. Zudem verteidigten sie ihr Sozialprestige gegen die Ansprüche der Volksschullehrer, der Verbandssekretäre und der Vertreter der technischen Intelligenz. Die protestantische Bevölkerung schirmte sich mit Eifer gegen Katholiken ab und dort, wo diese dominierten, kämpften die Protestanten um mehr Einfluß. Außer den Standesschranken behinderten auch die ökonomischen Interessengegensätze jede Annäherung. Die exportorientierte Industrie wie die Repräsentanten des Handels bekämpften die Schutzzollbestrebungen der Agrarier, der Mittelstand beklagte sich über den Egoismus der Großunternehmer, die Handwerker liefen gegen die Warenhäuser Sturm.

Da die Führungsschichten und das wirtschaftlich mächtige Bürgertum in den Parlamenten der Einzelstaaten und in ihren Standesvertretungen über hinreichenden Einfluß verfügten, waren sie auf eine Unterstützung durch die zahlenmäßig starken Mittel- und Unterschichten nicht angewiesen. Rückhalt in der Bevölkerung lehnte die Oberschicht aber auch deshalb ab, weil sie ihn auf Dauer nicht ohne Zugeständnisse erhalten hätte. Als Stoekker zum Beispiel mit Hilfe seiner Anhänger die Konservative Partei im Verlauf des Tivoli-Parteitages 1892 programmatisch auf den Antisemitismus festlegte, distanzierten sich die aristokratischen Führungskader von ihm. Sie stimmten in der Sache weithin mit ihm überein, aber das Verfahren schockierte sie. Die Parteiführung wollte sich von den Mitgliedern auf keinen Fall politisch festlegen und das Gesetz des Handelns vorschreiben lassen.

So scheiterten im Kaiserreich letztlich alle Versuche der Partei- und Verbandsantisemiten zur »Mobilisierung der ganzen Nation« – wie dies schon 1889 ein Mainzer Parteigänger Wilhelm Marrs konstatierte – am Widerstand der »Potentaten, Nationalliberalen, Gründer [und] Großbesitzer«.[37] Weil sie der Bevölkerung mit Rücksicht auf die eigenen politischen und wirtschaftlichen Interessen keinen Einfluß geben wollten, unterbanden Fürsten, Regierungen und die gesellschaftlich Mächtigen alle Aktionen, die größere Teile der Bevölkerung in Bewegung hätten setzen können. Die Bedenken, daß politisierte und erregte Volksschichten nicht mehr zu beherrschen seien, waren dafür ausschlaggebend. So haben gerade die antidemokratischen Intentionen der Führungsschichten im Kaiserreich Gefahren gebannt, die Staat und Gesellschaft vom antisemitischen Radikalismus drohten.

Als der Erste Weltkrieg das politische System erschütterte und namentlich die anachronistische Gesellschaftsordnung zerstörte, begannen sofort die Versuche zur Einigung der verstreuten und zerstrittenen bürgerlichen Kräfte. Daß sie trotz fortbestehender Interessengegensätze ansatzweise gelang, war darauf zurückzuführen, daß es im Antisemitismus eine feste Gemeinsamkeit gab. Als Aristokraten und Bildungsbürger Mitgliederparteien und Wähler brauchten, um sich im demokratischen Staat behaupten zu können, waren sie gezwungen, die Hilfe derjenigen in Anspruch zu nehmen, die sie vordem in Abhängigkeit gehalten hatten. Nun gerieten sie in den Sog erregter und fanatisierter Massen und mußten sich von ihnen den Kurs vorschreiben lassen. Als während und nach der Revolution Standesschranken und gesellschaftliche Vorrechte fielen, wurden damit Sperren beseitigt, an denen sich die Flut des Antisemitismus lange gebrochen hatte. Nun ergossen sich die Wellen des Judenhasses über das Land und richteten neue schwere Verwüstungen nicht nur in der politischen Kultur Deutschlands an.

Antisemitismus im Deutschen Kaiserreich 1871–1914

Nach einer Epoche relativer Beständigkeit wurde die deutsche Gesellschaft im neunzehnten Jahrhundert von einer Dynamik erfaßt, die permanente und tiefgreifende Veränderungen in der politischen und sozialen Ordnung erzwang. Dieser Wandlungsprozeß, eine Folge des wissenschaftlichen und technischen Fortschritts, der Industrialisierung sowie des raschen Bevölkerungswachstums, erfaßte alle Menschen, führte zur Lockerung jahrhundertealter sozialer Bindungen, zur Aushöhlung religiöser Traditionen und zur Entwertung ethischer Systeme. Die Reaktion der verschiedenen Bevölkerungsschichten auf diesen Umbruch war zwiespältig.

Die Mehrheit des städtischen Bürgertums, wirtschaftlich erstarkt und selbstbewußt geworden, bejahte diese Entwicklung, sah in ihr einen Fortschritt. Für sie war die Modernisierung des wirtschaftlichen und gesellschaftlichen Lebens nur ein Schritt auf dem Weg zur verfassungsmäßigen Umgestaltung des Staates und zur Teilhabe an der politischen Macht. Um schneller an das Ziel der Wünsche zu gelangen, verband sich das liberale Bürgertum auch mit den Repräsentanten unterprivilegierter Minderheiten, die bei Veränderungen kaum etwas zu verlieren, wohl aber viel zu gewinnen hatten. Dabei waren die Juden, die um ihre Emanzipation rangen, die entschiedensten und zuverlässigsten Bundesgenossen.

Der Teil des Volkes dagegen, dem der Fortschrittsoptimismus der Liberalen Unbehagen bereitete, fühlte sich durch das politische Engagement der

Juden herausgefordert. Eine Minderheit des Adels, einflußreiche Kräfte des Offizierskorps, der Beamtenschaft und der Geistlichkeit sowie einige bereits aktive Gruppen des alten Mittelstandes wollten weder ihren Einfluß schmälern noch ihre soziale oder ökonomische Position einschränken lassen. Sie waren folglich nicht bereit, die rechtliche Emanzipation der Juden gesellschaftlich zu realisieren,[1] weil sie darin wie im Abbau anderer staatlicher Reglementierungen nur Symptome des »Zerfalls« der göttlichen Schöpfungsordnung sowie durch ihr Alter bewährter ständischer Lebensformen sehen konnten.[2]

Diese Gegensätze traten bereits im Jahrzehnt vor der Reichsgründung in verschiedenen Gebieten Deutschlands unterschiedlich stark in Erscheinung. Daß sich in einigen Städten und Provinzen der Groll konservativer und fortschrittsfeindlicher Kräfte erneut gegen die Juden entlud, läßt sich nur aus dem ganz unterschiedlichen ökonomischen und geistigen Entwicklungsstand der Regionen erklären. Entweder hatte der soziale Wandel überhaupt noch nicht begonnen oder er hatte sich zu schnell vollzogen. In den von der Entwicklung unberührten Zonen und Provinzen war der kirchliche Judenhaß noch ungebrochen lebendig, er brauchte nicht neu entfacht zu werden.[3] Da der Bildungsstand des überwiegenden Teils der Landbevölkerung zu schlecht war, um sich gewandelten Bedingungen anpassen zu können, brach das Unbehagen gegen die Juden ganz elementar durch, als diese schneller als andere neue ökonomische Möglichkeiten nutzten, Marktlücken erspähten und sich damit Vorteile verschafften. In den östlichen Provinzen wurden die Emotionen noch dadurch verstärkt, daß die Juden kaum assimiliert waren und ein ausgeprägtes Eigenleben führten, wodurch ein Gefühl der Distanz und Fremdheit bewahrt blieb.[4] Hinzu kamen vielerorts vorhandene soziale Gegensätze.

Während in den Provinzen, in denen noch vorindustrielle Arbeitsverhältnisse herrschten, die Bevölkerung bewußtseinsmäßig in der altständischen Welt lebte und auf Neuerungen im wesentlichen unpolitisch reagierte, begann in den Zentren moderner Wirtschaftsentwicklung bereits vor der Reichsgründung eine bewußte Politisierung der durch den ökonomischen Prozeß benachteiligten Gruppen. In Berlin und einigen anderen Städten artikulierten die weniger anpassungsfähigen Mittelstandskreise ihre politischen Vorbehalte gegen die Freiheit des Handels und Gewerbes, und es fanden sich auch sofort Interessenten, die das Aufbegehren der Beunruhigten gegen den Liberalismus und die Juden als dessen vermeintliche Vorhut lenkten.[5]

Die zum Gehorsam gegenüber der Obrigkeit erzogenen protestantischen Bürger wurden aufgerufen, für die »Erhaltung der christlichen und deutschen Grundlagen« des Staates zu streiten, worunter sie sich freilich nichts anderes vorstellen konnten, als daß jeder einzelne den ihm in der Schöpfungsordnung zugewiesenen Platz zu behalten habe. Sie ließen sich immer wieder davon überzeugen, daß das System menschlicher Abhängigkeit einem höheren Willen entspreche und nur durch fremde, vornehmlich jüdische Einflüsse bedroht sei. Die Vorkämpfer für demokratisches Wahl- und politisches Mitspracherecht wurden bezichtigt, nur Begehrlichkeiten wecken zu wollen, um selbst Macht zu gewinnen und andere herabzudrükken. Die Handwerker müßten deshalb entschlossen sein, »sich nicht von Juden beherrschen« zu lassen.[6]

I

Noch vor der Reichsgründung wurden also Unlust- und Angstgefühle genutzt, um liberale Politik generell zu diskriminieren und die Juden als Feinde des angeblich so intakten alten Systems und als Wegbereiter der Zerstörung zu denunzieren. Die Juden seien, so behaupteten ihre konservativen Gegner, stets zur Stelle, wenn Völker in einer »Übergangsepoche« mit Schwierigkeiten zu ringen hätten, bestehende Herrschaftsformen »erschüttert« seien und umgestaltet werden müßten.[7] Sie sähen dann die Chance, im Bündnis mit ihren liberalen Parteigängern die Gesellschaft zu nivellieren. Dies sei durchaus konsequent, da sie sich nur in einer Gesellschaft Gleicher entfalten könnten. Von solchen Unterstellungen aus ließ sich leicht folgern, die Demokratie sei jüdischen Ursprungs.[8] Da deren Verfechter, so hieß es, gleicherweise »gegen Krone, gegen Adel oder Volk« stritten, wurden diese aufgerufen, sich zur gemeinsamen Abwehr zusammenzuschließen. Damit war die Absicht eingestanden: Die Judenfeindschaft sollte »das Volk« mit den konservativen Führungsschichten zusammenkitten zur Erhaltung der Monarchie und der alten Ordnung.[9] Mochte die Interessenlage des Adels und des alten Mittelstandes auch noch so verschieden sein, in der Aversion gegen den modernen Kapitalismus fanden sie sich zusammen, ebenso in dem simplen Versuch, alle Übel dieser Welt mit dem »Anteil der Juden an der Gründung und drückenden Herrschaft der jetzigen Geldmacht« zu erklären.[10]

Diese ersten Versuche zur Formierung einer antiliberalen Mittelstandsfronde wurden lediglich in einigen großen Städten unternommen und zeitigten auch nur geringe Erfolge. Aber die Agitation blieb doch nicht ohne Wirkung. Sie hatte den Boden bereitet, auf dem in den Jahren nach der Reichsgründung die Saat des Antisemitismus aufging. Dabei war von Belang, daß Hermann Wagener, der sich so intensiv um das Bündnis der Konservativen mit den Mittelstandsschichten bemüht hatte, in seinem *Staats-*

und Gesellschaftslexikon alte und neue Argumente und Vorurteile gegen die von ihm behauptete »jüdische Reformierung Deutschlands« zusammenstellte und so allen Gesinnungsfreunden das Rüstzeug lieferte, mit dem sie »die Urelemente des deutschen Lebens« gegen vermeintliche fremde Einflüsse verteidigen sollten.[11]

Wo auch immer vor der Reichsgründung antijüdische Affekte durchbrachen oder planmäßig ausgenutzt wurden, politische Bedeutung hatten sie nicht. Zu gering war noch die Kommunikation zwischen den verschiedenen Teilen Deutschlands. Die einzelnen Staaten und Provinzen führten weithin noch ein Eigendasein, eine gesamtdeutsche Meinungsbildung war allenfalls beim Besitz- und Bildungsbürgertum vorhanden. Konservativen und antiliberalen Theorien haftete noch immer die Herkunft aus der partikularistischen Enge an. Hier hat Bismarck für die Judenfeinde – wie für die Sozialisten – ungewollt ein gutes Stück ihrer Arbeit getan.[12] Erst nach der politischen Einigung Deutschlands wuchsen die kleinen und oft recht isolierten konservativen Gruppen und Zirkel allmählich zusammen. Die Demokratisierung des Lebens,[13] namentlich die Einführung des allgemeinen Wahlrechts für den Reichstag, beschleunigte den Prozeß der Parteienbildung im gesamtdeutschen Bereich. Die Gruppen, die durch das Engagement der Liberalen für die Staatswerdung weit ins Hintertreffen geraten waren, mußten starke Anstrengungen machen, um den Rückstand aufzuholen und eine ernstzunehmende Kraft neben den liberalen Parteien zu werden. Dabei versuchten sowohl Konservative als auch Partikularisten, Katholiken und einflußreiche Kreise der lutherischen Orthodoxie durch die Ausbeutung unterschiedlichster Ressentiments aus der Position der politischen Außenseiter herauszukommen.[14]

Zur raschen Ausformung einer national-konservativen und deutschnationalen Ideologie im neuen Kaiserreich hatte ein Faktor entscheidend beigetragen. Das Bewußtsein von der Einheit der Nation war geweckt worden, indem die historischen Überlieferungen in Erinnerung gerufen und aktualisiert worden waren. Die Geschichte des deutschen Reiches, zu Beginn des neunzehnten Jahrhunderts nur einer kleinen Gruppe von Spezialisten bekannt, war neu geschrieben und unter dem Aspekt der politischen Relevanz interpretiert worden. Dabei hatte es nicht ausbleiben können, daß die Vergangenheit verklärt, idealisiert und nicht selten in ein Licht gerückt worden war, das der Mythenbildung Vorschub leistete. So ergab sich nur zu oft eine tiefe Diskrepanz zwischen dem Bild der Vergangenheit, das den Menschen Kraft und Ansporn im Ringen um staatliche Einheit geben sollte, und den gegenwärtigen Realitäten. Historiker, Publizisten und Journalisten, die alle Anstrengungen gemacht hatten, das Wesen des Deutschtums zu bestimmen, das Ideal eines vergangenen Reichs in seiner

Geschlossenheit und Größe zu beschreiben, waren enttäuscht, als sie wahrnahmen, wie viel nüchterner die Tagespolitik war, wie wenig Glanz das Reich besaß, das vor ihren Augen entstand.[15]

Es war von besonderer Tragweite, daß gerade das liberale Bildungsbürgertum diese Illusion genährt und dem Geist und der Kultur eine weit größere Bedeutung im Leben des Volkes zugemessen hatte als der Macht und dem Interesse. Diese Intellektuellen verstanden sich lange Zeit als Träger und Wahrer des deutschen Idealismus, wähnten die Nation auf dem Weg des Fortschritts zu einer höheren Bildung und Geistigkeit und damit auch zu einem harmonischen, vernunftgemäßen Zusammenleben, wobei sie das Gewicht der ökonomischen Interessen und politischen Realitäten zu gering veranschlagten. Die Folge war, daß sie ihren Anspruch, »den Staat tragen und mit ihrem Geiste erfüllen« zu können,[16] nicht durchzusetzen vermochten. So breitete sich Enttäuschung aus angesichts der Tatsache, daß historische Leitbilder und politische Theorien beim Kampf um wirtschaftlichen Einfluß, Eisenbahnkonzessionen und Produktionsaufträge wenig galten.[17] Noch bitterer war die Einsicht in das Beharrungsvermögen der Bürokratie und der kirchlich gebundenen Bevölkerungsschichten, die massiv und emotional reagierten, sobald ihr sozialer Besitzstand oder eine kirchliche Position angetastet wurde.

Diese Erkenntnisse lähmten den Liberalismus und nahmen ihm die Kraft zur Integration. Die wirtschaftlichen Kräfte verselbständigten sich mehr und mehr; reine Interessenpolitik setzte sich durch. Die Wissenschaftler, Akademiker oder Publizisten, die im liberalen Lager verharrten, wandten sich von der realen Politik ab, flüchteten in eine Welt der Ideen, Theorien, ja sogar gewagter Spekulationen[18] oder rieben sich im fruchtlosen Ringen mit politischen Gegnern und den Mächten der Beharrung auf. Ein kleiner Teil ging aus Opportunismus in das Lager der Gegner über, das nach der Reichsgründung manchen Zulauf erhalten hatte.

Auch die konservativen Frondeure beriefen sich bei ihrer Kritik am Reich Bismarcks besonders auf die Geschichte, in der sie aber vornehmlich das Gewordene und nicht das Werdende, mehr die Faktoren der Beharrung als die der Veränderung sahen. Ihr Bild von der deutschen Nation stand so im Widerspruch zur Wirklichkeit, daß ihnen das Bismarckreich nur als ein Monstrum erschien, das den Keim seines Verfalls schon in sich trüge. In dem Bestreben, »die Nation zu sich selbst zurückzuführen«, fühlten sie sich bestärkt angesichts der vielen Schwierigkeiten, mit denen Bismarck im Innern des Reichs zu ringen hatte. Sie räumten zwar ein, daß niemand so recht wisse, »was eigentlich deutsch ist«, gleichwohl konstruierten sie einen »Beruf« der deutschen Nation, den diese aber nur ausüben könne, wenn sie sich von aller »Ausländerei« und Überfremdung freimache und insbesondere den »jüdischen Einfluß« abschüttele. Die Aufforderung, künftig nicht »fremden Göttern« nachzulaufen, sondern mit »eigenstem Wesen« dem »eigensten Beruf« gerecht zu werden,[19] half zwar kaum bei der Bewältigung konkreter Tagesaufgaben, sprach aber alle diejenigen an, denen der Wandel im politischen, ökonomischen, kirchlichen und geistigen Bereich wegen der damit verbundenen ideellen Verluste und des Schwunds an gesellschaftlichem Ansehen Unbehagen verursacht hatte.

So standen, als die deutsche Einheit endlich hergestellt war, zahlreiche Intellektuelle abseits. Manche der konservativen unter ihnen haben die Staatswerdung zwar begrüßt, die Methoden Bismarcks aber und namentlich sein Bündnis mit den Nationalliberalen verachtet. Das Reich bismarckscher Prägung war nicht das, was sie erstrebt hatten. Sie begannen deshalb, die unzufriedenen, benachteiligten Volksschichten zu sammeln. Sie waren die Führer des ersten antisemitisch-antiliberalen Bürgeraufgebots.

II

Die »Judenfrage« ist zweifellos im Zusammenhang mit der deutschen Frage zu einem Politikum geworden. Da die preußische Militärmacht und »der politische Idealismus, der vorzugsweise nur in dem gebildeten Bürgerstande, unter Gelehrten und Beamten herrschte, das deutsche Reich geschaffen«[20] hatten, blieb die Entscheidung offen, welche der beiden Kräfte dem neuen Staat das Gepräge geben würde. Für die maßgebenden Führungsschichten Preußens gab es überhaupt keinen Zweifel, daß die »Vormacht« des Reiches auch dessen Politik zu bestimmen habe. Noch mehr aber fühlten sie sich für dessen gesellschaftliches und geistiges Profil verantwortlich. Ihrer Auffassung nach konnte eine deutsche Politik nur in den Bahnen der preußischen Überlieferung geführt werden. Diese aber war konservativ und prononciert christlich. Der Staat – nicht ein Instrument der Menschen, sondern ein Werk des Schöpfers – durfte nicht umgestaltet werden. Demokratische Ideen galten als Frevel, weil sie die Substanz des »christlichen Staates« mit seiner patriarchalischen Gesellschaftsordnung gefährdeten. Wer ihnen huldigte, vertrat den Grundsatz von der Gleichheit aller Menschen und wollte ihnen – insbesondere auch den Nichtchristen – gleiche Rechte geben. Das aber sollte um jeden Preis verhindert werden.[21]

Da die Kirche nun aber ihren Einfluß auf das geistige Leben der Nation teilweise verloren hatte, namentlich das Denken des protestantischen Besitz- und Bildungsbürgertums in keiner Weise mehr bestimmte, dort vielmehr der Liberalismus »die eigentliche Religion« geworden war,[22] waren die Chancen für einen Sieg der Parteigänger des »politischen Idealismus«

recht gut. Sie überschätzten freilich die Macht des Intellekts und verkannten, wie stark weite Kreise der protestantischen und der katholischen Bevölkerung noch in religiösen Traditionen und Bindungen verhaftet waren, über die sie selbst sich oft ohne Bedenken und gelegentlich sogar sehr leichtfertig hinwegsetzten.[23] Damit begann eine Auseinandersetzung, die im Kulturkampf ihren sichtbaren Ausdruck fand und die seitens der Liberalen mit mehr Leidenschaft als politischem Augenmaß geführt wurde. Ihrer Meinung nach widerstrebten die kirchlichen Mächte genau wie die preußischen Konservativen grundsätzlich der freiheitlichen Ausgestaltung des Staates.[24] Das traf aber nicht zu. Die Kirchen wollten primär ihren geistigen Besitzstand sichern und ihre Position in der Gesellschaft um keinen Preis mindern lassen. Sie waren nicht bereit, den Verfechtern einer neuen Ideologie kampflos das Feld zu räumen.

Besonders prekär war die Situation der katholischen Kirche. Sie sah sich nach der Niederlage Österreichs 1866 und besonders nach dem Krieg von 1870/71, der vor allem im evangelischen Deutschland als Triumph des »germanischen« über den »romanischen Geist« gefeiert wurde,[25] in die Rolle des Besiegten hineingedrängt. Als Minderheit im protestantischen Kaiserreich auf sich selbst gestellt, von der Legislative und Exekutive bedrängt und benachteiligt und von starken anti-ultramontanen Kräften im Liberalismus geistig in Frage gestellt, setzten sich die Katholiken mit allen Mitteln zur Wehr.

Um im Reichstag des allgemeinen Wahlrechts eine starke, repräsentative Interessenvertretung aufzubauen, mobilisierten sie die Gläubigen bis in den letzten Winkel des Landes. Sie verbanden sich mit ständisch-konservativen Kreisen,[26] suchten Kontakt zu Anhängern des Partikularismus und Repräsentanten der nationalen Minderheiten, insbesondere der Elsässer und Polen.[27] Aber es waren nur kleine Gruppen aus der höheren Beamtenschaft, den Landständen und den freien Berufen, bei denen man so Rückhalt fand. Die große, weithin noch unpolitische und bildungsmäßig rückständige Mehrheit katholischer Provinzbewohner ließ sich, das war eine weitverbreitete Einsicht, nur durch Weckung von Emotionen aufbieten. Dabei stellte ein Teil der katholischen Kleriker und Laien bewußt den überall verbreiteten und tief im Bewußtsein der Menschen verwurzelten kirchlichen Judenhaß[28] in den Dienst ihrer politischen Pläne.[29]

Nachdem Papst Pius IX., der den Juden mit tiefem Mißtrauen begegnete, erstmals 1872 gegen sie Position bezogen und sie der Hinneigung zu Anarchismus, Kirchenfeindschaft und Freimaurerei bezichtigt hatte, bald darauf auch in vatikanischen Zeitschriften antijüdische Polemiken veröffentlicht worden waren,[30] gingen einflußreiche katholische Kreise Deutschlands ebenfalls auf diesen Kurs. Das Zeichen gaben der Paderborner Bischof Martin und angesehene Geistliche aus seiner Umgebung mit ihren Ausfällen gegen die Lehren des Talmud sowie die Professoren Rebbert und Rohling mit verschiedenen pseudowissenschaftlichen Veröffentlichungen. Ihnen folgte eine große Zahl katholischer Geistlicher und Publizisten, die das im Volk schwelende Unbehagen gegen die Juden wirksam artikulierten. In der *Germania*, der *Kölnischen Volkszeitung* und namentlich in zahlreichen Regional- und Lokalblättern wurde der Kulturkampf stereotyp als ein »Krieg des Judentums gegen das Christentum« diffamiert.[31]

Diese Organe und viel beachtete Periodika, allen voran die *Historisch-Politischen Blätter* und die *Christlich-sozialen Blätter* haben entscheidend den Boden für den politischen Antisemitismus vorbereitet und an seiner Ausformung und Ausbreitung mitgewirkt. In katholischen Gebieten vermochte namentlich der Klerus sein Unbehagen über die kulturpolitischen Folgen der Emanzipation nicht zu unterdrücken. Der Gedanke, ein Jude könne etwa jemals christliche Kinder unterrichten, war ihnen schlechterdings unfaßbar.[32] Ebenso schwer konnten sie sich mit der Tatsache abfinden, daß Juden in der Politik Mitspracherecht hatten und sich erdreisteten, »ihre Meinung in allgemeinen Angelegenheiten der Gesellschaft zu äußern«. Daß Juden im Reichstag und in den Länderparlamenten an der Gesetzgebung mitwirkten, wurde kurzum als »Verjudung« der Gesellschaft bezeichnet.[33] Dagegen wurde unentwegt und vielfach auch ohne Skrupel hinsichtlich der Wahl der Mittel polemisiert. Unter den Redakteuren katholischer Blätter, den Funktionären katholischer Verbände und den Landgeistlichen gab es nicht wenige, die sich ausschließlich diesem »unablässigen Kampf« gegen den Einfluß der Juden im öffentlichen und besonders im geistigen Leben des Landes verschrieben hatten.[34] Diese Agitation hat erheblich zur Politisierung der katholischen Bevölkerung beigetragen und dem Zentrum Auftrieb gegeben. Es war mithin nicht verwunderlich, daß einflußreiche Kreise in der Partei diesen Trend bewußt nutzten. Der Zentrumsführer Windthorst hat sich zwar entschieden gegen einen antisemitischen Kurs seiner Partei gewehrt, aber nicht verhindern können, daß einzelne Abgeordnete aus wahltaktischen Gründen den Judenhaß schürten und in das politische Kalkül einbezogen.[35] Damit war seine Massenwirksamkeit erprobt und die Brauchbarkeit für parteipolitische Zwecke unter Beweis gestellt worden.[36]

Dieser Erkenntnis hat sich auch die evangelische Orthodoxie nicht verschlossen, als sie zu Beginn des Kulturkampfes wahrnahm, daß die Reichstagsmehrheit nicht nur die Positionen der katholischen Kirche in Frage stellte, sondern den christlichen Einfluß in der Gesellschaft grundsätzlich eindämmen wollte.[37] Der Optimismus, mit dem die Protestanten das

»wunderbare Erwachen des nationalen Gemüts« begrüßt und die Siege Preußens über die katholischen Staaten Österreich und Frankreich gefeiert hatten,[38] verflog sehr schnell. Die evangelischen Kirchenleitungen wurden inne, daß ihre Gemeinden vom »nationalen Aufbruch« nicht profitierten, vielmehr »das religiöse Denken, Fühlen und Leben« in besorgniserregender »Gärung und Zersetzung« begriffen seien. Sie sahen den protestantischen Glauben zunehmend durch säkularisierende Tendenzen bedroht, so daß der Einfluß der Kirchen auf die Gestaltung des staatlichen und gesellschaftlichen Lebens rapide schwand. Gerecht denkende evangelische Christen wußten zwar, daß nicht die Juden »die Verderber und Zerstörer« des Christentums waren, sondern daß »die Christen selbst«[39] jede Überzeugungs- und Gestaltungskraft verloren hatten. Gleichwohl klagte die Mehrheit der aktiven Protestanten den Liberalismus und die Juden an. Kaum war das Kaiserreich geschaffen, da erweckten der preußische Oberkirchenrat und evangelische Abgeordnete des preußischen Herrenhauses den Eindruck, daß die Juden eine große Gefahr für die Kirche seien,[40] weil deren Einfluß auf die staatliche Erziehung eingeschränkt werden sollte. Durch Luther und seit Luther immer und immer wieder im Mißtrauen gegen die Juden bestärkt, waren die Protestanten nur zu bereit, auch jetzt wieder alles Unbehagen auf diese Minderheit abzulenken. Darin wenigstens befand man sich in Übereinstimmung mit den Katholiken und folgte ihrem Beispiel bei der Politisierung der Gläubigen.[41]

Die während des Kulturkampfes offen hervortretenden antireligiösen Ressentiments größerer bürgerlicher Kreise und namentlich die rasch um sich greifende religiöse Indifferenz wurden eilfertig als Folgen der Judenemanzipation betrachtet. Dieser Auffassung nach sollten die Juden ein Interesse daran haben, die sie in der vollen Entfaltung behindernden christlichen Bindungen der Bevölkerung zu zerstören.[42] Dabei wurde in einer Mischung von Empörung und Bewunderung immer wieder darauf hingewiesen, daß die Juden selbst auch nach der Emanzipation die religiöse Geschlossenheit und Kraft bewahrt hätten, die sich die Protestanten so sehr wünschten[43] und seit langem entbehrten. So suchten militante protestantische Kreise nicht zuletzt auch deshalb die Auseinandersetzung mit einer so resistenten Gruppe wie den Juden, um selbst wieder Profil zu gewinnen. Durch Ausnutzung politischer Gegebenheiten sollten die evangelischen Christen aktiviert und zu neuem Engagement gebracht werden. Manche Vorkämpfer dieses militanten Protestantismus faßten sogar den – für die unrealistische Überschätzung der eigenen Kräfte bezeichnenden – Plan, mit Hilfe einer »Nationalkirche« dem neuen Reich die innere Verfassung zu geben und das Christentum zur bestimmenden »geistigen Lebensmacht« der deutschen Nation zu proklamieren.[44] Nur wenige haben dabei bedacht, daß das Christentum kaum werbende und integrierende Kraft entfalten kann, wenn zugleich in seinem Namen Haß gesät, Verachtung gepredigt und Intoleranz gegenüber Mehrheiten wie Minderheiten geübt wird. Die Verbindung von Protestantismus, Nationalismus und Antisemitismus, die sich hier anbahnte, war überaus problematisch und gefährlich.[45]

Der Säkularisierungsprozeß ließ sich nicht durch Bündnisse mit politischen Parteien oder gar durch Anleihen bei den geistigen Strömungen der Zeit aufhalten. Damit gestand man nur die eigene Schwäche ein. Das war folgenschwer, weil sich im Kreis der Bundesgenossen, namentlich der Judenfeinde, schon diejenigen formierten, die im Rückgriff auf die vorchristliche Zeit eine neue, auf Blut und Herkommen basierende Tradition und auf ihr die geistige Einheit der Nation – nicht zuletzt auch durch Überwindung der Glaubensspaltung – begründen wollten. Diese Gruppen stellten das Christentum entschiedener in Frage, als es der Liberalismus je getan hatte.[46] Damit wurde schon bald nach der Reichsgründung klar, daß die Hoffnung der Liberalen auf »politische Bekehrung der klerikal mißleiteten Menge« eine Illusion war, daß an die Stelle des kirchlichen Einflusses lediglich andere irrationale Lehren zu treten drohten. Es war von größter Tragweite, daß die Liberalen dennoch an dieser Illusion festhielten.

Wie die christlichen, so haben die Liberalen auch die partikularistischen und landschaftlichen Traditionen bestimmter Bevölkerungsgruppen falsch eingeschätzt. Sie hofften, daß die »Einheit des deutschen Reiches« zwangsläufig auch die »Einheitlichkeit der politischen Grundsätze« und des Bewußtseins herbeiführen werde,[47] die für regionale und territoriale Sonderheiten keinen Raum mehr lasse. Nun hatten die deutschen Länder in den Jahrhunderten ihres Bestehens doch die Mentalität der Bürger geprägt, und es gab viele, die stolz auf ihr Herkommen waren. Der Historismus des neunzehnten Jahrhunderts hatte nicht nur die Erkenntnis der nationalen Zusammengehörigkeit, sondern zugleich auch die der stammesmäßigen Verschiedenheit gestärkt und damit Impulse zur Pflege des kulturellen und geistigen Brauchtums der Landschaften gegeben.[48] Konsequent wehrten sich deshalb gerade Repräsentanten der Landstände und der Beamtenschaft gegen zu weitgehende Vereinheitlichungsbestrebungen. Ihr Ideal war ein Vaterland der Vaterländer, in dem möglichst vieles bleiben sollte, wie es war. So beunruhigten sie die nivellierenden Tendenzen der modernen Gesellschaft, in denen sie nicht eine Folge der raschen Veränderung im sozialen und wirtschaftlichen Bereich, sondern allein das Resultat destruktiver Eingriffe und »gänzlich undeutscher« Maßnahmen der Legislative der Administration sehen wollten.[49]

Zu noch entschiedenerer Opposition kam es, wenn kleine, in den Ländern ehemals privilegierte soziale Gruppen Stellung und Einfluß verloren.

Sie hatten dann nicht die geringsten Bedenken, ihre Interessen als die der Allgemeinheit auszugeben und die Reichstagsmehrheit und die ihr zugehörigen Juden als die Vorkämpfer der Demokratie anzuklagen.[50] Insbesondere Mitglieder des Adels, deren Selbstbewußtsein in der Regel in einem krassen Mißverhältnis zu ihren politischen und ökonomischen Fähigkeiten stand, scheuten auch vor der Kritik an den höchsten Repräsentanten des Staates nicht zurück. Sie verübelten es dem Monarchen und insbesondere Bismarck, daß sie sich zunehmend von ihren Standesgenossen distanzierten und – sogar in persönlichen Angelegenheiten – unabhängige Fachleute um Rat fragten oder ins Vertrauen zogen.[51]

Es waren vornehmlich Anhänger einer föderalistischen Staatsordnung, die als erste den Versuch unternahmen, das »deutsche Wesen« zu bestimmen. Danach waren deutsch: der Respekt vor der Tradition, das Bemühen um die Erhaltung des in Jahrhunderten Gewachsenen, die Ehrfurcht vor der von Gott gewollten Obrigkeit. Der wahre Deutsche – so wollten es diese Kreise wissen – verfolge nicht zuerst seine individuellen Wünsche, sondern fühle sich der Gemeinschaft verpflichtet, der er an dem ihm zugewiesenen Platz freudig diene.

Diesem »deutschen Wesen« wurde dann ein vermeintlich »undeutsches« vornehmlich »jüdisches« gegenübergestellt, charakterisiert durch den Glauben an die Existenz allgemeiner Ideen, insbesondere der von der Gleichheit aller Menschen. Als »undeutsch« wurde jedes Bestreben bezeichnet, dem Individuum auf Kosten der Allgemeinheit größere Chancen einzuräumen und die staatliche Ordnung den jeweiligen Erfordernissen der Gesellschaft anzupassen.[52]

Nichts verrät die starke Verunsicherung maßgeblicher Kreise der gesellschaftlichen Oberschicht angesichts der einschneidenden politischen Veränderungen und Machtverschiebungen mehr als diese »deutsch-nationale« Ideologie, die jetzt im Gegensatz zu einer angeblich fremdnationalen, nationalliberalen in den ersten Ansätzen entwickelt wurde.[53] Ihr verschrieben sich alle, denen die »Milch der frommen Väter-Denkungsart« sauer geworden war,[54] das heißt deren gesellschaftliche Zukunftserwartungen sich verschlechtert hatten. Dazu gehörte auch die alte Bildungsschicht.

Wer Deutschland ausschließlich für ein Land der Dichter und Denker gehalten hatte und seinen geistigen Interessen und kulturellen Neigungen im exklusiven Kreis Gleichgesinnter gefolgt war, der sah mit Verachtung auf die Wirtschaftsgesellschaft. Gerade Künstler, Professoren, Erzieher, Schriftsteller und Publizisten hatten große Mühe, die Erscheinungen der neuen Zeit, die als Folge des raschen Übergangs zum Hochkapitalismus in verwirrender Vielfalt auf sie einstürmten, zu verarbeiten und innerlich anzunehmen.[55] Sie klagten in immer neuen Variationen über die Bedrohung der »menschlichen Werte« durch den »materialistischen Ungeist« der Zeit,[56] über die »Wut des schnellen Reichwerdens«, die kulturfeindliche Selbstsucht der Volksmehrheit, den »Tanz ums goldene Kalb«, der keine Zeit mehr zur Besinnung lasse.[57] Die Bildungsschicht erkannte sehr richtig, daß sie ihre elitäre Stellung in der Gesellschaft verlieren, ihren Einfluß mit anderen teilen mußte. Sie sah auch zutreffend, daß die Werke der Kunst und der Wissenschaft in einer vorwiegend auf materiellen Gewinn abgestellten Gesellschaft nicht mehr hinreichend beachtet, Künstler und Wissenschaftler weniger anerkannt wurden. Noch mehr Unbehagen verursachte die Forderung nach Verbreiterung der Bildungschancen. Das »Verlangen nach Bildung« werde zwar mehr und mehr Menschen erfassen, ihnen letztlich aber doch nur als Sprungbrett für das berufliche Fortkommen dienen und damit abermals das »Begehren nach Wohlleben« fördern.[58]

Alle, die am Althergebrachten festhalten, ihren kirchlichen, politischen oder sozialen Besitzstand behaupten sowie den »Geist« vor der Vermassung bewahren wollten, sahen sich nun nicht etwa durch ein neues System, sondern durch Menschen herausgefordert. Der in diesen Kreisen herrschenden Auffassung zufolge führten die Liberalen den Wandel herbei, indem sie die Begehrlichkeit weckten, und der Mehrheit galt es auch hier als ausgemacht, daß die Juden die Avantgarde der Liberalen stellten. Diese machten es ihren Gegnern oft sehr leicht, sie zu Feinden des »deutschen Wesens« zu stempeln.[59] Sie engagierten sich nicht selten als Streiter für die Modernisierung des politischen Lebens, wobei sie manche überlieferten Einrichtungen ungestüm in Frage stellten und manchen, der sich nur mühsam neuen Erfordernissen anpassen konnte, mit Spott überschütteten. Dabei verübelte man es den Juden besonders, daß sie von den deutschen Mitbürgern die Lösung aus Traditionen verlangten, obgleich sie selbst als Gruppe dazu nicht oder nur sehr bedingt bereit waren.

Die kirchlichen, ständischen und intellektuellen Oppositionsgruppen fanden aber zunächst nur begrenzten Rückhalt in der Bevölkerung. Die Volksmehrheit in den Provinzen lebte in sozialer Rückständigkeit, so daß sie zunächst unansprechbar blieb. Die Gegner der Liberalen konnten sich daher lediglich an Handwerker, Bauern und untere Beamte in den Teilen des Reichs wenden, in denen der Bildungsstand besser, der ökonomische Wandel in vollem Gang war. Auch sie ließen sich mehrheitlich erst aktivieren, als das kapitalistische Wirtschaftssystem in eine akute Krise geriet, als die Zweifel an der Richtigkeit der amtlichen Politik allenthalben durchbrachen.

Die Einführung der Gewerbefreiheit, die Bildung moderner Großbetriebe auf Aktienbasis, der Zufluß großer Kapitalmengen nach Preußen und Deutschland, nachdem Paris infolge der französischen Niederlage als Zentrum des kontinentaleuropäischen Wirtschaftslebens erheblich geschwächt worden war, haben nur kleinen Schichten des Volkes Vorteile gebracht, die Mehrheit hatte Mühe zu begreifen, was sich vor ihren Augen abspielte.[60] In dem Maß, in dem das Vertrauen in die industrielle Zukunft Deutschlands zunächst wuchs, beteiligten sich auch ökonomisch unerfahrene Künstler, Gelehrte, Advokaten und Beamte an wirtschaftlichen Unternehmungen und Aktiengesellschaften. Sie ließen sich »von dem Zuge der realen Interessen, der durch das moderne Leben« ging, mitreißen und profitierten gelegentlich.[61] Einige beteiligten sich aus Unkenntnis aber an unseriösen Geschäften und verloren. Andere gerieten ins Hintertreffen, weil sie in Zeiten des Booms Besitz erwarben und die Folgekosten nicht tragen konnten. Sie registrierten verbittert, daß eine kleine Schicht innerhalb kurzer Zeit wohlhabend wurde, sie selbst aber weit abgeschlagen zurückblieben. Damit verschob sich das soziale Gleichgewicht in den wenigen Zentren des ökonomischen Wachstums sehr entscheidend. Dessen unerwünschte Begleiterscheinungen haben gerade einen Teil des politisch bewußten Wählerpotentials der Nationalliberalen und der Fortschrittspartei getroffen und dort eine »allgemeine Verstimmung« hervorgerufen. Man fühlte sich wehrlos einer anonymen Macht ausgeliefert und sah keine Versuche, sie einzudämmen. Noch vor Beginn der allgemeinen Depression bildeten die während der Hochkonjunktur benachteiligten städtischen Mittelschichten den »Herd der Opposition«. Aufmerksame Beobachter erwarteten schon zu Beginn des Jahres 1873 eine von den »Gebildeten« ausgelöste »heftige Reaktion« gegen das neue »System«.[62]

Am Anfang blieb es noch bei der Kritik an Symptomen. Die einen forderten eine Revision des Aktienrechts, andere staatliche Kontrollen der Unternehmerinitiativen oder eine weitgehende Beschränkung der Börsentätigkeit. Nur so könnte, so meinten selbst urteilsfähige Menschen, die Verbreitung »völlig unsittlicher Begriffe über Recht und Unrecht, Mein und Dein« in den wirtschaftlich einflußreichen Kreisen der Gesellschaft unterbunden und den »ererbten moralischen Anschauungen« wieder Geltung verschafft werden.[63]

Es blieb aber nicht lange bei der Kritik an den sogenannten »Auswüchsen« der Entwicklung. Einsichtige Beobachter erkannten sofort, daß Deutschland einen so grundlegenden Wandlungsprozeß durchmachte, daß mit einem Herumkurieren an Symptomen nichts gewonnen war. Nachdem insbesondere die durch den Wirtschaftsaufschwung ausgelöste »Preisrevolution« alle »Gehalts- und Steuerreformen« zunichte gemacht hatte, mußte der Staat eingreifen, um eine einschneidende Umschichtung des Besitzes zu verhindern.[64] Teile der Beamtenschaft, zahlreiche Angehörige der freien Berufe, namentlich Ärzte, Rechtsanwälte und Publizisten, sowie Einzelhändler, kleine Unternehmer und selbständige Handwerksmeister, die die

Konjunktur nicht zu nutzen verstanden hatten, begannen sich als Avantgarde »des sozialen Kampfes« zu formieren. Die Auseinandersetzungen, die zunächst zurückhaltend geführt wurden, nahmen nach Ausbruch der wirtschaftlichen Depression schärfere Formen an und wurden öffentlich ausgetragen.[65] Die Opposition gegen die Wirtschaftspolitik bestand zu einem Teil aus engagierten Demokraten der 48er Bewegung sowie enttäuschten Parteigängern der Nationalliberalen.[66] Ihre Kritik an der immer offener zutage tretenden Interessenpolitik der Mehrheitspartei des Reichstags fand angesichts der wachsenden wirtschaftlichen Schwierigkeiten und sozialen Spannungen allgemeine Beachtung. Das Argument der Liberalen, die Krisenerscheinungen seien nicht Folge einer fehlerhaften Politik, sondern mehr oder weniger erwartete Anpassungsschwierigkeiten in ökonomischen »Übergangszuständen«, beruhigte die von der Entwicklung Betroffenen in keiner Weise.[67]

Im Gegensatz zu den Konservativen, die sich nicht scheuten, die Regierung direkt anzugreifen und massiv unter Druck zu setzen,[68] wagten die Bürgerlichen und namentlich die intellektuellen Gegner der liberalen Ära nur sehr zurückhaltend Kritik am Kanzler zu üben. Ihnen fiel es leichter, die Ratgeber Bismarcks anzuklagen. Bar aller Hemmungen waren sie dagegen bei Attacken auf die Fürsprecher des Wirtschaftsliberalismus im Reichstag. Resonanz weit über den Kreis der sozial Gefährdeten hinaus fanden sie aber nur, wenn sie – wie vorher schon die Christen – von den eigentlichen Schwierigkeiten ablenkten und den Juden die Verantwortung für alle Übel aufbürdeten. Wer keinen Einblick in die komplizierten wirtschaftlichen Entwicklungsprozesse hatte, nahm die Behauptung, die Börse sei ein »jüdischer Schwindel«, ebenso hin wie die unsinnige Unterstellung, in der Gründung von Aktiengesellschaften lasse sich die »jüdische Absicht« erkennen, das deutsche Volk auszuplündern. Mit diesen und anderen demagogischen Formeln waren leicht Emotionen zu wecken. Insbesondere aber konnte nur so im Obrigkeitsstaat gefahrlos Opposition getrieben werden.[69] Mit der Behauptung, »das Judentum« repräsentiere das »angewandte, bis zum Extrem durchgeführte Manchestertum« und dieses beherrsche das gesamte öffentliche Leben Deutschlands, ließen sich alle Gegner des Liberalismus einfangen und zu einer Interessengemeinschaft zusammenschließen. Gegen den vermeintlich jüdischen »Manchesterliberalismus« opponierten ungeachtet aller noch so tiefen Gegensätze vereint Katholiken und Protestanten, Christen und Atheisten, Konservative und antiständische Demokraten, Partikularisten und Unitaristen. Der Mehrheit der Opponenten kam es darauf an, so die »Verantwortung für die eigenen Verluste, die eigene Torheit und den eigenen Leichtsinn auf andere Schultern abzuwälzen«.[70]

Welche Anstrengungen die intellektuellen Manipulatoren des Antisemitismus auch unternahmen, es gelang ihnen zwar, die politisch Enttäuschten oder wirtschaftlich Geschädigten anzusprechen, einen Ausgleich für deren verlorenes Sozialprestige oder ein praktikables Programm zur Meisterung der anstehenden Schwierigkeiten vermochten sie nicht zu bieten. Mit Klagen über die Nöte der Zeit und Anklagen gegen die Juden war den Interessen der Unzufriedenen in keiner Weise gedient.[71]

Die unter den besonderen Bedingungen der Reichsgründungszeit aktualisierten gruppenspezifischen Strömungen der Judenfeindschaft vereinigten sich erst zur großen politischen Bewegung des Antisemitismus im Zusammenhang mit dem entscheidenden Kurswechsel in der Innenpolitik des Kaiserreichs. Friedrich Meinecke hat auf die Tatsache hingewiesen, daß der Liberalismus in Deutschland politisch erst zur Entfaltung gelangte, als die »soziale Umschichtung begann, die alle Harmonien des nationalen wie des klassischen wie des wirtschaftlichen Liberalismus zerstörte«.[72] Da der Liberalismus nicht in der Lage war, den veränderten Bedingungen in Politik und Gesellschaft Rechnung zu tragen, die Herausforderung anzunehmen und neue Harmonien herzustellen, verlor er rasch den Rückhalt im Volk. Als Bismarck sein Bündnis mit den Nationalliberalen aufkündigte, weil er mit ihnen die Schwenkung in der Innen- und Wirtschaftspolitik nicht durchführen zu können glaubte, bemühte er sich bei Parteien um Unterstützung, die in ihrer Opposition gegen den Liberalismus den Antisemitismus toleriert oder sogar als brauchbar zur Gewinnung einer Massenbasis gefördert hatten.

Sobald der Bevölkerung bewußt wurde, daß die amtliche Politik auf antiliberalen Kurs ging, paßte sie sich rasch den neuen Gegebenheiten an,[73] wobei sich das gebildete Bürgertum teilweise durch besonderen opportunistischen Eifer hervortat.

Diese Intellektuellen überboten sich in Beteuerungen, wie sehr sie den Umschwung herbeigesehnt, ihn sogar vorbereitet hätten. Die Zahl derer, die ihre konservative Grundhaltung entdeckten und sich plötzlich den ökonomisch Bedrängten verpflichtet fühlten, war sehr groß.[74] Freilich vollzogen auch manche den Wandel aus Überzeugung, weil sie erfahren hatten, daß der Liberalismus keine Antwort auf die Frage wußte, wie sich das Individuum im modernen zentralisierten Staat den anonymen Mächten in Wirtschaft und Verwaltung gegenüber behaupten sollte.

Als Bismarck zu erkennen gab, daß er im Kampf gegen die Nationalliberalen und die Fortschrittspartei auch den Antisemitismus als massenwirksames Agitationsinstrument einzusetzen bereit war, gaben manche die bisher geübte Zurückhaltung und moralische wie intellektuelle Scheu auf. Wissenschaftler, Beamte, Theologen und angesehene Publizisten veröffentlichten Polemiken und tendenziöse Abhandlungen, in denen sie oft ihre Unkenntnis noch mehr unter Beweis stellten als ihre Voreingenommenheit.[75] Zeitungen, Zeitschriften und Verlage witterten die Konjunktur und öffneten ihre Spalten oder Organe den neuen Demagogen und trugen dem Ungeist der Zeit in der einen oder anderen Form Rechnung.

Nicht minder entscheidend war, daß Ratgeber Bismarcks, regierende Fürsten, einflußreiche oder politisch aktive Kreise des Adels die Antisemiten materiell und durch Protektion förderten.[76] Dabei ist überall das Bemühen erkennbar, der antisemitischen Agitation »eine breitere Grundlage« zu geben und insbesondere die »Parteien mit ins Interesse« zu ziehen.[77] Auf diese Weise sollte die Machtbasis der Nationalliberalen Partei zerschlagen und der Fortschrittspartei jeder Rückhalt in der Wählerschaft genommen werden. In einem stark autoritätsgläubigen Volk bedeutete es viel, wenn man sich auf hochgestellte Persönlichkeiten berufen konnte und von diesen sogar Gunstbeweise erhielt. Sie waren fast immer mit einem Lob der nationalen Zuverlässigkeit all derer verbunden, die von der Einsicht der Obrigkeit mehr erwarteten als vom Verantwortungsbewußtsein parlamentarischer Parteien und demokratischer Gremien. In dem Maß, in dem Bismarck, die Ministerialbürokratie und der Adel den liberalen Parteien Versagen angesichts der sozialen Frage vorwerfen konnten, war nicht nur der Machtanspruch der Regierung auf Kosten des Reichstags zu stärken, sondern den Liberalen auch eine indirekte Schuld für den Aufstieg der staatsfeindlichen Sozialdemokratie anzulasten. Die Polarisierung der Gesellschaft wurde bewußt in Kauf genommen, um den Einfluß des Liberalismus einzudämmen und die Abwanderung der sozial deklassierten oder bedrohten Angehörigen des alten Mittelstandes zur Sozialdemokratie zu verhindern. Der Antisemitismus sollte also nicht zuletzt dazu dienen, größere Bevölkerungsgruppen gegen den Sozialismus zu immunisieren. Er wurde in seinen mannigfachen Schattierungen zum entscheidenden Vehikel zur Nationalisierung der Massen. Dadurch, daß ständig das Bild einer starken und homogenen jüdischen Minderheit beschworen wurde, ließ sich die Notwendigkeit, die eigene Gemeinschaft zu festigen, leichter begründen. Nach einer Periode vermeintlicher nationaler Erschlaffung entfesselten die Antisemiten »eine Bewegung« im Volk, »die in kräftiger Reaktion den nationalen Gedanken vielleicht zu scharf zuspitzte«, die aber von vielen trotz starker Vorbehalte als »Mittel zur Verjüngung und Belebung der Volkskraft« akzeptiert wurde.[78]

An den Bestrebungen, eine Bewegung gegen Liberalismus und Sozialismus zu organisieren, sie zu prägen und damit das Wohlwollen Bismarcks zu erringen,[79] haben sich vornehmlich in der Politik unerfahrene, ehrgeizige und vielfach sehr junge Männer beteiligt. Da die Hoffnung auf eine

Neuorientierung in der Innen- und Wirtschaftspolitik aus unterschiedlichsten Motiven sehr stark war, erzielten sie rasch Erfolge, ja sie wurden gelegentlich im Überschwang sogar als »Führer der neuen Reformation in Deutschland« gefeiert,[80] weil sie aussprachen, »was bereits lange in den Herzen von Millionen geschlummert« habe.[81] Es besteht kein Zweifel, Stoecker, Treitschke und die vielen großen und kleinen Demagogen haben die Konjunktur weidlich genutzt und artikuliert, was die Bevölkerung an Zweifeln, Ängsten und Nöten quälte. Aber Befähigungen zur Reform oder auch nur zu einer konstruktiven Politik in Teilbereichen besaßen sie nicht. Das hat dazu geführt, daß die Antisemiten von vielen Parlamentariern und Politikern niemals ernst genommen wurden. Angesichts der intellektuellen Dürftigkeit der meisten Reden und Schriften und des Fehlens klarer Programme und politischer Forderungen glaubte zunächst auch niemand an den Erfolg der Agitation. So ist der Volksverhetzung von keiner Seite entschlossen begegnet worden. Damit entstanden Schäden, die nicht mehr zu reparieren waren. Vor allem hat der Antisemitismus auf diese Weise zu der starken Deformation des deutschen Nationalismus beigetragen.

Ungehindert rollte seit 1878 eine antisemitische Agitationswelle nach der anderen über das Land hinweg. Zahllose Schriften, Broschüren, Traktate und Flugblätter wurden gedruckt und teilweise in hohen Auflagen verteilt. Zeitschriften und Zeitungen unterschiedlichsten Niveaus erschienen, wenn auch zumeist nur für kurze Zeit. Unbedeutende Provinzblätter, die nur mühsam ihren Leserstamm halten konnten und oft große Existenzsorgen hatten, erwiesen dem Ungeist der Zeit ihre Reverenz.[82]

Erstes Ziel der antisemitischen Demagogie war es, eine politische Trendwende bei den Wahlen herbeizuführen. Insbesondere sollte das Wählerpotential der Fortschrittspartei dezimiert werden. Diese Intention sowie die Tatsache, daß die antisemitischen Journalisten und Redner wie Wilhelm Marr, Otto Glagau, Franz Perrot, Bernhard Förster und andere letztlich doch Kinder der liberalen Ära waren, führten dazu, daß sie sich vornehmlich an das städtische Bürgertum wandten und die Aktionen auch vielfach auf die Städte beschränkt blieben. Erst nach und nach stellte sich heraus, daß das Echo in der Provinz lebhafter war[83]. Sehr schnell fanden sich daher Lehrer, Beamte, Pastoren, Handlungsreisende und ehemalige Offiziere dienstbeflissen bereit, im Kreis Gleichgesinnter und Untergebener oder auch unter ihren Anhängern Flugblätter zu verteilen, Schriften zu verschenken oder anzupreisen und damit sogar Menschen zu beeinflussen, die noch niemals Berührung mit Juden gehabt hatten, die unter keinerlei Beschwernissen litten, sondern nur, weil es in ihrer Umgebung so üblich war, die Juden ablehnten oder verketzerten.[84]

Von vielen Seiten gingen Vorschläge zur Verbesserung und wirksamen

Ausgestaltung der Agitation ein. Namhafte Gönner halfen bei der Erschließung von Geldquellen und bei der Anknüpfung wichtiger Verbindungen, der Absicherung bestimmter Aktionen und der Werbung mächtiger Sympathisanten. Sofern die antisemitischen Demagogen bei ihrem Vorgehen noch Bedenken hatten, wurden sie durch die Woge der Zustimmung und Sympathie aus allen Teilen des Landes vollkommen beseitigt. Prinz Carl zu Hohenlohe-Ingelfingen – um nur eine aus der großen Zahl ähnlicher Stimmen zu nennen – bat Marr in »aufrichtiger Bewunderung«, in seinen Anstrengungen auf keinen Fall nachzulassen. »Also frisch in den Kampf«, so ermunterte er ihn nach der Versicherung, sich beim Fürsten Pleß für materielle und ideelle Förderung eines von Marr geplanten Zeitschriftenprojekts verwenden zu wollen, »wenn auch nicht die preußische Armee, so ist doch ein recht ansehnliches Kontingent von Sympathie mit und hinter den Streitern«.[85]

Sehr bald begannen Überlegungen, wie die einmal erworbenen Sympathien in politischen Willen umgesetzt und die Menschen, die indoktriniert waren, in den Dienst antiliberaler Politik gestellt werden könnten. Da es keine Organisation gab, in der sie Aufnahme finden konnten, mußte eine solche geschaffen und damit verhindert werden, daß entweder die Sozialdemokraten oder die Katholiken »die Agitation sehr geschickt benutzen und die Früchte in politischer Beziehung ernten« könnten.[86]

Der erste Impuls zur Parteibildung kam von einer Seite, von der er am wenigsten erwartet worden war. In Berlin rief Anfang 1878 Hofprediger Adolf Stoecker eine Christlich-soziale Arbeiterpartei mit dem erklärten Ziel ins Leben, Arbeiter und Handwerker mit der bestehenden Staatsordnung zu versöhnen und der Sozialdemokratie abspenstig zu machen. Trotz großen Propagandaaufwands gelang es ihm jedoch nicht, das Mißtrauen der Arbeiter gegen Staat und Kirche zu überwinden. Er gewann kaum Arbeiter, dafür aber die von den Antisemiten aktivierten Angehörigen des ökonomisch bedrohten, kirchlich noch gebundenen Mittelstandes in Berlin sowie im mitteldeutschen Raum. Diese Menschen waren bewußtseinsmäßig schon so stark fixiert, daß sie Stoecker sehr nachhaltig drängten, in dem von ihnen gewünschten Sinn zur »Judenfrage« Stellung zu nehmen.[87] Er zögerte zunächst, weil er wußte, daß ein Christ das Evangelium der Liebe und nicht Haßparolen zu verkünden habe, gab dann aber dem Druck seiner Anhängerschaft nach. Am 19. September 1879 hielt er seine erste antisemitische Rede und verstieß damit gegen die von seinem Amt geforderte Neutralität. Vom Fanatismus der Hörer und seiner eigenen Beredsamkeit mitgerissen, begann Stoecker seine Wirksamkeit. Sie kann in den Folgen für die politische und geistig-kulturelle Entwicklung Deutschlands kaum überbewertet werden.

Stoecker hatte die Mentalität seiner Versammlungsbesucher richtig eingeschätzt. Er artikulierte die Befürchtungen und Hoffnungen dieser Menschen so präzis, daß er immer größeren Zulauf hatte. Binnen kurzem war er ein vielumworbener, gefeierter Volkstribun. Dank seiner Stellung und seines Geschicks erreichte er alle Kreise des Bürgertums, namentlich aber die Jugend. Niemand hat so nachhaltig wie er zur »Mobilisierung des Mittelstandes und des akademischen Nachwuchses« beigetragen. Er hat die Formel geliefert, nach der in den folgenden Jahrzehnten jene »Legierung von Antisemitismus und Nationalismus« entstand,[88] die sich als so fest erwies, daß sie bis in die Mitte des zwanzigsten Jahrhunderts hinein erhalten blieb.

Dauernde organisatorische Erfolge waren Stoecker allerdings versagt. Da er einen Parteiapparat nur in der Reichshauptstadt aufbaute, stieß er überall auf den Widerstand der Sozialdemokraten und der Fortschrittspartei und kam damit über ein Anfangsstadium nicht hinaus. Die von ihm betriebene Agitation in den Ländern und Provinzen des Reiches versuchte er nie organisatorisch zu nutzen, obwohl ihn Freunde und Ratgeber diesbezüglich bedrängten. Dafür fehlten ihm Fähigkeiten und geeignete Mitarbeiter. Es besteht aber kein Zweifel, daß Stoecker bei seinen politischen Aktivitäten außerhalb Berlins größere Erfolge zu verzeichnen hatte als in der Hauptstadt selbst.[89] Der zum Stoeckerkreis gehörende Reichstagsabgeordnete Hans Leuß hat durchaus nicht nur parteipolitische Zweckpropaganda betrieben, als er fünfzehn Jahre nach Stoeckers erster antisemitischer Rede erklärte, der Hofprediger würde längst »an der Spitze einer antisemitischen Fraktion von 50 – 80 Mann im Reichstag« stehen, wenn er nur »die Hälfte der Arbeit, die er an Berlin verschwendet hat, der Provinz gewidmet und hier nach der rednerischen Arbeit auch organisiert« hätte.[90]

So leicht und problemlos, wie Leuß es sich dachte, war nun allerdings die Organisation der Antisemiten nicht. Sie waren sich einig in der Feindschaft gegen die Juden, nicht aber über den Kreis der Bundesgenossen und Förderer. Auf ein gemeinsames politisches Programm vermochten sie sich infolge der gegensätzlichen Auffassungen in ökonomischen, sozialen, religiösen und ideologischen Fragen nicht festzulegen. Das wurde schon in der Anfangszeit der sogenannten Berliner Bewegung sichtbar. Kaum hatte Stoecker den ersten größeren Mitgliederzulauf in seiner Partei zu verzeichnen, da drängten sich diejenigen heran, die dem evangelischen Theologen auf keinen Fall das Feld überlassen wollten. Im Herbst 1879 gründete der Atheist Wilhelm Marr mit Unterstützung seiner kirchlich nicht gebundenen Anhänger die Antisemitenliga, in der antichristliche Tendenzen die Oberhand hatten, die Juden als fremde Rasse bekämpft und diffamiert wurden.[91] Das Experiment mißlang vollständig. Es hat aber anderen, geschickteren Organisatoren als Modell gedient, obwohl auch die folgenden

Versuche zur Parteien- und Verbandsbildung in Berlin wie in der Provinz fehlschlugen.

Auf ganz andere Weise versuchten Bernhard Förster und Max Liebermann von Sonnenberg die Antisemiten zusammenzuführen. Ihrer Auffassung nach war eine gemeinsame Aktion das geeignete Mittel. So setzten sie im Sommer 1880 eine Petition an den Reichskanzler in Umlauf, in der unter anderem der Ausschluß der Juden aus staatlichen Stellungen und speziell aus dem Lehrberuf gefordert wurde. Diese Petition sollte in ganz Deutschland verbreitet werden und den »Charakter eines Plebiszits« erhalten.[92] Um dem einfachen Bürger Mut zur Unterschrift zu machen, wurde die Aufforderung zur Beteiligung an der Petition von prominenten Männern des öffentlichen Lebens unterstützt. Besonders bedeutsam war es in diesem Zusammenhang, daß Förster, dank der akademischen Wirksamkeit der Herren Treitschke, Wagner, Dühring und einiger anderer Hochschuldozenten, die Studenten aktivieren und für die Agitation zugunsten der Petition gewinnen konnte. Im Oktober 1880 richtete der Jurastudent Dulon ein Schreiben an die Studenten aller Hochschulen, in dem er sie zur Unterzeichnung der Petition aufforderte und sie darüber hinaus bat, sich aktiv an der Unterschriftensammlung zu beteiligen. Unverzüglich bildeten sich an vielen Universitäten Ausschüsse zur Vorbereitung dieses sogenannten Plebiszits. Aus ihnen formierten sich schon zu Beginn des Jahres 1881 in Berlin, Halle und Breslau die ersten Vereine deutscher Studenten. Der Tatendrang der akademischen Jugend war so groß, der Liberalismus schon so weit diskreditiert, daß binnen Jahresfrist ein Teil der deutschen Studenten an fast allen Hochschulen in den Sog des Antisemitismus geraten war.[93]

Die Bemühungen dagegen, die Handwerker in einem großen antijüdischen Interessenverband zusammenzuführen und so verstärkt politischen Einfluß auszuüben, blieben zunächst in den Ansätzen stecken. Der Initiator, Reichsfreiherr von Fechenbach-Laudenbach, konnte zwar ein »Aktions-Comitee« zur Vertretung der Interessen des deutschen Handwerks bilden, aber es gelang doch nur in einigen Ländern und Provinzen, Fuß zu fassen und ein politisches Bewußtsein, vornehmlich beim Nachwuchs, zu entwickeln.[94] Der bayerische Aristokrat ließ dabei sehr bewußt an »die Leidenschaften der Menschen appellieren«, um zum Erfolg zu kommen. Ihm war sowenig wie Stoecker und den einflußreichen Förderern im Hintergrund bewußt, wie schwer Emotionen, einmal entfesselt, wieder unter Kontrolle gebracht werden können.

Bereits 1880 entdeckten kirchliche und konservative Kreise, daß ihre antisemitischen Zöglinge eigenwillig waren. Die Geister, die sie gerufen hatten und die so bereitwillig gekommen waren, gehorchten ihren Winken nicht mehr. In Berlin ließ sich der kaum 27jährige Dr. Henrici in einer Rede in den Reichshallen im Dezember 1880, vom Beifall seiner Hörer mitgerissen, zu Haßausbrüchen gegen die Kirchen verleiten. Er wurde von dem Fanatismus, den er entfesselte, selbst fortgetragen. Seine Forderungen wurden immer maßloser; unter dem Einfluß seiner Hetzreden kam es nicht selten zu Tumulten, Widersetzlichkeiten gegen behördliche Anordnungen und Ausschreitungen.[95] Bedenkenlos und überheblich ignorierte er die Mahnungen seiner etablierten Gönner und Verbündeten, nachdem er unter dem Eindruck seiner sogenannten Erfolge jedes Augenmaß verloren hatte. Ohne jeden Skrupel bezeichnete er sich selbst als »Brandstifter«.[96] Dies war kein Einzelfall. Die Eskalation des Hasses und der Gewalt griff zudem von Berlin auf die Provinzen über, in denen Förster und andere große und kleine Demagogen nach eigenem Eingeständnis nichts unterließen, um zu »wühlen und [zu] hetzen« und die Bevölkerung ganz bewußt in Pogromstimmung zu versetzen.[97]

Unter Berufung auf die durch sie entfachte Erregung des Volkes wollten die Antisemiten die Regierungen in Reich und Ländern, insbesondere aber die Parlamente und in ihnen namentlich das Zentrum und die Konservativen zu einem entschiedeneren Vorgehen gegen Nationalliberale, Fortschrittspartei und die ohnedies schon verfolgten Sozialdemokraten veranlassen. Gewaltanwendung, so wußten die Judenhasser, ließ sich jedoch nur fordern, wenn man den Gegnern unterstellte, sie seien zu Gewalttaten entschlossen. So wurden die Juden nicht mehr nur als die heimlichen Herren und Herrscher der Welt denunziert, sondern mehr und mehr als die Wegbereiter und Strategen des Umsturzes, die Aktivisten und Führer der Nihilisten.[98] Indem man die Juden bezichtigte, den Staat zerstören zu wollen, und sie mit den Anschlägen und Attentaten der »Nihilisten« in Rußland in Verbindung brachte, ließ sich nicht nur der eigene Fanatismus rechtfertigen, sondern planmäßig die Angst als Mittel zur Militarisierung und Nationalisierung der deutschen Bevölkerung einsetzen.[99] Die Sicherheit des Einzelnen, der Schutz der Gemeinschaft seien nur gewährleistet, wenn das gesamte Volk von einem Willen beherrscht werde, einheitlich reagiere und Auseinandersetzungen über die Richtigkeit einer bestimmten Politik als gemeinschaftsgefährdend unterbunden würden. Die Antisemiten gaben also vor, ihre Triebkraft sei »reiner Patriotismus«, insbesondere »das einfache und schlichte Pflichtgefühl, für die geistigen Güter des eigenen Volkes sorgen zu müssen«.[100] Im Klartext hieß dies, im nationalen Staat dürfe ein Meinungspluralismus nicht geduldet werden. Opposition wurde zum »Verbrechen« erklärt. Unmerklich und von den Zeitgenossen kaum beachtet, wurde so nach und nach die Politik sakralisiert, an die Stelle des religiösen trat ein weit effektiverer politischer Dogmatismus. Alles, was die Kritiker ehedem der Kirche angelastet hatten, das praktizierten nun die

Apostel des bürgerlichen Nationalismus sehr viel entschiedener und hemmungsloser.[101]

Damit hatten nun freilich die antisemitischen Führer und Propagandisten zunächst den Bogen überspannt. Wohl mußten viele, die den Antisemitismus in den Dienst ihrer Interessen gestellt hatten, mit Rücksicht auf die Anhängerschaft Zugeständnisse machen. Auf die Dauer ließen sich die allenthalben hervortretenden Gegensätze jedoch nicht überbrücken, sondern mußten ausgetragen werden. Katholiken und Protestanten engagierten sich vehement, als die Antisemiten nicht allein das Judentum, sondern mehr und mehr auch das Christentum angriffen. Entsetzt registrierten sie, daß der Gedanke des christlichen Staates verblaßte und die unterdrückte Generation sehr reale, diesseitige Interessen verfolgte. Die Anhänger der ständischen Ordnung empörten sich über die egalisierenden Tendenzen des neuen Nationalismus. Sie fühlten sich übervorteilt, weil die Schichten, die durch die Antisemiten politisiert worden waren, Mitspracherecht beanspruchten und von einer Rückkehr zur alten Sozialordnung absolut nichts wissen wollten. Einmal im Begriff, sich politisch und gesellschaftlich zu emanzipieren, dachten diese Gruppen nicht daran, die alten »Abhängigkeitsverhältnisse« als verbindlich anzuerkennen.[102]

Besonders für die Konservativen, die das Reichstagswahlrecht als das größte Übel betrachteten, war es eine herbe Enttäuschung, als sie gewahr wurden, daß die von den Antisemiten aktivierten und an die Urne geführten Wähler sich ihrer zahlenmäßigen Macht erfreuten und nicht bereit waren, auf diesen Vorteil wieder zu verzichten. Sie ließen sich von den Konservativen nicht mehr zu Aktionen wider das »Übel der Wahlen« anstiften und schon erst recht nicht davon überzeugen, daß politischer Verstand »stets bei Wenigen nur gewesen« sei und diese Wenigen allein in den Reihen der Konservativen zu finden seien.[103]

Früher oder später resignierten fast alle Antisemiten der ersten Stunde, und deren Förderer, soweit sie sich an historischen Leitbildern orientiert hatten, fühlten sich brüskiert und verhöhnt. Die Entwicklung war über die einen wie die anderen hinweggegangen. »Sie haben Sturm gesät«, schrieb der reichsparteiliche Abgeordnete Freiherr von Frankenberg an Marr, dem er selbst die Mittel für die *Deutsche Wacht* beschafft hatte, »und sind unangenehm überrascht, daß die Saat stürmisch in die Halme schießt und den Sämann überwuchert!« Aber er hielt keinen Trost bereit. Er hatte zwar stets an den Methoden Marrs Anstoß genommen, den Zweck des Treibens jedoch unterstützt. Deshalb verlor er ebenso wie Marr das Gleichgewicht, als einige Gruppen der Antisemiten für eine Arbeitszeitbegrenzung eintraten und sozialpolitische Forderungen stellten, die er als revolutionär empfand.[104]

Die antisemitische »Bewegung« war also von Anfang an uneinig. Die tiefen sozialen und ideologischen Gegensätze waren nicht zu überwinden, und so kam es nie zu der erstrebten Aktionsgemeinschaft aller »Gesinnungsgenossen«.

Die ältere Generation des Besitz- und Bildungsbürgertums, die den Antisemitismus in Dienst genommen hatte, weil das Reich Bismarcks so ganz und gar nicht ihren Erwartungen entsprach, jene Generation, deren Kulturpessimismus Ausdruck der Hilflosigkeit angesichts des tiefen wirtschaftlichen und industriellen Strukturwandels in Deutschland war, begriff nicht den Fortschrittsoptimismus der Jüngeren und den pragmatischen Realismus der in die Politik eingetretenen Mittelstandsschichten. Theodor Fritsch, der seinen Lehrmeister Marr, kaum daß er politisch aktiv geworden war, einen »alten unpraktischen 48er« nannte, polemisierte sofort gegen dessen Pessimismus. Dieser sei, so schrieb er ihm 1886, wohl geeignet gewesen, »die Gemüter aufzuschrecken und zu einer mächtigen Gegenwehr anzuspornen«, aber damit habe er sich schon erschöpft. Fritsch charakterisierte die Triebkraft der antisemitischen »Bewegung« im ersten Jahrzehnt nach der Reichsgründung mit dieser Bemerkung durchaus zutreffend. Außer Stoecker, der im ungebrochenen Glauben an die Zukunft seiner Kirche lebte und seine Judenfeindschaft mit politischen Zielvorstellungen verband, haben die Antisemiten nur in Frage gestellt und den Boden vorbereitet für andere, die ihn bebauen konnten und mit »der positiven Arbeit« [105] beginnen wollten.

Die »positive Arbeit« bestand insbesondere in der Agitation in kleinen Kreisen, vornehmlich unter den Heranwachsenden. So ließen sich zwar die tiefen Gegensätze zwischen den Antisemiten nicht überbrücken, der Zerfall in zahlreiche sich befehdende Gruppen war nicht zu verhindern. Aber es war bedeutsam, daß der Antisemitismus in die Kreise der akademischen Jugend ebenso eindrang wie in die sozialen Aufstiegsschichten. Er war nicht, wie fortschrittsgläubige, rational argumentierende Zeitgenossen meinten, ein »krasser Aberglaube« oder eine »versuchte Wiederbelebung mittelalterlicher Zustände«,[106] sondern die erste bürgerliche Gegenbewegung gegen die Prinzipien der modernen Gesellschaft. Zur eigenständigen politischen Kraft konnte sich diese Bewegung jedoch nicht entwickeln, weil sie alle Widersprüche und Gegensätze jener bürgerlichen Gesellschaft in sich reproduzierte. So blieb als einziges bindendes Element der Haß gegen die Juden. Alle echten Chancen, sie in die deutsche Gesellschaft zu integrieren, wurden dadurch zerstört. »Das Judentum steht darum«, so schrieb 1885 nach der ersten Hochflut des Antisemitismus ein Propagandist des neuen Nationalismus, »vor einer Katastrophe, die mit seinem Untergange oder der Zurückdrängung in sein mittelalterliches Schicksal enden muß.« [107]

III

Ein so hochgradiger Erregungszustand, wie er im Jahrzehnt nach der Reichsgründung die deutsche Gesellschaft erfaßte, wirkte sich auch auf die Nachbarvölker aus. In dem Maß, in dem politische und geistige Bewegungen von Deutschland nach Südost- und Osteuropa ausstrahlten, drang der Judenhaß in die Völker dieser Gebiete, besonders Österreich-Ungarns und Rußlands, ein. Es gab kaum einen deutschen antisemitischen Publizisten, der im Machtbereich der Donaumonarchie nicht gelesen wurde und einen Kreis von Anhängern fand. Gelegentlich klagten die deutschen Antisemiten sogar ingrimmig darüber, daß ihr Einfluß in »Halb-Asien« stärker als in Deutschland selbst sei.[108] Damit überschätzten sie allerdings ihre Bedeutung. Ein krankhaft übersteigertes Selbstbewußtsein ließ sie glauben, alle großen Entwicklungen in der Welt seien von Deutschland ausgegangen und daher müsse das auch für den Antisemitismus gelten.[109]

Wie in Deutschland kam auch in Österreich »die mächtigste Reaktion« gegen die Juden von der katholischen Kirche. Es war die Protestbewegung gegen die Emanzipation und die gesellschaftliche Gleichberechtigung der Juden mit den Christen. Wie wenig die durch keinen Kulturkampf aufgeschreckten Katholiken in Österreich-Ungarn aber auf diese Kampagne vorbereitet waren, zeigt sich darin, daß sie allenthalben in Deutschland Beistand suchten. Die Berufung des dort durch sein Pamphlet *Der Talmudjude* zu trauriger Berühmtheit gelangten Domherren August Rohling an die Universität Prag war gewiß ein Ausnahmefall, obwohl er erkennen läßt, daß auch in der Doppelmonarchie die Antisemiten einflußreiche Gönner hatten.[110]

Wichtiger waren die Kontakte der Publizisten und Agitatoren untereinander. Journalisten und Zeitungsverleger wie von Zerbour, Psenner, Beruth, Masaidek und andere unterhielten enge Verbindungen zu deutschen Antisemiten und haben längere Zeit von »geistigen Anleihen« aus Deutschland gelebt.[111] Es besteht kein Zweifel, die österreichischen Antisemiten haben sich bis in die Mitte der achtziger Jahre des neunzehnten Jahrhunderts hinein von ihren deutschen »Prinzipien- und Kampfgenossen« Argumente und Informationen für die Agitation liefern lassen. Lange Zeit klagten sie über die »Indolenz» der Konservativen in Österreich, vor allen Dingen über den mangelnden Rückhalt bei amtlichen Stellen, namentlich bei den einflußreichen Militärbehörden.[112] Vornehmlich, um die Antisemiten in der Donaumonarchie zu stärken, wurde am 11. und 12. September 1882 in Dresden ein »Internationaler antijüdischer Kongreß« veranstaltet, zu dem ausländische Teilnehmer nur aus Österreich und Ungarn kamen. Das zum Abschluß verkündete *Manifest an die Regierungen und Völker der durch das Judenthum gefährdeten christlichen Staaten* trug den Empfindlichkeiten der einzelnen Nationalitäten und den religiösen Bindungen der Menschen im Habsburgerreich Rechnung. Die »christlichen Völker« müßten die Judenfrage wie in der Vergangenheit die »arabische, die tatarische und die türkische Frage« lösen. Zuerst gelte es, zu agitieren und »die energische Organisierung« einer »Selbstverteidigungsbewegung« in Angriff zu nehmen; dann müßten Aktionen »in den Parlamenten, in den Bezirks- und Kommunalvertretungen« folgen, endlich in allen Städten und Regionen Aktivisten in »Schutzvereinen« und diese in »Landes-Central-Komitees« zu größeren Einheiten zusammengefaßt werden.[113]

Dieselben Kreise wie in Deutschland trugen den Antisemitismus auch in Österreich und in Ungarn: katholische und protestantische Laien und Geistliche, konservative Aristokraten, höhere Beamte sowie politisch und geistig unsicher gewordene Akademiker. In Ungarn, wo die soziale Differenzierung der Bevölkerung noch nicht weit fortgeschritten war, läßt sich besonders überzeugend aufzeigen, wie bewußt der Antisemitismus im Volk verbreitet wurde. Victor von Istóczy, der ungarische Reichstagsabgeordnete und rastlose Organisator der magyarischen Antisemiten,[114] fand anfänglich nicht in seinem Volk, sondern bei den deutschen Gesinnungsgenossen den erwünschten Rückhalt. Erst nachdem sie – so gestand er Marr in einem Brief – »die Judenfrage im deutschen Reich in Fluß« gebracht hätten, seien die Voraussetzungen dafür geschaffen, daß sie »auch außerhalb Deutschlands eine akute politische Tagesfrage werden« könne.[115] Die Deutschen sollten mit ihren Aktionen den Ungarn den Weg bahnen, den ideologischen Fundus bereitstellen, aus dem sich auch Istóczy und seine Freunde versorgen konnten. Sie hatten selbst kaum etwas Konkretes gegen die Juden in ihrem Land vorzubringen, aber sie spürten die »Wellenschläge der deutschen Bewegung«, und dadurch allein wurden sie aufgeschreckt.

Anfang November 1879 drängte Istóczy seine deutschen Freunde, »die Judenfrage« doch endlich »vor die Parlamente zu bringen«. Nachdem erprobt sei, daß besonders die politischen Ereignisse in Berlin »den größten Einfluß« auf die ungarischen »Culturbestrebungen« ausübten, sollte dort das Parlament zum Tribunal gemacht werden. Istóczy bat seine deutschen Vertrauten, »im preußischen Abgeordnetenhause die Judenfrage pure et simple – d. h. womöglich nicht mit irgendeinem anderen Gegenstande wie Wucher etc. vermengt« – zu diskutieren.[116] Ob die ungefähr ein Jahr später, am 20. und 22. November 1880, im preußischen Abgeordnetenhaus in Szene gesetzte große Judendebatte auf diese Anregung zurückgeht, läßt sich nicht entscheiden. Den Intentionen der Ungarn entsprach sie auf jeden Fall. Die in Berlin gehaltenen antisemitischen Reden wurden in entsprechend programmierten Kreisen Österreichs und Ungarns verbreitet, eingehend erörtert und propagandistisch ausgenutzt.[117]

Zweifelsohne hat es auch in der Donaumonarchie in den Zentren der Industrialisierung und den rasch wachsenden Handels- und Wirtschaftsmetropolen große soziale Spannungen gegeben, aber die durch diesen Prozeß verängstigten und geschädigten bürgerlichen Schichten waren zahlenmäßig zu schwach, als daß sich die Antisemiten auf sie allein hätten stützen können. Größeren Zulauf fanden sie bei den unter den Nationalitätenkämpfen Leidenden, die – ob deutscher oder anderer Nationalität – oft eine ausgesprochene Profilneurose entwickelten. Der »Nationalitätenhader Österreichs« war nicht, wie Dr. Psenner, der Redakteur des *Österreichischen Volksfreundes*, seine Zeitgenossen glauben machen wollte, »ein Spiel der Juden«, sondern weit mehr eines der Antisemiten.[118] Sie haben sehr erheblich die nationalen durch antisemitische Ressentiments aufgeladen.

Die Manipulatoren des politischen Antisemitismus in den siebziger Jahren des neunzehnten Jahrhunderts waren überall vornehmlich Angehörige der alten Führungsschichten und Akademiker. Sie fühlten sich entweder einer christlich-abendländischen oder einer ständisch-konservativen Tradition verpflichtet und unterhielten – obwohl engstirnige Nationalisten – Kontakte zu Standes- oder Gesinnungsgenossen im Ausland. Sie bemühten sich teilweise bewußt um Allianzen mit ihnen. Die konfessionellen und ideologischen Bindungen wogen die nationalen noch auf. Die Anhänger dagegen fühlten sich weder einer europäischen Tradition noch einem allgemeinen kirchlichen oder ständischen Interesse verpflichtet. Je mehr Handwerker, Techniker, Angestellte, untere Beamte und Volksschullehrer, Bauern und Landwirte den Antisemitismus zu ihrer Sache machten, desto nationalistisch beschränkter wurde er. Er erhielt in jedem Land ganz spezifische Ausformungen, weil er jeweils mit den Sonder- oder Gruppeninteressen derer verbunden wurde, die ihn trugen.

Die Zusammenarbeit aller Gegner des Liberalismus läßt sich bei der Vorbereitung der Pogrome in Rußland besonders eindringlich nachweisen. Soweit zu erkennen ist, haben die zahlenmäßig starken Gruppen deutscher und österreichischer Staatsbürger, die im Zarenreich lebten oder dort zeitweilig arbeiteten, den antisemitischen Bazillus eingeschleppt. Er verbreitete sich nicht zuletzt aufgrund der Unterstützung durch deutschstämmige Russen sehr schnell. Da sich deutsche Fachleute während der Regierungszeit Alexanders II. relativ frei entfalten konnten, im öffentlichen Leben und speziell in der Wirtschaft auch einigen Einfluß besaßen,[119] konnten sie ungehindert antisemitische Schriften verbreiten und Kontakte zwischen deutschen und russischen Publizisten und Intellektuellen herstellen. Das Ergebnis war neben dem Informationsaustausch gelegentlich ein Ansatz zur Zusammenarbeit[120]. Deutschsprachige Zeitungen, wie der *St. Petersburger Herold*, die regelmäßig Berichtenswertes aus deutschen oder österreichischen Blättern zusammenstellten, brachten einem großen Leserkreis zum Bewußtsein, daß es in Deutschland und Österreich eine »Judenfrage« gebe.[121] Um die eigenen Behörden zu einem antijüdischen Kurs zu bewegen, lancierte der *Petersburger Herold* die Nachricht, die Juden stellten laut amtlicher Statistik mit 20 % die stärkste und aktivste Gruppe in der »nihilistischen Bewegung in Rußland«.[122]

Die Behauptung, Juden seien die eigentlichen Organisatoren des Nihilismus oder – wie sogar extreme deutsche Antisemiten zur Erzeugung starker Angstgefühle erklärten – die Partei der Nihilisten schlechthin, kam den innenpolitischen Gegnern Alexanders II. sehr gelegen. In Rußland waren 1876 unter dem Eindruck der kriegerischen Ereignisse auf dem Balkan die nationalen Leidenschaften unerwartet heftig durchgebrochen.[123] Das Selbstbewußtsein, das die Repräsentanten dieser panslawischen Bewegung entwickelten, mußte über kurz oder lang zu Konflikten mit der eigenen Regierung und den oft recht unbeweglichen Staatsorganen führen. Immer akuter wurde daher der Ruf nach Meinungsfreiheit und Einführung einer Verfassung. Das zaristische Regime reagierte auf diese Forderungen zunächst nur mit drakonischen Polizeiaktionen, die die Opposition aber eher stärkten als schwächten. Die russische Jugend und namentlich die Intelligenz verschrieb sich mehr und mehr revolutionären Ideen.

Um die Spannungen zu vermindern, versuchten die Kreise um den Grafen Loris-Melikow, den Zaren von der Notwendigkeit maßvoller Reformen und einer vorsichtigen Liberalisierung des öffentlichen Lebens zu überzeugen.[124] Dagegen lehnten sich einflußreiche Gruppen am Hof, die Bürokratie und das Gros der höheren Offiziere auf. Mühelos ließen sich die Polemiken der deutschen Gegner des Liberalismus verwenden, und, da in ihnen der Antisemitismus einen so breiten Raum einnahm, entfachten die russischen Konservativen auch in ihrem Land einen vehementen Judenhaß.

Bei der Erzeugung der Angst- und Haßpsychose in Rußland haben deutsche Antisemiten zum Teil unmittelbar mitgewirkt. Professor Schirmer, ein deutscher Pädagoge, der als Chef der russischen Generalkonsulatskanzlei in Leipzig nicht ohne Einfluß war, machte General Trepow auf Wilhelm Marr aufmerksam und vermittelte einen direkten Kontakt zwischen ihnen.[125] Schirmer, mit Marr bekannt und unter dessen Einfluß zu einem fanatischen Antisemiten geworden, übersetzte die Schrift *Der Sieg des Judenthums über das Germanenthum* ins Russische. Die Übersetzung erschien in der zu den Reaktionären abgeschwenkten Zeitung *Nowoje Wremja*, wo sie noch für den internen Gebrauch in Rußland zurechtfrisiert wurde. 1878 kam General Trepow, der als langjähriger Stadthauptmann von St. Petersburg die besondere Gunst des Zaren genoß, nach Leipzig, um sich dort ärztlich behandeln zu lassen. Er war bei einem auf ihn verübten Attentat schwer verwundet worden[126] und neigte seither zu einem besonders scharfen Vorgehen gegen die »Nihilisten«. Da es zu den Obliegenheiten Schirmers gehörte, den General während seines Leipziger Aufenthalts zu betreuen, hatte er hinreichend Gelegenheit, ihm eine Lektion über den deutschen Antisemitismus zu geben. Er machte ihn mit Marrs Schriften bekannt, deren Lektüre noch durch eine lebhafte Korrespondenz vertieft wurde. Ein von Marr entworfener Plan, nach dem die Regierungen den Handlungsspielraum der Juden Schritt für Schritt beschränken sollten, wurde von Trepow bereitwillig entgegengenommen. Schirmer weiß zu berichten, daß der General von den Vorschlägen »gewaltig gepackt« worden sei. »Wenn es in seiner Macht stünde«, so resümiert er dessen Auffassung, würden die »Ideen« Marrs sofort Gestalt gewinnen. Trepow wolle auf jeden Fall »seinen ganzen Einfluß aufbieten und direkt ohne alle Zwischenpersonen« mit dem Zaren verhandeln, um ihm ein Vorgehen gegen die Juden nahezulegen.[127] Trepow empfing Marr auch selbst und besprach mit ihm eingehend die Möglichkeiten eines »antisemitischen Feldzugplans«, insbesondere Maßnahmen zur »Mobilisierung und Beeinflussung der russischen Presse«. Er ließ sich davon überzeugen, daß die Juden die Zerstörung der Herrschaftsform in Rußland vorbereiteten und sich dazu der Nihilisten bedienten, die im Begriff seien, weitere Attentate zu verüben.

Trepow hat den Zaren nicht beeinflussen und zu Gewalttaten gegen die Juden anstiften können, aber in seinen Kreisen hat er zur Verschärfung des Judenhasses zweifellos beigetragen. Wenige Tage nach dem Attentat, dem Alexander II. im März 1881 zum Opfer fiel, erinnerte er Marr in einem Brief an das Leipziger Gespräch, um ihm zu versichern, wie »furchtbar recht« er doch gehabt habe. Trepow zeigte zugleich Befriedigung darüber, daß sich das Gerücht von der jüdischen Urheberschaft am Zarenmord wie ein Lauffeuer in Rußland verbreitete. Da die russischen Behörden von den innenpolitischen Nöten und ihrer Mißwirtschaft ablenken wollten, förderten sie die Pogromstimmung[128] und gaben dem Gerücht immer neue Nahrung.

Außer Marr haben auch andere deutsche Antisemiten die russischen Pogromstrategen unterstützt. Der Chefredakteur einer russischen Zeitung berichtete über eine Begegnung mit Stoecker während einer Eisenbahnfahrt von Königsberg nach Berlin im Frühjahr 1881. Im Verlauf des Gesprächs habe dieser sich seiner Kontakte zu russischen Gesinnungsgenossen gerühmt. Der Hofprediger habe sich befriedigt über seinen weitreichenden Einfluß und die enge Zusammenarbeit zwischen deutschen und russischen Antisemiten gezeigt und prophezeit, daß in Rußland bald »die ersten Bettfedern« fliegen würden, die russischen Verbündeten warteten nur auf das Signal aus Deutschland.[129] Wie weit ein unmittelbarer Zusammenhang zwischen den antisemitischen Ausschreitungen in Neuruppin und anderen preußischen Kleinstädten und den kurze Zeit später ausbrechenden Judenpogromen in Rußland besteht, muß dahingestellt bleiben. Die Tatsache, daß ein guter Kenner der russischen Szene schon 1881 derartige Rückwirkungen für möglich gehalten hat, sollte wohl doch bedacht werden.

Unzweifelhaft ist, daß die Anstifter der Pogrome in Rußland von den deutschen Antisemiten gelernt haben, wie wirksam sich die Volksleidenschaften in Krisenzeiten aufpeitschen lassen, so daß die eigentlichen Nöte und Fehler im System übersehen werden. Auch Stoecker hat keine Bedenken gehabt, an diesen Manipulationen mitzuwirken und Allianzen mit recht unchristlichen Kräften im In- und Ausland zu schließen.[130] Zeitgenossen trauten ihm mehr als verbalen Radikalismus beim Vorgehen gegen die Juden zu. Ob Stoecker freilich Pogrome in Rechnung stellte oder sie gar billigte, ist nicht zu entscheiden. Er hat auf jeden Fall bei der Entfesselung des Hasses mitgewirkt und davon auch nicht Abstand genommen, als er sah, wohin politischer Fanatismus führte. Die russischen Pogrome hat der Hofprediger niemals entschieden verurteilt.[131]

IV

Wegen der Zerrissenheit der antisemitischen Bewegung nahmen die etablierten Parteien und politisch Verantwortlichen sie nicht ernst; sie verurteilten sie mit jener Mischung von intellektueller Überheblichkeit und politischer Verständnislosigkeit, mit der sie letztlich doch nur ihre eigene Inaktivität verdeckten.[132] So geschah nichts wirklich Entscheidendes, um wenigstens ein weiteres Vordringen des Antisemitismus zu verhindern. Zunächst schien die Kraft der ungebärdigen Protestbewegung versiegt. Nach den spektakulären Vorgängen in den Jahren 1878 bis 1882 wurde es wieder still, die Öffentlichkeit gewahrte die Präsenz der Antisemiten nur noch selten. Aber sie waren in kleinen Zirkeln überall im Land nach wie vor aktiv. Ihre Organisationsstrategen brauchten nach den ersten Mißerfolgen bei der Parteien- und Verbandsbildung ein »Stadium ruhiger Fortentwicklung«, in dem sie Voraussetzungen für Neuansätze schaffen konnten.[133] Theodor Fritsch gründete 1885 seine *Antisemitische Correspondenz* in der Absicht, alle »Gesinnungsgenossen« zusammenzuführen, zu indoktrinieren und für die Agitation zu »dressieren«.[134]

Hatten sich die Antisemiten zunächst sehr stark um den Beistand einflußreicher Personen und Kreise bemüht und häufig das Wohlwollen der »Obrigkeit« zu gewinnen versucht, so leiteten sie nun die systematische Kleinarbeit zur Gewinnung jedes einzelnen Menschen in Stadt und Land ein. Zwei Gründe hatten den Ausschlag dafür gegeben. Die Förderung durch die Mächtigen war nicht nachdrücklich genug gewesen und oft an unerwünschte Bedingungen geknüpft worden. Vor allem aber hatte sich nach und nach die Erkenntnis Bahn gebrochen, daß es im modernen Staat auf die Macht der organisierten Interessenten ankam, auf die Dauer also nur die Zahl der Anhänger Einfluß und Erfolg garantierte. Sehr bewußt wurde der Schwerpunkt der Agitation deshalb in die Regionen verlegt, in denen andere Parteien noch kaum präsent waren. Nicht mehr die Großstädte mit dem gebildeten, wohlhabenden Bürgertum und einer selbstbewußten Arbeiterbevölkerung waren die bevorzugten Arbeitsbereiche der Antisemiten, sondern »die Städtchen und Dörfer«. Dort gingen sie »mit viel mehr Plan, Umsicht und Menschenkenntnis zu Werke« als alle anderen Parteien vorher.[135]

Mit Bedacht wurde die »Klein-Arbeit« auf den überschaubaren Raum und kleinen Kreis konzentriert. Ihre organisatorischen und agitatorischen Aktivitäten vermochten die Antisemiten nur zu entfalten, weil sie sehr viele junge Menschen in ihren Dienst gestellt hatten. Diese waren voller Tatendrang und verfügten über mehr Zeit als ältere Politiker, die beruflich stark in Anspruch genommen waren. Diesen Nachwuchskräften war es erwünscht, zunächst im begrenzten Bereich Erfahrungen zu sammeln und das politische Tätigkeitsfeld in dem sozialen und geistigen Milieu zu suchen, aus dem sie kamen oder in dem sie sich sicher fühlten. Die jungen Ingenieure, Handwerker, Kaufmannsgehilfen, evangelischen Jugendgruppenleiter und Volksschullehrer wirkten lieber unter ihresgleichen oder unter Menschen, die sie kannten. Kontakte zu anderen Berufsgruppen, deren Mentalität ihnen fremd war oder denen sie sich bildungsmäßig oder hinsichtlich der Berufserfahrung nicht gewachsen fühlten, mieden sie nach Möglichkeit.[136]

Die Parteiantisemiten der ersten Stunde haben angesichts ihrer Mißerfolge bei der Organisation der Anhängerschaft stets mit Wohlgefallen auf die Rührigkeit der Jugendgruppen geschaut und darauf vertraut, daß deren Mitglieder einst ein stärkeres Zusammengehörigkeitsgefühl, besseres Organisationstalent und mehr politisches Machtbewußtsein entwickeln würden als sie selbst.[137] Darin hatten sie sich nicht getäuscht. Nun, da diese Jugend die Ausbildung beendet hatte und ins Berufsleben eintrat, trug sie den Antisemitismus vor allem in die Berufs- und Standesverbände und machte ihn zum konstitutiven Element in zahlreichen politischen und kulturellen Vereinen.

Von besonderer Tragweite war es, daß die in den Vereinen Deutscher Studenten antisemitisch geprägten Jungakademiker nun in ihren verantwortlichen Stellungen erst recht aktiv wurden und ihre Gesinnungsgenossen überall begünstigten. Fortan wurde dem Antisemitismus des öfteren von Beamten, Richtern und Lehrern Vorschub geleistet. In vielen Fällen beteiligten sich Diener des Staates offen an der Agitation der Antisemiten oder waren in deren Organisation führend tätig.[138] Die Skala behördlicher Willkürakte jüdischen Staatsbürgern gegenüber reichte von der Nichtachtung über die bewußte Beleidigung bis zur versteckten oder offenen Benachteiligung. Damit begann die von Rudolf von Gneist immer wieder vergeblich gerügte »Umkehrung der Verfassung durch die Verwaltung«, die in einigen Fällen bereits einem Widerruf der Emanzipation gleichkam.[139] Die jüdischen Opfer bürokratischer Willkür hatten manchmal nicht die Chance, ihr Recht zu bekommen, da Richter antisemitischen Unterstellungen zum Opfer fielen oder sie sogar als erwiesen akzeptierten. Die wiederholt geäußerte Vermutung, daß die preußischen Justizminister den antisemitischen Strömungen in der Bevölkerung von Fall zu Fall Rechnung trugen, ist angesichts der Zurückdrängung der Juden aus dem Justizdienst seit Beginn der neunziger Jahre, der Fehlurteile einzelner Gerichte und vieler Praktiken der Staatsanwaltschaften gegenüber Juden kaum von der Hand zu weisen.[140]

Auf die Dauer am verheerendsten wirkte sich aus, daß der Antisemitismus an den Hochschulen des Landes eine feste Heimstatt fand. Gerade dort, wo dem eigenen Anspruch gemäß die Verantwortung für die geistigen und kulturellen Güter der Menschheit besonders ernst genommen werden sollte, wurden dem Ungeist der Zeit die größten Zugeständnisse gemacht. Jahr für Jahr verließen zahlreiche Menschen die Universitäten, die dort mit dem Antisemitismus in Berührung gekommen waren und nun in einflußreichen Positionen ihrer »Überzeugung gemäß« wirken konnten. Bei dem hohen Ansehen, das die Akademiker in jener Zeit in Deutschland besaßen, orientierten sich große Teile des nichtakademischen Bürgertums, namentlich in den Kleinstädten, politisch am Verhalten der Honoratioren, und das waren vornehmlich Amtsrichter, Gymnasiallehrer, Rechtsanwälte, Ärzte, Apotheker und Pastoren.

In einer Zeit, in der die deutsche Wissenschaft aufgrund ihrer Leistungen das höchste Ansehen in der Welt genoß, wurden von den Universitätskathedern herab politische Bekenntnisse und Thesen über die Geschichte, Religion und »Rasse« der Juden verkündet, die keiner sachlichen Prüfung standhielten[141]. Die deutsche Forschung, die mit Akribie die Spuren der ältesten Kulturen freilegen, Kenntnisse über die Lebensbedingungen geschichtsloser Völkerschaften und Urwaldstämme verbreiten half, überging die Tradition und das reiche Erbe der Juden, obwohl sie so viel zur Förderung ebendieser Forschung beitrugen. Die Meinung über die Juden wurde durch Vorurteile und Antipathien bestimmt. Da geistig unabhängigen, den gängigen Lehrmeinungen widersprechenden Persönlichkeiten und Juden selbst der Eintritt in den Lehrkörper der Universitäten und insbesondere eine wissenschaftliche Karriere massiv erschwert wurden, änderte sich bis weit ins zwanzigste Jahrhundert hinein kaum etwas an diesen Verhältnissen.[142]

Die Gleichgültigkeit den antisemitischen Grobheiten und Provokationen der Studenten gegenüber kam einer Tolerierung des Ungeistes gleich. Zweifel über die Radikalisierung der Studentenschaft und die Gefahren der antisemitischen Indoktrination konnte es dabei in der Dozentenschaft keinesfalls geben. Ende 1883 hatte Wilhelm von Polenz bestürzt vermerkt, daß sich die Gegner in einer studentischen Wahlversammlung hemmungslos »mit Gift und Feindseligkeiten« überschütteten. Kurze Zeit später notierte er, selbst engagiertes Mitglied des VDSt, Bewunderer Treitschkes und Parteigänger der Antisemiten, in klarer Selbsterkenntnis in sein Tagebuch: »Ich habe nicht geglaubt, daß der Gegensatz zwischen den Parteien ein so schroffer sei. Der Haß und die Feindschaft, die bei der heutigen Wahl zutage traten, haben etwas Infernalisches, Erschreckendes«.[143] Und dies war nur der Beginn einer Entwicklung, in deren Verlauf Studenten aller Universitäten, von diesem Geist der Inhumanität geprägt, immer bedenkenloser in der Wahl der Mittel bei politischen Auseinandersetzungen wurden.[144] Ab und an äußerten sich sogar mit dem Antisemitismus sympathisierende Hochschullehrer besorgt über diese Verwilderung. Sie nahmen entsetzt wahr, daß die Studenten überhaupt nicht mehr argumentierten, sondern gläubig jedem Demagogen folgten, der »ihren Jargon« redete.[145] Die Parteiantisemiten zeigten sich dagegen über diese Entwicklung befriedigt; sie zogen aus der erfolgreichen Indoktrination der akademischen Jugend den Schluß, daß das deutsche Volk damit »den praktischen Weg zur Lösung der Judenfrage« betreten habe.[146] Allen politisch Gemäßigten aber bereiteten der Fanatismus und der Radikalismus der Studenten Sorgen. Sie sahen schwere Gefahren für die Gesellschaft heraufziehen und fürchteten sich vor der Zeit, in der diese akademische Generation »dereinst die Geschicke unseres Landes in den Händen haben« würde.[147]

Solche Sorge um die Zukunft war berechtigt. Nichts hat so wie die Tatsache, daß Deutschlands Hochschulen in den Jahrzehnten vor dem Ersten Weltkrieg »Tummelplätze antisemitischer Leidenschaften« waren, die Ausbreitung dieses Ungeistes gefördert. Die Absolventen der Hochschulen trugen ihn als Multiplikatoren in die Gymnasien und, auf dem Umweg über die Lehrerbildungsanstalten, auch in die Volksschulen hinein. Zwar blieb die Mehrheit der älteren Gymnasiallehrer noch lange Zeit humanistischem oder liberalem Geist verpflichtet und hemmte das Vordringen des Antisemitismus in die höheren Schulen sehr energisch;[148] aber ein größerer Teil der Volksschullehrer fiel in den achtziger und neunziger Jahren den antisemitischen Parolen zum Opfer, bis nach der Jahrhundertwende Linksliberale und Sozialdemokraten zur entscheidenden Gegenkraft wurden. Lehrer waren führend in den antisemitischen Parteien und Verbänden, vornehmlich auf regionaler und lokaler Ebene, tätig. Sie engagierten sich zudem publizistisch in der Regionalpresse, gaben den Ton in geselligen und heimatkundlichen Vereinen an, beeinflußten das Treiben von Jugendgruppen und Sportklubs. Es sind zahlreiche Fälle bedenkenloser Verhetzung unwissender, der antisemitischen Beeinflussung wehrlos ausgelieferter Kinder bekannt geworden.[149]

Mit dem Eintritt der durch den VDSt geprägten jungen Akademiker in das Berufsleben begann Ende der achtziger Jahre des neunzehnten Jahrhunderts auch die schrittweise Politisierung und Indoktrinierung der Fachverbände der höheren Beamten, Juristen, Ärzte, Ingenieure und Theologen. Besonders schnell breitete sich der antisemitische Bazillus in den protestantischen Pfarrervereinen aus. Schon zu Beginn der neunziger Jahre mußten einzelne Kirchenbehörden ihre Pastoren eindringlich mahnen, sich nicht aktiv an der antisemitischen Agitation zu beteiligen, da diese weder »mit den Christenpflichten« noch mit den »Amtspflichten eines Geistlichen« vereinbar sei.[150] Doch die kirchlichen Amtsträger wichen vielfach selbst einer klaren Entscheidung aus. Auf der einen Seite verurteilten sie, daß »unter Anrufung des Christentums eine Art Kreuzzug gegen die Juden gepredigt« werde, auf der anderen Seite fanden sie es aber nur zu »erklärlich«, daß angesichts der großen »Notstände des Volkslebens« und nicht näher bestimmter sogenannter »Versündigungen« der Juden eine antisemitische »Bewegung« entstanden sei. Auch sie maßen den Juden eine größere »Schuld« zu als den Christen, fanden mehr Worte der Entschuldigung als des Tadels für die Pastoren. Daß derartige Ermahnungen, auf deren Beachtung nicht sonderlich gedrungen wurde, wenig fruchteten, kann mithin kaum überraschen, zumal einem einfachen Landpfarrer schlecht verboten werden konnte, was einem Hofprediger gestattet war.

Stoecker war zudem der hervorragende politische Lehrmeister der jungen Theologen. Niemand hat so nachhaltig wie er den theologischen Nachwuchs beeinflußt und auf Jahrzehnte hinaus geprägt.[151] Sein Geist drang nicht zuletzt aufgrund seines sozialen Engagements, seiner Impulse für die Gemeindearbeit und seiner Aktivitäten im evangelischen Verbandswesen weit über den Bereich der altpreußischen Union hinaus. Er war im ausgehenden neunzehnten Jahrhundert »der mächtigste kirchliche Führer für die Pastoren« aller Landeskirchen[152]. Wie immer Stoeckers Wirken heute beurteilt wird, er war im Kaiserreich unumstritten der »Hofprediger der Deutschen«; aber er predigte den evangelischen Christen nicht nur Liebe, sondern auch glühenden Haß. Er durchzog, nach dem treffenden Urteil eines Zeitgenossen, ein Vierteljahrhundert lang »mit der Unwissenheit und dem Fanatismus eines Bettelmönches die deutschen Lande«[153] und klagte die Juden schlechterdings für alles an, was seinen Vorstellungen von einer heilen Welt und einer intakten Gesellschaft widersprach. Daß ihm darin Millionen Deutsche zustimmten, weil sie sich in einer rasch wandelnden Umgebung nur mühsam oder überhaupt nicht zurechtfanden, war zwar verständlich, verschärfte jedoch die ideologischen Spannungen in der Gesellschaft sehr erheblich. Innerhalb der protestantischen Bevölkerung wurden die Widersprüche allerdings lange verhüllt. Im Antisemitismus fanden sich über alle politischen und ökonomischen Gegensätze hinweg konservative Aristokraten und hohe Ministerialbeamte mit Angehörigen des alten und neuen Mittelstandes sowie Mitglieder der Evangelischen Arbeitervereine noch zusammen.[154] Die Judenfeindschaft – das läßt sich vielfach nachweisen – besaß nicht selten eine stärkere Integrationskraft als das gemeinsame Glaubensbekenntnis.

Während der Protestantismus den Antisemitismus immer mehr einsetzte, um im Zeitalter der Volkssouveränität den erforderlichen Rückhalt in der Gesellschaft zu finden, versuchte der Katholizismus, sich seiner wieder zu entledigen und sich auf die eigene Kraft zu besinnen. Es war allerdings keineswegs leicht, aus den politischen Verstrickungen herauszukommen, zumal die geistigen ja keineswegs gelöst waren. In den Provinzen, in denen der Bildungsstand der Gläubigen gering, das politische Bewußtsein unterentwickelt war und die Antisemiten konkrete Notstände oder Vorkommnisse zur Aufpeitschung der Leidenschaften benutzten, ließen sich auch Katholiken manipulieren und mitreißen.[155] Besonders unversöhnlich blieben sie den Juden gegenüber in Bayern und einigen rheinischen Gebieten, in denen sich katholische Tradition mit landschaftlicher Sonderart und ausgeprägtem Selbstvertrauen verband, oder in Regionen, in denen, wie etwa in Posen oder Oberschlesien, die sozialen Spannungen durch nationale Gegensätze verschärft wurden.[156] In der Regel schwelten auch in der katholischen Bevölkerung starke antijüdische Ressentiments weiter. Und ganz ohne Zweifel trugen auch immer wieder Geistliche und einzelne Verbandsfunktionäre dieser Tatsache Rechnung, wenn es ihnen zweckmäßig erschien.[157]

Inzwischen war aber den politischen Repräsentanten des katholischen Volksteils doch klargeworden, welche Gefahren ein Bündnis mit Kräften heraufbeschwor, die kaum zu beeinflussen und noch weniger zu kontrollieren waren. Weit mehr als den Protestanten war ihnen bewußt, daß die Antisemiten nicht nur gegen das Judentum, sondern gegen die Religion überhaupt Sturm liefen und viele von ihnen Wegbereiter biologisch-materialistischer Ideologien waren. Zudem vermochten sich die Katholiken auch nicht so vorbehaltlos mit dem nationalen Staat zu identifizieren wie die protestantische Mehrheit der Bürger. Sie wahrten dem evangelischen Hohenzollernreich gegenüber stets eine gewisse Distanz. Zwar befanden sie sich nach der Beendigung des Kulturkampfes nicht mehr in einer Verteidigungsposition, aber Wachsamkeit und Skepsis waren angesichts der antikatholischen Ressentiments in einflußreichen Hof- und Regierungskreisen und insbesondere in der preußischen Beamtenschaft durchaus geboten. Die politisch führenden Kreise des deutschen Katholizismus fragten sich mit Recht, wohin sie als die »zu ewiger Minderheit Verurteilten in Deutschland und Preußen kommen« würden, wenn sie ihre Hand dazu böten, »einer noch kleineren Minderheit ihre politische Gleichberechtigung zu nehmen«. Ihnen war vollauf bewußt, daß die in der Verfassung verankerten Rechte der Juden nicht angetastet werden dürften, wenn Präzedenzfälle, die etwa ein Vorgehen gegen polnischsprachige Katholiken in den preußischen Ostprovinzen ermöglichten, verhindert werden sollten. Nachdrücklich mahnten sie die Gläubigen, allen Versuchungen des Antisemitismus zu widerstehen eingedenk des Spruches: »Was Du nicht willst, das man Dir tu', das füg' auch keinem andern zu«![158]

Der Antisemitismus wurde in der Wilhelminischen Ära vornehmlich eine Angelegenheit der protestantischen Mehrheit des deutschen Volkes. Der Zerfall der alten sozialen Ordnungen, der forcierte und oft recht gewaltsame Übergang von der altständischen Agrar- zur modernen Industriegesellschaft hatten schwere Störungen zur Folge. Nur reagierten die Menschen je nach dem Grad ihrer religiösen Verankerung sehr unterschiedlich darauf. Es zeigte sich, daß das soziale Verhalten der Menschen nicht allein von ökonomischen Faktoren bestimmt wird, sondern auch von religiösen Grundhaltungen und kirchlichen Bindungen. Mit Recht ist darauf hingewiesen worden, daß die Kraft jahrhundertealter christlicher Traditionen das Sozialverhalten der Menschen noch in der Periode der Säkularisierung bestimmte und der Einfluß alter Überlieferungen selbst noch bei Menschen in Erscheinung trat, die sich dessen überhaupt nicht mehr bewußt waren.[159]

Der deutsche Katholizismus, der im Verlauf des Kulturkampfes an Entschlossenheit und Glaubensstärke gewonnen hatte, entfaltete eine außerordentliche religiöse und soziale Integrationskraft. Kirchliche Institutionen, Vereine und Verbände bestimmten und sicherten die Existenz der Gläubigen maßgeblich. Sie konnten Krisen besser bestehen, weil sie sich, gestützt auf die Gemeinschaft, leichter und effektiver veränderten Lebens- und Umweltbedingungen anzupassen vermochten, und erwiesen sich nicht zuletzt deshalb säkularen Heilslehren und Ideologien gegenüber als sehr viel resistenter. Sofern sie doch in deren Sog gerieten, wahrten sie wenigstens den religiösen Vorbehalt; sie verschrieben sich dem »Zeitgeist« nicht so total wie andere Staatsbürger.

Die Evangelische Kirche dagegen bot als »Predigtanstalt des Staates« den Menschen weder Glaubensgewißheit noch sozialen Halt im Existenzkampf. Die protestantischen Theologen hatten im neunzehnten Jahrhundert mehr und mehr an den großen geistigen Bewegungen partizipiert. Was sie dadurch auf der einen Seite an Aktualität gewannen, verloren sie auf der anderen durch Realitätsferne. Sie begriffen immer weniger die soziale Wirklichkeit, in der die überwiegende Mehrheit der Gemeindemitglieder lebte. Durch die Allianz »von Thron und Altar« und die Adaptation der zeitgenössischen politischen Theorien gelang es der protestantischen Kirche zwar, den Exodus des politisch bewußten Bürgertums zu verhindern, aber die Mehrheit der Gläubigen entbehrte doch echten geistlichen Beistand und insbesondere jede soziale Verpflichtung der kirchlichen Leitungsgremien. Was an bindender innerer Kraft fehlte, wurde durch Eifer in der Auseinandersetzung mit dem vermeintlichen äußeren Gegner ersetzt. Um die »Nationalität« unlösbar mit der Religion zu verknüpfen, brauchte man die Fiktion des kompromißlosen jüdischen Feindes.[160]

V

Die neue – zweite – Welle des Antisemitismus im letzten Jahrzehnt vor der Jahrhundertwende wurde durch die Wandlungen in der Wirtschafts- und Innenpolitik nach dem Sturz Bismarcks, namentlich durch die Aufhebung des Sozialistengesetzes, ausgelöst. Solange die Arbeiterbewegung verboten und verfolgt war, fühlten sich die Führungsschichten und das Bürgertum leidlich sicher. In dem Augenblick aber, in dem die Entscheidung über die Aufhebung des Ausnahmegesetzes gefallen war, verbreitete sich Unruhe, ja sogar Angst, in größeren Kreisen des Bürgertums und zwar primär in den protestantischen Landesteilen.

Überall begann eine rege organisatorische und agitatorische Betriebsamkeit mit dem Ziel, Schutzwälle zu errichten. In einigen bürgerlichen Kreisen war das Selbstbewußtsein so unterentwickelt, daß die Propagandakampagne hauptsächlich dem Zweck diente, sich selbst Mut zu machen. In der Regel sollte mit allen Aktivitäten Vorsorge getroffen werden, daß nicht weitere Arbeiter, vor allem aber keine Bauern, Handwerker, Angestellten und unteren Beamten in das Lager der Sozialisten übergingen. Eine Abwanderung der interessenmäßig so unterschiedlich festgelegten und bewußtseinsmäßig ganz uneinheitlich geprägten Mittelstandsschichten und in deren Folge die Katastrophe der etablierten bürgerlichen Parteien und der Verfall der bestehenden politischen Ordnung sollten um jeden Preis verhindert werden.

Kleine nationalistische Gruppen wollten von den inneren Spannungen und »Sorgen« durch eine aktive, ja aggressive Außenpolitik ablenken,[161] durch eine dynamische Kolonialpolitik der Nation permanente Aufgaben stellen und damit zugleich auch deren Wohlstand vermehren. Gerade die Antisemiten gehörten zu den frühesten und entschiedensten Verfechtern deutscher Kolonial- und Machtpolitik. Ihrer Auffassung nach war das deutsche Volk aufgrund seiner rassischen und biologischen Kraft, seiner militärischen und politischen Leistungsfähigkeit zum Herrschen besonders qualifiziert.[162] Das »Klein-Deutschland« bismarckscher Prägung, wie es 1871 entstanden war, durfte daher allenfalls eine »vielleicht unumgängliche, vielleicht notwendige Etappe auf dem Marsche nach Groß-Deutschland« sein.[163] Nur durch eine kompromißlose nationale Machtpolitik glaubten die antisemitischen »Reformer« den »Mißmut und die Kleingläubigkeit« des Bürgertums überwinden, den »Zustand der Ebbe im geistigen und nationalen Leben« beenden, eine Hochstimmung erzeugen und diese für die Ausbildung eines Ausnahmerechts gegen die jüdische Minderheit im Innern nutzen zu können.[164]

Als wichtigste Voraussetzung jeder ehrgeizigen, ausgreifenden Politik wurde die innere Geschlossenheit der Nation bezeichnet. Konsequent erscholl deshalb der Ruf nach einem Zusammenschluß aller »Ordnungsparteien«. Doch da meldeten sich sogleich die ersten Zweifler zu Wort. Garantierte ein Block der sogenannten Ordnungsparteien wirklich einheitliches Handeln und insbesondere hinreichenden Schutz gegen ein weiteres Vordringen der Sozialisten? Den bestehenden Parteien wurde doch gerade der Vorwurf gemacht, »alles beim Alten« gelassen, die staatliche Exekutive nicht gestärkt zu haben. Sie galten darüber hinaus als Verantwortliche für den Verfall der gesellschaftlichen Ordnung, weil sie dem »freien Spiel der Kräfte« nicht Einhalt geboten und nichts zur Sicherung und Unterstützung des Mittelstandes getan hätten.[165] Die Antisemiten und die mit ihnen sympathisierenden Kreise konstatierten mithin, daß sich die Parteien überlebt hätten[166] und es deshalb gelte, sie absterben zu lassen und statt ihrer eine neue, in die letzten Lebensbereiche vordringende »Bewegung« zur nationalen und sozialen Erneuerung des deutschen Volkes auszulösen. Der »tatenlose Pessimismus« der Parteien, »der sich auf eine flaue Verteidigung beschränkt«, sollte beseitigt, und die Jugend sowie die politisch bislang nicht aktiven Bevölkerungsgruppen mit einem »hoffnungsvollen Kampfesmut« erfüllt werden, der entschlossen »zum Angriff führt gegen alles, was verderblich und verkehrt ist« und der Integration in die deutsche Schicksalsgemeinschaft widerstrebe.[167] In »einem frischen, fröhlichen Angriffskrieg gegen die zur Zeit noch sozial äußerste Linke« sollte die neue »Volksbewegung« nach dem Willen ihrer geistigen Führer erstarken und sich konsolidieren. Durch die Verbindung nationaler und sozialer Ziele hoffte man die Zauberformel gefunden zu haben, die den »Zusammenschluß aller staatserhaltenden Elemente« garantierte. Die Entlassung Bismarcks, die in »weiten Kreisen des deutschen Volkes« mit einem »Gefühl der Befreiung aufgenommen« worden war,[168] bewirkte eine Freisetzung lange gebändigter und aufgestauter Energien. Sie wurden vornehmlich von denen aufgefangen, die im Kampf gegen die Juden und Sozialisten ihr »hohes nationales Ziel gefunden zu haben« glaubten.[169]

Die Dynamik, die nun die deutsche Gesellschaft erfaßte, zeitigte jedoch andere Resultate, als sich die ewigen Rufer nach der Einheit der Nation gewünscht hatten. Nicht die mächtige, neue Reformpartei entstand, sondern zahlreiche Splitterparteien, Vereine und Verbände mit unterschiedlichsten politischen, wirtschaftlichen und kulturellen Programmen traten in Aktion. Viele von ihnen erlangten überhaupt nur regionale Bedeutung, politisches Gewicht hatten nur wenige. Die meisten dieser neuen antisemitischen Organisationen stritten widereinander, manche vereinigten sich, zerfielen, konstituierten sich wieder.[170] Die Wirksamkeit dieser Zusammenschlüsse und sektiererischen Gruppen sollte auf keinen Fall überschätzt werden. Im Zusammenhang mit der judenfeindlichen Indoktrination des Volkes haben sie aber vorübergehend und partiell Bedeutung erlangt. An einer Fülle von Beispielen läßt sich zeigen, wie der Antisemitismus auf diesem Weg in den neunziger Jahren bis in die letzten Bürgervereine vordrang, in Heimatvereinen und Kulturbünden Einzug hielt.[171]

Mit seinem neuerlichen Aufschwung nahm der Antisemitismus eine noch verwirrendere Vielgestaltigkeit, ja nicht selten chaotische Widersprüchlichkeit an. In vielen Fällen war ein Antisemit des anderen ärgster Feind. Die einzelnen Gruppen und deren oft recht dubiose Repräsentanten befehdeten sich mit dem Eigensinn von Weltverbesserern. Bei alledem darf jedoch nicht übersehen werden, daß der Antisemitismus trotz aller Widersprüche und Unzulänglichkeiten die einzige, wenn auch noch so bescheidene »Theorie« war, die dem Liberalismus als der Ideologie des kapitalistischen Systems und insbesondere dem Sozialismus entgegengestellt werden konnte und das Bürgertum auf eine »gemeinsame Formel zu bringen geeignet« war.[172] Daß diese Formel eine so große Verbindlichkeit besaß, hat kaum jemand geglaubt, solange sich die unterschiedlichsten politischen, ökonomischen und gesellschaftlichen Interessen die Waage hielten, sich zeitweilig sogar paralysierten. Erst als dieses Gleichgewicht während des Ersten Weltkrieges zerstört wurde, trat das erschreckend in Erscheinung.

Von großer Tragweite war in den neunziger Jahren des vorigen Jahrhunderts, daß der Antisemitismus primär in die Verbände eindrang, der Begründung ihrer Interessen dienstbar gemacht und in manchen zur beherrschenden Ideologie wurde. Daß Freiherr von Fechenbach-Laudenbach, Theodor Fritsch und dessen ergebene Gefolgschaft vornehmlich die Handwerker anzusprechen versuchten, hatte gute Gründe. Diese zahlenmäßig starke Schicht suchte einen politischen Rückhalt. Sie sah ihre Interessen bei den etablierten Parteien nicht oder nur unvollkommen gewahrt. Zu den Sozialdemokraten aber fühlten sich die Handwerker schon recht nicht hingezogen, da ihnen diese den sozialen Abstieg und die Proletarisierung in Aussicht stellten. So ließen sie sich nur zu bereitwillig von denen organisieren, die ihrem Selbstvertrauen schmeichelten und ihnen versicherten, sie seien einer der wichtigsten schaffenden Stände und bildeten das Fundament, auf dem der Staat ruhe. Ihr Stand sei zwar durch die Einführung der Gewerbefreiheit von vielen Hemmnissen befreit, zugleich aber auch jedes Schutzes beraubt worden. Der Staat müsse ihn im Interesse der Selbsterhaltung wieder gewähren. Diese Argumentation drang nach und nach in die letzten protestantischen und allgemeinen Handwerkervereine und Innungen vor. In die katholischen Standesvertretungen fand sie dagegen kaum Eingang, da diese den Selbstschutz organisierten.

Da sich die Handwerker organisierten, bevor die bürgerlichen Parteien einen nennenswerten Mitgliederstamm und damit einen festen Rückhalt im Lande besaßen, wurden sie beim Werben um die Gunst der Wähler von den antisemitisch orientierten Handwerkerverbänden oft unter Druck gesetzt und zu weitgehenden Zugeständnissen gezwungen. Lehnten die Parteien ab, erlitten sie bei den Wahlen häufig spürbare Einbußen.[173] Davon betroffen waren an erster Stelle die Konservativen, in einigen Gebieten auch die Nationalliberalen, die gleichwohl im allgemeinen ihren Grundsätzen treu blieben und nur in Sachsen den Antisemiten entgegenkamen.[174]

Nachdem sich einmal erwiesen hatte, wie mühelos sich mittelständisches Interesse unter Zuhilfenahme des Antisemitismus ideologisch überhöhen und vertreten ließ, wurde dieser zur beherrschenden Ideologie der meisten Mittelstandsorganisationen. Es waren junge Handwerker und Kaufmannsgehilfen, deren politisches Bewußtsein vornehmlich in evangelischen Jugendgruppen gebildet worden war, die Einfluß in Teilen der rasch anwachsenden Angestelltenschaft erlangten und 1893 den Deutschnationalen Handlungsgehilfenverband (DHV) gründeten.[175] Diese Organisation wurde, wie es verbandsoffiziell hieß, »aus dem Antisemitismus heraus geboren« und stellte sich ganz in seinen Dienst. »Von dieser Flutwelle kommen wir nicht los«, erklärte der Vorstand anläßlich des ersten Verbandstages, »und tun gut, uns von ihr forttragen zu lassen«. Die Verbandsfunktionäre waren fest davon überzeugt, daß sie ohne politische und ideologische Festlegung zum Mißerfolg verurteilt seien.[176] So haben sie sich, jung und besessen von dem Glauben, der einzig richtigen »Weltanschauung« zu dienen, weit über das normale Maß hinaus engagiert. Gestützt auf die Vorarbeit der evangelischen Jugend- und Jungmännervereine, konnte sich der DHV rasch ausbreiten und bald eine aktive Rolle in der antisemitischen Bewegung in Deutschland spielen.[177] Ob der DHV in den beiden Jahrzehnten vor dem Ersten Weltkrieg tatsächlich »die stärkste Säule aller judengegnerischen Bewegungen« wurde, wie Mitglieder und Freunde meinten, mag dahingestellt bleiben. Unbestreitbar ist auf jeden Fall, daß die aktivsten Mitglieder der antisemitischen Parteien aus dem DHV kamen, sie von ihm materiell unterstützt wurden und er nach und nach zur großen »Rekrutenschule für den politischen Antisemitismus« wurde.[178]

Nicht ganz so aktiv und betont einseitig hat sich der zweite von der antisemitischen Woge emporgetragene Interessenverband betätigt. Die Großgrundbesitzer hatten den Bund der Landwirte (BdL) – ebenfalls 1893 – ins Leben gerufen, nicht weil sie ein Vordringen der Sozialdemokraten in die agrarischen Regionen des Reiches fürchteten, sondern weil es ihnen in einer konkreten Situation nötig erschien, ihre Interessen massiv zur Geltung zu bringen. Es ging ihnen primär darum, den Einfluß der Landwirtschaft im System des Hochkapitalismus wieder zu stärken und unter Ausnutzung gesellschaftlicher Machtpositionen nachdrücklicher in die politischen Entscheidungsprozesse einzugreifen.[179]

Der Bund der Landwirte trat – das konnte bei dem ausgeprägten Standesbewußtsein seiner Repräsentanten nicht verwundern – mit dem Anspruch auf, »das erste und bedeutendste Gewerbe« Deutschlands zu vertreten, von dessen Wohl und Wehe der Bestand des Reiches und der Einzelstaaten entscheidend abhänge. Da die maßgeblichen Kreise des Bundes sehr wohl wußten, daß die ostelbischen Großgrundbesitzer andere Interessen verfolgten als etwa die schleswig-holsteinischen und hessischen Bauern, unterblieb eine präzise Festlegung der Forderungen und Ziele. Die Führungsgremien und mächtigen Gönner des Bundes waren sich völlig im klaren, daß sie Anhänger unter den kleinen Bauern und den von der Landwirtschaft abhängigen Handwerkern brauchten, um ihre Ansprüche wirksam zu vertreten. Als nahezu einziges Mittel, sie zu gewinnen und bei der Stange zu halten, bot sich der Antisemitismus an. Im Ressentiment gegen Andersgläubige und Fremde fanden sich die Großgrundbesitzer mit dem Dienstpersonal und Gesinde, die großen Pächter, mittleren Bauern und ländlichen

Handwerker, die ihr kärgliches Dasein durch die Bewirtschaftung eines Stückchens Land ein wenig verbesserten, trotz vieler Gegensätze und Feindschaften immer zusammen.

Da der BdL finanzstarke Mitglieder und Förderer hatte, konnte er sich rascher ausdehnen als andere Organisationen, zumal er in den agrarischen Provinzen Preußens keinerlei ernsthafte Konkurrenz hatte. Daß die antisemitische Agitation des Bundes von Anfang an so effektiv war, beruhte ganz wesentlich darauf, daß Aktivisten und Gründungsmitglieder der Vereine deutscher Studenten wie Diederich Hahn, die Publizisten Bley und Schmidt-Gibichenfels sowie zahlreiche große und kleine regionale Funktionäre in seinen Dienst traten. Die Landbündler verpflichteten zeitweilig auch antisemitische Parlamentarier und Parteiführer, sofern diese nicht gegen die Grundsätze der preußisch-konservativen Verbandspolitik verstießen.[180] Bei der Vorarbeit, die Böckel bei den Bauern in Hessen, Dr. König bei denen in Westfalen, Fritsch und seine Anhänger in Sachsen, Liebermann von Sonnenberg und andere in den nord- und ostdeutschen Agrargebieten Preußens geleistet hatten, fiel es dem BdL nicht schwer, binnen weniger Jahre dort Fuß zu fassen und ein immer engeres und festeres Organisationsnetz über das Land zu spannen. Mit Hilfe des Genossenschaftswesens konnte der Bund auch massive wirtschaftliche und politische Pressionen ausüben.

In den Dörfern wurden die Landbündler nachhaltig von evangelischen Geistlichen unterstützt, die entweder aus Überzeugung oder aber auf Geheiß ihrer konservativen, meist dem BdL angehörenden Patronatsherren »im Namen der Religion der Liebe die blutigste Verhetzung« trieben und damit eine besonders schwere Verantwortung auf sich luden.[181] Sie wußten oft nur zu genau, daß die Nöte der Landbevölkerung ganz andere Ursachen hatten als die von ihnen behauptete Ausbeutung durch die Juden, daß die Landarbeiter etwa unter der harten Hand der Gutsherren litten und unter sozialen Bedingungen zu leben gezwungen waren, die es unmöglich machten, aus eigener Kraft ein menschenwürdiges Dasein zu erringen. Funktionäre, Agitatoren und Helfer des Bundes der Landwirte bemühten sich nicht einmal ansatzweise darum, die wirtschaftlich von den Großgrundbesitzern abhängigen Menschen, insbesondere die Landarbeiterschaft, aus ihren unwürdigen sozialen Verhältnissen herauszuführen. Statt dessen predigten sie ihnen Haß und drückten so die in oft erniedrigender persönlicher Abhängigkeit Lebenden durch die Weckung gemeiner Triebe noch weiter herab, nur um sie in den Dienst ihrer Interessen zu stellen.[182]

Die permanente Aufreizung dumpfer Instinkte und deren Ausnutzung für Gruppeninteressen ist von kritischen und weiterschauenden Standesgenossen als gefährlich erkannt und getadelt worden. Zudem kollidierten die

Ziele des Bundes der Landwirte mit denen antisemitischer Mittelstandsgruppen. Insbesondere ein guter Teil des Bildungsbürgertums fühlte sich von diesen Methoden abgestoßen. Aber nur wenige Intellektuelle und Publizisten, die den Antisemitismus in der Auseinandersetzung mit dem Liberalismus als nützlich verwendet hatten, besannen sich nun und trennten sich von ihm.[183] Vornehmlich die dem neudeutschen nationalen Idealismus verpflichteten Akademiker waren durch das hemmungslose Machtstreben der antisemitischen Verbandsfunktionäre schockiert, nicht zuletzt weil es gepaart war mit einer bis dahin beispiellosen Unbedenklichkeit in der Wahl der Mittel.[184]

Die von vielen gehegte Hoffnung, daß die Mehrheit des Bildungsbürgertums, vom Treiben der »Radauantisemiten« in den Verbänden angewidert, auf den Weg der politischen Mäßigung zurückkehren würde, erwies sich jedoch als irrig. Wer dem Antisemitismus einmal erlegen war, der löste sich selten ganz von ihm. Er nahm Anstoß an der politischen Praxis und den groben Agitationsmethoden, aber nur, um es auf »höherer Ebene« besser zu machen als die anderen. So breitete sich der Antisemitismus seit dem letzten Jahrzehnt des neunzehnten Jahrhunderts zunehmend im anspruchsvollen Schrifttum aus, wurde in literarischen und kulturellen Vereinigungen und Zirkeln heimisch, drang in die Spalten seriöser Zeitungen und Zeitschriften vor.[185] Da die sozialen Gruppen, ihrem ausgeprägten Standesbewußtsein gemäß, unter sich bleiben wollten, schufen sie sich jeweils eigene Vereine und Verbände mit kulturpolitischen, innen- oder außenpolitischen Programmen und Zielen. Der Antisemitismus wurde in allen der ideologisch ausschlaggebende Faktor.

Aus der großen Zahl dieser im letzten Jahrzehnt des vorigen Jahrhunderts entstandenen Organisationen sollen nur einige exemplarisch vorgestellt werden. Vor allen anderen muß auf den Alldeutschen Verband hingewiesen werden, der einer bewußt expansionistischen Machtpolitik durch die Erzeugung eines nationalistischen Radikalismus im deutschen Volk zum Durchbruch verhelfen wollte. Der Verband war zunächst nicht ausgeprägt antisemitisch, wurde es aber mit notwendiger Konsequenz, da er die totale Integration des Einzelnen in die Gemeinschaft und die Unterordnung unter einen vermeintlichen nationalen Gesamtwillen postulierte, die kein Angehöriger einer Minderheit ohne Preisgabe seiner Identität akzeptieren konnte.

Mit dem unklaren Ziel der »Pflege deutscher Art« und vornehmlich der Förderung der nordisch-germanischen Rasse formierten sich 1894, ein Jahr nach der Gründung des Alldeutschen Verbandes, zwei Vereinigungen, in denen sich »die Kernschar aller wirklichen Deutschen« zusammenschließen sollte: der Deutschbund und die Gobineau-Gesellschaft. Beide Organisationen wollten herausfinden, wie volksbewußte Deutsche zu handeln hätten, rassische Erkenntnisse in politische Aktivitäten umgesetzt werden könnten. Die Gesellschaften waren mitgliederschwach, in dieser Hinsicht nahezu unbedeutend. Aber die Intellektuellen und Publizisten, die sich in diesen Vereinen selbst bestätigten, haben eine so rege schriftstellerische Tätigkeit entfaltet, daß sie die antisemitischen Verbände und Parteien zu einem großen Teil mit dem dort benötigten »geistigen Rüstzeug« versorgten. Der Vorsitzende des Deutschbundes, Friedrich Lange, wirkte zunächst als Redakteur der *Täglichen Rundschau* stark auf die Meinungsbildung des nationalen deutschen Bürgertums ein. Ludwig Schemann, der Mentor der Gobineau-Gesellschaft hat als Übersetzer und Interpret das Werk des Franzosen für den politischen Gebrauch in Deutschland hergerichtet. Er sorgte dafür, daß Auszüge aus Gobineaus Rassenwerk in den Jahrbüchern der deutschnationalen Handlungsgehilfen und anderer »deutschbewußter« Verbände erschienen und Teildrucke für die politische Schulung zur Verfügung standen. Es gelang ihm sogar dank der Unterstützung durch mehrere Kultusministerien, die Lehrer- und Schülerbibliotheken der Gymnasien einiger Länder damit zu versorgen.[186]

Die deutsche Wissenschaft und die Schichten des Volkes, die sich selbst bis in die Gegenwart hinein die Verantwortung für die Wahrung des abendländischen Kulturerbes zuschreiben, haben stets nur betont, was sie leisteten, nicht was sie unterließen. Indem sie die »Schuld« an dem Aufkommen und der Ausbreitung des Antisemitismus vornehmlich den »ungebildeten Kleinbürgern« zuschrieben, verdrängten sie die Erkenntnis, daß dieser nicht erst von Hitler »in die deutsche Kultur injiziert worden« ist, sondern schon lange vorher in die Bildungsschicht vorgedrungen war, »bis dorthinein, wo sie am allerkultiviertesten sich vorkam«,[187] und daß sie diesen Prozeß selbst erleichtert oder ermöglicht hatten. Die rasche Industrialisierung weckte Zweifel an der Verbindlichkeit der kulturellen Überlieferung, die noch vermehrt wurden angesichts der Tatsache, daß das wirtschaftlich führende Bürgertum zu Wohlstand gelangte und dabei die Kulturgüter gering achtete. Es überrascht nicht, daß unter diesen Umständen auch in Wissenschaft und Kultur der Erfolg höher geschätzt wurde als überkommene Grundsätze. Über den Erfolg aber entschied ein Publikum, das bejubelte, was es verstand, empfand und wünschte. Nicht mehr das umfassend gebildete Individuum, sondern der tüchtige und zweckmäßig angepaßte Staatsbürger, nicht mehr die kulturelle Veredelung der Menschheit, sondern Reichtum und Macht der Nation galten als erstrebenswert. Die Vorstellung von einer den Völkern innewohnenden Triebkraft und einer in der Geschichte wirksamen Gesetzmäßigkeit beherrschte mehr und mehr das Denken der Gebildeten, ja wurde nahezu zum Dogma.[188] Wer sich dieser

»Weltanschauung« verschrieb oder sie auch nur partiell akzeptierte, der mußte konsequenterweise an eine Höherentwicklung der Völker, an die politische und kulturelle Sendung der Nationen glauben. Für ihn ließ sich Geschichte nahezu unbegrenzt »machen«, der Erfolg vorausberechnen und garantieren[189]. Das Bildungsbürgertum und namentlich die akademische Jugend, die dieser Auffassung huldigten, haben damit erst die eigentliche Kulturkrise herbeigeführt und so der Ausbreitung der Inhumanität, des nationalen und rassischen Hochmutes, des Sozialdarwinismus und – mit allen verbunden – des Antisemitismus Vorschub geleistet.[190]

Besonders folgenschwer waren die Veränderungen, die in diesem Zusammenhang im Bereich des Bildungswesens ausgelöst wurden. Während der ersten Hälfte des neunzehnten Jahrhunderts hatte es im deutschen Schulwesen nach der treffenden Analyse Willy Hellpachs noch immer die »doppelte Buchführung« nach dem Grundsatz gegeben: »praktisches Christentum für die Massen, klassizistische Humanität für die Bildungsschicht«. Dadurch war die deutsche Gesellschaft aufgespalten worden in das »Volk« und die kleine Schar der »Gebildeten«.[191] Diese soziale Kluft mußte im Zuge der Nationwerdung beseitigt und eine Nationalerziehung geschaffen werden, die allen Schichten des Volkes über das Trennende hinweg ein Zusammengehörigkeitsgefühl vermittelte. Doch über ein neues Bildungsideal ließ sich gut diskutieren, aber kein Einverständnis erzielen. Kaiser Wilhelms II. Forderung, die er 1890 auf einer Konferenz zur Einleitung der Schulreform verkündete, das Gymnasium habe »nicht junge Griechen und Römer«, sondern »nationale junge Deutsche« zu erziehen, verschleierte lediglich das Fehlen einer brauchbaren Konzeption. Einigkeit bestand allenthalben hinsichtlich der Abwehr sozialdemokratischer Einflüsse im Erziehungswesen. Was dem diente, galt als erwünscht, gleichviel welche Verheerungen dieses sogenannte Bildungsgut sonst in den Köpfen der Schüler anrichtete.[192] So schworen die Pädagogen auf unterschiedlichste Lehrinhalte und ideologisch bestimmte Erziehungsziele. Fast alle liefen aber darauf hinaus, dem »demokratisierenden, nivellierenden, atomisierenden Geist« des Jahrhunderts entgegenzuwirken und die Jugend von der Notwendigkeit zu überzeugen, daß das deutsche Volk »zu einer Art Gesinnungseinheit« zusammenwachsen müsse.[193]

Die Unsicherheit, die gleichwohl amtlicherseits in der gesamten Bildungspolitik und namentlich hinsichtlich des Erziehungszieles herrschte, zeigt der Erfolg von Julius Langbehns Schrift *Rembrandt als Erzieher*. Dieses 1890 erschienene Buch, das sogar von wohlwollenden Zeitgenossen als weitschweifig und unsystematisch bezeichnet wurde, erlebte innerhalb von zwei Jahren 33 Auflagen und beschäftigte zeitweise die gesamte an Bildungsfragen interessierte Öffentlichkeit. Der Verfasser mußte mithin trotz aller offensichtlichen Schwächen seines Buches das Bildungsbürgertum intellektuell oder emotional berührt haben [194]. Langbehn artikulierte mit seinen Ausfällen gegen die moderne Entwicklung in Politik, Wirtschaft und Wissenschaft treffsicher das Unbehagen von Millionen, die in einer Zeit des Wandels geistigen Halt suchten. Er empfahl die Rückbesinnung auf Rembrandt und verwarf damit die Entwicklung, die sich seitdem und besonders nach der Französischen Revolution vollzogen hatte. Er polemisierte gegen das Ideengut der Nachaufklärungszeit, gegen den Geist der Moderne und des Judentums, die seiner Auffassung nach identisch waren. Langbehn war überzeugt, daß sich die Zukunft nur durch einen Bruch mit den geistigen Bewegungen des neunzehnten Jahrhunderts gewinnen lasse. Demgemäß riet er, den Blick vom Universum abzuwenden und nicht mehr die »Menschenrechte vom Himmel zu holen«, sondern darauf bedacht zu sein, »Volksrechte aus der Erde zu graben«.[195]

Wenn Langbehn gehofft hatte, das deutsche Volk werde sich am Vorbild Rembrandts aufrichten, durch eine Wiederentdeckung alter, verschütteter Traditionen den Wertepluralismus im geistigen und kulturellen Bereich überwinden, so hatte er sich bitter getäuscht. Binnen kurzer Zeit wurden den Deutschen neben Rembrandt auch Dürer, Schopenhauer, Nietzsche, Wagner, Hebbel und andere Künstler, Dichter oder Philosophen als »Nationalerzieher« angepriesen. Bei dem Versuch, Überlieferungen zu beleben, die Vergangenheit für tagespolitische Zwecke verfügbar zu machen, gingen die Meinungen noch weiter auseinander als bei der Diskussion um politische und ökonomische Ordnungsvorstellungen. Es gab keinen Konsens darüber, welche Tradition belebt, an welchem Strang der Vergangenheit angeknüpft werden sollte.

Ein Teil des Volkes empfahl nachdrücklicher denn je, das christlich-abendländische Erbe zu bewahren, ja das deutsche Volk verbindlich darauf festzulegen. Inzwischen war aber die Minderheit stärker und einflußreicher geworden, die die christliche Tradition verwarf, weil ihrer Auffassung nach das Christentum germanischer Art Gewalt angetan, den angeblich echten heldischen Sinn der Deutschen gebrochen habe. Diese atheistischen Gruppen wünschten eine neue »deutsche Weltanschauung« auf vorchristlichen, germanisch-heidnischen Überlieferungen zu fundieren. Dabei herrschte wiederum keinerlei Einigkeit über das, was die Germanen den modernen Deutschen als Erbe hinterlassen hätten. Während einige an eine »deutsche Wiedergeburt« aus dem Geist des Irrationalismus dachten, verschrieben sich andere krassestem rationalistisch-biologischem Materialismus.[196]

Es ist nicht erforderlich, das Ausmaß geistiger Verwirrungen eingehend zu beschreiben oder in das Labyrinth der Widersprüche einzudringen. Folgenschwer war allein, daß sich antichristliche Rassenideologen wie antisemitische Sozialdarwinisten auf der einen Seite und die verschiedenen Gruppen der konservativen und christlichen Judenfeinde auf der anderen trotz aller erbitterten Fehden und persönlichen Gehässigkeiten letztlich doch immer wieder kompromißbereit zeigten, wenn politische Aktionen gegen die Juden durchgeführt wurden. Hinsichtlich des Antisemitismus blieben sie »Gesinnungsgenossen«, die Negation war stärker als jede Erkenntnis und Vorausschau.[197]

Diese Kompromißbereitschaft hatte ihre tiefe Ursache in der Angst vor der Sozialdemokratie und den linksliberalen Kräften, deren Ziel eine einschneidende Veränderung der politischen und gesellschaftlichen Ordnung war. Was die Antisemiten aller Couleur so empörte, daß sie für Gegensätze im eigenen Lager nahezu blind wurden, war die Zurückhaltung der Regierungen und Behörden gegenüber der von den »Umsturzkräften« angeblich permanent »drohenden Gefahr«. Das unaufhaltsame Anwachsen des sozialdemokratischen Mitglieder- und Wählerpotentials bei weitgehender Stagnation der bürgerlichen Organisationen trug zu den Angstgefühlen ebenso bei wie die Wirkung der eigenen Propaganda, in der ständig die »rote Gefahr« beschworen wurde. Um ein härteres Vorgehen gegen Sozialdemokraten, Juden und liberale Regimekritiker zu erreichen, sollten die Regierungen durch eine starke und von allen sozialen Schichten getragene »Bewegung« dauernd bedrängt werden,[198] und dazu brauchte man auch die kleinste Gruppe.

Die Regierungen in Reich und Ländern ließen sich durch solche Bestrebungen nicht zu Aktionen drängen. Allerdings hielten es regierende Fürsten und Länderminister im Hinblick auf diese permanente Agitation immer wieder für angezeigt, den Auffassungen der sogenannten nationalen und »staatstragenden« Schichten in der einen oder anderen Form Rechnung zu tragen und die Juden zurückzusetzen. An eine Eindämmung der unaufhörlichen Volksverhetzung war unter diesen Umständen überhaupt nicht zu denken. Noch stärker wirkte sich der Druck der antisemitischen Kräfte auf die Provinz-, Kreis- und Ortsbehörden aus. Regierungspräsidenten und Landräte konnten auch dann, wenn sie es gewollt hätten, nicht umhin, mit kirchlichen Vereinen, bündlerischen und konservativen Antisemiten gemeinsame Sache zu machen, wenn sie aktive und passive Resistenz vermeiden wollten.[199]

Die Zugeständnisse an den antisemitischen Ungeist seitens der Regierungen, Behörden und öffentlichen Institutionen zeigen deutlicher als manches andere, wie weit die Autorität des Staates bereits in Frage gestellt, vom Wohlverhalten der antisemitisch orientierten »nationalen Kreise« abhängig war. Sie haben dadurch, daß sie die Politik auf ihren Kurs zwingen wollten, die Gegenkräfte gestärkt und so erheblich zur Polarisierung der Gesellschaft beigetragen. Die Gefahren der von den Antisemiten sehr bewußt betriebenen »Mobilisierung der Nation«[200] sind erkannt und richtig eingeschätzt worden, aber man war ihnen gegenüber hilflos. Wer vorgab, die Interessen der Nation und die bestehende Ordnung zu verteidigen, der erhielt hinsichtlich der Wahl der Mittel weitgehende Freiheiten, der durfte sogar noch auf Nachsicht hoffen, wenn er gegen bestehende Gesetze verstieß. Einigen Antisemiten der ersten Stunde war noch bewußt gewesen, daß sie durch ihre Angriffe auf Regierung und Parlament das soziale Gefüge der Gesellschaft erschütterten und damit einer Umwälzung Vorschub leisteten.[201] Die Verbands- und Parteiantisemiten der neunziger Jahre kannten solche Bedenken nicht mehr oder schoben sie leichtfertig beiseite. Ohne alle Hemmungen verleumdeten sie Parlamente und Politiker, versuchten sie Behörden und Gerichte zu erpressen. Die Warnungen vor einem Bündnis der Antisemiten mit den Anarchisten waren – wenn auch oft wenig überzeugend belegt – durchaus berechtigt,[202] sie blieben aber weithin unbeachtet.

Einig waren sich die Antisemiten aller Richtungen auch in dem Bestreben, Veränderungen im Parteiengefüge herbeizuführen und dadurch die parlamentarischen Machtverhältnisse zu wandeln. Das sollte durch die Bildung neuer Parteien ebenso geschehen wie durch Versuche, auf Führungsgremien und Parlamentsfraktionen der etablierten Parteien Druck auszuüben, die Wähler durch ständige Aktionen in Erregung zu versetzen und gegen die Leitungen zu engagieren.

Die exponierten und doktrinären Antisemiten schlossen sich in eigenen Parteien zusammen. Diese beteiligten sich an den Wahlen und ihre Abgeordneten zogen in die Parlamente ein mit der erklärten Absicht, den Parlamentarismus selbst in Frage zu stellen. Dieses Vorgehen beeindruckte zu Beginn der Wilhelminischen Ära vornehmlich bestimmte Kreise der Jugend, die von Erörterungen wenig, von Aktionen nahezu alles erwarteten. Diese Menschen waren der allgemein herrschenden Stimmung gemäß davon überzeugt, daß mit ihnen eine neue Epoche beginne und alles anders werden müsse.

Ohne hinreichende Kenntnisse oder praktische Erfahrungen überhäuften die Parteiantisemiten die Politiker der bestehenden Parteien mit Vorwürfen, schalten sie tatenlos und unfähig. Darüber hinaus ließ sich mühelos ein Versagen vor den politischen Zukunftsaufgaben der Nation aufgrund allgemeiner »Mattherzigkeit« konstatieren.[203] Dem »Fanatismus der Sozialdemokratie« insbesondere könne nur mit einem gleichen Fanatismus begegnet werden. Bedenken hinsichtlich der Wahl der Mittel seien Zeichen der Schwäche und Dekadenz, die angesichts der »Übelstände« in Wirtschaft und Gesellschaft nicht länger hingenommen werden dürften.[204]

Mit derartigen Forderungen und einem so forschen, herausfordernden Ton waren zweifellos mit Schwierigkeiten ringende Wähler anzusprechen und zu gewinnen. Angehörige von Berufsgruppen, die ihre Interessen in den etablierten Parteien nicht hinreichend vertreten sahen, blieben aber im Lager der Antisemiten zumeist nur begrenzte Zeit, weil sie bald gewahrten, daß deren Führer und Abgeordnete zwar oft einen sehr entwickelten Machtwillen, sonst aber weder charakterliche noch fachliche Qualitäten besaßen und in der praktischen Politik völlig versagten.[205] Je nach der augenblicklichen Interessenlage der Anhänger und Wähler verfolgte ein Teil der antisemitischen Parteiprominenz in Anlehnung an den Bund der Landwirte und die konservative Partei vornehmlich deren Ziele, machte ein anderer Flügel dagegen Front gegen die Konservativen und warf ihnen vor, durch ihren rigorosen Egoismus die schwierige Lage des Mittelstandes mitverschuldet zu haben und letztlich an dessen Belangen desinteressiert zu sein. So stritten die einen mit den Argumenten der Rechten gegen Juden, Fortschritt und Sozialdemokratie, die anderen mit radikalen linken Forderungen vornehmlich gegen die »cohnservative« Reaktion und somit gleicherweise gegen »Juden und Junker«.[206] Hermann Ahlwardt, zweifellos einer der hemmungslosesten antisemitischen Demagogen, brüskierte mit seinem im Dezember 1894 verkündeten Programm bedenkenlos das gesamte Besitzbürgertum. Die von ihm vertretenen Gruppen wollten »Eigentumsrecht an Grund und Boden« grundsätzlich nur noch »bis zur Größe eines landesüblichen Bauernhofes« anerkennen, Besitztitel in der Industrie »nur innerhalb der Grenzen des üblichen Handwerksbetriebes« gelten lassen. Was über diese mittlere Betriebsgröße hinausging, wurde in Artikel 6 seines Programms zu »Gewalteigentum« erklärt und sollte in »Gemeinbesitz« überführt werden.[207]

Der Antisemitismus, der nach dem Urteil eines zeitgenössischen Beobachters »aus den Bedürfnissen und Empfindungen des ländlichen und städtischen Mittelstandes herausgewachsen« war, zeigte dieselbe politische Richtungslosigkeit, geistige und soziale Zerrissenheit und »bunte Mannigfaltigkeit wie dieser selbst«.[208] Allerdings fanden sich in den antisemitischen Parteien nur die chaotischen Rotten zusammen, denen der Protest über alles ging, die praktisch unfähig waren, sich in größere Gemeinschaften einzufügen, weil sie nicht bereit waren, ihren sektiererischen Eigensinn aufzugeben, und einen Ausgleich mit den Interessen anderer zu suchen.

Angesichts des Unvermögens der Parteiantisemiten, ihre Anhänger zu organisieren und mit deren Hilfe Einfluß zu erlangen, ja überhaupt politisch zu wirken, kann es nicht überraschen, daß sich die etablierten Parteien durch geschicktes Eingehen auf die Mentalität der politisierten antisemitischen Wählerschichten, teilweise auch durch Übernahme einiger ihrer Forderungen, bemühten, sie für sich zu gewinnen. Sehr weit kam die konservative Partei den Antisemiten entgegen, zumal die Führungsgremien über den Einbruch der Antisemiten in die eigenen Parteiverbände schockiert waren. Sie hofften, nach und nach die »verführten« und angesichts der politischen und parlamentarischen Mißerfolge der Antisemiten enttäuschten Wähler wieder zurückzugewinnen.[209] So fehlte es nicht an guten Ratschlägen und Plänen, die alle darauf hinausliefen, halben Herzens die antisemitische »Bewegung« als »jugendliche Abart des Konservativismus« anzuerkennen und sich mit den sogenannten gemäßigten Gruppen zu arrangieren, um der alternden, orientierungslos gewordenen Partei »neues Blut und neue Kraft zuzuführen«.[210] Einen Augenblick schien es, als ob die konservative Partei bei diesen Anbiederungsversuchen von den Umworbenen das Gesetz des Handelns aufgedrängt bekäme. Hammerstein und Stoecker erlangten einen so bestimmenden Einfluß in der Partei, daß sie im Dezember 1892 in der Tivoliversammlung die Aufnahme antisemitischer Forderungen in das Parteiprogramm durchsetzen konnten.[211]

Die Tatsache jedoch, daß der konservative Parteitag im Tivoli teilweise den Charakter einer lärmenden antisemitischen Volksversammlung angenommen hatte und dort sogar einem Radikalen wie Ahlwardt Beifall gezollt worden war, rief die Gegenkräfte auf den Plan. Die Mehrheit der konservativen Abgeordneten, und namentlich die einflußreichen Gönner der Partei, widerstrebten dem »Radikalismus«, weil er letztlich nicht im Interesse der »staatserhaltenden« Bestrebungen der Partei liege,[212] die Geltung Deutschlands in der Welt beeinträchtige und den Handlungsspielraum der Regierung und Verwaltung einschränke.[213]

Stoecker wurde heftig kritisiert, sein Einfluß mehr und mehr beschnitten. Mit Recht wurde ihm vorgeworfen, daß er mehr Agitator als Parteiführer sei, in seinem parlamentarischen und politischen Wirken »nicht Maß zu halten« verstehe und damit der Revolution Vorschub leiste. Die Tolerierung antisemitischer Praktiken durch einen konservativen Parteitag müsse zwangsläufig dazu führen, daß das Volk in der Vorstellung bestärkt werde, daß bestimmte innenpolitische Zustände »nur durch die allerradikalsten, ja durch revolutionäre Mittel beseitigt werden« könnten.[214] Dieser Eindruck dürfe aber auf keinen Fall entstehen. Folgerichtig wurde eine Revision des Tivoli-Programms und ein Abrücken von den radikalen Parolen und Praktiken gefordert. »Nicht im Bunde mit antisemitischen Übertreibungen«, so glaubten die altkonservativen preußischen Aristokraten, »sondern im Gegensatze zu ihnen« könne die konservative Partei allein gedeihen.

Es spricht für die Konservativen, daß einzelne unter ihnen erkannten, daß die Mehrheit der Antisemiten ihr Ziel auf verfassungsmäßigem Weg nicht erreichen konnte, die Verfolgung dieser Ambitionen vielmehr »einen

Umsturz bedingen« würde, »womöglich noch tiefgreifender als derjenige, welchen der Sozialismus plant«.[215] Es zeugt jedoch gegen sie, daß sie aus dieser Einsicht kaum nennenswerte Konsequenzen zogen. Sie trennten sich zwar 1895 und 1896 von einem großen Teil ihres christlich-sozialen Anhangs und endlich auch von Stoecker selbst, aber erst als diese sich gewisse sozialpolitische Forderungen zu eigen machten und für Sozialreformen auf dem Land plädierten.[216] Damit wurde das unmittelbare Interesse der Großgrundbesitzer in der Partei berührt, und dem wurden letztlich doch immer wieder politische Erwägungen untergeordnet. Die Konservativen konnten sich von ihren christlich-sozialen Anhängern nun auch ohne Risiko trennen, weil der Bund der Landwirte durch sein weitverzweigtes Organisationsnetz der Partei eine breitere und festere Basis im Land geschaffen hatte und der Verlust der christlich-sozialen Mittelstandsschichten ohne Schwierigkeit verwunden werden konnte.[217] Eine entschiedene Abgrenzung gegen den Antisemitismus war dagegen bei der engen Verflechtung von »Großgrundbesitzerinteresse und Konservativismus« nicht möglich. Ohne die Unterstützung des Bundes der Landwirte wäre die Partei praktisch ohne Anhang und Wähler geblieben, da alle Versuche, die politische Arbeit auf eine breitere Basis zu stellen, an der programmatischen Beschränkung gescheitert waren. So blieben auch in Zukunft mehr oder weniger große Zugeständnisse an den teilweise sehr brutalen Rassen-Antisemitismus im Bund der Landwirte an der Tagesordnung. Nach und nach gewöhnten sich die Konservativen an die hemmungslose Agitation der Landbündler und ließen sie sich gefallen.[218] Sie haben damit auf lange Sicht erheblich zur Aushöhlung ihrer eigenen Position beigetragen. Je mehr in den Wahlkämpfen die »Rücksicht auf die oberen Zehntausend« aufgegeben wurde, desto mehr schwand die Autorität der alten Führungsschichten in Staat und Gesellschaft, desto fragwürdiger wurde ihr Herrschaftsanspruch.[219] Ohne ein Programm, das den Veränderungen in Wirtschaft und Gesellschaft und den Interessen aller Volksschichten Rechnung trug, blieb die konservative Partei immer auf die Hilfe der Verbände und speziell des BdL angewiesen, die dann den politischen und ideologischen Kurs bestimmten.[220]

Relativ unangefochten allen Versuchungen des Antisemitismus gegenüber ist die Nationalliberale Partei geblieben. Sie verschrieb sich zwar nach der Reichsgründung mehr und mehr dem Nationalismus und akzeptierte angesichts des raschen Vordringens der Sozialdemokratie den preußisch-deutschen Obrigkeitsstaat vorbehaltloser, als dies im Hinblick auf das Ziel einer freiheitlich-demokratischen Ausgestaltung des Reiches vertretbar war. So groß aber das Sicherheitsbedürfnis der Nationalliberalen war, Eingriffen in die Verfassungsrechte haben sie niemals zugestimmt. Sie blieben ihren politischen Grundsätzen insoweit treu. Die Tatsache, daß sie mit den Juden gemeinsam um die Emanzipation des Bürgertums gestritten hatten, verpflichtete sie doch so weit, daß viele prominente Parlamentarier immer wieder zugunsten der Juden in die Bresche sprangen oder sich an die Spitze von Organisationen stellten, die die Rechte der Juden verteidigten oder die Abwehr des Antisemitismus zum Ziele hatten. In regionale Parteivereine drangen zwar vorübergehend Antisemiten ein,[221] aber sie erlangten dort keinen Einfluß und blieben deshalb nicht lange.

Die Partei hat diese Grundsatztreue und konsequente Politik mit permanenten Anhänger- und Wählerverlusten bezahlen müssen. In manchen Regionen gingen sogar Mehrheiten der mittelständischen Wähler ins antisemitische Lager über. Besonders verheerend wirkte sich aus, daß aufgrund des Anhängerschwunds große, renommierte nationalliberale Zeitungen in die Hände exponierter Feinde des Liberalismus gelangten.[222] Einige Landesorganisationen, die infolge der rapiden Wählerverluste um ihren Bestand fürchteten, haben sich partiell dem antisemitischen Trend angepaßt. Besonders weit gingen in dieser Hinsicht die sächsischen Nationalliberalen, die zu Beginn der neunziger Jahre, durch ihre Niederlage in zahlreichen Wahlkreisen schockiert, eine Zeitlang Orientierung und Selbstvertrauen verloren.[223] In der Regel wußten die führenden Parteikreise aber sehr wohl, daß die Antisemiten den Liberalismus mit unversöhnlichem Haß verfolgten und keine Gelegenheit zu seiner Diskriminierung vorübergehen ließen. Dementsprechend kam jedes Entgegenkommen einer Selbstaufgabe gleich. Zu einer Politik, die den Interessen des Mittelstandes stärker Rechnung getragen und so den Zulauf zu den Antisemiten unterbunden hätte, konnte sich die Partei jedoch aufgrund der starken Verflechtung mit den Unternehmern und dem akademischen Bildungsbürgertum auch nicht entschließen. So verteidigte sie ihr Programm, verlor aber zunehmend an politischem Einfluß und stellte damit kein wirksames Gegengewicht gegen den Ungeist des Antisemitismus mehr dar.

Obwohl einzelne Zentrumspolitiker in der Entstehungsphase der Partei den Antisemitismus »für sich auszubeuten« versucht hatten, distanzierte sie sich offiziell stets von ihm.[224] Das war zweifellos das Verdienst eines klugen und vorausschauenden Vorsitzenden. Windhorst widersetzte sich von Anfang an dem Drängen prominenter Zentrumspolitiker, die Triebkraft antisemitischer Argumente für die Partei planmäßig zu nutzen. Er lehnte es ab, die Partei durch Indienststellung von Haßgefühlen voranzubringen. Außerdem erkannte er die gefährlichen antichristlichen Tendenzen im Antisemitismus klarer als die meisten seiner Parteifreunde. Unter seinem Einfluß bemühte sich das Zentrum nach dem Ende des Kulturkampfes, auch stärker aus dem Dunstkreis des latenten Gesinnungsantisemitismus herauszukommen. Gerade von Zentrumsparlamentariern ist wiederholt und mit Nachdruck erklärt worden, daß die Mängel und unsozialen Begleiterscheinungen der Wirtschaftsordnung nichts mit der Existenz der Juden zu tun hätten und deren Verdrängung aus der Politik oder dem Wirtschaftsleben kein einziges Problem löse.[225] Auch die Pauschalurteile über die Religion der Juden wurden »aus philosophisch-religiösen Erkenntnisgründen« sehr oft verworfen. Zentrumspolitiker wußten aus eigener bitterer Erfahrung, daß Angriffe gegen eine Religion nur zu leicht auch gegen eine andere vorgetragen werden können und die Religion insgesamt in Frage gestellt wird.[226] Endlich ist das Zentrum auch der Agitation der antisemitischen Parteien, und namentlich der Tätigkeit der Verbände, entgegengetreten und hat deren Entfaltung, wo es in seiner Macht lag, eingedämmt oder behindert.[227]

In den katholischen Ländern und Provinzen dagegen, in denen der Kulturkampf den Katholizismus nicht entscheidend geprägt hatte, wucherten die antisemitischen Ressentiments sehr viel ungebrochener weiter. Sie verbanden sich dort nicht selten mit antipreußischen und antizentralistischen Strömungen. So wurde die Reichsleitung als verpreußt und verjudet zu gleicher Zeit denunziert.[228] Unter diesen Bedingungen ließen sich regionale Zentrumsverbände zu Wahlabkommen mit dem Bund der Landwirte bewegen.[229] Religiöse Aversionen und alte Vorurteile brachen bei derartigen Gelegenheiten wieder durch. Das Gefühl der Fremdheit und Distanz zu den Juden bestand weiter, in Grenzen gehalten vornehmlich durch das politische Kalkül. Das erklärt, warum das Zentrum niemals positiv zugunsten der Juden intervenierte und nur selten gegen die Diskriminierung der jüdischen Minderheit auftrat. Einige dem Zentrum nahestehende Zeitungen haben sich sogar weiterhin an den antisemitischen Verleumdungen beteiligt und damit die Politik der Partei kompromittiert.

Entschiedene Position gegen den Antisemitismus haben die Linksliberalen bezogen und sich in dieser Haltung auch nicht beirren lassen. Sie engagierten sich zugunsten der Juden gegen Verwaltungswillkür und namentlich gegen die jeder parlamentarischen Kontrolle entzogenen Militärbehörden. Große Erfolge in der Abwehr des Antisemitismus blieben ihnen aber versagt. Sie schätzten als Intellektuelle die Triebkräfte der antisemitischen Protestbewegung nicht richtig ein. Sie wollten Emotionen mit Hilfe des Verstandes, Doktrinen mit Argumenten, Fanatismus mit Überzeugungskraft überwinden. Dadurch, daß die Freisinnigen den Antisemitismus als Symptom geistiger Rückständigkeit apostrophierten, konnten sie ihm auf keinen Fall beikommen.[230] Sie erreichten mit ihrer Aufklärungsarbeit die sich zwischen Kapitalismus und Sozialismus hoffnungslos eingeklemmt fühlenden, ratlosen und verängstigten antisemitischen Wähler überhaupt nicht, noch weniger konnten sie sich ihnen verständlich machen.

Die Sozialdemokraten, die sich im Besitz der alleingültigen Erkenntnis wußten, schauten mit Verachtung auf die theoretischen Stümpereien der Antisemiten herab. Ihnen bot der Antisemitismus nichts, was überhaupt diskutierenswert gewesen wäre.[231] In der Gewißheit, die überlegene Theorie zu besitzen, und vertrauend auf die Stärke und Aktivität der eigenen Organisation, haben auch sie den Antisemitismus als politische Kraft total verkannt und unterschätzt. Da die Sozialdemokraten nach der Aufhebung des Sozialistengesetzes bei der Werbung um Handwerker, Angestellte und die ländliche Bevölkerung ständig auf die Konkurrenz der Antisemiten gestoßen waren und dabei auch Mißerfolge hatten hinnehmen müssen, befleißigten sie sich aus taktischen Gründen einer gewissen Zurückhaltung. Sie erkannten an, daß die Antisemiten »solche Bevölkerungsschichten in selbständige Bewegung« gesetzt hatten, »die sich bisher teilnahmslos bescheiden« damit zufriedengegeben hätten, »für andere Interessen und Parteien Spalier zu bilden, wenn diese sich zum Einzug in das Parlament anschickten«.[232] Sie waren darauf bedacht, diese Menschen nicht vor den Kopf zu stoßen, rechneten sie doch fest mit ihrem Zuzug. Wenn die von den Antisemiten Verführten, so argumentierten die Sozialisten, erst die Hohlheit der Aussagen und Versprechungen ihrer bisherigen Führer entdeckten, würden sie sich alle der SPD zuwenden. Die Sozialdemokraten glaubten, daß die Antisemiten mit ihrer Agitation letztlich doch die Geschäfte der SPD besorgten, indem sie die »politisch rückständigsten« Schichten für den Marxismus reif machten und sich zudem noch »als treffliche Minierer für die Zersprengung der alten Parteien« erwiesen.[233] So haben sie die Antisemiten mehr geschont, als dies angesichts der ständigen Herausforderungen angebracht war.

Unterschwellig gab es auch in den sozialdemokratischen Organisationen gelegentlich antisemitische Strömungen. Es waren Rückstände der Handwerkerideologie, die von zünftlerisch geprägten Gewerkschaftsmitgliedern in die SPD eingeschleppt worden waren,[234] oder Vorbehalte gegen die in der theoretischen Diskussion sehr stark hervortretenden Intellektuellen in der Partei, unter denen es viele Juden gab.[235] Generell ist aber die klassenbewußte Arbeiterschaft vom Antisemitismus unberührt geblieben. Die von den Sozialdemokraten organisierte Arbeiterschaft war die einzige Kraft, die die antisemitischen Demagogen fürchteten. Wo die Arbeiterbewegung stark war, vermochten sich die Antisemiten nicht zu entwickeln. Wie an den Dämmen des Zentrums, so brach sich die antisemitische Flut auch an denen der Sozialdemokratie.

Den Besitzstand, den die antisemitischen Parteien und Verbände bis zum Ausgang des neunzehnten Jahrhunderts erreicht hatten, bewahrten sie, von geringfügigen Veränderungen abgesehen, bis in den Ersten Weltkrieg hinein. Das galt sowohl hinsichtlich der territorialen Verbreitung als auch hinsichtlich der sozialen Struktur der Mitglieder und Wähler. Die Antisemiten hatten ihren Rückhalt in protestantischen Gebieten, hauptsächlich in Hessen, Sachsen, Franken, in Teilen Westfalens und bestimmten Zonen Norddeutschlands sowie in den ostelbischen Provinzen Preußens; ihr Anhang rekrutierte sich vornehmlich aus den Reihen der Bauern und der ländlichen Bevölkerung, aus dem gewerblichen Mittelstand, den Gruppen der kleinen Angestellten und der unteren Beamten sowie einem guten Teil der Akademikerschaft und der technischen Intelligenz. Die Erwartung, daß die antisemitischen Parteivereine Kernzellen einer großen Mittelstandspartei würden, in der sich endlich alle zusammenschlössen, »die sich weder vom Großkapital verschlingen noch von der Sozialdemokratie aus ihrem bescheidenen Besitz verdrängen lassen« wollten, trog allerdings.[236]

Dafür gingen die Interessen der Anhänger doch viel zu weit auseinander. Was die Antisemiten einte, war auch jetzt allein die Negation: jeder Art des Großbetriebes; der anonymen Apparate in Wirtschaft und Verwaltung; der rationalen und sachlichen Politik der etablierten Parteien und Standesverbände, denen gegenüber sie sich machtlos fühlten, der angeblich zu sehr ausgleichenden Politik der Regierungen und der einem Ethos der Gerechtigkeit verpflichteten Amtsführung der hohen Beamtenschaft, der nachgesagt wurde, »teils aus Schwäche, teils aus Rücksicht auf verwandtschaftliche und andere Beziehungen eine verhängnisvolle Nachgiebigkeit gegen die Wünsche der Plutokratie« und mangelnde Entschlossenheit im Vorgehen gegen die Sozialdemokratie an den Tag zu legen.

Nach und nach hatte sich bei führenden Antisemiten daneben die Auffassung durchgesetzt, daß sie und ihre Anhänger sich nicht in eigenen Parteien separieren und damit der Gefahr einer Isolierung aussetzen sollten. Sie müßten vielmehr darauf bedacht sein, alle Parteien und Organisationen »mit dem antisemitischen Gedanken« zu durchdringen und ihn so zu stärkerer Wirkung zu bringen. In dieser Hinsicht waren die Antisemiten zweifellos erfolgreicher als bei der Parteibildung.[237]

Der Antisemitismus war die Protestbewegung aller derer, die durch die Modernisierung des staatlichen und gesellschaftlichen Lebens beunruhigt waren, die in der modernen Gesellschaft im beruflichen, sozialen und geistigen Bereich so viel Individualität und Tradition wie möglich bewahren wollten. Mit ihr sympathisierten alle, die sich, wie schon ein zeitgenössischer Beobachter, Sidney Whitman, urteilte, gegen einen Prozeß auflehnten, der »gar nicht in den Juden, sondern in der modernen Entwicklung« seine Ursache hatte.[238] Sie hießen jeden, der ihnen nicht paßte, einen Juden und denunzierten alles, was ihren Vorstellungen widersprach, als jüdisch.[239] Auf dieser Basis ließ sich keine konkrete Politik treiben, und deshalb haben in diesem Bereich die Antisemiten vollkommen versagt. Auch das Scheitern des Parteiantisemitismus ist zu einem Teil daraus zu erklären. Doch darf trotz dieses Mißerfolgs auf keinen Fall übersehen werden, daß der Antisemitismus als Gesinnung oder als »ein Stück Weltanschauung« sehr weit über den Kreis der Partei- und Verbandsantisemiten hinausging und das Bewußtsein großer Volksschichten mehr oder weniger stark prägte. Ob hochgebildet oder ganz ungebildet, die so indoktrinierten Menschen verschlossen sich, wenn es um die Juden ging, allen Argumenten. Was auch immer geschah, »die Juden« waren verantwortlich. Mit deren konkretem Verhalten hatte das überhaupt nichts oder wenig zu tun.[240]

VI

Mit den Fortschritten in Wirtschaft, Technik und Wissenschaft verloren die pessimistischen Thesen der Antisemiten zu Beginn unseres Jahrhunderts vorübergehend ihre Zugkraft. Wer am technisch-industriellen Aufschwung Anteil hatte oder in der einen oder anderen Weise von ihm profitierte, den überzeugte die Behauptung von der ständig wachsenden Versklavung Deutschlands durch die Juden nicht mehr. Der von den antisemitischen Haßaposteln und Kulturpessimisten so viel geschmähte Wohlstand übte auf die Volksmehrheit trotz aller gegenteiligen Beteuerungen eine ungeahnte Anziehungskraft aus. Die These, Preußen-Deutschland sei durch Entbehrungen und Opfer groß geworden, das Streben nach materiellen Gütern und den Segnungen der Zivilisation sei eine jüdische Errungenschaft, die gepriesen werde, um deutsche Art und Sitte zu zerstören, wirkte lächerlich angesichts der Tatsache, daß sich sogar die höchsten Repräsentanten des Staates, darunter auch solche, die von den Antisemiten gefeiert wurden, am »Tanz ums Goldene Kalb« beteiligten.[241] Im Zeichen einer nationalistischen Hochstimmung überzeugte es zwar bis zu einem gewissen Grad, wenn der Bevölkerung »nicht Genuß, sondern Heldentum« gepredigt wurde,[242] aber es ließ sich doch nicht übersehen, daß es das Deutsche Reich unter der Ägide Kaiser Wilhelms II. im Kampf um den Platz an der Sonne nach allgemeiner Auffassung auch ohne Konsumverzicht relativ weit gebracht hatte. Die Deutschen mußten sich nicht besonders anstrengen, sie waren vielmehr – so sah es nach und nach die Mehrheit des Bürgertums – aufgrund ihres überlegenen politischen Systems, ihrer organisatorischen, technischen und militärischen Fähigkeiten zum Herrschen prädestiniert.

Je mehr sich unter dem Eindruck der Wilhelminischen Politik die Vorstellung verbreitete, daß das von Bismarck geschaffene Deutsche Reich

»nicht Vollendung, sondern nur Anfang« sei für eine neue deutsche Weltmachtpolitik[243], desto mehr verband sich der Glaube an die Mission des eigenen Volkes mit rassischen und antisemitischen Vorstellungen. Aus dem achtungsgebietenden preußischen Territorialstaat habe sich der Nationalstaat entwickelt, der im Begriff sei, Weltmacht zu werden. Zu einem solchen Aufstieg seien die Deutschen nur aufgrund ihrer nationalen und besonders ihrer rassischen Qualitäten gelangt. Die Deutschen, so erklärte Diederich Hahn in einer Versammlung des Bundes der Landwirte, gehörten »alle zum Adel der Welt. Der höchsten Rasse in der Welt« aber, so folgerte er sodann, »gebührt die Herrschaft über sie«.[244] »Durch Reden und Konferenzen« allerdings – das war ein weiterer Glaubenssatz des nationalen Bürgertums – werde das deutsche Volk »nie und nimmer den Platz an der Sonne« gewinnen, sondern allein durch entschlossenes Handeln, das die Nation solidarisch zu ermöglichen und zu decken habe. Es gebe sogar eine rassenbiologische Pflicht zur Ausdehnung des deutschen Machtbereichs, nach der »die jedes Jahr fast eine Million Menschen betragende Überproduktion unseres Volkes mit gebieterischer Stimme ruft«.[245]

Während die Parteiantisemiten darüber lamentierten, daß sie trotz aller Anstrengungen immer einflußloser würden, ihre Eingaben an Regierungen und Parlamente kaum Beachtung fänden, war der Antisemitismus tief in den Nationalismus und Imperialismus eingedrungen und unlösbar mit ihm verschmolzen. Erst beim Blick auf die Ideologien und geistigen Strömungen der Zeit läßt sich erfassen, wie tiefgreifend sich das Bewußtsein des Bürgertums seit der Reichsgründung verändert und welche entscheidende Rolle in diesem Prozeß der sogenannte »wissenschaftliche Antisemitismus«, gestützt auf die politischen Interpretationen der »Rassenforschung und der germanischen Vorgeschichte« sowie anderer wissenschaftlicher Disziplinen, gespielt hatte.[246] Der Antisemitismus war damit »gesellschaftsfähig«, zugleich aber auch schillernder und gefährlicher geworden.[247] Auf jeden Fall blieb sein weiteres Schicksal an das des Nationalismus gebunden.

Durch die unauflösliche Verbindung des Nationalismus mit dem Antisemitismus und Sozialdarwinismus[248] wurde die Innenpolitik verstärkt den Interessen der Außenpolitik dienstbar gemacht. Nur wenn innerhalb der Nation alle »ideologischen Humanitätsduseleien« unterbunden, die Volkskräfte zusammengefaßt und auf die großen Ziele ausgerichtet würden, sei eine »kraftvolle« und expansive Außenpolitik zu betreiben. Dabei setzte sich mehr und mehr die Überzeugung durch, daß nur gemeinsames Blut einen gemeinsamen Willen und gemeinsame Ideale garantiere.[249] Der erwartete allgemeine Konsens über die Ziele der deutschen Politik blieb freilich eine Fiktion; es hat zu keiner Zeit darüber im nationalen Lager Einverständnis geherrscht. Solange der deutsche Einfluß in der Welt wuchs, ließ sich mit dieser Vorstellung trotz ihrer Irrealität relativ konfliktfrei leben. In dem Moment jedoch, in dem das Reich außenpolitische Mißerfolge hinnehmen mußte, das wirtschaftliche Expansionsstreben an seine Grenzen stieß, brachen die innenpolitischen Gegensätze vehement auf, und mit ihnen wurde auch der Antisemitismus wieder in die Höhe getrieben.

Die neue nationalistische und antisemitische Hochflut begann während der Daily Telegraph Affäre aufzulaufen. Die Deutschen der »entschiedeneren Tonart« beschuldigten den Kaiser und die Reichsleitung, sie hätten »den Blick für das Wohlergehen und die Ehre des Volkes« vollkommen verloren. Das Reich habe nicht nur an Ansehen verloren, sondern sei auch infolge seiner unentschlossenen Politik in der Welt isoliert. Die machtpolitischen Einbußen hätten »eine tiefe Niedergeschlagenheit im Volke« und bei allen »Deutschbewußten« verursacht und Befürchtungen bestärkt, »daß in den verantwortlichen Kreisen undeutscher, rückgratloser Geist Platz greift«, der aber auf keinen Fall hingenommen werden dürfe.[250] Die Antisemiten und ihre Gesinnungsgenossen wollten »wie ein Mann« aufstehen gegen eine Politik der Kompromisse. Sie drohten der Reichsleitung Gehorsamsverweigerung und Widerstand an. Doch das waren leere Worte. Zu einer ernsthaften Opposition hatten sie weder den Mut noch die Macht. Was blieb, war eine neue Woge der Agitation seitens der antisemitischen Parteien und Verbände[251] und – dies erwies sich als folgenschwer – die Gewöhnung an den Gedanken des Widerstandes gegen die Staatsgewalt seitens der extremen Rechten. Bei dieser neuen Propagandakampagne zeigte sich, daß der Antisemitismus inzwischen vornehmlich seine ländliche Basis verstärkt hatte, daß er dort in Jugendgruppen, Turnvereinen und Heimatbünden sehr viel stärker als früher in Erscheinung trat. Auch in der Heimatkunst hatte er wichtige Pflegestätten gefunden.[252]

Die Ernennung eines so zurückhaltenden und vorsichtig wägenden Mannes wie Bethmann Hollweg zum Reichskanzler verstärkte das Unbehagen der nationalistisch-alldeutsch-antisemitischen Fronde. Sie erkannte sehr schnell, daß die Reichsleitung angesichts der schwierigen außenpolitischen Lage Deutschlands Kompromisse schließen werde und auch innenpolitisch einem Ausgleich zuneigte. In den Regierungen des Reiches und der Länder setzte sich immer mehr die Einsicht durch, daß die Arbeiterbewegung trotz aller nur erdenklichen Repressivmaßnahmen einen immer größeren Zulauf gehabt hatte. Sozialdemokratie und Gewerkschaften waren Machtfaktoren geworden, mit denen man rechnen mußte. Da in der Beamtenschaft und in Teilen des Besitzbürgertums die Überzeugung gewachsen war, weitere Unterdrückungsmaßnahmen würden die Position der Sozialdemokratie nur noch mehr stärken, wurden Maßnahmen zum

Abbau der Konfrontation erwogen. Zwar fehlte es überall an Stärke und Entschlossenheit, einen Schritt in diese Richtung zu tun, aber es bedeutete schon viel, daß neue Maßnahmen »gegen die Roten« verhindert und Befürworter neuer Ausnahmegesetze zurückgewiesen wurden.[253]

Die Zurückhaltung des Kanzlers genügte den antisemitischen Heißspornen bereits, um ihn der Entschlußlosigkeit zu zeihen, seine politische Qualifikation in Zweifel zu ziehen und ihm endlich sogar die Verantwortung für den Ausgang der Reichstagswahl im Januar 1912 anzulasten.[254] Diese Wahl, die den Sozialdemokraten einen neuerlichen Stimmengewinn gebracht – die SPD stellte fortan die stärkste Fraktion des Reichstags – und das nationale Bürgertum und speziell die Antisemiten schockiert hatte, zeitigte besondere Folgen. Sofort traten die Katastrophenpropheten auf den Plan, um den Untergang des Reiches, den Verfall der abendländischen Kultur, den Zusammenbruch der Wirtschaft vorauszusagen und den Juden die alleinige Verantwortung für alle kommenden Übel aufzubürden, sie insbesondere für die Verschärfung der sozialen Spannungen verantwortlich zu machen.[255] Wiederum rollte eine Lawine des Hasses und der Verleumdung über das Land hinweg. Sie erschütterte abermals politische und moralische Widerstandspositionen gegen den Radikalismus.

Der Vorsitzende des Alldeutschen Verbandes, Heinrich Claß, der unter dem Eindruck des Wahlausgangs sein Kaiserbuch schrieb, verfolgte den ehrgeizigen Plan, eine große, überparteiliche »Bewegung« zur Durchführung einer »Reichsreform« auszulösen. Er versuchte alle »deutschbewußten« Bürger davon zu überzeugen, daß die deutsche Politik nach Bismarcks Sturz verfehlt gewesen und in eine Sackgasse geraten sei. Um aus ihr herauszukommen, sollten zuerst einmal einschneidende innenpolitische Maßnahmen durchgeführt werden; an erster Stelle schien ihm eine Änderung des Reichstagswahlrechts geboten. Für Claß waren die Juden für jede sogenannte Fehlentwicklung der deutschen Politik verantwortlich, jede Kurskorrektur mußte seiner Ansicht nach deshalb mit Restriktionen gegen sie beginnen. Um der von ihm behaupteten »Zersetzung« der deutschen Nation »durch jüdisches Blut und jüdischen Geist« Einhalt zu gebieten, propagierte er nichts weniger als die Sperrung der Grenzen und die Unterbindung jeder weiteren jüdischen Einwanderung, die rücksichtslose Ausweisung aller Juden, die »noch kein Bürgerrecht erworben haben«, und ein Fremdenrecht für alle Juden, die selbst oder deren Vorfahren nach dem 18. Januar 1871 in Deutschland ansässig wurden.[256]

Die Tatsache, daß so radikale Forderungen ernstgenommen und lebhaft diskutiert wurden – das Buch hatte bis 1914 fünf Auflagen –, die politisch verantwortlichen Instanzen sich aber zu keiner entschiedenen Zurückweisung entschlossen, zeigte das Ausmaß der Adaptation zentraler Vorstellungen des Rassenantisemitismus durch große Teile der deutschen Bevölkerung und namentlich durch die akademische Jugend.[257] Bei den Mutmaßungen darüber, wer sich hinter dem sorgfältig gehüteten Pseudonym Daniel Frymann verberge, wurden viele Namen genannt, darunter auch die des Grafen Posadowsky und des Großadmirals Tirpitz. Nichts ist bezeichnender für die Mentalität der politisch aktiven Kreise des nationalen Bürgertums als die Tatsache, daß man so prominenten Politikern und kaiserlichen Staatssekretären Pläne und Überlegungen dieser Art zutraute.[258] Unter dem Eindruck der außen- und innenpolitischen Schwierigkeiten war die Bereitschaft gewachsen, anstehende Probleme gewaltsam zu lösen. Teile des Bürgertums hatten sich mittlerweile in einen solchen Haß gegen die sogenannten »Reichsfeinde« hineingesteigert,[259] daß sie der Gedanke eines Ausnahmezustandes im Innern, und das hieß praktisch Entrechtung, Ausweisung und Enteignung Andersdenkender und vornehmlich der Juden, ebensowenig schreckte wie der, außenpolitische Schwierigkeiten durch Gewaltanwendung und Krieg zu lösen.[260]

Der alldeutsche Verbandsvorsitzende sprach mit seinen Forderungen zunächst einmal Angehörige der Führungsschicht an, die einen »harten Kurs« in der Innenpolitik verlangten. Wer ähnliche Vorstellungen vertrat, die parteipolitische Konfrontation befürwortete und den Meinungspluralismus unterbinden wollte, der nahm Kontakt mit Claß auf. Der Alldeutsche Verband wurde nun zur Zentrale und Koordinierungsstelle der nationalradikalen Opposition. Von dort aus wurden auch die ersten Versuche zu einer Vereinigung aller antisemitischen Gruppen gesteuert und Bemühungen um einen Zusammenschluß verwandter Interessenverbände unterstützt, wenngleich sie an der Intoleranz und dem Führungsanspruch der Alldeutschen oft scheiterten.

Einer von denen, die ähnliche Gedanken gehegt und formuliert hatten und sich Claß nun anschlossen, war der im Ruhestand lebende bayerische General Konstantin Freiherr von Gebsattel. Er stellte nicht nur seine weitreichenden Verbindungen in den Dienst der alldeutschen Extremisten, sondern trat auch in die Hauptleitung des Verbandes ein und entfaltete eine große Aktivität. Nach eingehender Beratung mit Claß und unter dessen Mitwirkung faßte er seine Vorstellungen in einer Denkschrift zusammen, die er 1913 unter dem Titel »Gedanken über einen notwendigen Fortschritt in der inneren Entwicklung Deutschlands« drucken ließ und an zweihundert führende Persönlichkeiten des öffentlichen Lebens, an erster Stelle an den deutschen Kronprinzen, sandte.[261]

Gebsattel forderte zum Widerstand gegen politische Reformen und soziale Zugeständnisse, zum entschlossenen Kampf gegen »Judenmache und Verhetzung durch sozialdemokratische Führer« auf. In Übereinstimmung mit Claß befürwortete er legislative und exekutive Maßnahmen des Staates gegen Andersdenkende. Er unterbreitete Vorschläge zur Wahlrechtsänderung, zur »Lösung der Judenfrage« und für eine neue Pressegesetzgebung. Die »Lösung der Judenfrage« sollte so kompromißlos wie möglich durchgeführt werden. Er verlangte, alle Juden unter Fremdenrecht zu stellen, sie doppelt so hoch wie die anderen Staatsbürger zu besteuern, jede Vermischung »jüdischer und germanischer Rasse« unter Strafe zu stellen, Juden den Erwerb von Grundbesitz zu verbieten, sie aus allen Staatsstellungen zu entfernen, ihnen den direkten und indirekten Einfluß auf die Presse zu nehmen. Der General wollte durch diese Maßnahmen das Existenzrecht der Juden soweit einschränken, daß sie sich zur Auswanderung aus Deutschland veranlaßt sähen. Für diesen Fall sollte Vorsorge getroffen werden, damit »der größte Teil jüdischen Eigentums dem Staat hinterlassen« werde. Die Grenzen dürften für die Auswanderung erst geöffnet werden, wenn das jüdische Eigentum vollständig registriert und der größte Teil davon eingezogen sei.[262]

Da der Kronprinz die Denkschrift an den Kaiser und an den Reichskanzler weiterleitete, der Monarch wie auch Bethmann Hollweg eingehend dazu Stellung nahmen, ist die Auffassung der obersten Reichsleitung zu den Vorschlägen der alldeutschen und antisemitischen Extremisten zuverlässig überliefert. Kaiser und Kanzler wiesen die judenfeindlichen Forderungen entschieden zurück, deren Tragweite sie völlig erkannten. Wilhelm II. setzte dem Kronprinzen eindringlich auseinander, daß derartige Aktionen gegen die Juden nicht nur den Nationalwohlstand schwer schädigen, sondern auch Deutschland unverzüglich »aus der Reihe der Kulturnationen« ausscheiden würden. Allerdings verrieten die Voten des Kaisers und des Kanzlers, daß auch sie in antisemitischen Vorurteilen befangen und kaum geneigt waren, sich für die Rechte der Juden zu engagieren.[263]

Da die Antisemiten mit ihren Forderungen bei den politisch verantwortlichen Instanzen kein Entgegenkommen fanden, versuchten sie, sich durch organisatorische Betriebsamkeit, durch Blockbildung, einen stärkeren machtpolitischen Rückhalt zu schaffen, um die Regierung und die Parteien nachhaltiger als bisher zu bedrängen. Wie immer bei den Antisemiten wurden neue Aktivitäten durch die Gründung neuer Verbände und Organisationen eingeleitet. In ihnen erhielten wiederum ehrgeizige junge Männer ein politisches Betätigungsfeld. Diese jungen Fanatiker sollten mit ihren Gruppen die inzwischen träge gewordenen Parteiantisemiten wieder aufschrecken sowie in die politische Neutralität zurückgefallene oder noch immer in ihr verharrende Interessenverbände politisieren.

Unter dem unmittelbaren Eindruck der Reichstagswahl vom Januar 1912 wurde zunächst der Verband gegen die Überhebung des Judentums gegründet. Seinem Vorstand und Fördererausschuß gehörten, wie in allen diesen Fällen, bekannte antisemitische Publizisten und führende Mitglieder oder Vorsitzende anderer Verbände an, so etwa des deutschen Turnvereins und des deutschen Turnerbundes.[264] Kurze Zeit später, im Mai 1912, konstituierte sich auf einen Wink Theodor Fritschs hin der Reichshammerbund, in dessen Reihen sich vornehmlich die antisemitisch orientierten Führungskräfte aus den großen Interessenverbänden und insbesondere aus den regionalen Vereinigungen der verschiedensten Richtungen zusammenfinden sollten. Dem Reichshammerbund war die Aufgabe der Koordination aller antisemitischen Aktionen und der Infiltration unpolitischer Gruppen zugedacht.[265]

Die besondere Aufmerksamkeit galt wieder den inzwischen herangewachsenen Jugendlichen, die sich in zahlreichen freien oder nationalen Vereinigungen zusammengefunden hatten.[266] Von neuem gelang es, vielfach unterstützt durch Lehrer, Pfarrer, Jugendleiter und Mentoren, Einfluß im Jungdeutschlandbund, in kirchlichen Jugendkreisen, in Wander- und Turnvereinen und in einigen Gruppen der Jugendbewegung zu gewinnen. Da in den Jahren vor dem Ausbruch des Ersten Weltkrieges der großangelegte Versuch einer staatlichen Jugendpflege unternommen wurde, um das Anwachsen der Sozialdemokratie auch auf dem Weg über die Beeinflussung und Indoktrination der Jugend zu verhindern, fiel es den Antisemiten nicht schwer, sich an diesen Bemühungen auf ihre Weise zu beteiligen. Sie nutzten das ideale Streben der jungen Menschen nach neuen Lebensformen und lohnenden gesellschaftlichen und politischen Aufgaben aus, um sie zu verwirren und fehlzuleiten. So sind abermals Haß und Zwietracht in die deutsche Jugend hineingetragen worden. Der Polarisierungsprozeß, der in der Gesellschaft schon sehr weit gediehen war, griff in den Jahren unmittelbar vor Beginn des Krieges im vollen Maß auch auf die Jugend über.[267]

Außer dem Reichshammerbund entstanden in den letzten Jahren vor dem Ersten Weltkrieg noch einige kleinere antisemitische Organisationen, die hinsichtlich der Mitgliederzahlen unbedeutend, in Anbetracht ihrer Betriebsamkeit und Wirksamkeit nicht so belanglos waren. Dazu gehörten unter anderem der von Adolf Bartels programmierte Deutschvölkische Schriftstellerverband und die deutsch-religiösen Gemeinden. Schließlich wurde sogar der Versuch gemacht, diejenigen zu organisieren, die mit Rücksicht auf ihre Stellung im öffentlichen Leben ein offenes Engagement in einem antisemitischen Verband scheuten. Sie sollten sich nach dem Willen Fritschs im »Germanenorden« sammeln. Wer also den Antisemitismus unerkannt fördern wollte, der konnte Mitglied dieser Geheimorganisation werden. Um dem Unternehmen einen möglichst harmlosen Anstrich zu geben, legten sich die einzelnen »Gaulogen« des Germanenordens Decknamen zu, unter denen sich niemand etwas vorstellen konnte. Die Loge in Franken firmierte als »Fränkische Tischgesellschaft«, die Münchener gelangte unter ihrer Tarnbezeichnung »Thulegesellschaft« nach 1918 vorübergehend zu trauriger Berühmtheit, die Hamburger Loge blieb als »Verein für nordische Kunst und Wissenschaft« sogar in »nationalen« Kreisen weithin unbekannt.[268] Die Menschen, die sich in diesen esoterischen Zirkeln trafen, gehörten zumeist noch vielen anderen Vereinen an und hatten in ihren Berufen mancherlei Einfluß. Sie waren mithin im Hinblick auf die Wirkung der judenfeindlichen Propaganda als »Multiplikatoren« zu betrachten, in den seltensten Fällen handelte es sich um Sektierer. So sind antisemitische Tendenzen in unpolitischen Zusammenschlüssen erneut zur Geltung gekommen, nachdem sie sich vorübergehend abgeschwächt hatten. Auch in Organisationen mit ursprünglich anderen politischen Zielsetzungen, so im »Reichsverband gegen die Sozialdemokratie« und im »Deutschen Wehrverein«, traten sie gelegentlich stärker hervor.[269]

Ebenso wurde die Einflußnahme der Antisemiten auf Zeitungen und Zeitschriften, besonders auf Verbandsorgane, wieder intensiviert. Dabei waren Regional- und Provinzorgane abermals bevorzugte Objekte. In den kleinen Städten gab es viele Zeitungsverleger und Journalisten, die sich geehrt fühlten, wenn ihnen prominente Männer wie Bartels, Fritsch oder andere Artikel anboten, die gut lancierte Polemiken annahmen, auf Wunsch nachdruckten und kommentierten. Wer sich ein zutreffendes Bild von der Virulenz des Antisemitismus in den Jahren vor dem Ausbruch des Ersten Weltkrieges machen will, der sollte nicht allein die aufschlußreiche Diskussion über die Stellung der Juden im geistigen und kulturellen Leben verfolgen, die 1912 im *Kunstwart* geführt wurde und in der sich der Herausgeber, Ferdinand Avenarius, recht eindeutig im Sinn der Antisemiten engagierte;[270] denn auf die Meinungsbildung der Volksmehrheit haben nicht so sehr die Artikel und Darlegungen in den großen Blättern eingewirkt, sondern die allwöchentlich im Original oder im Nachdruck erschienenen Beiträge antisemitischer »Dichter« und »Schriftsteller« in evangelischen Sonntagsblättern, Bauernjournalen, Landboten, Kalendern und anderen Publikationen. Die Vorstellungen weiter Bevölkerungskreise wurden durch das geprägt, was an geistigen Produkten eines Adolf Bartels, Hermann Löns, Wilhelm von Polenz, Heinrich Sohnrey und anderer sowie ihrer Interpreten und Nachbeter in die Hände der Bauern, Handwerker und Angestellten gelangte. Die Auflagenhöhe antisemitischer Zeitungen und Zeitschriften war in der Regel sehr gering; dagegen wurden Wochenblätter, Kreiszeitungen und das umfangreiche Schrifttum der Landschaften und Berufsgruppen in Millionenauflage vertrieben und in den Dörfern und Kleinstädten an den langen Winterabenden mangels anderer Unterhaltung und echter Bildungschancen intensiv gelesen.[271]

Die Auswirkungen der neuen antisemitischen Aktionen wurden sehr bald wieder spürbar. Die Parteien mußten sich erneut der Herausforderung stellen oder Zugeständnisse machen. Auch jetzt gab es wieder Parlamentarier und prominente Parteiführer, die sich den Wind des Antisemitismus in die Segel blasen ließen oder da und dort der Volksstimmung durch Angriffe auf die Juden Rechnung trugen.[272]

Die führenden Antisemiten, und das waren inzwischen ausschließlich die Vorstandsmitglieder und Repräsentanten der großen Verbände, waren jetzt vornehmlich darauf bedacht, alle vorhandenen Gruppen zusammenzuschließen und das gesamte »nationale Lager« ideologisch weiter zu durchdringen. Sie wollten dem ständig mächtiger gewordenen Block der Sozialisten einen nicht minder starken Block aller »Deutschbewußten« gegenüberstellen.

Zunächst galt es, die antisemitisch orientierten wirtschaftlichen Interessenverbände zusammenzufassen. Die Voraussetzung war, daß erst einmal klare Positionen bezogen wurden. Das versuchte Theodor Fritsch zu erreichen, als er, unterstützt von einflußreichen Gönnern, die von ihm geführte Mittelstandsvereinigung im Königreich Sachsen aus der Deutschen Mittelstandsvereinigung herauslöste, weil diese sich durch den Beitritt zum Hansabund einer vermeintlichen jüdischen Führung unterstellt und angeblichen jüdischen Interessen dienstbar gemacht hatte. Als die Trennung von der alten Vereinigung vollzogen war, forderte er alle mit ihm sympathisierenden Gruppen auf, seinem Beispiel zu folgen. Inzwischen hatte er mit den Vorbereitungen für die Gründung einer neuen zentralen Organisation begonnen, die im Juli 1911 aus der Taufe gehoben wurde. Der mit Unterstützung des Bundes der Landwirte und des Centralverbandes Deutscher Industrieller gegründete Reichsdeutsche Mittelstandsverband engagierte sich sofort im Sinn seiner Auftraggeber mit dem Ziel, eine Kooperation aller gesinnungsverwandten Interessengruppen zustande zu bringen.[273] Die intensiven Bemühungen um die »Herbeiführung einer Interessengemeinschaft aller selbständigen produktiven Stände« führte 1913 anläßlich des dritten Reichsdeutschen Mittelstandstages in Leipzig zur Bildung eines »Kartells der Schaffenden Stände«[274]. Da die Interessen der Mitgliederverbände aber weit auseinandergingen, hat dieses Kartell niemals politische Bedeutung erlangt. Ein Teil der Industriellen war zur Zusammenarbeit mit den Agrariern unter keinen Umständen zu bewegen. Die wirtschaftspolitischen Gegensätze waren sehr viel stärker als die ideologischen Gemeinsamkeiten. Ein antisemitischer und antisozialistischer Block der Rechten, der Einfluß auf den Kurs der Innenpolitik nehmen, nötigenfalls sogar auf Regierungen und Parlamente Druck ausüben konnte, kam nicht zustande. Letztlich waren auch zahlreiche Mitglieder der Verbände nicht mehr bereit, ihren Leitungsgremien ohne weiteres zu folgen, wenn diese, ohne sie mit entscheiden zu lassen, Allianzen schlossen und über sie verfügten.[275] Die sozial Abhängigen begannen sich politisch zunehmend zu emanzipieren.

Auch der Versuch, die antisemitischen Verbände im engeren Sinn zusammenzuschließen, gelang nur ansatzweise. Im Oktober 1913 versammelten sich die Repräsentanten zahlreicher Gruppen zu einem »Deutschen Tag« in Eisenach. Dort beschlossen die Vertreter von elf Bünden die Bildung einer Deutsch-Völkischen Vereinigung zum Zweck der Koordinierung größerer Aktionen. Paritätisch gebildete Ausschüsse sollten Informationen aus den Bereichen der Politik, Wirtschaft, Kultur, Wissenschaft und Publizistik sammeln und Grundsätze für ein zentral geleitetes Vorgehen der Vereinigung festlegen. Vor allen Dingen aber sollten die Ausschüsse die Wünsche und Beschwerden der Antisemiten in Denkschriften und Eingaben an Regierungen, Amtsstellen, regionale und kommunale Körperschaften weiterleiten, um so die Verwaltungsentscheidungen zu beeinflussen.[276]

Größere Aktivität konnte die Geschäftsstelle der Vereinigung unter Leitung des Schriftstellers Wilhelm Schäfer nicht entwickeln. Die Pläne wurden infolge der Kriegsereignisse undurchführbar, jedoch nicht aufgegeben. Das Verfahren, Behörden und Institutionen permanent mit Denkschriften, Klagen, Beanstandungen und schließlich auch mit Drohungen zu überhäufen und zum Eingreifen zu drängen, wurde während des Ersten Weltkrieges voll entwickelt und systematisch praktiziert. Die übrigen Pläne der Deutsch-Völkischen Vereinigung wurden vertagt und nach Beendigung des Krieges realisiert. Zahlenmäßig stellten die Bünde, die 1913 in Eisenach eine Zusammenarbeit vereinbarten, keine große Potenz dar. Weder der Deutschvölkische Schriftstellerverband, der Deutsche Kulturbund, der Reichshammerbund oder der Deutsche Turnerbund und erst recht nicht die Deutsch-religiösen Gemeinden – um nur die wichtigsten Organisationen zu nennen – verfügten über eine starke Basis. Aber sie erfreuten sich mannigfacher Unterstützung durch einflußreiche Stellen. Sie konnten sich zudem des Wohlwollens vieler konservativer Beamter und Offiziere, Wissenschaftler und Publizisten und des Rückhalts im Alldeutschen Verband, im Bund der Landwirte, im Deutschnationalen Handlungsgehilfenverband, im Reichsdeutschen Mittelstandsverband und in allen nationalen Berufs- und Standesvertretungen sicher sein. Der Antisemitismus war ein konstitutives Element des Nationalismus geworden. Wer ihn vorbehaltlos verwarf, setzte sich dem Vorwurf der nationalen

Unzuverlässigkeit aus. So wurden ihm sogar dort Zugeständnisse gemacht, wo dem integralen Nationalismus gegenüber skeptische Distanz gewahrt wurde. Das zeigte sich besonders in den Krisen der Kriegs- und Nachkriegszeit.[277]

VII

Der Antisemitismus, wie er sich seit der zweiten Hälfte der siebziger Jahre des neunzehnten Jahrhunderts in Deutschland entwickelte, hatte mit einer spezifischen Art jüdischer Existenz nur noch wenig zu tun. Er war, wie Reinhard Rürup hervorhebt, »mehr als eine judenfeindliche Bewegung«, die darauf abzielte, die Emanzipation rückgängig zu machen und die jüdische Minderheit erneut unter Fremdenrecht zu stellen, er war eine »Weltanschauung«[278]. Deren Anhänger und Propagandisten glaubten in der »Judenfrage« den Schlüssel gefunden zu haben, der ihnen den Zugang zum Verständnis aller politischen, wirtschaftlichen und kulturellen Probleme der Zeit öffnete. Adolph Wagner, der in dem Jahrzehnt nach der Reichsgründung in Gemeinschaft mit Stoecker maßgeblich zur Fundamentierung des Antisemitismus beigetragen hatte, erkannte seinen Irrtum sehr bald und korrigierte ihn. Er hat im Gegensatz zu seinem Freund Stoecker auf die Dürftigkeit dieser »Weltanschauung« hingewiesen. Mit der »Judenfrage«, so betonte er mit immer größerem Nachdruck, seien die sozialen Probleme in keiner Weise zu erklären, im Gegenteil, sie beständen auch dann, »wenn wir überhaupt keine Juden hätten«. Die Antisemiten klagten ständig den Juden an, erkannte Wagner, meinten im Grunde aber stets den Kapitalisten.[279] Der Versuch, die tiefgreifenden Strukturwandlungen in Wirtschaft und Gesellschaft und deren unübersehbare krisenhafte Folgen auf eine so simple Weise zu erklären, verstelle den Blick auf die realen Schwierigkeiten und mache unfähig für eine konstruktive Politik. Gleichwohl akzeptierten Angehörige aller sozialen Schichten in Deutschland dieses »Zerrbild einer Gesellschaftstheorie«.[280] Es verdeckte den eklatanten Mangel, den man angesichts der Herausforderung durch den Marxismus und der eigenen Unkenntnis der wirtschaftlichen und gesellschaftlichen Triebkräfte sowie des Fehlens haltbarer sozialer Bindungen empfand.

So gab es zwei große Lager in Deutschland: Dem Antisemitismus waren diejenigen verfallen, die bewußtseinsmäßig in einer besonnten Vergangenheit lebten, weil sie sich den Anforderungen der Gegenwart nicht gewachsen fühlten. Es waren Menschen, die kaum verwinden konnten, daß ihre überlieferten Wertvorstellungen verblaßten, die der Meinungspluralismus verwirrte, ja ängstigte. Zu ihnen gesellten sich diejenigen, die ihre wirtschaftliche Position bedroht sahen, um den Bestand liebgewordener gesellschaftlicher Institutionen bangten, einen Prestigeverlust ihres Berufsstandes nicht akzeptieren wollten oder von ihrem gewohnten Lebensstil Abschied nehmen mußten. Wem die Orientierung angesichts des raschen Wandels in Staat und Gesellschaft Mühe machte, der neigte nur zu leicht dazu, jede Veränderung als Niedergangserscheinung zu diagnostizieren, für Verfall zu halten, was unerläßliche Anpassung war.

Mit Recht hat bereits 1893 August Bebel darauf hingewiesen, daß die »Ideale« so vieler Großagrarier, Bauern, Gewerbetreibenden und Beamten »in den Zuständen der Vergangenheit« lagen,[281] daß es also nicht nur die ökonomische Not war, die sie zum Protest trieb, sondern mehr noch das Empfinden, die Verhaltensnormen, die überkommenen Grundsätze für die Gestaltung der mitmenschlichen Beziehungen, überhaupt »Treu und Glauben« seien außer Kurs gesetzt. Den Verlust an sozialer Geltung in der modernen Industriegesellschaft haben viele schwerer verwinden können als ökonomische Einbußen. Viele dieser insgesamt braven und gehorsamen Staatsbürger schlossen sich nicht zuletzt auch deshalb den Antisemiten an, weil dies die einzige »staatlich erlaubte Opposition« war.[282] Und das Oppositionsbedürfnis wuchs, je verwirrender die Vielfalt der Ereignisse und Meinungen wurde, je stärker die nivellierenden Tendenzen der Industriegesellschaft im täglichen Leben zu spüren waren und somit der beklemmende Eindruck eines »Verfalls« aller Ordnungssysteme entstehen konnte.[283]

Schon beim Rückblick auf die erste Welle des Antisemitismus konstatierte ein Zeitgenosse sehr zutreffend, daß »die Begriffe conservativ, antisemitisch, antifortschrittlich fast synonym« geworden seien.[284] Am Vorabend des Ersten Weltkrieges war der Antisemitismus unlöslich mit dem Konservativismus, Nationalismus und Kulturpessimismus verschmolzen. Wer sich der deutsch-nationalen Weltanschauung verschrieben hatte, der sah die Zukunft dunkel verhüllt vor sich: Deutschland wähnte er von den Großmächten bedroht,[285] durch mangelnde Wehrbereitschaft und im Innern durch eine »weibliche, sentimentale, krankhaft humane Lebensauffassung« sowie das Überhandnehmen des »Mammonsdienstes« in den oberen Schichten geschwächt, ja infolge der Toleranz gegenüber »Staatsfeinden« und der Aushöhlung der Volkssubstanz durch »Schund- und Schmutzliteratur« der »Zersetzung« preisgegeben.[286]

Recht eindeutig bestimmten die 1913 anläßlich des »Deutschen Tages« in Eisenach versammelten Antisemiten ihre Position. Sie antworteten auf die Proklamation des Kaisers aus Anlaß seines 25jährigen Regierungsjubiläums im Juni 1913 mit einem »Mahnruf an das deutsche Volk«[287]. Während der Kaiser »auf die großen Errungenschaften« verwiesen hatte, deren sich das Land während seiner Regierungszeit »auf allen Gebieten des geistigen, sozialen und wirtschaftlichen Lebens« habe erfreuen können und selbstbewußt »die beispiellose Zunahme an Volkskraft und Nationalvermögen« pries, diagnostizierten die Antisemiten nur Symptome der Krankheit und des »Verfalls«.[288] Sie stellten die wirtschaftlichen Fortschritte und das Wachstum des Volksvermögens zwar nicht in Abrede, bezweifelten aber, daß dies der Bevölkerung »zum Segen« gereicht hätte. Die Volkskraft, so behaupteten die Antisemiten im Widerspruch zum Kaiser, habe auf keinen Fall zugenommen, sei vielmehr in Wirklichkeit verfallen. Ebensowenig teilten sie die Auffassung ihres Monarchen »von einer wirklichen Mehrung der echten geistigen, wissenschaftlichen, künstlerischen, sozialen und sittlichen Errungenschaften« während seiner Regierungszeit. Die selbsternannten Gralshüter »echten und reinen Deutschtums« hielten das Bewußtsein des Kaisers für getrübt, wenn er »von einer Blüte« der Nation sprach, da sie doch nur Hinfälligkeit zu sehen vermochten. Sie, die stets vorgaben die treuesten Stützen des Thrones und der bestehenden Staatsordnung zu sein, hatten sich vom Kaiser und seiner Umgebung innerlich so weit entfernt, daß ein Konsens kaum noch möglich war. Mit Recht beklagte sich Wilhelm II. seinem Sohn gegenüber in dem Votum zur Denkschrift des Generals Gebsattel über die ungerechte und destruktive Kritik an »der neuesten Entwicklung unseres Staats- und Wirtschaftslebens«[289]. Es empörte ihn, daß selbst aus nichtigen Anlässen »eine Flut von Kassandrarufen« über das Land hinwegrolle und die Bevölkerung verunsichere. Deutschland, so meinte der Monarch, befände sich trotz mancher Schwierigkeiten und Nöte doch noch immer in einer vergleichsweise günstigen Lage und erfreue sich trotz allen Katastrophengeschreis eines »ruhigen, gesicherten Fortschrittes«[290].

In dieser Auffassung standen dem Kaiser diejenigen Volkskräfte sehr viel näher, die sonst grundsätzlich gegen ihn und sein Herrschaftssystem opponierten. Wie der Kaiser verwarfen den Antisemitismus alle diejenigen Volksschichten, die an den Fortschritt glaubten, Vertrauen in eine gerechtere, humanere und spannungsfreiere Zukunft hatten. Dazu gehörte an erster Stelle die sozialdemokratische Arbeiterschaft. Sie hatte keinerlei Veranlassung, der Vergangenheit nachzutrauern, die ihr bis zum Überdruß verleidet war. Der Marxismus als eminent zukunftsorientierte Theorie gab seinen Anhängern Kraft, die Aufgaben der Zeit zu meistern.[291] Die Sozialdemokraten versprachen sich von der Entwicklung des Kapitalismus einen verstärkten Zustrom zu ihren Organisationen und vom Fortgang der Industrialisierung – trotz des Kampfes gegen das kapitalistische System – eine Verbesserung ihrer materiellen Lage. Von der Furcht, wirtschaftlichen Einfluß oder politische Macht zu verlieren, waren sie völlig frei, da sie weder das eine noch das andere besaßen.[292] Der Glaube an die Gesetzmäßigkeit der historischen Entwicklung und der dem Liberalismus entlehnte Fortschrittsoptimismus gaben nicht nur Selbstvertrauen, sondern weckten nach und nach auch Verständnis für die offizielle Politik. So zeigte sich die Sozialdemokratie gelegentlich kompromißbereit und tolerierte partiell die Kolonialpolitik und das wirtschaftliche Expansionsstreben des Reiches.[293] Während sich die Kluft zwischen den sogenannten nationalen Kreisen und der Regierung stets verbreiterte, wurde der Graben, der die Arbeiterschaft bewußtseinsmäßig vom Establishment trennte, auf diese Weise langsam und unmerklich schmaler.

Im Glauben an den Fortschritt und in der Ablehnung des Antisemitismus stand den regierenden Kreisen trotz aller politischen Gegensätze auch das linksliberale Bürgertum nahe. Die dem Liberalismus verpflichteten Angehörigen der freien Berufe, Akademiker und Beamte, Unternehmer und Kaufleute hatten nach einem vorübergehenden Schock angesichts des eigenen Anhängerschwunds und des raschen Aufstiegs der Sozialdemokratie wieder »Vertrauen und Zuversicht« gewonnen. Dazu hatte unter anderem die gute und erfolgreiche Zusammenarbeit der Liberalen mit den Sozialdemokraten auf vielen Gebieten, nicht zuletzt im Kampf gegen die Antisemiten, beigetragen.[294] Dabei hatten sie partiell seitens des Zentrums Unterstützung erhalten. Bei allem, was gläubige Katholiken von sozialistischen Dissidenten und wissenschaftsergebenen liberalen Rationalisten trennte, im Kampf gegen den biologischen Materialismus der Rassenfanatiker und den kulturkritischen Pessimismus der national-radikalen Gruppen und Verbände standen sie Seite an Seite. Partiell sympathisierten mit dieser »Koalition« auch noch hohe Beamte, Offiziere, Unternehmer und Wissenschaftler, weil sie in der einen oder anderen Form vom wirtschaftlichen Fortschritt profitierten, Repräsentanten des nationalen Machtstaates waren oder am wachsenden Ansehen der deutschen Wissenschaft und Kultur teilhatten. Durchdrungen von der Überzeugung, daß es Deutschland dank ihrer Mitwirkung und Leistung auf allen Gebieten herrlich weit gebracht und den viel berufenen »Platz an der Sonne« erkämpft habe, verachteten sie die Propheten der Krise. Behauptungen wie die, daß deutsche Interessen preisgegeben, die nationale Geschlossenheit und Stärke durch das Vordringen »undeutschen Geistes« gefährdet worden seien, waren ihrer Auffassung nach schlechthin absurd. Ihr Optimismus wurde allerdings im Verlauf des Ersten Weltkrieges stark erschüttert oder total zerstört.[295]

Der Antisemitismus trug mithin, je länger desto mehr, zur Polarisierung der deutschen Gesellschaft bei. Dabei ergaben sich ganz neue Gruppierungen. Auf der einen Seite näherten sich einander behutsam die politischen Kräfte, die dann während des Ersten Weltkrieges eine Zusammenarbeit einleiteten und die Basis für die Weimarer Koalition bildeten. Auf der anderen Seite entfremdete sich das Gros des nationalen Bürgertums mehr und mehr dem Staat und steigerte sich zunehmend in eine Oppositionshaltung gegen die Regierungen in Reich und Ländern und einen Teil der führenden Schichten hinein, weil diese ihr unrealistisches Staatsideal und ihre überzogene Volksidee nicht akzeptierten. Damit rückten die Kreise und Gruppen zusammen, die sich in der Weimarer Republik als »nationale Oppositon« formierten. Gerade die Antisemiten, die ständig das Gespenst eines »drohenden Umsturzes« beschworen und vorgaben, alle Kräfte der Abwehr zu mobilisieren,[296] haben durch ihre fanatische Besessenheit und ihren Radikalismus mehr als alle anderen zur Unterminierung der politischen Ordnung des Kaiserreiches beigetragen.

Die Ausbreitung des Antisemitismus in Deutschland 1914–1923

Der moderne Antisemitismus entstand im letzten Drittel des neunzehnten Jahrhunderts als Teil einer großen Protestbewegung gegen den Liberalismus. Diese Opposition formierte sich in einer sozialen Krisensituation, in der es bestimmten Bevölkerungsschichten bewußt wurde, daß sie den Anschluß an die große ökonomische und soziale Entwicklung verloren hatten. Durch eine planmäßige Agitation gelang es den antisemitischen Parteien und Gruppen nach und nach, ein Bewußtsein für die Existenz einer »Judenfrage« zu schaffen. Diese Tatsache blieb aber ohne Bedeutung, solange die Volksmehrheit einem allgemeinen Fortschrittsoptimismus huldigte. So konnten die Juden in Deutschland – abgesehen von manchen Bereichen des öffentlichen Lebens – gleichwohl ihre Kräfte und Fähigkeiten entfalten, waren sie doch tatsächlich an ihre Umwelt assimiliert. Die Mehrheit der Juden betrachtete sich ohne Vorbehalt als zugehörig zur deutschen Nation und namentlich zu der Kultur und Wissenschaft des Landes, in dem sie lebten.

Der Kriegsausbruch 1914, die damit verbundene Steigerung des Nationalbewußtseins und die enthusiastischen Kundgebungen der Opferbereitschaft wurden auch von den Juden als Beginn einer neuen Epoche nationaler Solidarität begrüßt. Nun war die Gelegenheit gegeben, durch persönlichen Einsatz und durch die Tat die volle Zugehörigkeit zum deutschen Volk und den bedingungslosen Patriotismus auch denen zu beweisen, die noch immer offen oder versteckt an der Haltung der Juden zweifelten. Das Wort des Kaisers: »Ich kenne keine Parteien mehr, ich kenne nur noch Deutsche« wurde dahin gedeutet, daß auch die Juden nunmehr in diese Einheit des Volkes aufgenommen seien. Es sollte, da das Vaterland in Gefahr war, keinen Klassenkampf und keine Sondergruppen mehr geben. Eine große Zahl von Dokumenten zeugt von den Hoffnungen, die damals im jüdischen Lager vorhanden waren. Wir brauchen nur in den jüdischen Zeitschriften von 1914 zu blättern, um die Stimmung jener Zeit zu erfassen. Auch die zur Verteidigung der jüdischen Rechte bestehenden Organisationen wie der Verein zur Abwehr des Antisemitismus oder der Centralverein deutscher Staatsbürger jüdischen Glaubens, die den apologetischen Kampf gegen Fälle von Verletzung der jüdischen Ehre und gegen versuchte Untergrabung der jüdischen Existenz geführt haben, glaubten, daß ein Wendepunkt gekommen sei. Dies ist aus den in ihren Mitteilungsblättern veröffentlichten spontanen Äußerungen ebenso deutlich zu ersehen wie aus späteren Darstellungen. Alle jüdischen Verbände gaben patriotische Erklärungen ab; der C. V. forderte die Juden sogar auf, »über das Maß der Pflicht hinaus die Kräfte dem Vaterlande zu widmen«.[1] Ein prominenter Jude wie Walther Rathenau sprach die Erwartung aus, der Krieg werde »das überlebte Alte, Unerträgliche« beseitigen und die Voraussetzungen dafür schaffen, daß »ein echter Friede innerer Wahrhaftigkeit erreicht und ein neues Leben, kraftvoll, gütig und einig«, begründet werden würde.[2]

Äußerungen dieser Art ließen sich noch in großer Zahl anführen. Nahum Goldmann zum Beispiel, damals zwanzig Jahre alt, erwartete eine soziale Neugestaltung des deutschen Volkes gerade aus dem Geist des Militarismus heraus, der in einem Volkskrieg die Schranken zwischen Ständen und Gruppen niederreißen würde. Er war der Überzeugung, Deutschland kämpfe – insbesondere in seinem Krieg gegen den Zarismus – für eine neue Idee, die allen Unterdrückten und Entrechteten Freiheit und Gerechtigkeit verhieß.[3]

Es braucht kaum gesagt zu werden, daß der Überschwang der ersten Tage nicht lange anhielt. Bald zeigte es sich, daß die Erwartungen der Juden nicht mehr waren als eine Illusion. In Wahrheit brachte der weitere Verlauf der Dinge den Juden die bitterste Enttäuschung. Statt des Verschwindens aller Animosität kam es zu einer immer steigenden Verschärfung der Gegensätze. Es ist die Absicht dieses Aufsatzes, dieser Entwicklung im einzelnen nachzugehen und ihre verhängnisvollen Folgen für die deutsch-jüdischen Beziehungen darzustellen.

I

In einer Zeit äußerster Gefahr war der Staat auf die Solidarität und Loyalität aller Bürger angewiesen. Freilich war damit auch die Forderung verbunden, daß keiner Minderheitsgruppe innerhalb dieser Gemeinschaft gesellschaftliche Gleichberechtigung vorenthalten werden dürfe. Dies galt auch für die Juden, die sich ebenso wie andere in großer Zahl freiwillig an die Front meldeten.

Die Regierungen in Reich und Ländern haben zunächst diese Tatsache durchaus anerkannt, gelegentlich auch Versuche zur Überwindung der eingewurzelten Vorurteile gemacht. Sie unterbanden die antisemitische Agitation und beriefen Juden in zentrale und verantwortliche Stellungen. Vereinzelt gaben 1914 sogar Antisemiten der Wahrheit die Ehre und räumten ein, die Juden hätten der deutschen Bevölkerung an Opferbereitschaft und Patriotismus in keiner Weise nachgestanden.[4]

Aber das blieben Ausnahmen. Weder die Judenfeinde noch die um ihre Vorrechte besorgten Führungsschichten waren in Wirklichkeit bereit, echte Zugeständnisse an den »Geist von 1914« zu machen. Sie respektierten den Burgfrieden nur, soweit er ihren Zwecken diente. Der 1912 begründete Reichshammerbund, eine der aktivsten antisemitischen Organisationen, forderte bereits am 28. August 1914 die eigenen Mitglieder und die aller befreundeten Vereinigungen auf, »Kriegsermittlungen« über die Juden anzustellen.[5] Die Bundesleitung bat Anhänger und Gesinnungsgenossen, »Material« über die aktive Beteiligung der Juden an Feldzügen, ihre Verluste sowie ihre Mitarbeit in den Einrichtungen der »öffentlichen Mildtätigkeit« zu sammeln.

Ähnlich negativ reagierten auch andere Rechtskreise. Als Franz Oppenheimer Worte des Gedenkens für den am 3. September 1914 gefallenen jüdischen Reichstagsabgeordneten Ludwig Frank sprach und hervorhob, dieser hervorragende Politiker habe für eine Versöhnung der Klassen und die Gleichberechtigung der Juden in Deutschland gekämpft und sei dafür gestorben, höhnte die konservative Presse bereits ungeniert und zügellos. Den Tenor dieser Ausführungen faßte Oppenheimer in dem Satz zusammen: »Macht euch keine Hoffnung, ihr seid und bleibt die Parias Deutschlands.«[6]

Später, als die Hoffnungen auf ein rasches und siegreiches Ende des Krieges verblaßt waren, verstärkten sich die alten Gegensätze erneut. Schwere Opfer, Not und Entbehrungen schwächten die physische und psychische Widerstandskraft der Bevölkerung. Die Folge war eine außerordentliche Verschärfung der sozialen Spannungen. Parteien und Verbände konzentrierten sich deshalb mehr und mehr auf die Vertretung von Interessen ihrer eigenen Mitglieder. Den rechtlichen und gesellschaftlichen Belangen anderer Gruppen schenkten sie kaum noch Beachtung. So gerieten die Juden sehr rasch wieder in die alte Isolierung.

Die veränderte Volksstimmung stärkte die Position der Antisemiten und ermutigte sie, in ihrer Propaganda den Juden die Verantwortung für alle kriegsbedingten Nöte und Entbehrungen aufzubürden.[7] Die *Deutschvölkischen Blätter*[8] wie auch andere antisemitische Zeitungen und Zeitschriften ließen jetzt keine Möglichkeit mehr ungenützt, die Juden zu verleumden. Um der Zensur zu entgehen, richteten sie ihre Angriffe zunächst in erster Linie gegen seit längerer Zeit im Ausland lebende ehemalige deutsche Juden, die antideutsche Erklärungen unterzeichnet hatten. Diese Propaganda sollte in der deutschen Bevölkerung den Eindruck erwecken, als äußere sich darin die Haltung, die die deutschen Juden aus taktischen Rücksichten zur Zeit nur zu verbergen suchten.[9] Nach altbewährter Methode wurde das Verhalten einzelner verurteilt und völlig übertrieben verallgemeinert.

Die erste Gelegenheit, trotz des Burgfriedens eine systematische Kampagne gegen die Juden zu inszenieren, bot sich den antisemitischen Gruppen nach der Besetzung größerer Gebiete des zaristischen Rußland, namentlich Polens, durch die deutschen Armeen. Obwohl es wenig Grund zu der Annahme gab, die deutschen Militärbehörden im besetzten Polen würden den dort lebenden Juden größere Freizügigkeit gewähren, behaupteten Antisemiten dennoch sofort, dem Reich drohe von den Ostjuden her Gefahr. Sie sandten Denkschriften an Reichs- und Länderregierungen, um – wie sie es ausdrückten – die Aufmerksamkeit »auf eine Sorge zu lenken, die weite Kreise des deutschen Volkes« erfülle, nämlich die um eine »Einwanderung jüdischen Proletariats aus den besetzten Gebieten Rußlands ins deutsche Reich«.[10] In charakteristischer Übertreibung wurde erklärt, bereits in dem Jahrzehnt vor dem Kriege sei die ostjüdische Zuwanderung für viele Städte und Provinzen Deutschlands eine »Plage« gewesen. Der Reichstag habe unter dem Druck der »liberalen« Parteien und »aus Mitleid mit den Ostjuden« dieser Entwicklung tatenlos zugesehen. Auch jetzt sei mit einem raschen Sinneswandel nicht zu rechnen. Da aber eine akute Gefahr drohe, sei unverzügliches Handeln geboten. Hierzu seien, da der »amtliche Apparat« der Reichsleitung viel zu langsam arbeite, vornehmlich die Militärbehörden berufen. Diese müßten die Grenzen rücksichtslos sperren und verhindern, daß Ostjuden »wie ein Heuschreckenschwarm über das deutsche Reich« herfielen. Nur das Militär werde humanitäre Erwägungen niederzwingen und konsequent Maßnahmen einleiten, die »im Einklang mit einer der gesichertsten Erfahrungen der Geschichte« ständen, »daß nämlich das Judentum zu allen Zeiten ein Schädling unter den Völkern« gewesen sei.[11]

Dies war die Methode, die deutsche Antisemiten seit Jahrzehnten angewandt hatten: Man verwies nachdrücklich auf die ostjüdische Einwanderung in der Vorkriegszeit und übertrieb sie maßlos,[12] damit sie als »Beweis« für die Behauptung dienen konnte, dem Reich drohe die akute »Gefahr« einer »Masseneinwanderung« von »6 Millionen minderwertiger, vermongolisierter Menschen«. Die Forderung nach einer rigorosen »Grenzsperre« diente rein demagogischen Zwecken, denn die Verfasser der Denkschriften, Eingaben, Broschüren und Zeitschriftenartikel mußten wissen, daß von August 1914 bis zum Sommer 1915 kaum osteuropäische Juden nach Deutschland gekommen waren, ebenso, daß die bestehenden Gesetze und Verordnungen den Behörden bisher und auch in Zukunft hinreichende Handhabe boten, die Einwanderung von Ausländern zu verhindern. Ziel der Agitation war es, Regierung und Behörden zu inhumanen Maßnahmen gegen die Juden zu veranlassen oder – wenn sie widerstrebten – als judenfreundlich zu denunzieren. So wurde mit der häufig aufgestellten Behauptung, eine Erörterung der Ostjudenfrage sei amtlicherseits verboten, der Eindruck erweckt, als gebe die Reichsleitung aus Rücksicht auf die Juden elementare Interessen des deutschen Volkes preis.[13] Die Antisemiten interessierten sich weder jetzt noch später ernsthaft dafür, wie groß die Zahl der in Deutschland lebenden Ostjuden tatsächlich war. Es berührte sie auch nicht, daß in der Folgezeit es gerade die Militärbehörden waren, die mit der großen Zahl ausländischer Arbeiter auch Juden aus Polen und Rußland zur Arbeit in der deutschen Kriegswirtschaft verpflichteten oder selbst zwangen.[14]

Zunächst hatten die extremen Nationalisten und Judenfeinde aber noch Bedenken, die innerdeutschen Gegensätze zu verschärfen. Sie bemühten sich daher, die Aufmerksamkeit der Bevölkerung durch die Propagierung weitgesteckter Kriegsziele abzulenken. Als Freiherr von Gebsattel Anfang Mai 1915 dem Reichskanzler die Kriegszielforderungen des Alldeutschen Verbandes überreichte, hielt er den Zeitpunkt für gekommen, dem verantwortlichen Leiter der deutschen Politik zu erklären, das Volk werde die immer schwereren Opfer des Krieges künftig nur noch auf sich nehmen, wenn ihm die Regierung einen hinreichend großen Lohn in Aussicht stelle. Ohne dieses Versprechen werde die Unruhe wachsen und sich endlich in einer Revolution entladen.[15]

Erst als offenbar wurde, daß kein Kriegszielprogramm seine Funktion als »sicher wirkendes Ableitungsmittel« erfüllte, schritt man zum Kampf gegen das vorgebliche Anwachsen des jüdischen Einflusses innerhalb Deutschlands. Keine andere Tatsache, so erklärte Theodor Fritsch in einer Eingabe an den König von Sachsen und das sächsische Innenministerium, rufe eine solche »Beunruhigung der besten nationalgesinnten Kreise« hervor. Sie werde auf die Dauer zu einer »Entfremdung« zwischen Regierung und Volk und endlich zu »schweren inneren Kämpfen« führen.[16] Die Politik des Burgfriedens wurde jetzt als schwächlich und destruktiv verurteilt. Sie zerstöre, so klagten die Antisemiten, die »innere Geschlossenheit« des Volkes und untergrabe die Siegeszuversicht. Dies geschehe vornehmlich dadurch, daß in »der schwierigsten Kampflage die fähigsten Männer beiseite geschoben« und mehr und mehr »Fremdblütige in die wichtigsten Verwaltungsposten der Kriegswirtschaft« eingesetzt würden.

Die Antisemiten brachten selbst den Sturz des Staatssekretärs Tirpitz in einen Zusammenhang mit dem Aufbau der Kriegswirtschaftsorganisationen und der angeblichen Begünstigung von Juden. Eine Regierung, die nach »außen schwächlich, im Innern gegen demokratische Machtgelüste nachgiebig« sei, höhle den bestehenden Staat aus, indem sie die staatstragenden Schichten demoralisiere. Gerade diese würden nun aus Enttäuschung radikal und geneigt sein, sich revolutionären Bewegungen anzuschließen.[17] Diese Gefahr müsse gebannt, entschlossene Maßnahmen zur Überwindung der Vertrauenskrise müßten eingeleitet werden. Voraussetzung dafür sei allerdings der Rücktritt des Reichskanzlers Bethmann Hollweg, der die Nation in diese Lage gebracht habe und sie nun ohne Führung lasse. Dringlicher denn je brauche das Reich jetzt »starke Führer«.

Die alldeutschen und antisemitischen Extremisten gaben damit die Parole aus für alle Gegner der Demokratisierung. Diese lautete: sofortige Errichtung einer Militärdiktatur. Nur ein militärischer Diktator, so glaubte man, würde an den Fronten den Krieg mit kompromißloser Härte führen, im Innern gestützt auf die »nationalen Kreise« jede Demokratisierung verhindern und opponierende Kräfte niederzwingen.

Es ging Fritsch und seinen Gesinnungsgenossen an erster Stelle nicht um Kritik an einzelnen Mißständen in der Kriegsversorgung oder an bestimmten Maßnahmen der Regierung. Gewiß behaupteten sie, es lägen in bestimmten Orten des rückwärtigen Frontgebietes ungenutzte Rohstoffreserven, die in der Heimat dringend gebraucht würden, und klagten jüdische Firmen an, lebenswichtige Güter zurückzuhalten, um die Verknappung zu Preissteigerungen zu benutzen. Sie scheuten auch nicht vor der Unterstellung zurück, jüdische Mitglieder der Zentraleinkaufsstellen kauften im Ausland illegal ein und lieferten im Austausch dafür kriegswichtige Erzeugnisse an die Alliierten.[18] Der eigentliche Zweck, den man mit diesen ständigen Eingaben und der Agitation in Zeitungen und Zeitschriften[19] verfolgte, war der, den Haß gegen die Juden erneut zu entfachen und die Regierungen zu zwingen, jegliches Entgegenkommen gegenüber der jüdischen Minderheit aufzugeben.

Es steht somit außer Zweifel, daß es Anhänger der radikalen Rechten waren, die zuerst den so hoch gepriesenen »Geist von 1914« systematisch torpedierten.[20] Sie denunzierten Politiker und Publizisten, die den sozialen Ausgleich propagierten und die Beseitigung überlebter Schranken zwischen den Klassen und Konfessionen forderten. Rücksichten auf die Bedürfnisse des Krieges, die die Respektierung jeder Leistung und die Nutzung aller Kräfte erforderten, kannten diese Fanatiker nicht. Für sie waren dies nur Zeichen der Schwäche, wenn nicht planmäßige Aktionen zur »Schürung des Hasses und Argwohns gegen die höheren Schichten«[21]. Da aber nicht die »höheren Schichten« allein Krieg führten, sondern das deutsche Volk in seiner Gesamtheit, konnten Reichs- und Länderregierungen nicht umhin, dieser Tatsache Rechnung zu tragen. Sie mußten auch künftig, mitunter widerstrebend, jüdische Bürger weit mehr als in Friedenszeiten zur Mitarbeit heranziehen. Juden standen an der Front als Soldaten und Offiziere, als Flieger, Ärzte und Techniker. Andere übten ihre Tätigkeit in kriegswichtigen Industrien, in Forschungsinstitutionen und Laboratorien, schließlich auch in Wirtschaftsorganisationen und staatlichen Behörden aus.

Als die Antisemiten erkannten, daß ihre Eingaben bei den Regierungen wenig erreichten, schlugen sie alle taktischen Bedenken in den Wind. Sie warfen Kanzler und Behörden die Duldung »staatsfeindlicher Kräfte« sowie die offenkundige Begünstigung »einer besonderen Klasse von Staatsbürgern« vor. Endlich mußte sich die kaiserliche Regierung sogar sagen lassen, sie fördere die Unterminierung des »auf christlicher und monarchischer Grundlage aufgebauten Staatswesens«, namentlich durch ihre Kontakte zur *Frankfurter Zeitung* und zum *Berliner Tageblatt*.[22]

Früher und planmäßiger als die Führer der extremen Linken leiteten die Antisemiten durch ihre Agitation die Radikalisierung ihrer Anhänger und der durch die Kriegsnöte in Existenzangst geratenen Mittelstandsschichten ein. Dabei lenkten sie die Empörung bewußt auch gegen die Staatsorgane, weil diese angeblich Unredlichkeiten deckten. Es waren radikale Nationalisten, die bereits 1916 der Reichsregierung den Gehorsam verweigerten und sie mit Racheaktionen bedrohten.[23] Darüber hinaus kündigten sie für die Nachkriegszeit innerdeutsche Auseinandersetzungen an, da alle »Deutschbewußten« entschlossen seien, »das Treiben des übermächtigen Judentums« dann auf keinen Fall länger zu dulden, »auch wenn darüber ein Gegensatz zu den zur Zeit in den Parteien führenden Männern hervortreten sollte«.[24]

Die radikalen Gruppen der Rechten und allen voran die Antisemiten waren mithin entschlossen, die 1914 teilweise überwundenen oder verdeckten Gegensätze im deutschen Volk nicht nur wieder aufzureißen, sondern sogar noch zu vertiefen. Sie organisierten gleichzeitig die Kader zum Kampf gegen die Regierung, in der ihrer Auffassung nach »Charakterhalunken« maßgeblichen Einfluß besaßen,[25] und trugen damit nicht unwesentlich zur Unterminierung des Kaiserreiches bei. Nicht die Juden, nein, die Konservativen und Antisemiten arbeiteten – wenn auch zumeist unbewußt – auf den Zusammenbruch des Reiches hin, als sie während des Krieges einen innenpolitischen Machtkampf entfesselten.[26] Nun ließen sich gewiß weder Kaiser noch Fürsten noch die Regierungen in Reich und Ländern von den Antisemiten beeinflussen. Aber es war doch eine Frage, ob die endlosen »Beschwerden« auf die Dauer ohne Wirkung bleiben würden. Jeder urteilsfähige Deutsche wußte, wie ungerecht die einseitigen antisemitischen Behauptungen waren und daß nicht nur Juden es waren, die gegen einzelne Kriegswirtschaftsgesetze verstießen. Schließlich konnten auch konservative oder den Antisemiten genehme Minister und Beamte die Versorgung der deutschen Bevölkerung im Kriege nicht gewährleisten und erst recht nicht Preistreibereien unterbinden, zumal sie dabei in einen Konflikt mit eigenen Gesinnungsfreunden im Bund der Landwirte, in der »judenreinen« Schwerindustrie und in den Mittelstandsorganisationen geraten wären. Dennoch waren sich gewisse einflußreiche Regierungs- und Wirtschaftskreise darüber einig, daß es »national« sei, »an Kanonen und Panzerplatten« zu verdienen, es sich dagegen »bei Eiern und Strümpfen« um »Landesverrat« handele.[27] Das Solidaritätsgefühl bestimmter herrschender Gruppen und ihre vielfach nur mühsam unterdrückte Sympathie für die »nationale Opposition« haben auf die Dauer schließlich doch den Widerstand gegen die antisemitischen Behauptungen geschwächt. Zudem waren die teilweisen Zugeständnisse an die »nationale Opposition« gerade in einer Zeit der sich rasch verschlechternden Volksstimmung besonders verhängnisvoll. Unzählige Menschen hatten den gewohnten Arbeitsplatz verloren, waren aus ihren Berufen und gesellschaftlichen Bindungen gerissen worden, sie litten unter ungewohnten Lebensbedingungen und Entbehrungen, besonders unter der wachsenden Teuerung. Der Krieg hatte eine »innere Wandlung« gebracht, aber sie sah anders aus, als das nationale Bürgertum sie sich vorgestellt hatte. Die Folge waren Unruhe und Unsicherheit, die sich auch in Vorwürfen gegen die Regierung entluden.[28] Diese Erregung konnten die Antisemiten, infolge des Fehlens einer staatlichen Presse- und Informationspolitik, für ihre Zwecke nutzen, da ihnen die Behörden nicht entschlossen Einhalt geboten. Sie stießen in ein Vakuum und politisierten gerade diejenigen Volksschichten, auf die die Staatsführung sich bisher gestützt hatte. Aus der Sorge heraus, das nationale Bürgertum zu verstimmen, vermieden es die politischen und besonders die militärischen Instanzen zumeist, von den Aktionen und Haßkampagnen der Antisemiten Kenntnis zu nehmen.[29] Nach und nach wurden selbst gemäßigte und liberale Bürger, ja sogar Sozialdemokraten von der antisemitischen Zeitkrankheit befallen.[30]

Damit war praktisch der Burgfriede gebrochen. Ohne eine klare Stellungnahme in den inneren Auseinandersetzungen und eine entschlossene Politik mit dem innenpolitischen Kriegsziel des sozialen Ausgleiches und der Demokratisierung ließ sich diese Entwicklung nicht mehr steuern. Hierzu besaß die Regierung Bethmann Hollweg aber weder den Willen noch die erforderliche Macht. So handhabten z. B. die Militärbehörden die Zensur oft sogar zugunsten der Antisemiten.[31] Die vom Reichskanzler inaugurierte Pressepolitik war in dieser Hinsicht vage. So wurde eine klare Stellungnahme zugunsten der jüdischen Minderheit ebenso vermieden wie eine Zurückweisung unwahrer Beschuldigungen gegen im Dienste des Staates tätige Juden.[32]

Auch ein anderer Versuch der Staatsorgane, der wachsenden Unzufriedenheit in der Bevölkerung zu begegnen, blieb erfolglos. Die 1916 mit unzulänglichen Kräften und improvisiert eingeleitete Propagandaaktion, die unter dem irreführenden Namen »Kriegsaufklärung« in die Geschichte einging, sollte eine »Mobilmachung« der »geistigen und moralischen Heimatkräfte« zugunsten der Regierung herbeiführen. Da diese Aufklärungstätigkeit jedoch überwiegend in die Hände unerfahrener Beamter oder rechtsextremer und antisemitischer Pfarrer, Lehrer und Verbandsfunktionäre gelegt wurde, entglitt der Regierung der Einfluß auf diese Kampagne zur »Hebung und Neubelebung der Volksstimmung« bald.[33] Viele »Kriegsaufkärer« – an den Fronten wie im Lande – haben das Vertrauen in die politische Führung des Reiches eher untergraben als gefestigt, die Klassengegensätze verschärft und damit der weiteren Radikalisierung der Bevölkerung Vorschub geleistet.[34]

Nahezu widerstandslos nahmen Monarchen und amtliche Stellen endlich die rapide Ausbreitung des Antisemitismus im Offizierkorps hin, besonders bei Reserveoffizieren und Beamten der Militärverwaltung. Diese Tatsache war von besonderer Tragweite, da sich die ohnehin dominierende Stellung des Offizierkorps in der Gesellschaft im Kriege noch einmal verstärkt hatte. Die Mehrheit des Offizierkorps war auch während des Krieges darauf bedacht, Privilegien und die exklusive Stellung zu erhalten und auszubauen. Jede Bereitschaft zum innenpolitischen Ausgleich galt als Zeichen der Schwäche und verfiel der Ablehnung.

Alle Behauptungen über mangelnde militärische Qualifikationen der Juden waren seit Kriegsbeginn durch die Tatsachen widerlegt worden. Die Juden hatten in Pflichterfüllung hinter keinem anderen Soldaten zurückgestanden. Viele hatten Tapferkeitsauszeichnungen erhalten und einige waren trotz mancher Widerstände schon frühzeitig zu Offizieren befördert worden.[35] Gerade dies aber stärkte den Unwillen derjenigen, die aufgrund ihrer Qualifikation allein niemals Offiziere geworden wären. Gerade sie weigerten sich, Juden als gleichberechtigte Kameraden anzuerkennen. Sehr bald wurden Offizierskasinos Zentren antisemitischer Agitation. Durch »abfällige Bemerkungen über die Juden« zollten dort zahlreiche Offiziere dem »Zeitgeist« ihren Tribut.[36] Ihr Ziel war es, Juden Anerkennung und insbesondere Beförderung zu verwehren. Schon Ende 1915 knüpften Offiziere, unter ihnen ein namentlich nicht bekannter, aber einflußreicher General, Verbindungen mit prominenten Antisemiten an, um sich von diesen das erforderliche »Rüstzeug« zu verschaffen, insbesondere aber um ihr Vorgehen zu koordinieren und gemeinsame Aktionen vorzubereiten und einzuleiten.[37] Diese Entwicklung verdient Beachtung, bezeichnet sie doch den Beginn der Zusammenarbeit zwischen Offizieren und den von ihnen gesellschaftlich bis dahin abgelehnten »Radau-Antisemiten«.

Seit dieser Zeit häuften sich die Fälle, in denen jüdische Soldaten zurückgesetzt, beleidigt und verdächtigt wurden. Zweifellos unter dem Druck der wachsenden antisemitischen Ressentiments im Offizierkorps und aus Furcht vor Auflockerungserscheinungen im gesellschaftlich und damit politisch so homogenen ersten Stande der Nation fanden auch Militärkabinett und Kriegsministerium den alten »Schneid« wieder und ließen Ernennungen von Juden zu Offizieren nur noch in Ausnahmefällen zu.[38]

Die maßgeblichen antisemitischen Kreise und die entscheidenden Militärbehörden hatten längst erkannt, daß es hier nicht mehr um die Verteidigung gesellschaftlicher Positionen oder die Anerkennung der Erfordernisse des Krieges ging, sondern um die Grundlage der politischen Ordnung des Kaiserreiches. Das starke Verlangen nach Demokratie – eine zwangsläufige Folge des Krieges –, ebenso wie das befürchtete Vordringen besser qualifizierter Nebenbuhler beunruhigten sie im höchsten Maße.[39]

Je mehr sich der Krieg ausweitete, je länger er dauerte, desto unverhüllter trat der Antisemitismus in der Armee hervor. Waren schon die zahlreichen Zurücksetzungen und Beleidigungen jüdischer Soldaten eine »öffentliche Schande«, so noch mehr die Methoden, mit denen einzelne Kommandeure, Bezirkskommandos und das preußische Kriegsministerium selbst diese Tatsachen zu decken oder durch irreführende Auskünfte vor dem Parlament und der Öffentlichkeit zu verschleiern suchten.[40] Den Parlamentariern der Opposition versicherten Sprecher des Ministeriums wiederholt, es gäbe keinen Erlaß oder Grundsatz, der Juden die Offizierslaufbahn verwehre. Die Offiziersernennung sei ausschließlich Sache der Regimenter, und das Kriegsministerium beeinflusse diese nicht.[41]

Mit derartigen Methoden versuchten maßgebliche militärische Instanzen während eines Krieges, der von allen Schichten des Volkes die schwersten Opfer verlangte, ein brüchig gewordenes politisches System zu erhalten. Zu Recht klagten jüdische Sprecher und Abwehrorgane, daß die Militärbehörden den Antisemitismus nicht nur duldeten, sondern ihn teilweise bewußt förderten, um die Unzufriedenheit des Volkes und der Soldaten in eine ihnen erwünschte Richtung abzuleiten.[42] Viele Offiziere verbreiteten Behauptungen, so etwa daß die Juden grundsätzlich schlechte Soldaten und »Drückeberger«[43] seien, Geld oder Beziehungen nutzten, um in Schreibstuben, Etappenkommandos oder in den Kriegsgesellschaften gefahrlos durch den Krieg zu kommen und – wenn möglich – noch gut zu verdienen. Um den Eindruck zu erwecken, daß es sich dabei um eine generelle Erscheinung handele, sorgten die Antisemiten innerhalb und außerhalb der Armee dafür, daß die verantwortlichen Dienststellen und namentlich das Kriegsministerium mit »Denunziationen und Beschwerden« aller Art geradezu »überschwemmt« wurden. Gleichzeitig wurde auch in »dienstlichen Berichten« auf die angeblichen »schlechten soldatischen Leistungen der Juden« und die dadurch verursachte Unruhe bei der Truppe hingewiesen.[44]

Nach und nach wurden auch kritische Menschen, den Parteien der Mitte nahestehend, und Persönlichkeiten, die sich über jeden »Verdacht des Antisemitismus erhaben« wähnten,[45] schwankend und daher geneigt, an die Berechtigung dieser Beschwerden zu glauben. Vor allem aber zeitigte der ständige Druck seine Wirkungen im Kriegsministerium. In einer Chefkonferenz vom 9. Juni 1916 wurde darüber beraten. Man bestritt zunächst jedes »Verschulden militärischer Dienststellen« sowohl hinsichtlich des Verhaltens gegenüber jüdischen Soldaten wie auch in bezug auf die Entwicklung der Stimmung in der Truppe. Es wurde jedoch erklärt, daß »erstens ein großer Teil der Juden tatsächlich infolge Mindertauglichkeit für den Felddienst« nicht geeignet sei, bei vielen auch »wenig Neigung für den Felddienst« bestehe und sie es daher erreichten, nicht an die Front geschickt zu werden. Zweitens konstatierten die verantwortlichen Militärs, daß Juden »in großer Zahl durch ihre geschäftliche Tüchtigkeit Heereslieferanten geworden und darauf ordnungsgemäß reklamiert worden« seien.[46] Die Juden waren durch die laute Propaganda ihrer Gegner gewarnt und entschlossen, Angriffe solcher Art zu widerlegen.[47]

Unter Berufung auf die »Volksstimmung« beantragte schließlich sogar das sonst nicht antisemitisch festgelegte Zentrum im Hauptausschuß des Reichstages die »Vorlegung einer Statistik über die Zahl der beim Kriegsernährungsamt und den Kriegsgesellschaften beschäftigten Personen, über ihr Gehalt und ihre Konfession«.[48] Die Partei wollte mit diesem Vorstoß, wie sie versicherte, eine Nachprüfung der zahlreichen Denunziationen und Vorwürfe veranlassen, denen zufolge »eine übergroße Anzahl von Personen jüdischer Konfession« in diesen Ämtern und Gesellschaften beschäftigt würde.[49] Unterstellt man, daß die katholischen Antragsteller der antisemitischen Verhetzung nicht Vorschub leisten wollten, dann waren auf jeden Fall die politischen Folgen dieses Schrittes verhängnisvoll. Wenn überhaupt überprüft werden sollte, ob sich mehr Juden als Deutsche dem Frontdienst entzogen, dann galt es nicht nur die personelle Besetzung des Kriegsernährungsamtes und der Kriegsgesellschaften zu untersuchen, sondern es hätte ebenso überprüft werden müssen, wie groß die Zahl der kriegsverwendungsfähigen Personen in anderen Behörden und Ämtern, in militärischen Schreibstuben und Intendanturen, insbesondere aber in den Verwaltungen großer Industrie- und Wirtschaftsunternehmen war. Schon dieser Einwand läßt vermuten, daß mit dem Antrag eine tendenziöse Absicht verfolgt wurde.[50] Er wurde schließlich parlamentarisch nicht behandelt, weil er durch eine andere Aktion überholt wurde.

II

Am 11. Oktober 1916, fünf Tage nach Zeichnungsschluß für die fünfte Kriegsanleihe, ordnete das preußische Kriegsministerium eine statistische Erhebung über die Dienstverhältnisse der deutschen Juden während des Krieges an.[51] Kriegsminister Wild von Hohenborn hielt es für angebracht, sich in seinem Erlaß direkt auf die »Klagen« aus der Bevölkerung zu beziehen, nach welchen sich »eine unverhältnismäßig große Zahl wehrpflichtiger Angehöriger des israelitischen Glaubens« unter vielerlei Vorwänden dem Heeresdienst entziehe. Die Erklärungen des Ministeriums, es wolle mit dieser Zählung die jüdischen Soldaten in keiner Weise diskreditieren, sondern Material zur Widerlegung antisemitischer Angriffe sammeln, waren kaum glaubwürdig. Bisher war das Kriegsministerium auf Beschwerden der Bevölkerung niemals so beflissen eingegangen. Wie sollten beispielsweise zu anderen Truppeneinheiten versetzte, abkommandierte, verwundete und gefangene jüdische Soldaten registriert werden? Wurde nach Alter, Gesundheitsbefund und Tauglichkeit gefragt? Wie konnte erfaßt werden, ob jüdische Soldaten in Schreibstuben oder andere rückwärtige Dienste versetzt oder kommandiert worden waren, etwa weil sie als Spezialisten, Dolmetscher oder aus anderen Gründen dort gebraucht wurden?[52]

Über diese und zahlreiche andere Fragen und Bedenken hat sich das Ministerium hinweggesetzt und es den Kommandobehörden und Truppenstäben überlassen, damit fertig zu werden. Dabei konnte in Berlin niemand daran zweifeln, daß die Mehrheit der Offiziere und Unteroffiziere weder bereit noch in der Lage war, diese Erhebung objektiv und gerecht durchzuführen. Die einzelnen Generalkommandos versandten völlig unzulängliche Fragebogen, so daß die Erhebung schon dadurch zu falschen Ergebnissen führen mußte.[53] Dort, wo Antisemiten für die Bearbeitung zuständig waren, wurden ohne Zögern Verwundete, Kriegsbeschädigte und Abkommandierte als Etappensoldaten gezählt. Zuweilen verfielen sie auch noch auf andere Unkorrektheiten, um zu »beweisen«, daß die betreffenden Juden nicht an der Front waren.

Wie immer aber der wirkliche Sachverhalt war, diese Judenzählung trug zur entscheidenden Entfremdung zwischen Juden und ihren Kameraden bei. Zudem untergrub das Ministerium auch die Autorität der jüdischen Vorgesetzten, der Offiziere, Truppenärzte und Unteroffiziere, weil bereits in der Begründung für die Maßnahmen der Vorwurf der Drückebergerei und Feigheit anklang.[54] Die Judenzählung ist als die »größte statistische Ungeheuerlichkeit« bezeichnet worden, »deren sich eine Behörde jemals schuldig gemacht hat«[55]. Es war auch die folgenschwerste innenpolitische Handlung des Kriegsministeriums.[56]

Die Judenzählung war – darüber konnte kein Schweigen und keine beschönigende Erklärung hinwegtäuschen – »eine durchaus populäre Sache«.[57] Die Ergebnisse der Erhebungen wurden nicht veröffentlicht, aber das Ministerium unterließ es, den antisemitischen Behauptungen entgegenzutreten. Vielmehr kursierten bald Gerüchte, die Veröffentlichung erfolge nur aus Rücksicht auf die Juden nicht, denn sie habe »vernichtende« Ergebnisse gezeitigt.[58] Das Ministerium unterließ es, trotz des Drängens der jüdischen Organisationen, ein klärendes Wort zu veröffentlichen. Die Begünstigung der Antisemiten wurde auch dadurch erwiesen, daß unmittelbar nach dem Kriege einer der extremsten antisemitischen Agitatoren, Alfred Roth, Zugang zu dem einschlägigen Material erhielt und unter einem Pseudonym zwei Tendenz-Broschüren veröffentlichte.[59]

Walther Rathenau diagnostizierte schon im August 1916 den Zustand treffend. Er hatte jede Hoffnung auf »eine Milderung dieses Hasses« verloren. »Je mehr Juden in diesem Kriege fallen«, so schrieb er, »desto nachhaltiger werden ihre Gegner beweisen, daß sie alle hinter der Front gesessen haben, um Kriegswucher zu treiben. Der Haß wird sich verdoppeln und verdreifachen«, und deshalb schien es ihm zwecklos, überhaupt noch etwas dagegen zu unternehmen.[60] Die meisten deutschen Juden jedoch glaubten, daß nach dem Krieg eine gerechtere Beurteilung Platz greifen werde. Aber diese Anschauung verlor unter dem Eindruck des Geschehens an Überzeugungskraft. Der Abwehrkampf gegen den Antisemitismus nahm nicht nur härtere Formen an, er spiegelte auch die Enttäuschung und zeitweilige Ratlosigkeit wider, die angesichts des Scheiterns aller zu Kriegsbeginn genährten Hoffnungen durchaus verständlich waren.[61] Die Mehrheit der Juden entschloß sich, für eine bessere und gerechtere Ordnung zu kämpfen, und dies konnte nach Lage der Dinge nur die parlamentarische Demokratie sein.

Ein Teil der politisch aktiven Juden, der meistens eine Bindung an das Judentum nicht mehr besaß,[62] wandte sich unter dem Eindruck der Kriegserfahrungen radikalen und revolutionären Ideen zu. Darin sahen die Antisemiten den Beweis für die Behauptung, das Ziel der Juden sei die Beseitigung der »gewachsenen« ständischen Ordnung in Deutschland und die Revolution.[63] Sie forderten den Zusammenschluß aller »deutschbewußten« Bürger zum Kampf gegen die »Überhebung des Judentums«. Als Voraussetzung für entscheidende antisemitische Aktionen betrachteten die Alldeutschen die Einschränkung der Kompetenzen des Reichstages oder gar seine Ausschaltung. Das Parlament behindere eine entschlossene Kriegführung ebenso wie ein »rücksichtsloses« Vorgehen gegen die inneren Feinde des Reiches. An die Stelle des Reichstages sollte ein »deutscher Volksrat« treten, als »organisch aus der natürlichen Gliederung des Volkes herausgewachsene« berufsständische Repräsentanz.[64] Aber alle Versuche der Blockbildung seitens der radikalen und antisemitischen Nationalisten scheiterten.[65] Einmal waren die Bedenken, die kaiserliche Regierung und den Reichstag offen zu bekämpfen, in konservativen Kreisen zu groß, und zum anderen wehrten sich auch die nationalen Interessenverbände dagegen, sich alldeutschen und antisemitischen Führungsgremien unterzuordnen und sich von diesen in folgenschwere Abenteuer verwickeln zu lassen.[66] Was erreicht wurde, war eine weitere Verschärfung und Steigerung der Agitation. Heinrich Claß, der Vorsitzende des Alldeutschen Verbandes, rechnete es sich und seinen Gesinnungsfreunden später als Verdienst an, den »Widerstand aus dem Volke« in dieser Zeit belebt, vertieft und »zur stärksten Wirkung gegen die amtliche Politik und das Gebaren der Parteien« gebracht zu haben. Symptomatisch dafür waren die Neugründung oder das Wiedererscheinen antisemitischer und national-radikaler Zeitungen und Zeitschriften.[67]

Die radikalen Nationalisten und Antisemiten versuchten, immer größere Volksschichten nicht nur gegen die Juden und alle demokratischen Kräfte, sondern auch gegen den Reichskanzler aufzuwiegeln. Der Kanzler, die verantwortlichen Beamten in den Reichsämtern, in der Umgebung des Kaisers und die maßgebenden Parteiführer sollten durch eine erregte öffentliche Meinung gezwungen werden, jede Politik des Ausgleichs und der Mäßigung jetzt endgültig aufzugeben. Da Bethmann Hollweg die Forderungen der Extremisten unter keinen Umständen akzeptieren wollte, bemühte er sich um einen stärkeren Rückhalt bei den großen Parteien im Reichstag und den gemäßigten, einflußreichen Zeitungen des Landes. Notwendige Reformen mußte er jedoch vertagen, nicht zuletzt aus Rücksicht auf den Kaiser. So mußte er zwischen den widerstreitenden Kräften lavieren und nach allen Seiten Zugeständnisse machen. Daher wandten sich schließlich alle Parteien gegen ihn.[68] Unter dem Eindruck dieser Entwicklung drängte Bethmann Hollweg den Monarchen, Konzessionen zu machen und das gleiche Wahlrecht in Preußen einzuführen. Damit rief er nicht nur die herrschenden Schichten, sondern auch die Oberste Heeresleitung gegen sich auf den Plan. Hindenburg und Ludendorff hatten vom Kanzler schon zu Beginn des Jahres 1917 ein härteres Vorgehen gegen die Sozialdemokraten und alle für innere Reformen agitierenden Kräfte gefordert. Vor allem wünschten sie jede Kritik an den Maßnahmen der Militärbehörden hart geahndet zu sehen. Bethmann hatte sich diesen Forderungen erfolgreich widersetzt. Da er nun gerade den Mehrheitsparteien des Reichstages und den demokratischen Kräften entgegenkommen wollte, hielt es die Oberste Heeresleitung für angebracht, die allgemeine Vertrauenskrise im Juli 1917 zu nutzen, um den verhaßten Kanzler zu stürzen.

Bei ihrer Offensive gegen den Kanzler und namentlich bei der Forderung nach einer »autoritären Führung der öffentlichen Meinung«[69] und kompromißloser Unterdrückung jeder Opposition wurde die OHL von den extremen Nationalisten, namentlich Claß und einigen seiner einflußreichen Gesinnungsfreunde, unterstützt. Mit Hilfe dieser Opposition in den Führungsschichten wurde der Kanzler gestürzt. Da Claß für seine Auffassungen und politischen Ideen gerade beim Offizierkorps großes Verständnis gefunden hatte, bemühte er sich in der Folgezeit um Unterstützung für seinen Plan, eine Militärdiktatur zu errichten, mit ihrer Hilfe bestimmte verfassungsmäßige Rechte aufzuheben und sein 1912 entwickeltes antisemitisches Programm durchzusetzen.[70] Dann müsse ein weitgestecktes Kriegszielprogramm verkündet und damit die Siegeszuversicht der Bevölkerung gestärkt oder wiederhergestellt werden. War dies erreicht, sollten die Diktatoren darangehen, die »parlamentarische Regierungsform« zu beseitigen, die öffentliche Meinung zu kontrollieren und zu lenken und eine neue Standesordnung zu errichten.[71] Nur die Militärs hatten die Macht zur Durchführung so weitgehender und einschneidender Maßnahmen. Man nahm an, das Offizierkorps würde für seine Stellung als vornehmster und erster Stand des Staates mit allen Mitteln kämpfen.[72]

In diesem Punkt hatten Claß und seine Freunde sich allerdings getäuscht. Ludendorff und Oberst Bauer bekundeten zwar ihr Interesse für den Plan einer Militärdiktatur und stimmten auch sonst mit vielen alldeutschen Vorstellungen überein. Als Claß aber mit konkreten Vorbereitungen für die Ausrufung einer Diktatur begann, zogen sich die Offiziere wieder zurück.[73] Ludendorff scheute, soweit sich dies erkennen läßt, vor der Verantwortung zurück, die er mit einem solchen Schritt übernehmen mußte. Solange die Oberste Heeresleitung einen unkontrollierten Einfluß auf die Innenpolitik ausübte, konnte sie bei Rückschlägen stets der Reichsleitung die Verantwortung aufbürden. Verließ sie aber diese sichere Position, hatte sie für ihr Tun selbst einzustehen. Den meisten Offizieren widerstrebte es, in die Politik, wie sie es verstanden, aktiv einzugreifen. Das Recht der Kritik und des Einspruchs gegen politische Entscheidungen nahm nahezu jeder General für sich in Anspruch, eine Verpflichtung zu verantwortlichem politischen Handeln verspürte dagegen kaum jemand.[74] Entscheidend aber war, daß auch der Kaiser nicht für den Gedanken einer Militärdiktatur zu gewinnen war. Gegen den Willen des Kaisers zu handeln, waren aber die radikalen Nationalisten und die Offiziere nicht bereit.[75]

Die Demokratisierung jedoch konnte nicht mehr aufgehalten werden. Nach der Erfahrung des modernen Volkskriegs, in dem es auf die Arbeitskraft und das Können jedes einzelnen in der Heimat, auf jeden Soldaten an der Front, auf die Opferbereitschaft des gesamten Volkes ankam, hielten es die Nachfolger Bethmann Hollwegs für untunlich, dem Bürger »die Mitbestimmung an seinem Schicksal« vorzuenthalten.[76] Außerdem waren während des Krieges den politischen Parteien neue und größere Aufgaben bei der Interessenvertretung ihrer Anhänger gegenüber einer immer mächtiger werdenden Verwaltung, den Verbänden und Gewerkschaften bei der sozialen Betreuung und Versorgung ihrer Mitglieder und den Selbstverwaltungsorganen bei der Erfassung und gerechten Verteilung der ohnehin zu knappen Bedarfsgüter zugefallen. Die Position des Parlaments war auch dadurch stärker geworden, daß die Kanzler einen erheblichen Teil ihrer Energien in Konflikten mit der Obersten Heeresleitung und einflußreichen Hofkreisen auf der einen Seite, in Auseinandersetzungen mit der von extremen Gruppen aufgeputschten öffentlichen Meinung auf der anderen, verzehrten.[77]

In der Krise, die am 13. Juli 1917 mit dem Rücktritt Bethmann Hollwegs endete, hatten die Mehrheitsparteien des Reichstages, Zentrum, Fortschrittliche Volkspartei und Sozialdemokraten sich auf gemeinsame Grundsätze der inneren und äußeren Politik geeinigt. Bereits in den am 6. Juli aufgenommenen interfraktionellen Besprechungen war eine grundsätzliche Einigung darüber erzielt worden, daß die Beseitigung des Klassenwahlrechts in Preußen wichtigstes innenpolitisches Ziel der Mehrheitsparteien sein sollte. In der Außenpolitik sprachen sie sich für einen Frieden ohne Annexionen aus und beschlossen, diesen Forderungen durch einen gemeinsamen Schritt im Reichstag Nachdruck zu geben. Dieser Friedensresolution stimmte trotz heftiger Opposition der Rechten am 19. Juli 1917 die Reichstagsmehrheit zu. Die Majorität wünschte »einen Frieden der Verständigung und der dauernden Versöhnung der Völker«, der Gebietserweiterungen sowie »politische, wirtschaftliche und finanzielle Vergewaltigungen« ausschloß.[78]

Die nationalen Extremisten jedoch nahmen die Friedensresolution des Reichstages zum Anlaß, erneut mit allen Mitteln alle diejenigen, die sich aufgrund von »Bildung und Besitz zur Führung« des deutschen Volkes berufen wähnten,[79] zum Widerstand aufzurufen. Schon nachdem die SPD am 21. April 1917 mit einer ersten Friedensresolution in die Öffentlichkeit getreten war, hatte die Hauptleitung des Alldeutschen Verbandes ihre Anhänger aufgefordert, »im ganzen Reiche« Protestkundgebungen zu veranstalten. Es sollte »kraftvoller Einspruch gegen die volksverderbliche Verzichterklärung« erhoben und die Bevölkerung darüber »aufgeklärt« werden, wie »unausbleiblich« die Sozialdemokraten Deutschland auf den »Weg zum Untergange« führten. Die SPD fordere einen Frieden im Sinne der »Internationale« zur »Vergewaltigung aller deutschen, nationalen Notwendigkeiten der näheren und weiteren Zukunft«.[80] Damit war die Formel für den Gegensatz innerhalb des deutschen Volkes gefunden: Hier Annexions-, dort Verzichtspolitiker; hier kraftvolle Nationalisten, dort schwächliche Anhänger der Internationale; hier das Lager der artbewußten Deutschen mit einer »alldeutschen« Vorhut, dort das der »entarteten Undeutschen« unter »alljüdischer« Leitung.[81] Die Agitation wurde dann hemmungsloser, als Bethmann Hollweg kurz vor seiner Entlassung die Wahlrechtsreform einleitete, indem er den Kaiser zu der Botschaft vom 11. Juli veranlaßte, in der das allgemeine, gleiche und direkte Wahlrecht für Preußen in Aussicht gestellt wurde. Sofern überhaupt noch ein Burgfriede in Deutschland bestand, wurde er nun von den Reformgegnern aufgesagt. Sie riefen zum Kampf gegen die Regierung und nach der Friedensresolution auch gegen die Parteien der Reichstagsmehrheit auf. Die »unabhängigen Völkischen« – so hieß es – müßten all ihre Kraft daran setzen, »den mit Hilfe verblendeter Volksgenossen von den Fremden geführten Ansturm abzuwehren«. Unter der Parole »Deutschland den Deutschen« sollten sich alle Deutschbewußten sammeln und sich den inneren Reformen und der Demokratisierung widersetzen. »Gelingt die Absicht diesen im guten Sinne demokratischen Staat in eine üble Demagogie und ein der Massenherrschaft unterworfenes Staatsgebilde umzuformen, dann ist es vorbei mit der deutschen Herrschaft im deutschen Staate, und die Fremden werden in ihm die Macht haben.«[82]

Die ausgesprochenen Gegner der Friedensresolution gründeten am 1. September 1917 im Yorksaal des Ständehauses in Königsberg die Deutsche Vaterlandspartei.[83] Sie waren überzeugt davon, daß jetzt »Masse« entschlossen »gegen Masse auftreten« müsse. Während aber Großadmiral Tirpitz und die anderen Vorstandsmitglieder der neuen Partei vornehmlich gegen jede Form eines »Verzichtfriedens« opponierten, boten Claß, Gebsattel und ihre Gesinnungsfreunde nun ihre Anhänger und Verbündeten gegen diejenigen Kräfte auf, die für die Parlamentarisierung und Demokratisierung stritten. Die Verhetzung des Volkes nahm jetzt Formen an, die alles bisher Gewesene übertrafen. Jeder Deutsche sollte »den Abgrund erkennen«, an den er »durch ein Zusammenwirken verderblicher Kräfte in der Reichsleitung, in den Parteien und in der Presse geführt« worden sei. Das Volk müsse »sich aufbäumen gegen den Reichstag der Judenwahlen, der ihm einen Judenfrieden« und die Demokratie bescheren wolle.[84]

Antisemitische Parteien, Organisationen und Verbände agitierten seit 1917 für passive Resistenz gegen bestimmte Maßnahmen der Reichsleitung und für offenen Widerstand gegen die Legislative in Reich und Ländern. Systematisch wurden nun die Juden und »ihre« Presse für die verzweifelte Stimmung der Bevölkerung verantwortlich gemacht, der Verfall der nationalen Widerstandskraft auf »planmäßige Zersetzung« zurückgeführt.[85] Die Not des kleinen Mittelstandes, der bisher die »festeste Stütze« des Staates gewesen sei, wachse, so hieß es jetzt, nur deshalb so beängstigend, weil andere Stände und Gruppen bedenkenlos »an dem Kriege verdienen« wollten. Dabei handele es sich nicht um einen zwangsläufigen, sondern um einen sorgfältig vorbereiteten Umschichtungsprozeß. »Die bisher bewährten und den Staat tragenden Schichten« würden bei diesem »Sturm auf die politische Speisetafel« völlig »überrannt« und damit ihres »Einflusses« auf den Staat beraubt.[86] Nicht die Gleichberechtigung strebten die Juden und ihre deutschen Verbündeten an, so schrie man immer wieder in das Land hinaus, sondern die Vorherrschaft. Schon vor dem Kriege seien überall dort, wo es einen »ungehemmten Wettbewerb« gegeben habe, ganze Berufsstände den Juden und ihren deutschen Gesinnungsfreunden in die Hände gefallen. Werde nun auch in der Politik, der Verwaltung und in der Armee Chancengleichheit geschaffen, würden die Juden in Kürze das deutsche Volk uneingeschränkt beherrschen.[87]

So unsinnig diese Behauptungen auch waren, in einer Zeit schwerster sozialer Erschütterungen, in der Millionen in ständiger Angst vor der Zukunft lebten, verfehlten sie nicht ihren Eindruck auf viele Bürger. In Wirklichkeit fürchteten die Antisemiten und ihre Parteigänger im Adel und Offizierkorps, in der Beamtenschaft, Wirtschaft und Wissenschaft keineswegs, daß eine Minderheit von rund 500000 Menschen das gesamte deutsche Volk beherrschen könne. Sie lehnten aber Wettbewerb und Chancengleichheit, namentlich in bestimmten Bereichen des politischen und gesellschaftlichen Lebens ab. Sie bekämpften deshalb nicht nur andere Auffassungen als »undeutsch und unpatriotisch«, sondern manche sagten offen, daß »die Familien, die Deutschland geschaffen«, besondere Vorrechte und vornehmlich Anspruch auf Förderung hätten.[88] Es galt, die unwandelbar nordisch-deutschen Art- und Rasseneigenschaften zu schützen. Diesen sozialdarwinistischen Vorstellungen gemäß konnte es überhaupt keinen Zweifel geben, daß »die Träger des rassisch wertvollsten Erbgutes die Oberschicht bildeten«.[89] Nun, da diese als unerschütterlich betrachtete Stellung angefochten wurde, sahen sie den Staat, den sie als den ihren betrachteten, vom Chaos bedroht. Zutreffend stellte bereits 1917 Franz Oppenheimer fest, nicht Juden, Sozialisten oder Demokraten hätten den Burgfrieden in Deutschland gebrochen, sondern diejenigen, »deren Privilegien vor dem Geiste des Burgfriedens nicht Bestand haben konnten, wenn er der Geist des neuen Deutschlands würde«.[90]

III

Als der Krieg, der als nationaler Machtkampf begonnen hatte, immer stärkere soziale Konflikte auslöste, verlor der Nationalismus seine integrierende Kraft. Er mußte nun umgestaltet werden durch die Verwirklichung der demokratischen und sozialen Forderungen der Zeit. Aber gerade dazu waren die adligen und bürgerlichen Schichten nicht bereit. Sie verhinderten also, daß der »Geist von 1914« zur prägenden Kraft wurde. Angesichts der nicht mehr zu verbergenden Tatsache, daß sich das deutsche Volk während des Krieges in zwei feindliche, einander bekämpfende Lager spaltete,[91] haben kritische Beobachter die unvermeidbare militärische Niederlage des Kaiserreiches vorausgesagt, und zwar zu einer Zeit, als dies den meisten Zeitgenossen noch kaum bewußt geworden war.[92] Unzweifelhaft hat der 1917 entbrannte innerdeutsche Machtkampf die Kräfte des Volkes zersplittert. Die Antisemiten glaubten nicht mehr nur die Entfernung aller Juden aus verantwortlichen Stellungen fordern zu müssen, sondern sie wünschten sie sogar aus Wirkungsbereichen verdrängt zu sehen, wo sie schlechterdings unersetzlich waren.[93]

Die gesellschaftlichen Führungsschichten brauchten einen »Sündenbock«, den sie für den kriegsbedingten Auflösungsprozeß der ständischen Ordnung verantwortlich machen konnten, der in Not geratene Mittelstand einen »Blitzableiter« für seinen Zorn.[94] Welche Nöte und Beschwernisse es auch immer gab – und während des Krieges waren sie Legion –, die Juden wurden stereotyp als die Urheber und eigentlich Schuldigen für alle Übel angeprangert.

Bis zum Beginn des Krieges war der organisierte Antisemitismus relativ unbedeutend und einflußlos gewesen, weil seine Propagandisten nahezu alle dem unteren Mittelstand angehörten und es dem Bildungs- und Besitzbürgertum nicht standesgemäß erschien, zu ihnen Beziehungen zu unterhalten. Man verachtete die dort praktizierten Methoden und den Radau auf den Straßen und in Bierlokalen. Der Krieg bewirkte hier einen radikalen Wandel. Es ist aber mit Recht darauf hingewiesen worden, daß der Antisemitismus auch schon vor 1914 in den führenden Gesellschaftsschichten sehr viel weiter verbreitet war, als dies den Anschein hatte. Zweifellos hat sich in der Friedenszeit wohl kaum die Volksmehrheit »gegen die Zulassung von tüchtigen Juden zu Hochschulordinariaten, zum diplomatischen Dienst« und anderen Staatsämtern gesträubt, sondern dies taten ausschließlich die »von dem jüdischen Mitbewerb betroffenen Kreise«.[95] Aber diese haben doch offene antisemitische Agitation gescheut und eine politische Ausmünzung ihrer Ressentiments vermieden. Im Kriege aber waren sie dazu bereit, da sie um ihren gesellschaftlichen Einfluß bangten. Willig verbreiteten nun auch sie antisemitische Behauptungen und benützten die vulgäre antisemitische Phraseologie.[96]

Durch das Bündnis der Besitz- und Bildungsschichten mit dem radikalen Kleinbürgertum, namentlich der Handwerker und der Angestellten, wurde der Antisemitismus zu einem politischen Faktor in Deutschland. Das wurde im letzten Kriegsjahr bereits weithin sichtbar. Von einflußreichen Stellen und Persönlichkeiten gefördert und toleriert, entfalteten die antisemitischen Organisationen, wie der Reichshammerbund, der Verband gegen die Überhebung des Judentums, der Deutschbund und zahlreiche andere Organisationen eine weitverzweigte Tätigkeit. Zu ihnen gesellten sich neue Gruppen, wie zum Beispiel die Deutsche Arbeiter- und Angestelltenpartei, die Deutschvölkische Beamtenvereinigung, ein Bund völkischer Frauenvereine.[97] Bald erscholl angesichts dieser »Hochflut von Gründungen« erneut der Ruf nach einem organisatorischen »Zusammenschluß der Deutschbewegung«, damit der Kampf wirkungsvoller und nachhaltiger geführt werden könne.[98] Dieser Ruf verhallte allerdings wie viele andere, die bereits früher erschollen waren. Aber die Saat, die jahrelang ausgestreut worden war, ging auf. Die Volksleidenschaften waren entfacht; in einigen Städten rief man bereits zum Pogrom auf.[99]

Als angesichts der unausweichlichen militärischen Niederlage des Reiches Prinz Max von Baden im Oktober 1918 die erste parlamentarische Regierung bildete und damit die Parteien der Friedensresolution die politische Verantwortung übernahmen, gaben die extremen Nationalisten und Antisemiten jede Form der Zurückhaltung, auch dem Kaiser gegenüber, auf. Die alldeutschen Führer entschlossen sich nun im »Kampf der Weltanschauungen« im Innern des Landes die Führung zu übernehmen.[100] Am 15. Oktober 1918 kündigte Freiherr von Gebsattel an, er und seine Gesinnungsgenossen betrachteten die neue Regierung als illegitim, und man werde alles tun, sie zu stürzen. Nachdem die Juden, so schreibt er, seit längerer Zeit »im Sinne der äußersten Radikalisierung des preußischen

Wahlrechts« gewirkt hätten, seien sie nun wieder »bei dem unblutigen Umsturz« in Berlin, wie er die Bildung der parlamentarischen Regierung nannte, die eigentlich »treibenden Kräfte« gewesen. Ohne Verständnis für »deutsches Denken und Fühlen«, ja sogar dem »Volke kalt und fremd gegenüberstehend«, seien sie nur darauf bedacht gewesen, ihre »Machtgier« und ihren »Ehrgeiz« zu befriedigen. Die »Schuld«, die sie mit ihrem Vorgehen und namentlich mit dem Berliner »Umsturz« auf sich geladen, fordere »die äußersten Maßnahmen von deutscher Seite« heraus.[101] Gebsattel räumt ein, daß unter den Anhängern der Parlamentarisierung in der Presse und namentlich in den Parlamenten auch Nichtjuden zu finden seien, und daß diese sogar eine Mehrheit des Volkes hinter sich hätten. Gerade dies erfüllt ihn mit Zorn, denn »das Gift, von dem sie angesteckt« und das sie nun auf die Volksmassen übertrügen, hätten Juden gemischt, und zwar in den Redaktionen der *Frankfurter Zeitung*, des *Berliner Tageblattes* und des *Vorwärts*. Dieses »Gift« habe die »Zersetzung« der gesamten politischen und moralischen Widerstandskraft des deutschen Volkes bewirkt. Alle Einwände gegen seine Behauptungen wehrte der katholische Aristokrat und bayerische General mit der »Feststellung« ab, die Juden handelten nicht etwa mit »Absicht« oder gar »teuflischer Bosheit« so, sondern aus einer Art naturgesetzlichem rassischen Zwang.[102] Daß viele Juden ausgesprochen konservativ dachten und die Mehrheit sich jeder aktiven politischen Tätigkeit enthielt, bestreitet er keineswegs. Ihm »genügte« es, daß einige Juden die Demokratisierung Deutschlands erstrebten und sich dafür in den Parlamenten, den Parteien und der Presse einsetzten. Für Gebsattel, Claß und ihre Freunde in der alldeutschen Verbandsleitung stand fest: demokratische Ideen waren »Gift« und dieses war »jüdischer Herkunft«. Damit konstatierten sie die unumstößliche »Schuld des Judentums« an sämtlichen politischen Veränderungen in Deutschland und an allen Erscheinungen des wirtschaftlichen, geistigen und kulturellen Lebens, die von ihnen mißbilligt wurden.

Vier Tage nach der Veröffentlichung dieses Artikels, in dem neue Aktionen der »nationalen Oppositon« angekündigt wurden,[103] versammelten sich in Berlin Hauptleitung und Geschäftsführender Ausschuß des Alldeutschen Verbandes. Die Vertreter des extremen Nationalismus, die bis in den Herbst 1918 hinein weitgesteckte Kriegsziele verkündet hatten, mußten sich nun mit der Tatsache des deutschen Waffenstillstandsgesuches auseinandersetzen. Es galt, den neuen Kurs des Verbandes festzulegen, der sich jetzt vorzugsweise auf Probleme der Innenpolitik bezog.[104] Welcher Art das künftige Aktionsprogramm des Verbandes sein würde, war nach den eindeutigen Stellungnahmen der Vorsitzenden nicht mehr zweifelhaft.

Claß begründete in seiner Rede zunächst das starke Engagement des Verbandes in der Innenpolitik während des Krieges. Namentlich in der Wahlrechtsfrage habe der Einfluß des Verbandes geltend gemacht werden müssen, weil es darauf angekommen sei, der »Bagage«, die sich mit ganzer Kraft auf diese Sache konzentriert habe, die Initiative streitig zu machen. Weit davon entfernt, die Parlamentarisierung als definitiv anzuerkennen, rief Claß seine Mitarbeiter auf, weiterhin für die Errichtung der Diktatur in Deutschland zu kämpfen. »Wenn das politische Kriegsziel sich diktatorisch gestalten läßt, dann ist das Aufrollen der Judenfrage unnötig.« Gelinge das aber nicht, sei dies unerläßlich, denn in der Auseinandersetzung mit dem parlamentarischen System lasse sich »als eins der stärksten Einwirkungsmittel die jüdische Angst [sic! gemeint ist wohl auch die Angst vor den Juden] gebrauchen«.[105] Der Redner ging mit der politischen und militärischen Führung des Reiches hart ins Gericht. Eine Politik der Halbheiten und Unentschlossenheit habe Deutschland in seine verzweifelte Lage gebracht. Für ihn und seine Freunde sei es »eine der fürchterlichsten Enttäuschungen dieses Krieges« gewesen, »daß einer nach dem anderen von den Leuten, die unser Idol waren, zusammengebrochen« wäre.

Diese Kritik des alldeutschen Verbandsvorsitzenden an der deutschen Oberschicht war allerdings nicht für die Öffentlichkeit bestimmt. Dort galt es vielmehr, die Mehrheit der Politker und Militärs von jeder Verantwortung freizusprechen, wollte man nicht die eigenen elitären Vorstellungen, namentlich die Überzeugung von der rassischen und geistigen Überlegenheit der Führung über die »Bagage« – und das war in ihren Augen die Mehrheit des Volkes – antasten und in Frage stellen. Nicht die Führung, sondern die Geführten hatten geirrt und versagt. Den Juden – obgleich politisch ohne jeden Einfluß – bürdete man letztlich die Verantwortung für das auf, was die Regierung getan oder unterlassen hatte. Die Angst vor jüdischem »Machtstreben« und jüdischer »Ausbeutung«, die man jahrelang geschürt hatte, sollte nun dazu dienen, das Volk zu verwirren und abzulenken. Ohne alle Umschweife forderte Claß die versammelten alldeutschen Aktivisten im Namen seines erkrankten Freundes Gebsattel auf, »die Lage zu Fanfaren gegen das Judentum und die Juden als Blitzableiter für alles Unrecht zu benutzen«.[106]

Mit sichtlicher Befriedigung wies Claß auf die während des Krieges erzielten Erfolge der antisemitischen Agitation hin, die es nun mit allen Kräften auszubauen gelte. Er rechnete dabei künftig mit einer Unterstützung seiner Aktionen seitens der Schwerindustrie, der Armee und des preußischen Adels. Nur wenn alle verfügbaren Kräfte und Mittel eingesetzt würden, könne es gelingen, »Furcht und Schrecken… in der Judenschaft« zu erregen. Am Schluß seiner Ausführungen versicherte Claß: »Ich werde vor keinem Mittel zurückschrecken und mich in dieser Hinsicht an den Ausspruch Heinrich von Kleists[107]... halten: ›Schlagt sie tot, das Weltgericht fragt Euch nach den Gründen nicht!‹«

In dem Augenblick, in dem der Kriegsbrand an den Fronten zu verlöschen begann, entfachten die Antisemiten und radikalen Nationalisten den innerdeutschen Kampf. Die Versammelten haben zu dieser Zeit alle gewußt, wohin eine solche Entfesselung niedrigster Triebe führen mußte. Seit Jahren erhielten sie Zuschriften aus dem Kreis ihrer Anhänger, hörten sie Zwischenrufe in ihren Versammlungen, die zeigten, wie die Stimmung in dem von ihnen beeinflußten Teil des Volkes war. Schon 1916 drohte ein fanatischer Forstmeister in einem Brief an Theodor Fritsch: »Die Männer, die seit Jahren im Schützengraben mit Handgranate und Dolch zu arbeiten gewohnt sind... die werden sich an niemand kehren, wenn es gilt daheim Rache zu nehmen...«[108]

Die Alldeutschen waren fest davon überzeugt, daß das deutsche Volk nur nach ihren »Rezepten« zu retten sei.[109] Es kam darauf an, eine neue Ideologie zu schaffen, die der gereizten Stimmung großer Schichten des Volkes entsprach. Man nutzte das während des Krieges gesteigerte Selbstgefühl, die Vorstellung von der »unvergleichlichen Überlegenheit der eigenen Nation über alle anderen«,[110] um glaubhaft zu machen, daß ein Volk mit so einmaligen Tugenden überhaupt nur durch Verrat und Verschwörung zu bezwingen sei. Besänne sich das Volk auf seine Art, bekämpfte es jeden »fremden« Einfluß, so sei jede Sorge um die Zukunft der Nation und um die eigene Existenz unbegründet. Die alldeutsche Propaganda zielte darauf ab, die Menschen zu überzeugen, sie könnten die Gefahren und Ängste der unmittelbaren Zukunft nur dann bestehen, wenn sie hinreichend Gelegenheit hätten, ihre Verzweiflung und Enttäuschung abzureagieren. Damit sich das Volk nicht gegen diejenigen empörte, die den Krieg geführt hatten und für die Niederlage verantwortlich waren, mußte ihm ein anderer »Feind« gezeigt werden, auf den sich alle Aggressionen ablenken ließen.[111]

Die Alldeutschen wußten, daß die »improvisierte Parlamentarisierung«[112] eine Machtverschiebung zu ihren Ungunsten einleitete. Noch bevor das Ausmaß der militärischen Niederlage erkannt und erste Anzeichen der Revolution sichtbar wurden, trafen sie Vorsorge für die Zukunft. Ihr Nahziel war es, den neuen »Machthabern einen Block entgegenzusetzen, an dem sie scheitern« sollten.[113] Da sie aber genau wußten, daß sie in kurzer Zeit kein Widerstandszentrum schaffen konnten, faßten sie sogleich das Fernziel ins Auge, nämlich das deutsche Volk »von unten an« zu »erziehen«. Neue Männer sollten »es mit Idealen erfüllen und an harten Kampf gewöhnen, damit es beim Endkampf bereit und schlagfertig« befunden werde. Wahrscheinlich würde die letzte und entscheidende Auseinandersetzung erst von der kommenden Generation geführt werden. Darauf gelte es sich einzustellen, denn es komme nicht auf den Zeitpunkt des entscheidenden »Endkampfes« an, sondern allein darauf, daß diejenigen Menschen, die ihn zu führen hätten, so gut vorbereitet wären, daß sie »im zweiten Punischen Krieg« auf jeden Fall »den Sieg an ihre Fahnen heften« könnten.[114] Um das Volk an den Kampf zu gewöhnen, entfesselten die radikalen Nationalisten nun die Auseinandersetzung mit dem »inneren Feind«.

Außer den Alldeutschen trafen im Oktober 1918 auch die Oberste Heeresleitung und namentlich Ludendorff Vorsorge für die Zukunft. Die OHL hatte auf die Bildung einer parlamentarischen Regierung in Deutschland gedrungen, weil sie verhindern wollte, daß Vertreter des alten Systems den verlorenen Krieg liquidieren müßten. Nicht die Oberste Heeresleitung, sondern eine parlamentarische Regierung und vor allem »die linksstehenden Parteien« sollten »das Odium dieses Friedensschlusses auf sich nehmen«. Dann würde sich »der Sturm der Entrüstung des Volkes« unvermeidlich »gegen diese kehren« und die wahrhaft Verantwortlichen verschonen. Gelinge dies, so hoffte man sich nach einer gewissen Zeit »wieder in den Sattel zu schwingen und nach dem alten Rezept weiter zu regieren«.[115]

Dieser Strategie der extremen Rechten waren die Demokraten in keiner Weise gewachsen. Die Situation komplizierte sich bei Kriegsende in einer unvorhergesehenen Weise, weil infolge der Auflösungserscheinungen in Heer und Flotte und der Aktionen der radikalen linken Gruppen, die sich im Spartakusbund sammelten, der im November 1918 gebildete Rat der Volksbeauftragten, der vorzugsweise aus Vertretern der gemäßigten linken Parteien bestand und über keine eigenen militärischen oder parlamentarischen Hilfskräfte verfügte, gezwungen war, sich der Hilfe des ehemals kaiserlichen Militärs und der Generäle zu bedienen, um die Ruhe im Lande wiederherzustellen. Dies schwächte die Position der Demokratie gegenüber den Rechtskreisen, auf deren Hilfe die Regierung nun angewiesen war. In unserem Zusammenhang genügt es festzustellen, daß durch diese Ereignisse und die sich daraus ergebende Konstellation die Festigung des demokratischen Regimes und die Durchsetzung demokratischer Ideen außerordentlich erschwert worden ist, was für die ganze Zukunft der Weimarer Republik von ausschlaggebender Bedeutung war. Es kann nicht geleugnet werden, daß die Mehrheit der gemäßigten demokratischen Gruppen, bestürzt über die Revolutionsereignisse und den kompromißlosen Kurs einiger revolutionärer Führer, nicht den Mut hatte, sich mit der erforderlichen Energie gegen die Aktionen und die Propaganda der aggressiven Rechtskreise zu wenden.

So kam es, daß die radikalen Antisemiten, die sich in den Tagen der Revolution unsicher gefühlt und aus taktischen Erwägungen zurückgehalten hatten, bald wieder mit lauter Propaganda auf den Plan traten, wobei ihnen das Argument zugute kam, daß ebenso wie in der gemäßigten Linken auch in den radikalen Linksgruppen und unter den Führern der russischen Revolution Juden waren. Es konnte der Eindruck erweckt werden, als seien die Anschauungen derjenigen Rechtskreise, die schon während des Krieges die kommende Revolution vorausgesagt und vor ihr gewarnt hatten, durch die Ereignisse bestätigt worden. Diese irreführende Interpretation wirkungsvoll zu widerlegen, zeigte die Regierung weder genügend Festigkeit noch Kraft. Sie war zu sehr damit in Anspruch genommen, die dem Bestand des Staates unmittelbar drohenden Gefahren abzuwehren. In dieser Zeit hatte die antisemitische Propaganda somit freies Feld.

Die Größe der den Juden drohenden Gefahr ist von niemandem wirklich erkannt worden. Die Mehrheit des deutschen Volkes beruhigte sich mit der Feststellung, die Alldeutschen und ihre antisemitischen Verbündeten hätten keine Massen hinter sich. Zwar leugnete man nicht, daß der Antisemitismus während des Krieges Auftrieb erhalten hatte, erklärte dies aber damit, daß sich dort »malkontente Reaktionäre« sammelten. Die eigene Untätigkeit rechtfertigte man mit der These, die »Reaktionäre« müßten zwangsläufig scheitern, weil niemand auf die Dauer gegen den Strom der Zeit schwimmen könne. Im Vertrauen auf die Urteilsfähigkeit des Volkes schauten daher viele Sozialisten und Demokraten geringschätzig auf die geistlosen antisemitischen Demagogen herab. Eine Auseinandersetzung mit ihnen hielten viele für überflüssig, andere führten sie mit überlegener Ironie.

Eine entschlossene und planmäßige politische Auseinandersetzung mit dem drohend anwachsenden Antisemitismus unterblieb also nicht nur, weil das Machtstreben der Alldeutschen und ihre demagogische Geschicklichkeit nicht erkannt wurden, sondern auch infolge der Fehleinschätzung der Urteilsfähigkeit und politischen Reife der Volksmehrheit. Dies war freilich überraschend angesichts der Erfahrungen während des Krieges. Hatten doch große Schichten des Volkes bis zum Herbst 1918 an den baldigen Siegfrieden geglaubt.[116] Warnungen wurden nicht ernst genommen, Kritiker vielfach auch verhöhnt und geächtet.[117]

Als die Nachricht von den Waffenstillstandsverhandlungen Millionen von Gläubigen aus ihren Illusionen riß, drohte die Gefahr, daß die Ernüchterten sich in neue Illusionen und einen Glaubensersatz flüchten würden. Sie waren prädisponiert für antisemitische Parolen, die den Zusammenbruch als das Werk »volksfremder Elemente« und »Verräter« bezeichneten. Vor allem Beamte, Lehrer, Pfarrer, Journalisten, Verbands- und Parteisekretäre, die bisher amtliche Zweckpropaganda getrieben hatten, machten sich nun die antisemitischen Thesen zu eigen als Entschuldigung dafür, daß sie bis zum Schluß den Sieg der deutschen Armeen verkündet hatten. Auch wenn sie sich nicht selbst antisemitisch betätigten, so verhielten sie sich doch der Verhetzung gegenüber gleichgültig oder wohlwollend neutral.

Als die Alldeutschen am 20. Oktober 1918 in Berlin ihre Mitglieder anwiesen, auf die Straßen zu gehen, zu demonstrieren und Aktionen gegen die Juden und alle Deutschen, die ihnen beistanden, durchzuführen, geboten sie allenfalls über hunderttausend Aktivisten in den eigenen und verbündeten Organisationen. Diese Gruppen fanden Beachtung und schließlich auch starken Zulauf nicht zuletzt infolge der Haltung vieler Intellektueller, die die Unruhe der Bevölkerung spürten und sie – bereitwillig dem Zug der Zeit folgend – unterstützten, ohne die Konsequenzen ihres Tuns zu bedenken.

Einzelnen konservativen Politikern wurde allerdings schon vor Beginn der Revolution bewußt, welche Folgen die Radikalisierung der Rechten für Staat und Gesellschaft haben mußte. Ein prominenter Konservativer, Professor Otto Hoetzsch, faßte nach der Verfassungsänderung vom Oktober 1918, die auch er als »Revolution« empfand, seine Gedanken über die Zukunftsaufgaben konservativer Politik in einer Denkschrift zusammen, die er am 5. November 1918 dem Grafen Westarp und einigen anderen Politikern seiner Partei übersandte.[118] Zwar sei, so konstatiert Hoetzsch, während des Krieges auch von den Konservativen viel von einer »Neuorientierung« der Politik gesprochen, konkret aber kaum etwas dafür getan worden. Selbst in dem langjährigen Ringen um die Wahlrechtsreform in Preußen habe die Partei abseits gestanden und diese passive Haltung bis zum Herbst 1918 nicht aufgegeben.[119] Nun, da die Einführung des gleichen Wahlrechts unmittelbar bevorstehe, reagiere man mit »Niedergeschlagenheit, ja Verzweiflung« auf die Entwicklung. Nachdem die Partei durch ihre Untätigkeit jeden Einfluß auf die Gestaltung der deutschen Politik verloren habe und ihr daher viele Anhänger den Rücken gekehrt hätten, sei es an der Zeit, ein neues Programm zu entwickeln und erst danach wieder aktiv in das Geschehen einzugreifen. Sonst wachse die »Gefahr«, daß gerade »in diesem entscheidenden Augenblick« sich andere »Kreise des Gedankens einer Neueinrichtung und Neusammlung der Rechtsstehenden« bemächtigten. Die Führer und Propagandisten des »extremnationalen Radikalismus« würden künftig »mit noch größerer Schärfe auftreten« als während des Krieges und ihre Anhänger ausschließlich auf der »Grundlage des nationalen Gedankens« und unter Ausnutzung der »antisemitischen Welle« organisieren. Hoetzsch drängte seine Parteifreunde, unzeitgemäße Leitbilder aufzugeben, jedoch an den konservativen Grundforderungen festzuhalten und »mit aller Offenheit und Entschiedenheit« den Boden der parlamentarischen Demokratie zu betreten.

Hoetzschs Vorschlag, die konservative Partei als Kern einer neuen demokratischen Massenpartei zu erhalten, kam zu spät. Die Alldeutschen hatten sich mit ihrem antisemitischen Anhang schon eine breite Basis in der Bevölkerung geschaffen, und ein großer Teil der Schichten, die Hoetzsch für die Konservativen gewinnen wollte, war bereits zu den Alldeutschen und Antisemiten abgewandert. Infolge des Versagens der gemäßigt christlich-konservativen Gruppen, die in den Monaten des militärischen Zusammenbruchs und der Revolution dem rechtsstehenden deutschen Bürgertum keine Alternative zu den Programmen der Gruppen um Claß und Gebsattel anzubieten hatten, gelang die Radikalisierung breiter rechtsstehender Schichten des deutschen Volkes.

Als symptomatisch für die Stimmung, die nach viereinhalb Kriegsjahren viele deutsche Juden erfaßt hatte, kann man einen Satz aus einem Brief Albert Ballins ansehen: »Gegen die Mächte, die am Werke sind, ist nicht anzukommen, man kann nur resigniert der Entwicklung dieses furchtbaren Erlebens zusehen. Ich bin von einer tiefen Melancholie erfaßt, aus der ich mich gar nicht wieder loslösen kann.«[120] Ballin litt vornehmlich unter der außenpolitischen Isolierung des Reiches, die Mehrheit der Juden unter der gesellschaftlichen Ächtung und politischen Verfemung.

So mußten sich die Juden bei Kriegsende eingestehen, daß sogar ihre Existenz stark gefährdet war. Das deutsche Volk hatte im »Schmelztiegel« des Krieges[121] viel verloren. Davon blieb das Denken und Handeln der Menschen nicht unbeeinflußt: sie haßten alle, die anders waren, die der Nivellierung und Uniformierung trotzten,[122] weil sie an ihrem Glauben und ihrer Tradition festhielten. Die Hoffnung der Juden, sich durch Leistungen »Achtung und die Gleichberechtigung zu erkämpfen«, hatte getrogen.[123]

IV

Nach den Enttäuschungen der Kriegszeit wurde der Sturz des Kaiserreiches von der Mehrheit der Juden als »ein Ereignis von größter historischer Tragweite« begrüßt, das ihnen die langentbehrte »wirkliche Gleichberechtigung« verhieß.[124] Sie gründeten die Zukunftserwartung nicht nur darauf, daß die ständige »Zurücksetzung der deutschen Juden im politischen Leben des Landes« überwunden werden würde, sondern viele idealistische Juden – ebenso wie Nichtjuden – glaubten, daß mit der Revolution ein Schritt auf dem Weg der »Selbsterlösung« der Menschheit getan, ein »Sieg des Geistes«, der »Freiheit und Gerechtigkeit will«,[125] errungen worden sei. Immer wieder wurde die – freilich etwas naive – Hoffnung ausgesprochen, der freiheitliche Geist würde das Zusammenleben der Menschen von

Grund auf verändern und dazu führen, daß alle Deklassierten, darunter auch Juden und Angehörige anderer Minderheiten, die in einer feindlichen Atmosphäre »empfindsam, überaus ängstlich und mißtrauisch« geworden waren, freier, stolzer und selbstbewußter würden leben und zum Nutzen der Gemeinschaft wirken können.[126]

Aus Kreisen jüdischer Intellektueller kam auch die Idee, daß in einem Moment, wo die ganze Welt von Deutschenhaß erfüllt war, gerade Juden dem neuen Deutschland entscheidende Dienste leisten könnten, indem sie dabei mitwirkten, den Weg zur Annäherung und Verständigung der Völker zu bahnen. War doch, wie damals häufig von Deutschen festgestellt wurde, der irrationale Deutschenhaß dem Judenhaß vergleichbar. »Die Deutschen erleiden jetzt das Los der Juden«, konstatierte man wiederholt, ohne daß freilich daraus die logische Folgerung gezogen worden wäre, auch den Judenhaß als eine emotionale und irrationale Erscheinung zu erkennen. Die Völker Westeuropas und der USA und oft auch der neutralen Staaten betrachteten Deutschland als »Hort der Reaktion« und nach dem Ende der Zarenherrschaft 1917 schließlich auch als »stärkstes Bollwerk des Antisemitismus«. Konnten nicht gerade die Juden helfen, diese Vorurteile abzutragen und damit die Isolierung Deutschlands zu durchbrechen?[127] Gerade wegen der ihnen bisher verübelten internationalen Verbindungen wollten sie die »Rolle als Mittler zwischen den Nationen« spielen.[128] Auch das war eine redliche und gutgemeinte, aber naive Überschätzung des wirklichen Einflusses der Juden.

Jedenfalls war jedes Eintreten der Juden für Deutschland von vornherein zum Scheitern verurteilt und auch psychologisch unmöglich, solange die antisemitische Propaganda ungehemmt weiterging. Wie konnte man da die Welt überzeugen, daß eine neue Gesinnung und Bereitschaft zur Völkerverständigung vorhanden war? Zunächst galt es also, von den »Flächen des Staatslebens« den »Schutt« zu räumen. Mehr als dort aber lag dieser Schutt »in den Tiefen des Gesellschaftslebens«, von wo er nur unter großen Mühen zu entfernen war. Gerade diese Mühen – dies war für Martin Buber und viele andere Zeitgenossen Anlaß zur berechtigten Sorge – wurden gescheut. Die Absichten der neuen Träger der Staatsgewalt hatten nur den »Charakter von Notstandsaktionen«. Mit unzulänglichen Mitteln ließ sich aber das »innere Gefüge des menschlichen Zusammenlebens« nicht entscheidend umgestalten. Als die entscheidende Aufgabe sah Buber die generelle Verbesserung der »Beziehungen von Mensch zu Mensch, von Gruppe zu Gruppe« und endlich auch »von Volk zu Volk«.[129]

Befreiung des Menschen aus alten Vorurteilen und Neugestaltung der Gesellschaftsordnung forderten Publizisten, Künstler, Pazifisten und linke Sozialisten. Die Juden unter ihnen nahmen sich oft besonders leidenschaftlich der Nöte aller Entrechteten an und verkündeten kompromißlos die Idee einer neuen und gerechteren Welt.[130] In ihrem Eifer schossen manche über das Ziel hinaus und erzielten durch ihre Übertreibungen und Angriffe auf die deutsche Tradition den gegenteiligen Effekt von dem, was sie bezweckt hatten.[131] (Die Mehrheit der sozialistischen und demokratischen Politiker und Publizisten verurteilte den Radikalismus und Rigorismus der extremen linken Gruppen. Man sah Ruhe und Ordnung durch die Revolutionäre von links gefährdet.) Im Enthusiasmus der Stunde glaubten jugendliche Idealisten, mit der Allmacht des Staates würden auch Zwang und Gewalt ein Ende haben. Dann werde der Mensch sich seiner wahren Individualität bewußt werden und Terror, Furcht und Opportunismus würden verschwinden. Der Staat der Zukunft sollte »nicht mehr Selbstzweck und absolutes Wesen, sondern Mittel und Werkzeug im Dienste des Geistes« sein.[132]

Nun läßt sich gewiß darüber streiten, ob das Kaiserreich allmächtig gewesen war und wie weit diese »Allmacht« gereicht hatte. Auf keinen Fall hatte das Kaiserreich den Menschen »in seiner Totalität« für sich beansprucht. Tendenzen dieser Art waren jedoch von den extremen Nationalisten verfolgt worden. Gleichwohl konnten sich die Schöpfer der neuen Verfassung und die Parteien der Weimarer Koalition bloß dazu verstehen, die Bevölkerung gegen Machtmißbrauch der Regierungen, gegen Übergriffe und Willkürakte der Staatsorgane zu sichern, nicht aber gegen Gewalttaten und Pressionen, die von Minderheiten des Volkes durch »demagogische Aufwühlung der Massenleidenschaften« gegen andere Minderheiten verübt wurden.[133]

Das Gefühl, daß ein als ungerecht und reaktionär empfundenes Herrschaftssystem zusammengebrochen war, berauschte die Demokraten in Deutschland, einschließlich vieler Juden, und trübte ihren Blick so weit, daß sie die Zukunft zu optimistisch beurteilten.[134] So trafen sie wohl Vorsorge, eine Rückkehr der Gegner von Gestern zu verhindern, versäumten es aber, hinreichenden Schutz gegen die Feinde von Morgen zu schaffen. Die Parteien der Weimarer Koalition trugen der Tatsache kaum Rechnung, daß die Alldeutschen und ihre zahlreichen Verbündeten nicht nur eine Offensive gegen die Juden, sondern damit zugleich auch gegen die neue Republik einleiteten. Weil man sich dieser Erkenntnis verschloß, konnten sich die antisemitischen Kader agitatorisch und organisatorisch ungehindert betätigen. Der Ausbruch der Revolution und die Angriffe der extremen, auch von den Ideen der russischen Revolution beeinflußten Gruppen von Aufständischen erzeugten das Gefühl, daß der neue Staat vor allem gegen linksgerichtete Umsturzversuche verteidigt werden müsse.

Der Alldeutsche Verband hatte jedoch bereits am 20. Oktober 1918 in

Berlin zum Bürgerkrieg aufgerufen und die Parole für die kommenden Aktionen ausgegeben. Nach Gebsattels Plan sollten die Juden zu »Blitzableitern für alles Unrecht« gemacht werden, das als Folge des Krieges über das deutsche Volk hereinbrach, und es galt, keine Zeit zu verlieren, wenn die alldeutsch-antisemitische Version vom Kriegsausgang im Volk verbreitet werden und auf fruchtbaren Boden fallen sollte, bevor eine sachliche und neutrale Stellungnahme zu ihm drang. Der Antisemitismus war als Mittel dazu bestimmt, »die Massen einzufangen«,[135] um sie dann zu organisieren und gegen die neue Staatsordnung zu führen.

In dem Bemühen um die »Massen« wollte sich Claß aber »nicht allein auf die Rechte stützen«, sondern »auch die Linke« heranziehen, wo seiner Überzeugung nach ebenfalls »zahlreiche Antisemiten« zu finden seien. Mit diesem Plan konnten sich einige Teilnehmer der Sitzung aus ideologischen Gründen nicht befreunden. Sie verwiesen daher auf das starke antisemitische Potential in den »nationalen Arbeiter-Berufsverbänden«. Die Mitglieder dieser Organisationen hielt man für leichter lenkbar. Um »an das Volk heranzukommen«, sollten grundsätzlich neue Wege beschritten und Methoden angewandt werden, die der Verband bisher verschmäht hatte, so zum Beispiel die Entsendung von Diskussionsrednern in politische Versammlungen, die Durchführung planmäßiger Agitationskampagnen in Betrieben und Gewerkschaften und die Inszenierung aufsehenerregender Straßendemonstrationen.[136] Nun wußten die alldeutschen Honoratioren nur zu gut, daß sie kaum Kontakt zum »Volk« besaßen und als Agitatoren höchst ungeeignet waren. Für die Lösung solcher »praktisch-demagogischen« Aufgaben hatten sich während des Krieges zahlreiche Verbandsantisemiten aufs beste empfohlen. Diese sollten nun die tägliche »Kleinarbeit« leisten. Die Alldeutschen gedachten sie zu lenken und »gedanklich« zu »befruchten«.[137] Solche Demagogen wurden angeworben und zur sofortigen Aktion eingesetzt. So konnten Claß und seine Gesinnungsfreunde im Hintergrund bleiben und den Kontakt mit der »Canaille« oder »Bagage« – und mehr war für sie das ungebildete und besitzlose Volk nicht – bezahlten, ehrgeizigen und skrupellosen Hetzern überlassen.[138]

Zur Lenkung und Koordinierung der antisemitischen Organisationen und Aktionen hatte der Alldeutsche Verband bereits im September 1918 einen besonderen Ausschuß gebildet. In diesen wurde alle bekannteren Partei- und Verbandsantisemiten berufen.[139] Eine für November 1918 anberaumte Sitzung, die den Auftakt zu den zentral gesteuerten Aktionen bilden sollte, mußte infolge der Revolutionsereignisse verschoben werden. So wurden die endgültigen organisatorischen Entscheidungen erst auf der Tagung der Gesamtleitung des Alldeutschen Verbandes Mitte Februar 1919 in Bamberg getroffen.[140] Aber auch ohne eine zentrale Lenkung und Planung entfalteten die antisemitischen Gruppen und Bünde, die alldeutschen Funktionäre und Publizisten in den Revolutionswochen eine zügellose Agitation. Sie bemühten sich, die durch die Revolution entstandene Verwirrung und Angst nach Kräften zu steigern und für ihre Zwecke zu nutzen. Dies wirkte sich in einer Zeit, in der sich die Parteien und Verbände der bürgerlichen Rechten auflösten oder nach schweren Krisen neu zu formieren suchten, ganz besonders nachteilig aus. Die Anhänger aller dieser Organisationen waren fast ausschließlich der antisemitischen Beeinflussung ausgesetzt. Die gemäßigten Konservativen, die schon vor dem Zusammenbruch Deutschlands gefürchtet hatten, das Gesetz des Handelns an die radikalen Nationalisten zu verlieren, gaben es nun aus Rat- und Hilflosigkeit freiwillig preis. Da von den maßgebenden Politikern und Repräsentanten des Kaiserreichs keine einigermaßen befriedigenden Antworten auf quälende Fragen[141] wie die nach den wirklichen Ursachen der Niederlage und des Zusammenbruchs gegeben wurden, konnten die Antisemiten unwidersprochen die unsinnigsten Behauptungen verbreiten. Dabei wurden namentlich die Soldaten der Heimatgarnisonen und des rückwärtigen Frontgebiets, die bereits antisemitischer Beeinflussung ausgesetzt gewesen waren, nun vollends Opfer radikaler Verhetzung.[142] Der von den Rassen- und Volkstumsfanatikern verbreitete Haß mußte bei vielen durch den Krieg ohnedies abgestumpften und nicht selten brutalisierten Menschen verheerende Wirkungen zeitigen.[143] Er breitete sich durch diese Soldaten nach der Demobilisierung über das Land aus, drang in der Frühzeit der Republik mit seinen Trägern in viele Freikorps, Einwohnerwehren und auch in einige Polizeiformationen ein.[144]

Gerade dies war von Anbeginn beabsichtigt. Der Revolution sollte durch gegenrevolutionäre Kräfte Einhalt geboten werden. Es galt daher, im gegenrevolutionären Lager die gleiche radikale Dynamik und Aktionsbereitschaft zu entfesseln, und diese suchte man vornehmlich bei den Soldaten. Mit diesem Vorgehen erwarben sich die Alldeutschen große Sympathien bei einem Teil des deutschen Bürgertums. Alle, die seit den Novembertagen 1918 um Besitz und berufliche Existenz fürchteten, hielten Ausschau nach Menschen und Gruppen, die bereit waren, mit »Terror gegen Terror« vorzugehen.[145] Diesen Polarisationsprozeß um jeden Preis zu beschleunigen und politisch zu nutzen, ließen die Alldeutschen und ihre antisemitischen Verbündeten kein Mittel ungenutzt. Seit Anfang Dezember 1918 folgte eine Flugblattaktion der anderen,[146] da große Veranstaltungen und Demonstrationen infolge schwieriger Verkehrsverhältnisse und anderer Behinderungen sowie aus Sorge vor Gegenaktionen der Arbeiter- und Soldatenräte kaum stattfanden. Es gab keine Notlage, für die die Antisemiten nicht augenblicklich die übliche »Erklärung« zur Hand gehabt hätten. Jeder

Straßenauflauf und Hungerkrawall wurde genutzt, die Empörung der Menschen auf die Juden abzulenken.[147] Reinhold Wulle, Chefredakteur der *Deutschen Zeitung*, gab schließlich die Losung aus, »die Tiefen des Volkes zu erregen«: Die Revolution ist der »Stern Judas«[148]. Das internationale Judentum habe, so hieß es, den Umsturz vorbereitet und durchgeführt. Als Arbeiter getarnt, habe man während des Krieges russische und polnische Juden nach Deutschland gebracht, und diese hätten dann mit russisch-jüdischem Geld deutsche Verbündete geworben und auf den Umsturz vorbereitet. Nun richteten sich die Bemühungen darauf, die Revolution permanent vorwärtszutreiben. Die Reichsregierung vermöge infolge der Tatsache, daß sie den Juden ihre Existenz verdanke, dagegen nicht einzuschreiten. Das deutsche Volk müsse zur Selbsthilfe greifen und sich »jüdischer Machtgier« erwehren. Dafür galt es eine Vorbedingung zu erfüllen: die Regierung, allein durch die »jüdische« Revolution zur Macht gelangt und deshalb den Einfluß der Juden sichernd, müsse beseitigt werden.

Diese Parole der Antisemiten war nicht neu, hatten sie doch schon während des Krieges die Juden ständig umstürzlerischer Neigungen bezichtigt. In der erregten Atmosphäre des Bürgerkrieges wirkte sie aber wie »ein Schlachtruf« zur physischen Vernichtung der Gegner. Nachdem Claß unter dem Beifall seiner Mitarbeiter schon im Oktober 1918 dazu aufgerufen hatte, die Juden totzuschlagen, gebot er nun, die Empörung bestimmter Schichten des Volkes bis zur Siedehitze zu steigern, um »Gewalt gegen Gewalt« zu setzen. In »diesem Kampfe, in dem es für alle Bürger um Sein oder Nichtsein« gehe, dürfe man sich auf keinen Fall »aus Furcht vor dem Vorwurf der Grausamkeit« dazu verleiten lassen, »irgendwelche Rücksichten zu nehmen«.[149]

Mit diesem Ziel vor Augen begannen die Alldeutschen mit der Organisation aller antirepublikanischen und antisemitischen Kräfte. Kurz nach dem Zusammentritt der Nationalversammlung in Weimar eröffneten in Bamberg Hauptleitung und geschäftsführender Ausschuß des Alldeutschen Verbandes einen »Antirevolutionskonvent«, Ihre »echt deutsche Gesinnung« gebot den Versammelten, bereits den Entwurf der neuen Verfassung grundsätzlich zu verwerfen. Sie wollten das »nationale« Deutschland mit dem demokratischen konfrontieren. Dies geschah in einem Manifest, das die alldeutschen Gremien am ersten Sitzungstag, dem 16. Februar 1919, berieten und kurze Zeit später in großer Auflage verbreiteten.[150] Im Sinne Ludendorffs bezeichneten die Repräsentanten »schärfster nationaler Opposition« alle Politiker und namentlich die Mitglieder der deutschen Waffenstillstandskommission, die den verlorenen Krieg zu liquidieren hatten, als »gewissenlose Volksverräter«.[151] Sie zu bekämpfen, wurde als Pflicht jedes national denkenden Deutschen bezeichnet. Erst wenn das Volk seine

Feinde erkenne, würde es sich von ihnen distanzieren. Als Vorbedingung für eine »Neubesinnung« des Volkes wurden eine Politisierung aller Lebensbereiche und die »Umbildung des Schul- und Erziehungswesens im deutschen Sinn« sowie rigoroses Vorgehen gegen das »zersetzende und verhetzende Treiben der alljüdischen und der ihr gleichgerichteten Presse« gefordert. Das Erziehungswesen sollte zentralisiert und nationalisiert, die öffentliche Meinung gelenkt und kontrolliert werden. Die Forderung nach Eindämmung des »jüdischen Einflusses« auf allen Gebieten des öffentlichen Lebens lief letztlich hinaus auf einen Kampf gegen alle demokratischen Regungen im Volke.[152] Diesen Kampf gelobten Claß und seine Anhänger zu führen, ja sie wollten als »Stoßtrupp des völkischen Gedankens« in ihm allen anderen Kräften der nationalen Opposition den Weg bahnen.

Der »völkische Gedanke«, den die Alldeutschen nun neu formulierten und propagierten, fand Eingang bei jenen Bevölkerungsschichten, die mit den Fragen des Alltags in einer Zeit revolutionären Umbruchs nicht fertig werden konnten und in ständiger »Furcht vor kommenden Dingen« lebten.[153] Der von Bismarck geschaffene Staat, so verkündeten die völkischen Ideologen, habe den Deutschen zwar äußeren Schutz, nicht aber die erwünschte soziale Sicherheit gewährt. Unabdingbare Voraussetzung dafür sei das Bewußtsein gemeinsamen Blutes, denn nur dieses erzeuge »die Liebe, welche die Glieder eines Volkes zur Einheit verbindet«.[154] Gleiches Streben, gemeinsame Sprache und Geschichte verbänden zwar die Menschen, erwiesen sich aber in Zeiten der Belastung als nicht genügend widerstandsfähig. Nur das reine blutmäßige Volkstum, dessen Pflege und Bewahrung daher unerläßlich sei, garantiere den Bestand einer politischen Ordnung. Volkstum hieß für die Völkischen zugleich auch Bejahung »gewachsener« Formen in Politik und Kultur, hieß insbesondere die Hinnahme einer ständischen Gesellschaftsordnung. Die eigentliche »Sünde wider das Blut« war jene »Selbstsucht«, die den einzelnen dazu verleitet, »um äußerer Güter willen ohne Verantwortung vor dem kommenden Geschlecht nur seinem Vorteil« nachzugehen.[155] Nur wenn die »gesunde Gliederung« des Volkes, derzufolge jeder die Arbeit leistet, zu der ihn natürliche Anlagen und die Lebensbedingungen hinleiten, wiederhergestellt und respektiert werde, sei die »Verjudung« des deutschen Geistes überwunden und damit der entscheidende Schritt zur Wiederherstellung deutscher Größe getan.[156]

Da die Völkischen der gesellschaftlichen Dynamik im Industriezeitalter verständnislos gegenüberstanden, konnten sie glauben, im Klassen- und Ständestaat des ausgehenden neunzehnten Jahrhunderts habe das deutsche Volk die ihm gemäße allgemeingültige politische Ordnung gefunden. Daher beschuldigten sie grundsätzlich alle, die eine Verfassungsreform gefordert oder gar einen Umsturz propagiert hatten, das Deutsche Reich mit »volksfremden« Ideen planmäßig zugrunde gerichtet zu haben. Das tatsächliche Verhalten der Juden wurde so völlig irrelevant. Mochte ihr Einfluß in Politik und Wirtschaft, in Wissenschaft oder kulturellem Leben stark oder unbedeutend sein, dieser Auffassung gemäß waren die Juden als Repräsentanten »fremden« demokratischen Geistes Feinde der »völkischen Art« und folglich ohne Ausnahme kompromißlos zu bekämpfen.[157] Antisemitische Leidenschaften entzündeten sich in der Regel ebenso stark an bedeutenden Leistungen einzelner Juden wie an den Fehlern und Schwächen anderer.

Vereinzelt haben demokratische Politiker die Tatsache erkannt, daß die völkischen Extremisten die Juden vornehmlich als vermeintliche Vorkämpfer der Demokratie verfolgten. Gleichwohl hielten sie eine entschiedene Abwehr für unnötig, da die innen- und sozialpolitischen Vorstellungen der Völkischen diese ohnedies zum Scheitern verurteilen würden. Auch viele Juden urteilten ähnlich. Sie hielten es für undenkbar, daß die Alldeutschen, nun allen Rückhalts bei amtlichen Stellen beraubt, mit so unsubstantiierten und »reaktionären« Vorstellungen einen nennenswerten Anhang finden würden.[158] Die derart rational argumentierenden Demokraten ließen – trotz aller Erfahrungen – bei ihren Überlegungen die Neigung der Menschen zum Selbstbetrug und ihre Glaubensbereitschaft in krisenhaften Situationen vollständig außer acht. So ließen sie den Feinden der Demokratie weitgehende Handlungsfreiheit, die diese bedenkenlos nutzten.

V

Während in Weimar die Nationalversammlung die Verfassung beriet und die Parteien der Regierungskoalition um eine feste Fundierung des neuen Staates rangen, begannen die völkischen Führer mit der Organisation aller Antisemiten und Republikgegner. Noch während der Bamberger Tagung gründete der Alldeutsche Verband den Deutschen Schutz- und Trutz-Bund, zur Aufnahme der mobilisierten und »eingefangenen« Massen. Die geheime, diktatorische Leitung der neuen Organisation übernahm Freiherr von Gebsattel, welcher seinerseits Führung und öffentliche Vertretung des Bundes einem Hauptgeschäftsführer, dem Vorstandsmitglied Alfred Roth, übertrug. Roth verfügte infolge seiner langjährigen Tätigkeit in der Zentrale des Deutschnationalen Handlungsgehilfenverbandes, seiner Mitgliedschaft in der Deutschsozialen und Deutschvölkischen Partei, im Germanenorden und anderen derartigen Verbänden über Kontakte zu allen antisemitischen Gruppen. Als Bundeswart des 1912 gegründeten Reichshammerbundes hatte er in zahlreichen Städten auch einen organisatorischen Rückhalt.[159]

Der Deutsche Schutz- und Trutz-Bund erstrebte laut Satzung »die sittliche Wiedergeburt des deutschen Volkes durch die Erweckung und Förderung seiner gesunden Eigenart«. Da als Vorbedingung für diese Wiedergeburt einzig und allein die »Beseitigung des unterdrückenden und zersetzenden jüdischen Einflusses« bezeichnet wurde, erhielt der Bund praktisch nur den Auftrag, »über Wesen und Umfang der jüdischen Gefahr aufzuklären« und die Juden mit allen zu Gebote stehenden Mitteln zu bekämpfen.[160]

Unmittelbar nach der Gründung des Bundes erschienen in völkischen Blättern Werbeanzeigen, mit dem Ziel, möglichst rasch Stammgruppen für dessen Aufbau bilden zu können. Noch bevor die Geschäftsstelle in Hamburg ihre Arbeit zu Beginn des Sommers 1919 aufnahm, fanden in verschiedenen Städten Werbeveranstaltungen statt. Von Anfang an wurde besonderer Wert auf engen Kontakt zu gesinnungsverwandten Gruppen und Verbänden gelegt, weil eines der Ziele die weitgehende Koordinierung aller antisemitischen Aktivitäten war. Zu diesem Zweck wurden auch die bekanntesten Führer anderer Verbände sowie andere namhafte Judenfeinde in einen Beirat des Schutz- und Trutz-Bundes berufen.[161]

Kurz nach der Gründung des Bundes unternahm die Leitung einen ersten Vorstoß in Richtung auf den Zusammenschluß der einzelnen Organisationen. Ein greifbarer Erfolg blieb allerdings aus. Die eifernden und sektiererischen Verbandsfunktionäre konnten sich in einer Besprechung, die am 22. Juni 1919 in Berlin stattfand, nur zu einer losen Zusammenarbeit verstehen. Der im Anschluß an diese Konferenz gebildeten Gemeinschaft deutschvölkischer Bünde schlossen sich zehn Organisationen an, und zwar der Deutsche Schutz- und Trutz-Bund, der Reichshammerbund, der Ausschuß für Volksaufklärung, der (völlig unbedeutende) Bund deutschvölkischer Juristen, der Bund zur Pflege nordischer Kunst und Wissenschaft, der Deutschbund, die Deutsche Erneuerungsgemeinde, der Deutschvölkische Bund, der Deutschvölkische Schriftsteller-Verband sowie der Orden für arisches Wesen.[162] Eine Initiative hat diese Gemeinschaft, in der die einzelnen Verbände ihre volle Selbständigkeit bewahrten, auch nach der Aufstellung von Richtlinien und der Wahl einer gemeinsamen Leitung nicht entfaltet.[163] Sie blieb ein Diskussionsforum zur Vorbereitung größerer Veranstaltungen und zur Koordinierung bestimmter Propagandaaktionen.[164] Die Bildung dieser Gemeinschaft war jedoch insofern ein Erfolg, als damit die internen Rivalitäten vorübergehend eingedämmt oder gemildert wurden.

Da nun die Gemeinschaft deutschvölkischer Bünde in keiner Weise den

Vorstellungen der alldeutschen Leitung von einer großen antiparlamentarischen völkischen Massenbewegung entsprach, betrieben Roth und seine Auftraggeber mit vermehrtem Eifer den Zusammenschluß einzelner, namentlich auch regionaler Gruppen, um rasch in allen Gebieten Deutschlands Einfluß zu erlangen.[165] Nach längeren Bemühungen vereinigten sich schließlich am 1. Oktober 1919 Reichshammerbund und Deutscher Schutz- und Trutz-Bund und diese wiederum mit dem Deutschvölkischen Bund zum Deutschvölkischen Schutz- und Trutz-Bund. In der Folgezeit schlossen sich weitere Gruppen an, so beispielsweise der Deutsche Bund in Stuttgart, der Verband zur Befreiung vom Judenjoch in Göttingen und der Deutsche Volksbund in Berlin.[166]

Nach diesem Zusammenschluß der größeren antisemitischen Gruppen und Bünde waren Roth und der zum neuen geschäftsführenden Vorsitzenden ernannte ehemalige Landrat Gertzlaff v. Hertzberg in der Lage, in den meisten Provinzen und namentlich in allen größeren Städten Gaue und Ortsgruppen zu errichten und von hier aus in kleinere Orte und selbst auf das platte Land vorzudringen. Von nun an rollte eine Veranstaltungs- und Agitationswelle nach der anderen über das Land. Die Aktivierung der Mitglieder gelang der Bundesleitung schon deshalb so rasch, weil sie die vom Deutschvölkischen Bund herausgegebenen Organe, und zwar die *Deutschvölkischen Blätter* und – für die Funktionäre – die *Deutschvölkische Warte* übernahm. Vor allem aber ging das Verlagsunternehmen der ehemaligen Deutschvölkischen Partei, die Hamburger Deutschvölkische Verlagsanstalt, in den Besitz des Bundes über.

Konnte sich der Hauptgeschäftsführer nach der Gründung des Bundes im Februar 1919 nur auf die etwa 5000 Mitglieder des Reichshammerbundes und seine einflußreichen Förderer aus dem Alldeutschen Verband stützen, so hatte er bis Ende des Jahres 1919 über 20000 neue Mitglieder gewonnen. Nach dem Zusammenschluß der Bünde im Oktober 1919 wuchs die Mitgliederzahl rasch an: Ende 1920 waren es laut Geschäftsbericht rund 110000, ein Jahr später 150000 und zur Zeit des Verbots nach dem Rathenaumord Ende Juni 1922 rund 200000. Wahrscheinlich lag die tatsächliche Mitgliederzahl erheblich höher.[167] Die 19 Gauverbände und 530 Ortsgruppen des Bundes entfalteten gewiß eine unterschiedliche Aktivität, daß sie aber ausnahmslos erheblich betriebsamer waren und öffentlichkeitswirksamer arbeiteten als die nationalen und bürgerlichen Parteien, steht außer Zweifel.[168]

Gaue und Ortsgruppen des Deutschvölkischen Schutz- und Trutz-Bundes veranstalteten außerhalb ihrer regulären Versammlungstätigkeit bei jeder sich bietenden Gelegenheit Demonstrationen oder »Protestkundgebungen«. Zu den regelmäßigen Rednern auf derartigen Veranstaltungen gehörten außer Alfred Roth vornehmlich Adolf Bartels, Franz von Bodelschwingh, Artur Dinter, Dietrich Eckart, Gottfried Feder, ferner Richard Kunze, Jürgen von Ramin, Ferdinand Werner und Reinhold Wulle. Nicht selten stellten sich aber auch namhafte Hochschullehrer, ehemalige hohe Staatsbeamte, Generäle und Wirtschaftsführer den Antisemiten zur Verfügung.[169].

In zahlreichen Fällen führten Veranstaltungen des Schutz- und Trutz-Bundes zu Gewalttaten gegen Andersdenkende und zu Prügelszenen, wenn sich jemand dem Terror der Versammlungsleitung und des sogenannten Ordnungsdienstes widersetzte. Wiederholt wurde eine regelrechte Pogromstimmung erzeugt, so daß es im Anschluß an die Veranstaltungen zu Ausschreitungen, Plünderungen und Überfällen und zu Mißhandlungen von Juden und anderen politischen Gegnern kam.[170]

Die beträchtlichen finanziellen Zuwendungen, die der Bund vom Alldeutschen Verband, aus Kreisen der Industrie und namentlich von mittleren und kleineren Unternehmern erhielt,[171] gaben der Bundesführung die Möglichkeit, das Land mit Handzetteln, Flugblättern und Pamphleten aller Art zu überschwemmen. Während die bürgerlichen Parteien lediglich vor Wahlen eine größere propagandistische Aktivität entfalteten, veranstalteten Funktionäre des Bundes Sonderaktionen und Werbekampagnen in Betrieben und Kasernen, in Gaststätten, Schulen, Verkehrsmitteln und Büros. Für jede Berufsgruppe oder soziale Schicht wurden spezielle Flugblätter und Handzettel gedruckt.[172] Schier unübersehbar war die Zahl der Broschüren und Pamphlete, die der Bund herausgab, förderte oder verbreitete. Hier sind an erster Stelle die vom Bund unter dem Titel *Hammerschläge* herausgegebene Broschürenreihe und die 1920 übernommene, von Otto Schmidt-Gibichenfels herausgegebene *Politisch-Anthropologische Monatsschrift* zu nennen.[173]

Als eine Art »Programmschrift« wurde mit gewissem Recht ein unmittelbar nach der Gründung des Schutz- und Trutz-Bundes erschienenes Pamphlet unter dem Titel *Judas Schuldbuch* angesehen. Es stammte aus der Feder des sächsischen Oberfinanzrats Paul Bang[174] und bot wenig mehr als eine Zusammenstellung aller Vorwürfe, die während des Krieges gegen die Juden erhoben worden waren. Diese Schrift markiert das Niveau, auf welches hinfort deutsche Akademiker bei ihren antijüdischen Angriffen herabstiegen. Seit dem Sommer 1919 erschien eine Schrift nach der anderen, in denen angebliche Verschwörungen und Umtriebe einzelner Juden »aufgedeckt« oder »Wahrheiten« über jüdische »Geheimlehren« und »Herrschaftspläne« enthüllt wurden. Dabei gaben die Autoren stets vor, sich auf »amtliches« oder »ganz geheimes« Material zu stützen. Zur gleichen Zeit wurden von den Antisemiten auch alle judenfeindlichen Schriften, die jemals in Deutschland oder im Ausland erschienen waren, neu verlegt und übersetzt[175], handelte es sich nun um extreme Äußerungen Luthers, Fälschungen wie August Rohlings *Talmudjuden*, um Richard Wagners Broschüre über *Das Judentum in der Musik* oder um die unsinnigen Ritualmordgeschichten von Konitz.[176] Alles, was Emotionen wachrief, war willkommen.

Eine besonders traurige Berühmtheit erlangte hier Artur Dinters Roman *Die Sünde wider das Blut*, von dem innerhalb weniger Jahre mehr als 200000 Exemplare verkauft wurden.[177] Nach vorsichtigen Schätzungen hat dieses Buch in Deutschland rund eineinhalb Millionen Leser gefunden. Die Zahl derer, die unter dem Einfluß dieser Lektüre in die Fänge der Antisemiten gerieten, war nicht gering.[178] Wie Dinter mit diesem und den beiden folgenden Romanen seiner Trilogie über »die Sünden der Zeit« das Denken und Fühlen beeinflußte, so tat dies Müller von Hausen, der Vorsitzende des Verbandes gegen die Überhebung des Judentums, durch die Veröffentlichung der *Protokolle der Weisen von Zion*. Durchaus zutreffend ist die von ihm unter dem Pseudonym Gottfried zur Beek besorgte Ausgabe dieser Fälschung später vom Reichsgericht als »die Bibel der Rathenaumörder« bezeichnet worden.[179] Die alldeutschen Organisationsstrategen haben Veröffentlichungen dieser Art stets gefördert. Sie entfachten die Furcht vor den »kommenden Dingen«, und dazu eignete sich kaum etwas so sehr wie der Mythos von einer jüdischen Weltverschwörung, noch dazu, da die »Geheimnisse der Weisen von Zion«, die zu lüften man ja vorgab, nichts anderes denn eine Zusammenstellung aller Verdächtigungen und Anklagen brachten, die Antisemiten in den vorangegangenen Jahrzehnten jemals ersonnen hatten. Aber in einer Zeit der Krisen und Erschütterungen wurde nicht sachlich argumentiert und kritisch geprüft. Wer Besitz und Vermögen verloren hatte, seine berufliche Existenz bedroht oder die Zukunftshoffnungen für sich und seine Kinder schwinden sah, der wollte glauben, daß Zusammenbruch und Revolution nichts anderes als das Ergebnis einer Verschwörung waren. Und was Alldeutsche und Antisemiten immer wieder dunkel prophezeit hatten, das schien durch diese »Protokolle« bestätigt zu sein: die Juden hatten die öffentliche Meinung manipuliert, die Widerstandskraft des Volkes gelähmt, es durch liberale und demokratische Parolen getäuscht, durch den Klassenkampf entzweit und damit endlich für die Revolution reif gemacht. Es schien also nur eine Rettungsmöglichkeit zu geben: totale Umkehr, Kampf gegen die Juden und alle demokratischen Kräfte bis zur Gewaltanwendung.[180]

Wieviel aber auch immer einzelne Schriften zur Radikalisierung der Bevölkerung beigetragen haben mögen, zu einer gewaltigen »Sturmflut« wuchs der Antisemitismus nur darum an, weil alle Gruppen der völkischen

Bewegung systematisch und bedenkenlos die Alltagsnöte der Bevölkerung politisch auszumünzen verstanden. Nicht die Flugblätter, Broschüren oder Bücher brutalisierten die Menschen, sondern die ständige Ablenkung aller Unlustgefühle und Protesthaltungen auf einen »Feind«.

Die Völkischen organisierten die Kampagne gegen Juden und Demokraten mit einer solchen Planmäßigkeit, daß diese schon nach kurzer Zeit völlig in die Defensivstellung geraten waren. Die Regierungen sowie die sie tragenden Parteien des Reichstages hatten es versäumt, den absurden Behauptungen über jüdische Kriegssabotage und die Schuld der Juden an der Niederlage wirkungsvoll entgegenzutreten;[181] so sahen sie sich selbst sehr bald als Nutznießer des Zusammenbruchs und Vollstrecker »jüdischer Herrschgewalt« verleumdet.[182] Hatte man jahrelang die Diskriminierung und Ächtung der Juden hingenommen oder sich gar daran beteiligt, so konnte es nicht wundernehmen, wenn die Verleumdung sich nun auch auf jene ausdehnte, die den Geächteten die politische und gesellschaftliche Gleichberechtigung garantierten. In dem Maße, in dem es gelang, den neuen Staat als »Judenrepublik« verächtlich zu machen, konnte das deutsche Bürgertum zum Aufgeben seiner sprichwörtlichen Staatstreue und Loyalität bewogen werden. Damit waren die Voraussetzungen für die Auflehnung und den offenen Terror gegen die Staatsgewalt geschaffen.[183]

Seit dem Frühsommer 1919 erschienen die Anhänger des Deutschvölkischen Schutz- und Trutz-Bundes zu Demonstrationen und Protestaktionen auf der Straße. Wurde in einer Stadt gegen eine angebliche Bevorzugung der Juden bei der Wohnungszuteilung protestiert, so in einer anderen gegen die Verteuerung von Lebensmitteln. Brachte eine Ortsgruppe eine Demonstration gegen einen jüdischen Künstler zustande, beeilte sich die andere, die Bevölkerung gegen einen jüdischen Stadtrat aufzuwiegeln. Wo immer es Erregung oder Unwillen gab, waren die Antisemiten zur Stelle, und wo ein konkreter Anlaß fehlte, da wurde er geschaffen. Wie schon während des Krieges so mythisierten die Antisemiten auch jetzt die Gefahren, die dem deutschen Reich angeblich wiederum durch eine Überflutung mit Ostjuden drohten. Die Agitatoren des Schutz- und Trutz-Bundes fanden überall im Lande, selbst dort, wo es kaum Ostjuden gab, Anklang mit der Behauptung, die Reichsregierung begünstige die Einwanderung von Ostjuden, »um eine sichere bolschewistische Leibgarde« aufzubauen.[184]

Gerade am Verhalten der Bevölkerung zu den ostjüdischen Flüchtlingen und Vertriebenen ließen sich die Verheerungen erkennen, welche die antisemitische Agitation in Deutschland seit dem Beginn des Krieges angerichtet hatte. Gegenüber den Ostjuden fielen menschliche Rücksichten, die viele Deutsche von einem bedenkenlosen Vorgehen gegen ansässige Juden noch immer zurückhielten, vollständig fort. Roth forderte die Teilnehmer einer Versammlung auf, diese Juden »mit Peitschen aus Deutschland auszutreiben«. Als eine Art Sofortmaßnahme bis zur restlosen Austreibung wurde in allen völkischen Versammlungen die unverzügliche »Unterbringung lästiger Juden in Konzentrationslagern« gefordert.[185] Es blieb aber keineswegs nur bei Drohungen. Wenn man ständig zu Gewaltaktionen aufrief, so konnten auf die Dauer Exzesse nicht ausbleiben.

Die Völkischen behaupteten mit immer größerem Nachdruck, die Juden revolutionierten das deutsche Volk aus blindem Haß gegen ihre »artbewußten« Gegner. Gerade das Gegenteil war nun aber der Fall. Die Antisemiten waren es, die die »blinden Mächte der Leidenschaften« mobilisierten, um eine Gegenrevolution zu organisieren.[186] Schon im Dezember 1918 hatte Ferdinand Werner, ehemaliger Vorsitzender der Deutschvölkischen Partei, die Errichtung eines Staatsgerichtshofs gefordert, um die verantwortlichen Journalisten des *Berliner Tageblatts*, der *Frankfurter Zeitung* und des *Vorwärts* und namhafte jüdische und sozialdemokratische Politiker für ihr Verhalten während des Krieges zur Verantwortung zu ziehen.[187] Diesen »Vorschlag« griff der Deutschvölkische Schutz- und Trutz-Bund wieder auf, als die Alliierten um die Jahreswende 1919/20 die Auslieferung des Kaisers und namhafter deutscher Offiziere und Politiker forderten, um sie unter öffentliche Anklage zu stellen. Nicht Deutsche, sondern ausschließlich Juden, so hieß es in den Protestresolutionen, trügen die Verantwortung für alles Unglück, das über das deutsche und alle anderen Völker gekommen sei. Deshalb müßten diese vor ein Gericht gestellt werden. Wenn die Reichsregierung nicht die Auslieferung deutscher Offiziere und hoher Staatsbeamter verhindere, wäre das eine Mißachtung der »völkischen Empfindungen« aller guten Deutschen, die Regierung trage die Verantwortung, wenn es dann zu Gewalttätigkeiten seitens des empörten Volkes käme.[188] Zu derartigen Gewalttätigkeiten, für die die Reichsregierung verantwortlich gemacht werden sollte, hatten völkische Agitatoren ihre Anhänger aufgerufen. Sie waren auch nicht bereit, die Erregung, die sie geschürt hatten zu dämpfen, nachdem die Alliierten aufgrund ständiger Bemühungen der Reichsregierung auf eine Auslieferung deutscher Soldaten verzichtet hatten. Das Zugeständnis von deutscher Seite, Verstöße einzelner Offiziere gegen das Kriegsrecht von regulären Gerichten untersuchen und ahnden zu lassen, bot den Völkischen Gelegenheit, die weit verbreitete Opposition gegen diese Prozesse für sich auszubeuten. Der Schutz- und Trutz-Bund forderte in einem Aufruf die Einsetzung eines »Deutschen Volksgerichts« zur Aburteilung der Personen, auf die der Bund die Verantwortung für den verlorenen Krieg abzuwälzen suchte. Dabei richtete sich der Haß gegen Männer, die sich gegen die Hybris aufgelehnt und vor einer maßlosen Politik gewarnt hatten. Im einzelnen wurden in diesem Aufruf öffentlich »angeklagt«: Rudolf Mosse, Theodor Wolff, Maximilian Harden, Max M. Warburg, Karl Kautsky, Oskar Cohn, Bernhard Dernburg, Walther Rathenau, Felix Cassirer, die *Frankfurter Zeitung*, Eduard Bernstein und Magnus Hirschfeld.[189]

Gegen die meisten der hier genannten Männer und einige Politiker der Republik, die man, wie den Katholiken Erzberger, kurzerhand als Juden oder »Judengenossen« bezeichnete, wurde in der Folgezeit mit allen Mitteln der Haß geschürt. Nach der Ermordung Rosa Luxemburgs, Karl Liebknechts und einiger Führer der bayerischen Rätebewegung wie Kurt Eisner und Gustav Landauer konnte kein Zweifel mehr darüber bestehen, wessen die Völkischen fähig waren. Wenn ständig zum rücksichtslosen, brutalen Vorgehen »bis zum Äußersten« gegen jüdische Politiker und Publizisten aufgerufen wurde, dann war dies unter den vorwaltenden Umständen offene Aufforderung zum Mord.[190] Er wurde nicht nur propagiert, sondern auch tatsächlich geplant und ausgeführt. Es waren Funktionäre des Schutz- und Trutz-Bundes, die entscheidend bei der Vorbereitung der meisten Attentate mitwirkten und die – allen Warnungen aus nahestehenden konservativen Kreisen zum Trotz[191] – teilweise auch die Mörder dingten und mit Waffen und Geld versahen.[192] Die ehemaligen Soldaten, die die Morde verübten, die sich zu Attentaten und Sprengstoffanschlägen bereit fanden, waren ausnahmslos Opfer völkischer Verhetzung. Die Mörder Erzbergers und Rathenaus, wie die Hauptverantwortlichen für die Attentate auf Scheidemann und Harden, gehörten ebenso wie zahlreiche andere Gewalttäter dem Deutschvölkischen Schutz- und Trutz-Bund kürzere oder längere Zeit als Mitglieder an.[193]

Es verdient vermerkt zu werden, daß nicht die offene Mordhetze und der hemmungslose Terror gegen Juden und Demokraten, sondern erst die Ermordung eines Reichsministers Reichs- und Länderregierungen zu einem Vorgehen gegen den Deutschvölkischen Schutz- und Trutz-Bund bewog. Nach der Ermordung Rathenaus am 24. Juni 1922 wurde der Bund aufgrund des Gesetzes zum Schutz der Republik verboten; im Januar 1923 bestätigte auch der Staatsgerichtshof diese Maßnahme der Länderregierungen. Die Verheerungen, die die von ihm entfachte »gewaltige antisemitische Sturmflut«[194] angerichtet hatte, waren zu diesem Zeitpunkt überhaupt nicht mehr zu übersehen. Ob sie je wieder zu beseitigen sein würden, hing ganz davon ab, ob die bestehenden Dämme und Bastionen zur Sicherung gegen derartige Katastrophen nur überflutet oder schon unterspült und fortgerissen worden waren.

Der Deutschvölkische Schutz- und Trutz-Bund war zweifellos, darin ist dem Staatsgerichtshof zuzustimmen, die größe und radikalste antisemitische Organisation in der Frühzeit der Weimarer Republik.[195] Claß und seinen Freunden und Verbündeten war es nicht nur gelungen, mehr als 200000 Menschen aller Altersgruppen zu organisieren, sondern auch mit ihrer Hilfe die Konsolidierung der Weimarer Republik erheblich zu erschweren. Durch seine Aktionen hat dieser Bund in der Bevölkerung stärkere Beachtung gefunden als andere Organisationen und Verbände, die obzwar mitgliederstärker, infolge ihrer Zurückhaltung und politischen Inaktivität nur geringen Einfluß ausübten. So überließen auf dem Boden der Demokratie stehende Organisationen den Antisemiten vielfach widerstandslos das Feld. Und gerade dadurch, daß Standes- und Interessenverbände, namentlich die Gewerkschaften, die kirchlichen Organisationen und kulturellen Vereinigungen, den radikalen Antisemiten indifferent oder bewußt neutral gegenüberstanden, bestärkten sie diese nicht nur in ihrem hemmungslosen Vorgehen, sondern ermöglichten auch das Eindringen der antisemitischen Denkweise in ihre eigenen Organisationen und in jene Bereiche des öffentlichen Lebens, für die sie eine spezielle Verantwortung trugen. Dies war ein Zeichen dafür, daß auch Menschen, die sich dies selbst nicht eingestanden, wenigstens partiell antisemitischen Ressentiments eine Berechtigung zuerkannten.

VI

Die völkischen Führer hatten zweifellos ein wichtiges Teilziel erreicht: im Deutschvölkischen Schutz- und Trutz-Bund gelang es erstmalig, einen großen Teil der Antisemiten zu organisieren und – ganz neu im bürgerlichen Bereich – auch zu aktivieren. Aber schließlich ging die Absicht nicht nur dahin, Aktivisten zu gewinnen, sondern »Massen einzufangen«. Die Völkischen suchten zu verhindern, daß sich eine Volksmehrheit mit dem neuen Staat abfand. Daher galt es den »völkischen Gedanken« in alle Berufsgruppen hineinzutragen und dort zu verbreiten. Zu diesem Zweck wandte sich der Schutz- und Trutz-Bund an alle sozialen Schichten und Gruppen.[196] Es kam ihm darauf an, spezielle völkische Berufsorganisationen zu schaffen, die jede Tagung oder gesellschaftliche Zusammenkunft nutzen sollten, um völkische Programme zu verkünden. Einzelne dieser Gruppen entfalteten eine rege Tätigkeit. Sie protestierten gegen tatsächliche oder vermeintliche Benachteiligung der Interessen ihres Standes durch den Gesetzgeber oder die Verwaltung, stellten finanzielle Forderungen, rügten die Parteien, die ihre Interessen nicht hinreichend vertraten. Überall forderte man die Eindämmung des jüdischen Einflusses oder der jüdischen Konkurrenz. Keine Veranstaltung, in der nicht gegen die Juden agitiert wurde! Die völkischen Aktivisten hatten die Aufgabe, sich ganz besonders intensiv an der Arbeit aller »Vereine« zu beteiligen, »die als Träger, Heger und Pfleger deutscher Kultur und Sitte« tätig waren und sie »mit deutschvölkischem Geiste« zu durchdringen. Weitere bevorzugte Objekte völkischer Propaganda waren Jugend- und Sportgruppen.[197]

Es ist schlechterdings unmöglich, die Fülle der völkischen Aktionen in ihrer Tragweite und Bedeutung hinlänglich zu analysieren. Sie waren je nach den regionalen und örtlichen Gegebenheiten von unterschiedlicher Intensität, und der Erfolg hing wesentlich von den sozialen und politischen Umständen ab, unter denen die völkische Beeinflussung versucht wurde. Das lebhafteste Echo fanden der Alldeutsche Verband, der Deutschvölkische Schutz- und Trutz-Bund und die übrigen in der Gemeinschaft deutschvölkischer Bünde zusammengeschlossenen Gruppen bei denjenigen Interessenverbänden, die bereits vor dem Krieg antisemitisch orientiert gewesen waren, so besonders beim Reichslandbund, beim Deutschnationalen Handlungsgehilfenverband, dem Verein deutscher Studenten und bei vielen kleinen Handwerker- und Mittelstandsvereinigungen.[198]

Die großen und einflußreichen Organisationen, wie Landbund oder Deutschnationaler Handlungsgehilfenverband, stellten dem Deutschvölkischen Schutz- und Trutz-Bund von Anfang an Räume für Veranstaltungen, leistungsfähige Büros, Zeitungen und Mitteilungsblätter sowie vielfältige Verbindungen und Kontakte zu Betrieben, Firmen und Behörden zur Verfügung.[199] So vielfältig gefördert, konnten die völkischen Gruppen rasch bis in kleinste und entlegenste Orte vordringen und dort oft auch Fuß fassen. Auf das flache Land drangen Schutz- und Trutz-Bund und andere Gruppen in der Regel überhaupt nur dank der Unterstützung durch den Reichslandbund, die Bauernverbände und die Genossenschaftssekretäre vor.

Mit besonderer Intensität bemühten sich die Antisemiten um die Beeinflussung der Truppen.[200] Hier fanden sie die günstigsten Vorbedingungen, waren doch in vielen Verbänden an der Front sowie in der Heimat antisemitische Ressentiments schon während des Krieges nach Kräften geschürt worden. Zudem unterstützten und förderten viele Offiziere die völkische Propaganda, sei es aufgrund antisemitischer Umgebung oder antisemitischer Erziehung, sei es in der Hoffnung, hierdurch ihre Truppen gegen revolutionäre und demokratische Strömungen zu immunisieren. Die traditionelle Vorzugsstellung der Armee in Staat und Gesellschaft war infolge der tiefgreifenden gesellschaftlichen Umwälzungen während des Krieges und durch die Revolution ernstlich in Frage gestellt. Offiziere, Unteroffiziere und Mannschaften fühlten sich in der Armee geborgen, die ihnen sowohl Rückhalt in der Gemeinschaft als auch berufliche Chancen geboten hatte, und standen diesem Phänomen und vielfach auch noch einer ungewissen Zukunft weithin unvorbereitet und ratlos gegenüber.[201] Sich selbst von jeder Schuld an gewissen Mißständen in der Armee und damit ganz allgemein an der Entstehung einer militärfeindlichen Haltung in Teilen der Bevölkerung frei fühlend, wähnten sie, daß auch das politische System unantastbar und makellos gewesen sei. In dieser Auffassung wurden sie von Claß und seinen Anhängern bestärkt. Da die einfachen und eingängigen Formeln der Völkischen dem undifferenzierten Denken vieler Soldaten entsprachen, nahmen diese sie besonders bereitwillig auf. Einflußreiche und maßgebliche Militärs unterstützten die antisemitischen Argumente, weil sie nun ein Interesse daran hatten, jede Möglichkeit zur eigenen Entlastung zu nutzen. So kam ihnen der antisemitische Ablenkungseffekt wie gerufen.

General von Wrisberg, seit Januar 1915 Direktor des Allgemeinen Kriegsdepartements im preußischen Kriegsministerium und in dieser Stellung mitverantwortlich für die Judenstatistik des Ministeriums und andere innenpolitische Fehlgriffe der Militärbehörden während des Krieges, reagierte als einer der ersten höheren Offiziere auf Angriffe gegen das Offizierkorps und die Armee mit antisemitischen Gehässigkeiten.[202] Wrisberg erklärte, das Heer und mit ihm das Offizierkorps habe seine Pflicht getan, es sei ungeschlagen in die Heimat zurückgekehrt. Der Anspruch des Offizierskorps auf Dank für die ruhmreiche Verteidigung des Landes und den Schutz seiner Ehre werde gröblich mißachtet; ein Teil der Öffentlichkeit laufe in »unerhörtester Weise« gegen die Offiziere Sturm, verleumde und beschimpfe den Offiziersstand unausgesetzt. Die Anklagen kämen einzig und allein von jenen »Elementen«, gegen die in der kaiserlichen Armee mit »aller Strenge des Gesetzes vorgegangen« worden sei, nämlich von Deserteuren, Drückebergern, Plünderern, Dieben und – Juden.[203].Da der General mit Rücksicht auf seinen sozialdemokratischen Minister mit der Kritik an den Demokraten zurückhalten wollte, wandte er seinen Zorn gegen die Juden.

Von der antisemitischen Agitation wurden sowohl die von der Front heimkehrenden Regimenter als auch die in der Revolutionsphase neu gebildeten Freikorps und Freiwilligenverbände erfaßt.[204] Einzelne Freikorps wandten sich an bekannte antisemitische Verbandsführer mit der Bitte, die Werbung für den Eintritt in die Korps zu übernehmen.[205] In anderen Fällen forderten Kommandanturen und Truppenkommandeure antisemitische Flugschriften und Flugblätter an, um sie an Offiziere und Mannschaften zu verteilen.[206] Die Listen von Rednern, die die Truppen politisch informieren oder »aufklären« sollten, führten an erster Stelle die Völkischen an. Wie im Reichswehrgruppenkommando 4 in München der Gefreite Adolf Hitler, so wurde im Korps Lettow-Vorbeck der Eisenbahnkanonier Joseph Knauer,

Hauptgeschäftsführer des radikal antisemitischen Deutschen Volksbundes in Berlin, bevorzugt im politischen Aufklärungsdienst eingesetzt.[207].In vielen Fällen wandten sich Offiziere direkt an den Deutschvölkischen Schutz- und Trutz-Bund und andere völkische Organisationen mit der Bitte um Unterstützung. Andere traten selbst in diese Bünde ein und wirkten aktiv mit bei der Schürung der Pogromstimmung innerhalb der Truppe.[208] Daß antisemitische Parolen von Offizieren und Soldaten bereitwillig angenommen und geglaubt wurden, hatte seine Ursache in der Angst vor den veränderten Verhältnissen. Nach den Bestimmungen des Versailler Friedensvertrages waren die Chancen des sozialen Aufstiegs, die die Armee in Deutschland so vielen jungen Menschen geboten hatte, verloren. Die meisten von ihnen mußten einen bürgerlichen Beruf finden und sich dort unter weitaus schwereren Bedingungen zu behaupten suchen. Hiermit konnten sich nun diejenigen, welchen Herkunft und Besitz vorher bessere Aussichten gewährt hatten, nicht abfinden. Daher haßten sie die parlamentarische Demokratie und die sozial aufstrebenden, progressiven Schichten. Unter diesen Umständen wurde eine Aussöhnung zwischen dem alten Heer und dem neuen Staat unmöglich. Eine Armee im Dienste eines Staates, dessen Verfassung sie verhöhnte[209], bestärkte die staatsfeindlichen Kräfte. Und der Geist, welchen man in der aktiven Truppe pflegte, strahlte aus auf Traditionsverbände, auf Zeitfreiwilligenverbände und Einwohnerwehren.[210] Bereits im Frühsommer 1919 wurde aus allen Teilen des Reiches von antisemitischen Ausschreitungen berichtet, an denen sich Offiziere und Soldaten der Reichswehr beteiligt hatten.[211] In zahlreichen Fällen schützten Reichswehrtruppen und Freikorps die radikalen Antisemiten. Wo militärische Organe nach Verhängung des Belagerungszustandes über besondere Vollmachten verfügten, entzogen sie völkische Rechtsbrecher der Verfolgung. Demgemäß erwiesen sich die Truppen als unzuverlässig, wenn es um den Schutz der Juden vor Übergriffen ging.[212]

Ein ungeschminktes Bild von der Haltung vieler Truppen erhielt die deutsche Öffentlichkeit während des Kapp-Putsches. Nicht nur marschierte die Brigade Ehrhardt mit Hakenkreuzen an Stahlhelmen, Geschützen und Fahrzeugen in Berlin ein, sie verteilte auch Flugblätter und Handzettel des Deutschvölkischen Schutz- und Trutz-Bundes an die Berliner Bevölkerung. Soldaten rempelten jüdische Bürger auf der Straße an und inhaftierten viele, die gegen derartige Gewalttaten protestierten. Und wie in Berlin, so haben sich auch in zahlreichen anderen Garnisonen des Reiches Offiziere und Soldaten der Reichswehr an den Übergriffen beteiligt.[213]

Welches Ausmaß die antisemitische Verhetzung in der Truppe bereits im Jahre 1920 erreicht hatte, mag ein Beispiel zeigen. Kurze Zeit nach dem

Kapp-Putsch sandte ein Angehöriger des Schützen-Regimentes 41 in Passau eine Denkschrift an den bayerischen Ministerpräsidenten von Kahr. Dem rückschauenden Betrachter erscheinen die darin niedergelegten Vorschläge zur »Lösung der Judenfrage« wie eine Vorwegnahme der Beschlüsse der Wannsee-Konferenz vom 20. Januar 1942. Der Verfasser, ein 26jähriger Kaufmann, war nach Auskunft des bayerischen Landtagsabgeordneten Gymnasialprofessor Dr. Eggersdörfer ein »durchaus gutmeinender, ehrenwerter junger Mann«, der, wie es im damaligen Sprachgebrauch so bezeichnend hieß, »von dem edelsten Bemühen beseelt« sei, »Volk und Vaterland aus dem Elend« retten zu helfen.[214] Die von diesem Freiwilligen geforderte »radikale aber gerechte Lösung der Judenfrage« sollte frei von »humanitären Erwägungen« durchgeführt werden. 1. Innerhalb 24, längstens 48 Stunden habe sich »der größte Teil der Juden« mit den »notwendigsten Bekleidungsstücken« versehen an »bestimmten Sammelstellen« einzufinden. »Von diesen Plätzen aus hätte dann der Abtransport in die Konzentrationslager zu erfolgen.« 2. »Juden, die sich durch Flucht oder durch Bestechung dieser Internierung zu entziehen suchen«, sollten zum Tode verurteilt werden. Ihr Vermögen sei einzuziehen. 3. »Deutsche, die den Juden zur Flucht« verhelfen, sollten »das gleiche Schicksal zu gewärtigen« haben. 4. »Eröffnet die Entente die Feindseligkeiten gegen uns, so muß unverzüglich mit Repressalien an den Juden geantwortet werden. Bei Verhängung der Blockade müssen die Juden dem Hungertode ausgeliefert werden. Erfolgt der Vormarsch der Feinde, so muß die Niedermetzelung der Juden stattfinden, bis der Vormarsch eingestellt wird.« 5. Die Internierung sollte so lange aufrecht erhalten werden, wie Deutschland von »inneren und äußeren Feinden bedroht« bleibe. Für den Fall, daß Juden noch überlebten, sollte nach der Beseitigung der »inneren und äußeren Gefahren« deren »restlose Abschiebung« und zwar »nach Palästina« erfolgen, selbstverständlich unter Zurücklassung ihres Besitzes und Vermögens. Eine Rückkehr nach Deutschland habe als todeswürdiges Verbrechen zu gelten.[215]

Derartige Äußerungen sind in jenen Jahren von nahezu allen Politikern und insbesondere von höheren Staatsbeamten belächelt und als Hirngespinste krankhafter Fanatiker abgetan worden, obwohl Mißhandlungen und Terror immer stärker dominierten. Nach dem Kapp-Putsch gab es keine Zweifel mehr, wozu einige Freikorps fähig waren, wenn sie sich durch einflußreiche Volkskräfte gedeckt wähnten. Da aber alle Parteien bis zu den Sozialdemokraten an erster Stelle Gewalttaten der radikalen Linken fürchteten und von dort her den Staat am stärksten gefährdet sahen, waren sie bereit, den völkischen Extremisten gegenüber Milde und Nachsicht walten zu lassen.[216] Sie durften als mögliche Hilfstruppe gegen einen Aufstand der Kommunisten auf keinen Fall »verprellt« werden. Dabei waren, wie noch zu zeigen ist, auch starke Gruppen in den Regierungsparteien und viele ihrer Repräsentanten bereit, antisemitischen Argumenten eine gewisse Berechtigung zuzuerkennen. Sie verschlossen sich der Erkenntnis, daß damit nicht nur die jüdische Minderheit, sondern die Zukunft der Demokratie gefährdet war. Die Reichswehr – einmal infiziert – hat den völkischen Bazillus nie wieder ausgeschieden. In der Truppe waren kaum noch Juden vorhanden. Dieser Bereich des öffentlichen Lebens war somit »judenfrei«. An dieser Tatsache änderte sich auch nichts, als nach dem Kapp-Putsch General von Seeckt Chef der Heeresleitung wurde und die Entpolitisierung der Reichswehr erzwang. Er erreichte zwar, daß nach und nach alle Rechtsextremisten und engagierten Antisemiten aus der Reichswehr ausschieden[217], jedoch das traditionsbewußte Offizierkorps, dessen Geist er entscheidend prägte, sorgte ohne jedes Aufsehen, aber mit harter Konsequenz dafür, daß keine »ungeeigneten« Kräfte, und das waren Juden und Demokraten, in dieses Bollwerk »vordemokratischer Ordnung« eindrangen.[218]

Die weite Verbreitung der völkischen Ideologie in der Reichswehr und in den Freikorps hatte noch andere Folgen. Offiziere und Soldaten, die aus der Reichswehr entlassen wurden, Mitglieder der Freikorps und der Zeitfreiwilligenverbände, die nach deren Auflösung beschäftigungslos wurden, suchten nach adäquaten Betätigungen. Eine nicht unbeträchtliche Zahl von ihnen fand ein Unterkommen in der Polizei.[219] Sie haben auch dort mit den Völkischen sympathisiert und diese oft gegen Maßnahmen der demokratischen Staatsorgane geschützt. Polizeiaktionen oder Ermittlungen gegen antisemitische Verbände hatten zumeist keinen Erfolg.[220] Einige Polizeibeamte betätigten sich aktiv in völkischen Bünden oder antisemitischen Parteien.[221] Aber auch diejenigen, die aus menschlichen oder beruflichen Gründen ein politisches Engagement scheuten, waren in der Regel nicht bereit, gegen frühere Kameraden, auch wenn diese den Staat gefährdeten, entschieden einzuschreiten. Die Mehrzahl der entlassenen Berufssoldaten und die Mitglieder der aufgelösten Freikorps und Zeitfreiwilligenverbände beteiligte sich an der Organisation der völkisch orientierten vaterländischen Verbände.

Gemäß der alldeutschen Methode, bestehende Vereine und Institutionen mit Hilfe eigener Anhänger von innen her zu erobern und dann zu dirigieren[222], wurden der Verband nationalgesinnter Soldaten, der Nationalverband deutscher Offiziere, der Reichsbund ehemaliger Kadetten und zahlreiche regionale Gruppen gegründet, die nach einem einheitlichen Plan handeln sollten.[223] Als einige dieser Gruppen infolge ihrer Beteiligung am Kapp-Putsch oder an verfassungsfeindlichen Aktionen in mehreren Ländern verboten wurden, erhielten die Mitglieder jede nur erdenkliche Unterstützung. Antisemitische Propaganda und Exzesse waren mit keinem nennenswerten Risiko verbunden. Deshalb blieben die Verbote wirkungslos. Zumeist erstanden nach kurzer Zeit die aufgelösten und verbotenen Organisationen unter neuen Namen wieder.[224] Solange die völkischen Führungszentren nicht ausgeschlachtet wurden, war die Gefahr nicht zu bannen. Aber gegen die verantwortlichen, gesellschaftlich einflußreichen Verbandsvorsitzenden wagte niemand entschlossen vorzugehen.

Wie ehemalige Offiziere und Soldaten, so wurden auch Studenten, Schüler und viele Gruppen der bürgerlichen Jugendbewegung von der »gewaltigen antisemitischen Sturmflut«[225], die Claß und seine Gesinnungsfreunde verursacht hatten, fortgerissen. Gerade um die Studentenschaft bemühten sich die Völkischen besonders intensiv. Unmittelbar nach dem Ausbruch der Revolution, Ende November 1918,rief Reinhold Wulle die Studenten auf, sich politisch zu organisieren, da die Gefahr bestehe, »daß die geistigen Kräfte Alldeutschlands sich ausschalten« ließen beim Aufbau eines neuen Staates, der dann mit Notwendigkeit »banausisch« werden würde[226]. In einem Augenblick, in dem Millionen »zur Macht« strebten und die »alte Form« zerschlügen, seien vornehmlich die Studenten berufen, den Geist zu retten, den diese alte Form umschlossen hatte. Sie vor allem hätten einen »Zustand« zu fürchten, in dem die »geistige Blüte des deutschen Volkes« keinen Einfluß mehr besitze. Sie müßten deshalb alles daran setzen, diese Gefahr zu bannen. Die »wahrhaft deutschdenkenden« Studenten waren nur zu bereit, sich einem »Führer«, der sie einte, ihnen das Ziel wies und sie zum Kampf gegen die Demokratie führte, vorbehaltlos anzuschließen.[227] Zunächst galt es aber erst einmal, die akademische Jugend »schnell und gründlich aufzuklären« und alle, die »dem völkischen Gedanken fremd geworden«, zu gewinnen. Die völkischen Studenten wußten, worauf es in dieser Zeit ankam. Sie verkündeten die Parole, die kurze Zeit danach von Hitler aufgenommen wurde: wer »im neuen Deutschland die Jugend für sich hat«, dem gehöre die Zukunft.[22.] Nur durch schnelles Handeln könne das Judentum, das in der »akademischen Welt« wie im Staat »die Führung an sich zu reißen« gewußt habe, »noch ehe die Tapferen von der Front und die draußen stehenden Kommilitonen zurückgekehrt« seien, wieder aus seiner Position verdrängt werden.[229]

In Wirklichkeit hatte gerade an den Hochschulen der Antisemitismus seit den letzten Jahrzehnten des neunzehnten Jahrhunderts eine besondere Pflegestätte besessen. Die Korporationen, fast alle farbentragenden und ein großer Teil der nichtfarbentragenden Verbindungen waren satzungsgemäß antisemitisch orientiert.[230] Der Boden für die völkische Agitation war also durch Jahrzehnte vorbereitet. Die Studenten entstammten zum überwiegenden Teil jenen Kreisen, »die durch die Revolution am meisten verloren«

hatten.[231] Und sie würden – davon war man überzeugt – bei fortschreitender Demokratisierung noch mehr verlieren, namentlich jene »Privilegien«, die bisher das Leben erleichtert hatten. Wenn in Zukunft auf Herkunft, gesellschaftliche Verbindungen oder die Zugehörigkeit zu einem angesehenen Korps kein Wert mehr gelegt wurde, es vielmehr nur auf Begabung und Leistung ankommen sollte, fürchteten viele Studenten, ins Hintertreffen zu geraten. Angesichts dieser unsicheren Zukunftsaussichten, die durch wirtschaftliche Not im Elternhaus und die Überfüllung vieler Berufe – hervorgerufen durch die Ausweisung der Beamten aus den abgetretenen Gebieten und die Verkleinerung der Armee – weiterhin verschlechtert wurden, zeigten sich die Studenten zum Kampf gegen die bestehenden Verhältnisse bereit. Die Richtung wiesen Claß und viele Hochschullehrer.[232] Schon Heinrich von Treitschke, so hieß es, habe gelehrt, daß es im politischen Kampf allein auf die Macht und die Bereitschaft ankomme, »sich durchzusetzen«. Deshalb müßten die Studenten »heute vor allem wieder nach Macht« streben. Sie sollten sich die Forderung Treitschkes zu eigen machen, die er in seiner letzten Festrede in der Berliner Universität verkündet habe: »Bis an das Ende aller Geschichte wird das Männerwort gelten: durch Gewalt wird Gewalt überwältigt.«[233]

Um nun rasch Einfluß auf die Entwicklung an den Hochschulen zu nehmen, formierte man in allen Universitäten mit Unterstützung der antisemitischen Verbände deutschvölkische Hochschulgruppen, die sich noch 1919 in verschiedenen Orten mit gesinnungsverwandten Gruppen zu »Hochschulringen deutscher Art« zusammenschlossen.[234] Diese schufen eine Dachorganisation für das gesamte Reichsgebiet. Die Hochschulringe bekämpften die Demokratisierung der Hochschule, vor allem aber forderten sie die Isolierung der jüdischen Studenten und – wenn möglich – ihre Verdrängung von den Universitäten überhaupt.[235] Bald gab es keine studentische Veranstaltung mehr, in der nicht Mitglieder des Hochschulringes gegen die Berufung jüdischer Dozenten und die Teilnahme jüdischer Politiker an akademischen Feierstunden protestiert oder die Einführung des *Numerus clausus* für jüdische Studenten gefordert hätten.[236] An verschiedenen Universitäten kam es zu Ausschreitungen, wiederholt auch zu Mißhandlungen jüdischer Kommilitonen. Völkische Studenten waren führend an allen radikalen Aktionen außerhalb der Universität beteiligt und taten sich auch in Freikorps und Selbstschutzverbänden durch besondere Gewalttätigkeit und Brutalität hervor.[237] Im Deutschvölkischen Schutz- und Trutz-Bund, in den vaterländischen Verbänden und endlich auch in den Gliederungen der NSDAP stellten Studenten besonders starke Kontingente.

Und wie die Studenten, so wurden auch die Schüler der Gymnasien, die jugendlichen Mitglieder vieler bürgerlicher Turn- und Sportvereine, zahlreicher Jugendverbände und einige Bünde der Jugendbewegung von der antisemitischen Welle erfaßt.[238] Dies war keine spontane und gefühlsmäßige Reaktion, wie die Antisemiten die Öffentlichkeit glauben machen wollten. Die Alldeutschen, die Führung des Schutz- und Trutz-Bundes und andere antisemitische Propagandisten haben sich systematisch um Einfluß in den Schulen und Jugendgruppen bemüht, weil sie verhindern wollten, daß die Jungen und Mädchen dem Staat und seinen Institutionen unvoreingenommen gegenübertraten.[239] Oft besaßen sie die Unterstützung und Förderung durch Gymnasiallehrer, Pastoren und Jugendgruppenleiter. Die meisten dieser Jugenderzieher hatten ja in den Jahrzehnten vor dem Krieg an deutschen Universitäten studiert und waren dort als Mitglieder des Vereins deutscher Studenten, der Korps oder vieler Burschenschaften selbst »durch die Schule des Antisemitismus gegangen«.[240] Im Kampf gegen die verhaßte Republik, in der sie ihr Ansehen geschmälert, viele Überlieferungen zerstört und die religiösen und ideologischen Werte in Frage gestellt sahen, waren ihnen alle Mittel recht.[241] Die Jugenderzieher, Gymnasiallehrer und Universitätsdozenten, die nach dem Ersten Weltkrieg völkische Ideen verkündeten oder offen tolerierten, haben an erster Stelle die Verantwortung dafür zu tragen, daß die Mehrheit der von ihnen geprägten Nachkriegsgeneration, als sie in verantwortlichen Stellungen stand, bei der Ausschaltung und Vernichtung der deutschen Juden mitwirkte und das deutsche Volk in den Ruin führen half.[242]

Wie bei den Truppen, in den Universitäten und Schulen und in zahlreichen Jugendorganisationen breitete sich der Antisemitismus auch in anderen Mittelstandsschichten aus. Ob in den Organisationen des gewerblichen Mittelstandes, in Angestellten- und Beamtenvereinigungen, den Standesvertretungen der Unternehmer oder der freiberuflich Schaffenden, überall fanden die völkischen Akteure Wirkungsmöglichkeiten. Endlich gerieten auch bürgerliche Frauenvereine, Wohltätigkeitsorganisationen und Gesellschaften zur Pflege geistiger und kultureller Interessen unter den Einfluß der völkischen Agitation.[243] Dabei waren das Unbehagen über den raschen Wandel aller politischen und gesellschaftlichen Verhältnisse und die Sorgen, sich unter veränderten Bedingungen so gut wie möglich zu behaupten, die entscheidenden Faktoren für die Annahme der antisemitischen Parolen. Darüber hinaus trugen aber auch der elementare Durchbruch lange zurückgestauter avantgardistischer Bestrebungen in Kunst und Literatur, neue Disziplinen und Forschungsergebnisse in allen Bereichen der Wissenschaft und daraus folgend eine grundsätzliche Kritik an den politischen und geistigen Traditionen des neunzehnten Jahrhunderts in starkem Maße dazu bei, daß große Schichten des Volkes schockiert waren. Wer niemals an den

Überlieferungen gezweifelt hatte, der glaubte, daß mit dem November 1918 »der Geist der Zerstörung alles bodenständigen, echten Wesens, dem nichts heilig ist«, hereingebrochen sei und der »Untergang des Abendlandes« begonnen habe.[244] Und da die Antisemiten diesen sogenannten »Geist der Zerstörung« als »typisch jüdisch« bezeichneten und schließlich sogar noch – wenig schmeichelhaft für das deutsche Volk – mit der Gleichung Intellektueller = Jude aufwarteten, ja darüber hinaus sogar noch die Freiheit schlechthin als jüdische »Falschmünzerei« ablehnten[245], fanden sie ein Echo bei Millionen unkritischer und verstörter Menschen. Diese fühlten sich durch die im Zeichen der neuen Freiheit vielfach sehr radikal vorgetragene Kritik an Überlieferung und Verhaltensweisen oft mit Recht verletzt. Es ist nicht zu bezweifeln, daß einzelne jüdische Journalisten, Schriftsteller und Künstler in ihrer Kritik an fragwürdig gewordenen Traditionsbeständen, namentlich soweit es sich um Produkte einer künstlerisch wertlosen Heimat- und Volkskunst handelte, oft überscharf und auch ungerecht waren.[246] Aber die Auffassung, daß das morsch gewordene Alte beseitigt und Platz für eine gerechtere Welt geschaffen werden müsse, vertraten durchaus nicht nur Juden. Sie waren in ihrer Mehrheit bildungs- und kulturpolitisch keineswegs ausgesprochen progressiv. Obwohl dies den intellektuell redlichen Erziehern und Publizisten, die die Bewahrung geistiger und kultureller Überlieferung als ihre Aufgabe betrachteten, bewußt war, ließen sie sich in ihrer Auflehnung gegen den Geist der Moderne nur zu bereitwillig von den Antisemiten unterstützen. Gerade damit und durch die zahlreichen zentral gesteuerten Proteste und Demonstrationen gegen die Aufführung von Werken jüdischer Autoren auf deutschen Bühnen, gegen moderne Inszenierungen klassischer Dramen oder andere kulturelle Darbietungen wurden auch solche Schichten der Bevölkerung in Erregung versetzt, die sozial nicht gefährdet und durch die Revolution kaum beunruhigt worden waren.[247]

Besonders empfänglich für antisemitische Kulturkampfparolen waren Geistliche der beiden christlichen Konfessionen und, unter ihrem Einfluß, die Redakteure der in hohen Auflagen verbreiteten Kirchenblätter sowie viele kirchlich aktive Laien. Die Führung des Deutschvölkischen Schutz- und Trutz-Bundes hatte das sofort erkannt und daher unmittelbar nach der Gründung des Bundes mit einer planmäßigen Beeinflussung der Geistlichen begonnen.[248] Besonders in der evangelisch-lutherischen Kirche verhieß ein solcher Vorstoß Erfolg, betätigten sich doch schon seit mindestens zwei Jahrzehnten namhafte protestantische Geistliche im Alldeutschen Verband und in anderen nationalen und vaterländischen Vereinigungen. Sie haben die Gefahren, die dem Christentum von den stark antichristlich völkischen Tendenzen drohten, entweder nicht erkannt oder mißachtet.[249] Sie lebten in einer Tradition, die ihrer Meinung nach ungebrochen von Luthers judenfeindlichen Schriften bis zu Stoecker und in die Gegenwart reichte, und die viel nachhaltiger, als sich dies die kirchlichen Behörden jemals eingestanden, »Gesinnung und Haltung der evangelischen Geistlichkeit gegenüber dem Judentum« geprägt hatte. So war die Mehrheit der Pastoren nicht nur bereit, das Judentum als einen »Fremdkörper innerhalb des deutschen Volkes«, einer weitgehend christlichen Gemeinschaft, abzulehnen[250], sondern auch alle geistigen Bewegungen des Aufklärungszeitalters, die das Christentum in Frage stellten, den Juden zuzuschreiben.[251]

Es gab aber auch Pastoren, die die Heilige Schrift gründlicher als das völkische Schrifttum lasen und sich, der hebräischen Sprache mächtig, ein selbständiges Urteil über das Judentum bildeten. Diese traten in der Regel den Völkischen entgegen und bekämpften sie, soweit es in ihren Kräften stand. Um eine Verstärkung dieser antivölkischen christlichen Gruppe zu verhindern, forderte die Leitung des Schutz- und Trutz-Bundes die Mitglieder und alle Anhänger auf, künftig »auf die Berufung von Geistlichen Einfluß zu nehmen«, namentlich durch Mitwirkung bei den Kirchenwahlen. Ohne Skrupel unternahmen evangelische Christen den Versuch, die Kirche zu einem Werkzeug völkischer Politik zu degradieren.[252] Wie in so vielen anderen Fällen haben hier die Völkischen Praktiken angewandt, die später Hitler übernahm und mit deren Hilfe er die evangelischen Kirchen von innen her zu erobern versuchte.[253]

Oft bedurfte es nicht einmal eines massiven Druckes seitens der Völkischen auf die Geistlichkeit und die Kirchenbehörden. Da diese die sozialen Probleme der Zeit nicht klar diagnostizierten, lenkten sie von der schweren Glaubenskrise durch Anklage gegen den »zersetzenden Geist des Judentums« ab. Nur eine Minderheit allerdings folgte den Bestrebungen des Flensburger Hauptpastors Friedrich Andersen, der versuchte, die christliche Religion radikal von allen »artfremden« Einflüssen zu reinigen. Dies hieß die restlose Verdammung des Alten Testaments und seine Ersetzung durch einen Bluts- und Volksmythos.[254] Nach deutschkirchlicher Lehrmeinung waren sogar gewisse Mängel und Schwächen innerhalb der christlichen Kirchen auf »geheime Machenschaften« des Judentums zurückzuführen; an der »Schuld« der Juden für die »sittliche Entartung und Verderbnis« der christlichen Völker bestand für sie kein Zweifel. Ersteres nahmen nur die Anhänger ernst, letzteres – obwohl nicht minder unsinnig – eine große Zahl gläubiger Christen. Sie ignorierten »das Gebot der Nächstenliebe«.[255] Einige von ihnen betätigten sich führend in den radikalen Verbänden.[256] Viele Pastoren beeinflußten ihre Gemeinden und namentlich die Jugendgruppen im antisemitischen Sinne.[257]

Völkische Tendenzen vertraten auch die Redakteure zahlreicher kirchlicher Zeitschriften und Zeitungen. In den in hohen Auflagen verbreiteten regionalen *Kirchenboten* und *Sonntagsblättern* wurden gehässige antisemitische Artikel gedruckt. Den Christen wurden nicht nur Dinters Romane zur Lektüre empfohlen, sondern auch nahezu alle anderen antisemitischen Pamphlete einschließlich der gefälschten *Protokolle der Weisen von Zion*. In einigen Fällen haben diese Blätter durch demagogische Berichterstattung sogar Pogrome verursacht.[258] Der Einfluß dieser Kirchenpresse ist nicht verläßlich zu bestimmen. Er dürfte namentlich in Landgebieten ziemlich groß gewesen sein.[259] In den katholischen Organen fehlte eine offene Parteinahme für den Deutschvölkischen Schutz- und Trutz-Bund und andere völkische Verbände. Ebensowenig wurde dort das völkische Schrifttum zur Lektüre empfohlen. Gleichwohl traten auch in einigen katholischen Blättern antisemitische Tendenzen zutage.[260] Die meisten katholischen Presseorgane jedoch legten ebenso wie viele kirchlich und politisch unabhängige oder neutrale Zeitschriften und Zeitungen Wert darauf, als unvoreingenommen zu gelten. Das hinderte sie andererseits nicht immer daran, durch die Art ihrer Berichterstattung den »Pogromhetzern Vorspanndienste« zu leisten. Vollbrachte ein Jude etwas von Bedeutung, wurde seine Zugehörigkeit zur jüdischen Gemeinschaft verschwiegen. Bot das Verhalten von Juden Anlaß zur Kritik, wurde der ganzen Judenheit die Mißbilligung ausgesprochen. Vor allem verriet die Methode, in der diese Zeitungen die Reden und Äußerungen jüdischer Politiker zitierten, die Tendenz der Herausgeber und Redakteure.[261]

Ein Blick in die Presse der Nachkriegsjahre vermittelt ein Bild von den Verheerungen, die die antisemitische »Sturmflut« in Deutschland angerichtet hatte. Die antisemitischen Blätter[262] und die vielen kleinen, mitunter nur kurzlebigen völkischen Verbandsorgane[263] haben nur relativ kleine Kreise erreicht. Zur Ausbreitung antisemitischer Tendenzen haben vielmehr entscheidend beigetragen die großen und angesehenen bürgerlichen Zeitungen, viele Zeitschriften, Fachorgane und Familienmagazine. Viele Journalisten trugen aus Gedankenlosigkeit oder Schwäche dem Zug der Zeit Rechnung oder aber – und das war häufiger der Fall – sie nutzten ihn aus kommerziellem Interesse. Allerdings war auch die Zahl der überzeugten Antisemiten unter Journalisten und Publizisten nicht gering.[264]

Angesehene Zeitschriften, wie etwa die *Süddeutschen Monatshefte*, polemisierten ständig gegen die »Zersetzung« der alten moralischen Werte, für die sie vornehmlich die jüdischen Intellektuellen verantwortlich machten.[265] Die berechtigte Kritik, die lange Zeit am persönlichen Regiment des Kaisers geübt worden war, die Opposition gegen Regierungs- und Verwaltungspraxis des Kaiserreiches, das Unbehagen angesichts der unsozialen Politik der alten Führungsschichten, wurden vergessen oder aus dem Bewußtsein verdrängt. Die untergegangene Welt erschien in einem verklärten Licht, weil die Republik nicht brachte, was viele erhofft hatten. Die Freiheit der Meinung endlich aber war verhaßt, weil sie auch Sozialisten, Demokraten und Juden zugute kam. Die nationalen Journalisten und Publizisten haben ihnen unerwünschte Meinungen und avantgardistische Versuche in Kunst und Literatur nicht nur kritisiert, sondern als »zersetzend«, »volksfeindlich« und »jüdisch« angeprangert. Diese Publizistik erreichte es, daß die Leser nach und nach alles als »jüdisch« klassifizierten, was sie ablehnten und verwarfen.[266] Freilich war in gebildeten Kreisen der Einfluß der vorzüglich redigierten demokratischen, von den Antisemiten als »jüdisch« bezeichneten Presse, noch immer viel größer. Darum hat man die Wirkung der antisemitischen Presse lange Zeit gering geschätzt.

Als Alfred Roth Anfang 1919 im alldeutschen Auftrag damit begann, eine Massenbewegung zu organisieren, galt es zunächst, Voraussetzungen dafür zu schaffen, »daß nach einem einheitlichen Plane von den verschiedenen Stellen gewirkt« werden konnte.[267] Zwar hatten Claß und seine Mitarbeiter bereits viele alte und neue Antisemiten angeworben und aktiviert. Um aber die Agitation auch in das letzte Dorf, in den kleinsten Betrieb und das bescheidenste Büro zu tragen[268], benötigte man sehr viel mehr Funktionäre und Gesinnungsfreunde in möglichst allen Berufsgruppen. Insbesondere suchten die Völkischen Propagandisten, die befähigt waren, bestimmte Volksschichten, die der antisemitischen Agitation früher nicht zugänglich gewesen waren, mit Erfolg zu beeinflussen. Nach diesem Plan sollten die Juden soweit wie möglich isoliert und dann von allen Seiten angegriffen werden. Nur, wenn sie völlig schutzlos den entfesselten Gewalten ausgeliefert wären, würden sie ihre Position aufgeben, vielleicht sogar Deutschland verlassen.[269]

Nachdem die Propaganda große Teile des Bürgertums, namentlich Beamte und Angestellte, Kaufleute und Gewerbetreibende, Publizisten, Soldaten, Studenten und Schüler und viele Frauen erfaßt hatte[270], boten die völkischen Führer alles auf, um auch Teile der Arbeiterschaft zu gewinnen. Hier hatten die Völkischen allerdings große Schwierigkeiten zu überwinden, weil sie bis zum Ende des Krieges die organisierte Arbeiterschaft bekämpft und verachtet hatten. Da die alldeutschen Justizräte und antisemitischen Verbandssekretäre zur geistigen Welt der Arbeiter keinen Zugang hatten, blieben sie weithin erfolglos. Wenige Ausnahmen bestätigen die Regel namentlich im Nürnberger Gebiet, wo es dem Deutschvölkischen Schutz- und Trutz-Bund gelang, zahlreiche Arbeiter an sich zu binden.[271] Angesichts dieser Mißerfolge nahmen die Alldeutschen und vor allem die Führer des Deutschvölkischen Schutz- und Trutz-Bundes Fühlung mit solchen nationalen Organisationen auf, die sich speziell an die Arbeiterschaft wandten. Mit deren Hilfe sollten neue Anstrengungen unternommen werden. Schon 1919 besprachen völkische Blätter das Büchlein des Münchener Werkzeugschlossers Anton Drexler, des Gründers und Führers der kleinen Deutschen Arbeiterpartei, und empfahlen dessen Verbreitung in der Industrie – und namentlich in der Landarbeiterschaft.[272] Als Adolf Hitler als Redner dieser Partei Aufsehen erregte und im Februar 1920 das Programm der neuen Nationalsozialistischen Deutschen Arbeiterpartei verkündete, informierten die Völkischen ihre Mitglieder regelmäßig über die Aktionen und Erfolge dieser Partei[273]. Sie waren erfreut darüber, daß sich nun endlich die in »deutschfühlenden Kreisen längst ersehnte Möglichkeit« bot, »an die Arbeitermassen« heranzukommen. Und da sich die im Umgang mit Arbeitern völlig ratlose alldeutsche Führung viel von Hitlers »hinreißender Dämonie« versprach, förderte und unterstützte sie ihn nach Kräften.[274] Bald luden ihn völkische Verbände Süddeutschlands und nationale Klubs und Herrengesellschaften in anderen Teilen des Reiches ein, bei ihnen zu sprechen.[275] Die völkischen Honoratioren wollten den Mann kennenlernen, dessen Energie sie bewunderten. Hitler hatte die von ihnen entwickelte Methode übernommen, er war nur viel skrupelloser und rücksichtsloser bei ihrer Anwendung. Ihrer Auffassung nach war der Terror, den die Nationalsozialisten gegen Andersdenkende und besonders gegen die Repräsentanten der »Judenrepublik« ausübten, für alle völkischen Verbände vorbildlich. Anläßlich des ersten Deutschen Tages, den der Deutschvölkische Schutz- und Trutz-Bund und die Gemeinschaft deutschvölkischer Bünde 1920 veranstalteten[276], unterrichteten die süddeutschen Delegierten die versammelten völkischen Verbandsfunktionäre eingehend über die von Hitler in München entwickelte Praxis des politischen Kampfes.[277] Diese Informationen beeindruckten einzelne Tagungsteilnehmer so nachhaltig, daß sie sich selbst der NSDAP anschlossen und – sofern die Voraussetzungen dafür gegeben waren und Hitler die Genehmigung gab – auch nationalsozialistische Ortsgruppen außerhalb Bayerns ins Leben riefen.[278] Nahezu alle nationalsozialistischen Parteigruppen, die vor dem Hitlerputsch von 1923 außerhalb Bayerns entstanden, wurden von Mitgliedern des Schutz- und Trutz-Bundes gegründet. In Bayern gingen die jüngeren und aktiveren Mitglieder des Schutz- und Trutz-Bundes ganz zur NSDAP über, weil sie aktiver, rücksichtsloser und damit auch erfolgreicher war. Bald zeigte sich, wie falsch Claß und die Führer des Schutz- und Trutz-Bundes die Lage beurteilt hatten. Hitler gewann wohl jüngere Arbeiter, aber an erster Stelle zog er die Menschen aus dem alldeutschen Lager an.[279] Der Deutschvölkische Schutz- und Trutz-Bund selbst hatte ihm den Weg gezeigt, auf dem er alle seine Gönner und Verbündeten überholte.[280] Was die Völkischen ständig angekündigt hatten, wovor sie aber häufig zurückgeschreckt waren, das tat

Hitler. Er ging mit brutaler Gewalt gegen seine Gegner vor. In der direkten Aktion übertraf er die Völkischen so weit, daß er ihnen schon 1922 – wenn auch widerstrebend – das Gesetz des Handels aufzwingen konnte.[281] Hitler zog mit seinen militanten Kampfmethoden namentlich die Soldaten und die Jugend an, die durch den Schutz- und Trutz-Bund mobilisiert und radikalisiert worden waren. Daher scheiterte der Versuch der völkischen Führer, die NSDAP in ihre überparteiliche völkische Bewegung einzugliedern. Die Bürgerkriegsformationen kehrten ihren alten Führern den Rücken, die ihnen zu zögernd erschienen. Sie waren zum Kampf gegen die »Judenrepublik« mobilisiert worden; nun wollten sie in den Kampf ziehen und deshalb folgten sie dem, der sie zum Angriff gegen die demokratische Ordnung führte.[282] Seit 1922 sympathisierten alle antisemitischen Gruppen ebenso wie die radikalsten vaterländischen Verbände mit der Partei Adolf Hitlers.[283]

VII

Claß und seine Gesinnungsgenossen haben ihr Ziel, alle Antisemiten Deutschlands in einer Organisation unter ihrer Führung zusammenzufassen, nicht erreicht. Zunächst scheiterten sie am Eigensinn vieler völkischer Sektierer, die jeder Ein- und Unterordnung widerstrebten. Vor allem aber gerieten die Alldeutschen mit ihren organisatorischen und agitatorischen Praktiken in einen nicht lösbaren Konflikt mit der eigenen Ideologie. Sie brauchten die »Massen«, glaubten aber, deren Wünsche und Erwartungen mißachten zu können. Im Zeichen der Demokratisierung ließen sich wohl verängstigte Menschen in großer Zahl »einfangen«, jedoch nicht auf die Dauer widerspruchslos und gegen ihren Willen kommandieren. Ganz und gar nicht waren dazu die Funktionäre der einzelnen völkischen Gruppen bereit. Sie kämpften zwar gegen die Juden und Demokraten, auf keinen Fall aber für eine Diktatur, in der die alten Führer wieder Einfluß erlangen und alte Klassenvorrechte erneuern würden. Sie wünschten eine politische Ordnung, in der ihnen die Verantwortung und das Risiko des Existenzkampfes abgenommen wurde, sie aber ihr gesteigertes Geltungsbedürfnis befriedigen konnten. Die Volksbewegung, die die Alldeutschen und die mit ihnen verbündeten einflußreichen Kreise hervorgerufen hatten, ist schon nach kurzer Zeit ihrer Kontrolle entglitten und schließlich von anderen, skrupelloseren Führern weiter vorangetrieben und beherrscht worden.

Die organisatorischen Schwächen vieler antisemitischer Verbände und endlich auch das Gegeneinander im völkischen Lager haben nicht wenig dazu beigetragen, daß die Gefahr, die den Juden und der Republik von dieser Seite drohte, unterschätzt wurde. Dabei konnte dies nicht darüber hinwegtäuschen, daß die Völkischen mit ihrer Agitation erfolgreich gewesen waren. Die Mehrheit des Volkes war von ihnen erfaßt und mitgerissen worden.[284] In welchem Ausmaß, zeigt ganz besonders die Tatsache, daß alle politischen Parteien sich entweder von der antisemitischen Flut tragen ließen oder völlig untätig blieben, weil sie das Risiko scheuten, sich diesen Gewalten entgegenzustemmen.

Die Deutschnationale Volkspartei, in der sich nach der Revolution Konservative, Freikonservative, Christlich-Soziale und Deutschvölkische vereinigt hatten, war offiziell zunächst jeder Stellungnahme in der sogenannten Judenfrage ausgewichen.[285] Es läßt sich nachweisen, daß die konservative Führung der Partei diese Zurückhaltung lediglich aus opportunistischen Gründen geübt hatte. Die Mitglieder der Partei waren entweder selbst Antisemiten oder gehörten jedenfalls zu den Gesellschaftskreisen, die durch den Zerfall der alten Ordnung am stärksten betroffen waren und daher, von einer kleinen Minderheit abgesehen, »die Juden« verantwortlich machten. Im Gegensatz zur Berliner Parteizentrale beteiligten sich daher einzelne Landes-, Kreis- oder Ortsverbände der DNVP, in denen die Antisemiten den Ausschlag gaben, aktiv an völkischen Aktionen oder deckten sie gegenüber den Behörden.[286]

In zahlreichen Parteiveranstaltungen kamen radikale Völkische, die in den meisten Fällen deutschnationale Parteimitglieder waren, zu Wort.[287] In dem Maße, in dem die antisemitischen Verbände erstarkten, wurde die deutschnationale Parteiführung unter Druck gesetzt. Einmal verlangten die Völkischen von ihren Mitgliedern, soweit sie der DNVP angehörten, daß sie innerhalb der Partei ihren Einfluß geltend machten. Gleichzeitig versuchten sie – ferngesteuert vom Alldeutschen Verband – von außen einen Druck auf die zögernde Parteileitung auszuüben.[288] Der Antisemitismus, planmäßig in die Massen hineingetragen, sollte »elementar aus den Massen wieder empordringen«, um sich die Anerkennung, wenn nötig mit Gewalt, zu erzwingen.[289] Und vor diesem Druck wich die »intelligente Minderheit« in der DNVP, namentlich in der Parteiführung und den Parlamentsfraktionen, Schritt für Schritt zurück. Während des ersten Parteitages der DNVP im Juli 1919 verhinderten christliche und konservative Gruppen zwar noch eine offizielle Erklärung im Sinne der Völkischen; aber schon am 13. Oktober 1919 beschloß der Hauptvorstand der Partei, den völkischen Forderungen künftig stärker Rechnung zu tragen und »gegen jeden zersetzenden undeutschen Geist« und namentlich »gegen die Vorherrschaft des Judentums« zu kämpfen.[290] Damit hat sich die DNVP offen der antisemitischen Richtung angeschlossen[291]; in welchem Ausmaß, zeigte sich schon während des Reichstagswahlkampfes 1920. Die Fälle, in denen es nach deutschnationalen Veranstaltungen zu Tätlichkeiten gegen Juden kam, mehrten sich zusehends.[292] Einzelne Landesverbände weigerten sich, gemäßigten konservativen Politikern überhaupt das Wort zu erteilen oder sie zu Veranstaltungen einzuladen. Anna von Gierke, die durch ihre soziale Tätigkeit während des Krieges sehr populär gewordene Tochter des bedeutenden Berliner Juristen Otto von Gierke, wurde wegen ihrer teilweise jüdischen Abkunft von der zuständigen Parteiorganisation, in der die Völkischen den Ausschlag gaben, nicht wieder als Kandidatin für die Reichstagswahl 1920 nominiert. Sie trat daraufhin ebenso wie ihr Vater aus der Partei aus.[293] Zum gleichen Schritt entschlossen sich in der Folgezeit auch noch andere bekannte Parlamentarier, nach dem Kapp-Putsch zum Beispiel Siegfried von Kardorff, später Dr. Adalbert Düringer.[294] Aber diese Reaktionen Einzelner machten auf die Menge wenig Eindruck. Die Parteiführer reagierten auf Warnungen und Mahnungen fast immer mit vermehrter Aggressivität. Sie wünschten die kleine, aber einflußreiche Gruppe, die sich der Radikalisierung widersetzte, nach und nach auszuschalten.[295] Dies gelang nicht, weil die altkonservativen und christlichen Gruppen innerhalb der DNVP doch so stark waren, daß sie auf den Parteitagen in Hannover (1920) und München (1921) weiterhin einen offenen und betont völkischen Kurs der Partei verhinderten.[296] Gleichzeitig vermied man aber auch eine offene Absage an die Radikalen. Die Partei ließ sich weiterhin von ihnen unterstützen, sie duldete, daß in ihren Veranstaltungen gegen die Juden gehetzt wurde. Weder ein Konservativer noch einer der vielen protestantischen Theologen, die so leidenschaftlich ein Gesetz gegen Schund und Schmutz forderten, verwahrte sich gegen die Volksvergiftung durch deutschnationale Agitatoren und Publizisten.[297] Es waren vorwiegend Stilfragen und taktische Erwägungen, die schließlich den Ausschlag zugunsten eines »gemäßigten« Kurses der Partei gaben. Ein Beispiel mag die Haltung von Angehörigen der gebildeten Schichten der DNVP beleuchten. Der Göttinger Althistoriker Ulrich Kahrstedt, der als Schriftleiter der *Eisernen Blätter* die radikal völkischen Tendenzen in der Partei mißbilligte und in seinem Blatt gegen zahlreiche antisemitische Schriften und Bücher polemisierte[298], gab gleichwohl offen zu, daß er Antisemit sei, seit er in der Politik stehe. Ihn «beängstige« es lediglich, daß der Haß des Volkes nach dem verlorenen Krieg durch die Völkischen so ausschließlich auf die Juden, nicht auf die ausländischen Feinde des Reiches abgelenkt wurde. Für ihn waren die Siegermächte die Hauptfeinde und deshalb wollte er das deutsche Volk »bis zum Platzen« mit »einer hysterischen Wut« gegen andere Nationen erfüllt sehen.[299] Da Kahrstedt wußte, daß für nahezu alle seine Parteifreunde der »nationale Gedanke mit dem Antisemitismus aufs engste verbunden« blieb, hätte er sich darüber klar sein sollen, daß der Haß gegen die »Fremden« zugleich auch immer gegen die Juden gerichtet war. Letztlich ging es ihm darum, daß in der Auseinandersetzung mit den innenpolitischen Gegnern und besonders mit den Juden, die ja auch unter seinen Kollegen an der Universität zu finden waren, gewisse Formen gewahrt blieben. Der Kampf sollte dort »mit reinen Waffen« und mit »Verstand« geführt werden. Hier traten nun die Gegensätze innerhalb der DNVP zwischen den »anständigen« und den »unanständigen Leuten«, das hieß, zwischen den Gebildeten und Ungebildeten, zutage.[300]

Diese Männer erkannten durchaus die Gefahren jeder Radikalisierung und hatten teilweise auch schon frühzeitig davor gewarnt.[301] Aber um nicht völlig ausgeschaltet und entmachtet zu werden, hatten sie sich in die Gesellschaft der »unanständigen« Radikalen begeben und waren nach und nach von ihnen abhängig geworden.[302] Da viele Abgeordnete und Parteifunktionäre ihre Mandate oder Ämter völkischen Agitatoren verdankten, konnten sie nur matt protestieren, wenn die »anständigen Leute« in der Partei diffamiert und zurückgesetzt wurden. Widerspruchslos hatten sie es hingenommen, als einige Landesverbände ehrenhafte Mitglieder, die sich der Radikalisierung aus Überzeugung widersetzten, aus der Partei ausschlossen oder zum Austritt zwangen. Die gemäßigten Deutschnationalen befanden sich überall in der Defensive. Sie waren schon zu Beginn der Weimarer Republik nicht mehr in der Lage, in entscheidender Weise Einfluß auf das Geschehen zu nehmen. Während sie noch zu führen wähnten, waren sie schon zu Mitläufern geworden.

Als die Unruhen 1922 mit Synagogenschändungen, Überfällen, Sprengstoffanschlägen, Attentaten und Morden dem Höhepunkt zutrieben, empörten sich die »anständigen Leute« in der DNVP zum ersten und einzigen Mal entschieden gegen den »Sauherdenton« völkischer Blätter und Gruppen.[303] Mit Attentätern und Mördern wollten sie nichts gemein haben, deshalb versuchten sie sich von den »Gruppen und Grüppchen« – in Wirklichkeit handelte es sich um die Mehrheit der Parteimitglieder – zu distanzieren, die die »unverzichtbare Grundlage« des politischen Kampfes der DNVP, nämlich ihre »Ziele nur auf verfassungsmäßigem Wege zu erreichen«, nicht anerkennen wollten.[304] Nach den Attentaten auf Scheidemann und Harden, der Ermordung Rathenaus und der Aufdeckung der Mordpläne gegen zwölf weitere jüdische Persönlichkeiten blieb ein solcher Eindämmungsversuch ohne Effekt. Die Parteileitung trennte sich zwar von einigen unbotmäßigen Extremisten[305], sie bemühte sich aber mit allen Mitteln, das Gros der Völkischen in der DNVP zu halten.[306] Niemand in der Partei dachte ernsthaft an eine entschiedene Abkehr vom Antisemitismus. Und da man wußte, daß selbst eine zurückhaltende Kritik an der völkischen Ideologie den Bestand der Partei gefährden würde, mußten die »anständigen Leute« nachgeben. So beschloß der Görlitzer Parteitag im Oktober 1922, als die Abgeordneten Henning, Wulle und von Graefe mit ihrem Anhang endgültig die DNVP verließen, die Bildung eines »Völkischen Reichsausschusses« innerhalb der Partei, der Vorschläge für die Neufassung des Parteiprogramms ausarbeiten und insbesondere den »positiv völkischen Gedanken« in der Zukunft »läutern und in alle Kreise tragen« sollte. Dieser Ausschuß, dem radikale Alldeutsche und Verbandsantisemiten angehörten, sorgte dafür, daß sich die antisemitische Flut auf keinen Fall verlief.[307] Nichts kennzeichnet die Situation besser als die Tatsache, daß ein Unterausschuß Informationen aus Polen und Rumänien über die dort herrschende Entrechtung der Juden zusammentrug, damit Modelle für eine deutsche Judengesetzgebung entwickelt werden konnten. Gerade diejenigen Deutschen, die stolz auf ihre Bildung waren und voller Verachtung auf Polen und Rumänien herabschauten, beneideten diese Völker doch um ihre Erfolge in der institutionalisierten Willkür gegenüber der jüdischen Minderheit.[308]

Die alldeutsche Führung tadelte zunächst das Ausscheiden der kleinen Extremistengruppe aus der DNVP. Claß empörte sich, daß seine früheren Vertrauten von Graefe und Wulle entgegen seinen Plänen, anstatt die Führung der DNVP an sich zu reißen, am 16. Dezember 1922 eine neue Organisation, die Deutschvölkische Freiheitspartei, gründeten.[309] Bald aber stellte sich heraus, daß diese neugegründete Partei in Mittel- und Norddeutschland ebenso wie die NSDAP in Süddeutschland alle vorher organisierten Antisemiten sammelte, die infolge des Verbots ihrer Bünde und Vereine nach dem Rathenaumord ohne organisatorischen Rückhalt waren. Die Deutschvölkische Freiheitspartei wurde in Nord- und Mitteldeutschland zur großen Auffang- und Nachfolge-Organisation des Deutschvölkischen Schutz- und Trutz-Bundes, dessen Methoden und Praktiken sie auch übernahm, ohne sie allerdings so planmäßig weiterzuentwickeln, wie die NSDAP es in Süddeutschland tat. Und wie der Schutz- und Trutz-Bund, so suchte nun auch die Freiheitspartei engen Kontakt mit Hitler. Die Zusammenarbeit funktionierte nicht reibungslos, aber der Aggressivität namentlich der jüngeren Anhänger wurde auf diese Weise Genüge getan.[310] Als schließlich die Reichswehr nach der Ruhrbesetzung mit Unterstützung der Reichsregierung in größerem Stil »schwarze« Truppenverbände ausrüstete, wurden auch die Völkischen herangezogen und mit Hilfe öffentlicher Mittel ausgerüstet und militärisch ausgebildet. Die Unterstützung, die Freiheitspartei und NSDAP während der Staats- und Wirtschaftskrise des Jahres 1923 von allen Seiten erhielten, hat sie wesentlich in ihren Putsch- und Staatsstreichplänen bestärkt. Im Vorgehen gegen die Juden hatten sie eine

Mehrheit auf ihrer Seite. Nun fühlten sie sich auch stark genug zum Kampf gegen den neuen Staat.[311]

Bereits 1923 waren die Juden in Deutschland ernstlich bedroht. Ihre gewalttätigsten Feinde, die Nationalsozialisten und die Deutschvölkische Freiheitspartei, die Alldeutschen und die von ihnen dirigierten vaterländischen Verbände, bereiteten den Staatsstreich vor, und ihre Sturmkolonnen wurden, amtlich beschirmt, von der Reichswehr ausgebildet und teilweise auch bewaffnet. Vor allem aber: ein großer Teil der Bevölkerung haßte und verachtete die Juden; und der andere Teil – kaum noch die Mehrheit – hatte sie entweder innerlich preisgegeben oder zeigte keine Neigung, sich für sie zu engagieren. Die Deutsche Volkspartei, in der Frühzeit der Republik die zweitgrößte bürgerliche Rechtspartei, verhielt sich zwar dem völkischen Radikalismus gegenüber reservierter als die Deutschnationalen; gleichwohl unterstützte der kleine schwerindustrielle Flügel der Partei antisemitische Organisationen mit Geld[312], und örtliche Parteivertreter beugten sich in den Veranstaltungen der Stimmung des Volkes, besonders wenn Wahlen bevorstanden.[313] Die Parteileitung hat sich jedoch stets zurückgehalten; sie war nicht bereit, sich von der Woge des Hasses tragen zu lassen. Allerdings folgte sie insofern dem Zeitgeist, als sie es trotz intensiver Bemühungen einflußreicher jüdischer Kreise unterließ, die Bekämpfung des Antisemitismus in ihr Programm aufzunehmen oder sich auch nur entschieden von den völkischen Bestrebungen zu distanzieren. Die Volkspartei wollte weder von den Deutschnationalen abrücken noch etwa gar das Odium einer »Judenpartei« auf sich nehmen, denn im Fall einer Frontstellung gegen den Antisemitismus war zu erwarten, daß sich »eine große Zahl« konservativer Juden ihr angeschlossen hätte.[314]

Schwieriger und komplexer war das Verhältnis des Zentrums und der Bayrischen Volkspartei zu den Juden. Beide Parteien hielten sich zwar von den Rohheiten des politischen Antisemitismus fern, dafür aber war die gerade in der katholischen Bevölkerung tief verwurzelte kirchliche Judenfeindschaft stets zumindest latent vorhanden. Besonders in Landgebieten erlagen viele katholische Geistliche, Zentrumsfunktionäre oder dem Zentrum nahestehende Genossenschafts- und Verbandssekretäre den Schlagworten von »städtischem Ungeist« und der Abneigung gegen die moderne westliche Zivilisation, für die man die Juden mitverantwortlich machte. Schon unmittelbar nach der Revolution beschuldigten Zentrumszeitungen die Juden, sie wollten dem gläubigen Volk die »Kirche und das Christentum rauben«, um den Geist der Moderne in Deutschland zu verbreiten und mit seiner Hilfe herrschen zu können.[315] Die Juden wurden beschuldigt, Familie, Ehe und Sitte zu untergraben und in der Presse einen Kampf gegen die christliche Schule und gegen das religiöse Empfinden zu führen. Mochten im einzelnen Klagen gegen einen kulturpolitischen Rigorismus, der nicht auf Juden beschränkt war, verständlich sein, die Form, in der einflußreiche Zentrumskreise das gesamte Judentum apostrophierten, verriet nur zu deutlich die Absicht.[316] Auch die *Germania* scheute nicht davor zurück, mit Pogromen zu drohen[317]; um wieviel mehr manche Provinzblätter, untere Parteiinstanzen und Sekretäre einiger der Partei nahestehender Verbände.[318] In kulturpolitischen Fragen waren namhafte Zentrumsabgeordnete bereit, mit dem Deutschvölkischen Schutz- und Trutz-Bund und anderen radikalen antisemitischen Gruppen gemeinsame Sache zu machen, so etwa bei Protestaktionen gegen jüdische Künstler, jüdische Pädagogen oder bei Störaktionen anläßlich der Aufführung von Werken, die man als unmoralisch empfand.[319]

Es konnte nicht ausbleiben, daß von der Volksstimmung auch Mitglieder der Parteien beeinflußt wurden, die die Stützen der Demokratie und des neuen Staates waren. Die Deutsche Demokratische Partei, von den Völkischen stets als »Judenpartei« verhöhnt, ist offiziell gegen jede Volksverhetzung und besonders prononciert gegen den Rassenhaß aufgetreten. Mit Proklamationen und guten Vorsätzen allein ließ sich aber die steigende Flut des Antisemitismus nicht eindämmen. Dies hätte nur durch eine klare und konsequente Politik erreicht werden können. Daran fehlte es aber bei den Demokraten. Schon bei der Wahl zur Nationalversammlung beklagten sich jüdische Organisationen darüber, daß lokale Parteileitungen zu nachgiebig gegenüber antisemitischen Strömungen seien. Ein Bezirksverein versicherte sogar den Wählern, die Partei hielte Juden zwar nicht von der Politik fern, sie werde aber dafür sorgen, daß sie keinen nennenswerten Einfluß gewännen. Die Parteizentrale tadelte derartige Eigenmächtigkeiten, vermochte sie aber doch nicht ganz zu unterbinden, weil sie nicht so selten waren und weil auch einige einflußreiche und wohlmeinende Mitglieder der Parteileitung meinten, daß der Antisemitismus doch eine gewisse Berechtigung habe.[320] In dem Bestreben, die Demokratische Partei als die große bürgerliche Kraft neben den Sozialdemokraten zu konstituieren[321], war man letztlich auch hier bereit, sich den Stimmungen in den umworbenen Wählerkreisen wenigstens zum Teil zu fügen. Dies besonders, wenn es um die Besetzung von Parteiämtern und um die Aufstellung von Kandidatenlisten für Reichs- und Landtagswahlen ging. Dabei wurde wiederholt aus taktischen Erwägungen darauf geachtet, daß nicht zu viele Juden nominiert wurden.[322] Es unterblieben auch nahezu alle eindeutig klaren Aktionen gegen die völkischen Verleumdungskampagnen, wie sie von einzelnen Mitgliedern immer wieder gefordert wurden. Die Demokraten verließen sich auf den Sieg der Vernunft. Deshalb verschmähten sie den Einsatz staatlicher Machtmittel gegen Kräfte, die, gestützt auf die demokratischen Freiheiten, im Kampf gegen die Juden das Recht verletzten. Sie waren aus grundsätzlichen Erwägungen gegen effektivere Maßnahmen zum Schutz der Republik.[323] Viele Demokraten haben die Triebkräfte dieser völkischen Bewegung völlig verkannt. Es wurden in ihrem Lager auch Stimmen laut, die die Ursache für die rapide Ausbreitung des Antisemitismus bei den Juden selbst suchten, z. B. in der ostjüdischen Einwanderung und der »Begünstigung« dieser Einwanderung durch jüdische Organisationen in Deutschland, die diese in Not geratenen Ostjuden betreuten.[324]

Es ist im vorliegenden Kontext nicht möglich, auf die komplizierte Frage der Einwanderung von Juden aus den von Deutschland bis zum Kriegsende besetzten ehemals russischen Ostgebieten einzugehen. In der gereizten Stimmung nach der Niederlage nahmen viele Anstoß an dieser – wenn auch zahlenmäßig geringen – Zuwanderung. Hatte man doch den Deutschen bis Oktober 1918 eingeredet, sie würden den Osten beherrschen; statt dessen, so interpretierten es viele, kamen nach dem Rückzug der Deutschen aus Polen nun noch jüdische Flüchtlinge an. Jedenfalls bot diese Tatsache auch manchen demokratischen Politikern ein willkommenes Argument; sie machten sich die Meinung zu eigen, daß erst der Unwille über diese Einwanderung zu der Ausbreitung des Antisemitismus geführt habe.[325] Das war freilich eine bewußte oder unbewußte Verkennung der Tatsachen, zu der man nur gelangen konnte, wenn man alle die laut vorgetragenen rassenbiologischen und politischen Motive der Antisemiten ignorierte, die – lange vor der Ostjudeneinwanderung – sich gerade gegen die deutschen Juden gerichtet hatten. Viele alte Demokraten waren bestürzt darüber, daß in der Demokratischen Partei, die stets als eine Vorkämpferin der Ideen der Humanität und als ein letzter Hort des Liberalismus betrachtet wurde, die Animosität gegen diese Opfer des von den Deutschen im Osten angerichteten Chaos um sich griff. Das war gegen die Traditionen der Partei und konnte daher nur begriffen werden als eine Anpassung an die antisemitische Stimmung und als ein Versuch der Rationalisierung des Antisemitismus. Fischbeck ging noch einen Schritt weiter und richtete seinen Angriff gegen langjährige und angesehene eigene Parteifreunde, die den bedrängten ostjüdischen Flüchtlingen halfen.[326]

Mit einer derartigen verständnisvollen Haltung, die als Rechtfertigung des Antisemitismus angesehen werden konnte, haben einige demokratische Politiker nicht unwesentlich zur Lähmung der Abwehrkräfte im deutschen Volk beigetragen. Unvoreingenommenen Beobachtern mußte doch klar sein, daß die Ostjuden nur als sichtbarste, von der Bevölkerung als fremdartig empfundene Gruppe stellvertretend für die gesamte jüdische Minderheit angegriffen wurden und daß die Völkischen daraus eine Waffe zum Kampf gegen die parlamentarische Demokratie schmiedeten.

Wie Teile des demokratischen Bürgertums so wurden auch sozialdemokratische Arbeiter und manche ihrer Führer und Parlamentarier von der antisemitischen Propaganda beeinflußt. Schon während des Krieges hatten sich gelegentlich sozialdemokratische Regionalblätter an der antisemitischen Verleumdungskampagne beteiligt.[327] Teilweise war die Abneigung gegen die Juden sogar innerhalb der Reichstagsfraktion der SPD zu spüren.[328] Nach der Revolution breiteten sich antisemitische Stimmungen vereinzelt besonders in dem »rechten Flügel« der Partei aus.[329] Es kamen Fälle vor, in denen sich sozialdemokratische Versammlungsredner antisemitischer Parolen bedienten. In einigen Bezirken wechselten Sozialdemokraten zu den völkischen Verbänden über.[330] Doch dies blieben immerhin Ausnahmeerscheinungen. Gelegentlich haben auch Kommunisten antijüdische Parolen benutzt und regionale Parteiorganisationen, die sich davon taktische Vorteile versprachen, verschmähten es nicht, mit völkischen Gruppen in einen Wettstreit um die Gunst bestimmter Wählerschichten einzutreten.[331] Folgenschwerer war allerdings die Tatsache, daß die sozialdemokratische Parteileitung es vermied, sich aktiv für die Rechte der jüdischen Minderheit einzusetzen, und daß die örtlichen und regionalen Parteiorganisationen bei Wahlen zum Reichstag und zu den Länderparlamenten nur ungern jüdische Kandidaten nominierten.[332] Die Sozialdemokraten haben – und zwar im Reich wie in den Ländern – bei der Abwehr des Antisemitismus weithin versagt. Weder die Agitatoren noch die Gewalttäter und erst recht nicht die amtlichen Stellen, die ihnen Vorschub leisteten, wurden von sozialistischen Ministern zur Rechenschaft gezogen.[333] Ein Einsatz staatlicher Machtmittel zum Schutz der Gesetze erfolgte stets nur zögernd und unvollkommen. Im Verhalten gegen die Ostjuden haben einige verantwortliche Sozialdemokraten sogar offen die Geschäfte der Antisemiten besorgt.[334]

Ob nun Indifferenz, Rücksichtnahme auf die Volksstimmung, unbewußte oder gar bewußte Voreingenommenheiten ausschlaggebend waren für das Verhalten der Sozialdemokraten, jedenfalls zeigte es, daß es einen festen und mächtigen Widerstandsblock gegen den Antisemitismus in Deutschland nicht mehr gab. Wenn überhaupt, so wäre nur die organisierte Arbeiterschaft stark genug gewesen, dem völkischen Terror zu begegnen.[335] Gelang es den Antisemiten – und all ihre Bemühungen zielten darauf ab –, größere Teile der Arbeiterschaft zu gewinnen oder auch nur zu neutralisieren, dann war die Entrechtung der Juden nicht mehr aufzuhalten.[336] Obwohl einzelne Sozialdemokraten die Gefahr, die damit dem gesamten Volk und dem demokratischen Staat drohte, richtig erkannten, haben sie den Kurs der Gesamtpartei nicht bestimmen oder verändern können. Im Vertrauen auf die Stärke der eigenen Organisation und unerschüttert im Glauben an die unbesiegbare Kraft der Vernunft haben die meisten sozialdemokratischen

Funktionäre die von den Alldeutschen entfachte Bewegung nicht genügend ernst genommen.[337] Unwillkommene politische und soziale Tendenzen wurden als belanglos abgetan oder als Nachwirkungen eines nun überwundenen reaktionären Geistes, als Folge mangelnder Aufklärung verharmlost. Viele Sozialdemokraten neigten dazu, Verfehlungen oder politische Ungeschicklichkeiten einzelner Juden als Symptome zu deuten; sie gaben dann der Vermutung Raum, die Juden seien am Ende doch nicht ganz ohne »Schuld« an der Entstehung des Hasses, der ihnen überall entgegenschlug.[338]

Die antisemitische Sturmflut hatte viele Dämme gesprengt, die in Jahrhunderten zum Schutz des Individuums und der Minderheiten vor Willkür und Entrechtung errichtet worden waren. Daß dies in einem solchen Ausmaß geschehen konnte, haben auch die Regierungen der Weimarer Koalition mit zu verantworten. Den Parteien der Weimarer Koalition fehlte zumeist der Wille, die Macht, die in ihre Hände gefallen war, gegen Rechtsbrecher und Volksverhetzer einzusetzen.[339]

VIII

Die Revolution vom November 1918, von der Bevölkerung entweder als totaler Umsturz und Ende einer Epoche erlebt oder als Beginn einer neuen Zeit mit Enthusiasmus begrüßt, hatte, wie sich sehr bald zeigte, in gewissen Bereichen des politischen und gesellschaftlichen Lebens kaum einen Wandel gebracht. Der Kaiser und die Fürsten waren gestürzt worden, die Verwaltung jedoch war »in den Händen des alten Beamtenapparates« konservativen Zuschnitts geblieben.[340] Es war nun nicht zu erwarten, daß die alten Beamten ihre antisemitische Praxis ändern würden. Bei der allgemeinen Aversion der Fachmänner und Gebildeten gegen die neu in die Verantwortung aufgestiegenen demokratischen Kräfte mußte sogar mit einer Begünstigung der nationalistischen Organisationen durch einen großen Teil der Beamtenschaft gerechnet werden.

In welchem Ausmaß dies dann auch geschah und von den Regierungen in Reich und Ländern hingenommen, ja sogar gedeckt wurde, das hatte angesichts der traditionellen Korrektheit und Loyalität der deutschen Beamten kaum jemand für möglich gehalten. Der Staat wurde durch diejenigen, die ihm dienten, ausgehöhlt, die Rechtsordnung durch viele, die zu ihrem Schutz berufen waren, systematisch torpediert. Die hohe Ministerialbürokratie konnte es nur schwer verwinden, daß nach der Revolution vereinzelt Juden in Reich und Ländern Minister und damit ihre Vorgesetzten geworden waren.[341] Je nach Einstellung und Temperament gaben Mitglieder dieser Gruppe entweder selbst ihren Gefühlen offen Ausdruck oder – und das war die Regel – sie deckten antisemitisches Verhalten der ihnen unterstellten Beamten.[342]

Es ist kaum möglich, einen vollständigen Überblick über das Ausmaß behördlicher Rechtsbeugungen zu gewinnen.[343] Bereits in den ersten Jahren der deutschen Republik hielt, von vielen Aufsichtsbehörden begünstigt, der Geist der Intoleranz sowie des Rassen- und Völkerhasses in deutschen Schulen, besonders in Gymnasien, verstärkten Einzug.[344] Die demokratischen Regierungen nahmen das ebenso widerstandslos hin wie die Benachteiligung jüdischer Schüler und Studenten und die Zurücksetzung qualifizierter jüdischer Lehrer und Dozenten. Keine Regierung konnte das verhindern. Es wurde hingenommen, wenn Hochschullehrer die durch die Verfassung garantierten Rechte des Individuums verletzten und die Freiheit der Lehre mißbrauchten.[345] Antisemitische Willkürakte deutscher Richter waren in vielen Gerichten an der Tagesordnung. Die Skala reichte von der ungesetzlichen Inhaftierung jüdischer Bürger über die Behinderung ihrer Verteidigung bis hin zu besonders harter Verurteilung bei Bagatellfällen.[346] Solches Unrecht wird in seinem ganzen Ausmaß sichtbar, wenn man es gegenüberstellt der milden Beurteilung antisemitischer Heißsporne und Attentäter durch viele Richter und Staatsanwälte.[347]

Die Regierungen in Reich und Ländern haben solche Vorstöße gegen die Amtspflichten und die vielen Fälle der Rechtsbeugung, wenn sie der Öffentlichkeit bekannt wurden, stets bedauert und teilweise auch scharf verurteilt, letztlich aber wenig getan, um den ständigen Machtmißbrauch einzelner Beamter und Richter und die Behördenwillkür zu unterbinden. Sofern überhaupt gehandelt wurde, fehlte es an Tatkraft und Konsequenz. Reichswehrminister Noske entfernte, als sich Unteroffiziere und Mannschaften über die skrupellose antisemitische Hetze im Heer empörten, den Eisenbahnkanonier Knauer und einige andere radikale Demagogen aus dem Mannschaftsstand. Generalmajor von Wrisberg aber beließ er nicht nur im Amt, sondern verteidigte ihn sogar noch, als sich der Centralverein deutscher Staatsbürger jüdischen Glaubens beschwerdeführend an ihn wandte. Wer Macht und Einfluß in der Administration besaß und als Experte unentbehrlich war, der hatte kaum etwas zu fürchten. Die Regierungen vermieden es, jemals öffentlich entschieden Stellung zu beziehen[348], selbst dann, als die Ehre der Juden durch tendenziöse Veröffentlichungen aus dem Material der 1916 angeordneten Statistik verletzt wurde. Niemand schritt dagegen ein, als amtliche Akten des Kriegsministeriums antisemitischen Agitatoren in die Hände gespielt wurden und General Wrisberg nach seiner Verabschiedung unter Berufung auf dieses Material die deutschen Juden in der gehässigsten Weise verleumdete.[349]

Die politisch verantwortlichen Instanzen und die Fraktionen der Regierungsparteien im Reichstag reagierten auch nicht, als jüdischerseits darum gebeten wurde, die einschlägigen Akten des Kriegsministeriums einer unparteiischen Kommission zugänglich zu machen oder eine amtliche Nachprüfung aller gegen die Juden erhobenen Vorwürfe anzuordnen.[350]

Schließlich muß noch der Behandlung der eingewanderten Ostjuden durch die Staatsbehörden in der unmittelbaren Nachkriegszeit ein Wort gewidmet werden, da dieses Problem einen Zündstoff in dem Aufflackern des Antisemitismus darstellt. Während des Krieges hatten die deutschen Behörden Hunderttausende fremder Arbeiter nach Deutschland geholt. Auch nach der Revolution gestatteten die dafür zuständigen Stellen verhältnismäßig großzügig die Einwanderung von Ausländern in das Reich. Nur den Ostjuden gegenüber hatte man Vorbehalte.[351] Die deutschen Militärbehörden hatten 1914 öffentlich proklamiert, ihr Ziel sei es, die Juden Osteuropas von der russischen Herrschaft zu befreien. Von den 35 000 ostjüdischen Arbeitern, die dann während der Okkupation mit mehr oder weniger Zwang nach Deutschland gebracht worden waren, um dem Mangel an Arbeitskräften im Reich abzuhelfen, wurden nach Kriegsende viele wieder rücksichtslos abgeschoben, obwohl die Bevölkerung der eigenen Länder sie der Zusammenarbeit mit den Deutschen bezichtigte. Viele dieser Unglücklichen mußten bald darauf erneut flüchten, als in den neuen Staaten Ostmitteleuropas Pogrome ausbrachen und man die Juden für alles Ungemach und alle Entbehrungen der Nachkriegswirren verantwortlich machte. Das gab den Völkischen Anlaß zu erklären, die deutschen Juden riefen diese »minderwertigen Elemente« ins Land, um »ihre Macht zu vergrößern«, Verwirrung zu stiften und das geschwächte deutsche Volk beherrschen zu können, und wie wir gesehen haben, verstieg sich gelegentlich die völkische Agitation sogar zu der unsinnigen Behauptung, die Regierung der Republik ziehe sich durch die ostjüdische Einwanderung verläßliche militärische Hilfskräfte heran.[352] Die Ostjuden, so hieß es ferner, seien vielfach an Verbrechen, Schiebergeschäften und unlauteren finanziellen Transaktionen beteiligt.[353] An diesen letzten Beschuldigungen war ein wahrer Kern, wenn man auch nicht generalisieren darf. Zu solchen Vorkommnissen kommt es oft, wenn Menschen aus einem Kulturkreis in einen anderen wandern. In vielen Fällen haben diese Juden das feindselige Verhalten der deutschen Bevölkerung zu fühlen bekommen.[354] Es gab keine große Partei mehr in Deutschland, die sich für eine menschenwürdige Behandlung dieses Problems einsetzte.[355] Obwohl diese Einwanderung weder eine Gefahr für die Sicherheit des Staates noch ein ernsthaftes sozialpolitisches Problem darstellte, ließen sich auch die demokratischen Parteien von ihren Polemiken gegen die Ostjuden nicht abbringen.[356] Zunächst wurde noch mit Rücksicht auf die öffentliche Meinung des Auslandes von Repressionen Abstand genommen. Nach der Unterzeichnung des Friedensvertrages jedoch entfielen diese Bedenken[357]; die Ausweisung und Drangsalierung der Ostjuden begann.

Der preußische Innenminister Heine, der sich angesichts der akuten Notlage der Ostjuden zu einem Entgegenkommen bereit gefunden hatte, sah sich bald von allen Seiten, auch von den eigenen Parteifreunden, unter Druck gesetzt. Obwohl Heine nur die Gebote der Menschlichkeit und letztlich auch die Grundsätze seiner Partei befolgte, so mußte er sich doch ständig gegen den Vorwurf einer Begünstigung unerwünschter Ausländer verteidigen.[358] Die dem Innenminister unterstellte Polizei ging einseitig gegen die Wehrlosen vor. Mit Haussuchungen und Razzien in ostjüdischen Zentren, über die die Presse berichtete, wollten einzelne Behörden den Eindruck erwecken, daß sie im Sinn berechtigter Beschwerden einschritten.[359] Mit diesen Aktionen, die gelegentlich als »legale Pogrome« bezeichnet wurden[360], sollten Handhaben zur Entrechtung und Ausweisung der Ostjuden gefunden werden.[361] Jeder Ostjude, der keine gültigen Papiere besaß, der ohne »nutzbringende Beschäftigung« war oder dem Verfehlungen nachgewiesen werden konnten, wurde ausgewiesen. Für den Fall, daß die Herkunftsländer, namentlich Polen, die Ausgewiesenen nicht aufnahmen, verlangte der Berliner Polizeipräsident Ernst deren »Überführung in Konzentrationslager«.[362] Die preußische Staatsregierung beschloß in ihrer Sitzung vom 27. Dezember 1919 aufgrund des ihr vorgelegten »Materials« grundsätzlich die Einweisung aller »unerwünschten« Ostjuden in spezielle Lager.[363]

Seither nahmen die Willkürmaßnahmen der Verwaltung zu. Als die preußische Regierung im November 1920 und erneut im Februar 1921 ihren Beschluß verwirklichte und die Einweisung »unerwünschter Ostjuden« in die Konzentrationslager Stargard und Cottbus verfügte[364], wurden in manchen Städten und Provinzen wahllos unschuldige Menschen auf den Straßen, an den Arbeitsplätzen, ja sogar während der Nacht verhaftet und interniert.[365] Ihr einziges Verbrechen bestand darin, daß sie als Juden in Osteuropa geboren waren.

Noch planmäßiger und systematischer als unter der demokratischen Preußenregierung wurden die Ostjuden, gleichgültig wie lange sie in Deutschland lebten und in welcher Stellung sie sich befanden, von der konservativen bayerischen Regierung des Herrn von Kahr verfolgt. Ein erster Versuch, im April 1922 alle Juden, die sich nach 1914 in Bayern niedergelassen hatten, innerhalb weniger Tage auszuweisen[366], scheiterte noch. Was aber im ersten Anlauf aus vielerlei Gründen noch nicht gelang, das versuchte der Generalstaatskommissar unter für ihn weit günstigeren Bedingungen 1923 erneut. Unter dem Beifall der Nationalsozialisten, die hier ihre ersten diesbezüglichen Erfahrungen sammelten, wurden von den bayerischen Behörden binnen weniger Stunden zahlreiche ostjüdische Familien, teilweise schon seit Jahrzehnten in Bayern ansässig und geachtete und angesehene Bürger, aus München und anderen Städten des Landes verwiesen.[367] Kahr führte aus, was völkische Radikale forderten. Es gab im antidemokratischen Lager zwischen den Gemäßigten und den Radikalen in dieser Hinsicht kaum noch Gegensätze.

Zusammenfassend müssen wir feststellen, daß schon in den ersten Jahren der Republik die antisemitische Sturmflut alle Dämme der Rechtsstaatlichkeit überflutet hatte. Noch größer war die Verwüstung im geistigen Bereich. Sogar die demokratischen Parteien und die Regierungen der Republik glaubten, dem auf sie ausgeübten Druck zu entrinnen, wenn sie den Juden Zurückhaltung im politischen und gesellschaftlichen Leben empfahlen und die Ostjuden auswiesen oder internierten. Dabei erkannten doch manche Politiker, daß sich der Kampf der Völkischen primär gegen den Bestand des Staates selbst richtete.[368] Die in der Republik zur Macht gelangten linksstehenden Politiker haben Positionen preisgegeben, die nie wieder zurückzuerobern waren. Wie weit sie selbst an der Zerstörung des Rechtsstaates mitgewirkt hatten, wurde ihnen erst völlig bewußt, als sie selbst oder ihre politischen Freunde ein Jahrzehnt später als »unerwünschte Elemente« in Konzentrationslager eingewiesen wurden.

IX

In dem Jahrzehnt von 1914 bis 1924 war für das deutsche Volk eine Welt in Trümmer gesunken. Eine Epoche relativen Gleichgewichts der Kräfte im Staatensystem wie in der Gesellschaft und demzufolge auch der Sicherheit und Stabilität hatte ihr Ende gefunden. Der Krieg riß Millionen Menschen aus ihren Bindungen und versetzte sie in Unruhe. Sie wurden von Existenzangst erfaßt, als das Kaiserreich zusammenbrach und in der Revolution ihre Traditionen und überkommenen ethischen Werte in Frage gestellt wurden. Die Angst steigerte sich in Kreisen des Besitzbürgertums bis zur Panik, als mit dem Währungsverfall der von Generationen geschaffene Wohlstand und damit der wirtschaftliche Rückhalt schwanden und die noch vorhandene Illusion der Rückkehr zur Ordnung der Vorkriegszeit aufgegeben werden mußte. Eine Periode tiefgreifender sozialer Umwälzungen hatte begonnen.[369]

Daß sich die sozialen Spannungen in Deutschland in so heftigen Ausbrüchen entluden, hatte seine Ursache darin, daß die Führungsschichten im

Kaiserreich bis zum Kriegsausbruch die friedliche Lösung gesellschaftlicher Konflikte durch entsprechende Reformen verhindert hatten. Unter weit ungünstigeren Bedingungen während des Krieges und besonders nach Ausbruch der Revolution zeigten sie sich noch weniger zu Zugeständnissen bereit. Indem sie die Empörung des Volkes auf die Juden ablenkten, hofften die »staatstragenden« Schichten des Bürgertums ihre bedrohte Stellung wenigstens teilweise zu retten. Der Erfolg nationaler Agitatoren beruhte nicht zuletzt darauf, daß sie schon seit Jahren mit dem Gespenst der Revolution gedroht hatten. Als ihr tatsächlicher Ausbruch das Durchschnittsbürgertum in Schrecken versetzte, war dieses geneigt, die Formel von der »jüdischen Schuld« bereitwilligst zu akzeptieren. Es glaubte an die Möglichkeit, das Schicksal zu wenden, wenn es gelänge, »die Parlamentsherrschaft zu beseitigen, die Parteien zu erdrücken und die äußerste Zusammenfassung des Volkswillens in der nationalen Diktatur zu erreichen«.[370]

Dieser völkischen Herausforderung waren die demokratischen Kräfte in Deutschland, obwohl numerisch zunächst durchaus überlegen, in keiner Weise gewachsen. Den Parteien der Weimarer Koalition fehlte das große politische Programm, vor allem aber die »seelenformende Gewalt der Volksbefreiung, die klassenüberwindende Gewalt der Idee des Volkes«.[371] Die in der Demokratischen Partei vereinigten Kräfte, sowie namentlich auch die Sozialdemokraten, hatten zwar im Kaiserreich in der Opposition gestanden, sich jedoch mehr, als ihnen bewußt geworden war, der bestehenden Gesellschaftsordnung angepaßt. Schließlich hatten sie mehr die eigene Integration in diese Gesellschaft als deren Umgestaltung erstrebt. Als jetzt mit der Revolution, die niemand in den Mehrheitsparteien des Reichstages gewollt hatte, dieses Ziel erreicht schien, war es ihnen vor allem darum zu tun, das einmal Erreichte zu sichern. Die Revolution bedeutete deshalb für Mehrheitssozialisten und Demokraten nichts weniger als den Anfang einer neuen Ära menschlichen Zusammenlebens, wie ihn viele Juden sowie der größte Teil der deutschen Jugend ersehnt hatten. Wenn überhaupt, engagierten sich Sozialisten und Demokraten für die jüdischen Mitglieder der eigenen Partei; für die Juden als solche einzutreten, wurde im Hinblick auf die Volksstimmung tunlichst vermieden.

Gegen die Juden wandte sich aber auch diejenige Generation, die, nicht mehr vom Geist des Kaiserreichs geprägt, nun in die politische Verantwortung hineinwuchs. Im Banne des Kriegserlebnisses forderte diese Jugend äußerst militant und selbstbewußt die vorbehaltlose Aufgabe aller Sonderinteressen zugunsten der Gemeinschaft. Sie suchte in der vermeintlich unauflöslichen Gemeinschaft von Menschen gleichen Blutes die Grundlage für jene heroische Haltung[372], die ihr inneren Halt und das verlorene Selbstbewußtsein wiedergab. Deshalb folgte sie nur zu bereitwillig den völkischen Agitatoren.[373]

Die Anhänger der revolutionären Linken (einschließlich starker Gruppen in der sozialdemokratischen Arbeiterjugend), die niemals dem Bann der nationalen Leidenschaften verfallen waren oder sich desillusioniert von ihnen befreit hatten, standen in so kompromißlosem Gegensatz zu der bürgerlich-kapitalistischen Gesellschaftsordnung, daß sie ihre Kräfte ausschließlich dem totalen Umsturz der bestehenden Besitz- und Machtverhältnisse widmeten. Die Sorgen einer religiösen oder nationalen Minderheit waren ihnen gleichgültig. In der neuen, klassenlosen Gesellschaft würden Probleme dieser Art aufhören zu existieren. Wer sich der revolutionären Linken anschloß, gleich ob Deutscher oder Jude, mußte mit der Tradition brechen. Für die Juden einzutreten, galt als rückständig.

An zwei historischen Zeitpunkten, zu Kriegsbeginn und bei Ausbruch der Revolution, hatten sich die deutschen Juden der Hoffnung hingegeben, sie stünden trotz aller äußeren Gefährdungen vor der »Krönung der emanzipatorischen Entwicklung eines ganzen Jahrhunderts«.[374] Beide Male jedoch stand am Ende der Entwicklung nicht ihre Integration in die Gesellschaft, sondern die zunehmende Isolierung. Wie immer sie handelten oder auf die Umwelt reagierten, sie wurden von ihren eingefleischten Gegnern verdammt. Zutreffend wies der sozialdemokratische Reichstagsabgeordnete Georg Davidsohn, als Jude auch in seiner Partei ein Außenseiter, bereits im Sommer 1919 auf die Tatsache hin, daß die Juden von sich aus nicht mehr in der Lage seien, ihre Position in Deutschland zu verbessern. Als Sozialdemokrat richtete er seine Anwürfe vor allem gegen die deutsche »Bourgeoisie«. Diese (hier stellvertretend gesetzt für alle Antisemiten) würden die Juden niemals zufriedenzustellen vermögen. Völkische Intoleranz gebot Verneinung von allem, was der Jude tat. Davidsohn schreibt:

»Dieser Jude will vom Zionismus nichts wissen. Er sollte lieber Zionist sein, meinen die Antisemiten. Jener Jude ist Zionist. Warum sitzt er dann nicht schon längst in Palästina?, fragen die Antisemiten. Dieser Jude ist orthodox. Die Juden sind seit 6000 Jahren von ihrer Art nicht abzubringen, konstatieren die Antisemiten. Jener Jude ist irreligiös. Die ›gottlosen‹ Juden sind die schlimmsten, nörgeln die Antisemiten. Ein dritter hat sich taufen lassen. Der will ja doch nur ein Geschäft oder Carriere machen, höhnen die Antisemiten. Dieser Jude bleibt allen Verfolgungen und Mißhandlungen zum Trotz in Deutschland wohnen. Warum packt er nicht sein Bündel?, heißt es bei den Antisemiten. Jener Jude schnürt sein Bündel und versucht sein Glück anderwärts denn im ›gastlichen‹ Deutschland. Seht!, der hat seinen Rebach gemacht, kreischen die Antisemiten, nun nimmt er das in Deutschland erworbene Geld und verzehrt es im fremden Lande!

Dieser Jude bettelt seit Jahrzehnten vergebens um seine Naturalisation. Der aufdringliche Semit soll sich zum Teufel scheren!, wünschen die Antisemiten. Jener Jude hat das Einbürgerungsgesuch nach tausend Beispielen für nutzlos gehalten und gar nicht erst einzureichen gewagt. Da seht ihr's ja, schimpfen die Antisemiten, die Juden *wollen* gar nicht Deutsche sein!«.[375]

Das deutsche Volk, geistig und politisch durch den Zusammenbruch des Kaiserreiches erschüttert, wurde zunehmend anfälliger für die Agitation von Extremisten. Die wachsenden antisemitischen Umtriebe hatten in einem solchen Ausmaß eine Verzerrung des Bildes des Juden im deutschen Bewußtsein bewirkt, daß von jüdischer Seite mit einigem Grund die düstere Behauptung aufgestellt werden konnte: »Leider steht es so, daß der Jude heute vogelfrei ist. Wenn auch nicht im juristischen Sinn, so doch im Gefühl des Volkes.«[376]

Der Antisemitismus und seine Bedeutung für den Untergang der Weimarer Republik

Die politische und gesellschaftliche Ordnung des Kaiserreichs, von der Volksmehrheit als gegeben hingenommen, ja sogar als unerschütterlich angesehen, verfiel infolge ihrer strukturellen Schwächen unter den Belastungen des Ersten Weltkrieges sehr rasch. Die tiefgreifenden Veränderungen führten zur Beunruhigung vieler Menschen und in der Folge zur Politisierung der Bevölkerung. Die Arbeiterschaft, die an allen Fronten und in der Heimat die schwersten Opfer zu bringen hatte, konnte dank ihrer Solidarität und eines hohen Organisationsgrades ihr Gewicht im Staat trotz starker Gegenwehr der Führungsschichten spürbar verbessern. Gerade das aber forderte das Bürgertum heraus, das, fixiert auf die Wahrung des gesellschaftlichen und materiellen Besitzstandes, inaktiv blieb und damit Einfluß verlor. Namentlich die Mittelstandsschichten – Handwerker, Gewerbetreibende, Angestellte, untere Beamte und Freiberufler – fühlten sich zwischen dem Besitz- und Bildungsbürgertum einerseits und der organisierten Arbeiterschaft zusehends in die Enge getrieben und massiv benachteiligt. Um diesen Zustand der Machtlosigkeit zu überwinden, begannen forcierte Bemühungen im Hinblick auf ständische Zusammenschlüsse und die Gründung einer bürgerlichen Sammlungsbewegung. Dabei war allen Beteiligten bewußt, daß bei den starken Interessengegensätzen im Bürgertum ein solcher Versuch nur dann zum Erfolg führen konnte, wenn der in allen Gruppen und Ständen vorhandene Antisemitismus zur konstitutiven Kraft in einer solchen vaterländischen Großorganisation gemacht wurde.

Mit dem Beginn dieser Versuche, das Bürgertum zu mobilisieren und durch Zusammenschlüsse und Zweckbündnisse politisch zur Geltung zu bringen, setzte eine verstärkte antisemitische Agitation ein. Sie erfaßte alle Gesellschaftsschichten, große Erfolge bei der Sammlung und Vereinigung der zerstrittenen bürgerlichen Gruppen und Interessenverbände erzielten die antisemitischen Organisationsstrategen aber zunächst nicht. Das änderte sich bei Kriegsende, als die Führungsschichten durch die Einführung des allgemeinen Wahlrechts in den Ländern und den Drang zur Verfassungsreform und zur Demokratisierung um ihre Macht bangten. Solange ihnen Herkommen und Besitz die beherrschende Position im Staat gesichert hatten, brauchten sie keine Unterstützung durch das Volk. Nun mußten sie sich im Volk einen Rückhalt schaffen, eine Massenorganisation aufbieten, um in der Demokratie wieder regieren zu können. Die Oberschicht, die bisher den Juden die Gleichberechtigung verweigert, die »Radauantisemiten« aber wegen ihres rüden Verhaltens abgelehnt hatte, mußte nun um deren Beistand werben. Die Folge waren Zugeständnisse an die Agitations- und Kampfmethoden des »Pöbels«.

Um den starken, auf Umgestaltung, ja revolutionäre Veränderung drängenden sozialistischen und bürgerlich-liberalen Parteien wirksam zu begegnen, sie in ihrer Aktivität wenigstens einzuengen, boten die Gegner des Wandels nun alle Kräfte auf. Ganz bewußt und planmäßig machten sie die Juden zu »Blitzableitern« für alle Not und die politischen und ökonomischen Unzuträglichkeiten. Wer im Kaiserreich etabliert oder auch nur zufrieden gewesen war, den Verlust des Krieges nicht verwunden und durch die Revolution auch noch jede Sicherheit verloren hatte, der sollte nun mit antisemitischen Parolen »eingefangen« werden. Die Juden wurden als Vorkämpfer und Wegbereiter der ungeliebten Demokratie angegriffen und deshalb mit allen zu Gebote stehenden Mitteln bekämpft.[1] Ihnen wurde vorgeworfen, sie hätten am Krieg verdient, das kämpfende und arbeitende Volk ausgeplündert und endlich die Verzweifelten für die Revolution präpariert.

Bei dem im Volk offen oder latent vorhandenen Antisemitismus, der schon während des Krieges zielbewußt in Dienst gestellt worden war, fielen diese Parolen auf fruchtbaren Boden. So formierte sich eine starke, wenn auch schlecht organisierte Protestbewegung. Die Mehrheit sammelte sich seit 1919 in der Deutschnationalen Volkspartei, die radikale Minderheit in den zahlreichen völkischen Verbänden der außerparlamentarischen Opposition. Diese politische Bewegung der Inflationszeit, so chaotisch sie in ihrem äußeren Erscheinungsbild oft auch war, trug in den unmittelbaren Nachkriegsjahren den Judenhaß in das ganze Land hinaus und infizierte größere, bislang ganz unpolitische Volksschichten. Damit behinderte sie die Konsolidierung der Republik und ihrer demokratischen Institutionen.

Daß die durch wilde Agitation enthemmten Bürger, ehemaligen Soldaten, Studenten und Angestellten den neuen Staat nicht noch stärker gefährdeten, lag in der inneren Zerrissenheit der antisemitischen Opposition begründet. Die einzelnen Gruppen und Verbände waren sich einig in ihrem Judenhaß, in der Gegnerschaft gegen die Weimarer Verfassung und die sie tragenden Parteien. Auf die Frage, was sie an die Stelle des bekämpften Systems zu stellen gedachten, wußten sie keine gemeinsame Antwort. So viele Gruppen – so viele Vorstellungen, und sie waren meist verworren. Nirgends gab es eine so große Zahl von Sektierern und Fanatikern wie bei den Antisemiten. Jeder von ihnen war überzeugt davon, er allein besitze die richtige Erkenntnis und kenne den unfehlbaren Weg zu »Deutschlands Erneuerung«. Der dadurch bedingte permanente Richtungsstreit im antisemitischen Lager lähmte die destruktiven Kräfte und führte schließlich zum Zerfall dieser Protestbewegung.

Mehr als das Sektierertum der antisemitischen Verbandsfunktionäre trug aber noch ein anderer Faktor zum Scheitern dieser rabiaten Opposition gegen Weimar bei. Die Führungsschichten hatten geglaubt, zur Sicherung ihrer eigenen Interessen das »Volk« in ihren Dienst stellen, ihm eine Mitsprache aber versagen zu können. Das hatte schon während des Krieges nicht mehr funktioniert, als sich der Mittelstand seiner Stärke bewußt wurde und ein stärkeres Selbstbewußtsein entwickelte. Das nationalistisch motivierte und antisemitisch verhetzte Bürgertum hatte bereits vor 1918 die Regierungen in Reich und Ländern und das politische Establishment angeklagt, durch Kompromißbereitschaft und Entscheidungsschwäche Juden und Demokraten privilegiert und geschützt zu haben. Die Fanatiker aus diesen Kreisen waren schon vor Kriegsende der Überzeugung, daß sie die Belange der Nation konsequenter wahrten als die konservative Oberschicht und deshalb künftig mehr politischen Einfluß ausüben müßten. Weitschauende und sensible Konservative erkannten vor dem Ausbruch der Revolution, daß ihnen ihre Gefolgschaft entglitt und die Führungsgremien Gefahr liefen, sich vom radikalen, antisemitischen Anhang das Gesetz des Handelns aufzwingen zu lassen.[2]

Wie klar sie die Entwicklung vorausgesehen hatten, zeigte sich sofort bei der Neubildung der Parteien. Die Masse des nationalistischen Mittelstandes schloß sich zunächst zwar der Deutschnationalen Volkspartei an, aber die antisemitischen Funktionäre schufen sich außerhalb der Partei eigene Machtpositionen – Standesverbände und politische Organisationen –, mit deren Hilfe sie die Parteileitung und namentlich die Vorstände der Landesorganisationen unter Druck setzen konnten. Sie waren sich ihrer numerischen Überlegenheit bewußt und nutzten sie bedenkenlos aus. Da sich die konservativen Eliten nicht der Erkenntnis verschließen konnten, daß sie im demokratischen Staat zum Regieren Mehrheiten brauchten, unterwarfen sie sich den Forderungen der Anhänger und wurden so schon frühzeitig zu Mitläufern extremer Hilfsorganisationen und angeschlossener Verbände.

Wie weit nun aber Minister, Offiziere und Beamte des Kaisers, konservative Hochschullehrer, Unternehmer und Großgrundbesitzer den Forderungen ihrer Anhänger und Wähler im Bereich der Tagespolitik auch entgegenkamen, im Grundsätzlichen verstärkten sich die Gegensätze. Während Parteiführung und Fraktion der Deutschnationalen Volkspartei eine politische und gesellschaftliche Ordnung wiederherstellen wollten, von der sie meinten, sie entspräche deutscher Art und habe sich uneingeschränkt bewährt, träumte ein ständig stärker werdender Flügel der Partei von einem neuen, sozial gerechteren Staat. Besonders die Kriegsgeneration, die die Schützengrabengemeinschaft überhöhte und idealisierte, verneinte die Standesunterschiede. Sie wies die Verantwortung für die Klassengegensätze dem Bürgertum zu, das über dem persönlichen Besitzstreben Wohlfahrt und Zukunft der Nation aus dem Auge verloren habe. Das Sicherheitsbedürfnis der Besitzenden in den Nachkriegswirren und noch mehr die notwendigen Arrangements mit den Organen des demokratischen Staates steigerten dann die antibürgerlichen Affekte beim nationalistischen Mittelstand. Die radikalen rechten Gegner der Republik sahen darin den Beweis für die politische Instinktlosigkeit der alten Führungsschicht und damit zugleich auch für die Unfähigkeit, die »Judenrepublik« entschlossen zu bekämpfen.

Hier sah Hitler die großen Möglichkeiten für sein politisches Wirken. Weil er mit der Bewußtseinslage der Soldaten sowie den Ängsten und Hoffnungen der Mittelschichten aus dem täglichen Umgang mit ihnen vertraut war, konnte er sich zu ihrem Sprecher machen. Im Lager Lechfeld, in dem er sich auf Weisung des Reichswehrgruppenkommandos München um die Immunisierung der Soldaten gegen revolutionäre Ideen bemühte, erlebte er die große Wirkung antisemitischer Agitation. Mehr als den vielen anderen Demagogen der Zeit gelang es ihm, den Judenhaß zu instrumentalisieren, Akademiker und Handwerker, Unternehmer und Arbeiter, Adlige und Tagelöhner, Christen wie Atheisten zusammenzuführen und zum Kampf gegen die Republik zu motivieren.[3]

Im Gegensatz zu den antisemitischen Verbandsfunktionären und unpolitischen Freikorpsführern erkannte Hitler, daß »Massen« einen opferreichen Kampf gegen die Weimarer Demokratie nur dann durchhalten würden, wenn er ihnen die Vision eines von allen Mängeln befreiten, erneuerten und starken Nationalstaates vermittelte. Dies konnte nach Auffassung des instinktsicheren Demagogen nur dann gelingen, wenn er die bisher machtlosen, durch Krieg und Revolution geschädigten, nun aber tatbereiten Volksschichten zu Vorkämpfern und Trägern der neuen, besseren Ordnung erklärte. In Hitlers Zukunftsreich sollten – so wurde nun zum Entsetzen der konservativen Führungsschicht verkündet – Führungspositionen nicht mehr nach Herkunft und Besitz, sondern nach Eignung vergeben werden. Aristokratische Ignoranz und bürgerliche Unentschlossenheit hätten zum Untergang des Reiches beigetragen, weil Juden, Sozialisten und anderen »Staatsfeinden« Schutz und Betätigungsrecht gewährt worden seien.

Eine Rettung Deutschlands, so hämmerte Hitler seinen Anhängern pausenlos ein, könne nur dann gelingen, wenn alle »undeutschen« Kräfte entfernt oder vernichtet seien und die materiellen und geistigen Werte ohne Vorbehalt in den Dienst der nationalen Erneuerung gestellt würden. Zur Durchsetzung eines solchen Programms wären aber Kämpfer und keine Parlamentarier vonnöten. Karrierebewußte Bürger, von des Gedankens Blässe angekränkelt, paßten sich doch nur den Erfolgreichen an, scheuten vor Gewaltanwendung zurück. Diese aber müsse im Interesse der nationalen Zukunft einkalkuliert und bejaht werden.

Mit einem kleinen Kreis antisemitisch, antisozialistisch und antibürgerlich motivierter Menschen trat Hitler in die Politik ein. Der leidenschaftliche Aktivismus, mit dem diese Gruppe sofort Aufsehen erregte, zog Gleichgesinnte an. Ehemalige Soldaten und Freikorpsmitglieder, Studenten und die Jugend der nationalen und antisemitischen Verbände waren beeindruckt, weil die Nationalsozialisten taten, wovon andere nur sprachen oder träumten. Die bürgerliche Bedächtigkeit der deutschnationalen Ortsvereine und die fruchtlosen Debatten und Streitigkeiten in den antisemitischen Ortsgruppen hatten sie abgestoßen. Diese unzufriedenen, radikalisierten Menschen wollten handeln und nicht ständig diskutieren. Damit kam die NSDAP rasch voran. Hitler erntete in diesen Jahren erstmals, was Antisemiten, Alldeutsche und deutschnationale Agitatoren, Hochschullehrer und zahlreiche verirrte Geistliche im Kriege und in den ersten Jahren danach gesät hatten.

War schon der Erfolg, den Hitler mit seiner radikalen Verneinung der deutschen Demokratie erzielte, eine Herausforderung für alle Verteidiger der neuen Ordnung, so noch mehr die Tatsache, daß der ständige Terror der Nationalsozialisten und seine Rechtfertigung durch den Parteiführer von großen Teilen der Bevölkerung hingenommen und sogar begrüßt wurden. Nicht nur die Antisemiten, sondern auch große vaterländische Verbände warben um seine Gunst und suchten Bündnisse mit ihm. Einflußreiche Kreise der nationalen Opposition, denen Mitglieder nicht zu-, sondern fortliefen, hofften durch eine Verbindung mit ihm neue Schubkraft zu gewinnen. Ihnen wurde dabei überhaupt nicht bewußt, daß Hitler sie damit der Öffentlichkeit als schwach und unentschlossen vorführen und um so besser ausschalten konnte.

Die demokratischen Parteien und die Sicherheitsorgane des Staates haben weder diesen Zusammenhang klar erkannt noch realisiert, wie stark mit den permanenten Angriffen auf die Juden der Rechtsstaat erschüttert wurde. Sie führten als gute Demokraten nicht selten die wilden Aktionen auf die wirtschaftlichen und sozialen Notstände zurück und zeigten Verständnis für Empörung und Unzufriedenheit. Daß der Antisemitismus die Probleme im sozio-ökonomischen Bereich nur nutzte, um die politische Ordnung zu untergraben, haben nur wenige erkannt. Namentlich die sozialistische, gut geschulte Arbeiterschaft deutete die antisemitischen Exzesse als Ausdruck mangelnder Bildung und damit als »Wiederkehr unerfreulichster Erscheinungen... des Mittelalters«.[4] Viele Behörden, allen voran die Polizei, haben in diesen Jahren – ob aus politischer Voreingenommenheit oder Ahnungslosigkeit, muß hier unerörtert bleiben – mehr Verständnis für die antisemitischen Gewalttäter als für die geschmähten und angegriffenen Juden gezeigt.[5]

Nach dem Ende der Inflation, in deren letzter, zerstörerischer Phase das radikale rechte Lager noch einmal starken Zulauf erhalten hatte, kehrte eine gewisse Ruhe ein. Die nationale Opposition, ob in Parteien, vaterländischen Verbänden, Vereinigungen und einflußreichen Klubs organisiert, konnte ihren Anhang nicht halten. Die Aktivisten, die ständig aufzubieten und in Bewegung zu setzen waren, mußten sich zur Existenzsicherung um eine geregelte Arbeit bemühen. Den wohlhabenden Förderern der Antisemiten und nationalen Kampfverbände fehlten zunächst die Mittel. Aus dem Rückgang der Demonstrationen und spektakulären Aktionen in den folgenden Jahren darf deshalb nicht der Schluß gezogen werden, die Gegner der Republik hätten sich mit dem bestehenden Staat ausgesöhnt und sich nach und nach integrieren lassen. Das war durchaus nicht der Fall.

Ob es reale Chancen gab, die Anhänger Hitlers und der zahlenmäßig sehr viel stärkeren antidemokratischen Bewegung zu mäßigen und für positive Ziele zu gewinnen, kann hier nicht erörtert werden. Voraussetzungen dafür waren gegeben, denn die Gefolgschaft der parlamentarischen und außerparlamentarischen Rechten mußte sich nach 1924 nicht nur um Lohn und Brot bemühen, sondern auch mit dem Versagen und der Unfähigkeit der vielen eigenen Partei- und Verbandsführer auseinandersetzen. Alldeutsche Demagogen, Funktionäre des Deutschvölkischen Schutz- und Trutz-Bundes und der Deutschvölkischen Freiheitspartei, deutschnationale Parlamentarier und zahlreiche Führer mitgliederstarker Wehrformationen waren alle mit Forderungen hervorgetreten, hatten lautstark zum Sturz der Republik und zur Errichtung einer Diktatur aufgerufen. Der vielbeschworene Marsch nach Berlin war aber nie angetreten worden, weil sich diese Führer nicht entschließen konnten und letztlich – wie schon der Kapp-Putsch gezeigt hatte – auch nicht wußten, was sie nach einem Sturz der Regierungen in Reich und Ländern überhaupt tun sollten.

Die Enttäuschung der Mitglieder und Anhänger rechter und antisemitischer Organisationen über die Tatenlosigkeit und Unfähigkeit ihrer Führungsgruppen wußten nun aber nicht die staatstragenden Parteien und Schutzformationen zu nutzen, sondern Hitler. Er war mit seinem Putsch in München im November 1923 ebenfalls gescheitert, verstand es aber, sein Versagen zu kaschieren mit dem Hinweis auf den »Verrat« und die Unentschlossenheit seiner vielen Mitverschworenen. Darauf stellte er seine Verteidigung vor dem Volksgericht in München ab. Er versäumte keine Gelegenheit, auf den großen Kreis der Mitverschworenen hinzuweisen, die alle neben ihm auf der Anklagebank sitzen müßten, sich aber ängstlich der Verantwortung entzögen. Er dagegen, so argumentierte Hitler, übernehme sie ohne Einschränkung. Damit brachte er seine Bundesgenossen und großzügigen Förderer in Mißkredit und empfahl sich als einzigen konsequenten Gegner der Juden und der Republik. Diese Verteidigungsstrategie – die bei dem Wohlwollen der Richter keinen besonderen Mut erforderte – hatte Erfolg. Ein großer Teil der Stimmen, die bei der Reichstagswahl im Mai 1924 für den Völkischen Block abgegeben wurden, stammte von Wählern, die Hitler ihre Sympathie bekunden wollten. Er war inzwischen in ganz Deutschland zum konsequenten Führer aller Antisemiten geworden. Das wirkte sich so lange nicht aus, wie er in Landsberg seine Haft verbüßte und die NSDAP verboten war. Auf längere Sicht aber vermochte er, die vielen Enttäuschten aus den frühen Jahren der Republik unter seiner Fahne zu sammeln.

Eine Konsolidierung der Demokratie und damit verbunden eine Festigung der Stellung der Juden in Staat und Gesellschaft wurde aber auch aus anderen Gründen verhindert. Der politische Alltag war schmucklos, die Parteien, die den Staat trugen, konnten ihr Streben nach politischer Gerechtigkeit und sozialem Fortschritt angesichts der schweren Kriegsfolgelasten und den Verwüstungen der Inflation der Bevölkerung nicht wirksam vermitteln.[6] Es fehlte trotz beachtlicher Einzelleistungen die gestaltende Kraft und eine bindende Zukunftsperspektive. In diesem Vakuum hatten die Versuche der nationalen Opposition, weltanschauliche Grundlagen für ein anderes, antidemokratisches System zu entwickeln, größere Breitenwirkung. Zwar besaßen auch die rechten Gegner der Weimarer Republik keine Neuordnungsvorstellungen oder Programme, auf die sich Mehrheiten einigen oder die gar zukunftsweisend sein konnten; aber der Antisemitismus als zentraler ideologischer Grundbestand läßt sich in allen diesen Entwürfen und politischen Konzepten nachweisen.

Ausgangspunkt für alle Überlegungen, die in nationalen Kreisen bezüglich neuer politischer Gestaltungen angestellt wurden, war die starke Staatsverdrossenheit, die Kritik an der Arbeit der Parlamente und parlamentarischen Gremien.[7] Die Republik erschien als »Unstaat«, von ihrer Konstruktion her mit Mängeln behaftet und damit zur dauernden Instabilität verurteilt. Um einen Wandel herbeizuführen, müsse sich das deutsche Volk wieder auf seine Werte besinnen und seine Traditionen ins Bewußtsein heben. »Wir Deutschen haben keinen Staat mehr«, behauptete 1923 Freiherr von Vietinghoff-Scheel in seiner Programmschrift über die »Grundzüge des völkischen Staatsgedankens«, er sei untergegangen, weil er schon bei seiner Gründung nicht »unserer deutschen Art wirklich entsprach«.[8] Um diesen Notstand zu überwinden, entdeckte der Aristokrat, dem der einzelne Mensch – namentlich der ungebildete – nicht viel galt, als neue Größe das Volk. Staaten könnten zusammenbrechen, fremden Einflüssen erliegen, sich wandeln, das Volk bleibe eine konstante Größe. Es komme nun darauf an, das Volk zu hegen, es vor Schädigungen zu bewahren, seine Kräfte zu stärken und zu entwickeln. Das Volk müsse sich bewußt werden, daß es Träger des Staates sei. Einen solchen könnten aber nicht alle »deutschen Reichsangehörigen« formen und gestalten, sondern nur »Menschen deutschen Blutes«. Sie allein vermöchten eine feste politische Einheit zu bilden und die notwendige Resistenz gegen fremde Ideen und Einflüsse zu gewährleisten.

Wissenschaftler und Publizisten, Politiker und Theologen mühten sich in den relativ stabilen Jahren der Weimarer Republik um die Bildung eines neuen politischen Bewußtseins der Deutschen. Sie taten es von unterschiedlichen Ansätzen aus, im Ziel aber stimmten sie überein. Deutschland sei unter Bismarck ein Reich geworden, nun müsse es die Entwicklung vollenden und »ein Volk werden«, postulierte der Philosoph Max Wundt.[9] Auch für ihn gab es nicht den geringsten Zweifel, daß an diesem Prozeß der Volkwerdung Juden keinen Anteil haben dürften. Nur »das gemeinsame Blut erzeugt die Liebe, welche die Glieder eines Volkes zur Einheit verbindet. Sie ist die unbewußte Macht, welche das Leben eines Volkes zur sittlichen Gemeinschaft bringt.«[10]

Wie uneinheitlich und vielgestaltig die »völkischen« Vorstellungen und die Intentionen der Volkstumsideologie auch waren, sie liefen immer auf eine Ausgrenzung der Juden aus der Gemeinschaft hinaus. Sie ergab sich mit Notwendigkeit aus der Bestimmung des Volksbegriffs. »Volk ist ein primäres Phänomen, Staat ein sekundäres«, schrieb Wilhelm Stapel, der Herausgeber des »Deutschen Volkstums«, der sich seit 1917 unablässig um eine »volksbürgerliche Erziehung« bemühte. Dann heißt es weiter: »Volk ist ein Stück Natur, Staat ein Stück Geschichte. Volk ist ein unmittelbares Gebilde aus Gottes Schöpferhand, es ist außer dem Bereich des menschlichen Willens gelegen, Staat ist ein Gebilde des menschlichen Willens. Volk ist das Schaffende, Staat das Geschaffene.« [11]

Wenn nun nach dieser weit verbreiteten Auffassung das »Volk« naturgegeben, »ein Gebilde aus Gottes Schöpferhand« war, dann mußten sich die Menschen verpflichtet fühlen, es zu hegen. Jeder Eingriff in die Natur war Frevel, ein Verstoß gegen die göttliche Schöpfungsordnung. Das aber wäre bei einem Versuch der Aufnahme »Fremdvölkischer« in den deutschen Volkskörper geschehen. Die Menschen standen damit vor der Wahl, das Gesetz der Natur beziehungsweise den angeblichen Willen Gottes zu achten und alle Juden – auch die getauften – aus dem deutschen Volk zu verbannen oder aber die Gebote der Humanität, vor allem der christlichen Nächstenliebe, zu befolgen, die Juden als gleichberechtigte Glieder der Gemeinschaft anzuerkennen und so gegen die hier postulierten Naturgesetze zu verstoßen. Eine solche Alternative macht bewußt, wie menschenfeindlich diese politische Theorie war.

Diese unmenschliche Konsequenz ist ihren Propagandisten zunächst nicht bewußt geworden, auch nicht den deutschen Protestanten, die das Volkstum in den Rang der Schöpfungsordnung erhoben.[12] So konnte sich diese Volkstumsideologie immer weiter ausbreiten und das Denken der Bevölkerungsmehrheit beeinflussen. Es gilt, diesen Bewußtseinswandel, der nahezu das gesamte deutsche Bürgertum erfaßte, in seiner Bedeutung richtig zu erkennen, wenn die Ausbreitung des Antisemitismus oder auch nur die Empfänglichkeit für antisemitische Forderungen zutreffend beschrieben werden sollen. Die Beschränkung der Forschung allein auf die antisemitischen Parteien und Organisationen reicht nicht aus. Überaus treffend hat Ernst Jünger schon im Herbst 1930 auf diese Tatsache hingewiesen. Er schrieb: »Wenn man die beiden Richtungen des nationalen Wollens in dieser Zeit betrachtet, auf der einen Seite die traditionell gefärbte, in der bürgerliche, legitimistische, reaktionäre und wirtschaftliche Töne sich vielfältig mischen oder unterscheiden, auf der anderen Seite die revolutionäre, so findet man hier wie dort den Antisemitismus als einen Grundpfeiler der Zusammenhänge, der hier eine mehr oder minder abweisende, dort unverhüllt kriegsfreudige Ornamentierung trägt.« [13]

Wie konkret die Vorstellungen des einzelnen Bürgers von der völkischen Erneuerung auch immer waren, wie vorbehaltlos insbesondere die Christen die theologische Fundierung der Volkstumstheorien akzeptierten, letztlich erhöhten solche Vorstellungen doch die Bereitschaft zur Aufnahme nationalsozialistischer Forderungen und später zur Duldung nationalsozialistischer Politik. Dabei war es nicht entscheidend, ob sich die Menschen vorher, wie Jünger schreibt, »mehr oder minder abweisend« den Juden gegenüber verhalten hatten. Folgenschwer war vielmehr die Tatsache, daß diese Lehren und ideologischen Konstruktionen von den Bildungseinrichtungen vertreten und propagiert wurden. Das begründete ihre Breitenwirkung. Sehr treffend hat Theodor W. Adorno auf diesen Zusammenhang hingewiesen, als er schrieb: »Der Antisemitismus ist nicht erst von Hitler von außen her in die deutsche Kultur injiziert worden, sondern diese Kultur war bis dorthinein, wo sie am allerkultiviertesten sich vorkam, eben doch mit antisemitischen Vorurteilen durchsetzt gewesen.«[14]

In den mittleren Jahren der Republik, in denen sich nach den politischen und wirtschaftlichen Turbulenzen der Zeit von 1919 bis 1923 die Institutionen konsolidierten, Standes- und Wirtschaftsverbände sowie gesellschaftliche Vereinigungen wieder Zukunftspläne entwickelten, begann für die Juden eine neue Periode stiller, aber bewußter Zurücksetzung und Ausgrenzung. An vielen Universitäten wuchs der Widerstand gegen die Berufung jüdischer Kollegen, in zahlreichen Fällen gab es Schikanen und Arbeitsbehinderungen. Begabte junge Forscher gaben angesichts der Schwierigkeiten und Zurücksetzungen auf und verließen Deutschland schon vor Hitlers Machtübernahme.[15] Exemplarische Bedeutung kommt der Tatsache zu, daß die Kaiser-Wilhelm-Gesellschaft nach dem Ausscheiden des Präsidenten Adolf von Harnack bereits 1927 beschloß, keine jüdischen Mitglieder mehr aufzunehmen und damit auch langjährige und engagierte Förderer enttäuschte und abstieß.[16] Auch im Verein für Sozialpolitik, dem jüdische Mitglieder zu Geltung und Ansehen verholfen hatten, fand sich 1928 eine Mehrheit zusammen, die die Wahl Ernst Lederers zum Vorsitzenden mit der Drohung verhinderte, daß in einem solchen Falle prominente Mitglieder demonstrativ austreten würden. Sogar massive antisemitisch-antisozialistische Agitation gegen den Verein kündigten Gegner Lederers an. Nach heftigen Kontroversen konnte wenigstens seine Bestellung zum Leiter eines Unterausschusses durchgesetzt werden.[17]

Auch in Ministerien und einzelnen Zweigen der Verwaltung waren Tendenzen erkennbar, den Vorkriegszustand wiederherzustellen oder die politische und geistige Homogenität der Beamtenschaft durch die Abweisung von Juden zu bewahren. Im Auswärtigen Amt beispielsweise wurde die von Konstantin von Neurath schon 1920 eingeleitete »Reinigung« des Dienstes von »unliebsamen Neulingen« – und hier wurden besonders die Juden genannt – beharrlich fortgesetzt,[18] so daß 1927 nur noch ein jüdischer Generalkonsul für das Reich im Ausland tätig war.[19] Selbst Führungsgruppen der Wirtschaft schlossen sich vereinzelt sehr betont von Juden ab.[20]

Wie schon in der Kaiserzeit hatten es die Juden in der Provinz auch jetzt wieder besonders schwer. Ohne Rückhalt in einer starken Gemeinde vermochten sie sich auch im demokratischen Staat kaum zu behaupten. So wurde ein junger Arzt in einem Kreiskrankenhaus der Altmark sofort entlassen, als bekannt wurde, daß er Jude war. Eine Anrufung der Gerichte bot nicht die geringsten Chancen, weil dies eine völlige gesellschaftliche Isolierung zur Folge gehabt hätte und damit eine sinnvolle Weiterarbeit scheitern mußte. In einzelnen Regionen des Reiches erhielten Juden faktisch kaum eine Chance, in kommunalen oder kreiseigenen Krankenhäusern angestellt zu werden.[21]

Daß es sich bei den hier beschriebenen Entwicklungsprozessen nicht um bedauerliche Erscheinungen in Teilbereichen der Gesellschaft oder in einzelnen Regionen handelt, zeigt ein Blick auf das Verhalten der Parteien. Die Deutschnationale Volkspartei, in deren Reihen sich zunächst noch Gruppen gegen die Festlegung auf einen entschiedenen antisemitischen Kurs gesträubt hatten, schwenkte 1924 ein und beschloß, Juden die Mitgliedschaft zu versagen. Nach dem Verlust ihres radikalen völkischen Flügels meinten die Führungsgremien, der allgemeinen Stimmung in den Anhänger- und Freundeskreisen Rechnung tragen zu müssen. Um rabiate Landbundgruppen und alldeutsche Führungskräfte bei der Stange zu halten, rief die Parteileitung sogar eine völkische Arbeitsgemeinschaft ins Leben, die in den Jahren von 1925 bis 1927 eine bemerkenswerte Aktivität entwickelte.[22]

In der Deutschen Volkspartei, die sich unter dem Einfluß Stresemanns offiziell vom Antisemitismus distanzierte, gab es einflußreiche Persönlichkeiten, die sich im Kaiserreich in dieser Hinsicht exponiert hatten, und Repräsentanten von Interessengruppen, die Vorurteilen Rechnung trugen und auf jeden Fall der Meinung waren, daß Juden von verantwortlichen Stellungen in Staat und Wirtschaft ferngehalten werden sollten. Im Programm der Volkspartei hieß es – kaum mißverständlich: »Dagegen bekämpft die Deutsche Volkspartei alle Zersetzungsbestrebungen, die an Stelle des Bekenntnisses zum nationalen Staat und zum deutschen Volkstum das Weltbürgertum setzen wollen. Sie verwirft alle Bestrebungen, die unser deutsches Empfinden zurückdrängen wollen zugunsten internationaler uns wesensfremder Auffassungen. [...] Sie will das deutsche Volk deutsch erhalten und bekämpft daher insbesondere die seit der Revolution eingetretene Überflutung Deutschlands durch fremdstämmige Personen.« Der Hamburger Bankier Max M. Warburg, Mitglied der Partei seit ihrer Gründung, äußerte sich oft recht enttäuscht über die Grundstimmung in den Führungsgremien. Er harrte in diesen Jahren nur noch aus, um ein weiteres Überhandnehmen antisemitischer Strömungen zu verhindern.[23] Daß er bei diesem Bemühen erfolglos blieb, zeigt später der Widerstand, den Parteileitung und Fraktion ihrem Finanzminister Moldenhauer entgegensetzten, als dieser auf der Ernennung Hans Schäffers zum Staatssekretär in seinem Ministerium bestand. Die Aversionen gegen einen Juden in einer so verantwortungsvollen Position waren nur schwer zu überwinden, obwohl es nicht den geringsten Zweifel an den Fähigkeiten und der Arbeitskraft Schäffers gab.[24]

Das Zentrum hatte infolge seiner konfessionellen Geschlossenheit keine innerparteilichen Spannungen zu ertragen, und deshalb mußte es auch auf antisemitische Tendenzen in den Wählerschichten keine Rücksicht nehmen. Allerdings vermied es die Partei, zugunsten der Juden Position zu beziehen oder der Judenfeindschaft eine klare Absage zu erteilen. Hier wurde dann doch der antijüdischen Grundstimmung vieler frommer Katholiken Rechnung getragen.[25]

Die Deutsche Demokratische Partei, die die meisten jüdischen Mitglieder in ihren Reihen hatte und bevorzugt von Juden gewählt wurde, blieb ihren demokratischen Grundsätzen unverändert treu. Dennoch gab es Vorstandsmitglieder, die nach der Reichstagswahl 1928 bereits die Frage stellten, ob der Wählerverlust nicht darauf zurückzuführen sei, daß die DDP in der Öffentlichkeit »als Judenpartei angesehen« werde und deshalb zusehends die Gunst der Wähler verliere. Um dieses Odium abzuschütteln, wurde jüdischen Parteifreunden größere Zurückhaltung empfohlen. Freiherr von Richthofen riet sogar zu einer politischen Neuorientierung der Partei durch stärkere Annäherung an die Deutsche Volkspartei.[26] Noch wurde taktischen Erwägungen dieser Art kein Raum gegeben. Die Mehrheit der Demokraten blieb auf dem einmal eingeschlagenen Kurs und wehrte sich wie die Sozialdemokratie gegen jede Distanzierung von den Juden oder gar gegen deren Zurücksetzung. Allerdings haben gelegentlich auch Sozialdemokraten der Stimmung in bestimmten Wählerschichten Rechnung getragen und darauf geachtet, daß nicht zu viele jüdische Sozialdemokraten in Spitzenstellungen gelangten oder an exponierter Stelle in den Wahlvorschlägen auftauchten.[27]

Nach den turbulenten ersten Jahren der Republik, in denen antisemitische Funktionäre Massenleidenschaften aufputschten, durch Mord, Gewalttat, ständigen Terror und Verleumdung die Existenz der Juden in Deutschland gefährdeten und damit zugleich auch den Rechtsstaat in Frage stellten, bot die Periode von 1924 bis 1929 mehr Sicherheit und Normalität. Wenn deshalb im Blick auf diese Zeit von einem Rückgang des Antisemitismus gesprochen wird, bleibt jedoch stets die bewußte geistige und ideologische Distanzierung der Führungs- und Bildungsschicht von den Juden gerade in dieser Phase außer Anschlag, nicht minder die entschiedene, auf die Zukunft abzielende antijüdische Komponente im neuen, völkischen Nationalismus mit all seinen Folgen. Wer das Geschehen der 30er Jahre angemessen deuten will, der kann sich der Tatsache nicht verschließen, daß in dem Jahrzehnt davor Millionen in den Bann von Gedanken und Kampfmethoden gerieten, die sie später zu Aktionen antrieben oder Gewalttaten gegenüber lähmten.

Vor Beginn der ökonomischen Krise stießen die destabilisierenden Kräfte in der Republik aber noch auf Widerstand. Die Mehrheit der Bevölkerung fühlte sich durch den rabiaten Antisemitismus und den mit Totalitätsanspruch auftretenden Nationalismus herausgefordert. Viele, insbesondere die Anhänger der »Linksparteien«, identifizierten sich zwar oft nur sehr bedingt mit dem bestehenden Staat, weil er die politische Modernisierung nicht energisch genug betrieb und der soziale Ausgleich ganz unzulänglich blieb. Gleichwohl war für die meisten, die im Kaiserreich benachteiligt und gedemütigt worden waren, die Weimarer Demokratie schätzenswert. Sie bot ihnen mehr Freiheiten zur Entfaltung im Berufsleben und vor allen Dingen die Voraussetzungen für künftige Reformen. Das motivierte Millionen, ihre Kräfte für die Erhaltung der Demokratie anzuspannen.

Allerdings war den staatstragenden Parteien sowie den Regierungen in Reich und Ländern auch jetzt nicht zureichend bewußt, daß alle Anschläge auf Existenz und Sicherheit der Juden in letzter Konsequenz auf den »Parlamentarismus, die Demokratie, die Republik in ihrer gegenwärtigen Form« abzielten.[28] Um diese Erkenntnis zu vermitteln, wurden die jüdischen Organisationen immer wieder bei den zuständigen Ministerien und den Führungsgremien der Parteien vorstellig.[29] Vor allem aber bemühten sich Juden innerhalb der demokratischen Parteien um die Vermittlung dieser Erkenntnis. Darüber hinaus reihten sich viele junge Juden in die Schutzformationen der Republik ein, an erster Stelle in das Reichsbanner Schwarz-Rot-Gold. Nicht unbeträchtlich war auch die Zahl der Aktivisten, denen die Sozialdemokratie zu kompromißbereit und unentschlossen erschien und die sich deshalb der KPD anschlossen, weil sie auf deren revolutionäre Kraft vertrauten und sich von ihr die konsequente Ausschaltung der einflußreichen Förderer und Trägerschichten des Antisemitismus erhofften. Um Gefährdung und drohender gesellschaftlicher Isolierung zu entgehen, ließen sich Juden, deren Bindung an die eigene Religion und Tradition gelockert war, unter dem Einfluß der kulturellen und geistigen Prägekraft der Umwelt in verstärktem Maß taufen oder sie schlossen Ehen mit nichtjüdischen Partnern. Nicht wenige erhofften sich davon mehr

Rückhalt und größeren Schutz seitens der Gemeinschaft, in die sie sich zu integrieren versuchten.

Solange die Antisemiten außer den Juden und der organisierten Arbeiterbewegung auch das liberale Bürgertum und immer wieder die christlichen Kirchen wegen ihrer Schrifttreue angriffen, blieben ihnen dauerhafte politische Erfolge versagt. Sie lösten damit entschiedene Abwehr bei Christen und bürgerlichen Schichten aus, die sich trotz partieller Übereinstimmung dann doch existentiell getroffen oder gefährdet fühlten.

An diesem Punkt setzte Hitler 1925 bei der Wiedergründung der NSDAP an. Er verhinderte von vornherein, daß Richtungsstreitigkeiten und weltanschauliche Auseinandersetzungen innerhalb der Partei öffentlich ausgetragen wurden. Seine Bewegung sollte als geeinte politische Kraft in Erscheinung treten, in ihrer Programmatik und namentlich in den Alltagsforderungen so flexibel und anpassungsbereit sein, daß sich in ihr Menschen aller, sonst verfeindeter sozialer Schichten vereinen konnten.[30] Der Aufbau einer Massenpartei und insbesondere die Gewinnung breiter Wählerschichten – und um sie ging es nach den Erfahrungen des gescheiterten Putsches von 1923 – konnte nach Hitlers Überzeugung nur gelingen, wenn alles sozial Trennende hinter einen Grundbestand an politischer Gemeinsamkeit zurückgestellt wurde. Deshalb forderte der Parteiführer die Anhänger, die sich zur Wiedergründungsveranstaltung am 27. Februar 1925 zusammengefunden hatten, in seiner Rede auch sofort dazu auf, künftig aus »psychologischen Gründen« der Bevölkerung immer nur »einen Feind zu zeigen und gegen einen Feind zu marschieren«. Dies war für Hitler und seinen Anhang das Judentum. Um Zweifel in den eigenen Reihen auszuräumen, fügte er vieldeutig hinzu: »Man kann auch mit einem Feinde, wenn nötig, mehrere meinen.«[31]

Über die psychologischen Gründe für sein Vorgehen hat Hitler wiederholt gesprochen. Er fürchtete, seine Gefolgschaft zu demoralisieren, wenn er sie zum Kampf gegen mehrere an Zahl und Einfluß überlegene Gegner aufbot. Von großer politischer Tragweite aber waren die strategischen Überlegungen, von denen er sich leiten ließ. Er stellte das Judentum als den zentralen Feind heraus und subsumierte darunter ohne Mühe den Kapitalismus, den Marxismus und – weil er die Voraussetzung für deren Entfaltung geschaffen hatte – auch noch den Liberalismus. Diese Intention beherrschte Hitlers Denken und Handeln. Er erläuterte sie in seiner Rede zur Neugründung der Partei am 27. Februar 1925 wie folgt: »Es war derselbe Jude, der auf der einen Seite als kapitalistischer Tyrann die Massen zur Verzweiflung trieb, um auf der anderen diese Verzweiflung solange zu steigern, bis die Massen endlich [durch den ›Marxismus‹, W. J.] reif würden zum Instrument in seiner Faust.«[32]

Wenn nun nach dieser Auffassung Juden Schöpfer und Repräsentanten des Kapitalismus waren, dann konnten die Nationalsozialisten das kapitalistische System bekämpfen, ohne die Besitzverhältnisse zu verändern. Die Produktionsmittel und das Kapital mußten nur gemäß der Forderung »Gemeinnutz geht vor Eigennutz« in den Dienst aller gestellt werden. Das aber sollte – so suggerierten die Nationalsozialisten – nach der Ausschaltung der Juden und der Beendigung ihrer internationalen Transaktionen ohne Klassenkampf vonstatten gehen. Damit ließen sich nicht organisierte Arbeiter, verarmte Mittelstandsschichten, Landarbeiter und kleine Bauern, die alle Opfer der kapitalistischen Wirtschaftsordnung waren, für die NSDAP mobilisieren. Sie konnten ihre antikapitalistischen und und antibürgerlichen Ressentiments abreagieren, ohne sich mit dem Proletariat zu solidarisieren. Hitler brauchte gerade diese Menschen, weil sie zur Aktion bereit waren und für ihn auf die Straße gingen. Sie ließen sich auch indoktrinieren und begeistern und sicherten der Parteileitung damit zugleich die Distanz und Unabhängigkeit von den alten Führungsschichten und dem Besitzbürgertum. Hitler mißtraute beiden, hielt sie für politisch instinktlos und damit in der Mehrheit für Führungsaufgaben ungeeignet.

Nun war dem nationalsozialistischen Parteiführer aber auch bewußt, daß die wichtigste Voraussetzung für seinen Erfolg die Unterstützung und Förderung seitens des Bürgertums war. Um es für sich zu gewinnen oder wenigstens zum Stillhalten zu bewegen, empfahl er sich als kompromißloser und konsequenter Gegner des »Marxismus«. Indem er den »Marxismus« zum Instrument einer jüdischen Weltverschwörung erklärte, konnte er im Gegensatz zu den Parteien der bürgerlichen Rechten die Arbeiter selbst schonen und den Kampf nur gegen ihre Führung vortragen, weil sie angeblich von Juden abhängig war oder deren Weisungen befolgte. So hielt Hitler seine Partei stets offen für Abtrünnige und Enttäuschte aus dem Lager der Arbeiterbewegung, die er nicht selten auch mit den von seinen Anhängern praktizierten Kampfmethoden ansprach. Weil es ihm gelang, arbeitslose Jugendliche, versprengte Kommunisten und Gewerkschafter, Landarbeiter und Bauernsöhne für sich zu gewinnen, sahen die einflußreichen Kreise der Gesellschaft und das Gros der aktiven Christen im Führer der Braunhemden den Retter vor »Marxismus« und Revolution und den Überwinder der Klassengegensätze.

Mit dieser politischen Strategie gelang es Hitler, in den Jahren von 1925 bis 1929 alle Antisemiten zu sammeln, die nach dem Zerfall ihrer Parteien und Organisationen heimatlos waren. Dann zog er die Mitglieder der nationalen Kampfbünde und Wehrformationen an, weil diese – einmal politisiert – keinen Anschluß an die Honoratiorenzirkel der Deutschnationalen im Lande fanden. Schließlich stießen auch mehr und mehr Bürger zur

NSDAP, die aus unterschiedlichen Gründen das Vertrauen in die Demokratie verloren hatten und die deshalb die radikale Kritik Hitlers und seiner Anhänger am »System« beeindruckte. In dem Maße, in dem Parteien- und Staatsverdrossenheit um sich griffen, wurden schonungslose Kampfansagen, wie sie Hitler, Goebbels und andere Nationalsozialisten vortrugen, mit Beifall aufgenommen, selbst wenn sie als überspitzt angesehen wurden.

Sobald die NSDAP mit über 100000 Mitgliedern und einer großen Zahl von Mitläufern und Sympathisanten größeres politisches Gewicht bekommen hatte, suchten die Parteien und großen Organisationen des geistigen und politischen Umfeldes ihre Gunst und Unterstützung. Das Bündnis, das die durch Mitgliederverluste geschwächte Deutschnationale Volkspartei, der Stahlhelm und andere Gruppen mit der Partei Hitlers 1929 zur Durchführung eines Volksbegehrens gegen den Young-Plan schlossen, bot den Nationalsozialisten neue und außerordentliche Agitationsmöglichkeiten in den Provinzen und ländlichen Gebieten des Reiches. Damit trugen zahlreiche Konservative – auch wenn sie das später bestritten oder sogar bedauerten – zum neuerlichen Aufpeitschen der antisemitischen Leidenschaften bei, die dann in den folgenden Jahren nicht mehr zu beherrschen waren. Der Centralverein deutscher Staatsbürger jüdischen Glaubens hat, gestützt auf die Informationen aus seinen Mitgliederkreisen in allen Teilen des Landes, diese Entwicklung schon 1929 zutreffend eingeschätzt und auf die drohenden Gefahren für den Staat hingewiesen. Die Warnungen wurden nicht gehört, als übertrieben abgetan, galten sogar als leere Stimmungsmache.[33] Die Juden standen allein vor dem aufziehenden Unwetter.

Da die Nationalsozialisten mit ihrer Agitation für das Volksbegehren und den Volksentscheid gegen den Young-Plan gerade in einer Zeit hervortraten, in der die Wirtschaftskrise, namentlich in den Agrarregionen, spürbar wurde und die Bevölkerung zusehends erregte, konnten sie schnell Erfolge verbuchen. Jetzt zeigte sich die Überlegenheit der Hitlerschen Strategie und seiner extremen taktischen Beweglichkeit. Die NSDAP, und nicht die Deutschnationale Partei Hugenbergs, gewann das verarmte und gefährdete Landvolk, weil sie auf die Bauern statt auf die Gutsherren setzte und mit ihrer Kampfansage an den jüdischen Kapitalismus und die Ausbeutung durch die vielen angeblichen Nutznießer des »Systems«, vor allen Dingen die Banken und städtischen Zwischenhändler und Unternehmer, der Stimmung in den sozial benachteiligten Teilen der Bevölkerung Rechnung trug. So gaben bei der Reichstagswahl am 14. September 1930 über 18 Prozent der deutschen Wähler der NSDAP ihre Stimme. Sie zog mit 107 Abgeordneten in den neuen Reichstag ein und war beinahe aus dem Nichts zur zweitstärksten Fraktion des Parlaments geworden.

Die Erfolge der Hitler-Partei bei den Reichstagswahlen und den voraufgegangenen Abstimmungen in einzelnen Ländern und Gemeinden gaben dem Antisemitismus eine neue Qualität. Die Zahl der Antisemiten vermehrte sich damit sicher nicht, aber die Anpassungsbereitschaft der Bevölkerung nahm beachtliche Formen an. Dabei zeigte sich allerdings, wie weit antisemitische Vorurteile verbreitet, wenn auch aus unterschiedlichen Gründen lange zurückgehalten worden waren. Nun auf einmal äußerten sich viele »objektive« Staatsbürger mündlich oder schriftlich dahingehend, die »Judenfrage« werde wohl doch nicht grundlos diskutiert, ihre Lösung sei für die Deutschen eine zentrale Aufgabe.

Alle Deutschen, die mit weiteren Erfolgen der NSDAP oder sogar schon mit der Möglichkeit einer baldigen Regierungsbeteiligung rechneten – in der Landesregierung Thüringens amtierte seit dem 23. Januar 1930 bereits ein nationalsozialistischer Minister –, stellten sich auf kommende Ereignisse und Veränderungen ein. Unmerklich oft, gleichwohl aber sehr effektiv begann im gesamten Reichsgebiet ein Prozeß, den Hans Mayer überaus treffend als »freiwillige Arisierung« bezeichnet hat.[34] In Verlagshäusern, den Redaktionen vieler Provinzzeitungen, im Film und in der Unterhaltungsindustrie, bei mittelständischen Betrieben und Sparkassen wurde fortan darauf geachtet, daß keine Juden mehr angestellt wurden. Wo es Handhaben gab, trennten sich Unternehmen vorsorglich auch schon von jüdischen Mitarbeitern.[35] Gewerbebetriebe in Mittel- und Kleinstädten beugten sich dem Druck ihrer Kunden oder Geschäftspartner und beendeten vorteilhafte Verbindungen mit jüdischen Zulieferfirmen. Der Boykott kam nicht erst 1933 in Mode, er war schon vorher ein erprobtes Mittel der Antisemiten, um Einzelhändler, kleine Kaufleute, ja sogar Ärzte und Anwälte zur Aufgabe zu zwingen. Nicht selten bedrohten und terrorisierten auch verhetzte Belegschaften jüdische Kollegen so lange, bis sie von sich aus kündigten oder von der Betriebsleitung zur Wiederherstellung des Arbeitsfriedens entlassen wurden.[36] Schließlich setzte sogar in einigen großen Geldinstituten »eine stille, planmäßige Abwehr gegen jüdische Beamte« ein, und der ehemalige demokratische Minister und Parteivorsitzende Koch-Weser registrierte betrübt, daß in den Jahren 1931/32 »in viel geringerem Maße als früher Juden« an der Spitze großer Unternehmen in Deutschland standen.[37]

Besonders schnell und reibungslos paßte sich die Mehrheit der Intelligenz an die neuen Gegebenheiten an, wenn sie sich nicht gar dem neuen Zeitgeist verschrieb, ihn beflissen interpretierte und sich so ein Stück nach vorn tragen ließ. An den Hochschulen fühlten sich viele Professoren und Dozenten in ihren konservativen und nationalen Grundüberzeugungen bestätigt, die sie schon immer gegen das Eindringen von Juden in den Lehrkörper und den Einfluß »undeutschen Geistes« auf den Plan gerufen hatten. Nicht minder bedeutsam war aber, daß Hochschullehrer den Erfolg ihrer Arbeit an der Zustimmung ihrer Studenten und Hörer ablasen. Um sie zu gewinnen, stellte sich die Mehrheit der akademischen Lehrer auf das Zeit- und Problembewußtsein der Studenten ein. Zu Beginn der dreißiger Jahre sympathisierten die meisten Studenten schon mit dem Nationalsozialismus, und in noch weit größerer Zahl waren sie Antisemiten. Den Bildungsschichten fiel insgesamt eine erhebliche Mitverantwortung an der schnellen und wirksamen Verbreitung des antisemitischen Ungeistes zu. Sie gaben um ihrer Karriere oder der beruflichen Selbstverwirklichung willen sehr schnell die Grundsätze echter Wissenschaft und Rationalität preis. So ist es nur zu verständlich, daß der Bankier Max M. Warburg, einer der großen und selbstlosen Förderer der Wissenschaft seit Beginn des Jahrhunderts, nach den Septemberwahlen 1930 enttäuscht darüber war, wie schnell der Appell an die antisemitischen Instinkte gerade »bei Kreisen auf Resonanz gestoßen war, denen er es niemals zugetraut hätte«.[38] Das Ansehen der deutschen Wissenschaft erlitt schon in diesen Jahren vor 1933 einen schweren Stoß.

In dem Maße, in dem sich die Bevölkerung dem Nationalsozialismus zuwandte oder bei ihm für alle Fälle rückversicherte, vollzog sich auch ein Wandel in der Einstellung der Beamtenschaft in Reich, Ländern und Gemeinden. Sie blieb von der Politisierung und Radikalisierung der Bevölkerung nicht unberührt, war angesichts wachsender sozialer Not unsicher und daher nicht zum Widerstand gegen Verfassungsfeinde bereit. So unternahmen Staatsbeamte wenig, um Übergriffe gegen Juden zu unterbinden, Gewalttaten zu ahnden. In manchen Fällen wurde den Angegriffenen sogar größere Zurückhaltung nahegelegt. Die Polizei erschien nicht selten bei antisemitischen Ausschreitungen zu spät und handelte unangemessen, so etwa bei den Krawallen, die die Nationalsozialisten im September 1931 am Abend des jüdischen Neujahrsfestes am Berliner Kurfürstendamm auslösten.[39]

Obwohl jüdische Organisationen die zuständigen Behörden detailliert über Zwischenfälle unterrichteten, Beweise über Rechtsbrüche vorlegten und wertvolle Informationen über die Pläne der Antisemiten lieferten, verhielten sich die Sicherheitsorgane oft passiv. Mit Recht beklagte sich der Centralverein deutscher Staatsbürger jüdischen Glaubens darüber, daß seine »Warnungen leider allzu oft für unbegründet gehalten und die Gefahren [für die Juden und den Staat, W. J.] bagatellisiert« wurden.[40] Selbst Grzesinski, der sozialdemokratische Polizeipräsident von Berlin, empfahl den Repräsentanten der Berliner Juden in einer Besprechung nach den Ausschreitungen am Kurfürstendamm mehr Zurückhaltung und versuchte, den massiven und gesteuerten Terror der SA herunterzuspielen. Schließlich behauptete er sogar, festlich gekleidete jüdische Frauen würden auf »die verhetzten und arbeitslosen Leute aufreizend« wirken.[41] Daß immer Juden und nicht auch festlich gekleidete Mitglieder der Berliner Oberschicht zu Exzessen herausforderten, hat der Polizeipräsident offenbar nicht bedacht. Ein jüdischer Arzt aus Solingen, ehedem aktives Mitglied der Deutschen Demokratischen Partei, beschrieb im Dezember 1931 die Stimmung, die in weiten Kreisen des jüdischen Bürgertums herrschte. Sie wechsele zwischen Resignation und Empörung angesichts der Passivität der Beamtenschaft. »Die nationalsozialistische Welle steigt uns an den Hals«, fuhr er dann fort, und »es scheint mir, als ob die meisten Reichsstellen im Stillen ihren Frieden damit geschlossen hätten und sich jetzt darauf einrichten, bei dem Umschwung nicht zu fliegen.«[42]

Ende 1931 hatte ein nicht unbeträchtlicher Teil der Beamten schon das Mitgliedsbuch der NSDAP erworben oder sich ihr anderweitig verdingt. Sie waren nicht als Nationalsozialisten in den öffentlichen Dienst gekommen, sondern waren es dort geworden. Das war den Politikern und Ministern bekannt, und deshalb waren sie kaum noch in der Lage, dem Gesetz Geltung zu verschaffen. In einer Ministerbesprechung am 13. April 1932 mußte der Reichspostminister seine Ohnmacht eingestehen. In der Beamtenschaft seines Ressorts, so erklärte er, »werde von den Nationalsozialisten ein derartiger Terror ausgeübt, daß die verfassungsmäßig eingestellten Beamten vollkommen eingeschüchtert seien«. Nichts beleuchtet den Zustand der Rechtsordnung besser als die anschließende Forderung des Ministers nach Maßnahmen zum Schutz verfassungstreuer Beamter. Der Reichsfinanzminister bezweifelte sogar schon die Wirkung solcher Maßnahmen und die Durchsetzbarkeit strengerer Richtlinien, denn in der Zollverwaltung – die zu seinem Ressort gehörte – sei die Beamtenschaft »total nationalsozialistisch eingestellt«, später sprach er von ungefähr 90 Prozent.[43]

Sicherlich war diese Einschätzung der politischen Orientierung eines Teiles der Beamtenschaft durch den zuständigen Minister übertrieben. Sie zeigt aber doch, wie machtlos sich 1932 schon viele Behörden fühlten und wie wenig sie infolgedessen in der Lage waren, Juden und jüdischen Besitz angemessen zu schützen. Ein Beispiel mag diesen Vorgang noch einmal voll bewußt machen. Als das Pro-Palästina-Komitee für die zweite Jahreshälfte 1932 eine größere Veranstaltung plante, bemühte sich Staatssekretär Planck von der Reichskanzlei darum, sie möglichst eindrucksvoll zu gestalten und damit der Öffentlichkeit zu zeigen, daß die Regierung an der Seite der Juden stehe. Obwohl er die Autorität der Reichskanzlei einsetzte, ließ sich in Berlin kein geeigneter Raum für die Zusammenkunft finden. Der Staatssekretär sah sich schließlich zu der Empfehlung an die Veranstalter gezwungen, möglichst unauffällig in einem Privatgebäude zusammenzukommen. Die Reichsbehörden waren kaum noch in der Lage, einen störungsfreien Ablauf einer größeren Veranstaltung mit maßgeblicher Beteiligung jüdischer Persönlichkeiten aus allen Teilen des Reichs zu gewährleisten.[44]

Nicht minder schwerwiegende Folgen hatte die Rücksichtnahme der Ministerien in Reich und Ländern auf den antisemitischen Terror für die Personalpolitik. Die Reichsregierung verzichtete darauf, bewährte und sachkundige Experten in Verhandlungskommissionen oder Gremien zu berufen, weil sie Schwierigkeiten oder gar Widerstand fürchte.[45] Als Reichsbankpräsident Luther infolge der extremen Belastungen in der Wirtschaftskrise, denen er sich nicht mehr gewachsen fühlte, um die Jahreswende 1931/32 an die Möglichkeit eines Rücktritts dachte, notierte er resigniert in sein Tagebuch: »Aber wer könnte nach mir kommen? Den an sich brauchbaren Schäffer nimmt man nicht, weil er Jude ist und kann es auch kaum.«[46] Auch in den Ländern, in denen noch demokratische Regierungen im Amt waren, sah es kaum besser aus. Als Ende 1932 und Anfang 1933 ein neuer Intendant für die Hamburger Oper gewählt werden mußte, erfolgte die Wahl nach dem Eingeständnis des zuständigen Senatsvertreters, des jüdischen Staatsrates Lippmann, gemäß der Weisung, »es dürfe kein Jude und kein irgendwie politisch gefärbter« Mann sein.[47]

Welche Motive für solche Entscheidungen auch immer den Ausschlag gaben, Antisemitismus war es nur in den seltensten Fällen. Aber diese Beispiele – und sie stehen ja hier nur für viele andere – zeigen doch zur Genüge, wie es um das Bewußtsein des Volkes stand. Der Antisemitismus war eine Macht, die auch die Verfassungsorgane des Staates in Rechnung stellten. Um die Verwaltung vor Störungen zu bewahren, wurden Juden zurückgesetzt oder ausgeschlossen, damit die Selbstbehauptungskräfte des demokratischen Staates geschwächt und die Gegner zu immer radikalerem Vorgehen ermuntert. Daß auch einzelne Mitglieder des Reichskabinetts den Juden reserviert gegenüberstanden, darf dabei allerdings nicht übersehen werden. So hat der Demokrat Hermann Dietrich, als er 1930 das Reichsfinanzministerium übernahm, sofort damit begonnen, den angeblichen »jüdischen Einfluß im Ministerium« abzubauen. Er begründete die entsprechenden Entscheidungen mit der von den Antisemiten entlehnten Behauptung, er habe absolut nichts gegen den einzelnen Juden, ihn störe nur ihre Eigenschaft, sich immer sofort »wie ein Tintenfleck im Löschpapier auszudehnen«.[48] Auch Reichskanzler Brüning hatte starke Vorbehalte gegen Juden, wie sich an zahlreichen Beispielen nachweisen läßt.[49] Charakteristisch ist in diesem Zusammenhang, daß er den Wunsch der jüdischen Repräsentanten nicht erfüllte, auf dem Höhepunkt der antisemitischen Haßkampagne Ende 1931 und im Frühjahr 1932 in einer Rede oder öffentlichen

Stellungnahme zugunsten der bedrohten Juden einzutreten. Er fand sich nicht einmal bereit, die gleicherweise gegen die Juden und die Republik gerichteten Angriffe und Gewalttaten entschieden zu verurteilen.[50]

Die Ursache für die Unsicherheit und Unentschlossenheit der Reichs- und Landesregierungen bei der Verteidigung der Grund- und Menschenrechte der Juden lag jedoch auf anderem Gebiet. Ihr Zögern war in der politischen Instabilität begründet, denn die meisten Landesregierungen waren nur noch geschäftsführend im Amt; es fehlten tragfähige politische Mehrheiten in den Parlamenten, und die Parteien, die die Regierungen trugen oder tolerierten, waren in der Defensive. Sozialdemokraten, Staatspartei, Zentrum, Gewerkschaften, das Reichsbanner Schwarz-Rot-Gold und die 1932 gebildete »Eiserne Front« boten alle ihre Kräfte gegen den Nationalsozialismus auf und setzten beachtliche Reserven zur Rettung der Republik ein. Der Erfolg blieb ihnen aber versagt, weil die ständig wachsende wirtschaftliche und soziale Not, die zu lindern sie nicht in der Lage waren, immer mehr Menschen in Hitlers Arme trieb. Damit schwand beim staatstragenden Teil des Volkes die Hoffnung auf eine Entwicklung der Republik in Richtung auf mehr sozialen Ausgleich. Das schwächte das Selbstvertrauen der Republikaner und damit auch die Bereitschaft, sich für die Sicherheit und die Rechte anderer, besonders der Juden, einzusetzen.

Dieser Verlust der Hoffnung und die um sich greifenden Zweifel an der Fähigkeit der parlamentarischen Demokratie, die existenzgefährdende Krise der Wirtschaft zu meistern, haben nicht wenig zur Schwächung der Staatsautorität beigetragen und den Nationalsozialisten Vorteile verschafft. Es gab viele Menschen in Wirtschaft und Verwaltung, im geistigen und kulturellen Leben des Landes, die den Nationalsozialismus und ganz besonders den von ihm propagierten und praktizierten Antisemitismus ablehnten, sich aber doch auf eine Regierungsbeteiligung oder gar Machtübernahme Hitlers einstellten, weil sie sonst keinen Ausweg aus der Not mehr zu erkennen glaubten. Julius Bab hat 1931 in einer Aufzeichnung auf diesen Zusammenhang hingewiesen. Die staatsbürgerliche Stellung der Juden, so schrieb er, sei deshalb so gefährdet, weil sie nicht nur von Nationalsozialisten und anderen gesinnungsverwandten Gruppen und Parteien bedroht werde, sondern auch von vielen Kräften, die um politischer Vorteile und Ziele willen durchaus bereit seien, »das Recht der Juden preiszugeben«.[51] Diese Feststellung läßt sich ins Generelle erweitern. Viele von denen, die auf Hitler setzten oder sich ihm gegenüber kompromißbereit zeigten, wünschten keine Judenverfolgung, aber sie ordneten ihre Sorgen und Bedenken dem Ziel einer wirtschaftlichen »Erneuerung« oder »Rettung« unter.

Von solchen politischen Erwägungen aus war es nur ein kleiner Schritt bis zur – meist unbeabsichtigten – Beihilfe bei der Zurücksetzung und Verdrängung der Juden aus dem politischen und gesellschaftlichen Leben Deutschlands. Die Sozialdemokraten nahmen hin und wieder Rücksicht auf die Stimmung der Wähler und vermieden es, viele Juden als Spitzenkandidaten bei Wahlen herauszustellen oder jüdische Parteifreunde für exponierte politische Stellungen vorzuschlagen.[52] Erich Koch-Weser, der ehemalige Vorsitzende der DDP, räumte 1932 ein, seine eigene, aber auch andere demokratische Parteien hätten »die Mitwirkung von Juden« mit Rücksicht auf starke antisemitische Strömungen in der Bevölkerung und aus Furcht vor der erfolgreichen Ausbeutung dieser Tatsache durch die politischen Gegner oft vermieden.[53] Gerade dieses taktische Verhalten politisch und gesellschaftlich verantwortlicher Gruppen und Persönlichkeiten war es, was Max M. Warburg, der diese Entwicklung schon während des Ersten Weltkrieges bemerkt hatte, besonders tief enttäuschte. Er hatte von der Bildungs- und Führungsschicht mehr Einsicht in die Folgen eines solchen Verhaltens und größere Charakterfestigkeit erwartet. Schon Ende Mai 1931 zog er eine beklemmende Bilanz. »Das Beschämende in Deutschland ist, daß eine ritterliche Behandlung der Juden überhaupt nicht in Betracht gezogen wird. Ein Volk, das von den jüdischen Mitbürgern seit Jahrhunderten alles verlangt und der jüdischen Mitarbeit außerordentlich viel verdankt und dann duldet, daß in dieser rohen Weise Antisemitismus betrieben wird, indem jede Partei fürchtet, durch allzu scharfes Auftreten gegen diese Unritterlichkeit an Gefolgschaft zu verlieren, scheidet sich selbst aus der Reihe der Kulturvölker aus und ordnet sich in die Reihe der Pogromländer ein.«[54]

In den Diskussionen der letzten Jahre ist immer wieder darauf hingewiesen worden, daß Hitler vor seiner Ernennung zum Kanzler kaum noch antisemitische Drohreden gehalten habe. Das trifft mit Einschränkungen zu und gilt zudem auch schon für frühere Jahre. Eine solche Feststellung fördert die Erkenntnis aber wenig. Der nationalsozialistische Parteiführer hat sich stets auf Förderer und Wähler eingestellt. Wenn sie auf seinen radikalen Antisemitismus nicht ansprachen, wandte er sich gegen den Marxismus oder die demokratische Ordnung und meinte damit ja auch die Juden, die angeblich mit Hilfe dieser Kräfte das Volk versklaven wollten. Außerdem hatte er zu dieser Zeit die Mehrheit der Antisemiten längst hinter sich vereint oder durch Versprechungen an sich gebunden. Werben mußte er 1931/32 um andere Teile der Bevölkerung, und da mochte die extreme Judenfeindschaft partiell hinderlich sein. Zudem konnte er das Aufputschen antisemitischer Leidenschaften seinen Unterführern und den braunen Garden überlassen; sie sorgten durch herausforderndes Auftreten, Gewalttaten, Friedhofsschändungen und gezielten Terror dafür, daß der Haß nicht nachließ. Endlich konnte sich Hitler zu dieser Zeit auch schon auf das Anpassungsstreben derjenigen verlassen, die die »freiwillige Arisierung« betrieben.

Die Juden waren 1932 schon weitgehend ohne Rückhalt. Die großen staatstragenden Parteien und die Gewerkschaften waren mit ihren eigenen Problemen und Nöten beschäftigt und daher kaum noch in der Lage, sich für die Juden zu engagieren. Bei den christlichen Kirchen war es nicht anders, sie hatten sich zudem theologisch entschieden von den Juden abgegrenzt und von daher – bewußt oder unbewußt – dem Antisemitismus Vorschub geleistet. Es gab noch zahlreiche Staatsbürger – Christen und Nichtchristen – die jüdischen Kollegen, Freunden oder Nachbarn die Treue hielten, aber auch sie exponierten sich nur selten öffentlich. Gerade darauf zielte Franz Böhm ab, als er sagte: »Für den Antisemitismus waren Hunderttausende bereit, auf die Barrikaden zu steigen, Saalschlachten auszufechten, auf den Straßen zu demonstrieren; gegen den Antisemitismus rührte sich kaum eine Hand; soweit damals Parolen gegen Hitler aufgestellt wurden, rückten sie andere Dinge in den Vordergrund, aber nicht den Abscheu gegen den Antisemitismus.«[55]

Hitler registrierte sehr sorgfältig, wie die Bevölkerung mit der Abwendung von der Weimarer Demokratie auch die Rechte der Juden preisgab. Weil er nicht die Arbeiterschaft, sondern den »Marxismus« bekämpfte, nicht den Unternehmern und Kapitaleignern, sondern dem »Kapitalismus« den Untergang androhte, die Intellektuellen ebenso umwarb wie die bedrohten Mittelstandsschichten, setzten so viele Hoffnungen auf ihn. Sogar zahlreiche politische Gegner erwarteten, sich in einem NS-Regime arrangieren zu können, und um diese Eingliederung nicht zu gefährden, traten sie nicht einmal für ihre jüdischen politischen Mitstreiter oder Freunde ein, viel weniger für das Existenzrecht der gesamten Minderheit. Wie weit selbst viele von denjenigen, die aus Gründen der Selbstachtung oder der intellektuellen Redlichkeit zu ihren jüdischen Freunden standen, für den Fall der Hitlerschen Machtübernahme vorgesorgt hatten, zeigte sich sofort nach dem 30. Januar 1933. Da zerbrachen von einem Tag zum anderen Freundschaften, endeten Geschäftsverbindungen, wurden gesellschaftliche und berufliche Kontakte abrupt abgebrochen. Der jüdische Student, der schon am 30. Januar 1933 von den Kommilitonen, mit denen er eng zusammengearbeitet und sogar gefeiert hatte, demonstrativ geschnitten und zurückgestoßen wurde, ist kein Einzelfall.[56]

Hannah Arendt zeigte sich von den Verfolgungsmaßnahmen, die 1933 begannen, in keiner Weise überrascht, weil sie die Intentionen Hitlers und seiner Anhänger illusionslos und zutreffend eingeschätzt hatte. Da sie nicht als Staatsbürgerin zweiter Klasse leben wollte, leitete sie die Vorbereitungen für die Auswanderung aus Deutschland ein. Was sie vor dem Verlassen des Landes aber ganz unerwartet traf, war die Bereitschaft zur freiwilligen Gleichschaltung bei vielen geschätzten Kollegen und Freunden. Sie vollzog sich ohne Druck oder gar Terror, aus einer wie immer gearteten inneren Bereitschaft heraus. Sie wurde sichtbar in dem, was allen diesen klugen Akademikern 1933 auf einmal zum Thema Hitler und Nationalsozialismus einfiel. Dabei wurde offenbar, wie lange sie sich schon mit diesen Problemen beschäftigt und damit auf die Veränderungen eingestellt hatten. Es war ihnen nicht gelungen, in der Auseinandersetzung mit dem Nationalsozialismus Abwehrkräfte gegen den Antisemitismus zu entwickeln und eine feste christliche, politische oder weltanschauliche Gegenposition zu beziehen. Hannah Arendt bezeugt, wie sehr sie diese Erfahrung niedergedrückt und ihr den Eindruck vermittelt habe, um sie sei »ein leerer Raum« entstanden.[57]

Diese Erfahrung kann – das zeigen unzählige Dokumente und Briefe – verallgemeinert werden, wenn es auch bemerkenswerte Ausnahmen gab. Die Juden lähmte kurz vor und dann unmittelbar nach dem 30. Januar 1933 die Gleichgültigkeit und Teilnahmslosigkeit der Mitmenschen, das Gefühl, in ihrer Bedrängnis und Not alleingelassen zu sein, von Christen wie von der Mehrheit der Nichtchristen. Das lenkt den Blick auf die Stellung und Gefährdung des Menschen in der modernen Gesellschaft. So wichtig es auch immer ist, über Hitler und das nationalsozialistische Herrschaftssystem nachzudenken, zentraler ist doch – und das zeigt gerade der Blick auf die destruktive Kraft des Antisemitismus – die Frage nach den Selbstbehauptungskräften des Individuums gegenüber kollektiven Leidenschaften, Ideologien und säkularen Heilslehren. Weil seit dem späten 19. Jahrhundert und besonders mit dem Ersten Weltkrieg alle religiösen, geistigen und kulturellen Traditionen und Werte in den Dienst des Staates gestellt wurden, sie nur dann Rang und Geltung behielten, wenn sie Größe und Zukunft der Nation oder des Volkes förderten, war die Kraft erlahmt, den Ansprüchen oder Forderungen der Gemeinschaft zu trotzen, als die ethischen und moralischen Grundlagen menschlichen Zusammenlebens verletzt oder mißachtet wurden.

Der deutsche Liberalismus und seine Herausforderung durch den Nationalsozialismus

Auf dem Höhepunkt der schweren politischen und ökonomischen Krise der Weimarer Republik, im Sommer 1932, verhieß der Nationalsozialist Gregor Straßer der deutschen Bevölkerung baldige Linderung der Not. Die »Zeitwende«, so erklärte er, stehe unmittelbar bevor, denn die große antikapitalistische Sehnsucht, die das gesamte Volk erfaßt habe, müsse zwangsläufig zu der »Überwindung des Liberalismus und dem Aufkommen eines neuen Denkens in der Wirtschaft und einer neuen Einstellung zum Staat« führen.[1] Dies aber werde der entscheidende Schritt zur Befreiung der Menschen aus quälender Existenzangst sein.

Die Kritik, die Straßer und die Nationalsozialisten am freiheitlichen Rechtsstaat übten, war ganz und gar nicht originell. Sie war Gemeingut aller antidemokratischen Parteien und Gruppen, von Hitlers Anhang aber angesichts der wachsenden wirtschaftlichen Bedrängnis ständig verschärft und nach und nach von immer größeren Volksschichten übernommen worden. Die Prinzipien der liberalen Demokratie verloren angesichts des sozialen Elends Glanz und Anziehungskraft; der Chor derer, die bereit waren, die durch schwere systemwidrige Eingriffe ohnehin stark deformierte liberale Wirtschaftsordnung bedingungslos aufzugeben, übertönte die schwachen Stimmen der Vernunft. Dabei zeugte die Krise nicht gegen das kapitalistische System, sondern an erster Stelle gegen diejenigen, die es nicht zu handhaben und den Erfordernissen der Zeit anzupassen vermochten.

Daß schließlich die Grundpositionen der Demokratie, die der Liberalismus in Generationen erstritten und ausgebaut hatte, so total in Frage gestellt wurden, erklärt sich nicht nur aus der Übermacht der Gegner. Ihre Zahl war nicht zuletzt deshalb so gewachsen, weil liberale Politik nicht mehr überzeugend vertreten wurde, die Repräsentanten der liberalen Parteien unsicher und ratlos waren und es somit zu keiner klaren Willensbildung kam. Das aber lähmte die Initiative gerade in einem Moment, in dem die Dynamik und der Aktionismus der Gegner entschlossenes Handeln erforderten. Resigniert bemerkte daher ein so kluger und scharfsinniger Betrachter wie James Simon schon zu Beginn des Jahres 1931, »daß der Liberalismus zu Ende ist, daß neue Formen der Staatsauffassung im Werden sind«.[2]

Bereits in der Bismarckzeit verlor der Liberalismus mehr und mehr an Einfluß und Gestaltungskraft. Wolfgang J. Mommsen hat darauf hingewiesen, daß die Liberalen schon Ende der 70er Jahre des 19. Jahrhunderts einem Konflikt mit dem Reichskanzler auswichen, weil sie sich »der Tatsache fast schmerzlich bewußt« waren, daß die Massen Bismarck und nicht ihnen gefolgt wären.[3] Die liberalen Parteien waren damals Sammelplätze des Besitz- und Bildungsbürgertums geworden, das sich viel mit sich selbst und der Erörterung seiner spezifischen Interessen beschäftigte und darüber den Kontakt zu den politisch aktiver auftretenden und fordernden Mittelstandsschichten eingebüßt hatte. Je weniger sich die liberalen Parteien aber den immer akuter werdenden ökonomischen und insbesondere den sozialen Problemen der Zeit stellten, desto mehr begaben sie sich ihres politischen Einflusses.

Die geistige Kraft des Liberalismus indessen kam zur vollen Entfaltung, als er auf der politischen Bühne nur noch eine Nebenrolle spielte. Der Ausbau der Verwaltung, die Gestaltung der Rechtsordnung, die Entwicklung des Welthandels waren ohne die starken liberalen Impulse ebensowenig denkbar wie die entscheidenden Fortschritte im Bereich des Bildungswesens oder die großen wissenschaftlichen und kulturellen Leistungen.

Das politische Programm des Liberalismus, auf dessen Erfüllung seine Repräsentanten im Kaiserreich weithin verzichtet hatten, wurde zu einem nicht geringen Teil von der deutschen Sozialdemokratie adaptiert. Im Kampf um die Weiterentwicklung und Umgestaltung der Verfassungen in Reich und Ländern rückten die Sozialdemokraten bewußt Zug um Zug in die Positionen ein, die die Liberalen aufgaben. Auch in der Wirtschaftspolitik machte sich die Partei Bebels, infolge des Fehlens einer eigenen Theorie, lange Zeit hindurch liberale Forderungen und Auffassungen zu eigen. Friedrich Stampfer hat bezeugt, daß vor dem Ersten Weltkrieg bei der Erörterung ökonomischer Probleme immer wieder auf Eugen Richters A-B-C-Buch zurückgegriffen wurde und daß die dort vertretenen Anschauungen das Denken und Handeln der Parteigremien stark beeinflußten.[4]

In dem Maß, in dem andere Parteien und gesellschaftliche Gruppen liberale Grundsätze – und sei es auch nur partiell – übernahmen, wurde der Handlungsspielraum der liberalen Zusammenschlüsse eingeengt. Schon zu Beginn des 20. Jahrhunderts bereitete es liberalen Politikern Mühe, die eigene Position im gesellschaftlichen Kräftefeld eindeutig abzustecken. Ihrer Auffassung nach war der Liberalismus zum »Gratgänger« geworden, »der immer in Gefahr« stand, »rechts oder links abzustürzen«.[5] Aber zu dieser Zeit sah niemand die Entwicklung als bedrohlich an. Noch hielt es kaum ein Liberaler für möglich, daß die Rechtsordnung ernstlich angetastet, die Rechte des Individuums oder nationaler wie religiöser Minderheiten entscheidend beschnitten werden könnten. Den wachsenden gesellschaftlichen Spannungen und aller Machtfülle der Administration zum Trotz konnten sich die Gegner des Regimes noch immer relativ frei betätigen, besaßen beispielsweise Juden – von einzelnen behördlichen Willkürakten abgesehen – einen beträchtlichen Freiheitsraum zur Entfaltung ihrer Fähigkeiten und zur Wahrnehmung ihrer berechtigten Interessen. Der Grund kann hier nur angedeutet werden: Aus Angst vor den Folgen wagte niemand, in das labile gesellschaftliche Kräftegleichgewicht einzugreifen, und die Mehrheit der sozial führenden Schichten fühlte sich noch immer mehr oder weniger bewußt liberalen Prinzipien verpflichtet.[6]

Die grundlegende Aushöhlung der liberalen Position erfolgte im Verlauf des Ersten Weltkriegs. In dem Maß, in dem alle physischen und ökonomischen Reserven des Volkes in den Dienst des Krieges gestellt wurden, der Staat über Besitz und Interessen seiner Bürger verfügte, ließ sich die Transformation des sozialen Gefüges nicht mehr aufhalten. Weitschauende Männer haben das schon bei Kriegsbeginn erkannt. Walther Rathenau schrieb unmittelbar nach seiner Ernennung zum Chef der Kriegs-Rohstoff-Abteilung am 14. August 1914, daß er durch sein Handeln dazu beitragen werde, »die Götter zu stürzen, welche die Welt vor dem August 1914 anbetete« und durch die er selbst das unverwechselbare Individuum geworden sei. Illusionslos sprach er von der kommenden Entwicklung: »Wir stehen vor einer unabsehbaren Periode der Umschichtungen, intellektueller und materieller, einer Periode, ich scheue mich fast es auszusprechen, die vielen als die des europäischen Niedergangs erscheinen wird«.[7]

Auch Edgar Jaffé wies bereits im Winter 1914 auf die fundamentalen Folgen der Mobilisierung der gesamten Volks- und Wirtschaftskraft hin. Eindringlich warnte er vor der Illusion, daß es jemals ein Zurück zu den alten Friedenszuständen geben werde. Seiner Auffassung nach hatte das

Prinzip der unbeschränkten Freiheit des wirtschaftlichen Lebens seinen Tag gehabt.[8]

Im weiteren Verlauf des Krieges haben Wissenschaftler wie Johann Plenge, Waldemar Zimmermann und Eduard Heimann, um nur einige wenige zu nennen, alles getan, um den Politikern die Zukunftsprobleme bewußtzumachen, sie auf die Aufgaben nach dem Ende der Kämpfe vorzubereiten. Andere kritische Beobachter schätzten den Trend ebenfalls richtig ein. So reagierte der Schriftsteller Hermann Stehr auf einen längeren Bericht Rathenaus über seine Tätigkeit bei der Rohstoffbewirtschaftung im Januar 1916 treffend mit der Bemerkung, daß diese Entwicklung »ganz aus dem Rahmen gewohnter Staatsauffassung« herausfalle, ihn »fast wie die Wirksamkeit der Instanz eines sozialistisch geleiteten Staatswesens« anmute.[9] Es mag dahingestellt sein, wie sich Hermann Stehr zu jener Zeit ein sozialistisch geleitetes Gemeinwesen dachte. Hier ist nur von Belang, daß der tiefgreifende Umformungsprozeß, von dem die Wirtschafts- und Gesellschaftsordnung betroffen war, durchaus wahrgenommen wurde.

Aber nicht nur die Wirtschaft, sondern auch alle geistig-kulturellen und religiösen Kräfte wurden in den Dienst der Kriegsführung gestellt und damit in den meisten Fällen pervertiert. 1915 wies Emil Lederer darauf hin, daß es die »Natur des modernen Staats« schließlich »zuwege gebracht hat, alle geistigen Strömungen, von denen auch die Kämpfenden erfüllt sind, ...zu Kriegsideologien zu machen«.[10] Dieser Ideologisierungsprozeß, der in den Ansätzen schon im ausgehenden 19. Jahrhundert registriert worden war, trug noch mehr zur Verwirrung und Desorientierung der Liberalen bei als der Strukturwandel der Wirtschaft. Wer an der Überzeugung von der völkerverbindenden Kraft der Ideen festhielt, mußte sich ebenso als Vaterlandsfeind verleumden lassen oder eigene geheime Zweifel überwinden wie jener, der den humanen Auftrag der Wissenschaft betonte. Der Krieg, von Kaiser Wilhelm II. zum »Kampf zweier Weltanschauungen« erklärt, führte auch im Innern zur Forderung nach kompromißlosem Bekenntnis und damit zur Polarisierung der Gesellschaft.[11] Der Grat, auf dem die Liberalen zu gehen hatten, war nahezu unpassierbar geworden.

Die Repräsentanten des Liberalismus wurden schon mit den Herausforderungen während der Kriegszeit nur schwer fertig. Einige erlagen den nationalen Emotionen, gingen in das Lager der Rechten über, ja engagierten sich später sogar in den Reihen der Vaterlandspartei, wie etwa der Abgeordnete Gottfried Traub.[12] Aber auch diejenigen, die ihre Prinzipien nicht verrieten, erwiesen sich nationalen Leidenschaften gegenüber nicht immer als widerstandsfähig; vor allen Dingen zeigten sie sich beeindruckt von den vielen Beweisen der Gruppensolidarität, von den Manifestationen dessen, was man im Sprachgebrauch der Zeit als »Not- und Schicksalsgemeinschaft« bezeichnete. Der Liberalismus, der in den beiden letzten Jahrzehnten des 19. Jahrhunderts jede integrierende Kraft verloren hatte, vermochte mit den vielerlei Erscheinungsformen des Kollektivismus weder theoretisch noch praktisch fertigzuwerden.

Was im Verlauf des Krieges die Begeisterung für kollektives Denken und Handeln dämpfte und schließlich weitgehend wieder zerstörte, waren die Formen der obrigkeitlichen Bevormundung, der administrativen Reglementierung, des politischen Schematismus, durch die alles in ein System gezwängt wurde. So erfolgte als Reaktion auf die vielfältigen Unzuträglichkeiten des Zentralverwaltungsstaates noch einmal die Hinwendung zur liberalen Verfassungstradition. Bereits die »Improvisierung des Parlamentarismus« im Oktober 1918 – so Hugo Preuß über die vom Kaiser verfügte Veränderung der Regierungsform – wurde vielfach als »Wendepunkt in der Geschichte Deutschlands« angesehen.[13] Erst recht erhofften sich viele Liberale von den revolutionären Ereignissen im November 1918 Befreiung von unerträglicher Gängelung. Freilich schwang bei dem Jubel, mit dem sie, die Sozialisten und insbesondere zahlreiche Intellektuelle die Revolution begrüßten, das Gefühl der Erleichterung über das Ende der schweren Kriegsnöte mit.

Angesichts der teilweise so hochgespannten Zukunftserwartungen und der während des Krieges so stark ins Bewußtsein getretenen Erkenntnis, daß eine Rückkehr zu überkommenen Ordnungen und Systemen nicht mehr möglich sei, nimmt sich die Tendenz, an die Verfassungstraditionen des 19. Jahrhunderts anzuknüpfen, recht anachronistisch aus. Eberts Vorstellung, daß die Revolution im November 1918 die Überlieferung von 1848 verwirklichen, »der Geist von Weimar« wieder das Leben des deutschen Volkes erfüllen müsse,[14] läßt erkennen, wie schwer das Vermächtnis der Vergangenheit wog. Die permanenten Berufungen auf Traditionen – Beispiele ließen sich gerade aus dem liberalen Lager in großer Zahl beibringen – deuten auf einen schwach ausgeprägten politischen Gestaltungswillen hin. Die Liberalen haben zwar ständig an ihre große Vergangenheit erinnert, sie vermochten jedoch mit dem Erbe nicht zu arbeiten und es nicht zeitgemäß weiterzuentwickeln. Harold Nicolson hat sehr nachdrücklich auf die Tatsache hingewiesen, daß sich die amerikanische Friedensdelegation, die 1919 nach Versailles kam, auf die Verhandlungen durch intensives Studium des Wiener Kongresses vorbereitet habe. Mit Recht bemerkt er, in Versailles sei es aber nicht um die Vermeidung der Fehler von 1815 gegangen, sondern allein um die Bewältigung der Aufgaben, die ein bislang beispielloser Krieg hinterlassen hatte.[15] Ähnliches galt auch für die Politiker, die am Verfassungswerk von Weimar mitarbeiteten.

Nach den Erfahrungen, die mit der Entfesselung der Massenemotionen im späten Kaiserreich und namentlich während des Krieges gemacht worden waren, leuchtet es nur schwer ein, warum die Liberalen die neu errungene Freiheit und die so lange ersehnte parlamentarische Demokratie nur gegen Mißbrauch seitens der Regierungen und der Administrationen und nicht auch gegen Bedrohungen seitens radikaler Kräfte der Gesellschaft sicherten. Überhaupt gingen die meisten liberalen Politiker – Anton Erkelenz stellte sehr treffend fest, daß »sich ja die ganze Demokratische Partei aus Einspännern« zusammensetze – bei ihren Erwägungen vornehmlich vom rational argumentierenden und vernünftig handelnden Individuum aus,[16] das nicht von Leidenschaften, Ängsten und einem starken Sicherheitsbedürfnis beherrscht wird. Daher erklärt sich auch das unzureichend entwickelte Verhältnis der Liberalen zum Einsatz staatlicher Machtmittel.

Die Sozialdemokratie war nicht zuletzt in dieser Hinsicht echte Erbin und Bundesgenossin des Liberalismus.[17] Eduard David behandelte nach der dritten Lesung der Verfassung in einem Schlußwort das Problem, ob denn die Freiheitsrechte auch für Extremisten rechts oder links gelten sollten, für jene also, deren eindeutiges Ziel die Beseitigung der Freiheit war. Er bejahte die Frage. Die Verfassung biete, so führte er aus, ihren Gegnern die Möglichkeit, »auf legalem Wege die Umgestaltung in ihrem Sinne zu erreichen«, vorausgesetzt freilich, daß sie die Mehrheit des Volkes »für ihre Anschauungen« gewännen. Und ohne zu erläutern, wie weit er den Begriff der Legalität gefaßt sehen wollte, ob namentlich wirtschaftlicher Druck, geistiger und psychischer Terror auf die Wähler abgewehrt werden sollten, faßte er zusammen: »Wer den Willen des Volkes für seine politischen Auffassungen und Ziele gewinnt, der gewinnt das Recht, das Steuer des Reiches zu führen. Die Bahn ist frei für jede gesetzlich-friedliche Entwicklung«.[18] Angesichts der zahlreichen Gewalttaten, die bis zur Verabschiedung der Verfassung von rechten und linken Extremisten bereits verübt worden waren, der skrupellosen Entfesselung aller Haßgefühle seitens der völkischen Verbände hätte der Reichsinnenminister diese Gelegenheit zu einer Klarstellung nutzen können. Die Gegner der Verfassung durften keinen Zweifel hegen, daß auch die Freiheit ihren Preis hat und die demokratischen Parteien entschlossen waren, die neue Ordnung mit allen Mitteln zu verteidigen.

Grundsatztreu widersetzten sich die Liberalen aller Lager der immer wieder aus Wählerkreisen an sie herangetragenen Forderung, den Radikalismus rücksichtslos zu bekämpfen oder – wie es im damaligen Sprachgebrauch hieß – dem »Terror mit Terror zu begegnen«.[19] Sie wußten nur zu genau, daß eine Rechtsordnung nicht mit rechtswidrigen Mitteln zu erhalten war. Insofern haben sie einer starken Herausforderung widerstanden. Auf der anderen Seite waren die Versuche, vom Terror bedrohte Bürger zu schützen, sozial Schwache vor Erpressungen zu bewahren und die Chancengleichheit in allen Bereichen des öffentlichen Lebens auszubauen, nur sehr schwach und halbherzig. Daß auch dadurch die Demokratie untergraben und ausgehöhlt wurde, ist vielen liberalen Politikern und Publizisten keineswegs hinreichend bewußt geworden.

Die liberale Demokratie erhielt einen ersten schweren Stoß, als die sie tragenden Parteien mit Rücksicht auf eine mobilisierte öffentliche Meinung sich von namhaften Politikern distanzierten, ihre Freiheit in der Kandidatenauswahl infolge organisierter Gegenaktionen nicht mehr voll wahrnahmen.[20] Noch folgenschwerer war es, daß die Regierungen der Republik Wehrverbände, völkische Organisationen und endlich die Nationalsozialisten nicht hinderten, unter dem Vorwand, Ruhe und Ordnung schützen, Freiheit und Eigentum der Bürger garantieren zu wollen, Willkürakte gegen Andersdenkende durchzuführen. Hitler hat unbehelligt in das Land hinausgeschrien, die Republik, die verfassungstreuen Parteien und die Staatsorgane seien nicht willens und nicht in der Lage, mit der Herausforderung durch den Kommunismus fertigzuwerden. Die liberale Demokratie, so hieß es, sei niemals eine Alternative zur Sowjetunion und zu der von dort gesteuerten revolutionären Weltbewegung. Eben dadurch, daß die liberalen Parteien dies hinnahmen, daß sie untätig blieben, bewiesen sie ihre politische Schwäche und ihre geringe Integrationskraft. In Untätigkeit verharren hieß in einer politisch so brisanten Lage, dem Gegner das Gesetz des Handelns zu überlassen. Die eigenen Wähler und Anhänger hat nicht zuletzt diese Passivität demoralisiert.

Die schwache politische Gestaltungskraft der liberalen Parteien wurde auch in anderen Bereichen sichtbar. Als die Erschöpfung der Kriegszeit gewichen, das Gefühl der Erleichterung über die Befreiung von Zwang und Bevormundung verflogen war, die Menschen sich wieder im Alltag zurechtfinden mußten, wurde ihnen langsam bewußt, wie grundlegend der Krieg in ihr Dasein eingegriffen, ihre Existenz verändert und vielfach die Sicherheit zerstört hatte. Im gleichen Maß wuchs die Erkenntnis, wie lang der Weg von der Feststellung, der Krieg müsse für das gesamte innere »Leben und Dasein eine wesentliche Neuformung« zur Folge haben,[21] bis zu deren Realisierung war. Das Gros der verantwortlichen Politiker und Beamten war von der Einsicht in die Notwendigkeit struktureller Veränderungen weit entfernt. Die meisten trachteten vielmehr danach, wirtschaftlich und sozial schnell wieder zu normalen Verhältnissen, und das hieß zum Zustand der Vorkriegszeit, zurückzukehren.[22]

Der Staat konnte jedoch, nachdem er während des Krieges zum größten Arbeitgeber geworden war, nicht die alte Friedenswirtschaft wiederherstellen, ohne Millionen Menschen brotlos zu machen. Den sich daraus ergebenden Zwang zu ganz neuen Formen der Gemeinwirtschaft hat Walther Rathenau am stärksten empfunden. Mochten die Pläne, die er in Zusammenarbeit mit Wichard von Moellendorff entwickelte, teilweise recht unzulänglich sein, sie gaben doch sehr starke Anstöße zur Neubesinnung. Aber davon wollten weder die Repräsentanten seiner eigenen Partei noch andere liberale Gruppen und Kräfte etwas wissen. Die Regierungen der Republik haben zweifellos die Verantwortung für die Übergangswirtschaft übernommen. Die Lösung aber, die sie fanden, durch Fortsetzung der Inflation Arbeitsplätze zu erhalten und zu sichern, vermehrte langfristig das Übel, und die Folgen waren unübersehbar.

Im Verlauf der Inflation verloren nicht zuletzt gerade die Schichten des Volkes ihren wirtschaftlichen und finanziellen Rückhalt, auf die sich der Liberalismus bislang vornehmlich gestützt hatte. Sie verlangten von der Regierung nach der Währungsstabilisierung Hilfe beim Aufbau einer neuen Existenz oder Beistand bei der Bewahrung der alten. Ganz allgemein erwarteten die Bürger vom Staat, der von ihnen so viele Opfer und Leistungen gefordert hatte, die Befriedigung ihres nun sehr viel stärker ausgeprägten Sicherheitsbedürfnisses.[23]

In diesem Bereich hatte sich überhaupt ein starker Bewußtseinswandel vollzogen. Die Staatsbürger beanspruchten einen immer größeren Freiheitsraum, um ihre Kräfte und Fähigkeiten voll entwickeln zu können. Da sie damit nicht selten bis an die Grenzen der Leistungsfähigkeit vorstießen und sich infolgedessen das Risiko vermehrte, wünschten sie vom Staat zugleich weitgehende soziale Absicherung und solidarische Hilfe in Notzeiten. Hermann Goldschmidt-Faber, der im Frühjahr 1919 Möglichkeiten und Grenzen liberaler Politik unter den veränderten Nachkriegsbedingungen diskutierte, hat auf die außerordentlichen Spannungen, die sich aus diesem Sachverhalt ergaben, mit großem Nachdruck hingewiesen. Er sah allenthalben das »Verlangen nach Selbstbehauptung und zugleich nach Solidarität, nach wirtschaftlichem Individualismus und Sozialismus, nach politischer Aristokratie und Demokratie, nach einer eigenartigen Entwicklung der Geschlechter und doch wieder nach verständnisvoller Geistes- und Arbeitskameradschaft, nach einer Welt- und Nationalkultur, nach einer Befreiung von kirchlicher Autorität, aber doch auch nach einem religiös-metaphysischen Sinn des Lebens«.[24]

Die liberalen Politiker haben die existentielle Unruhe, in die ihre potentiellen Anhänger und Wähler aufgrund dieser Bewußtseinsspaltung gerieten, nicht zureichend erkannt und ihr in der praktischen Politik kaum Rechnung getragen. Sie sicherten den individuellen Freiraum, förderten die soziale Integration aber ganz unvollkommen. Der demokratische Liberalismus blieb zu stark der Tradition verhaftet. Im Spannungsfeld zwischen den Idealen von gestern und den Erfordernissen des Tages wurden die besten Kräfte aufgezehrt; der Handlungsspielraum verringerte sich auf ein Minimum.[25] Auch im geistig-ideologischen und erst recht im religiösen Bereich haben die Liberalen dem Streben nach Bindung oder Sinngebung in keiner Weise Rechnung getragen. Sie hatten – worauf Karl Dietrich Erdmann einmal in einem generellen Zusammenhang hinwies – kaum eine Vorstellung von »Bedingungen und Wirksamkeit einer parlamentarischen Demokratie in einer modernen Industriegesellschaft«.[26]

Die innerparteilichen Auseinandersetzungen, die vielfach zutage tretende Richtungslosigkeit in der Politik haben die liberalen Parteien mehr und mehr gelähmt. So verloren sie im Zeichen der sich ständig verschärfenden sozialen Konflikte den größten Teil ihrer Anhänger. Während der Weltwirtschaftskrise endlich fiel der Liberalismus als politische Kraft ganz aus. Die Schrecken der Inflationszeit standen den liberalen Politikern so plastisch vor Augen, daß sie aus Furcht vor einer möglichen Wiederholung dieses Debakels in der großen Depression jeden Gedanken an staatliche Arbeitsbeschaffungsmaßnahmen zurückwiesen. Sie haben die eindringlichen Warnungen ihres britischen Parteifreundes John Maynard Keynes vor den unübersehbaren sozialen Folgen der Deflation überhört oder verdrängt, die zu dieser Zeit durchaus schon lebhaft erörtert wurden. In dem Bemühen, die Währung vor einem neuen Kollaps zu bewahren, ließen sie es zu, daß die Wirtschaft ruiniert wurde.[27] Voller Verzweiflung haben Kommunalpolitiker und einzelne Wissenschaftler die liberalen Mitglieder des Kabinetts Brüning auf die Folgen ihrer Entscheidungen aufmerksam gemacht. Erfolge zeitigten derartige Bemühungen nicht, die Parteigremien konnten sich nicht dazu entschließen, neue Methoden zur Lösung der schweren wirtschaftlichen und politischen Probleme überhaupt zu diskutieren.[28]

Wie wenig die Liberalen in der Schlußphase der Weimarer Republik überhaupt noch auf die Herausforderung durch den Nationalsozialismus reagieren konnten, zeigte sich auf allen Gebieten. Trotz aller Kriegserfahrungen standen sie staatlichen Planungs- oder Lenkungsaufgaben ablehnend gegenüber. Gemeinwirtschaftspläne, wie sie Rathenau vertreten hatte, erschienen ihnen bereits als Vorbereitung des Faschismus. Dabei haben sich einzelne Repräsentanten des Liberalismus dort, wo sie staatliche Arbeitsbeschaffungsmaßnahmen oder Gemeinschaftsprojekte kennenlernten, durchaus beeindruckt gezeigt. Der demokratische Finanzminister Peter Reinhold beispielsweise, der im Frühjahr 1927 Italien besuchte und in Rom auch von Mussolini empfangen wurde, reagierte positiv auf die wirtschafts- und sozialpolitischen Maßnahmen der Faschisten, wohingegen ihn die geistige Unfreiheit außerordentlich schockierte.[29] Aus ähnlichen zwiespältigen Gefühlen heraus haben liberale Demokraten der Verbindung ihrer Partei mit dem Jungdeutschen Orden zugestimmt. Gerade ein intellektueller Individualist wie Theodor Wolff fand Gefallen an den Jungdeutschen, ihr Tatendrang und der Gemeinschaftsgedanke beeindruckten ihn. Er empfand es als Mangel, daß der Republik gerade diese Kräfte fehlten.[30]

Mit einer Mischung aus Anerkennung und Abscheu reagierten bis in das Jahr 1933 hinein Liberale selbst auf den Nationalsozialismus. Ich nenne in diesem Zusammenhang nur Friedrich Meinecke, der im Frühjahr 1933 auf die »gewaltige dynamische Kraft« der Nationalsozialisten verwies, die sie in den Stand setze, binnen weniger Monate Aufgaben zu lösen, die seit vielen Jahren anstanden. Aber Meinecke registrierte zu gleicher Zeit auch das Ausmaß an Terror und Gewalt, war besorgt über die Maßnahmen zur Knebelung der Freiheit.[31]

Der politische Liberalismus hat der Herausforderung durch den Nationalsozialismus nicht standgehalten, weil er die Folgen der großen sozialen Umwälzungen nicht erkannte und ihnen deshalb nicht Rechnung tragen konnte. Es kam im 20. Jahrhundert nicht mehr allein darauf an, die Freiheit des Bürgers gegenüber dem Staat und seinen Organen zu bewahren. Der einzelne mußte auch gegen offenen und versteckten Druck seitens gesellschaftlicher Machtgruppen geschützt werden. Damit er seinen Platz in einem System vielfältiger Abhängigkeiten aber erst einmal behaupten konnte, mußte er umfassend gesichert werden. Von einem Staatsbürger, der sich in einem Zustand äußerster Existenzangst befand, war es unbillig, rationales Handeln und politische Vernunft zu erwarten. Resigniert haben liberale Politiker nach 1933 eingeräumt, daß einige ihrer Anhänger trotz starker Vorbehalte, ja sogar nach Überwindung großer Furcht, zu den Nationalsozialisten übergegangen seien, weil sie dort einen Funken Hoffnung sahen oder weil sie dort vorhandene Zukunftsgläubigkeit betörte.

Ich möchte diese Überlegungen nicht abschließen, ohne ein Plädoyer für die moralische und geistige Widerstandskraft vieler Liberaler zu halten. Nachdem der Liberalismus als politische Bewegung keine Bedeutung mehr hatte, blieben die »Einspänner«, denen eine gemeinsame Willensbildung und solidarisches Handeln so schwer gefallen waren, ihren Prinzipien im allgemeinen treu. Besonders im religiösen, geistigen und kulturellen Bereich sind Liberale – das sollte nicht außer acht gelassen werden – konsequenter und entschlossener für ihre Überzeugungen eingestanden als die Mitglieder mancher großen Partei und die Repräsentanten achtbarer Verbände und Institutionen.

Dabei ist zunächst festzuhalten, daß sich zur »Lebensanschauung des Liberalismus« – ich verwende hier bewußt den Terminus Goldschmidt-Fabers – noch 1933 mehr Menschen bekannten, als jemals in liberalen Parteien, Verbänden oder Clubs organisiert gewesen waren. Viele hatten den Vereinigungen den Rücken gekehrt, ohne ihre Grundhaltungen und Prinzipien im geringsten zu verleugnen. Einer großen Zahl liberaler Intellektueller war es ergangen wie John Maynard Keynes, der 1925 auf die Frage, ob er ein Liberaler sei, mit ja geantwortet, dann jedoch hinzugefügt hatte, der Anblick der Parteien stimme ihn allerdings traurig, weil die Parteifragen des 19. Jahrhunderts tot, die künftigen aber noch nicht einmal in Umrissen zu erkennen seien.[32] In der Verwaltung und Wirtschaft, in den freien Berufen, an den Hochschulen und in der Publizistik paßten sich Liberale dem Nationalsozialismus nicht an und machten keine Zugeständnisse an den sogenannten Zeitgeist. Insbesondere im regionalen Bereich, wo sie dank ihrer Leistungen geachtet waren und stärkeren Rückhalt in der Gesellschaft besaßen, trotzten sie allen Erpressungen und Verlockungen der Nationalsozialisten. Die Zahl liberaler Politiker, die zur Zusammenarbeit mit den neuen Machthabern bereit waren, ist verhältnismäßig klein.

Nachhaltig und oft auch erfolgreich widerstrebten viele Liberale der geistigen Gleichstellung. In manchen Bereichen haben die Nationalsozialisten ihren ideologischen Totalitätsanspruch nur langsam, oft überhaupt nur bedingt, durchzusetzen vermocht. Bei dem harten Urteil, das noch immer über die liberale Theologie gesprochen wird, bleibt meistens vollkommen außer acht, daß ihre Vertreter in der Regel ihre Überzeugungen entschieden behauptet und sich allen volkskirchlichen Versuchungen gegenüber als weniger anfällig erwiesen haben als positive Lutheraner. In gleicher Weise haben Publizisten in einigen großen Tageszeitungen dem Ungeist der Zeit tapfer widerstanden. Beim Ringen um Einfluß in Schule und Hochschule, in Volksbildungsstätten und im Theater sahen die Nationalsozialisten, das hat Goebbels immer wieder betont, in den Repräsentanten des Liberalismus ihre Hauptgegner. In dieser Beziehung galt der Liberalismus, und damit kehre ich zum Ausgangspunkt unserer Überlegungen zurück, noch immer als ein ernstzunehmender Kontrahent. Selbst 1935 hatten sich die Nationalsozialisten nach eigenem Eingeständnis mit dem übermächtigen »Erbe des Liberalismus« in der Schule auseinanderzusetzen. Lautstark wurde darüber geklagt, daß zahlreiche Pädagogen nach wie vor »das Reinmenschliche in Form der ungebrochenen Individualität« bei den Schülern zur Entfaltung bringen wollten.[33]

Beispiele dieser Art ließen sich noch in größerer Zahl beibringen. Sie vermögen unsere These zu stützen, daß der deutsche Liberalismus nach seinem politischen Scheitern eine geistige Kraft darstellte, die den Nationalsozialisten die Durchsetzung ihres Totalitätsanspruchs erschwerte und partiell unmöglich machte. Theodor Heuss' Mahnung, die er anläßlich der Selbstauflösung der Staatspartei an Anhänger und Freunde richtete, auch künftig »dessen eingedenk zu bleiben, was die bürgerliche Freiheit für den Aufbau des deutschen Nationalbewußtseins bedeutet hat und bedeuten wird«,[34] ist in kleinen Kreisen getreuer Anhänger sehr ernstgenommen worden. Mehr noch, viele Liberale blieben auch unter dem Nationalsozialismus den geistigen Prinzipien ihres Lebens verpflichtet, oft gerade dann, wenn es ihnen an politischer Gestaltungsmöglichkeit fehlte.

Brünings Deflationspolitik und der Untergang der Weimarer Republik

Wenige Tage nach der Demission der Regierung Brüning faßte der ehemalige Reichsminister und langjährige Vorsitzende der Deutschen Demokratischen Partei, Erich Koch-Weser, seine Beobachtungen und Erkenntnisse in einer bemerkenswerten Notiz zusammen. »Es scheint«, so schrieb er, »daß Brüning sein Schicksal sehr tragisch empfindet. Er selbst schien ja des beinahe fanatischen Glaubens zu sein, ›bereits nur hundert Meter vom Ziel entfernt‹ gewesen zu sein. Allen Mitmenschen bleibt es ein Rätsel, warum er es geglaubt hat, denn für alle anderen sehen das Wirtschaftsleben und die Aussichten der Außenpolitik trüber aus als je.« Am Schluß seiner Überlegungen zog Koch-Weser dann das Fazit: »Vor der Geschichte hat er vielleicht sein Ansehen gerettet, indem ihm in die Katastrophe zu führen erspart geblieben ist«[1].

Die Tatsache, daß unter den Regierungen Papen und Schleicher die politische Ordnung der Republik rasch verfiel, die demokratischen Kräfte hoffnungslos in die Defensive gerieten und sich den Herausforderungen durch die Nationalsozialisten nicht mehr gewachsen zeigten, nach Hitlers Ernennung zum Reichskanzler schließlich binnen kurzer Zeit brutal ausgeschaltet wurden, ist dem Reichskanzler Brüning und der Beurteilung seiner Politik in der Folgezeit zugute gekommen. Vor dem Hintergrund der Ereignisse, die seit dem Juni 1932 das deutsche Volk in Atem hielten und schließlich sogar in Furcht und Schrecken versetzten, erschien die Regierungszeit des prinzipienstarken, menschlich bescheidenen, fast asketischen Zentrumsmannes nur zu bald in einem verklärten Licht. Der Eindruck des Scheiterns, den Koch-Weser gehabt hatte, verflüchtigte sich. Aus der Rückschau erschien die Regierung Brüning mehr und mehr als letztes starkes Bollwerk der Republik.

Die Stimmen derer, die gleich Koch-Weser engagierte Demokraten und entschlossene Republikaner waren und schon während der Amtszeit Brünings Zweifel an der Richtigkeit seiner Politik geäußert, sie wegen ihrer Folgen sogar leidenschaftlich bekämpft hatten, sind kaum gehört worden. So hat Brüning in der Tat durch seinen Rücktritt Ende Mai 1932 vor der Geschichte sein Ansehen gerettet. Obwohl in der wissenschaftlichen Literatur der letzten 20 Jahre dieser Mythos, der um Brüning entstanden war, bereits in Frage gestellt worden ist, hat er schließlich doch erst durch seine posthum erschienenen Memoiren den bisher schwersten Stoß erhalten.[2] Karl Dietrich Bracher hat unmittelbar nach der Publikation der so lange zurückgehaltenen Erinnerungen darauf hingewiesen, daß damit »viele Illusionen zerstört« und namentlich die These von der unausweichlichen Notwendigkeit des Brüningschen Kurses widerlegt worden seien. Die vom Kanzler so nachdrücklich geförderte »oligarchisch-autoritäre Regierungskonstruktion« habe keineswegs zur Eindämmung der Krise und zur Rettung der Demokratie beigetragen, sondern eher den Kräften Vorschub geleistet, die ihn schließlich zu Fall brachten. Auch die Legende vom Sturz auf »den letzten hundert Metern vor dem Ziele«, an der Brüning seit seiner Reichstagsrede vom 11. Mai 1932 unaufhörlich gearbeitet habe, um sein Scheitern zu überdecken, sei durch ihn selbst weithin widerlegt worden.[3]

Noch nachdrücklicher als Bracher hat Ernest Hamburger auf Brünings mangelndes Interesse für demokratische Institutionen, seine Unkenntnis gesellschaftlicher Prozesse und insbesondere auf seine »Volksferne und Volksfremdheit« hingewiesen.[4] Der ehemalige sozialdemokratische Politiker machte auf Maßnahmen und Versäumnisse aufmerksam, durch die Brüning die demokratische Republik aushöhlte. Die Wirtschafts- und Finanzpolitik Brünings aber hat Hamburger als ehemals politisch Mithandelnder, der so wenig wie seine Partei über einen Alternativplan verfügte, mehr oder weniger verteidigt. Seiner Auffassung nach waren die rigorosen Restriktionsmaßnahmen in »einem erheblichen Umfang, objektiv gesehen, unvermeidlich«. Er erinnert die Kritiker Brünings in diesem Bereich an das »subjektive Element«, das nur allzu leicht übersehen werde, an den tiefsitzenden Schrecken vor der »galoppierenden Inflation, der ja erst sieben Jahre vor Brünings Amtsantritt ein Ende gesetzt worden war, so daß selbst eine beschränkte Kreditausweitung im gesamten Volk außer bei den Sachwertbesitzern eine Panik ausgelöst haben würde«. Hamburger räumt zwar ein, daß um der »außenpolitischen Zielsetzungen« willen »die unsoziale Komponente in dieser Politik« überspannt worden sei, aber er steht doch auch diesem Ziel nicht vollkommen ablehnend gegenüber. »Die Not der Massen sollte eindrucksvoll demonstriert werden, um die Streichung der Reparationen als unbedingt notwendig zu erweisen. Darüber hinaus sollte die Deflationspolitik Deutschland nach Überwindung der Wirtschaftskrise den besten Start und eine künftige wirtschaftspolitische Überlegenheit sichern«[5].

Hamburger weiß im Gegensatz zu Brüning rückschauend allerdings, daß dieses Ziel der Deflationspolitik unerreichbar war, der Kanzler mithin niemals kurz vor dem Erfolg gescheitert sein konnte. Der Frage jedoch, wie weit durch diese Politik mehr als durch alle anderen Maßnahmen und taktischen Finessen die Demokratie zerstört worden ist, geht er in seinen Betrachtungen nicht nach. Er weicht bei seinem Rückblick einer klaren Stellungnahme zur Deflationspolitik geradeso entschieden aus, wie sich der Kanzler dazu bekennt. Dagegen findet Ludwig Volk in seiner Auseinandersetzung mit Brünings Memoiren es »schlichtweg unverständlich«, daß die in den 38 Jahren vom Rücktritt des Kanzlers bis zu seinem Tode entbrannte Kontroverse um seine Wirtschaftspolitik darin völlig ignoriert wird[6].

Dies gilt freilich auch für die meisten handelnden Politiker und Parlamentarier, die Mehrheit der Wirtschaftstheoretiker und -praktiker sowie deren wissenschaftliche und publizistische Parteigänger. Sie haben mit Eifer die Schwächen der parlamentarischen Demokratie, der Verfassung und des Parteiengefüges diskutiert, die politischen Vorbelastungen sowie die mangelnde Urteilsfähigkeit des deutschen Volkes für den Untergang der Weimarer Republik verantwortlich gemacht und damit die Frage nach einer fehlerhaften oder unzulänglichen Politik der Regierungen und der demokratischen Parteien verdrängt. Dabei entstand nur zu oft der Eindruck, als werde von den Politikern und Nationalökonomen die Verantwortung der falschen Seite, nämlich der betroffenen Bevölkerung, aufgebürdet. Brüning ist zweifellos der entschiedenste Exponent der Deflationspolitik gewesen, seine Regierungszeit erschien Millionen Deutschen – und gerade auch im demokratischen Lager – als eine Periode permanenter Notverordnungen. Aber der Kanzler verfolgte diese Politik lange Zeit doch in Übereinstimmung mit der Mehrheit der verantwortlichen Gremien in Politik, Wirtschaft und Gesellschaft. Da diese Mehrheit, die keine Alternative sah, sich von der Mitverantwortung für diesen Kurs nicht freisprechen konnte, wich sie jeder Erörterung der Probleme aus. So wurde das »System«, darauf hat Anton Erkelenz schon zu Beginn des Jahres 1934 warnend hingewiesen, »mit volkswirtschaftlichen und politischen Irrtümern [belastet], die nicht mit ihm verbunden« waren und die auch jede andere politische Ordnung erschüttert oder diskreditiert hätten[7]. Volk hat die Geschichtswissenschaft mit dem Hinweis darauf, »daß die Weltwirtschaftskrise nicht wie ein Naturereignis hinzunehmen« sei, »daß sie vielmehr einen gewaltigen Denkanstoß auslöste und als Lehrstück von globalem Ausmaß und epochalem Rang in die Geschichte der Nationalökonomie einging«, nachdrücklich herausgefordert[8]. Zunächst sollte ergründet werden, warum darüber wie über den Wandel der volkswirtschaftlichen Vorstellungen, der mit dem Namen Keynes verbunden ist, in Brünings Erinnerungen wie in seinen seither edierten Briefen und Gesprächen aus der Emigrationszeit[9] kaum ein Aufschluß gegeben wird. Ebenso entscheidend ist die Frage, ob denn wirklich außenpolitische Rücksichten und vertragliche Bindungen eine Alternative zur Deflationspolitik nicht zuließen, wie Brüning glauben machen will. Vor allem gilt es, die herausfordernde These Volks zu prüfen, wonach Brüning auch beim Fehlen außenpolitischer Rücksichten »allein aus innerer Überzeugung den Restriktionskurs eingeschlagen und mit konjunkturbelebenden Maßnahmen auf das verzichtet hätte, was man später eine aktive Wirtschaftspolitik genannt hat«.

Zu einer gründlichen Erörterung dieses Fragenkomplexes reicht der hier zu Gebote stehende Raum auch nicht annähernd aus. Mit der vorliegenden Skizze ist beabsichtigt, einige Probleme schärfer zu akzentuieren, vor allen Dingen aber Anstöße für neue Forschungen zu geben. Der Verfasser stützt sich dabei auf einige Vorarbeiten[10], er ist besonders dankbar, daß er für zentrale Teile seiner Beweisführung Ergebnisse eines größeren Forschungsprojekts verwerten konnte[11]. Die eigene langjährige Auseinandersetzung mit diesem Forschungsgegenstand und eigenes Quellenstudium dienen vor allen Dingen dem Nachweis, daß die Kritik an Brünings Deflationspolitik nicht die Weisheit derer ist, die vom Rathaus kommen, sondern daß sie bereits während seiner Kanzlerzeit vehement in Erscheinung trat. Sie dominierte beim Sturz des Kanzlers Ende Mai 1932 gerade in den staatstragenden Bevölkerungsschichten. Die Rechtfertigung ist weit mehr ein Produkt späteren Bewußtseinswandels.

Es besteht kein Zweifel, daß die langjährige Inflationsperiode, die während des Ersten Weltkrieges begann und 1923 ihren Höhepunkt und Abschluß erreichte, das Denken der deutschen Bevölkerung nachhaltig beeinflußte und das Handeln aller politisch Verantwortlichen maßgeblich bestimmte. Obwohl sich nur wenige über Ursache und Wirkung dieser Inflation Rechenschaft ablegten und die Frage der Verantwortung niemals ernsthaft untersucht und diskutiert wurde, hatten sich die Politiker und Experten in Wirtschaft und Verwaltung doch gelobt, »es nie wieder in Deutschland zu einer Geldentwertung kommen zu lassen«[12]. Vereinzelt haben kritische Zeitgenossen die Gefahr erkannt, die eine solche Reaktion heraufzubeschwören vermochte. Der Bankier Felix Somary wies schon 1926 in einem Vortrag auf den Schrecken hin, den die Vernichtung der Ersparnisse einer Generation mitteleuropäischen Bürgertums verbreitet habe. Nachdem damals die Währung geopfert worden sei in der Hoffnung, die Wirtschaft zu retten, müsse befürchtet werden, daß nun beim Nahen einer neuen Krise – und Somary war von deren Kommen überzeugt – alle Kräfte darauf konzentriert würden, die Währung zu retten, selbst wenn dies zur Zerstörung der Wirtschaft führe[13].

Eine solche Einsicht, die sehr gründliche Kenntnisse der komplexen wirtschaftlichen Zusammenhänge und Mechanismen voraussetzte, besaßen aber nur wenige Menschen. Zudem neigten die Praktiker in der Verwaltung und Wirtschaft in der Regel nicht zur Skepsis oder gar zum Pessimismus. Sie waren vielmehr froh, daß nach den Nöten der Inflation endlich wieder die Voraussetzungen für eine »normale« Wirtschafts- und Finanzpolitik gegeben waren. Ihre ganze Kraft galt daher der Bewältigung der Tagesaufgaben, und dabei waren genügend systemwidrige Störungen zu überwinden. Ja, angesichts der Vielzahl der durch Krieg und Inflation verursachten Schwierigkeiten kamen weder den Politikern noch den Praktikern der Wirtschaft die vielen Symptome der beginnenden Depression zum Bewußtsein. So war die Krise schon relativ weit fortgeschritten, als sich die Mehrheit des Reichstags und die Regierung im Frühjahr 1930 entschlossen, ihr durch generelle Maßnahmen zu begegnen. In dieser Lage wurde zweifellos die Ernennung des Fraktionsvorsitzenden der Zentrumspartei, Heinrich Brüning, zum Reichskanzler begrüßt. Wohl war Brüning unter Umständen an die Macht gelangt, die eine Absage an das parlamentarische System signalisierten, aber angesichts der angespannten Kassenlage des Reiches erwartete eine Volksmehrheit von dem Finanzfachmann Brüning, der in eingeweihten Kreisen zudem als vorzüglicher Kenner des Reichshaushalts galt und dessen persönliche Integrität außer Zweifel stand, die Rettung aus der Bedrängnis[14]. Freilich mischte sich in diese Hoffnungen sehr viel Sympathie seitens der Rechten für einen konservativen Politiker, der sich bewußt als Exponent der tatbereiten Frontsoldatengeneration vorstellte und dessen Kritik an der parlamentarischen Demokratie in den sogenannten nationalen Kreisen mit viel Beifall aufgenommen wurde[15].

Die erste und wichtigste Aufgabe, die sich Brüning bei der Übernahme der Kanzlerschaft gestellt hatte, war die Sanierung der Reichsfinanzen. Er hat die darauf abzielende Politik mit Hilfe des Notverordnungsrechts »energischer als früher und, je mehr die Konjunktur verfiel, mit immer größerer Härte durchgeführt«, damit freilich die Schwierigkeiten eher vermehrt als gemindert[16]. Zunächst versuchte der Kanzler, durch Einnahmeerhöhungen zum Haushaltsausgleich zu kommen. Während seiner Amtszeit wurden nach und nach die meisten Steuern, darunter die Lohn- und Einkommenssteuern, erhöht, Zölle und Abgaben drastisch heraufgesetzt und bestimmte Berufsgruppen durch »Krisensteuern« und Sonderabgaben kräftig zur Kasse gebeten. Da auf diesem Wege aber die Einnahmeausfälle nicht auszugleichen waren, wurden seit Herbst 1930 auch die staatlichen Ausgaben mehr und mehr gedrosselt. Nicht nur das Reich reduzierte seine Aufträge rigoros, auch die Gemeinden, die die Hauptlast der Fürsorgeleistungen für in Not geratene Bürger zu tragen hatten – und deren Zahl wuchs infolge der Krise rapide –, wurden gezwungen, nach und nach alle Bauten, Reparaturen und Erhaltungsarbeiten einzustellen. Parallel dazu wurden viele Stellen im öffentlichen Dienst gestrichen oder nicht neu besetzt und die Pensionen, Gehälter und Löhne schrittweise erheblich gekürzt. Waren diese Einschränkungen für einen Teil der Betroffenen bereits schmerzlich, so wurden durch die Abstriche bei der Kriegsopferversorgung, bei der Renten- und Arbeitslosenversicherung die Ärmsten der Armen oft regelrecht dem Elend preisgegeben.

Die verheerenden Folgen der Finanzpolitik können hier nur angedeutet werden. Der Staat fiel nicht nur als Auftraggeber weitgehend aus – und er war seit dem Ersten Weltkrieg zum größten Arbeitgeber geworden –, er setzte damit direkt oder indirekt immer mehr Arbeitskräfte frei. Die Unternehmen und der Einzelhandel gerieten durch Steuererhöhungen, Auftragsrückgänge infolge sinkender Kaufkraft und den raschen Preisverfall in wachsende Bedrängnis. So »entstand ein kumulativer Depressionsprozeß, der sich aus sich selbst heraus verstärkte und noch dauernd an Dynamik gewann«, weil die Reichsregierung permanent »die Ausgaben den schrumpfenden Einnahmen anpaßte« [17].

Brüning war wohl bewußt, daß er mit seiner Finanzpolitik die Wirtschaft schädigte, er hat aber das ganze Ausmaß des Schadens und die Zusammenhänge nicht erkannt. Er verbiß sich in die Vorstellung, vornehmlich die Reparationen seien die Ursache für die wirtschaftlichen Nöte, und setzte alles daran, Deutschland aus diesen Zahlungsverpflichtungen zu befreien. Der Kanzler wollte durch sein rigoroses Sparprogramm die Siegermächte des Ersten Weltkriegs beeindrucken und dadurch zur Liquidierung dieses Teils des Versailler Vertrages bewegen.

Eine solche Politik – sie mochte noch so ideal konzipiert sein – mußte sich um so verheerender auswirken, als sie sich ja auf dem Hintergrund eines starken weltwirtschaftlichen Schrumpfungsprozesses vollzog. Den dadurch ausgelösten ständigen Preisverfall hat die Regierung registriert, ja sogar als notwendig akzeptiert. Ganz im Bann der gängigen ökonomischen Theorie, lebte sie in der Vorstellung, daß der Staat auf keinen Fall regulierend und korrigierend in das Wirtschaftsgeschehen eingreifen dürfe. Auf Perioden der Prosperität müßten solche der Rezession oder Depression folgen, in denen sich die Wirtschaft wieder »gesundschrumpfen« und Kräfte für einen neuen Aufschwung sammeln könne. Zudem schien der Kostenrückgang in der Produktion einen erwünschten Nebeneffekt zu zeitigen: Er wirkte sich exportfördernd aus. Um die devisenbringende Ausfuhr zu steigern, zeigte sich der Staat in diesem Bereich sogar partiell hilfsbereit.

Zur Unterstützung der Maßnahmen zur Haushaltsstabilisierung betrieb die Regierung eine bewußte Deflationspolitik. Sie begann mit der Notverordnung vom 26. Juli 1930 und erreichte ihren Höhepunkt mit der drastischen Verordnung vom 8. Dezember 1931. Im Verlaufe dieses Prozesses wurden Preisabsprachen annulliert, die Preise für Markenartikel und später auch für andere, keinen Bindungen unterliegende Erzeugnisse gesenkt. Die Absicht war, Preise und Kosten möglichst einheitlich und umfassend zu reduzieren. Da sich dies aber nicht gleichmäßig durchführen ließ, kamen die Betriebe in Schwierigkeiten, sie konnten nicht mehr zuverlässig kalkulieren. Das verursachte bei ständig sinkender Nachfrage und wachsenden Steuern zusätzliche Schwierigkeiten. Das Ergebnis waren weitere Betriebsstillegungen oder Produktionseinschränkungen und somit vermehrte Kurzarbeit oder Arbeitslosigkeit. Da viele Käufer weitere Preisrückgänge erwarteten, stellten sie bald alle nur vermeidbaren Ausgaben zurück, wodurch die Produzenten neuerlich »Einkommensverluste erlitten und derselbe circulus vitiosus ausgelöst wurde wie durch den staatlicherseits erzwungenen Konsumverzicht«[18].

Das so entstehende wirtschaftliche und soziale Elend rief alle diejenigen auf den Plan, die sich nicht mit jener asketischen Strenge über die Leiden von Millionen und den Ruin der Wirtschaft hinwegsetzen konnten wie der Kanzler[19]. Theodor Wolff, der Chefredakteur des »Berliner Tageblatts«, registrierte bereits im Oktober 1930 entsetzt, daß die Regierung »das unmittelbar dringende Problem der Arbeitslosigkeit« bei ihren Sanierungsplänen kaum im Auge habe[20]. Sehr viel substantiierter und schärfer hat der Herausgeber der linksbürgerlichen Wochenschrift »Das Tagebuch«, Leopold Schwarzschild, Kritik an der Wirtschafts- und Finanzpolitik geübt und nachdrücklich vor den Folgen gewarnt[21]. Seit dem Sommer 1931 wuchs die Zahl der Kritiker Brünings stark an, und spätestens nach der großen Bankenkrise im Juli und der Abwertung des Pfund Sterling im September 1931 hatte der Kanzler den Rückhalt in der Bevölkerung verloren. Was ihn von da an im Amt hielt, war außer dem Vertrauen des Reichspräsidenten der Umstand, daß es keine Alternative gab, weil keine Partei oder einflußreiche Gruppierung wußte, wie die Krise überwunden werden sollte.

Gleichwohl nahm die Diskussion um das Für und Wider der Brüningschen Finanz- und Wirtschaftspolitik heftigere Formen an und erhielt eine neue Qualität. Der Chefredakteur des »Hamburger Anzeigers«, ein Parteifreund des Brüning stets ergebenen Reichsfinanzministers Hermann Dietrich, sprach nach der Bankenkrise aus, was viele bewegte. »Nicht nur das Schweigen«, so schrieb er in einem Leitartikel unter dem bezeichnenden Titel »Nun aber Schluß!«, auch »die Kritik kann eine patriotische Tat sein. Sich dessen zu erinnern, scheint uns allmählich angezeigt. Denn von Tag zu Tag droht das wirtschaftliche Leben mehr und mehr unter der Herrschaft der finanzpolitischen Notverordnungen zu verfilzen und zu ersticken. Und wenn nicht schleunigst Schluß gemacht wird, wird der Schaden, der aus diesen Notverordnungen entsteht, unvergleichlich größer sein als der Nutzen, den sie am Anfang gestiftet haben mögen«[22].

Angesichts der wachsenden Not auf allen Gebieten des wirtschaftlichen und sozialen Lebens fühlten sich nun auch die Experten herausgefordert: Wissenschaftler, Politiker, Wirtschaftspraktiker, Beamte und Publizisten analysierten die Lage und begannen, die herrschende Theorie auf ihre Brauchbarkeit hin zu überprüfen. Unter denen, die sich frühzeitig im Ringen gegen eine unzulängliche Doktrin und eine falsche Politik exponierten, stand zweifellos L. Albert Hahn, Vorstandsmitglied der Deutschen Effekten- und Wechselbank in Frankfurt und ein ausgewiesener Geldtheoretiker, an erster Stelle. Da er Jude war, hatte er freilich von Anfang an wenig Chancen, von Brüning und der Mehrheit der deutschen Fachleute gehört oder gar beachtet zu werden. Hahn, dessen Arbeiten zu Themen des Geldwerts und der Konjunkturlehre große Unabhängigkeit von der herrschenden Theorie verrieten, trat in einem Vortrag vor der Volkswirtschaftlichen Gesellschaft der Universität Erlangen mit einem Plan zur Krisenbekämpfung hervor[23]. Er forderte die Aufgabe der Deflations- und Finanzpolitik, weil sie in den Abgrund führe. Für ihn gab es nur ein Mittel der Konjunkturbelebung, nämlich »die Vergebung staatlicher Aufträge großen Ausmaßes«, die »direkt oder indirekt mit Mitteln der Notenbanken« finanziert werden sollten.

Ähnliche Pläne propagierte zur gleichen Zeit auch Leopold Schwarzschild. In einem Artikel unter dem Titel »Die Notverordnung, die nicht kam«, forderte er am 13. Juli 1931 ebenfalls konjunkturbelebende Maßnahmen des Staates. »Die deutsche Wirtschaft«, so schrieb er, »bedarf zur Wiederingangbringung ihrer reichlich vorhandenen Apparatur und zur Wiederbeschäftigung ihrer reichlich vorhandenen Arbeitskräfte neuer Kaufkraft, die nur auf dem Wege des Kredits aufzubringen ist«[24].

Er schlug einen Zwangskredit der Banken zugunsten des Reiches vor, der es der Regierung erlauben werde, »zusätzliche Produktionsaufträge in die Wirtschaft zu pumpen« und damit Arbeitsplätze zu schaffen und zugleich den Konsum zu beleben.

Hahn und Schwarzschild haben sich nach Kräften um die Verbreitung ihrer Ideen bemüht. Sie wollten, wenn schon keine Chancen zur Annahme ihrer Vorschläge seitens der Regierung bestand, doch wenigstens eine Abkehr vom bisherigen Denken in den Reihen der demokratischen Parteien und Verbände erreichen. Das Ergebnis all dieser Bemühungen war gleich Null. Im Dezember 1931 beklagte sich Hahn in einem Brief darüber, daß »die maßgeblichen Stellen völlig blind« seien. »Ich komme gerade aus Berlin«, so resümierte er seine Initiativen, »und stehe unter dem tief deprimierenden Eindruck der allgemeinen Verständnislosigkeit. Wenn nicht sehr bald international oder, wenn dies nicht geht, innerdeutsch etwas zur Bekämpfung der Deflation geschieht, wird ein maßloses Unglück über die ganze Welt, insbesondere aber über Deutschland hereinbrechen«[25].

Gleichwohl blieben die neuen Gedanken der Kreditausweitung, insbesondere die Forderung nach einer aktiven Konjunkturpolitik, nicht ganz ohne Wirkung. Die Zahl derjenigen, die sich dafür einsetzten, wuchs langsam. Aus dem Kreis derer, die diese Pläne aufgriffen und fortentwickelten, sollen hier nur der damalige Oberregierungsrat Wilhelm Lautenbach und Professor Ernst Wagemann genannt werden. Auch einige Gewerkschaftler und Politiker entwickelten mehr oder weniger durchgestaltete oder praktikable Pläne zur Arbeitsbeschaffung[26]. Endlich sollte in diesem Zusammenhang berücksichtigt werden, daß die deutschen Theoretiker und Praktiker des Wirtschaftslebens nicht auf einer Insel lebten, sondern von den Plänen und Überlegungen Kenntnis erhielten, die im Ausland zur Krisenbekämpfung entwickelt wurden. Zwar ist das Hauptwerk von John Maynard Keynes, The General Theory of Employment, Interest and Money, erst im Jahr 1936 erschienen, aber die Ideen des deficit spending, die er darin zusammenfaßte, hat er doch bereits seit 1929 mit wachsendem Nachdruck in Vorträgen und Aufsätzen vertreten. Und diese wurden durchaus beachtet und diskutiert, wie ein Blick in die einschlägigen Zeitungen und Zeitschriften sowie eine Überprüfung der Tagungs- und Versammlungsberichte der Verbände und Fachgremien zeigt[27]. Zudem wurde Keynes wiederholt zu Vorträgen nach Deutschland eingeladen.

Auf diese Weise reifte nach und nach in größeren Bevölkerungskreisen die Erkenntnis, daß eine Fortsetzung der Brüningschen Politik über kurz oder lang zum totalen Zusammenbruch führen mußte. Gefordert wurde vornehmlich ein Abbau der harten Restriktionsmaßnahmen und die Ausnutzung aller Möglichkeiten, die die klassische Wirtschaftspolitik bot. Die intimen Kenner der Verhältnisse zweifelten allerdings mehr und mehr an den Fähigkeiten und am Vermögen des Kanzlers, den einmal beschrittenen Weg zu verlassen. Der Kölner Nationalökonom Schmalenbach beispielsweise hielt den Versuch, den Kanzler zu einer Änderung seiner Politik zu veranlassen, für »ganz aussichtslos«. Seiner Auffassung nach erfaßte Brüning die Wirkungsgesetze der Wirtschaft nicht hinreichend: er lasse sich zwar von vielen Menschen beraten, aber doch immer nur von Persönlichkeiten, die ihm sympathisch seien oder ihn in seiner Überzeugung bestätigten. Durch seine »unwillige Abwehr aufbauender Gedanken« habe er es bis Ende 1931 dahin gebracht, daß Menschen, die von ihm eine rettende Tat erwartet hatten, sich »erschreckt« von ihm abgewandt hätten[28].

Der Tadel, die Regierung berate zu viel und entscheide und handle zu wenig, wurde immer wieder geäußert. Die Auffassung verbreitete sich, daß Entschlüsse desto zögernder fielen, je notwendiger Aktionen wurden. Der Sinn der Beratungen mit Experten, deren Ansichten allgemein bekannt waren und deren Empfehlungen auf den verschiedensten Wegen ohnehin in die Hände der Kabinettsmitglieder und des Kanzlers gelangten, wurde bezweifelt[29]. Koch-Weser und andere Kenner des Regierungsstils sahen darin eine Entscheidungsschwäche, vielfach sogar den Ausdruck der Rat- und Planlosigkeit. Mit Entsetzen notierte der ehemalige Parteivorsitzende der Demokraten nach einem Gespräch mit seinem Kollegen und Nachfolger, dem amtierenden Finanzminister Dietrich, daß er auf die Frage, was denn nun angesichts der ausweglosen Lage Ende 1931 geschehen solle, nur die Antwort erhalten habe: »Wir müssen eben bis zum nächsten Frühjahr durchhalten.« Er kam deshalb zu der Überzeugung, der Regierung fehle »jeder schöpferische Gedanke«, ihre einzige Parole sei überhaupt das »Durchhalten«. Daraus folgerte er, das Kabinett Brüning sei niemals initiativ gewesen, sondern habe sich treiben lassen[30]. Ein solches Urteil ist gewiß überzogen und wird Brüning nicht gerecht. Daß aber das »Durchhalten« in schwerer Situation eine Maxime seines Handelns, ja nach Auffassung des späteren Staatssekretärs Planck sogar »ein heiliger Begriff« war, steht außer Zweifel[31].

Wie weit das Festhalten am einmal eingeschlagenen wirtschafts- und finanzpolitischen Kurs angesichts des deutschen Exportrückgangs, der sich nach der Währungsabwertung in den Ländern des Sterlingblocks und den anschließenden zollpolitischen Kampfmaßnahmen vollzog, freilich überhaupt noch als Politik bezeichnet werden kann, ist eine offene Frage. Nichts charakterisiert die gefahrvolle politische Lage besser als die Verzweiflung der Republikaner. Daß mehr und mehr Repräsentanten der Schichten des Volkes, die im Lager der Regierungsparteien standen, darunter leidenschaftlich engagierte Demokraten, die Regierung bestürmten, doch endlich einzulenken und eine Katastrophe abzuwenden, ist bislang viel zu wenig beachtet worden. »Dein negativer Standpunkt«, so beschwor Professor Ernst Frey seinen Freund Dietrich, »die Deflation nicht noch weiter künstlich zu steigern, genügt nicht, denn der heutige Zustand ist unhaltbar, er wirkt tödlich. Die Maßnahmen der Regierung helfen mit, die Wirtschaft zu erdrosseln.« Frey hielt autonome Maßnahmen zur Ankurbelung der Produktion für erforderlich, um die Arbeitslosen so rasch wie möglich aus ihrer Verzweiflung zu reißen[32]. Noch eindringlicher mahnten angesichts der Not und der gedrückten Stimmung vieler Fürsorgeempfänger verantwortungsbewußte Kommunalpolitiker. Bürgermeister Elsas machte auf die Arbeits- und Staatsverdrossenheit aufmerksam, die die Regierung durch ihre rücksichtslose Finanzpolitik bei der Mehrheit der Gemeindebediensteten geschaffen hatte, so daß nicht einmal mehr mit einem loyalen Verhalten der Beamtenschaft gerechnet werden könne[33]. Selbst ein so zurückhaltender und feinsinniger Wissenschaftler wie Joseph Schumpeter erhob wegen der Inaktivität der Regierung schwere Vorwürfe gegen sie. Angesichts der ständig wachsenden Arbeitslosigkeit, so warnte er Stolper, den Herausgeber des »Deutschen Volkswirts«, gehöre »tatsächlich wenig Phantasie dazu, um ganz böse Dinge mindestens als Möglichkeiten zu erblicken«[34].

Aber alles Drängen der auf Rettung bedachten Kräfte nützte wenig. Die Regierung nahm die Hilfe derer, die ihr beistehen wollten, nicht in Anspruch. Sie verschmähte alle Ratschläge und verharrte in ihrer lähmenden, kaum noch zu verstehenden Prinzipientreue. In der Fraktionssitzung des Zentrums vom 12. Mai 1932 erstattete Arbeitsminister Adam Stegerwald einen Bericht, den man als Bankrotterklärung der Regierung bezeichnen kann. »Er sähe zur Zeit keine Möglichkeit, woher die politischen Kräfte zur Überwindung der bestehenden Schwierigkeiten zu holen seien.« Da den Versicherungen Millionensummen fehlten, wurde eine Kürzung der Arbeitslosenbezüge erwogen und eine noch schärfere Prüfung der Hilfsbedürftigkeit ins Auge gefaßt, obwohl sich alle bewußt waren, daß das Existenzminimum bereits erreicht war. »Lohnkürzungen«, so fuhr Stegerwald fort, »seien nicht mehr möglich, weil sonst in den unteren Schichten nicht nur die Verelendung, sondern der Zusammenbruch unabsehbare Folgen auslösen werde.« Obwohl der Arbeitsminister einsah, daß die Politik der finanziellen Aushungerung der Gemeinden – die er grundsätzlich als richtig bezeichnete – nicht mehr weiter fortgesetzt werden könne, vermochte er weder in diesem noch in einem anderen Bereich eine Alternative aufzuzeigen[35]. Der Glaube an das Durchstehen war praktisch das einzige, was die Regierung noch anzubieten hatte. Es ist angesichts dieser Lage schwer nachzuvollziehen, wie Brüning sich in die Vorstellung verbeißen konnte, er stehe 100 Meter vor dem Ziel. Innenpolitisch stand er vielmehr nahe am Abgrund[36].

Der Reichskanzler ist wieder und wieder gewarnt worden, die physischen und psychischen Kräfte des deutschen Volkes nicht zu überfordern, am nachdrücklichsten wohl von dem loyalen Staatssekretär Schäffer. In einem Brief vom 19. März 1932, in dem er ihn um seine Entlassung aus dem Amt bat, weil er die Verantwortung für die Reichsfinanzen nicht mehr länger mittragen könne, nahm er Brüning beim Wort. Der Kanzler habe in einer Sitzung des Wirtschaftsausschusses des Kabinetts erklärt, es gehöre zu den »Eigenheiten« des deutschen Volkes, »kurz vor der Erreichung des Zieles den Mut zu verlieren und zusammenzuklappen«. Dem stellte der Staatssekretär seine Beobachtungen und Erfahrungen in den Jahren 1918 und 1923 entgegen. Er gab zu bedenken, daß seiner Auffassung nach die Lasten und Opfer, die während des Ersten Weltkriegs und der Inflation dem Volk auferlegt worden seien, dessen Kräfte überstiegen hätten. Die Zusammenbrüche 1918 wie 1923 seien die unausweichliche Folge einer hoffnungslosen Überforderung des gesamten Volkes gewesen[37].

Diese Erkenntnis – sie wird durch umfangreiche Materialbestände gestützt – sollte bei den Diskussionen um den Untergang der Weimarer Republik stärker in den Mittelpunkt der Überlegungen gerückt werden. Leopold Schwarzschild formulierte am 14. Mai 1931 in einem Leitartikel im »Tagebuch« eine Einsicht, die leider aus dem Bewußtsein verlorenging oder verdrängt wurde. »Demokraten«, so mahnte er, »sind am wenigsten berechtigt, ›das Volk‹ auf die Anklagebank zu setzen; läuft das Volk den Führern weg, so sind diese schuldig. Demokraten sollten sich auch nicht einbilden, die Instinkte von Millionen seien, so oder so, mit reinem Klamauk hin- und herzulenken; Klamauk wirkt nur auf Prädisponierte«[38]. Es ist unbillig, immer nur der Bevölkerung Kopflosigkeit und Verführbarkeit, Angst und Panik zu bescheinigen, diejenigen aber, die den Leistungswillen und die Kraft des deutschen Volkes so hoffnungslos überforderten, beflissen zu rechtfertigen und aus der Verantwortung zu entlassen. Die Motive für das Handeln des Kanzlers und seiner Kabinettskollegen und Berater mögen noch so lauter und redlich gewesen sein, die Ergebnisse ihrer Politik waren verheerend. Danach aber werden sie primär beurteilt. Schließlich fällt eine Mitverantwortung auch denjenigen zu, die aus Mangel an eigenen Konzepten oder politischem Gestaltungswillen die Maßnahmen der Regierung tolerierten. Parteien, Gewerkschaften und Verbände, die die Weimarer Republik bejahten, die Folgen der Brüningschen Politik, die Verelendung breiter Volksschichten, klarer sahen und sie deshalb leidenschaftlich kritisierten, gleichwohl aber passiv blieben, haben durch ihre Untätigkeit eine schwerere Verantwortung auf sich geladen als die Opfer einer Deflations- oder Durchhaltepolitik, die in ihrer Verzweiflung radikal wurden oder falsch reagierten[39].

Die Frage nach den tieferen Gründen für Brünings Politik, die sich nun noch gebieterischer stellt, kann in diesem Zusammenhang nur ansatzweise gestreift werden. Hier ist zunächst auf die oft und viel besprochene Tatsache hinzuweisen, daß Brüning ein durch und durch konservativer Mensch alter Prägung war, in dessen Vorstellung der Dienst für den Staat den absoluten Vorrang hatte vor der Verpflichtung gegenüber der Gesellschaft. Seiner Überzeugung nach mußte der Politiker über den Parteien und sozialen Gruppen stehen und sein Programm ohne Rücksicht auf die Bewußtseinslage des Volkes durchsetzen. Noch in der Rückschau bekennt sich Brüning zu dieser Auffassung. Hindenburg, so schreibt er 1937, habe von ihm erwartet, daß er nicht »in die politische Arena« hineinsteigen und sich aller Polemik enthalten solle. »Das hätte meiner Natur sehr gelegen«, gesteht er ein, weil er nichts mehr gehaßt habe als unfruchtbare Parteipolemik[40]. Wie stark seine Aversionen gegen jede Art demokratischer Willensbildung und echter, verantwortungsbewußter Mitbestimmung waren, erhellt auch die Tatsache, daß er sogar in seiner eigenen Reichstagsfraktion kontroversen Diskussionen auswich. Die Zentrumsfraktion sollte »in treuer, eng geschlossener Einigkeit« hinter ihm stehen, »einmütig« handeln, »vertrauensvoll« die Politik der Regierung unterstützen und politische Disziplin halten[41]. Volks Eindruck, der Kanzler habe seine eigene Fraktion noch in seinen Memoiren »wie ein persönliches Lehen« behandelt, läßt sich durch viele zeitgenössische Zeugnisse bestätigen[42].

Wie wenig der ehemals christliche Gewerkschaftler Brüning überhaupt das Volk und insbesondere die Arbeiter verstand, wird überall sichtbar. Der Gedanke an die Wiedereinführung der Monarchie zu Beginn der dreißiger Jahre zeugt von einer so großen Verkennung der Bewußtseinslage der überwiegenden Mehrheit der Staatsbürger, daß es schwerfällt, eine rationale Begründung dafür zu finden. Mit Recht ist darauf hingewiesen worden, daß der Kanzler nur Hohn und Spott bei der Bevölkerung geerntet habe, »die Arbeit und Brot, aber keinen Hohenzollernprinzen suchte«[43]. Nachdem großer Fleiß auf die Erforschung des antidemokratischen Denkens aufgewandt wurde, scheint eine Überprüfung der Maßstäbe auch hier geboten. Die Frage ist doch, ob nicht antidemokratisches Denken und Handeln einzelner Politiker und Minister und besonders des verantwortlichen Kanzlers Brüning mehr zur Aushöhlung und Erschütterung der Demokratie beigetragen haben als die gehässigen Polemiken bürgerlicher Politiker sowie der Exponenten jung- oder altkonservativer Kreise.

Die deutsche Gesellschaft tritt in den Memoiren, Briefen und Schriften, aber auch in vielen Zeugnissen aus der Kanzlerzeit Brünings nur negativ in Erscheinung. Das Bild, das von ihr gezeichnet wird, ist erschütternd. Da entfalten sich Korruption, Untreue, Verrat und Intrigantentum in einem unvorstellbaren Ausmaß[44]. Nun gibt es gewiß keinen Zweifel, daß Brüning manchen guten Grund zur Klage hatte. Wenn persönliche Querelen und ehrgeizige Kapriolen einzelner überhaupt eine solche politische Bedeutung erlangten, dann doch nur, weil er die Kontrollfunktionen der parlamentarischen Gremien behindert und eingeschränkt hatte, die verantwortliche Mitarbeit selbständiger und unabhängiger Persönlichkeiten, besonders wenn sie offen und unbequem ihre Meinung vertraten, nicht übermäßig schätzte. Wer eine Art Kabinettspolitik im Sinne vergangener Zeiten trieb, der durfte doch am wenigsten darüber erstaunt sein, wenn es auch zu den dazugehörigen Kabinettsintrigen kam!

Zudem forderte der Kanzler durch seine abschätzigen Urteile über das Parlament und die Parlamentarier manche unerwünschten Reaktionen geradezu selbst heraus. Wenn er die »Schaffung eines verantwortungsbewußten Parlaments« verlangte oder in einem anderen Zusammenhang gegen das Diktaturgeschrei Front machte mit dem Hinweis, dies führe nur dazu, daß »die Abgeordneten ihr letztes Verantwortungsgefühl« verlören, so durften ihn manche heftigen Temperamentsausbrüche der Betroffenen, selbst einiger Mitglieder der eigenen Fraktion, nicht überraschen[45]. Die Parlamentarier waren sich ihrer Verantwortung nicht minder bewußt als der Kanzler.

Die größten Schwierigkeiten schuf sich Brüning schließlich durch das Mißtrauen, mit dem er den Menschen begegnete[46]. Dieses Mißtrauen trieb ihn in die Isolierung. Er verschloß sich selbst vor seinen Kollegen und engsten Ratgebern, wodurch er sie nicht selten enttäuschte und kränkte. In der schwierigen Lage des Reiches im Herbst 1931 gestand der Vizekanzler und Reichsfinanzminister Dietrich seinem Staatssekretär ein, er wisse nicht, was der Kanzler innenpolitisch eigentlich wolle, er werde aus ihm »auch nicht klug«. Es ist daher nicht verwunderlich, daß in der vielfach verworrenen Lage Gerüchte und Mutmaßungen üppig wucherten[47].

Noch größeren Schaden richtete Brünings Mißtrauen an, weil er bei allen Menschen, die ihm nicht gläubig dienten, Verrat oder Untreue witterte. Sein Vorgänger Hermann Müller war in seiner Sicht nicht etwa zurückgetreten, weil es zu unüberbrückbaren politischen Gegensätzen zwischen den Flügelparteien seines Koalitionskabinetts und zu großen Spannungen innerhalb der SPD gekommen war, sondern weil er »im Stich gelassen« worden war[48]. Für Erscheinungen, die Brüning mißfielen, hatte er zum Teil ganz unglaubwürdige Erklärungen zur Hand. Politiker und Beamte, die stark abweichende oder entgegengesetzte politische Auffassungen vertraten oder sich als Demokraten für eine fortschrittliche Politik in den verschiedensten Bereichen des öffentlichen Lebens engagierten, wurden in jeder Weise verdächtigt. Einige verantwortliche Beamte im preußischen Kultusministerium, die sich neuen Strömungen in der Kunst sowie fortschrittlichen Tendenzen in der Bildungspolitik gegenüber aufgeschlossen zeigten, wurden als »zionistische Kulturreferenten« apostrophiert, die seiner Politik schadeten[49]. Das preußische Staatsministerium, in dem die konservativen Bestrebungen der Brüningschen Politik auf keine Gegenliebe stießen, war ihm ein Dorn im Auge. Schon das Urteil über die meisten preußischen Minister – außer Braun, Severing und Grimme – ist ungerecht. Selbst die Zentrumskollegen werden bei dem negativen Votum nicht ausgenommen. Und er wertet den von ihm hochgeschätzten preußischen Ministerpräsidenten ab, zieht seine Tatkraft und die Grundsätze seiner Politik in Zweifel, wenn er noch in der Rückschau behauptet, er habe in seiner Umgebung eine »zionistische Clique« geduldet, die in der Zeit seiner Abwesenheit »regiert« habe[50].

Brüning hat Menschen, die seine Politik nicht rückhaltlos mittrugen, sondern Vorbehalte anmeldeten, niemals verziehen und sie bis zum Ende seines Lebens verdächtigt. So hat er Herbert Weichmann, dem persönlichen Referenten des preußischen Ministerpräsidenten, noch während des Krieges unterstellt, er wolle Braun nach Amerika holen, um unter Berufung auf seine Autorität die Herrschaft über alle Emigranten in den USA zu erringen[51]. Dafür gibt es faktisch nicht den geringsten Beleg, und die zwischen beiden geführte Korrespondenz bezeugt gerade das Gegenteil. Das Mißtrauen trübte Brünings Urteil ganz erheblich.

Die Tatsache, daß Brüning jüdische demokratische Beamte, die dem Zionismus nicht einmal nahestanden, als »Zionisten« bezeichnete oder gar von einer »zionistischen Clique« sprach, legt auf jeden Fall die Vermutung nahe, daß er antijüdische Ressentiments hegte, ihnen zumindest nachgab. Der Kanzler hat zweifellos Rücksicht auf den Antisemitismus der von ihm so leidenschaftlich umworbenen Rechtskreise – nicht zuletzt Habermanns und des DHV – genommen. So erklärt es sich, daß er peinlich jeden direkten Kontakt mit jüdischen Organisationen vermied und sich auch deren Bitten, doch wenigstens einmal öffentlich gegen die antisemitischen Ausschreitungen und Exzesse Stellung zu nehmen, permanent verschloß. Während der konservative Reichspräsident noch ein Vorwort zum Gefallenengedenkbuch des Reichsbundes jüdischer Frontsoldaten schrieb, hat Brüning nicht einmal eine unverbindliche Formel zugunsten der Juden gesprochen[52]. Das ist um so befremdlicher, als er zur gleichen Zeit langatmige und gehässige Ausführungen des antisemitischen Schriftstellers und Rechtsanwalts ten Hompel aus Münster entgegennahm, dem Verfasser sogar noch ein Gespräch in Aussicht stellte und ihn damit zumindest ermutigte[53].

Daß die durch das tiefe Mißtrauen diktierten Unterstellungen und Beschuldigungen gegen einzelne Persönlichkeiten faktisch auf sachliche Gegensätze zurückzuführen waren, zeigt besonders eindringlich das Beispiel Hans Schäffers. Der Staatssekretär im Reichsfinanzministerium hat Brüning loyal gedient, ihm auch im Exil die Treue gehalten, ja sogar seine Verbindungen genutzt, um den ehemaligen deutschen Kanzler im Ausland zunächst vor Existenzsorgen zu bewahren. Gleichwohl bezichtigt ihn Brüning noch 1959 in einem Brief der Untreue und des Verrats, und das nur, weil Schäffer auf dem Höhepunkt der Krise 1931/32 zeitweise Zweifel an der Zweckmäßigkeit der Deflationspolitik geäußert und auch sonst verantwortlich und pflichtgemäß abweichende Auffassungen vertreten hatte[54].

Mit diesen Überlegungen ist das zentrale Problem der Brüningschen Politik berührt. Der Kanzler hat dadurch, daß er sich anderen Konzepten, neuen Ideen oder Programmen in der Wirtschafts- und Finanzpolitik verschloß, daß er allen, die abweichende Auffassungen vertraten, mit Mißtrauen begegnete, sie verdächtigte und beschuldigte, der deutschen Demokratie nicht minder geschadet als durch das starre Festhalten an seiner Deflationspolitik, als deren verheerende Folgen längst offenbar geworden waren. Indem er alle Diskussionen über neue Wege der Wirtschaftspolitik verwarf, eine Erarbeitung von Alternativplänen ablehnte, deren Veröffentlichungen sogar zu unterbinden versuchte[55], hat er viele Demokraten demoralisiert und in die Verzweiflung getrieben. Mit unbeugsamer Beharrlichkeit wurden alle, die einer aktiven staatlichen Konjunkturpolitik das Wort redeten, den Gedanken einer Kreditausweitung auch nur andeuteten, inflationistischer Machenschaften beschuldigt[56]. Zutreffend hat Volk darauf hingewiesen, daß Brüning auch ohne vertragliche Zwänge und außenpolitische Rücksichten, die zudem nach dem Bankenzusammenbruch und der darauf folgenden Devisenbewirtschaftung, der Währungsabwertung im Sterlingblock und anderen autonomen konjunkturpolitischen Maßnahmen der Industrienationen weithin gegenstandslos geworden waren, den einmal beschrittenen Weg fortgesetzt und auf konjunkturbelebende Maßnahmen verzichtet hätte[57]. Der Kanzler wollte von Alternativen nichts wissen.

Durch diese Haltung trug er entscheidend zum Exodus vieler Experten und Republikaner aus der Demokratie bei. Ein Unternehmer, der sich der autonomen Konjunkturpolitik verschrieben hatte, Heinrich Dräger, veröffentlichte schließlich seine Vorschläge zur »Arbeitsbeschaffung durch produktive Kreditschöpfung« in der Nationalsozialistischen Bibliothek, obwohl er nicht Mitglied der NSDAP war[58]. Er faßte darin manches von dem zusammen, was an neuen Plänen und Forderungen vornehmlich außerhalb dieser Partei entwickelt worden war. Besonders viele Anregungen und Einsichten verdankte er dem Nationalökonomen Robert Friedlaender-Prechtl. Resigniert schrieb dieser nach dem Erscheinen der Schrift an Dräger: »Wie ich aus dem Verlag ersehe, sind ja auch Sie zu der N. S. A. abgeschwenkt. Ich verstehe das ganz gut, denn diese Partei ist heute leider Gottes die einzige, die auf wirtschaftlichem Gebiet Aktivität entfaltet. Daß die bürgerlichen Parteien sich aus ihrer Lethargie aufraffen, diese Hoffnung muß man allmählich aufgeben; und dann ist es schon richtig, daß diejenigen bürgerlichen Menschen, die eine Wirtschaftsreform für notwendig halten, versuchen, das bisher noch sehr wirre Programm der N. S. A. im Sinne einer Klärung zu beeinflussen. Mir selbst ist dieser Weg [aus ›rassischen Gründen‹ W. J.] ja versagt und ich kann es daher nur begrüßen, wenn auf anderen Wegen die von mir formulierten und vertretenen Ideen in diese Kreise Eingang finden«[59].

Dieses Zeugnis läßt ahnen, welchen Grad die Demoralisierung der Menschen erreicht haben mußte, die drohende Gefahren von der Weimarer Republik abwenden wollten und dabei nur auf Unverständnis, Ablehnung und Ächtung stießen. In ihrer Verzweiflung stellten einige endlich ihre Pläne den Gegnern des Staates zur Verfügung. Der Demokrat und spätere SPD-Politiker Anton Erkelenz traf das Problem, als er zu Beginn des Jahres 1934 schrieb: »Wenn die auf Umänderung, geistige Erneuerung, wirtschaftliche und politische Umgestaltung hindrängenden Kräfte schließlich alle in die Bewegung Hitlers gemündet sind, so war das keine Naturnotwendigkeit. Diese Zusammenballung aller umgestaltenden Kräfte wurde nur möglich durch die Deflationspolitik mit allen ihren Konsequenzen«[60]. Erkelenz hat als entschiedener Demokrat den Nationalsozialisten niemals Zugeständnisse gemacht. Er zweifelte nicht einen Moment an der endlichen Pervertierung aller konstruktiven Ideen durch Hitler und seine Partei. Aufgrund eigener leidvoller Erfahrung war er aber zu der Erkenntnis gelangt, wie sehr Brüning durch seine Politik des unbeirrten Durchhaltens letztlich doch Hitler in die Hände gearbeitet hatte. Rechtzeitig und nachdrücklich hatte er gewarnt vor den Gefahren einer Politik des Gesundschrumpfens. Noch nie war ein Volk durch Hunger zur Größe gelangt, wohl aber hatten Nationen angesichts drohenden Untergangs nach allem gegriffen, was auch nur entfernt Rettung verhieß.

Das Ende der Weimarer Republik. Eine Betrachtung nach fünfzig Jahren

Wenn wir Revue passieren lassen, was in unserem Land zum Gedenken an die Ereignisse des Jahres 1933 bislang gesprochen, geschrieben, in Ausstellungen und Filmen gezeigt wurde, dann verdient die bundesrepublikanische Gesellschaft Anerkennung. Unser Volk, so scheint es wenigstens, verdrängt seine Geschichte nicht mehr, sondern »bewältigt« sie, wie dieser Vorgang mit einem gängigen Begriff genannt wird. Das Bemühen, sich den Problemen der Vergangenheit zu stellen, ist unzweifelhaft vorhanden, auch wenn die Ergebnisse nicht immer befriedigen.

Fragt man nun allerdings nach den Motiven des wiedererwachten geschichtlichen Interesses, dann fällt das Urteil weniger eindeutig aus. Gewiß verdient das Engagement, mit dem überall, selbst in kleinen Orten, Regionen, in Organisationen und Verbänden Dokumente und Zeugnisse der Vergangenheit erschlossen und bekannt gemacht werden, viel Anerkennung. Allerdings wäre mitunter mehr Sachlichkeit und weniger Leidenschaft bei diesem Bemühen und besonders beim Urteil über Menschen angezeigt.

Betrüblich wird es überall dort, wo die Geschichte nur bemüht wird, um den politischen Gegner von heute in ein ungünstiges Licht zu rücken. Das geschieht – so sei's geklagt – in allen Lagern. Ehrliche Auseinandersetzung mit der Vergangenheit gibt es aber nur dort, wo auch die eigene Position in die Untersuchung mit einbezogen wird. Zu Recht wird in den »Gewerkschaftlichen Monatsheften« gemahnt, die Diskussion über die Verantwortung für den 30. Januar 1933 nicht immer dort zu beenden, wo die jeweils gedenkende Gruppe, Partei, Richtung selbst betroffen sein könnte.[1]

Wie schwer dieser Aufforderung zur Selbstkritik aber konkret zu entsprechen ist, zeigt die Tatsache, daß einige prominente Gewerkschafter einen Aufruf »Nie wieder Faschismus – nie wieder Krieg« unterschrieben, in dem es unter anderem heißt: »Am 30. Januar 1983 jährt sich zum 50. Mal der Tag, an dem auf Drängen rechtskonservativer Kreise, nicht zuletzt von den Vertretern der Schwerindustrie, der Hochfinanz und der Generalität Hitler zum Kanzler ernannt wurde.« Andere Gewerkschafter haben heftig widersprochen und eine differenziertere Betrachtungsweise gefordert.

Ich habe dieses Beispiel herausgegriffen, um das Problem sichtbar zu machen. Immerhin wird in den Gewerkschaften um die Bewertung der eigenen Vergangenheit gerungen. In vielen anderen Kreisen und einflußreichen Verbänden ist es zu Ansätzen der Selbstkritik noch nicht ernsthaft gekommen. Diese Zurückhaltung oder Verweigerung ist nicht zuletzt deshalb so bedauerlich, weil ja doch überall die Lernbereitschaft beteuert wird. Nun ist der Historiker in dieser Hinsicht ohnehin skeptisch. Aus der Beschäftigung mit der Vergangenheit lassen sich keine Handlungsanweisungen und Verhaltensnormen für die Gegenwart gewinnen. Keine historische Situation wiederholt sich, die Kräftekonstellationen und Triebkräfte ändern sich ständig, und die Reaktionen der Menschen lassen sich nicht berechnen. Die Experten, die sich nach dem Ausgang des Ersten Weltkrieges um eine europäische Friedensordnung bemühten, hatten mit Eifer die Protokolle und Akten des Wiener Kongresses studiert, um die Fehler des Friedensvertrages von 1815 zu vermeiden. Sie haben das so gründlich und gewissenhaft getan, daß sie – wie Harold Nicolson sarkastisch bemerkte – alle Fehler machten, die unter gänzlich anderen Bedingungen des Jahres 1919 begangen werden konnten.

In der Endphase der Weimarer Republik, um die es hier geht, trugen falsch verstandene Lehren aus der Geschichte erheblich zur Verschärfung der Krise und zum Untergang der Demokratie bei. Ich greife nur zwei Beispiele heraus: Die beispiellose Inflation der Jahre 1918–1923 in Deutschland hat die Bevölkerung, vor allen Dingen aber die Verantwortlichen in Politik, Wirtschaft und Wissenschaft so tief beeindruckt, daß sie aus Furcht vor einer Wiederholung derartiger Vorgänge in der Krisenzeit nach 1930 jeder staatlichen Kreditschöpfung und allen Projekten zur Arbeitsbeschaffung Widerstand entgegensetzten. Sie übersahen, daß in einer Volkswirtschaft, deren Kapazitäten zu großen Teilen unausgenutzt waren, in der Löhne und Preise sanken, Furcht vor einer Inflation unbegründet war. Der Schweizer Bankier Felix Somary hatte schon früh auf die Gefahren einer solchen Fehleinschätzung hingewiesen und betont, daß man zu Beginn der Republik die Währung geopfert habe, um die Wirtschaft zu retten, und die daraus gezogene Lehre dazu führen werde, daß die Verantwortlichen in einer neuen Krise die Währung retten und damit die Wirtschaft ruinieren würden. Somary hat mit dieser Warnung leider recht behalten.[2]

Das zweite Beispiel führt ins Zentrum unserer Überlegungen. Als Ende 1930 – nach dem ersten großen Wahlerfolg der NSDAP – im Reichskabinett über die staatsgefährdenden Bestrebungen der Hitler-Partei diskutiert und die Frage der Einstellung Radikaler in den öffentlichen Dienst erörtert wurde, schloß Reichskanzler Brüning die Beratungen mit einer Warnung ab: »Auf jeden Fall müsse die Reichsregierung sich davor hüten, dieselben falschen Methoden gegen die Nationalsozialisten anzuwenden, welche in der Vorkriegszeit gegen die Sozialdemokraten angewendet worden seien.«[3] Das hieß nun in der politischen Praxis, die Nationalsozialisten sollten nicht durch polizeiliche Aktionen und zu harte Abwehr ins Abseits gedrängt und radikalisiert werden. Wie Brüning, so hielten es auch viele andere Politiker und breite Schichten der Bevölkerung für angezeigt, diese neue Opposition ernst zu nehmen, ihren Forderungen und Bestrebungen Rechnung zu tragen, auch wenn sich die Anhänger und Repräsentanten der NSDAP noch so roh und gewalttätig gebärdeten. Die gravierenden Unterschiede zwischen der Situation vor 1914 und um 1930, zwischen Sozialdemokraten und Nationalsozialisten kamen den Verantwortlichen nicht in den Blick. Der Umgang mit der Geschichte kann bestenfalls den Blick für die gesellschaftlichen Bewegungen schärfen, Einsichten in die politischen Prozesse vermitteln und dazu befähigen, bewußter zu entscheiden. Voraussetzung dafür ist jedoch eine sorgfältige und umfassende Analyse des Geschehens und die Bereitschaft, auch unerwartete Erkenntnisse anzunehmen.

Wie weit wir davon noch entfernt sind, zeigt das bis heute gängige Urteil über die Weimarer Republik. Weil die erste deutsche Demokratie Hitler so widerstandslos in die Hände fiel, wird sie zumeist einer harten Kritik unterworfen. Sie sei mit dem Odium der Niederlage und dem entehrenden Friedensvertrag von Versailles belastet gewesen, zudem improvisiert und daher nicht innerlich akzeptiert worden. Als noch folgenschwerer wird – zu Recht – die Tatsache angesehen, daß 1918 zwar der Kaiser ging, die Generale sowie die alten Führungsschichten in Wirtschaft und Gesellschaft aber blieben. Zudem werden die vielen strukturellen Schwächen der Weimarer Republik für das Ende verantwortlich gemacht, so etwa das schwierige Verhältnis des Reiches zu den Ländern, die Parteienzersplitterung und anderes mehr. Von der rechten Seite wird auf die revolutionäre Bedrohung des Staates seitens der Arbeiter- und Soldatenräte, den Einfluß linker Publizisten, die Machtstellung der Gewerkschaften und die Gefahr des bewaffneten Aufstandes der Kommunisten verwiesen. Die Rolle und die konkreten Entscheidungen der verantwortlichen Politiker finden kaum noch Beachtung.

Diese Diskussion zeigt, daß nach 50 Jahren noch immer viele alte Positionen verteidigt, Argumente von damals ausgetauscht werden. Daß es noch heute so viele Kritiker und so wenige Fürsprecher der Republik gibt, ist bezeichnend für die Tatsache, daß sie im Bewußtsein der Menschen nicht verankert war. Sicher war die erste deutsche Demokratie nicht sehr stabil, aber die Schwächen werden doch überbetont. Damit werden die Faktoren verdeckt, die dann wesentlich zum Untergang des Staates beitrugen. In den mittleren Jahren der Republik – von 1924 bis 1929 – hat es einen Normalisierungsprozeß gegeben, während dessen sich Teile des Bürgertums, der Beamtenschaft und Wirtschaft mit der parlamentarischen Demokratie auszusöhnen begannen. Die Wahlen in Reich und Ländern weisen dies deutlich aus.

Die Stabilisierung und Normalisierung des politischen Lebens wurde jedoch abrupt beendet, als das Land in die schwere ökonomische Krise geriet. Sie begann in den ländlichen Gebieten schon 1928, griff im folgenden Jahr auf die industriellen Ballungsräume über und erfaßte ab 1930 auch den Handel und die Dienstleistungsbereiche. Reich, Länder und Gemeinden versuchten, die schwindenden Steuereinnahmen durch drastische Reduzierung der Staatsausgaben auszugleichen. Da der Staat aber mittlerweile der größte Arbeitgeber war, trug er durch Reduzierung der öffentlichen Aufträge, Einstellungsstopp im öffentlichen Dienst und Entlassungen zur Verschärfung der Lage bei. Die Folge waren vermehrte Arbeitslosigkeit, weiterer Rückgang der Steuereinnahmen und wachsende Ausgaben für die Arbeitslosen-, Krisen- und Wohlfahrtsunterstützungen. Die dafür erforderlichen Mittel konnten nur durch Kürzung der Löhne und Gehälter der Beschäftigten des Staates und neue Steuern aufgebracht werden. Dies führte zu einer weiteren Zerstörung der Kaufkraft und verschärfte die Krise noch mehr. 1932 gab es 6 Millionen Arbeitslose, weitere Millionen Kurzarbeiter und eine kaum zu beziffernde Anzahl von Handwerkern und Gewerbetreibenden, die an der Grenze des Existenzminimums lebten. Einzelne Branchen, wie etwa die Bauwirtschaft, waren 1932 fast ganz zum Erliegen gekommen. Die Unterstützungssätze reichten kaum aus, die Ernährung der Familie sicherzustellen; an den Ersatz von Kleidung oder die Ergänzung von Hausrat war überhaupt nicht mehr zu denken.

Daß in dieser Lage die Verzweiflung um sich griff, die von der Not Betroffenen radikal wurden, kann nicht überraschen. Ein bekannter Nationalökonom schrieb an den demokratischen Abgeordneten Gustav Stolper, daß angesichts des Anwachsens der Arbeitslosigkeit wenig Phantasie dazu gehöre, »um ganz böse Dinge mindestens als Möglichkeit zu erblicken«.[4]

Es waren aber nicht nur die Arbeitslosen, mit den Angehörigen und den von ihnen abhängigen Personen ein erheblicher Prozentsatz des Volkes, sondern auch diejenigen, die als Freiberufler, Handwerker und Gewerbetreibende durch die Not betroffen waren, bei denen sich die vorausgesagten bösen Entwicklungen vollzogen. Der Staatssekretär im Reichsfinanzministerium, Dr. Hans Schäffer, hat den Reichskanzler wiederholt darauf aufmerksam gemacht, daß er die Leidens- und Opferbereitschaft der Bevölkerung nicht überfordern dürfe. In einem Privatbrief an Prof. Bonn von Ende 1931 klagte er über die Ratlosigkeit im Regierungslager und fuhr dann fort: »Sie müssen mir glauben, daß es für jemand, der an verantwortlicher Stelle steht, seelisch schwer zu ertragen ist, die Krise [wie dies Reichskanzler Brüning wollte, W. J.] ›ausbrennen‹ zu lassen, wenn er täglich sieht, was dabei mit verbrennt.«[5]

Der loyale jüdische Beamte, der tat, was menschenmöglich war, um der Krise Herr zu werden, wußte, wovon er sprach. Er sah, wie das Vertrauen in den Staat und seine Organe schwand, die Zahl derer, die die bestehende politische Ordnung ablehnten, rapide wuchs und auch die Beamtenschaft mehr und mehr die Republik verachtete, der sie diente. Die meisten der mit den Rechtsradikalen sympathisierenden staatlichen Bediensteten wurden in dieser Zeit kompromißlose Systemgegner, sie waren nicht als Radikale in den Staatsdienst gekommen. In dieser Lage verloren die Parteien, Verbände und Institutionen, die sich aus Überzeugung oder Vernunftgründen auf den Boden der demokratischen Ordnung gestellt hatten, zunehmend Rückhalt in der Bevölkerung. Da sie keinen Weg aus den Schwierigkeiten zeigen konnten, waren sie unsicher und neigten deshalb zu Zugeständnissen an die Verneiner der Ordnung.

Wir stehen hier vor einem zentralen Problem, über das wir gerade heute nachdenken sollten. Zweifel an der Richtigkeit des eigenen Tuns, Verunsicherung durch Mißerfolge, Skepsis angesichts eines rapiden Autoritätsverlustes, Suche nach neuen Programmen und Lösungen führen leicht zu Zugeständnissen an Protestbewegungen. Mit dem Anwachsen dieses Potentials wird dann nicht mehr nach den Zielen und Programmen der Aufbegehrenden gefragt, sondern nach den Ursachen und Beweggründen des Protestes. In dem Maße aber, in dem man diese anerkennt, wächst die Neigung zu Zugeständnissen. Es wird schließlich schwer, die Grenze auszumachen, bei deren Überschreiten man eigene Grundsätze in Frage stellt oder gar preisgibt.

Diese Entwicklung zeigte sich in der Weimarer Republik, und sie ist meiner Meinung nach bislang noch nicht hinreichend analysiert worden. Hitler sammelte bis 1928/29 alle diejenigen in seinem Lager, die ideologisch vorgeprägt waren: Antisemiten, ehemalige Angehörige der Freikorps und Wehrverbände, die sich niemals mit der Republik ausgesöhnt hatten, politische Aktivisten, die in den nationalen und vaterländischen Parteien und Verbänden keine Heimat gefunden hatten, weil man ihnen dort nur eine untergeordnete Rolle zugewiesen hatte. Sie waren zur NSDAP gestoßen, weil sie die bessere Organisation besaß und weil ihr Führer der kompromißloseste Gegner der demokratischen Ordnung war. In der Krise wandten sich dann mehr und mehr Menschen der nationalsozialistischen Partei zu, die deren Programm überhaupt nicht interessierte, die sogar den Antisemitismus, die Kirchenpolitik oder den rüden Stil der SA und einzelner Parteiführer ablehnten. Sie entschieden sich für die NSDAP, weil sie so ihren Protest gegen den Staat und seine Organe mit Nachdruck artikulieren konnten. Sie wandten sich gegen eine Regierung, die nach den Worten des ehemaligen demokratischen Parteivorsitzenden und Ministers Erich Koch-Weser die Not nur noch verwaltete und verteilte, anstatt Anstrengungen zu ihrer Überwindung zu unternehmen.[6]

Diese Hinwendung zur NSDAP wurde auch nicht aufgehalten durch die Gewalttaten der NSDAP, die mit Vorliebe in den Hochburgen der KPD demonstrierte und damit die Gegner provozierte. Die wachsende Sympathie für Hitler ließ nicht einmal nach, als er Gewalttaten rechtfertigte und beispielsweise SA-Männer, die im oberschlesischen Potempa einen Kommunisten ermordet hatten, ostentativ seine Kameraden nannte. Es stieß auch nicht ab, wenn die SA durch die Straßen zog, Terror übte und unter anderem ein Lied sang, dessen Refrain lautete: »Blut muß fließen, knüppelhageldick, wir pfeifen auf die Freiheit der Judenrepublik.«

Weder die Anhänger noch die Sympathisanten der NSDAP haben ernsthaft über die Probleme der Gewaltanwendung und der Sicherung der Freiheitsrechte nachgedacht. Solange man in Freiheit lebte und deren Segnungen intensiv nutzte, fehlte es an Vorstellungskraft für eine Existenz in Unfreiheit. Entscheidend war, daß alle Deutschen, die in Opposition zum bestehenden Staat standen, in dem rücksichtslosen Auftreten der NSDAP und sogar in den Gewalttaten nur eine Provokation des Systems sahen. Und diese konnte – so meinten sie – nicht hart genug sein. Die Unzufriedenen drängten auf Veränderung, sie sorgten sich wenig darum, was danach kam.

Der starke Zulauf zur Nationalsozialistischen Partei und insbesondere die Wahlerfolge beeindruckten auch bürgerliche Politiker und zahlreiche Angehörige der Führungsschichten. Die einen hofften, sich durch Entgegenkommen für den Fall eines Erfolges der NSDAP Vorteile zu verschaffen. Andere fürchteten, politisch oder wirtschaftlich ausgeschaltet zu werden, wenn sie nicht Anschluß an die junge dynamische Bewegung fanden. Endlich wollten Repräsentanten von Verbänden und Institutionen durch eine Zusammenarbeit mit den Nationalsozialisten deren Antriebskraft für die eigenen Interessen nutzen. So erklärte beispielsweise der Hamburger Hauptpastor Tügel 1932 unumwunden: Die evangelische Kirche habe in der Vergangenheit Gläubige in Massen verloren, sie könne diese nur zurückgewinnen im engen Kontakt mit einer Partei, die die Massen zu mobilisieren verstehe. Wie falsch diese Auffassung war und wie dieser Irrtum entstehen konnte, wird an anderer Stelle analysiert.[7]

Wichtig ist für unsere Überlegung aber noch dies: Wir hören und lesen bis heute immer wieder, daß Hitler seinen Aufstieg an erster Stelle den Kapitalisten, Junkern, Offizieren und anderen Angehörigen der Führungsschicht zu verdanken habe, ja daß er von ihnen überhaupt erst gemacht worden sei. Unzweifelhaft hat es genügend Männer und einige Frauen aus diesen Schichten gegeben, die Hitler schon frühzeitig folgten und ihn förderten. In der Regel ist es aber doch so, daß die Repräsentanten der Wirtschaft erst Kontakt mit ihm aufnahmen, als er Führer der zweitstärksten und dann der stärksten Partei des Reiches geworden war. Bis dahin haben sie andere Parteien unterstützt und gefördert. Die politische Weitsicht der Unternehmer war keineswegs so groß, wie immer behauptet wird, sie unterlagen nicht minder den Zeitströmungen als andere Menschen und irrten wie sie. Enttäuscht über das Verhalten vieler Unternehmer schrieb der alte Oberpräsident Batocki am Jahresende 1931 an Reichskanzler Brüning: »Die Nerven des Bürgertums und der ›Wirtschaftsführer‹, deren Führereigenschaften ja leider nicht allzu groß sind«, drohten unter der Einwirkung der nationalsozialistischen Agitation und dem Druck der erregten Massen zu versagen. Dann heißt es wörtlich: »Die Neigung dieser Führer, sich opportunistisch hinter die Massen und ihre Stimmungen zu stellen, nimmt zu.«[8]

Wir haben also festzuhalten, daß auch diese einflußreichen Kreise der Menge der NSDAP-Wähler folgten und sie nicht führten, daß sie Mitläufer und nicht Vorläufer waren. Das soll nun nicht bedeuten, »den Massen« die Verantwortung für den Aufstieg der NSDAP aufzubürden, wie das in konservativen Geschichtsdeutungen geschehen ist.[9] Die Rolle der deutschen Führungsschichten, speziell der Wirtschaftselite, ist jedoch differenzierter zu sehen. Weniger durch unmittelbare Unterstützung und Finanzierung Hitlers und seiner Partei als durch die Zerstörung des gesellschaftlichen Grundkompromisses, auf dem die Weimarer Republik beruhte, trugen sie zum Untergang der Demokratie bei. Indem sie den Staat einseitig in den Dienst ihrer Interessen zu stellen versuchten und eine verfehlte, krisenverschärfende Wirtschafts-, Sozial- und Innenpolitik verlangten, halfen sie, die Bedingungen schaffen, die den Nationalsozialisten den Sieg ermöglichten. Demgegenüber ist es von zweitrangiger Bedeutung, wenn auch nicht zu übersehen, daß in der Endphase der Republik eine Reihe von Unternehmern die NSDAP durch ihre Annäherung auch aufwertete und manchem schwankenden Bürger den Entschluß erleichterte, die Nationalsozialisten zu wählen. Dabei hat diese Unternehmer nicht immer eine fanatische Gegnerschaft gegen die Gewerkschaften geleitet, sondern der Zweifel am wirtschaftspolitischen Kurs der Regierung und die eigene Ratlosigkeit. Ende 1931 gesteht ein Unternehmer in einem Brief an den Vorsitzenden der Deutschen Volkspartei, daß er und viele seiner Freunde uneingeschränktes Vertrauen zur Regierung Brüning gehabt hätten, sie sich dann aber angesichts seines Zauderns anders orientierten, weil weitere Kompromisse für die deutsche Wirtschaft und das »deutsche Volk verhängnisvoll« zu werden drohten.[10] Ähnliches gilt auch für andere Angehörige der alten Führungsschicht. Wahre Konservative haben sich durch die Aufpeitschung der Massenleidenschaften durch die Nationalsozialisten aber abgestoßen gefühlt und daher Hitler ablehnend gegenübergestanden. Nicht weniger entschieden verwarfen und bekämpften sie freilich die parlamentarische Demokratie.

Klar abgegrenzt gegen den Nationalsozialismus haben sich im Bürgertum nur kleine liberale und pazifistische Gruppen, theologisch gefestigte Kräfte im Protestantismus und eine Mehrheit des Zentrums. Es ist hier nicht möglich, ihre Position differenziert und angemessen zu beschreiben. Der Hinweis muß genügen, daß es für sie andere Wertsystem gab, sie um des Staates und der Nation willen niemals die Menschlichkeit zu opfern bereit waren. Sie besaßen damit allerdings keine Anziehungskraft, da sie dem wirtschaftlichen und sozialen Elend hilflos gegenüberstanden. Ohne ein Programm zur Überwindung der Krise verloren sie jeden entscheidenden politischen Einfluß und waren unfähig zur Abwehr der nationalsozialistischen Herausforderer.

Das trifft zum Teil auch für die Sozialdemokraten und den ihnen eng verbundenen Allgemeinen Deutschen Gewerkschaftsbund, das Reichsbanner Schwarz-Rot-Gold und die Eiserne Front zu. Sie waren entschiedene Gegner es Nationalsozialismus und unternahmen bis zum 30. Januar 1933 alle erdenklichen Anstrengungen, um ihn von der Macht fernzuhalten und die freiheitliche Demokratie zu erhalten. Sozialdemokraten wiesen seit 1930 die Bevölkerung auf die dem Staat drohenden Gefahren hin, demonstrierten beinahe bis zur Erschöpfung und protestierten gegen Gewalttaten. Sie verteidigten die bestehende Ordnung, weil sie sehr viel mehr Möglichkeiten als der alte Obrigkeitsstaat zur Weiterentwicklung bot. Sie hielten die alte Republik keineswegs für vollkommen, aber sahen in ihr die Chancen zur Umgestaltung. Wenn alle Aktionen und Anstrengungen zur

Rettung des Rechtsstaates seitens so starker Kräfte letztlich erfolglos blieben, dann deshalb, weil auch die Sozialdemokraten keine Strategie zur Überwindung der Krise besaßen. Täuschen wir uns nicht, Aufklärung und Information sind nur in Verbindung mit einer überzeugenden Politik erfolgreich. Die Pädagogen meinen trotz ständiger Rückschläge, eine Gesellschaft ließe sich durch politische Bildung immunisieren, vielleicht sogar zu Reformen und Veränderungen bewegen. Das ist ein Irrtum. Wer politisch etwas bewirken will, der muß konstruktive Politik treiben, klare Ziele setzen und für deren Erreichung kämpfen. Sozialdemokraten und Gewerkschafter erkannten klarer als andere, welche erschreckenden Folgen die Politik des Haushaltsausgleichs und der Notverordnungen hatte. Sie warnten und sagten nicht selten die Reaktionen der Bevölkerung zutreffend voraus. Aber sie trugen diese Politik dann immer wieder mit, weil sie sich zu einer antizyklischen Politik nicht entschließen konnten. Allein die Gewerkschaften beschritten 1932 diesen Weg und verabschiedeten ein Arbeitsbeschaffungsprogramm, das sich aber die SPD nicht zu eigen machte. Die Partei konzentrierte sich statt dessen – da es konkret wenig zu tun und schon gar nichts zu verändern gab – auf Theoriediskussionen. Damit waren aber die Notleidenden nicht zufriedenzustellen. Die Gewerkschaften und die Sozialdemokratische Partei konnten ihr Anhänger- und Wählerpotential im wesentlichen behaupten. Eine Anziehungskraft auf die Wählerschichten, die sich nach dem Zerfall der Mittelparteien heimatlos fühlten und die bei einer großen Partei angesichts der Bedrohung durch die NSDAP Rückhalt suchten, übten sie unter diesen Umständen nicht aus.

Endlich wurde die Aktionsbereitschaft der Sozialdemokraten und der Gewerkschaften auch noch durch die permanenten Auseinandersetzungen mit der KPD und ihren Hilfsorganisationen gelähmt. Niemand bestreitet die entschiedene Feindschaft der Kommunisten gegen die Nationalsozialisten. Da sie aber der Überzeugung waren, daß sich eine solche Bewegung nur auf dem Boden der kapitalistischen Gesellschaftsordnung und konkret der Weimarer Demokratie entwickeln könne, standen sie im erklärten Gegensatz zum bestehenden Staat. Sie unterließen nichts, um ihn zu schwächen und zu zerstören. Die Sozialdemokraten, die diesen Staat stützten und in zahlreichen Ländern als Inhaber der Exekutive aktiv verteidigten, waren nach der »Generallinie« der KPD bzw. der Kommunistischen Internationale der »Hauptfeind«. So beteiligte sich die KPD 1931 mit der NSDAP, dem Stahlhelm und den als ultrareaktionär verschrieenen Deutschnationalen an dem Volksbegehren zum Sturz der sozialdemokratisch geführten Preußenregierung. Kommunisten führten mit der NSDAP Streiks gegen den Willen der Gewerkschaften durch, klatschten bei der Hamburger Bürgerschaftswahl im April 1932 Beifall, wenn Nationalsozialisten Erfolge erzielten und gaben ihrer Zufriedenheit über den Sturz der Regierung Braun-Severing in Preußen am 20. Juli 1932 lebhaften Ausdruck. Sie sahen zwischen dem Sozialdemokraten Severing und Hitler keinen Unterschied, ein politischer Irrtum, für den sie später bitter bezahlen mußten. Diese Feststellung mindert den Respekt vor den Opfern des Widerstands und der Verfolgung nach dem 30. Januar 1933 in keiner Weise.

Ohne eine generelle Wende in der Wirtschaftspolitik ließ sich die Republik von Weimar, von rechts und links radikal in Frage gestellt, nicht mehr retten. Die Verteidiger verloren ihren Anhang, sie waren unter sich uneinig und von Zweifeln geplagt. Dabei entmutigte sie am meisten die Tatsache, daß sich vornehmlich die Jugend verweigerte und zum Hauptträger des Protestes wurde. An der Spitze der radikalen Opposition standen die jungen Akademiker, die zusehends andere Schichten, vor allem die Landjugend und die Angestellten, mitrissen.

Zu Beginn des Jahres 1932 faßte ein weitschauender Beobachter seine Eindrücke im Umgang mit der aufbegehrenden und opponierenden jungen Generation zusammen. Er klagt darüber, daß Argumente nicht mehr gehört und geprüft würden. Dann heißt es wörtlich: »Sie wissen alles aus hintergründigen Quellen besser, sie glauben an nichts mehr, an keinen Staat, keine Einrichtung ›dieses Systems‹, an kein Gericht, kein Gesetz, keine Menschlichkeit.« Diese jungen Menschen »sehen in allem etwas Böses, Schlechtes, Gemeines, ihnen ist der Glaube an die Menschen zerstört, das schlimmste, was getan werden kann. Mir graut vor dem Aufgehen der Saat, die man bei den jungen gläubigen Menschen gesät hat, diese Kaufleute, Industrielle, Handwerker, Richter, Staatsanwälte, Bürgermeister, Angestellte ... der näheren oder weiteren Zukunft werden von einer nie erreichten Kaltschnäuzigkeit, Gemütskälte und damit Unmenschlichkeit sein.«[11] Diese Analyse war treffend, und wir lesen sie heute mit besonderer Beklemmung. Es ist zweifellos das Privileg der Jugend, Konventionen und verfestigte Ordnungen in Frage zu stellen. Auch der Drang, aus eigener Kraft Neues zu gestalten, ist verständlich. Aber diese jungen Menschen erstrebten die Beseitigung des Alten, die Zerstörung der Republik, ohne zu wissen, was an die Stelle treten sollte. Über das Ergebnis waren sie dann nicht selten bitter enttäuscht. Sie erkannten den Wert der Freiheit erst, als sie verloren war und jeder einzelne harten Zwängen unterworfen wurde.

Es ist wohl das größte Verdienst der Gegner des Nationalsozialismus – ob sie nun im Widerstand standen oder sich nur gesellschaftlich verweigerten – daß sie der bei den begeisterten jungen Anhängern und Sympathisanten der NSDAP diagnostizierten Gemütskälte und Unmenschlichkeit entschlossen den Geist der Menschenwürde, der Humanität und Nächstenliebe entgegensetzten und ihn auch in allen Prüfungen behaupteten. Den

Untergang der Republik und die Auslieferung des Staates an die Nationalsozialisten zu Beginn des Jahres 1933 haben sie nicht verhindern können.

Es gehört heute schon fast zum guten Ton, daß beim Abschluß solcher Überlegungen ein Vergleich zwischen Weimar und Bonn gewagt wird. Ich will mich an dieser Spekulation nicht beteiligen, da historische Vergleiche – wie eingangs betont – immer fragwürdig sind. Die Konstellationen und Situationen wiederholen sich nicht. Dennoch haben wir bei unserer Auseinandersetzung mit diesem Abschnitt unserer Geschichte Einsichten und Erkenntnisse gewonnen, die uns gerade in unserer heutigen Situation nachdenklich stimmen:

Die Gefahren, die von einem neuen Rechtsextremismus drohen, sind nicht zu unterschätzen, zumal er in letzter Zeit aggressiver geworden ist und sich vielfacher Förderung erfreuen kann. Auch das erneute Anwachsen antisemitischer und antizionistischer Strömungen gibt Anlaß zur Besorgnis. Gleichwohl sollte uns heute an erster Stelle die Tatsache beunruhigen, daß unsere politische Ordnung zunehmend verhöhnt und abgelehnt wird. Es gibt schon wieder brausenden Beifall, wenn das Grundgesetz und unser Staat geschmäht werden, man stößt auf Ablehnung bei dem Bemühen um Verteidigung. Mißtrauen, ja sogar Haß gegen die bestehenden Parteien greifen um sich und schaden der politischen Kultur in unserem Lande. Die Tendenz zur Polarisierung wächst. Können wir es uns leisten, angesichts wachsender Schwierigkeiten und mancher krisenhafter Erscheinungen schon wieder den Rechtsstaat in Frage zu stellen und auf die Freiheit zu pfeifen, zumal wiederum nur ganz nebulöse oder utopische Vorstellungen darüber bestehen, was denn eigentlich zur Überwindung der Probleme geschehen soll?

Kritisches Bewußtsein der Staatsbürger ist gewiß keine Untugend, auch wenn es gelegentlich unbequem ist. Zur Bewahrung der Freiheitsrechte des einzelnen sind ebenso permanente Anstrengungen erforderlich wie zur Aufrechterhaltung der sozialen Gerechtigkeit. Die Erfahrungen des Jahres 1933 sollten jeden einzelnen davor bewahren, den Gegnern des Staates das Geschäft durch Nichtachtung der Verfassung und ihrer Organe zu erleichtern. Ein Prozeß der Staatsverneinung, einmal in Gang gesetzt, läßt sich nur schwer wieder eindämmen.

Wir befinden uns in einer Periode der Re-Ideologisierung, in der wieder Positionen bezogen werden, die gefährlich sind. Die Elle, mit der heute vielfach unser politisches und gesellschaftliches System gemessen wird, eignete sich schon 1932 nicht mehr. Die letzten Jahre der Weimarer Republik haben gezeigt, wie schnell Menschen in Krisenzeiten lange vertretene Positionen preisgeben und sich neuen Strömungen anpassen, auch wenn diese zur konkreten Bewältigung der Probleme nichts beitragen können. Hitler erhielt die wirksamste Unterstützung von Mitläufern, die ihm dienten, obwohl sie erhebliche Vorbehalte hatten und sich partiell sogar verweigerten. Der Nationalsozialismus zog den größten Gewinn aus der raschen Anpassung der Intelligenz, und die Gegner wurden gerade durch diesen Vorgang am stärksten entmutigt. Wir sollten das bedenken und für die Erhaltung des Rechtes und der Freiheit in unserer Gesellschaft engagiert einstehen.

Die deutsche Bevölkerung und die nationalsozialistische Judenpolitik bis zur Verkündung der Nürnberger Gesetze

Als der Glaube an den Endsieg Deutschlands nach Stalingrad zu schwinden begann und auch das Vertrauen in Hitlers Führerqualitäten in der Bevölkerung nachließ, kursierten überaus treffende Bemerkungen und Einsichten über Charakter und Struktur des Regimes im Lande. Eine dieser Beschreibungen gewinnt heute, angesichts der theoretischen Auseinandersetzungen um die letzte Intention der Hitlerschen Judenpolitik, besonderes Gewicht. In einem Eisenbahnabteil, so wurde erzählt, sitzen sich ein gedemütigter Jude und ein verwundeter deutscher Soldat gegenüber. Der Soldat klagt dem Juden sein Leid: Er sei seit 1937 Soldat, seit 1939 immer an vorderster Front, inzwischen fünfmal verwundet und nun auf der Fahrt in seine Heimatstadt, um nach seiner Familie zu suchen. Seit einem schweren Bombenangriff habe er weder von seinen Eltern noch von Frau und Kindern Lebenszeichen erhalten. Nach einer Pause zog der Geprüfte Bilanz. Er sei deprimiert, ja verzweifelt. Seit 1929 habe er als Mitglied der NSDAP für ein neues Deutschland gekämpft, und nun stehe er vor dem Nichts. Hitler habe nichts von dem, was er ihm und dem deutschen Volk versprochen habe, gehalten. Der Jude erwiderte darauf, er und seine Schicksalsgefährten hätten die gegenteilige Erfahrung gemacht. Ihnen gegenüber habe der nationalsozialistische Partei- und Staatsführer alles gehalten, was er ihnen einmal »versprochen« habe. Jede Drohung sei verwirklicht worden.

Hier haben sensible Zeitgenossen mit wenigen, aber treffenden Sätzen

Positionen markiert, die noch heute in politischen und wissenschaftlichen Diskussionen über das NS-Regime auszumachen sind. Nach wie vor wird von vielen Deutschen darüber geklagt, was sie während des zweiten Weltkrieges gelitten und geopfert haben, ohne daß sie sich der Erkenntnis stellen, daß dies eine Folge der von ihnen bejubelten oder tolerierten Politik war. Zudem fehlt diesen Staatsbürgern ein Gespür dafür, was Deutsche anderen Menschen und Völkern an Leid zufügten. Nicht minder problematisch ist der Eifer, mit dem heute über Theorien zur nationalsozialistischen Judenpolitik gestritten wird. Angesichts des millionenfachen Mordes scheint vielen historisch-politisch interessierten Zeitgenossen der Sinn einer Kontroverse darüber, ob Hitler der Motor der gnadenlosen Judenverfolgung war oder ob der Holocaust ohne festen Plan von Machtgruppen innerhalb des Regimes eingeleitet und durchgeführt wurde, schwer verständlich. Es ist schon bezeichnend, daß auch heute noch die Rolle Hitlers im NS-Herrschaftssystem von Deutschen weniger scharf gesehen wird als von Juden. Deutsche Wissenschaftler versuchen, die Judenpolitik in Einklang zu bringen mit den Erkenntnissen über den Kompetenzwirrwarr und den Konkurrenzkampf der vielen neben- und gegeneinander wirkenden Machtzentren, der auf den meisten anderen Gebieten für die Politik des Dritten Reichs typisch war. Bei anderen Deutschen wirken – bewußt oder unbewußt – noch immer enttäuschte Hoffnungen, Erinnerungen an nicht erfüllte Versprechungen sowie das Bedauern über unerreichte Ziele nach, während Juden die menschenverachtende Politik Hitlers erlebt und erlitten haben und deshalb klar Position beziehen.[1]

Was die Mehrheit des deutschen Volkes auch immer an eigenen Wünschen in den Nationalsozialismus hineininterpretiert hatte, daß die Rassenlehre im Zentrum dieser Weltanschauung stand, konnte niemand übersehen. Wenn Hitler mit der von ihm geprägten und konsequent vertretenen Weltanschauung eine Massenbasis gewinnen konnte, dann bedeutete das, daß alle, die ihm folgten, eben diese rassenpolitische Programmatik bejahten oder tolerierten. Es gab also einen Grundkonsens zwischen Bevölkerung und Führung. Nur so konnte Hitler sofort, als er seine Herrschaft etabliert hatte, mit der Ausschaltung und Verfolgung der Juden beginnen, ohne auf Widerstand zu stoßen. Die Konsequenz, mit der er dabei vorging, wird durch situationsbedingte Zugeständnisse an alte Machteliten und außenpolitische Rücksichten sogar noch eindrucksvoll bestätigt.[2]

Daß die sofort nach den Wahlen am 5. März 1933 beginnende Einschüchterung der Juden durch Übergriffe und Aktionen gegen sie sowie ihre in den Ländern anlaufende Verdrängung aus dem öffentlichen Dienst ebenso zentral gesteuert waren wie dann der Boykott am 1. April, bedarf keines Beweises mehr. Als die Folgen dieses Vorgehens im Wirtschaftsleben, im zwischenstaatlichen Verkehr und im Alltag bei den Dienstleistungen und der Versorgung sichtbar wurden, kamen bei Amtsträgern der Partei und in Ministerien des Reiches und der Länder Bedenken auf. Hitler erkannte sie nicht an. »Was die Judenfrage anlange«, so beschied er die Reichsstatthalter am 28. September 1933 unmißverständlich, »so könnten wir auf diesem Gebiet nicht zurückweichen«. Er selbst hätte ein planmäßiges, schrittweises Vorgehen bevorzugt, »indem man zunächst ein Staatsbürgerrecht geschaffen und dann hiervon ausgehend die Juden allmählich schärfer angefaßt hätte«. Der Boykott des Auslands gegen Deutschland habe sofortige Reaktionen seinerseits herausgefordert und damit die ursprüngliche Intention durchkreuzt. Die seit dem April eingeleiteten Gegenmaßnahmen könnten nicht mehr rückgängig gemacht werden, angebracht sei gegenwärtig nur eine gewisse Rücksichtnahme auf die Empörung in bestimmten Kreisen des Auslands.[3]

Daß allein Hitler Kurs und Tempo der Judenpolitik bestimmte, die Propagandisten und Lohnschreiber des Regimes dazu nur die Begleitmusik machten, haben auch aufmerksame und geschulte jüdische Beobachter sofort herausgefunden. So registrierte beispielsweise Jakob Ball-Kaduri schon sehr früh, daß Juden aus dem, »was Goebbels sagte oder nicht sagte«, keine Schlüsse hinsichtlich der künftigen Politik ziehen konnten. »Aber was Hitler sagte, oder richtiger: wie er es sagte, wie er das Gewicht verteilte, ... das war wichtig, denn für einen feinfühligen Beobachter war es oft möglich, daraus die Richtung zu ersehen, in der in den nächsten Wochen und Monaten der Wind wehen würde.«[4] Wie stark die zentrale Steuerung der Judenpolitik durch Hitler war, wie weit dabei Aktivitäten des Volkes mit administrativen Maßnahmen der Staatsorgane ineinandergriffen, läßt sich schon in den ersten zwei Jahren des Dritten Reiches, als die Lenkungs- und Steuerungsmechanismen noch nicht voll durchgebildet waren, überzeugend nachweisen.

Solange die Staatsmacht für die Partei Hitlers noch unerreichbar gewesen war, hatten die Nationalsozialisten bei Rückfragen, wie sie sich einmal das Zusammenleben mit den Juden vorstellten, immer nur auf die Punkte 4 und 5 des Parteiprogramms verwiesen. »Staatsbürger kann nur sein, wer Volksgenosse ist. Volksgenosse kann nur sein, wer deutschen Blutes ist, ohne Rücksichtnahme auf Konfession. Kein Jude kann daher Volksgenosse sein.« Und weiter: »Wer nicht Staatsbürger ist, soll nur als Gast in Deutschland leben können und muß unter Fremdengesetzgebung stehen.«[5] Als die NSDAP aber im September 1930 mit 107 Abgeordneten in den Reichstag eingerückt war und auch bei Landtagswahlen in der Folgezeit immer größere Erfolge erzielte, wurde in der Parteizentrale über Gesetze und konkrete Maßnahmen nachgedacht. Anhänger und Mitläufer erarbeiteten Entwürfe für Ausnahmegesetze und hofften, sich damit zugleich für künftige Ämter zu empfehlen. Neben den Funktionären in der innen- und rechtspolitischen Abteilung bei der Reichsleitung der NSDAP unterbreitete seit 1932 vor allem Ministerialrat Dr. Arthur Gütt Vorschläge zur Einführung eines Fremdenrechts für Juden und deren schrittweise Ausschaltung aus dem Volksleben.

Radikal im Sinne des Regimes war dann aber erst der »Entwurf eines Gesetzes zur Regelung der Stellung der Juden«, der am 6. April 1933 von einer Arbeitsgemeinschaft vorgelegt wurde. Ihr gehörten als Aktivisten unter anderem Rudolf Diehls, Wilhelm Ziegler, Julius Lippert und Johannes von Leers an. Nach den Vorschlägen dieser Gruppe sollten Juden ausnahmslos aus allen öffentlichen Ämtern ausscheiden, sich nicht mehr als Redakteure, Künstler und Ärzte betätigen dürfen. Eine schrittweise Entfernung aus allen freien Berufen war ebenso vorgesehen wie ein Verbot der Zugehörigkeit zu Vereinen und Gesellschaften. Um eine lückenlose Kontrolle aller Juden durch den Staat zu gewährleisten, sollten sie und darüber hinaus auch die Halbjuden und »Judengatten« sich in ein spezielles polizeiliches Register eintragen lassen. Bezeichnend war dabei, daß zu den »Judengatten« auch alle diejenigen nichtjüdischen Frauen und Männer gerechnet wurden, die mit halbjüdischen Partnern verheiratet waren. Endlich sollte sofort die Ehe zwischen »Deutschen« und Juden verboten, außerehelicher Verkehr mit schweren Strafen belegt werden. Um die Ausgrenzung auch möglichst lückenlos zu gestalten, sollten Juden durch Gesetz gezwungen werden, ihre deutschen Vornamen abzulegen und alle Personalpapiere und amtlichen Dokumente mit einem »J« kennzeichnen zu lassen.[6]

In diesem Gesetzentwurf waren nahezu alle der in den folgenden Jahren gegen die Juden gerichteten Maßnahmen enthalten. Die Parteileitung der NSDAP konnte – wenn es dieses Nachweises überhaupt noch bedurfte – an dem Eifer vieler Mitglieder und Experten erkennen, wie groß die Bereitschaft zur Ausschaltung und Diskriminierung der seit langem bewußt stigmatisierten Minderheit war. Mehr als seinen Unterführern und den intellektuellen Eiferern in der Partei war Hitler aber bewußt, daß ein radikales Vorgehen gegen die Juden Teile der Bevölkerung abstoßen würde. Er wollte die Millionen, die ihn und seine Partei am 5. März 1933 nicht gewählt hatten, auf keinen Fall überfordern. Er brauchte sie und namentlich einen Teil der skeptischen und abwartenden Führungsschicht für einen raschen Wirtschaftsaufbau und die schnelle Durchsetzung weitergehender Ziele.[7]

Wie weit ihm die Mitglieder der alten Führungsschicht, auf deren Mitarbeit er großen Wert legte, bei seinem Vorgehen gegen die Juden folgen würden, konnte Hitler im Kabinett feststellen. Als ihn Vizekanzler von Papen über die Proteste informierte, die aus allen Teilen des Landes gegen Willkürmaßnahmen der Nationalsozialisten eingingen, beschied ihn Hitler am 11. März recht barsch, daß er mit Klagen dieser Art nicht belästigt werden wolle.[8] Der Vizekanzler nahm die Zurechtweisung hin, ja er war sogar bereit, die Aktivitäten zur Ausschaltung der Juden partiell mit zu decken. So wandte er sich am 25. März telegraphisch an die Deutsch-Amerikanische Handelskammer in New York, um die Erregung zu dämpfen, die in den USA über die Gewalttaten in Hitler-Deutschland und namentlich über die Judenverfolgung herrschte. Aus Loyalität mit einem Regime, dem er selbst an verantwortlicher Stelle diente, telegraphierte er wider besseres Wissen: »In Amerika zirkulierende, hier mit Entrüstung vernommene Nachrichten über angebliche Tortur politischer Gefangener und Mißhandlung von Juden verdienen stärkste Zurückweisung. Hunderttausende von Juden, gleichgültig welcher Staatsangehörigkeit, die sich politisch nicht betätigt haben, leben hier völlig unbehelligt. Betrieb in zahlreichen jüdischen Geschäften und großen jüdischen Verlagshäusern wie Mosse, Ullstein, Frankfurter Zeitung völlig normal, Synagogen und jüdische Friedhöfe ungestört«.[9]

Binnen kurzer Zeit hatte Hitler herausgefunden, daß er nicht auf nennenswerte Gegenwehr stoßen würde, wenn er härter gegen die Juden vorging. Ein Teil der Bevölkerung war durch die jahrelange Wirtschaftsnot entnervt und teilnahmslos, andere hofften auf die große Wende und verdrängten deshalb alles, was nicht in das Wunschbild paßte. Die noch immer starke Opposition aber wollte ihre Position nicht durch entschiedene Parteinahme zugunsten einer gefährdeten Minderheit schwächen. Zudem waren die Gegner Hitlers bereits durch massiven Terror eingeschüchtert. Weil es keine starke Kraft oder mächtige Organisation mehr in Deutschland gab, die für die Rechte der Juden einzustehen bereit war, konnte die Parteileitung der NSDAP sofort nach der Annahme des Ermächtigungsgesetzes zum reichsweiten Boykott jüdischer Geschäfte, Ärzte und Anwälte aufrufen. Hitler übernahm in der Kabinettssitzung ohne Einschränkung die Verantwortung für diese Aktion. Dabei deutete er an, die in Deutschland lebenden Juden würden von ihm als Geiseln benutzt, um die gegen seine Regierung im Ausland protestierenden Kreise zum Wohlverhalten zu veranlassen.[10]

Der Boykott vom 1. April 1933 war dann auch ein erstes Beispiel für die nationalsozialistische Regie solcher Aktionen. Die Parteibasis erhielt genügend Freiraum, um aufgestaute Aggressionen loszuwerden und den Eindruck der Spontaneität zu vermitteln. Zudem sollten die fanatischen Judenfeinde ein Signal bekommen, daß das neue Regime seine rassenpolitischen Ziele entschlossen verfolgte. Zugleich ging es darum, durch Aktionen der Straße gesetzliche Maßnahmen des Staates vorzubereiten. Ruhe und Ordnung liebende Bürger ließen sich sofort beruhigen und überzeugen, wenn durch Gesetze die Normalität hergestellt und Ausschreitungen unterbunden wurden.

Damit aber kein größerer politischer und wirtschaftlicher Schaden entstand, wurde der Boykott sorgfältig gesteuert. Den Einwand des Finanzministers, die Aktionen würden zu größeren Umsatzsteuerausfällen führen, wischte Hitler mit der Bemerkung vom Tisch, es werde nur zu einer Umsatzverschiebung zugunsten »christlicher« Geschäfte kommen.[11] Eine Störung der Wirtschaftsbeziehungen zum Ausland wurde von vornherein durch die Anordnung unterbunden, »daß eine Störung der Banken und Bankfilialen und sonstiger Geldinstitute« nicht erfolgen dürfe[12]. Es wurde also dafür gesorgt, daß sich der Schaden in kalkulierten Grenzen hielt. So große Machtvollkommenheit Hitler seinen Parteisatrapen auch immer ließ, seine politischen Pläne durften sie auf keinen Fall behindern. Er zog sie auch kaum ins Vertrauen, sie durften stets nur soviel wissen, wie zur Durchführung seiner Befehle notwendig war.

Um seiner Regierung Schwierigkeiten zu ersparen, wurde der Boykott entgegen der ursprünglichen Intention schon nach einem Tag beendet. Weitere gezielte Aktionen wurden verboten. Die Gründe dafür kamen in einer Besprechung in Berlin am 25. April 1933 zum Ausdruck. Dort erklärte Göring im Auftrag Hitlers den Vertretern der Landesregierungen, ein radikaleres Vorgehen zur »Reinigung der Rasse« sei zur Zeit mit Rücksicht auf das Ausland und den Reichspräsidenten unzweckmäßig. »Die Isolierung Deutschlands sei einzigartig.« Partei- und Staatsführung müßten zwar die Juden »scharf treffen«, dürften aber keine Veranlassung geben, daß sie dort, »wo es falsch aufgefaßt werden könnte, als Barbaren« verschrieen würden.[13]

Reichspräsident von Hindenburg, der noch immer Symbolfigur für die konservativen Volksschichten war, setzte sich im Gegensatz zur Mehrheit seiner politischen Gesinnungsfreunde für Juden ein und zwang damit Hitler zu vorübergehender Rücksichtnahme.[14] Eine Beunruhigung der Konservativen in Verwaltung und Wirtschaft mußte aber auch aus anderen Gründen vermieden werden. Der Reichskanzler sah klarer als sein Parteigefolge, daß er mit seiner »nationalen Revolution«, der Gleichschaltung aller Länder, Institutionen und Organisationen seine Herrschaft nicht zu festigen vermochte, wenn es nicht gelang, die Wirtschaftsnot zu beseitigen. Für ihn war deshalb der Abbau der Arbeitslosigkeit »die entscheidende Aufgabe«. Mit Nachdruck schärfte er seinen politischen Erfüllungsgehilfen ein: »Wenn es gelingt, diese Frage zu lösen, so haben wir dem neuen System eine derartige Stellung verschafft, daß, damit ausgestattet, diese Regierung Schritt um Schritt ihre anderen Aufgaben verwirklichen kann.»[15]

Im Interesse einer raschen Wirtschaftsbelebung akzeptierte das Regime die vorübergehende Mithilfe jüdischer Kaufleute, Bankiers und Unternehmer. Diese war vor allen Dingen dort geboten, wo Juden über Auslandskontakte verfügten. Das nationalsozialistische Deutschland brauchte zur Intensivierung des Warenaustausches und namentlich zur Sicherung der Rohstoffversorgung Vertrauen in den Rohstoff- und Industrieländern der Welt. Die Schäden, die der Boykott vom April angerichtet hatte, mahnten zur Vorsicht. »Die Judenfrage wieder aufrollen, heißt die ganze Welt wieder in Aufruhr bringen«, erklärte der Kanzler seinen Statthaltern und wies sie an, künftig alle öffentlichen Aktionen zu unterbinden.[16]

Die zweckbedingte Rücksichtnahme auf die wirtschaftlichen Interessen des Reichs schloß aber die Verdrängung der Juden aus dem öffentlichen Leben des Landes und deren Entrechtung nicht aus. Nur geschah dies nun auf gesetzlichem Wege und durch zahlreiche Verwaltungsanordnungen, wobei auch da der Willkür Tür und Tor geöffnet war. Das Regime nutzte die durch den Boykott geschürte Erregung, um die Amtstätigkeit jüdischer Notare einzuschränken, Lehrer zu beurlauben und jüdische Anwälte mit einem Vertretungsverbot zu belegen. Mit dem Gesetz zur Wiederherstellung des Berufsbeamtentums vom 7. April 1933 wurde dann die Handhabe geschaffen, um gegen die Beschäftigten in Reich, Ländern und Gemeinden vorzugehen. Der § 3 schrieb die Entlassung von Beamten vor, »die nicht arischer Abstammung« waren. In einer Ausführungsverordnung wurde präzisiert, daß als »nicht arisch« jeder galt, der *einen* Juden unter seinen Großeltern hatte. Infolgedessen wurden nach diesem Gesetz auch »Halb-« und »Vierteljuden« und seit 1936 aufgrund des § 6 (Vereinfachung der Verwaltung) sogar »arische« Ehepartner von Juden aus dem Amt gedrängt. Auf dieses Berufsbeamtengesetz folgten dann noch zahlreiche andere antisemitische Gesetze und Verordnungen, wie etwa am 25. April das Gesetz gegen die Überfüllung deutscher Schulen und Hochschulen. Nachdem der Verdrängungs- und Ausgliederungsprozeß im staatlichen Bereich einmal in Gang gesetzt war, gelang es schnell, ihn auch auf gesellschaftlichem Gebiet fortzusetzen. Die Bevölkerung legte großen Eifer an den Tag, sich systemkonform zu verhalten. Was Behörden und Parteistellen selbst bei einem systematischen Vorgehen nicht erreichen konnten, das brachte die bereitwillige Mithilfe von Millionen zustande: Arbeitskollegen und Vorgesetzte denunzierten Betriebsangehörige, Mitarbeiter ihre Vorgesetzten, Hausbewohner ihre Nachbarn und brachten sie um Lohn und Brot. In manchen Fällen wurden zögernde Behörden von fanatischen Bürgern unter Druck gesetzt und zum Handeln gezwungen. So holte beispielsweise eine Mutter ihr Kind demonstrativ aus dem Unterricht, weil sie es nicht länger hinnehmen wollte, daß es von einer jüdischen Lehrerin erzogen werde, und erzwang damit deren sofortige Entlassung.[17] Nicht selten wurden gerade durch dieses Verhalten ehedem friedlicher Kollegen und »Mitbürger« Juden oder Männer und Frauen mit jüdischen Vorfahren in die Verzweiflung und auch in den Freitod getrieben. Grundsätzlich hat die zumeist freiwillige und »beinahe kritiklose Übernahme des ›Arierparagraphen‹ [des Berufsbeamtengesetzes] in fast sämtliche Lebensgebiete« für die Betroffenen und teilweise auch für Staatsorgane zu »unhaltbaren Zuständen geführt«.[18]

Für die nicht systemkonformen Bevölkerungsgruppen war dabei die Passivität der Kirchen besonders enttäuschend. Sie hatten von den Christen Gegenwehr erwartet und sahen nun, daß sich viele an der Ausgrenzung beteiligten und kirchliche Amtsstellen sogar Mitchristen jüdischer Herkunft der Verfolgung überließen. Wenn sich Christen schon nicht für verfolgte Juden einsetzten, was ja nach ihrem Bekenntnis geboten war, dann hätten sie wenigstens hier, wo die angestrebte »Neuordnung der Lebensverhältnisse zwischen Juden und Deutschen« sie unmittelbar berührte, entschlossen widerstehen müssen: Die immer wieder diskutierten Pläne der Parteiideologen zur »völligen Ausscheidung und Ausmerzung des Judentums aus dem deutschen Volkskörper« bedeuteten ja doch, daß auch viele Christen, die von Juden abstammten oder mit Juden verheiratet waren, aus der Gemeinschaft der Gläubigen ausgestoßen werden sollten.[19] Seit der Aufklärung und dem Beginn der Emanzipation hatten Juden ihre Gemeinden verlassen, hatten sich taufen oder adoptieren lassen, waren Ehen mit nichtjüdischen Partnern eingegangen. Viele Menschen waren sich zu Beginn des Dritten Reiches nicht einmal der Herkunft ihrer Großeltern oder Eltern bewußt. Sie waren Christen, und deshalb mußten die Kirchen verhindern, daß der Staat gewaltsam trennte, was nach kirchlichem Recht und Auftrag vereint war. Sie mußten es um so mehr, als durch die Auflösung von Lebensgemeinschaften und sozialen Bindungen auch die sogenannten »arischen« Angehörigen und Familienmitglieder ins Unglück gestoßen wurden.

Nicht der Widerstand der Kirchen, sondern Bedenken in den zuständigen Ministerien und einzelnen Zweigen der Verwaltung ließen es geraten erscheinen, den Kreis der durch die Gesetze betroffenen »Nichtarier« genauer zu bestimmen und zu begrenzen. Dazu trug zweifellos die für viele Nationalsozialisten überraschende Feststellung bei, daß bekannte Wissenschaftler, Persönlichkeiten des öffentlichen Lebens und sogar eifrige Parteimitglieder jüdische Vorfahren oder Verwandte hatten. Während die Vertreter der Ministerien mehrheitlich alle Menschen, die nur zwei jüdische Großeltern hatten, außer Verfolgung setzen oder doch mindestens rechtlich besserstellen wollten, drängten Parteistellen eher auf eine Verschärfung der Ausnahmegesetze. So forderte beispielsweise Wilhelm Kube, der nationalsozialistische Gauleiter der Kurmark und Oberpräsident von Berlin-

Brandenburg im Mai 1934 eine rasche Totallösung. Um in der Rassenpolitik Klarheit zu schaffen, müßten durch Gesetz alle »Mischehen zwischen Deutschen und Juden grundsätzlich verboten werden«. Zudem sollten diejenigen, die jüdische Vorfahren hätten, kompromißlos aus der Volksgemeinschaft entfernt werden. Er konstatierte: »Jude ist, wer mehr als zehn Prozent jüdischer Blutsanteile in sich trägt.«[20]

Während sich Parteistellen und die Experten in den Ministerien um die Weiterführung der Rassenpolitik und künftige Gesetze stritten, hielt sich Hitler zurück. Er traf keine Entscheidung, solange die unteren Instanzen ohne sein Zutun und ohne Beeinträchtigung seiner Politik die Entwicklung vorantrieben. Wohin er tendierte, zeigte sich, wenn ihm Bedenken vorgetragen wurden. In der »Judenfrage«, so ließ er alle wissen, werde er auf keinen Fall zurückweichen. Eine Rücknahme einmal eingeleiteter Maßnahmen oder auch nur eine teilweise Milderung kam für ihn überhaupt nicht in Betracht.[21]

Die abwartende Haltung Hitlers während des Jahres 1934 ist nun keineswegs auf Führungsschwäche zurückzuführen. Er beobachtete die Entwicklung und suchte den geeigneten Zeitpunkt für neue Aktionen. Eine krisenhafte Situation, wie sie vor allen Dingen in den Beziehungen zu Österreich nach dem Februaraufstand, dem nationalsozialistischen Putsch und der Ermordung des Bundeskanzlers Dollfuß am 26. Juli 1934 entstanden war, schien dafür ganz ungeeignet. Sie war es um so mehr, als ja das Regime auch innenpolitisch in schwere Bedrängnis geraten war. Stabschef Röhm drängte mit seiner SA unvermindert auf eine Weiterführung der Revolution, und um seinen Forderungen Nachdruck zu verleihen, verstärkte und schulte er seine braune Garde sehr forciert. Hitler lehnte Röhms Ansinnen ab, weil er zum Zwecke der Wirtschaftsbelebung jeden Experten brauchte und im Interesse einer schnellen Wiederaufrüstung auch das Offizierkorps der Reichswehr noch motivieren mußte. Da Röhm mit seinem Gefolge gerade die bürgerlichen Schichten schockierte, um die Hitler warb, kam es zu bedrohlichen Spannungen. Vizekanzler von Papen machte sich noch einmal zum Sprecher der unzufriedenen Bildungs- und Führungsschichten und kritisierte am 17. Juni 1934 in einer Rede in der Universität Marburg die Entwicklung. Das rief Hitler sofort auf den Plan, zumal er jetzt fürchtete, damit sei das Signal zum Zusammenschluß der verstreuten unzufriedenen Gruppen und Zirkel gegeben worden. Röhm und die ihm ergebenen SA-Führer sowie potentielle Gegner des Regimes, auf die sich die Hoffnungen der Unzufriedenen richteten, wurden ermordet. Damit hatte Hitler sich für die Fachleute in Wehrmacht, Verwaltung und Wirtschaft entschieden. Sie waren dienstbereit gewesen, nun band er sie als Komplizen seiner Gewalttat fest an sich.

Aufmerksame Beobachter erkannten schon zu dieser Zeit, daß Hitler in der Wahl seiner Mittel bedenkenlos war und radikalen Entscheidungen zuneigte. Das verhieß auch für die weitere Judenpolitik nichts Gutes. Eine kritische Pädagogin, die sich engagiert für Juden einsetzte, hielt in ihrem Tagebuch einige Sätze aus einer Rede von Rudolf Heß fest, die dieser wenige Tage vor der Mordaktion in Köln gehalten hatte. Sie notierte die Drohung des stellvertretenden Parteiführers: »Vielleicht hält Adolf Hitler es für nötig, eines Tages die Entwicklung wieder mit revolutionären Mitteln weiterzutreiben... Adolf Hitler ist Revolutionär größten Stils und bleibt Revolutionär größten Stils.«[22] Was hier unter revolutionär verstanden wurde, sahen alle vier Tage später. Mit dem »Weitertreiben« der Entwicklung mußten auch die Juden rechnen, nachdem ihnen angekündigt worden war, man habe sie über den »Kavaliersauseinandersetzungen mit monarchistischen Kreisen« – womit Papen und alle konservativen Kritiker gemeint waren – auf keinen Fall vergessen.[23]

Bald nach dem Tode des Reichspräsidenten von Hindenburg begannen im Innen- und Justizministerium neue Arbeiten für ein Rassenrecht. Da sich aber die Experten und beteiligten Stellen nicht einigen konnten, wer denn nun als »Jude« zu gelten habe – strittig war vor allen Dingen die Zuordnung von Personen mit zwei jüdischen Großeltern –, blieb alles offen. Noch größere Schwierigkeiten bereitete es, den »Schutz des deutschen Blutes« durch Gesetz zu garantieren.

Um die Entwicklung voranzutreiben, wurde 1935 wieder die Parteibasis mobilisiert. Hitler brauchte nach der Wiedereinführung der Wehrpflicht am 16. März baldmöglichst eine Entscheidung darüber, wer aus der großen Gruppe der »Nichtarier« wehrpflichtig sein sollte. Seit dem Frühjahr kam es in allen Teilen des Landes wieder zu Übergriffen gegen Juden und jüdisches Eigentum. Sie richteten sich besonders gegen jüdische Männer, die »arische« Frauen heiraten wollten. Die Parteipresse griff Standesbeamte, die sogenannte Mischehen schlossen, scharf an. Nicht minder gerieten Richter, die sich weigerten, solche Ehen zu scheiden, ins Kreuzfeuer der Kritik und nicht selten unter massiven gesellschaftlichen Druck. Eine Welle neuer Gewalttaten beunruhigte die Bevölkerung und beeinträchtigte vornehmlich das Wirtschaftsleben.[24] Es besteht kein Zweifel, daß sie von Hitler gewünscht und gebilligt wurden. Im Jahr davor hatte er ja die Parteiorganisationen durch Heß ausdrücklich anweisen lassen, daß Aktionen gegen Juden nur auf seinen Befehl hin durchgeführt werden dürften.[25] Zudem wurde Hitler auch jetzt über Ausmaß und Verlauf der Ausschreitungen informiert, so daß er sie jederzeit unterbinden konnte. In einem Bericht, den Heydrich am 16. Juli 1935 im Auftrag Himmlers an die Reichskanzlei sandte, wurde eindeutig auf die Intention und die Steuerung der Aktionen hingewiesen. »Die fortwährend aus dem ganzen Reich einlaufenden Berichte über judenfeindliche Demonstrationen lassen erkennen«, so schrieb Heydrich, »daß im Reichsgebiet eine immer weiter fortschreitende Unzufriedenheit mit dem bisherigen uneinheitlichen Vorgehen gegen das Judentum sich breitmacht. Der rassenmäßig eingestellte Teil des deutschen Volkes glaubt, die in der Stille bisher ergriffenen Maßnahmen gegen die Juden als nicht genügend ansehen zu müssen und fordert allgemein schärferes Vorgehen.« Schließlich räumte er ein, daß die »Demonstrationen« im Viertel am Berliner Kurfürstendamm »in engster Zusammenarbeit mit der Gauleitung« der NSDAP durchgeführt würden, um eine Schädigung von Ausländern und Unbeteiligten zu verhindern.[26]

Das gelang nicht immer. In der Praxis sind auch Juden ausländischer Staatsangehörigkeit angegriffen worden. Die Folgen der über einen längeren Zeitraum immer erneut inszenierten Boykottaktionen wurden im Wirtschaftsleben spürbar. Reichswirtschaftsminister Schacht schätzte den Schaden so hoch ein, daß er aus Anlaß der Königsberger Ostmesse am 18. August 1935 die Flucht nach vorn antrat und dieses Vorgehen öffentlich verurteilte. Er wies in seiner Rede auf das Programm der NSDAP hin, wonach Juden zwar keine Staatsbürger und Volksgenossen sein könnten, aber gleichwohl durch die Gesetze des Staates vor Willkür geschützt seien. Er forderte, daß bis zum Inkrafttreten neuer Gesetze, die vorbereitet würden, die bestehenden uneingeschränkt beachtet werden müßten.[27]

Diese Rede, die Hitler und Goebbels empörte, beschleunigte die gesetzgeberischen Initiativen. Schon zwei Tage später fand im Ministerium Schachts eine Besprechung mit Vertretern aller beteiligten Ressorts und Parteidienststellen statt, in der noch einmal die Positionen und Forderungen klargelegt wurden. Dabei teilte Reichsinnenminister Frick im Auftrag Hitlers mit, daß weitere »Einzelaktionen gegen Juden von Mitgliedern der NSDAP, ihrer Gliederungen und angeschlossenen Verbände unbedingt zu unterbleiben« hätten.[28] Der Zweck der »Einzelaktionen gegen Juden«, das Gesetzgebungsverfahren voranzutreiben, war also erreicht. Obwohl eine endgültige Fassung der neuen Gesetze noch nicht vorlag und vor allen Dingen die Entscheidung Hitlers noch ausstand, wies der Reichsinnenminister die Standesbeamten am 27. Juli 1935 bereits an, ab sofort keine Ehen mehr zwischen »Vollariern« und »Volljuden« zu schließen, da die Reichsregierung beabsichtige, »die Frage der Verehelichung zwischen Ariern und Nichtariern binnen kurzem allgemein gesetzlich zu regeln«.[29] Trotz aller Geheimhaltung drangen Informationen darüber, sogar über Details der neuen Gesetze, in die Öffentlichkeit. Am 1. September war sogar manches Substantielle über die neuen Rassengesetze in den Spalten der »New York Times« zu lesen, es fehlte nicht einmal der Hinweis, daß sie aus Anlaß des Nürnberger Parteitages verkündet werden sollten.[30]

Über die Gründe Hitlers, den Deutschen Reichstag zum Abschluß des Reichsparteitages am 15. September einzuberufen und die neuen Gesetze dort zu verkünden, liegen keine Informationen vor. Gesichert ist aber die Tatsache, daß die neuen Gesetze lange geplant und intensiv vorbereitet waren. Dagegen spricht auch nicht die Darstellung des Rassereferenten im Innenministerium, der zufolge die endgültige Fassung in größter Eile am Tage und in der Nacht vor der Verkündung erstellt werden mußte.[31]

Die Hektik bei der Endredaktion der Texte war auf den Arbeitsstil Hitlers zurückzuführen, der Entscheidungen so lange vor sich herschob, bis er den besten Zeitpunkt gekommen sah. Durch den Terror und die Demonstrationen seiner Anhänger war eine neue Etappe der Judenpolitik vorbereitet worden. Was sie bringen würde, blieb im Dunkeln. Vordergründig sollte aber der gegenteilige Eindruck vermittelt werden, daß mit der Verabschiedung der neuen Gesetze »die Judenfrage« endgültig gelöst, die Entwicklung zum Abschluß gekommen sei. Noch brauchte das Regime Ruhe, um sich weiter konsolidieren zu können. In besonderem Maß war das im Hinblick auf das Ausland notwendig, dessen Gunst es gerade jetzt nicht verlieren wollte. Der Rückwirkung der Judenpolitik auf die internationalen Beziehungen des Dritten Reichs galt verstärkte Aufmerksamkeit, nachdem der ehemalige amerikanische Botschafter Sharrill als Vertreter des Olympischen Komitees Hitler in einem Gespräch am 24. August 1935 mitgeteilt hatte, es gebe in den USA einflußreiche Kräfte, die wegen der nationalsozialistischen Judenpolitik nicht nur die Spiele boykottieren wollten, sondern sogar auf deren Verlegung aus Deutschland drängten.[32]

Wie sehr Hitler bestrebt war, mit den Nürnberger Gesetzen die Voraussetzungen für eine radikalere Judenpolitik zu schaffen, im Augenblick aber dem Bewußtseinsstand der Bevölkerung Rechnung zu tragen und sie nicht zu überfordern, zeigt seine Entscheidung bei der endgültigen Formulierung der Texte. Er wies die Forderung der Parteistellen, nicht nur künftige Ehen zwischen Nichtjuden und Juden zu verbieten, sondern auch bestehende Ehen zwangsweise zu scheiden oder die »arischen« Ehepartner den Juden gleichzustellen, entschieden zurück.[33] Für das »Gesetz zum Schutze des deutschen Blutes und der deutschen Ehre« wurden Hitler vier Entwürfe vorgelegt. In den ersten dreien trug das federführende Innenministerium den Forderungen des Rassenpolitischen Amtes der NSDAP sowie des Reichsärzteführers Rechnung. Danach sollte der Geltungsbereich des Gesetzes auch auf alle »Mischlinge« ausgedehnt werden. Das Staatsoberhaupt verwarf sie und entschied sich für den maßvollsten vierten Entwurf. Danach wurden gemäß § 1 »Eheschließungen zwischen Juden und Staatsangehörigen deutschen oder artverwandten Blutes« verboten. Trotzdem geschlossene Ehen wurden für nichtig erklärt, auch wenn sie »zur Umgehung dieses Gesetzes im Ausland geschlossen« waren. Im § 2 stellte der Gesetzgeber »außerehelichen Verkehr zwischen Juden und Staatsangehörigen deutschen oder artverwandten Blutes« unter Strafe. Der § 3 zielte auf sexuelle Diffamierung ab, denn mit ihm wurde Juden untersagt, »weibliche Staatsangehörige deutschen oder artverwandten Blutes unter 45 Jahren« in ihren Haushalten zu beschäftigen. Der § 4 war belanglos, er untersagte Juden »das Hissen der Reichs- und Nationalflagge und das Zeigen der Reichsfarben«, wozu sie angesichts der Verfolgung ohnehin keine Neigung zeigten.

Es ist nun aber für Hitlers Strategie bezeichnend, daß er aus dem vierten, gemäßigten Entwurf, den er als Gesetz verkünden ließ, den mit Bedacht vom Referenten eingefügten Satz: »Dieses Gesetz gilt nur für Volljuden« herausstrich. Obwohl zunächst nur an die Herauslösung der »Volljuden« aus allen Lebensbezügen mit der deutschen Umwelt und ihre weitgehende Isolierung gedacht war, wollte sich der nationalsozialistische Diktator in bezug auf die Fassung des Begriffs »Jude« für die Zukunft nicht binden. Er stimmte mit den Rassenideologen in seiner Partei darin überein, daß auf die Dauer auch »Mischehen« und deren Kinder in seinem »Volksstaat« kein Lebensrecht haben sollten. Aber er wollte die Entrechtung nicht forcieren und Unwillen auslösen, der vermeidbar war.

Zur Ergänzung des »Blutschutzgesetzes« bestand Hitler noch auf der Verabschiedung eines Reichsbürgergesetzes, mit dem die Juden zu Menschen minderen Rechts herabgedrückt werden sollten. Nach diesem Gesetz gab es fortan Staatsangehörige und Reichsbürger in Deutschland. Nach § 1 war Staatsangehöriger jeder, der »dem Schutzverband des Deutschen Reiches angehört und ihm dafür besonders verpflichtet ist«. Die Staatsangehörigen waren aber keineswegs alle Reichsbürger. Diese Ehre blieb nach § 2 nur Menschen »deutschen oder artverwandten Blutes« vorbehalten. Folgerichtig durfte dann auch nur »der Reichsbürger der alleinige Träger der vollen politischen Rechte nach Maßgabe der Gesetze« sein.[34] Damit war die Handhabe gefunden, den Juden aufgrund ihrer Zugehörigkeit zum »Schutzverband« des Reiches immer mehr Pflichten aufzuerlegen, sie zugleich aber schrittweise aller Rechte zu entkleiden.

Nach Auffassung des zuständigen Referenten im Reichsinnenministerium wurden die Nürnberger Gesetze zur Zeit ihrer Bekanntgabe nicht »nur als Verfolgungsgesetze angesehen, sondern von vielen, die keineswegs Anhänger des Nazisystems waren, auch von direkt Betroffenen, mit einer gewissen Erleichterung begrüßt, weil sie einem Zustand völliger Rechtsunsicherheit ein Ende setzten. Man wußte nun wenigstens, woran man war, und ein großer, bisher bedrohter Personenkreis atmete auf, besonders die

›Judenstämmlinge‹ und die Eheleute, die in Mischehen lebten...«[35] Das traf insofern zu, als ja die Nationalsozialisten bewußt Terror und Rechtsunsicherheit geschaffen hatten, um sich dann wieder als Ordnungshüter zu empfehlen. Zudem klammerten sich viele an die von Hitler selbst und seiner Propaganda genährte Hoffnung, nun sei die »Judenfrage« endgültig gelöst.

Für den überwiegenden Teil der Betroffenen und viele aufmerksame Zeitgenossen bestand die Spannung jedoch unvermindert fort. Zunächst waren die Gesetze so allgemein gehalten, daß es entscheidend auf die Ausführungsverordnungen ankam, und diese konnten – nach einer zweieinhalbjährigen Erfahrung mit dem nationalsozialistischen Regime – noch schlimme Überraschungen bringen. Mit solchen Verschlechterungen rechneten viele sofort, weil es bei der Verkündung der Gesetze über den Rundfunk eine Panne gegeben hatte, die bei den Meistern der Propaganda ganz ungewöhnlich war. Goebbels hielt den Vorfall in seinem Tagebuch fest: »Dann verliest Göring [als Reichstagspräsident] die Gesetze und ›begründet‹ sie. Fast unerträglich. Der Rundfunk wird abgeschaltet. Unruhe im Volk.«[36] Womit Göring bei seiner »Begründung« der Gesetze den Unwillen Hitlers und Goebbels' erregte, muß offenbleiben. Unruhe und Unsicherheit in der Bevölkerung entstanden aber, weil die Rundfunkübertragung während der Göringrede unterbrochen wurde.

Dieses im Dritten Reich überraschende und irritierende Ereignis wurde sofort auf Uneinigkeit im Machtkartell zurückgeführt. Der Eindruck der Richtungskämpfe verstärkte sich noch, als eine für den 20. September einberufene Pressekonferenz, in der Reichsinnenminister Frick die Öffentlichkeit »über die Auswirkungen der Gesetze« unterrichten sollte, mit der Begründung abgesagt wurde, es fänden noch Besprechungen mit Hitler statt.[37] Wie schwer sich der Parteiführer die Entscheidung hinsichtlich der Ersten Verordnungen zu den Gesetzen machte, in denen ja endlich klargestellt werden mußte, wer fortan als Jude zu gelten hatte, läßt sich inzwischen an den wiederholten Hinweisen im Goebbels-Tagebuch erkennen. Am 29. September befahl Hitler dann die Reichs- und Gauleiter seiner Partei und die Experten aus den Ministerien nach München, um sie mit seinen Überlegungen zur Stellung der Halbjuden im weiteren Gesetzgebungsverfahren vertraut zu machen. Ministerialrat Lösener, seit zwei Jahren zuständiger Sachbearbeiter im Ministerium Fricks, war erstaunt, wie Hitler bei dem Treffen alle mit dieser Gesetzgebungsproblematik im Zusammenhang stehenden Fragen mit »verblüffender Sachkenntnis und Vollständigkeit« entwickelte.[38] Nichts zeigt deutlicher, daß das Staatsoberhaupt in den für ihn entscheidenden Bereichen seiner Weltanschauung allein bestimmte. Er hatte mit Rücksicht auf die Bevölkerung lange gezögert und dann eine radikale Lösung verworfen, ohne sie allerdings aufzugeben. Als am 14. November 1935 die beiden Ersten Verordnungen zu den Nürnberger Gesetzen veröffentlicht wurden, waren viele Parteiaktivisten unzufrieden. Goebbels schrieb tags darauf in sein Tagebuch: »Ausführung Judengesetze. Ein Kompromiß, aber der bestmögliche. Vierteljuden zu uns herüber. Halbjuden nur in Ausnahme. In Gottes Namen, damit Ruhe kommt. Geschickt und unauffällig in der Presse lancieren. Nicht zuviel Geschrei darum machen.«[39]

Mit dem Erlaß dieser Verordnungen wurde der bislang gängige Nichtarierbegriff aus dem amtlichen Sprachgebrauch eliminiert. Von nun an gab es »Juden«, zu denen auch Frauen und Männer gezählt wurden, die drei jüdische Großeltern hatten, »Mischlinge ersten Grades« mit zwei und »Mischlinge zweiten Grades« mit einem Juden unter ihren Großeltern. Darüber hinaus galten als Juden alle »Mischlinge ersten Grades«, die zur Zeit der Verkündung des Gesetzes der jüdischen Religionsgemeinschaft angehörten oder die mit einem jüdischen Partner verheiratet waren. Die große Zahl der »Mischlinge ersten Grades« – und um sie war es ja bei den langen internen Auseinandersetzungen gegangen – wurden den Juden also nicht gleichgestellt. Allerdings wurde auch ihnen die Ehe mit einem Partner »deutschen Blutes« verboten. Ausnahmen waren möglich, wurden aber in den folgenden Jahren kaum gemacht, weil sich Hitler die letzte Entscheidung vorbehielt und dabei auch Befürwortungen von Parteistellen beiseite schob.

Im Blick auf die weitere Entwicklung der Judenpolitik und die spätere schrittweise Entrechtung auch der »Mischlinge« kann es über die Position Hitlers überhaupt keinen Zweifel geben.[40] Er wollte radikal eine »säkulare Lösung« der »Judenfrage« erzwingen. Das aber hieß, wie dies Ministerialrat Lösener in einer Denkschrift für Hitler und Frick am 11. Oktober 1935 zusammenfaßte, nicht nur die vollständige Entfernung aller Juden aus der deutschen Volksgemeinschaft, sondern auch konsequente Beseitigung der »Mischrasse«.[41] Da nach den damals vorliegenden, keineswegs gesicherten Erkenntnissen in Deutschland rund 200 000 sogenannte »Halbjuden« lebten, die zum Teil mit Nichtjuden verheiratet waren und darüber hinaus viele nichtjüdische Verwandte hatten, berührte deren Behandlung nicht nur die Juden.

Die Staatsführung rechnete in diesem Zusammenhang aber nicht nur mit der Empörung christlicher Verwandter, sondern auch mit dem Unwillen breiterer Bevölkerungsschichten, wenn »Halbjuden«, mit denen man beruflich und gesellschaftlich engen Kontakt gehabt hatte, nun auf einmal aus jeder Gemeinschaft mit Nichtjuden ausgeschlossen würden. Selbst Mitglieder oder Funktionäre der NSDAP hatten ja teilweise überrascht festgestellt, daß sie Verwandte jüdischer Herkunft hatten. Vor allen Dingen aber mußte das Regime mit Protesten der Kirchen rechnen, denn die »Mischlinge ersten Grades« waren Christen und nicht selten sogar aktive Gemeindeglieder. Ob die von Ministerialrat Lösener vermutete Gefahr einer Radikalisierung der betroffenen Mischlingsgruppe bestand, wenn sie alle Berufs- und Zukunftschancen verlor, muß wohl bezweifelt werden. Daß aber eine Ausschaltung aller »Halbjuden« 1935 die Volksstimmung beeinträchtigt und damit die weitere Konsolidierung des Regimes aufgehalten hätte, schätzte Hitler zutreffender ein als seine Parteifanatiker.

Das lange Ringen um die Durchsetzung oder Zurückdrängung ideologischer Positionen in der Rassengesetzgebung während des Jahres 1935 zeigt zur Genüge, wie erbittert im nationalsozialistischen Führerstaat rivalisierende Machtgruppen um Einfluß und Vorherrschaft kämpften. Daraus aber den Schluß zu ziehen, Hitler sei ein schwacher Führer gewesen und habe im Vollzug der Judenpolitik eine geringe Rolle gespielt, ist sicherlich nicht zutreffend.[42] Der Partei- und Staatsführer erkannte nur mit großer Instinktsicherheit politische Gefahren und trug ihnen Rechnung. Er wollte die Kräfte seiner Anhänger und des Volkes sich nicht frühzeitig an unnötigen Hindernissen abnutzen lassen und dadurch seine viel weitergehenden Ziele verfehlen. Aus taktischen Erwägungen heraus ging Hitler 1935 den Weg des geringsten Widerstandes. Nur so konnte er sein Machtpotential stärken, um dann – unter für ihn günstigeren Bedingungen – seine weit radikalere »säkulare Lösung« durchzusetzen. Gerade im Interesse seiner künftigen Pläne trug er der Belastbarkeit der Bevölkerung, auch der seiner Anhänger und Vollstrecker, Rechnung.

Nach der Verabschiedung der Nürnberger Gesetze und dem Erlaß der Ersten Verordnungen ging die Bevölkerung wider Erwarten schnell zur Tagesordnung über. Sie reagierte relativ gleichgültig. Selbst das Eheverbot für »Mischlinge« empörte deren »deutschblütige« Angehörige und Verwandte nicht nennenswert. Nicht einmal bei Gegnern des Regimes waren heftige Reaktionen zu registrieren. Gründe für diese bereitwillige Akzeptanz von Gesetzen, die tief in gewachsene Lebensgemeinschaften und damit auch in die Struktur des Volkes eingriffen, gibt es viele. Für eine Mehrheit war die inzwischen spürbare wirtschaftliche Erholung des Landes ausschlaggebend, die niemand gefährden wollte. Wer wieder in Lohn und Brot gekommen war oder berufliche Erfolge erzielt hatte, der nahm am Schicksal Benachteiligter und Verfolgter so gut wie keinen Anteil. Daß die größere soziale Sicherheit mit dem Verlust an Freiheit erkauft war, wurde der Mehrheit erst später bewußt. Die Lageberichte der Behördenleitungen und des Sicherheitsdienstes der SS zeigen: Die Volksmehrheit ließ sich von der Propaganda einfangen und folgte den eigenen Interessen.

Bedeutungsvoller war in diesem Zusammenhang noch ein anderer Faktor. Die nationalsozialistische Staatsführung mußte sich beim Vollzug der Nürnberger Gesetze, die ja alle Bereiche des Volkslebens tangierten, auf die Administration verlassen. Gerade hier war mit partieller Verweigerung gerechnet worden, weil offene Parteinahme gegen Teile der Bevölkerung und Diskriminierung bestimmter Gruppen dem Berufsethos der Beamten widersprachen. Das weitgehend systemkonforme Verhalten der Staatsbediensteten hat viele überrascht und das Regime ermutigt, die Entrechtung und Verfolgung der Juden weiterzuführen. Ob nun die Bürokratie – wie Saul Friedländer meint – der Beraubung und später sogar der Vernichtung der Juden »gleichgültig gegenüberstand«[43] oder ob deren Angehörige nicht doch weltanschaulich vorgeprägt waren und den staatlichen Maßnahmen von dieser Einstellung her eine mehr oder weniger große Berechtigung zuerkannten, wird letztlich nicht zu unterscheiden sein. Das Verhalten so vieler Staatsdiener den Juden gegenüber schon vor 1933 weist eher auf letzteres hin.[44] Das Regime wurde auf jeden Fall zu neuen Untaten und Maßnahmen durch die Gewißheit verleitet, daß die Beamtenschaft überaus beflissen und gewissenhaft alle Gesetze ausführte und jede Weisung befolgte. Ohne die mit größter Effizienz arbeitende Verwaltung wäre die Entrechtung, Beraubung und Ermordung der Juden niemals durchzusetzen gewesen. Die wenigen Fälle, in denen es zu Verweigerungen kam, bestätigen nur die Regel.

Schließlich haben sich auch die Kirchen, die ja durch die Einbeziehung aller Christen jüdischer Herkunft, der in Mischehe lebenden Gläubigen und der Kinder dieser Paare in die Verfolgungsmaßnahmen unmittelbar betroffen waren, nicht zum Widerstand gegen das Unrechtsregime durchringen können. Es gab einzelne Geistliche und ein paar mutige Laien, die gegen die Rassenpolitik des Nationalsozialismus aufstanden. Aber sie blieben einsame Rufer. Die Mehrheit, auch der bekenntnistreuen Christen, und die Kirchenleitungen räumten dem Staat bedenkenlos ein Recht zur Neugestaltung der Volksordnung ein. Sie haben bis zum Ende des Hitler-Regimes nicht realisiert, daß die »Judenfrage« nichts anderes als eine »Christenfrage« war.

Da die Christen sich fast alle ihrer Kirche und dem Staat verbunden fühlten, ihrem Bekenntnis und dem Volk die Treue halten wollten, für die Erneuerung des religiösen wie des politischen Lebens stritten, befanden sie sich in einem Zwiespalt, der sie nahezu handlungsunfähig machte. Bezeichnend dafür ist der Brief eines aufrechten, bekenntnistreuen Protestanten, der 1935 seinem Bischof Vorhaltungen machte, weil er nicht viel energischer gegen das vom Regime geförderte Neuheidentum vorgehe. Er rief zum entschlossenen Widerstand gegen die Kirchenpolitik des Nationalsozialismus auf, schloß dann aber seine Darlegungen mit den bemerkenswerten Sätzen: »Damit ich nicht in ein falsches Licht gerate: Ich liebe und verehre unseren gottgesandten Führer über alles; ich bin nach manchen inneren Kämpfen überzeugt und endgültig Anhänger des Nationalsozialismus Adolf Hitlers; nur allein in der Judenfrage kann ich nicht mit. Ich stimme zwar in dieser Frage den nationalsozialistischen Zielen zu, kann aber die bisher angewandten Mittel zu einem großen Teil nicht für richtig im christlichen Sinne halten.«[45]

Wer in Hitler den »gottgesandten Führer« sah, der konnte sein Regime nicht bekämpfen, wenn es Gewalt anwandte sowie Recht und Moral außer Kraft setzte. Die Christen – über 90 Prozent des Volkes waren getauft und christlich erzogen – bejubelten zumeist Hitlers Außenpolitik, bejahten seine wirtschafts- und sozialpolitischen Initiativen, fühlten sich durch den Antibolschewismus von ihren Ängsten befreit. So waren sie nicht in der Lage, sich gegen politischen Terror, die Judenverfolgung oder die Lügen in der Propaganda aufzulehnen. Bezüglich der Judenpolitik wichen auch die Mitglieder der Bekennenden Kirche kaum von der Norm ab. Voller Enttäuschung schrieb eine Berliner Fürsorgerin, die sich seit 1933 – von ihrer Kirche fast allein gelassen – vieler in Not geratener Juden und Judenchristen angenommen hatte, kurz vor Verkündung der Nürnberger Gesetze in einer Denkschrift: »Daß es aber in der Bekennenden Kirche Menschen geben kann, die zu glauben wagen, sie seien berechtigt oder gar aufgerufen, dem Judentum in dem heutigen historischen Geschehen und dem von uns verschuldeten Leiden Gericht und Gnade Gottes zu verkündigen, ist eine Tatsache, angesichts deren uns eine kalte Angst ergreift. Seit wann hat der Übeltäter das Recht, seine Übeltat als den Willen Gottes auszugeben? Seit wann ist es etwas anderes als Gotteslästerung zu behaupten, es sei der Wille Gottes, daß wir Unrecht tun? Hüten wir uns, daß wir den Greuel unserer Sünde nicht verstecken im Heiligtum des Willens Gottes.«[46]

Die Reaktion der deutschen Bevölkerung auf die Nürnberger Gesetze und namentlich die Gleichgültigkeit gegenüber dem Schicksal der Juden und Christen, die im Vollzug dieser Gesetze getroffen wurden, bestärkte Hitler in seiner Entscheidung, die Menschen durch permanente Propaganda auf weitere radikalere Maßnahmen vorzubereiten, um damit zu der angestrebten »säkularen Lösung« zu kommen. Daß das deutsche Volk dieser Propaganda so schnell erlag und die nationalsozialistische Judenpolitik so widerspruchslos hinnahm, läßt sich nur mit der starken ideologischen Vorprägung erklären. Der alte stets latent vorhandene christliche Antijudaismus war seit der zweiten Hälfte des 19. Jahrhunderts durch den politischen Antisemitismus aktualisiert und durch viele neue Elemente verstärkt worden. Der Antisemitismus entwickelte dann seit dem Ersten Weltkrieg unter dem Eindruck der schweren politischen Erschütterungen und gesellschaftlichen Veränderungen jene Sprengkraft, die Hitler für sich nutzen konnte. So läßt sich der Frage nicht ausweichen, wie weit Hitler mit seiner Politik, Deutschland »judenfrei« zu machen, das deutsche Volk nicht doch weithin repräsentiert hat. Gewiß sind die Methoden seiner Politik von vielen abgelehnt worden. Aber daß er die Forderungen und geheimen Wünsche von Millionen erfüllte, wenn er die Juden aus Deutschland drängte, steht außer Zweifel. An Pogrome und Mord haben allerdings nur wenige gedacht.

Die Not und das Leid der Juden und der mit ihnen verbundenen Christen hat deshalb auch die Volksmehrheit nicht erreicht, weil diese gemäß ihrer Erziehung bereit war, die Interessen und das Leben des Individuums der Macht und Größe der Nation unterzuordnen. Der einzelne galt nichts, wenn es die Zukunft des Volkes erforderte. Wer aber politischen und sozialen Zukunftsvisionen höchste Priorität einräumt, der erklärt bewußt oder unbewußt »dem lebendigen Leben den Krieg«. Das hat Jacob Wassermann schon 1928 nach vielen Auseinandersetzungen mit Intellektuellen über die nationale Identität der Deutschen und die Grundfragen der jüdischen Existenz erkannt. Seine Beobachtung erfüllte ihn mit Sorge um die Zukunft der Deutschen und der Juden.[47] Gerade die deutsche Führungs- und Bildungsschicht, die sich mit Vorliebe in der »eisigen Höhe des Gedankens« bewegte, neigte dazu, über den Ideen der völkischen, geistigen oder sozialen Erneuerung der Nation das Glück der Individuen zu übersehen. Wer um der Zukunft des Staates oder der Nation willen die Wohlfahrt des einzelnen oder ganzer Gruppen zu opfern bereit ist, der denkt und handelt inhuman. Und in diesem Punkt identifizierten sich Millionen Deutsche mit Hitler, die Bildungsschichten mehr als die einfachen Bürger.

Zum Gedenken an die Deportation der deutschen Juden

Wenn alljährlich im November am Volkstrauertag der Toten zweier Weltkriege gedacht wird, dann schließt nur eine Minderheit der Deutschen in die Trauer auch die Opfer der nationalsozialistischen Gewaltherrschaft ein. Außerhalb des Kreises der Betroffenen und Überlebenden fehlt noch immer das Bewußtsein dafür, daß die deutsche Bevölkerung an diesem Tage allen Anlaß hat, auch um die verfolgten und ermordeten Juden zu trauern. An keiner Stelle wird die Gespaltenheit der Nation so offenbar. Sie ist nicht durch lautstarke Betriebsamkeit und Aktivität zu überwinden, sondern nur durch Besinnung und Einkehr. Der Auseinandersetzung um die Verantwortung kann niemand ausweichen, denn je größer die zeitliche Distanz zum Holocaust wird, desto klarer treten die Zusammenhänge des Geschehens, die Verstrickung vieler Deutscher in die Verfolgung in Erscheinung. Es gibt keinen Zweifel: Vor aller Augen wurden Menschen, die unter uns lebten, durch ihre Arbeit und ihren Fleiß zum Wohlstand des Gemeinwesens beigetragen hatten, systematisch entrechtet, menschlich entehrt, in Angst und Schrecken versetzt, endlich aus ihren Wohnungen vertrieben und deportiert. Fernab ihrer Lebens- und Wirkungsstätten sind sie dann ermordet worden.

Wir müssen tief beschämt konstatieren, daß die Nationalsozialisten ihr Ziel, die Juden aus dem Bewußtsein des deutschen Volkes zu tilgen, sie namenlos zu machen, wenigstens teilweise erreichten. Dazu haben nach

1945 nicht zuletzt diejenigen beigetragen, die die Erinnerung an frühere jüdische Vorgesetzte und Kollegen, an Parteifreunde, Amtsbrüder und Nachbarn ängstlich vermieden, wenn nicht gar aus dem Gedächtnis löschten.

Da so viele in den vergangenen Jahrzehnten beachtliche Fähigkeiten im Verdrängen offenkundiger Tatsachen entwickelt haben, muß mit Nachdruck auf sie hingewiesen werden. Hitler kündigte bereits wenige Tage nach dem Novemberpogrom 1938 an, daß die Juden im Falle eines neuen Krieges getötet würden. Der Zusammenhang zwischen Krieg und Judenvernichtung scheint in dieser Zeit bei ihm bereits festgestanden zu haben, denn er offenbarte seine Absicht nicht nur im Anhängerkreis, sondern teilte sie auch ausländischen Politikern, wie dem tschechoslowakischen Außenminister Chvalkowsky und dem südafrikanischen Verteidigungsminister, mit.[1] Am 30. Januar 1939 erklärte er dann auch in einer Reichstagsrede seine Entschlossenheit, im Krieg die Juden als Geiseln mit allen furchtbaren Konsequenzen zu behandeln.[2]

Im Krieg kam er so lange nicht wieder auf diesen Plan zu sprechen, als er hoffte, mit England zu einer Verständigung zu gelangen. Das heißt nun allerdings nicht, daß er seine Absicht aufgegeben hätte, denn die Maßnahmen zur planmäßigen Entrechtung der Juden wurden niemals unterbrochen. Am 30. Januar 1941 kam er in seiner Rede zum Jahrestag seiner Regierungsübernahme auf die zwei Jahre vorher ausgestoßene Drohung zurück, daß ein Krieg zur Vernichtung der Juden Europas führen werde. Dann fuhr er fort: »Die kommenden Monate und Jahre werden erweisen, daß ich auch hier richtig gesehen habe.«[3]

Das verhieß, darüber waren sich viele Zeitgenossen einig, neue Gewalttaten. Zunächst war es das Signal für eine Verstärkung der antijüdischen Propaganda, die nach Beginn des Krieges gegen die Sowjetunion bedrohliche Formen annahm. Anfang Juli 1941 notierte Goebbels in sein Tagebuch, daß es darauf ankomme, das »Zusammenwirken zwischen Bolschewismus und Plutokratie« zu konstatieren und »mehr und mehr... den jüdischen Charakter der Front« zu behaupten, um so stärkere Haßgefühle gegen das Judentum zu schüren.[4] Da Goebbels mit den Plänen und Absichten Hitlers vertraut und dessen rührigster Sprecher war, beteiligte er sich auch selbst an der Kampagne, die von Monat zu Monat gesteigert wurde. Im November 1941 schrieb er in der Wochenzeitung »Das Reich« einen Leitartikel: »Die Juden sind schuld!«, der im Rundfunk verlesen und kurz darauf als Sonderdruck in hoher Auflage verteilt wurde.[5] Wer diesen Leitartikel beachtete, konnte nicht mehr im Zweifel über die Absichten der nationalsozialistischen Staatsführung und den Charakter der eingeleiteten Aktionen sein. Der Propagandaminister sprach rigoros aus, was geschah.

Das deutsche Volk erlebe jetzt, so schrieb er, den Vollzug der Hitlerschen Ankündigung, »und es erfüllt sich damit am Judentum ein Schicksal, das zwar hart, aber mehr als verdient ist«. Das Judentum »erleide nun einen allmählichen Vernichtungsprozeß, den es uns zugedacht hatte und auch bedenkenlos an uns vollstrecken ließe, wenn es dazu die Macht besäße. Es gehe jetzt nach seinem eigenen Gesetz: ›Auge um Auge, Zahn um Zahn!‹ zugrunde«. Goebbels sprach damit lang gehegte Vorurteile an, denn wer wußte schon, daß das Bibelzitat weiter lautete: »Liebe um Liebe«? Und damit auch ja keine Bedenken oder Gefühle des Mitleids in der deutschen Bevölkerung aufkommen konnten, wurde die törichte und bis zum Überdruß strapazierte Formel wiederholt: »In dieser geschichtlichen Auseinandersetzung ist jeder Jude unser Feind, gleichgültig, ob er in einem polnischen Getto vegetiert oder in Berlin oder in Hamburg« wohnt.[6] »Alle Juden gehören auf Grund ihrer Geburt oder Rasse einer internationalen Verschwörung gegen das nationalsozialistische Deutschland an.«[7]

Dieser außerordentliche Propagandaaufwand zeigt nun freilich, daß die nationalsozialistische Führung Mühe hatte, die Bevölkerung von der Notwendigkeit der Gewalttaten gegen die Juden zu überzeugen. Wer sich von ideologischer Engstirnigkeit freihielt, ein Mindestmaß an Wissen und Erfahrung besaß, war nicht bereit, Goebbels' Thesen zu akzeptieren. Er wurde eher in seinem Mißtrauen und seiner Ablehnung gegen die Maßnahmen der Staatsführung bestärkt. Allerdings bedarf es um so mehr einer Erklärung, warum die Verfolgung der Juden so widerspruchslos hingenommen wurde und im Gegensatz zu anderen Vorgängen, z. B. etwa der Euthanasie, kaum größere Unruhe auslöste. Dabei erfolgte die Zerstörung der letzten Reste jüdischer Existenz und jüdischen Lebens seit dem Sommer 1941 in aller Öffentlichkeit. Am 31. Juli erhielt Heydrich den Befehl, alle Maßnahmen zur »Endlösung der Judenfrage« einzuleiten. Seit dem 1. September mußten die Juden den Stern tragen, sie durften ohne schriftliche Genehmigung nicht mehr ihre Wohngemeinde verlassen, die Ausgangsmöglichkeiten wurden begrenzt, eine Benutzung öffentlicher Verkehrsmittel wurde verboten, die Versorgung mit notwendigen Bedarfsgütern eingeschränkt. Am 14. Oktober 1941 kam der Befehl zur Deportation der Juden aus dem Reichsgebiet, die bereits einen Tag später in mehreren Städten begann.

Mit welcher erbarmungslosen Konsequenz hierbei verfahren wurde, soll am Beispiel Hamburgs gezeigt werden. Als am 15. Oktober die Schrekkensnachricht bei der Gemeinde eintraf, hielt es das Judenreferat der Gestapo noch für zweckmäßig, zu beruhigen. Aber schon zwei Tage später befahl es den Abtransport von 1000 Gemeindemitgliedern nach Lodz, damals Litzmannstadt genannt. Dieser erste Zug mit Todgeweihten verließ Hamburg am 25. Oktober, ihm folgten am 8. und 18. November zwei weitere nach Minsk und schließlich am 6. Dezember ein vierter Transport nach Riga, wo die total entkräfteten Menschen bald nach dem Eintreffen ermordet wurden. Danach erzwang die Kriegslage an der Ostfront eine Unterbrechung der Vernichtungsaktion bis zum Frühsommer 1942. Der letzte Transport verließ Hamburg noch am 14. Februar 1945, als sowjetische Armeen schon an der Oder standen und die anglo-amerikanischen sich zum Vorstoß nach Mitteldeutschland anschickten. Etwa 6000 Hamburger Juden wurden verschleppt und ermordet.[8]

Das namenlose Leid, das Hitler und seine fanatische Gefolgschaft den Juden zufügten und an dem die Vielen durch ihre Gleichgültigkeit fast ebenso viel Schuld trugen, ist niemals angemessen zu beschreiben. Als sich die Menschen mit 50 kg Gepäck und einem Mundvorrat für zwei Tage an den Sammelstellen zum Abtransport einfanden, hatten sie bereits Jahre der Erniedrigung und Demütigung hinter sich. Schon im Frühjahr 1935 hatte Max M. Warburg dagegen protestiert, daß der Hamburger Bürgermeister Krogmann in einer Rede vor dem Ostasiatischen Verein Judenhetze treiben konnte und die Versammelten dies ohne Widerspruch hinnahmen. Ihn empörte die Tatsache, daß diejenigen, die Einfluß besaßen und die Unsinnigkeit der Unterstellungen eines fanatischen nationalsozialistischen Amtsträgers genau kannten, die Juden preisgaben. Er schloß seinen Protestbrief mit der Feststellung: »Gewiß, es gibt in Deutschland [noch] kein blutiges Pogrom... Aber was wir jetzt haben, ist ein halbes Pogrom, das in grausamer Weise in das Schicksal der deutschen Juden eingreift.«[9]

Es besteht kein Zweifel, daß zahlreiche Menschen sich dessen bewußt waren. Sie gaben das in privaten Äußerungen zu erkennen, verliehen auch da und dort einmal ihrer Empörung im kleinen Kreis Ausdruck. Manche entschlossen sich, in Einzelfällen zur Abwendung einer ungerechten Maßnahme tätig zu werden. Insgesamt aber wurde das Vorgehen des Staates gegen die Juden akzeptiert. Da wurde sehr schnell politische Solidarität preisgegeben, Freundschaften wurden geopfert, geschäftliche Kontakte abgebrochen, Bekenntnisse verletzt. Nicht einmal Widerstandskreise konnten sich zu einer klaren Haltung den Juden gegenüber durchringen, und nicht zuletzt wichen auch die Kirchen einer klaren Entscheidung aus. Selbst in den Kreisen der Bekennenden Kirche kam es zu keiner eindeutigen Stellungnahme zugunsten der Juden, nicht einmal der Judenchristen. Es waren und blieben immer nur einzelne, die für sie einstanden, Nachteile und Gefahren in Kauf nahmen.

Dieses mutige Verhalten einzelner konnte an der allgemeinen Isolierung der Juden nichts ändern, und gerade darauf hatte es die Staatsführung angelegt. Die Ausgliederung der Juden aus der Gesellschaft war die Voraussetzung für ihre fortschreitende Entrechtung, Ausraubung, Deportation und Ermordung. Die Zahl derer, die die Verfolgung bejahten und aktiv betrieben, Pogrome inszenierten und die Vernichtungsapparatur in Gang setzten, war sicherlich nicht so groß, wie in bestimmten Kreisen angenommen wird. Um so zahlreicher waren die, die fortsahen und dadurch erst die Separierung der Juden und endlich den Holocaust ermöglichten. Da gab es die Rechtsanwälte, die es ablehnten, einem früheren Kollegen in einer privatrechtlichen Auseinandersetzung ein Zeugnis auszustellen, die Beamten, die früheren Vorgesetzten das Betreten der Behördenräume untersagten, ihnen Akteneinsicht verweigerten und sie in jeder Weise ihre plötzliche Überlegenheit fühlen ließen. Nicht gering war auch die Zahl der Lehrer, die jüdische Schüler bewußt erniedrigten und keine Gelegenheit vorübergehen ließen, von der Minderwertigkeit der Juden zu sprechen; ja, es gab den Fall, daß einer Schülerin im Krieg das Zeugnis verweigert wurde mit der Begründung, sie käme ja doch ins Konzentrationslager und benötige mithin keine Unterlagen mehr.[10]

Unübersehbar ist die Zahl der Deutschen, die Kenntnis von der Zerstörung und Verschleuderung jüdischen Besitzes hatten, in Büros und Dienststellen Vorgänge dieser Art bearbeiten mußten, vertrauliche Informationen darüber weiterleiteten. Richter stießen sich nicht daran, als der Justizminister die Anweisung gab, »Juden haben keine Ehrenrechte. Gegen sie kann daher auch nicht auf ›Ehrverlust‹ oder ›Aberkennung der bürgerlichen Ehrenrechte‹ erkannt werden«.[11]

Wir sollten endlich von der Behauptung abrücken, das deutsche Volk in seiner Mehrheit habe von dem, was vorging, nichts gewußt. Frei werden können wir nur, wenn offen eingestanden wird, was jeder damals erwachsene Staatsbürger sah und registrierte. Die Schließung jüdischer Gewerbebetriebe, Geschäfte, Arzt- und Rechtsanwaltspraxen tangierte die Interessen von Zehntausenden. Die Bevölkerung registrierte, als die Juden bei Kriegsbeginn in langen Schlangen standen, um ihre beschlagnahmten Rundfunkapparate abzuliefern, und schließlich erfolgte auch der Abtransport in die Vernichtungslager nicht im stillen. Die unglücklichen Menschen mußten sich in den Sammelstellen mitten in den Städten, in ehemaligen jüdischen Schulen, Gemeinschaftshäusern oder großen öffentlichen Gebäuden einfinden. Es gab vereinzelt Empörung, z. B. wenn eine Frau, deren Mann 1918 gefallen war, oder ein beliebter Arzt, ein beinamputierter Offizier des Ersten Weltkrieges in den Tod geschickt wurden, aber mehr geschah nicht.

Wir sollten realisieren, daß größere Teile des deutschen Volkes sich durch ihre Passivität inhuman verhielten und dadurch die Voraussetzungen für Pogrome, Deportationen und den Holocaust schaffen halfen. Im Januar 1939 (18.1.) schrieb Luise Solmitz, die nichtjüdische Frau eines getauften Juden, in ihrem Tagebuch über das »zermürbende Gefühl, daß alles Unrecht ist, was wir tun und haben, besonders, daß wir überhaupt da sind. Es soll uns ja das Gefühl unseres Unwerts, unserer Überflüssigkeit, mehr als Entbehrlichkeit, Unerwünschtheit, immer wieder eingehämmert werden«.[12] Wenige Tage später vermerkte sie, daß sie und ihr Mann bereits gesellschaftlich zum Tode verurteilt seien (22.1.). Als angeordnet wurde, daß Juden Gold, Silber und Edelsteine abliefern mußten, notierte sie, der Verlust des Tafelsilbers selbst treffe sie weniger hart als »die Demütigung, die Unerbittlichkeit«, die hinter all diesen Maßnahmen stehe, und insbesondere weniger als die Tatsache, daß die deutsche Bevölkerung, nicht einmal ihre Angehörigen und Freunde, dies wirklich realisierten. Mit Bitterkeit beobachtete sie, daß sich in einem Lokal in der Hamburger Innenstadt ein Afrikaner völlig frei bewegen konnte, höflich und zuvorkommend bedient wurde, Juden jedoch als unerwünscht abgewiesen wurden, obgleich sie sich jahrzehntelang für die Allgemeinheit aufgeopfert hatten (8.3.40). Die deutschen Waffenerfolge in Frankreich bedrückten sie in Erwartung neuen Unheils. Kurz vor dem Einmarsch der deutschen Truppen in Paris heißt es in dem Tagebuch: Die Erfolge seien so groß, daß »immer schwärzer der Schatten dieses Lichtes« drohe (12.6.40).

Wir können hier auf eine Fortsetzung dieser Schilderung verzichten. Der Schatten fiel immer stärker auf die Juden und verdunkelte ihr Leben. Die Zahl der Verzweiflungstaten wuchs, viele entzogen sich der Deportation durch Selbstmord, und in den Sammelstellen kam es zu unbeschreiblichen Szenen. Die deutsche Bevölkerung aber verschloß sich vor diesem Leid nicht nur, wie man immer wieder liest, weil sie selbst unter den Luftangriffen und vielerlei Entbehrungen litt, sondern weil sie sich bewußt war, daß sie dem Anwachsen des Unrechts tatenlos zugeschaut, es toleriert hatte, als noch Entscheidungsfreiheit bestand. Viele schwiegen nicht zuletzt deshalb so beredt, weil sie bis 1933 und darüber hinaus dem Antisemitismus eine Berechtigung zuerkannt hatten.

Im Sommer 1944 gab der Oberrabbiner der jüdischen Gemeinde in Stockholm, Marcus Ehrenpreis, ein Interview, das in den großen schwedischen Tageszeitungen veröffentlicht wurde. Er berührte dabei auch den entscheidenden Punkt, als er erklärte: »Was bei den Leiden, die der Nationalsozialismus und der gegenwärtige Krieg dem Judentum in der Welt gebracht hätten, besonders deprimierend wirke, sei das Versagen des Weltgewissens. Wohl hätten sich hier und da einzelne Persönlichkeiten gefunden, die sich der hilfsbedürftigen Juden angenommen hätten, aber im großen und ganzen gesehen hätten sowohl die christlichen Kirchen als auch die

Kulturelite der Welt in diesem Punkte versagt. Es sei zu hoffen, daß das in der Nachkriegszeit anders werde.«[13]

Wir haben uns hier allein mit der deutschen Kulturelite zu befassen und müssen dabei weitgehend dem Stockholmer Rabbiner zustimmen. Es besteht kein Zweifel, daß die Mehrheit der politisch, geistig und wirtschaftlich führenden Schichten in Deutschland antisemitischen Bestrebungen eine mehr oder weniger große Berechtigung zuerkannt und sich schon von den Juden distanziert hatte, als es noch nicht gefordert worden war. Max Warburg war angesichts der nationalsozialistischen Wahlerfolge im September 1930 am meisten darüber betroffen, daß der Appell an die antisemitischen Instinkte gerade »bei Kreisen auf Resonanz gestoßen war«, denen er es niemals zugetraut hatte.[14] Hannah Arendt bekannte später, daß sie Deutschland nicht zuletzt deshalb verlassen habe, weil sie feststellen mußte, daß die akademischen Freunde und Kollegen sich 1933 erstaunlich schnell anzupassen wußten und allen unendlich viel zum Thema Nationalsozialismus einfiel.[15] Die Frauen und Männer, die in der Anfangszeit des Dritten Reiches auch ohne Not Erklärungen zugunsten der nationalsozialistischen Judenpolitik abgaben, die im Amt und außerhalb bei ihrer Durchführung mithalfen, sie deckten oder sogar förderten, ist nicht gering. Sie haben gewiß vieles von dem, was später kam, nicht gewollt; aber sie sind bis heute eine Antwort schuldig geblieben, was das Ziel ihres Handelns war, wie weit sie gehen wollten.

Immer mehr wird offenbar, daß viele angesichts der Deportationen und des millionenfachen Judenmordes betroffen waren, oft auch Scham und Reue empfanden. Das geht zum Beispiel aus den Tagebuchnotizen eines Hamburger Handwerksmeisters hervor. Dieser Mann, politisch interessiert, aber ohne nennenswerte zusätzliche Informationen, erwähnt immer wieder, wie intensiv die Frage der Deportationen in allen Kreisen diskutiert wurde. Im Juli 1942 vermerkt er, daß in der Bevölkerung über die Massenmorde an den Juden – auch an Frauen und Kindern – viel gesprochen wurde. Daran schließt dieser rechtlich denkende, instinktsichere Mann die Feststellung: »Und die deutsche Oberschicht muß diese Taten verantworten bis auf den letzten Mann...«[16]

Die Bereitschaft zur Übernahme auch nur eines Teils der Verantwortung war jedoch in allen Kreisen gering. Die Hoffnung des schwedischen Oberrabbiners Ehrenpreis auf einen Wandel in der Nachkriegszeit war zu groß. In unzähligen Gesprächen mit Zeitzeugen trifft der Historiker noch immer landauf und landab auf dieses beredte Schweigen. Selten begegnet er dem Eingeständnis eigener Irrtümer und Versäumnisse, oft dagegen dem Hinweis auf anmaßendes Verhalten einzelner Juden, ihre beherrschende Rolle im geistigen oder kulturellen Leben. Und nicht selten wird einem unter

Berufung auf einen gut unterrichteten Fachmann etwas zugemutet, was man früher in nationalsozialistischen Zeitungen lesen konnte.

Weil Grund zur Trauer besteht, den man nicht eingestehen will, tun sich auch die Kirchen heute noch schwer, wenn man um Auskunft über das Schicksal getaufter Juden bittet, sich nach dem Wirken der wenigen Pastoren jüdischer Herkunft erkundigt. Noch immer wird verdrängt, daß der erste Märtyrer der Bekennenden Kirche, der im Konzentrationslager Sachsenhausen zu Tode gequält wurde, ein getaufter Jude war, Dr. Friedrich Weißler. Niemand fordert eine ständige Selbstanklage, erwartet werden darf aber die erforderliche Redlichkeit bei der Traditionspflege. Es ist selbstverständlich, daß Protestanten die Leistungen Adolf Stoeckers im Dienste der inneren Mission würdigen, aber es sollte nicht minder selbstverständlich sein, daß auch von den zerstörerischen Kräften gesprochen wird, die dieser Mann durch seine hemmungslose antisemitische Propaganda entband und in deren Sog so viele gläubige Christen gerieten.[17] Wie ist die Haltung eines namhaften Theologen zu bewerten, der in seinen Memoiren vorgibt, der Wahrheit verpflichtet zu sein, dann aber völlig übergeht, was er nach 1933 über – oder besser – gegen die Juden schrieb?[18]

Fast ein halbes Jahrhundert nach der Verschleppung und Ermordung der Juden ist das offene und freimütige Eingeständnis einer Mitverantwortung selten, die Bereitschaft, durch Mithilfe bei der Aufklärung eigenen Versagens zur Überwindung des Ungeistes beizutragen, wenig entwickelt. Große Unternehmen, Schulen und Universitäten, aber auch Verbände und Institutionen retuschieren ihre Geschichte und werden doch immer wieder von ihr eingeholt. Ist es nicht heute endlich an der Zeit, für das, was in der Vergangenheit geschah, einzustehen und sich zu einer klaren Haltung in der Gegenwart und zu Taten für die Zukunft durchzuringen?

Vor allen Dingen in zwei Bereichen muß daher Klarheit geschaffen werden. Unsere Bildungs- und Führungsschichten greifen heute so gern die These Hannah Arendts von der Banalität des Bösen auf, die im Nationalsozialismus zum Durchbruch gekommen sei. Sie weichen damit bewußt der Frage nach der Rolle der Eliten aus und lassen ungeklärt, warum die Banalität solchen Einfluß gewinnen konnte. Ist es denn redlich, die Last der Verantwortung vornehmlich auf die sogenannten Kleinbürger abzuwälzen, die, kopflos geworden, Hitler gefolgt seien und seine Befehle vollstreckt hätten? Muß denn nicht auch gefragt werden, wer diese sogenannten Kleinbürger aufbot und verführte? Sind nicht Arbeiter, Handwerker und kleine Ladenbesitzer sehr viel häufiger und entschiedener für die Juden eingetreten als die Gebildeten? Der Geist des Hochmuts und der Menschenverachtung den Juden gegenüber ist an erster Stelle in Schulen, Universitäten, Korporationen und Standesverbänden gepredigt und geduldet worden, kaum dagegen in den Organisationen der Arbeiterschaft. Wenn man schon nicht bereit ist, offen die Verantwortung für das eigene Tun zu übernehmen oder auch nur die eigene Position kritisch zu bedenken, sollte man wenigstens bei der Beurteilung und Bewertung fremden Verhaltens gerechter sein.

Und noch ein anderer Faktor muß hervorgehoben werden. Jakob Wassermann hat bereits vor 1933 darauf hingewiesen, daß die Diskussion über die sogenannte Judenfrage so abstrakt und grundsätzlich geführt werde, daß darüber in Vergessenheit gerate, daß es um das Leben und das Schicksal von Menschen gehe.[19] Zumeist werde dabei das Mitgefühl von der Eiseskälte des Intellekts abgetötet. Mir will scheinen, daß wir heute wieder in diese Gefahr geraten sind. Da wird über den Faschismus, über Verfolgung und Widerstand diskutiert, ohne daß erkennbar wird, wie es konkret zur Errichtung der nationalsozialistischen Herrschaft kam, wie sich die handelnden Menschen verhielten, welchen Täuschungen sie sich hingaben, was sie erstrebten, fürchteten und litten. Pflichtgemäß wird die nationalsozialistische Judenverfolgung verurteilt, zugleich aber auch ein Verdikt über den Zionismus gesprochen, ohne zu bedenken, daß er von Menschen getragen wird, die zu einem Teil Auschwitz und Warschau überlebt haben.

Ideologische Auseinandersetzungen, die Registrierung verhängter Strafmaße, ein Streit um die Zahl der Opfer tragen kaum zur Überwindung des Ungeistes bei. Sehr viel wesentlicher ist, daß wir uns weit stärker als bisher bewußt machen, was Menschen unter uns und durch uns erlitten, was wir durch die Deportation und die Ermordung der Juden verloren haben. Dazu bedarf es nicht an erster Stelle immer neuer Gedenktafeln. Viel wichtiger scheint mir, daß wir uns der Vergangenheit gegenüber realistischer verhalten. Wenn schon bei gegebenen Anlässen die Geschichte von Institutionen, Verbänden, Firmen und Parteien geschrieben wird, sollte nicht nur betont werden, wie herrlich weit man es gebracht, sondern auch, wo man gefehlt und geirrt hat.

Dafür nur zwei Beispiele von vielen möglichen, wieder aus der Stadt Hamburg: Sicherlich würde es einer Institution wie der Handelskammer gut anstehen, wenn sie einmal klarstellte, was sie in ihrer langen Geschichte jüdischen Mitbürgern verdankt, und sich dabei erinnerte, daß ein so prominentes Mitglied wie Dr. Heinrich Wohlwill von der Norddeutschen Affinerie deportiert wurde und umkam. Nicht minder ist von einer großen und traditionsreichen Partei wie der SPD zu erwarten, daß sie sich bewußt macht, wie viele ihrer jüdischen Mitglieder den Tod fanden, und dabei auch einer Persönlichkeit wie Max Mendel gedenkt, der für die Partei, für die Konsumgenossenschaften und – als Senator – für die Stadt viel geleistet hat, zur Zeit seiner Deportation aber schon fast unbekannt war und heute ganz vergessen ist. Diese Erkenntnis würde betroffen machen, doch solche Betroffenheit ist notwendig.

Ziel dieser Überlegungen soll es sein, zu einer redlicheren und selbstkritischeren Auseinandersetzung mit unserer jüngsten Geschichte anzuregen. Freilich wird man dabei die Bereitschaft mitbringen müssen, liebgewordene Vorstellungen und ideologische Klischees abzulegen und eigene oder Gruppeninteressen dem Erkenntnisstreben unterzuordnen. Bereits im April 1933 erkannte ein Reichsbannerführer, daß die Ausschreitungen gegen die Juden »ein Schandfleck« für die deutsche Nation seien, »der für Generationen bestehen bleiben wird...«. Wieviel mehr gilt das nach den Deportationen und nach dem Holocaust.

Helmut Schmidt hat als Bundeskanzler 1977 anläßlich seines Besuchs in Auschwitz mit Nachdruck betont, daß die heute lebenden Deutschen »die politische Erbschaft der Schuldigen zu tragen« haben und daß darin unser aller Verantwortung liegt. Wir können ihr aber nur gerecht werden, wenn wir diese belastende politische Erbschaft annehmen. Dazu gehört nicht zuletzt, daß wir der Verharmlosung des Geschehens entgegentreten. Die Tatsache, daß fast fünfzig Jahre nach dem furchtbaren Geschehen in unserem Land Menschen aufstehen und in Wort und Schrift Hitlers Rassenpolitik rechtfertigen, den Mord an den Juden leugnen oder bagatellisieren, fordert alle verantwortungsbewußten Staatsbürger zur Gegenwehr heraus. Wenn sie ausbleibt, so ist das nach den Erfahrungen der Vergangenheit nicht minder beunruhigend als die Formierung rechtsextremer fanatischer Zirkel, die von vielen Seiten erfolgt. Es stimmt keineswegs hoffnungsfroh, wenn man täglich erlebt, wie viele Menschen diesen neuen Herausforderungen hilflos gegenüberstehen, wie groß die Zahl derer ist, die wiederum gleichgültig sind und durch Nichtstun der Inhumanität Vorschub leisten.

Antijüdische Traditionen im deutschen Protestantismus und nationalsozialistische Judenverfolgung

Wenige Tage nach dem Untergang des Dritten Reiches regte ein Hamburger Kaufmann bei den Evangelischen Landeskirchen Norddeutschlands an, den 1. September 1945 – also den Tag, an dem sechs Jahre zuvor Hitler den Zweiten Weltkrieg ausgelöst hatte – zum allgemeinen Bußtag zu erklären. Die Kirchenleitungen gingen auf diesen Vorschlag nicht ein. Vom Hamburger Bischof Franz Tügel liegt eine Stellungnahme zu den Überlegungen des Kaufmanns vor, die Einblick in die Gründe für die Ablehnung, generell aber in das Denken vieler Protestanten in der unmittelbaren Nachkriegszeit gibt.

Tügel hielt zunächst den Termin wegen der Nähe zum bereits bestehenden Bußtag für ungeeignet. Diesen wolle die Kirche nach dem Sturz der nationalsozialistischen Herrschaft wieder begehen, und das könne nicht angemessen geschehen, wenn ein weiterer kurze Zeit davor eingeführt werde. Dann begründete der Bischof sein Nein grundsätzlich. Für ihn bedeutete es eine unmögliche Zumutung an die evangelische Kirche, den Kriegsausbruch am 1. September 1939 zum Anlaß für einen Bußtag zu nehmen. »Wir würden damit zugeben«, heißt es weiter, »das deutsche Volk sei allein schuld an dem unseligsten und grausigsten aller Kriege. Das aber ist vor Gott und der Geschichte eine Lüge. Die tieferen Ursachen des Zweiten Weltkrieges weisen auf den Ersten Weltkrieg zurück, an dem Deutschland völlig unschuldig gewesen ist, und dessen Ausgang von den Siegerstaaten dazu benutzt wurde, eine schmähliche Knechtschaft über das deutsche Volk zu verhängen, aus deren Sumpfgebiet alle die Instinkte aufwachen mußten, die das Kommen des Faschismus und des Nationalsozialismus ebenso begünstigten, wie sie einer Ausbreitung der bolschewistischen Pest Vorschub geleistet haben. Vor der Geschichte läßt sich schon heute sagen, daß die Hauptschuldigen an diesem Kriege, auf die letzte Ursache gesehen, die Sieger von 1918 und 1945 sind. Niemals aber das deutsche Volk.«

Wie stark die politische Argumentation die theologischen Positionen überlagerte, wird schließlich noch in einer weiteren Briefpassage des bekenntnistreuen lutherischen Bischofs sichtbar. Dort heißt es: »Vor Gott liegen die Dinge nicht anders. Würden wir als Kirche das Urteil der Weltgeschichte übersehen und in dem berechtigten Streben, unsere Schuld zu bekennen, die Schuld an diesem Kriege unserem Volk allein zuschieben, so wären wir vor dem Höchsten Gauner und Komödianten. Niemals könnte ich mich dazu hergeben, die Männer, die in Deutschland diesen Krieg gewollt haben – und so schätze ich Hitler und seine Trabanten ein –, mit dem deutschen Volk gleichzusetzen.«[1]

Es ist hier nicht der Platz, diese repräsentative Meinungsäußerung eingehend zu analysieren. Im Zusammenhang mit den zur Diskussion stehenden Fragen sind folgende Punkte von Belang: Einmal die entschiedene Identifikation der protestantischen Kirche mit dem deutschen Volk bei gleichzeitiger Verwerfung der nationalsozialistischen These von der Einheit des Volkes mit Hitler. Das ist das zentrale Thema, das erörtert werden muß. Von dieser Grundauffassung her wird auch verständlich, warum der Hamburger Landesbischof das deutsche Volk so nachdrücklich entlastete und nicht mit einem Wort auf dessen Verstrickung in das Geschehen einging. Hatten denn die Deutschen den Krieg gegen die politischen Gegner und besonders gegen die Juden im Innern des Landes nicht schon lange vor 1933 eröffnet, bevor ihn Hitler planmäßig verschärfte und seit 1939 nach außen trug? Wo liegt der Grund dafür, so ist vor allen Dingen zu fragen, daß das nationalsozialistische Regime Christen und deren Traditionen in Dienst stellen und für seine Zwecke ausbeuten konnte? Da sich Kirchenleitungen und Pastoren der zeitlichen und gesellschaftlichen Verhaftung ihrer Verkündigung kaum bewußt waren, vermochten sie auch nicht zu erkennen, wie weit sie trotz aller Bekenntnistreue für das Dritte Reich und seine Politik mitverantwortlich waren. Gerade in der Judenpolitik hat Hitler das deutsche Volk – und nicht zuletzt auch die Christen – weit mehr repräsentiert, als dies der Mehrheit der Christen bewußt war und heute noch ist.

Es ist nicht erkenntnisfördernd, wenn den Christen, die jede Verantwortung für das Geschehen im Dritten Reich von sich weisen, der Vorwurf der Schuldverdrängung gemacht wird, wenn ihnen Entlastungsstrategien unterstellt werden. Sicherlich hat auch das Bestreben, das schreckliche Geschehen schnell zu vergessen und zu verdrängen, eine Rolle gespielt. Aber es genügt nicht, wenn die Motive für das Verhalten und die Rechtfertigung einzelner ergründet und aufgedeckt werden. Sehr viel wichtiger ist doch die Frage nach dem geistigen Erbe, dem sich die Protestanten verpflichtet fühlten, und den theologischen Positionen, die ihr Denken und Handeln bestimmten. Diese tiefe Bindung an bestimmte geistige Traditionen wird gerade am Verhältnis der Protestanten zu den Juden sichtbar.

Am Beginn stand ein durch die Jahrhunderte gefestigter und intensivierter christlicher Antijudaismus. Nachdem das Christentum zur Staatsreligion geworden war, grenzte es sich entschieden vom Judentum ab. Die Christen nahmen für sich das Recht in Anspruch, die jüdische Identität zu bestimmen und den Juden ihren Platz in Staat und Gesellschaft zuzuweisen. In dem Beschluß der Rheinischen Synode vom 11. Januar 1980 heißt es: »Durch Jahrhunderte wurde das Wort ›neu‹ in der Bibelauslegung gegen das jüdische Volk gerichtet: Der neue Bund wurde als Gegensatz zum alten Bund, das neue Gottesvolk als Ersetzung des alten Gottesvolkes verstanden. Diese Nichtachtung der bleibenden Erwählung Israels und seine Verurteilung zur Nichtexistenz haben immer wieder christliche Theologie, kirchliche Predigt und kirchliches Handeln bis heute gekennzeichnet.«[2] Die Juden wurden also nur als Wegbereiter im Heilsgeschehen betrachtet und nur als solche in der christlichen Kirchengeschichte beachtet. Die Christen sprachen bestenfalls über die Juden, aber nicht mit ihnen. Franz Rosenzweig konstatierte 1924 in einem Brief an Martin Buber eine Jahrhunderte währende »Totenstille zwischen Christen und Juden«, die, wie er meinte, nicht mehr zu durchdringen sei.[3]

Diese Verurteilung der Juden »zur Nichtexistenz« wurde in der Neuzeit noch durch die stärkere Hinwendung der Christen zur Welt bestärkt. Nach dem alten christlichen Weltbild – das Luther noch einmal sehr bewußt machte – waren Familie, staatliche und gesellschaftliche Einrichtungen nur Mittel Gottes, um die Sündhaftigkeit der Menschen einzudämmen, sie in Zucht zu halten und auf das ewige Leben vorzubereiten. Den Christen der Neuzeit erschien das Erdendasein zwar auch noch recht unvollkommen, aber sie fühlten sich doch mehr und mehr dazu berufen, an der Beseitigung der Mängel und Nöte dieser Welt mitzuwirken. In dem Maße, in dem sie nun ihre »besten Gedanken« und ihre »gesammelte Kraft« in die Gestaltung der weltlichen Ordnungen investierten, fühlten sie sich auch diesen stärker verbunden.[4] So hatte der Staat nach dieser neuen Sicht nicht mehr nur Böses abzuwehren und zu unterdrücken, sondern auch Positives zu entwickeln und Werte zu schaffen. Das konnte aber nur gelingen, wenn Christen den Staat nach ihrem Willen gestalteten und lenkten. In diesem christlichen Staat wurde Juden zwar ein Existenzrecht zugestanden, aber sie mußten nach Gesetzen und Weisungen leben, die ihnen diktiert wurden.

Als dann im Gefolge der Aufklärung und des Rationalismus die Idee des christlichen Staates verblaßte, erwachte im Widerstand gegen ein allgemeines Weltbürgertum ein stark christlich geprägtes Volksbewußtsein. Die Völker wollten ihre unter besonderen geschichtlichen Bedingungen entwickelten Lebensformen bewahren und nach ihren eigenen Wünschen und Vorstellungen leben. Nach Fichte sollte das deutsche Volk ebenso seine Art entfalten und nach ihr leben wie jedes einzelne Individuum. Er ging noch einen Schritt weiter und postulierte, das deutsche Volk sei, wie jeder Mensch, »eine Offenbarung des göttlichen Lebens«. Fichte wollte das deutsche Volk damit nicht überhöhen, denn er erkannte anderen Völkern ihre Art auch zu, das deutsche Volk war also nicht die einzige »Offenbarung des göttlichen Lebens«, sondern nur eine unter vielen. Aber hier war ein Gedanke geäußert worden, der hundert Jahre später unter anderen geschichtlichen Bedingungen wieder aufgegriffen und aktualisiert wurde.

Zwar ist seit dem frühen 19. Jahrhundert in Deutschland immer wieder darüber nachgedacht worden, wie deutsches Wesen und deutsche Art zu bestimmen seien, aber das hatte so lange keine Bedeutung, wie für den Prozeß der wirtschaftlichen Erschließung und Entwicklung des Landes die Fähigkeiten und Kräfte aller Menschen gebraucht wurden. Eine Wende setzte erst mit der Reichsgründung ein. Sollten im neuen Nationalstaat fremdsprachige und andersgläubige Minderheiten, besonders wenn sie sich nicht vorbehaltlos den Lebensformen der Mehrheit anpaßten, volle Gleichberechtigung erhalten? Es gab nicht wenige Christen, die diese Frage verneinten und noch mehr, die den Juden nach der vollen rechtlichen Gleichstellung die gesellschaftliche Integration verweigerten und sie wieder auszugrenzen versuchten.

Besonders die evangelischen Christen, die stolz darauf waren, daß an der Spitze des geeinten Reiches ein protestantischer Monarch stand, wollten den Staat in ihrem Sinne prägen. Dazu bedurfte es der Aktivierung des Volkes. Volk aber war nach Auffassung des Hofpredigers Adolf Stoecker, der wie kein anderer die Menschen anzusprechen und zu mobilisieren verstand, »nicht die Summe der Staatsbürger, sondern die Lebenseinheit des Volkstums, das Lebensganze in Abstammung und Art«[5]. Und aus dieser »Lebenseinheit« wurden Juden bewußt ausgeschlossen, sie gehörten nach Art und Abstammung nicht dazu. Dagegen erschienen Deutschtum und protestantisches Christentum als unauflösliche Einheit. Ganz konsequent mußte Luther damit zum deutschen Heros hochstilisiert werden. Für Friedrich Gogarten war das Deutschtum des Reformators »die reinste

Offenbarung deutschen Wesens«, woraus sich dann zugleich auch seine Judenfeindschaft ableiten ließ.[6]

Solange die politische und wirtschaftliche Kraft des Kaiserreiches wuchs, die Technik die Menschen fesselte, die Wissenschaft zu immer neuen Erkenntnissen vorstieß, herrschte Fortschrittseuphorie im Lande. Die Religion wurde zum Faktor der Kultur, sie bestimmte nicht mehr das Denken und Handeln der Bevölkerung. In dieser Zeit konnten sich die Juden in der Wirtschaft und in den freien Berufen entfalten, die staatlichen Ämter blieben ihnen aber verschlossen. Das hatte Stoecker mit seiner Bewegung erreicht.

Der erste Weltkrieg brachte dann eine grundlegende Wende. In diesem Völkerringen schöpfte der Staat nicht nur alle materiellen Ressourcen des Landes aus, sondern er stellte auch die geistigen und religiösen Kräfte in den Dienst der Existenzsicherung. Die Mehrheit der Protestanten betrachtete es als ihre Aufgabe, dem Volk Kraft und Zuversicht zu vermitteln, damit es den Krieg durchstand. Das kam nicht von ungefähr, denn Kirchenleitungen und Geistliche zeigten sich von der Aufbruchstimmung der Augusttage beeindruckt, in denen Millionen Trost und Beistand bei der Kirche gesucht und ihr damit ein neues Selbstvertrauen gegeben hatten. »Es ist zu hoffen, daß die nationale Erschütterung uns zur Beschäftigung mit unserer Geschichte und unseren eigenen großen Geistern bringen wird«, schrieb Friedrich Gogarten 1915 und verband damit die Hoffnung, Christentum und Volkstum stärken und zu neuer Vollkommenheit führen zu können. Welche Folgen diese neuerliche Etappe in der »Missionierung der Kirche durch die Welt« (Hans Asmussen) für das Verhältnis der Christen zu den Juden hatte, zeigte sich in Gogartens Schlußfolgerung, daß dem deutschen Volk die eigene Geschichte »so gut und noch mehr Offenbarung Gottes ist als die jüdische Geschichte und so gut göttliche Schöpfung wie die von der Bibel und den Theologen anerkannte«.[7]

Die Unterordnung der indiviuellen Interessen unter die der Gemeinschaft sollte aber nicht nur zu einer Bündelung der Volkskraft führen, sondern dem einzelnen Christen angesichts der Gefahr auch eine »überpersönliche Sicherheit in dem stärkeren völkischen Leben und in der völkischen Eigenart« geben.[8] Der Gedanke, daß im Volkstum auch gewalttätige und destruktive Kräfte schlummerten und die Oberhand gewinnen könnten, focht diese Theologen nicht an. Sie glaubten, in der irdischen Gemeinschaft »den ewigen Gedanken« Gottes erkannt zu haben, »als er in langer, schwerer Schöpfungsarbeit das deutsche Volk schuf«.[9]

Je ungünstiger sich das Kriegsgeschick für Deutschland gestaltete, desto stärker wurde das Identifikationsbedürfnis der Christen mit den völkischen Kräften des Landes. Nationalisten, Volkstumsideologen und Protestanten rückten unter dem Druck des Krieges zu einer Schicksalsgemeinschaft zusammen. Das blieb nicht ohne Rückwirkungen auf die Verkündigung und das kirchliche Handeln. Mehr oder weniger bewußt wurden alle, die das »Volk« zu Feinden erklärte, auch als Feinde der Kirche ausgemacht und bekämpft. Das galt im besonderen Maße für die Juden, von denen die Gemeinschaft Opfer verlangte, denen sie gleichwohl aber die Gleichberechtigung verweigerte.

Die Gegensätze wurden noch durch die Kriegsniederlage und die Revolution von 1918 verstärkt. Die Protestanten, die so fest an die innere und äußere Stärke des deutschen Volks geglaubt hatten, waren auf diesen Ausgang des Waffengangs nicht vorbereitet. Nicht zuletzt deshalb griffen sie so bereitwillig die These auf, wonach kirchen- und volksfeindliche Mächte am Werk gewesen und die Niederlage herbeigeführt hätten. In dieser Auffassung wurden die evangelischen Christen noch dadurch bestärkt, daß sie sich nun auf einmal einem Staat gegenübersahen, in dem Kräfte zu maßgeblichem Einfluß gelangt waren, die der Kirche nicht mit Wohlwollen begegneten. Wie ein Schock wurde der Wegfall des landesherrlichen Kirchenregiments, die Aufhebung des Patronats in Ländern, Städten und Landschaftsverbänden empfunden. Die Gefährdung des Religionsunterrichts in den Schulen trug zur weiteren Emotionalisierung der Protestanten bei. Es gab nicht wenige, die mit einem Niedergang der Kirche rechneten.

Die Krise wurde von der Kirche dadurch gemeistert, daß sie sich den Kräften des Volkes anschloß, die die Fakten von 1918 nicht anerkennen wollten und eine »völkische Erneuerung« Deutschlands anstrebten. Sie wurden deshalb als Träger der Volksidee angesehen. Für die evangelischen Christen hatte der demokratische Staat seine Würde verloren, er war zum Unstaat geworden. So rückte erneut das Volk als Wahrer der unvergänglichen Werte in den Mittelpunkt allen Denkens und Handelns. Die Volksnomostheologie, die sich in der Weimarer Republik entwickelte, gab dem Protestantismus bis in das erste Jahrzehnt nach dem Zweiten Weltkrieg das Gepräge.[10] Der Hauptvertreter war der evangelische Publizist Wilhelm Stapel, der mit seinen Büchern und insbesondere mit seiner Zeitschrift »Deutsches Volkstum« großen Einfluß ausübte. Unter den Theologen sind – wenn auch alle mit sehr eigenständigen Positionen – Emanuel Hirsch, Friedrich Gogarten, Paul Althaus und Werner Elert zu nennen.

Wie differenziert die einzelnen Theologen auch immer dachten und argumentierten, die einfachen Gemeindechristen leiteten daraus eine Zustimmung zu den völkischen Doktrinen der Rechten und Nationalsozialisten ab. Nächst der Substitutionslehre, der Lehre, daß der alte Bund mit den Juden durch den neuen mit den Christen ersetzt sei, hat diese Volksnomostheologie am stärksten zur völligen Abkehr der Christen von den Juden beigetragen und die Bereitschaft zur Annäherung an den Nationalsozialismus vergrößert.

Die Partei Hitlers wurde nicht zuletzt auch deshalb von den Protestanten mit Hoffnungen begrüßt, weil sie vorgab, das staatliche Leben aus den Kräften des Volkstums erneuern zu wollen und das Volk als bestimmende Kraft zu entwickeln und zu schützen. Schließlich ließen sich auch viele evangelische Christen von der Aussage im Parteiprogramm der NSDAP beeindrucken, daß sie sich zu einem »Positiven Christentum« bekenne. Die ausdrückliche Erwähnung dieser Tatsache und Hitlers entschiedene Distanzierung vom religiösen Sektierertum der Ludendorff-Bewegung sowie seine Zurückhaltung gegenüber Rosenbergs »Mythos des 20. Jahrhunderts« schienen zu bestätigen, daß er das Christentum als Fundament des Volkslebens betrachte.

Es waren bekenntnistreue Christen, die fest in den kurz beschriebenen theologischen und geistigen Traditionen lebten, die die Not der Juden beinahe teilnahmslos hinnahmen und schließlich auch zu deren Deportation und Ermordung schwiegen. Bezeichnend dafür ist ein Brief, den Landesbischof Franz Tügel, ein strenger Lutheraner, nach dem Verlust vieler politischer Illusionen 1940 schrieb. »Es ist so selbstverständlich wie nur möglich, daß das Christentum der Gegensatz zum Judentum ist. Bekanntlich ist Christus von den Juden gekreuzigt, wenn auch mit Hilfe der Römer, aber doch als strikter Fremdling im jüdischen Geist und Wesen. Im Gegensatz zur jüdischen ist die christliche Gemeinde entstanden, und niemals im Lauf der Weltgeschichte ist auch nur der geringste Verdacht gewesen, als habe die christliche Kirche nicht mehr den Gegensatz gegen das Judentum, sondern eine Verbindung mit ihm auf dem Programm. Die Kirche hat die Juden ferngehalten, bis der liberale Staat vergangener Zeiten sie zuließ.« Tügel bedauerte, daß aufgrund der Gesetze des liberalen Staates Juden getauft und in die Gemeinschaft der Gläubigen aufgenommen worden waren. Die Kirche habe sich dagegen lange gesträubt. Dann fährt er fort: »Luther hätte sogar lieber einen Juden ersäuft als ihn getauft, wie er manches Mal bemerkt hat. Und im übrigen spielen die sehr wenigen Juden, die in der Kirche tätig waren, eine so lächerlich geringe Rolle in der Geschichte, daß man sie ruhig verschweigen kann... Bekanntlich ist der deutsche Pfarrerstand derjenige Stand in Deutschland, der sich in der Rasse am saubersten vor Verbindung mit dem Judentum gehalten hat... Wir alle wirken so und predigen in diesem Sinne, daß wir als Christen Deutsche und als Deutsche Christen sind im Gegensatz zum Judentum und seinem verderblichen Einfluß auf die Völker«.[11]

So wie Tügel dachte und handelte die Mehrheit der Protestanten. Dabei waren sie gottesfürchtige Menschen, die das Beste für ihre Kirche und ihr

Volk wollten. Es war weder Furcht noch Opportunismus, die sie bewogen, zur Verfolgung der Juden zu schweigen, sondern – wie sie glaubten – Bekenntnistreue und Achtung vor der Schöpfung. Amerikanische Christen fühlten sich 1932 durch die anwachsende Judenfeindschaft in Deutschland beunruhigt, die deutschen Protestanten nicht. Der »Council of the Churches of Christ in America« entsandte eine Delegation nach Berlin, wo sie am 11. Juli 1932 im Kirchenbundesamt empfangen wurde. Schon bei der Vorbereitung auf das Gespräch zeigte sich, daß die Not der Juden für die kirchlichen Amtsträger kein Thema war. Sie mußten sich erst kundig machen. Dann setzte Oberkirchenrat Jeremias den amerikanischen Besuchern auseinander, wie sehr sich die Kirche »ihrer Missionspflicht dem Judentum gegenüber bewußt« sei, sich gleichwohl aber auch durch Wort und Tat »gegen die schädlichen Einflüsse, die notorisch vom Judentum ausgehen«, angemessen schützen müsse. Oberkirchenrat D. Schreiber ging noch einen Schritt weiter und informierte die erstaunten Amerikaner über die »außerordentliche Macht des Judentums«, die es »nicht nur auf dem Geldmarkt, sondern auch in geistiger Beziehung« besitze. Vor allen Dingen aber behauptete er in Übereinstimmung mit nationalsozialistischen Ideologen, daß vom Judentum »zersetzende Einflüsse... auf das gesamte öffentliche Leben namentlich in Presse, Theater, Kino, aber auch in der Politik und Rechtspflege« ausgingen. Wie weit dieser Repräsentant des Deutschen Evangelischen Kirchenbundes zur Stützung seines theologischen Antijudaismus auch auf die antisemitische Agitation zurückgriff, zeigt eine für einen Gebildeten und Christen gleicherweise beschämende Äußerung am Schluß des Gesprächs. Schreiber erklärte den Amerikanern: »Die 1920 erschienene Schrift, ›Geheimnisse der Weisen von Zion‹, sei zwar eine Fälschung gewesen, hätte aber die jüdischen Herrschaftstendenzen richtig gekennzeichnet. Wenn nach dem Kriege in Deutschland eine stärkere Bewegung gegen das Judentum wach geworden sei, so hänge das auch mit der Stellung zusammen, welche die Juden im Kriege sich zu verschaffen gewußt hätten, ferner damit, daß die Führer der revolutionären Bewegung wie in Rußland und Ungarn so auch in Deutschland (München und Berlin) besonders Juden gewesen seien.«[12]

Bei einer so massiven Judenfeindschaft – und dieses Beispiel steht für viele andere Fälle, in denen protestantische Christen zur Verstärkung ihrer kirchlichen Aversionen gegen die Juden und ihrer theologischen Position auf das antisemitische Propagandaarsenal zurückgriffen – blieben alle Appelle der Juden an das christliche Gewissen wirkungslos. Als sich der Kieler Rabbiner Dr. Posener am 3. August 1932 an eben dieses Kirchenbundesamt mit der Bitte wandte, doch Nächstenliebe walten zu lassen und an der Eindämmung der immer radikaleren Judenfeindschaft mitzuwirken, wurde er nicht einmal einer Antwort gewürdigt.[13] Die Christen lieferten die Juden also schon ihren Feinden aus, bevor Hitler kam. Sie dachten an sich und die Sicherung ihres kirchlichen Besitzstandes und nicht an den leidenden Nächsten.

Mit einem so in der Zeitlichkeit verhafteten Glaubensbestand trat die Evangelische Kirche in das Dritte Reich ein. Hitler hatte längst erkannt, daß er sofort gegen die Juden vorgehen könne, ohne Widerstand der Kirchen befürchten zu müssen. Aber das Verhalten der evangelischen Kirche übertraf noch seine Erwartungen. Amtsstellen und Geistliche rechtfertigten die ersten »harten Maßregeln« und den Boykott vom 1. April 1933, weil sie auf die Errichtung einer politischen Ordnung hofften, die sich hinsichtlich der Stellung der Juden in Staat und Gesellschaft an den Leitbildern der Vergangenheit orientieren würde. Auf diese Weise rechtfertigte Generalsuperintendent Dibelius das reichsweite Vorgehen gegen jüdische Menschen und Einrichtungen. In einer in die Vereinigten Staaten ausgestrahlten Rundfunkansprache pries er die Deutschen als »ein Volk der Ordnung, des Rechts und der Disziplin«. »Ihnen darf ich sagen«, so fuhr er fort, »daß die Bewegung, die jetzt durch Deutschland geht, in vieler Beziehung eine Rückkehr zu den guten deutschen Traditionen bedeutet. Das Deutsche Reich ist heute so einig und fest zusammengefügt wie noch nie in unserer Geschichte. Durch Millionen von deutschen Herzen geht der heiße Wunsch, daß der deutsche Name wieder rein und unbefleckt dastehen möge vor aller Welt. Aus der inneren Zersetzung, in die uns die letzten fünfzehn Jahre geführt haben, wollen wir wieder zurück zu neuem christlichen und wirklich deutschen Volksleben.«[14]

Dieses Gemeinschaftserlebnis und die Festigung des deutschen Volkslebens hat die meisten Protestanten so beeindruckt, daß die negativen Erscheinungen sie kaum noch berührten. Daß Volksfeinde und Juden aus der Gemeinschaft ausgeschlossen wurden, hatten sie ja schon lange gefordert. Gleichwohl war es überraschend, wie viele Theologen, Bischöfe und Pastoren sich nun berufen fühlten, zur »Judenfrage« Stellung zu nehmen. Und was sie dazu zu sagen hatten, ließ keinen Zweifel darüber aufkommen, daß sie sich schon lange und intensiv mit den damit im Zusammenhang stehenden Fragen beschäftigt hatten. Ein Werk, das besondere Beachtung fand und in dem sich Theologie und Politik besonders eng berührten, kam aus der Feder des Tübinger Neutestamentlers Gerhard Kittel. Er äußerte sich in seiner Schrift auch eingehend zur Stellung der Judenchristen,[15] die nur wenige klar zu bestimmen wagten.

In der Haltung zu den Juden – das muß hier bereits klargestellt werden – gab es keine nennenswerten Differenzen zwischen Deutschen Christen und Mitgliedern der Bekenntnisfront. Unter den vielen Briefen, in denen sich Pfarrer entschieden von den Deutschen Christen lossagten, weil dort Religion und Politik unzulässig vermischt wurden, war nicht ein einziger zu finden, in dem Widerspruch gegen die Judenverfolgung erhoben wurde. Ihre entschiedene kirchenpolitische Position hinderte diese Pastoren nicht, das Dritte Reich »hundertprozentig« zu bejahen.[16] Selbst der Hamburger Landesbischof Schöffel, der 1934 von den Deutschen Christen mit massiver Unterstützung durch die NSDAP und den Senat aus dem Amt gedrängt wurde und sich dann in die Bekenntnisfront einreihte, versicherte seinem Amtsnachfolger, daß er mit ihm im Bekenntnis und in der Haltung zum neuen Staat übereinstimme.[17] Auch die Mitglieder der Barmer Synode, die ja der nationalsozialistischen Kirchenpolitik eine so entschiedene Absage erteilten, bejahten die politischen Veränderungen in Deutschland weithin und damit auch das Vorgehen gegen die Juden.[18]

Die evangelischen Christen, die für die Juden Partei ergriffen, standen allein. Mit Recht schrieb Dietrich Bonhoeffer in einem Brief, die »Judenfrage« mache »der Kirche sehr zu schaffen, und hier haben die verständigsten Leute ihren Kopf und die Bibel gänzlich verloren«.[19] Die wenigen Außenseiter, die die Bibel nicht verloren hatten, erkannten klar die geistige und geistliche Not, die der Kirche drohte. So schrieb der Pfarrer Rudolf Wintermann nach dem Judenboykott 1933 in der Frankfurter Zeitung ein »Osterwort«, in dem er darauf hinwies, daß die Nationalsozialisten die Verfolgung planmäßig fortsetzen und systematisch verschärfen würden. Angesichts dessen sei es mehr als befremdlich, daß »weite Kreise innerhalb der christlichen Kirche« der Verdrängung der Juden aus dem öffentlichen Leben zustimmten und die Kirchenbehörden kein Wort gegen die »Entrechtung des deutschen Judentums« fänden. Er forderte die Christen dazu auf, die Herausforderung anzunehmen und insbesondere die Theologie der Schöpfungsordnungen zu verwerfen. Christliche Haltung lasse sich nur aus dem Neuen Testament ableiten. Dieses aber kenne keinen Rassenkampf, die gestaltende Kraft sei der Geist, Gott allein erwähle und verwerfe, nicht die Menschen. Christus sei nicht gekommen, zu vernichten, sondern zu erhalten. Er schloß mit der Feststellung, die die Mehrheit der Protestanten bis heute noch nicht in ihrer Tragweite verarbeitet hat: »Die Judenfrage wird zur Christenfrage, d. h. zu der Frage nach der Echtheit und dem Ernst unseres Christentums«. Die Christen seien nun einmal in ihrem Gewissen nicht an erster Stelle an das deutsche Volk, sondern an das Evangelium gebunden.[20]

Es waren vornehmlich liberale Theologen, deren Denken auf den einzelnen Menschen und nicht auf die Gemeinschaft und das Volk hin orientiert waren, die gegen die Entrechtung der Juden Position bezogen. An den Hochschulen waren dies in erster Linie Rudolf Bultmann und Hans von Soden in

Marburg sowie Otto Baumgarten in Kiel. Ihre Position war allerdings nicht sehr stark, weil sie in der Nachfolge Harnacks dem Alten Testament für den Protestantismus nur einen geringen Stellenwert zumaßen.

Der vorherrschende Kurs der Kirchenleitungen und der Mehrheit der protestantischen Geistlichen und Laien konnte durch den Widerstand einzelner nicht verändert werden. Der Konferenz der Kirchenführer der Altpreußischen Union am 11. April und der Sitzung des Kirchenausschusses am 26. April 1933 lag eine Denkschrift von Walter Künneth, dem damaligen Leiter der Apologetischen Zentrale in Spandau, zur Beschlußfassung vor. Danach entschieden sich beide Gremien, zur Entrechtung und Verfolgung der Juden nicht öffentlich Stellung zu nehmen. Künneth hatte für eine klare Trennung der staatlichen und kirchlichen Bereiche votiert und dem Staat das Recht zugestanden, die Judenfrage nach rassenpolitischen Gesichtspunkten zu regeln. Infolge der vorherrschenden Auffassung, daß die Kirche zum Dienst am deutschen Volk berufen sei, bejahte oder duldete sie die Ausscheidung eines »Fremdkörpers« aus dem Volksleben.

Hier muß darauf verzichtet werden, die Entwicklung detailliert darzustellen. Festzuhalten ist nur, daß bei dieser Glaubensposition die Christen dem Leiden und schließlich der Todesnot der Juden gegenüber teilnahmslos blieben. Gerade das Schweigen angesichts menschlicher Not zeugt gegen die Christen. Marga Meusel, die Leiterin einer Bezirksstelle der Inneren Mission in Berlin-Zehlendorf, hat versucht, deren Leitung und den Bekenntnissynoden die Verzweiflung der betroffenen Menschen bewußt zu machen, um so einen Gesinnungswandel zu bewirken. Die Dritte Bekenntnissynode in Augsburg nahm aber ihre Denkschrift überhaupt nicht zur Kenntnis, und der sonst so aufrechte Präses Koch drohte sogar mit seinem Rücktritt, falls es zu einer Solidarisierung der Bekennenden Kirche mit den Juden komme.[21]

Auch der umfassende Bericht, den Superintendent Martin Albertz für Frau Meusel der Bekenntnissynode der Altpreußischen Union im September vorlegte, bewirkte nichts. Dabei hatte sie nach der Schilderung seelischer Grausamkeiten, die Christen besonders an jüdischen Kindern verübten, eindringlich gemahnt: »Daß es aber in der Bekennenden Kirche Menschen geben kann, die zu glauben wagen, sie seien berechtigt oder gar aufgerufen, dem Judentum in dem heutigen historischen Geschehen und dem von uns verschuldeten Leiden Gericht und Gnade Gottes zu verkündigen, ist eine Tatsache, angesichts deren uns eine kalte Angst ergreift. Seit wann hat der Übeltäter das Recht, seine Übeltat als den Willen Gottes auszugeben? Seit wann ist es etwas anderes als Gotteslästerung zu behaupten, es sei der Wille Gottes, daß wir Unrecht tun? Hüten wir uns, daß wir den Greuel unserer Sünde nicht verstecken im Heiligtum des Willens Gottes.«[22]

Die Mehrheit der Protestanten ruhte so fest in ihrem Glauben, daß die Mahnungen und Hilferufe überhaupt nicht an ihr Ohr drangen. Sie wähnten sich als Christen auf dem rechten Wege zu sein, deshalb ließen sie Zweifel überhaupt nicht aufkommen. Selbstsicher schrieb deshalb Bischof Tügel im Januar 1938 an einen ratsuchenden sächsischen Superintendenten: »Ich jedenfalls halte mich als streng an das Bekenntnis gebundener Vertreter der Kirche doch auch gebunden an die lebensnotwendigen Gesetze unseres heutigen Staates. Das ist für uns Lutheraner eine Selbstverständlichkeit.«[23] Die Kirche, wie sie hier verstanden wurde, konnte gar nicht anders handeln, »weil sie sogar durch das neue Testament dazu angewiesen« sei.[24] Diesen Auffassungen begegnete auch Pfarrer Grüber, als er die lutherischen Bischöfe und andere kirchliche Amtsstellen um Hilfe bei der Rettung christlicher »Nichtarier« nach den Pogromen vom November 1938 bat.[25]

Die kirchlichen Amtsstellen und Leitungsgremien nahmen es schließlich ohne Widerspruch hin, als die Juden gekennzeichnet und deportiert wurden. Als die Breslauer Vikarin Katharina Staritz die Gemeinden in einem Schreiben aufforderte, die Mitchristen, die zum Tragen des Sterns verpflichtet waren, von ihren Wohnungen abzuholen und sie während des Gottesdienstes in ihre Mitte zu nehmen, fand sie nicht die geringste Resonanz. Und dabei handelte es sich hier doch um Beistand für Gemeindemitglieder. Die Christen – darüber hat Jochen Klepper wiederholt geklagt – nahmen am »Geschick der Juden« keinen Anteil.[26]

Ein amerikanischer Philosoph hat von der Unfähigkeit der Menschen gesprochen, die Welt anders als mit den eigenen Augen zu sehen. Aus dieser »egozentrischen Zwangsläufigkeit«[27] haben sich auch Christen nicht befreien können. Ob damit ihr Verhalten zureichend erklärt werden kann, mag bezweifelt werden. Für die Christen gab es nach der Zerstörung des Tempels keine Geschichte der Juden mehr, und deshalb haben sie auch die Existenz einer jüdischen Religion weithin aus dem Bewußtsein verdrängt. Nur so läßt es sich erklären, daß sie schon in früheren Jahrhunderten die Kultur und Religion aller Völker und Stämme bis in die fernsten Räume studiert und erforscht, sich der Religion der Juden aber, die mit ihnen lebten, niemals ernsthaft zugewandt haben. Daraus ergab sich jenes schon erwähnte tödliche Schweigen, das nicht mehr zu durchdringen war, als sich die Christen zur Abwehr des Totalitätsanspruchs der Nationalsozialisten fester zusammenschließen mußten. Die Folge war eine stärkere Abschließung von der Welt und eine verstärkte Hinwendung zum eigenen Glauben. Das aber schwächte die Wahrnehmung für die Geschehnisse in der Umwelt und die Todesnot der Juden.

Beispielhaft sind dafür die »Vorschläge für eine Lösung der Judenfrage«, die der Denkschrift des Freiburger »Bonhoeffer-Kreises« für eine Neugestaltung Deutschlands nach Hitler angefügt sind. Die Verfasser, namhafte Protestanten und unter ihnen entschiedene Gegner des Nationalsozialismus, waren der Tradition des Protestantismus noch 1943/44 so stark verhaftet, daß sie es auch nach dem Ende des Dritten Reichs für erforderlich hielten, die Judenfrage zu lösen. Schon im Einleitungsteil, der »kirchlichen Grundlegung«, finden sich die bekannten Thesen und Vorurteile. Der Christ sei zwar nach der Heiligen Schrift gehalten, Nicht-Christen im Geist der Liebe zu begegnen, auch den Angehörigen anderer Rassen. Dann aber kommt schon die Einschränkung. »Um der Liebe zum eigenen Volk willen muß jedoch der Christ die Augen offen halten, ob enge Berührung oder gar Vermischung mit anderen Rassen sich nicht schädlich auswirken kann auf Leib und Seele.« Daß ein Christ möglicherweise durch enge Berührung und das Gespräch mit Juden intellektuell und menschlich auch gewinnen könne, lag noch außerhalb der Vorstellung der Verfasser.

Ganz im Sinne christlicher Tradition heißt es dann weiter: »Es ist die Aufgabe der Christenheit, allen Völkern das Evangelium zu bringen. Diese Aufgabe besteht auch gegenüber dem jüdischen Volk, dessen entscheidende Schuld es ist, daß es der Offenbarung Gottes in Jesus Christus bis zum heutigen Tage widerstrebt.« Die Tatsache, daß Christen jüdischer Herkunft, die sich taufen ließen, von der Christenheit preisgegeben und ausgeliefert wurden, war nicht bedacht worden, hatte auf jeden Fall keinen erkennbaren Niederschlag in den Überlegungen gefunden. Noch größere Probleme gibt der folgende Satz auf: »Gewalt, die ein Volk dem anderen antut, ist immer Schuld vor Gott. Maßnahmen, die der Staat unter Umständen ergreifen muß, um den unheilvollen Einfluß einer Rasse auf die Volksgemeinschaft zu wehren, müssen der Pflicht zur Gerechtigkeit und zur sittlichen Mitverantwortung Rechnung tragen...« Hier steht die Denkschrift noch ganz in der Nachfolge der Vorschläge, die Walter Künneth 1933 dem Kirchenbundesamt vorgelegt hatte.

Nach einem geschichtlichen Teil, in dem das christlich-jüdische Zusammenleben recht parteiisch dargestellt wird, werden Lösungsvorschläge für die Zeit nach Hitler gemacht. Die Verfasser gehen dabei wie selbstverständlich davon aus, daß die »Existenz einer zahlenmäßig erheblichen Judenschaft innerhalb eines Volkes« immer Probleme schafft. Deshalb schlagen sie allen Ernstes vor, die Grenzen gegen eine »jüdische Rückwanderung« zu schließen. Empfohlen wird die Erarbeitung einer internationalen Konvention über die Rechte und Pflichten der Juden. Danach sollen Juden »in allen Staaten, in denen sie beheimatet sind, die Stellung von Ausländern« erhalten.[28]

Dieses Dokument, das Leitlinien für die Überwindung des Nationalsozialismus aufzeigen, ja sogar Grundlagen für eine Neugestaltung Deutschlands schaffen sollte, macht die Schwierigkeiten und geistigen Nöte der evangelischen Christen bewußt, sich aus der jahrhundertealten antijudaistischen und der modernen völkischen und antisemitischen Tradition zu lösen. Jochen Klepper hatte im Oktober 1938 in sein Tagebuch geschrieben: »Was an den Juden geschieht, ist eine schwere, schwere Glaubensprüfung – für die Christen.«[29]

Sofern den Christen überhaupt bewußt war, daß eine solche Prüfung erforderlich war, meinten sie, sie in den Jahren der nationalsozialistischen Verfolgung bestanden zu haben. Viele hatten um ihres Glaubens willen gelitten, manche waren inhaftiert, einige ermordet worden. War es denn nicht ein Beweis für die Glaubensstärke der Christen, daß sie zu ihrer Kirche gestanden und dafür berufliche und andere Nachteile in Kauf genommen hatten? Die Kirche fühlte sich trotz aller Heimsuchungen am Ende des Krieges innerlich gestärkt, und das gab ihr Selbstvertrauen. Voller Hoffnung bereitete sie sich schon wieder auf neue Aufgaben vor, an Umkehr und Buße dachten wenige. Bischof Tügel schrieb im Februar 1945 an Helmut Thielicke: »Mit Dir glaube und hoffe ich, daß aus dem heutigen ›Weltuntergang‹ ein Neuland emporsteigen wird, das von Gott gewollt ist und für uns Menschen eine neue Verheißung zum Dienst an seinem Reich bedeutet.«[30] Kein Gedanke an die Frevel der Vergangenheit und den schlecht versehenen Dienst am Reich Gottes im Dritten Reich, sondern neue Verheißung, nicht nur für die Christen, sondern für das deutsche Volk. Trotz eigener, folgenschwerer Irrtümer und Enttäuschungen bewahrte sich dieser Bischof die Hoffnung, »daß unser deutsches Volk auf jeden Fall noch eine große geistige Aufgabe hat und immer haben wird, so lange der Schöpfer ein Volk mit der Bestimmung leben läßt, die Er ihm gab.«[31]

Die Repräsentanten und Mitglieder der Bruderräte beurteilten die Entwicklung noch optimistischer. Für sie war erneut eine »Stunde der Kirche« gekommen, die es zu nutzen galt. Zwar ließen sich die Versäumnisse und Fehler der Vergangenheit nicht verschweigen, aber eine Glaubensprüfung im Sinne Kleppers erfolgte auch hier nicht. Bezeichnend dafür ist die Erklärung des Rates der EKD im Oktober 1945. Darin klagten sich die Kirchenvertreter an, daß sie »nicht mutiger bekannt, nicht treuer gebetet, nicht fröhlicher geglaubt und nicht brennender geliebt« hatten.[32] Die protestantischen Christen hatten also bekannt, gebetet, geglaubt, nur nicht mutig und entschieden genug. Der Gedanke, daß sie im Verhalten den Juden gegenüber gegen das Bekenntnis verstoßen und den Glauben preisgegeben hatten, focht sie nicht an.

Gewiß hatte die Kirche als einzige intakte Institution nach 1945 außerordentliche Aufgaben bei der Bewältigung der Nachkriegsnot zu lösen, und das dabei Geleistete verdient hohe Anerkennung. Dennoch ist es bezeichnend, daß sich die Protestanten für Heimatvertriebene, Ausgebombte, Kriegsgefangene und auch für die Entnazifizierten engagierten, den überlebenden Juden und Christen jüdischer Herkunft aber jede Zuwendung versagten. Im Geiste der Verfasser der Freiburger Denkschrift unterließ es die Kirche nicht nur, eine Erklärung über ihr Schweigen zur Judenverfolgung und zu Auschwitz abzugeben, sondern sie sträubte sich auch gegen die Rückkehr der ins Ausland geflüchteten Juden, und den Überlebenden der Verfolgung begegnete sie mit großer Reserve. Ein Mitglied der Bekennenden Kirche konnte sich nicht entschließen, einen aus dem Lager heimkehrenden Juden zu begrüßen.[33] Auf ein Bußgedicht Werfels, das im »Nachrichtenblatt der Militärregierung« veröffentlicht wurde, reagierte er mit Unwillen. Er bestritt Werfel das Recht, die Deutschen in dieser Weise anzusprechen. Dann heißt es wörtlich: »Gegenüber der jüdischen Journaille, bis hin zu Werfel, möchte man ein stillschweigendes Einverständnis des deutschen Volkes wecken, sie vollkommen abzulehnen, wie überhaupt die Juden.«[34] Auch Hans Asmussen, ein entschlossener Gegner der nationalsozialistischen Kirchenpolitik, legte Wert darauf – wie er in seinem Referat auf der Rendsburger Synode am 14. August 1945 betonte –, daß die etwa 1000 evangelischen Pfarrer, die von den Nationalsozialisten inhaftiert worden waren, auf keinen Fall »mit Emigranten, die Rache heischend remigrieren«, gleichgestellt werden möchten.[35]

Noch immer tief im traditionellen Antijudaismus und in der Theologie der Schöpfungsordnungen befangen, fand die evangelische Kirche keine Erklärung für ihr Versagen den Juden gegenüber. Sie wurde von einzelnen immer wieder angefordert. So hat Gustav Heinemann seine Kirche gemahnt, den Blick nicht immer nur auf die Nachkriegsnot in Deutschland zu richten, sondern auch einmal konkret die Ursachen dieser Not zu beschreiben und in diesem Zusammenhang auch ein klares Wort über die Verbrechen an den Juden zu sagen.[36]

Wie groß die Sperren und insbesondere die geistige Not in dieser Hinsicht noch immer waren, zeigt auch das »Wort zur Judenfrage«, das der Bruderrat der Evangelischen Kirche im April 1948 verabschiedete. Dort werden alle traditionellen Antijudaismen unreflektiert weiter vertreten. Ich zitiere nur die wichtigsten Passagen. »Indem Gottes Sohn als Jude geboren wurde, hat die Erwählung und Bestimmung Israels ihre Erfüllung gefunden. Einem anderen Verständnis Israels muß die Kirche grundsätzlich widerstehen... Indem Israel den Messias kreuzigte, hat es seine Erwählung und Bestimmung verworfen... Die Erwählung Israels ist durch und seit Christus auf die Kirche... übergegangen... Gottes Treue läßt Israel, auch in seiner Untreue und in seiner Verwerfung, nicht los«.[37]

Der Gedanke der Judenmission, der hier so stark hervortritt, spielte in der Tat in der unmittelbaren Nachkriegszeit noch einmal eine beherrschende Rolle. Die Kirche wollte, soweit sich erkennen läßt, neue, leidenschaftliche Auseinandersetzungen und Kämpfe um die »Judenfrage« unterbinden und glaubte, das – nach Auschwitz! – durch eine Taufe der überlebenden Juden erreichen zu können. Sicher in guter Absicht, aber in einem unerträglich herablassenden Ton schrieb Pastor Hahn 1948 über die Missionsaufgabe der Kirche: »Nicht nur werden sie [die Juden] dankbar sein, wenn wir freundlich gegen sie sind und ihnen unsere Liebe zeigen, wie es manche von uns in den Verfolgungszeiten getan haben, sondern sie haben es auch nötig, daß wir uns in religiöse Gespräche mit ihnen einlassen und sie lehren, ihre eigene Bibel zu verstehen und vor allem die Evangelien zu lesen.«[38]
Dieser Missionsdrang ließ erst nach, als der Staat Israel gegründet wurde und sich im Unabhängigkeitskrieg behauptet hatte. Nun entschied sich die Mehrheit der aus Osteuropa nach Deutschland verschlagenen und in das Land zurückgekehrten Juden zur Auswanderung. Daraufhin nahm endlich die EKD-Synode in Weißensee am 27. April 1950 zum Versagen der Kirche den Juden gegenüber Stellung. Der entscheidende Passus lautete: »Wir sprechen aus, daß wir durch Unterlassen und Schweigen vor dem Gott der Barmherzigkeit mitschuldig geworden sind an dem Frevel, der durch Menschen unseres Volkes an den Juden begangen worden ist.« Eberhard Bethge hat mit Recht darauf hingewiesen, daß auch hier noch immer aus großer Distanz zum Geschehen gesprochen wird. Begriffe wie »Unterlassen« und »Schweigen« seien nur ein Teil der notwendigen Analyse und das »mitschuldig« erscheint ihm »ungenügend, wenn nicht gar unangemessen.«[39]
So zutreffend diese Kritik Bethges ist, die entscheidende Frage bleibt doch, ob der Inhalt dieser Erklärung überhaupt den Gemeinden zu vermitteln war. Die Mehrheit der Christen fühlte sich weder schuldig noch mitschuldig. Deshalb blieb das Verhältnis zu den Juden und zum Staat Israel kühl und distanziert, wenn nicht abweisend. Die Verhandlungen über die Wiedergutmachung, von staatlicher Seite sehr diskret geführt, lösten in der Öffentlichkeit unwillige Reaktionen aus. Der Bundestagsabgeordnete Franz Böhm, der sich in diesem Bereich engagierte, mußte viele bittere Erfahrungen gerade auch mit Christen machen. Selbst die Einsicht in die Notwendigkeit einer Wiederherstellung des Rechts für die Verfolgten war kaum zu vermitteln.[40]
Nach der Gründung des Staates Israel und der schrittweisen Entspannung des Verhältnisses zwischen Christen und Juden begannen dann auch die ersten Gespräche. Sie wurden zögernd und zunächst von Außenseitern oder Betroffenen geführt, von Christen jüdischer Herkunft, von Männern, die aus der Emigration zurückgekehrt waren, wie Pastor Hans Ehrenberg,

von einigen Theologen, die im Ausland studiert hatten oder aus einer anderen Tradition kamen. Dieses Gespräch hat vieles bewirkt und eine Umkehr eingeleitet. Dennoch möchte ich vor einer Überschätzung aller dieser Bemühungen warnen. Entscheidende Grundhaltungen haben sich noch nicht verändert, und den alten theologischen Positionen begegnen wir noch überall. Auf eine zentrale Frage hat Johann Baptist Metz hingewiesen, und über sie sollten wir alle viel nachdenken. »Hat sich das Christentum im Verlauf der Geschichte, im abstrakten Unterschied zum Judentum, nicht zu sehr als rein ›affirmative Religion‹ interpretiert, sozusagen als theologische Siegerreligion mit einem Überschuß an Antworten und einem entsprechenden Mangel an leidenschaftlichen Fragen?«[41]

Bei einer Auseinandersetzung mit der Entwicklung und den geistigen Strömungen der ersten Nachkriegszeit – ja sogar bis in die Gegenwart hinein – wird sich die Frage von Metz nur mit Ja beantworten lassen. Eine Kirche, die immer nur auf Leistungen und Erfolge sieht, die in jedem Umbruch die »Stunde der Kirche« zu erkennen meint, Erschütterungen, Irrtümer und Verfehlungen nicht wirklich verarbeitet, wird ihrem Auftrag nicht gerecht. Die Erkenntnis, auch einmal Stunden verfehlt, Prüfungen nicht bestanden und Niederlagen erlitten zu haben, fördert die Einkehr und bewahrt vor Selbstgerechtigkeit. Vor allen Dingen darf der Christ, wie es Karl Barth gefordert hat, nicht an erster Stelle an seine Interessen, den Bestand von Ordnungssystemen und Gemeinschaften denken, sondern an den Menschen, denn, »nachdem Gott selbst Mensch geworden ist«, muß für den Christen auch der Mensch im Mittelpunkt seines Denkens und Handelns stehen.[42]

Ein lutherischer Bischof zwischen politischen Hoffnungen und kirchlichen Zielen

Das Urteil über Menschen, die während der Zeit der nationalsozialistischen Herrschaft öffentliche Ämter bekleideten oder im kirchlichen oder kulturellen Leben des Landes hervortraten, ist nach wie vor von der Parteien Haß und Gunst verzerrt. In aller Regel fällt es eher negativ aus. Das ist verständlich, denn je mehr sich das Wissen über das Herrschaftssystem Hitlers und namentlich über die durch das Regime verübten Verbrechen vertieft und gefestigt hat, desto schwerer wird es, das Verhalten der Verantwortlichen und der Bevölkerung überhaupt zu verstehen, ihre Beweggründe nachzuvollziehen. Es fördert unsere Erkenntnis über jenen Teil der deutschen Geschichte jedoch nur wenig, wenn wir uns mit einem schnellen, undifferenzierten Urteil zufriedengeben und die damals Handelnden ohne gewissenhafte Prüfung ihres Wollens und ihrer Motive schuldig sprechen. Wenn Martin Broszats Forderung nach einer »Historisierung des Nationalsozialismus«[1] einen Sinn hat, dann doch den, zur Einsicht zu verhelfen, daß auch zwischen 1933 und 1945 ganz normale Menschen mit ihren Stärken und Schwächen, ihren Hoffnungen und Enttäuschungen, ihren Tugenden und Lastern lebten. Die Aufgabe der historischen Forschung kann nur darin bestehen, die Bedingungen aufzuzeigen, unter denen sich ein Unrechtsregime wie das Hitlers etablieren und entwickeln konnte. Dabei gilt es vorrangig zu ergründen, warum Millionen Bürger, unter ihnen die Mehrheit der gläubigen Christen, Hitler förderten und dienten. Sie erstrebten das Beste für ihr Volk und ihre Gemeinden, bewirkten letztlich aber das Gegenteil.

Wenn wir eine Antwort auf die Frage nach dem Verhalten der Christen in der Welt, nach ihrer Rolle in Staat und Gesellschaft suchen, dann können wir nicht über die einfache Tatsache hinwegsehen, daß sie immer auch Weltkinder sind. Sie sind in die gesellschaftlichen Traditionen ihrer Familien und ihres sozialen Umfelds eingebunden, sie werden durch Erlebnisse und Erfahrungen im Volks- und Staatsleben geprägt, Kriege und politische Erschütterungen verändern wesentlich auch ihr Bewußtsein. Unter dieser Voraussetzung gilt es zu prüfen, wie und in welchem Umfang dies alles die Theologie und das kirchliche Handeln der Pastoren und der anderen Amtsträger bestimmt und wie die Gemeinden darauf reagieren. Für Pastoren und aktive Laien sind dies Prozesse, in die sie zumeist ganz unbewußt verwoben sind. Da sich gesellschaftlicher und geistiger Wandel nicht von heute auf morgen vollzieht, sondern ein langwährender Prozeß ist, müßte die daraus folgende historische Bedingtheit vieler überkommener Lehrmeinungen durch Generationen zurückverfolgt und reflektiert werden. Dazu bleibt auch einem Theologen in der praxisbezogenen Arbeit keine Zeit. Deshalb ist es für einen Geistlichen, der seiner Gemeinde mit Hingabe dient, so schwer, sich angesichts starker politischer Herausforderungen von außen wie aus der Gemeinde selbst von theologischen und kirchlichen Überlieferungen zu lösen, auch wenn er aufziehende Gefahren erkennt.

Diese Einsicht sollte uns davor bewahren, allzu forsch und selbstbewußt über die Fehler der Christen in der Vergangenheit zu urteilen. Schließlich geht es bei der Auseinandersetzung mit dem Verhalten der Kirchen, der Amtsträger und der Gläubigen, unter dem Nationalsozialismus auch darum, den Blick für die Gefährdung des Christen in der Welt zu schärfen. Zudem gilt es zu prüfen, ob solche Traditionen, die Christen im Dritten Reich banden oder handlungsunfähig machten, schon alle überwunden sind. Der theologische Antijudaismus, der sich in Jahrhunderten bildete und dann im 19. Jahrhundert durch starke antisemitische Einflüsse aktiviert und aufgeladen wurde, ist in der kurzen Zeitspanne nach dem Ende des Dritten Reiches noch keineswegs überwunden worden. Diese kurzen Eingangsüberlegungen sollen deutlich machen, daß nicht Schuldzuweisung das Ziel ist, wenn die Probleme und Versuchungen evangelischer Christen und Kirchenführer im folgendem am Beispiel eines Mannes exemplarisch behandelt werden: des Bischofs der Hamburgischen Landeskirche, Franz Tügel.

Als Tügel während des Zweiten Weltkrieges, durch Krankheit bewegungsunfähig und an das Haus gefesselt, seine Erinnerungen schrieb, hatte er ihnen zunächst den Titel zugedacht: »Ich suche Gott auf allen Wegen«. Als sie dann, während der Niederschrift, zu einem umfassenden Lebens-

und Erlebnisbericht gerieten und vieles enthielten, was der Verfasser nicht mehr unter diesem Titel subsumieren konnte, nahm er von ihm Abstand, plante aber, noch »ein kleines besonderes Buch über die christliche Wahrheit« zu schreiben, in dem er unter dem ursprünglichen Titel auch sein »Erleben der Zeit« unter dieser speziellen Fragestellung schildern wollte.[2] Der entschiedene Lutheraner war davon überzeugt, auf allen Wegen, also auch auf möglichen Irrwegen, Gott gesucht zu haben. Sein Glaube ließ Zweifel und Unsicherheit überhaupt nicht aufkommen.

Im Anfangsteil seiner Erinnerungen findet sich eine Passage, die uns den Zugang zum Menschen und Seelsorger ermöglicht. Tügel preist dort das »Erbe der Väter«, das ihm stets besonders teuer gewesen sei, und wertet jede »Preisgabe« desselben als »eine verlorene Schlacht«. Für ihn habe die »Lösung« von diesem Vätererbe, ja der Verrat an ihm, mit der Revolution von 1918 begonnen und sich bruchlos während der Weimarer Republik über das Jahr 1933 bis in den Zweiten Weltkrieg hinein fortgesetzt. In dieser Aussage lag zur Zeit der Niederschrift bereits das Eingeständnis des eigenen Scheiterns und der enttäuschten Hoffnung, die er auf den Nationalsozialismus gesetzt hatte. 1933, nach dem Machtantritt der NSDAP, war er überzeugt gewesen, daß der Verrat an der Tradition nun ausgelöscht und die Entwicklung rückgängig gemacht werden könne. Er glaubte sicher zu sein, daß der klare Sinn des deutschen Volkes durch »fremde Geister« völlig verwirrt gewesen sei. »Woher diese auch ihre fadenscheinige Weisheit bezogen haben, und ob sie solche jüdisch verteidigen oder antijüdisch tarnen, es sind Geister aus dem Abgrund, die auf die deutsche Seele losgelassen sind, Verbrecher am Volk und an der deutschen Zukunft, Verräter der Nation und ihrer heiligen Sendung. Auch der Grundsatz, Religion sei Privatsache, ist ein gefährliches Stück aus der Rumpelkammer der Aufklärung und also der Auflösung. So wenig die Sippe, so wenig das Volk, so wenig das Vaterland Privatsache sind, so wenig ist es die Religion. Sie ist Volkssache. Wer also die Kirche privatisiert, untergräbt die Sippe und den Staat. Er zersetzt die ewigen Grundlagen des Volkslebens und bereitet dem kulturzerstörerischen Bolschewismus oder dem kulturunfähigen Amerikanismus die Bahn. Er ist Helfershelfer des internationalen Judentums und seiner Weltherrschaftspläne. Wie mein Vater bin ich stets ein scharfer Gegner der Mächte gewesen, die diesen Auflösungsprozeß im deutschen Volk betrieben haben.«[3]

Mit diesem Urteil stand Tügel nicht allein. So wie er dachten – wenn auch mit Abweichungen in der Akzentuierung – viele Christen in jener Zeit. Da ist die Beschwörung des Erbes der Väter, das am Anfang und am Ende steht, ein statisches Weltbild, in dem Staat und Nation unwandelbare Größen, ja Werke der Schöpfung sind; da begegnet uns die These von der Einheit von Religion und Volkstum und deren Gefährdung durch äußere und innere Gegner. Veränderung und Wandel werden nur als Zersetzung begriffen, die mit der Aufklärung begonnen und dann unter der Herrschaft des Liberalismus zu Auflösungserscheinungen geführt habe, über die Tügel fortgesetzt klagt und die er mit allen Kräften zu bannen sucht. Dort liegt auch der Ansatz für die Feindschaft gegen die Juden, deren Emanzipation in der Zeit der Aufklärung eingeleitet worden war und in der liberalen Ära zur Assimilation an die deutsche Kultur geführt hatte. Auch seine Ablehnung des Sozialismus hatte hier ihre Wurzel; sie versperrte ihm die Einsicht in die Triebkräfte der Arbeiterbewegung, ja darüber hinaus in die Problematik der sozialen Frage überhaupt.

So schwer es uns heute auch fällt, diese Denkvorstellungen nachzuvollziehen und diese Seite der lutherischen Tradition zu ergründen, sie waren vor dem Ersten Weltkrieg in der evangelischen Kirche vorherrschend. Der Protestantismus und namentlich das Luthertum hatten im ausgehenden 19. und frühen 20. Jahrhundert im erbitterten Ringen mit und in der Frontstellung gegen den Liberalismus Kraft und Profil gewonnen. Dabei ließ sich die Mehrheit der Protestanten sehr stark von der nationalen Begeisterung tragen. Die evangelische Kirche gab dafür im Gegenzug dem deutschen Nationalismus in der säkularisierten Welt des 19. Jahrhunderts eine beinahe religiöse Weihe und vor allen Dingen die gemeinschaftsbildende Kraft. Die Folge dieses Vorgangs war die bewußte Ausgrenzung der Juden und anderer nicht-konformer Gemeinschaften und Minderheiten. Diese Verbindung von Protestantismus, Nationalismus und Antisemitismus war so fest, daß sie bis in das Dritte Reich hinein ganz unkritisch als gegeben hingenommen wurde.

Als dieses so gläubig akzeptierte »Erbe der Väter« 1918 durch die Revolution und die Demokratisierung gefährdet war und den Anforderungen der neuen Zeit angepaßt werden sollte, befiel die Anhänger der überkommenen Ordnung für einen Moment tiefe Ratlosigkeit. Manche verloren ihren Halt, aber schon bald lehnte sich die Mehrheit der Protestanten – und zu ihnen gehörte auch Tügel – gegen jede Art der Nachgiebigkeit auf. In den folgenden Jahren stand er in vorderster Linie bei dem Bemühen, eine Entwicklung zur pluralistischen Gesellschaft, in der Freidenker und Andersgläubige sich ebenso ungehindert entfalten konnten wie die Christen, mit aller Kraft zu hemmen. Sein Ziel war eine grundlegende sittliche Läuterung der Nation, eine »Erneuerung aus dem Geiste« bester deutscher Tradition. Da für den strengen Lutheraner die Voraussetzung dafür »eine religiöse Wiedergeburt« sein mußte, betätigte er sich an führender Stelle in der »Volkskirchenbewegung«. Tügel wollte – fernab vom »politischen Parteigetriebe« – die Christen sammeln, sie aus innerkirchlichen Richtungsstreitigkeiten herausführen, gegensätzliche theologische Positionen überwinden helfen und so eine feste »Gemeinschaft des Glaubens« gründen. Sie sollte die Kraft aufbringen, die neue politische Ordnung zu stiften.[4]

Diese Volkskirchenbewegung scheiterte, weil die starken sozialen und politischen Spannungen, die die Nation spalteten, auch in die Kirche und ihre Gemeinden hineinwirkten. Gleichwohl gab der Pastor an der Gnadenkirche in Hamburg-St. Pauli, dessen dortiges Wirken jüngst Peter W. Tügel eindrucksvoll beschrieben hat,[5] nicht auf. Er wollte sich wenigstens in seiner Gemeinde eine Plattform schaffen, von der aus er gegen den Werteverfall und die demokratische Unverbindlichkeit kämpfen konnte. Erleichtert darüber, daß die hamburgische Landeskirche nicht durch Rückschläge geschwächt worden war, nachdem die alte Verfassung außer Kraft getreten war und der Senat das Patronat über die Kirche verloren hatte, sondern Stärke zeigte und ein neues Selbstbewußtsein demonstrierte, ergriff er die Initiative, um die Kirche näher an den Mittelpunkt des politischen und gesellschaftlichen Geschehens heranzuführen.

Als entschiedener Lutheraner engagierte sich Tügel seit 1924 als Mitarbeiter der Zeitschrift »Das evangelische Hamburg«. Getreu der Maxime des 1911 verstorbenen Seniors Behrmann: »Schreiben Sie keine ungewissen Meinungen«, bezog er in seinen regelmäßigen Berichten über das kirchliche Leben der Stadt eindeutig Position. Mit Leidenschaft stritt er gegen Pastoren und kirchliche Gruppen, die die Einheit der Kirche gefährdeten, gegen den kirchlichen Liberalismus, der seiner Meinung nach besonders in der Schulpolitik versagte, gegen das Einrücken von Frauen in den Pfarrerstand (die Kirche sollte männlich und kämpferisch sein), für die Bekenntnisschule, gegen den demokratisch gewählten Senat, weil er Bedürfnissen der Massen zu sehr Rechnung trage. Zweifellos gab der rührige Pastor den evangelischen Christen neuen Mut.

Als dann in der schweren Wirtschaftskrise die Not der Menschen wuchs und die Flut des Radikalismus bedrohlich anstieg, suchte Tügel nach einem neuen, stärkeren Rückhalt für seine Arbeit. Er war zu der Überzeugung gelangt, daß die Kirche allein nicht die Kraft zur Erneuerung des Staates aufbringen könne, sondern sich auf eine starke politische Bewegung stützen müsse. So setzte Tügel 1931 seine Hoffnung auf die NSDAP, der er nicht nur als Mitglied beitrat, sondern in deren Reihen er sich bald auch als Redner aktiv betätigte. Für den engagierten Lutheraner war der Nationalsozialismus in erster Linie eine Protestbewegung gegen die ungeliebte parlamentarische Demokratie. Wenn sich die Kirche ihm gegenüber distanziert verhalte, so warnte er, treibe sie die Partei Hitlers anderen Kräften – möglicherweise auch kirchenfeindlichen – in die Arme. Nur durch Mittun hielt es Tügel für möglich, Einfluß auf die NSDAP zu gewinnen. Dabei schwang auch die Hoffnung mit, der Protestantismus könne durch aktive Mitarbeit in der Partei deren geistigen und weltanschaulichen Fundus – den er als ziemlich gering einschätzte – stärken und wirkungsvoll prägen. Darüber hinaus sah Tügel die Chance, den indifferenten und unkirchlichen Teil der Parteigenossen wieder in die Kirche zu führen. In der Artikelserie »Wer bist Du? Fragen der Kirche an den Nationalsozialismus« schrieb er 1932: »Wir als Kirche Luthers haben allen Grund, diese Gelegenheit zu ergreifen. Wir wissen, daß wir das Volk in Massen verloren haben... in Massen müssen wir es wiedergewinnen! Die seelsorgerliche Arbeit am einzelnen Menschen kann es nicht schaffen. Hier, wo die Massen aufgewacht sind, wo für ein gutes Wort ein guter Boden bereitet ist, hat die Kirche eine Arbeit und Aufgabe an den Seelen. Sehen wir sie nicht und fassen wir nicht zu, dann ist eine Stunde verloren, die vielleicht nicht wiederkehrt.«[6]

Die hochgespannten Erwartungen Tügels hinsichtlich einer Rückführung gleichgültiger, ja sogar feindseliger Bevölkerungsschichten in die Kirche erklären sich nicht zuletzt daraus, daß es ihm selbst in seiner Gemeinde nicht gelungen war, an die Arbeiterbevölkerung heranzukommen, sie in ihren Sorgen zu verstehen und ihr in ihren Nöten zu helfen. Er bewunderte Hitler, weil er gerade diese Menschen zu mobilisieren verstand. In seiner Glaubenszuversicht traute er sich aber sehr wohl zu, diese sogenannten Massen in die christliche Gemeinde integrieren zu können. Bedenken, die Nationalsozialisten könnten ihrerseits die Kirche von innen her gefährden und in ihren Dienst stellen, ließ er nicht aufkommen. Sie keimten auch dann noch nicht in ihm, als er im Januar 1933 als Vertrauensmann der Hamburger Gauleitung der NSDAP den Auftrag erhielt, die kirchlich gebundenen Nationalsozialisten in einer regionalen Gruppe der »Deutschen Christen« zu organisieren. Da er kirchenpolitische Richtungen und Parteien immer abgelehnt und bekämpft hatte, ging er an diese Aufgabe nur zögernd heran. Große Aktivitäten entfaltete Tügel dabei nicht, zudem traten die Deutschen Christen Hamburgs unter seinem Einfluß auch nicht mit radikalen Forderungen hervor. Voller Stolz betonte er immer wieder, daß sie gute Lutheraner geblieben seien und das Bekenntnis nie in Frage gestellt hätten.

Als Vertrauensmann der Deutschen Christen wurde Tügel 1933 in die Hamburger Kirchenleitung berufen, nachdem Senior Horn zurückgetreten war und die Synode, nach Annahme eines Bischofs- und eines Ermächtigungsgesetzes, Hauptpastor Schöffel am 29. Mai 1933 zum ersten Bischof gewählt hatte. Dem neuen Oberkirchenrat Tügel fiel die Aufgabe zu, die Verbindung zwischen Bischof, Parteileitung, Reichsstatthalter und Senat zu halten und eine möglichst störungsfreie Zusammenarbeit zu garantieren. Der Bischof und sein neuer Oberkirchenrat fanden in dieser Konstellation jedoch nicht zueinander, obwohl sie vor 1933 Weggefährten gewesen waren. Schulter an Schulter hatten beide im Evangelischen Elternbund für die Bekenntnisschule und gegen die sozialdemokratische Bildungspolitik gestritten, als Mitglieder der positiven Fraktion wußten sie maßgeblichen Einfluß auf die Kirchenpolitik zu nehmen. Sie waren sich auch jetzt hinsichtlich der Bekenntnistreue einig. Die Kirche durfte nicht in Abhängigkeit von den politischen Gewalten geraten, sollte aber im Bunde mit ihnen an der nationalen Erneuerung arbeiten. Um eine reibungslose Zusammenarbeit zwischen Kirche und nationalsozialistischem Staat zu gewährleisten, den beide gleicherweise bejahten, setzten sie sich auch für die Wahl eines Reichsbischofs ein, der das Vertrauen Hitlers besaß. Schöffel und Tügel votierten gegen Bodelschwingh und für Müller.

Die Spannungen zwischen ihnen entstanden, weil der Bischof nicht unmittelbaren Zugang zu den staatlichen und politischen Instanzen hatte, sondern immer auf Tügels Vermittlung angewiesen blieb und dieser oft sehr eigenwillig vorging. Das machte Schöffel zuweilen ratlos und lähmte seine Entscheidungsbereitschaft, was angesichts der Machtkämpfe und des Kompetenzwirrwarrs in Staat und Partei im »Führerstaat« oft nachteilig war. Um die Position der Kirche zu stärken und sich besser abzusichern, umgab sich Schöffel mit Männern seines Vertrauens. Gerade dadurch aber weckte er in der Partei den Verdacht, er wolle sich vom nationalsozialistischen Staat bewußt distanzieren. Das brachte die Deutschen Christen als ferngesteuerte Gruppe der Partei gegen den neuen Bischof auf.

Tügel hat diese Opposition gegen Schöffel nicht angeführt, sich zeitweise sogar ausgesprochen zurückgehalten. Er hat allerdings auch nichts getan, um die Position des Bischofs zu stärken. Wie weit er zu dieser Haltung möglicherweise von Senatsseite oder von der Partei gedrängt wurde, ist nicht zu ermitteln. Auf jeden Fall wurde ihm als Gauobmann der Deutschen Christen innerhalb der Kirche die Verantwortung für den Rücktritt des Landesbischofs am 1. März 1934 angelastet. Die Pastoren, die sich im Herbst 1933 im Pfarrernotbund und dann in der Bekennenden Kirche formiert hatten, opponierten nun offen gegen ihn. Sie erhielten Zuzug von vielen, die den Deutschen Christen aus unterschiedlichsten Gründen inzwischen den Rücken gekehrt hatten.

So war die Hamburger Landeskirche nicht geeint, sondern tiefer denn je gespalten, als Tügel am 4. März 1934 von einer außerordentlichen Synode ohne Aussprache zum Bischof gewählt wurde. Er verstärkte die gegen ihn vorhandene Aversion noch, als er nach seiner Wahl als Zugeständnis an den Zeitgeist recht forsch erklärte: »Ich habe kein Programm. Das Programm bin ich selbst.« Das ließ bei Fernerstehenden die Befürchtung aufkommen, dieser Mann werde sich als »Führer« der Landeskirche aufspielen und seine Willenskraft und seine Autorität als Bischof einsetzen, um die Kirche stärker ins politische Fahrwasser zu bringen.

Wer so dachte, kannte ihn und seine Ziele nicht. Der neue Bischof traute sich zu, die Kirche zu erneuern und – noch wichtiger für ihn – das Bekenntnis zu sichern, ja sogar zu stärken, weil er als strenger Lutheraner und gleichzeitig als gläubiger Nationalsozialist die volkskirchliche Synthese anstrebte. Er hoffte, dafür von beiden Seiten Vertrauen und Unterstützung zu bekommen oder sie durch seine Taten zu gewinnen. Für ihn gab es nicht den geringsten Zweifel – wie er bis in den Krieg hinein immer wieder versicherte –, daß ein guter evangelischer Christ auch ein ebenso guter Deutscher sein und folglich den Staat Hitlers und das, was er das nationale Erwachen nannte, ohne Vorbehalt bejahen könne, ja müsse. Im Gegensatz zu Karl Barth, mit dem er sich 1933 übertrieben polemisch auseinandergesetzt hatte, weil dieser sich gegen jede Theologie wandte, die die Maßstäbe für ihre Verkündigung aus anderen Quellen als vom Gott des Evangeliums gewann, war Tügel der Meinung, daß Theologie und Kirche auch »Sache des Staates« seien und deshalb allem Rechnung tragen müßten, was die Staatsbürger aufwühlte und bewegte. Wenn Barth auf die Frage, was einem Christen das Auftreten Hitlers bedeute, mit einem entschiedenen »Nichts« antwortete, so setzte ihm Tügel ein ebenso klares »Viel« entgegen.[7]

Tügel stimmte darin mit der Mehrheit der Hamburger Pastoren überein, auch mit denen, die den Deutschen Christen ferngeblieben waren oder sich wieder abgewandt hatten. In den vielen Briefen, mit denen Pastoren und Laien ihren Austritt aus der Bewegung der Deutschen Christen erklärten, wurden unterschiedliche Gründe genannt: Proteste gegen die Sportpalastkundgebung in Berlin im November 1933, in deren Verlauf es zu vehementen Angriffen gegen das Alte Testament gekommen war, mangelndes Vertrauen in die Reichsleitung oder einzelne ihrer Repräsentanten oder Loyalität zu Bischof Schöffel. In keinem findet sich aber eine klare Absage an das nationalsozialistische Regime. Die meisten bekundeten ihr Vertrauen zu Hitler und zeigten sich politisch zufrieden. Ein Vertrauter Schöffels versicherte sogar ausdrücklich, daß er trotz seiner Absage an die Deutschen Christen das Dritte Reich »hundertprozentig bejaht«.[8] Bestätigt fühlen konnte sich Tügel auch durch das Eingeständnis einzelner, daß ihnen an der von der NSDAP gesteuerten Glaubensbewegung überhaupt nichts, an einer »neuen und lebensnahen, zu unserem Staat und Volkstum stehenden Verkündigung« aber alles liege.[9] Auch Bekenntnispfarrer zweifelten nicht daran, daß es das Ziel sein müsse, »Nationalsozialismus und Christentum, Volk und Kirche in eine ganz enge Verbindung zu bringen«.[10]

Angesichts eines so großen Bestandes an Gemeinsamkeiten bei der Beurteilung der politischen Lage boten sich dem Bischof gute Möglichkeiten, die entstandenen innerkirchlichen Gegensätze langsam abzubauen. Seinen Gegnern zeigte er immer wieder durch Wort und Tat, daß es theologisch keine Differenzen mit ihm gab. Er trat 1935 dem von der Partei protegierten Neuheidentum auf Großveranstaltungen entschlossen entgegen und wehrte Eingriffe des Staates in kirchliche Belange entschieden ab, besonders wenn Beschwerden über einzelne Pfarrer geführt wurden. Er deckte auch mutig einen Amtsbruder, der vor 1933 Mitglied der SPD gewesen war. Um seinen Ausgleichskurs nicht zu gefährden, ging er auch auf Distanz zum Reichsbischof, von dem er sich nicht, wie ursprünglich vorgesehen, zum Jahresende 1934 in sein Amt einführen ließ. Sehr bald empörte ihn der Kurs der Deutschen Christen, die unter ihrem Reichsleiter Kinder immer mehr Zugeständnisse an die Radikalen in Thüringen machten. Noch mehr mißfiel ihm der ständige Streit in den Gemeinden, den die Gläubigen überhaupt nicht verstanden und als »Pastorengezänk« ablehnten.

Da Tügel von Anbeginn seines Wirkens an kirchliche Parteiungen und Richtungen entschieden verdammt und abgelehnt hatte, empfand er nun seine Bindung an eine kirchliche Partei mehr und mehr als störend, zumal sie inzwischen jede Bedeutung verloren hatte. Im Juli 1935 trat er als Gauobmann der Deutschen Christen zurück, am 30. August verließ er die ins Abseits geratene Gruppe ganz. In einem Schreiben an die DC-Pastoren der Hamburger Kirche begründete er seinen Entschluß. Nach der Versicherung, sein Amt auch bei den Deutschen Christen stets im Sinne »des in unserer Landeskirche geltenden Luthertums« geführt zu haben, räumte er ein, mit dem Versuch gescheitert zu sein, »das große, gute Anliegen der ursprünglichen DC-Bewegung« mit der Treue zum Bekenntnis zu verbinden. Er wolle von nun an alle Anstrengungen unternehmen, um jegliche Gruppenpolitik in der Kirche zu beenden. »Wir brauchen die Kirche«, so schließt er sein Schreiben, »die wieder Kirche ist, die sich über die Gruppen erhebt und in großer gemeinsamer Verantwortung aller Aufbauwilligen sich endlich bereit findet, in der Treue zum lutherischen Bekenntnis und in Treue zum Volk und Staat ihren Dienst zu tun.«[11]

Von der Bindung an die Deutschen Christen und damit auch von vielen taktischen Rücksichten befreit, versuchte der Bischof nun, seiner Kirche nach der Periode der Krisen neues Selbstbewußtsein zu geben. Seine freundschaftlichen Kontakte zu den Repräsentanten der strenggläubigen Kapellengemeinden wurden intensiviert, auch mit früheren Gegnern aus dem Lager der Bekennenden Kirche kam er theologisch bald auf einen Nenner. Seine geistliche Autorität wurde nicht zuletzt dadurch gestärkt, daß er bereitwillig auf Anregungen vieler Amtsbrüder einging und frühere

Fehler und politische Irrtümer freimütig eingestand. Er nahm sich – besonders während des Krieges – der Nöte und Sorgen vieler Pastoren an und half dem Nachwuchs durch Zuspruch und Rat. Seine Bereitschaft, auf Menschen zuzugehen, im Gespräch mit ihnen eigene Positionen zu überdenken oder gar zu revidieren, wuchs, als er infolge fortschreitender Krankheit nicht mehr predigen und bald auch das Haus nicht mehr verlassen konnte.

Schon Mitte der 30er Jahre wurde dem Bischof langsam bewußt, daß seine Vorstellungen von einer Volkskirche im nationalsozialistischen Deutschland mit noch so großer Willens- und Überzeugungskraft nicht durchzusetzen waren. Die Gegenkräfte erwiesen sich als zu stark, und sie fanden immer wieder die Unterstützung der Parteiführung. In einer Predigt am 27. Januar 1935 mit dem programmatischen Titel »Christus muß Christus bleiben« grenzte er sich aus aktuellem Anlaß entschieden von den sogenannten Deutschgläubigen ab. Zugleich aber warnte er vor einer noch gefährlicheren Glaubensrichtung, die Christus zum Helden und Kämpfer machen und somit die christliche Botschaft verfälschen wolle. Die Anfrage eines Gottesdienstbesuchers, wer hinter dieser Richtung stehe, beantwortete er freimütig. Er habe sich – so schrieb ihm Tügel – damit gegen den nationalsozialistischen Reichsleiter Rosenberg und die von ihm propagierten Vorstellungen gestellt, dessen Namen aber bewußt nicht genannt, weil er »nicht allein und nicht an erster Stelle für diese Haltung haftet«, in der Tügel »eine Art Zeitströmung« sah.[12] Er war überzeugt, wie er in einem Brief schrieb, daß hinter diesen Erscheinungen eine »große Geistesmacht« stehe, die die »Massen« bestimme und der Kirche entfremde.[13] Namen und Person Hitlers mochte er allerdings nicht mit diesem Prozeß in Verbindung bringen, für ihn war es vor allem – seinen alten Vorstellungen gemäß – ein neuerliches »Hinübergleiten in den alten Liberalismus«, für das er nun auch die Reichskirchenregierung unter Müller mitverantwortlich machte, die mit ihrem Kurs mehr Schaden als Nutzen gestiftet habe.[14] Damit trug der ehedem so überzeugte Nationalsozialist Tügel seine Hoffnung zu Grabe, »in lebendiger Fühlung mit dem, was das Volk des Dritten Reiches bewege, die Massen dem evangelischen Glauben zuzuführen...«.[15]

Auf die Ausgangssituation zurückgeworfen, begann er nun verstärkt wieder um die Seelen der einzelnen zu ringen, ihr Gewissen zu schärfen, den Suchenden zu helfen, damit sie sich nicht ganz »an das Zeitliche« verlören. Bewußt rief er gerade in Zeiten nationaler Euphorie, wie nach der Rückkehr des Saarlandes in das Reich oder nach dem Beginn der Wiederaufrüstung, die ja von Millionen als Tilgung der »Schmach von Versailles« empfunden und entsprechend bejubelt wurden, zur Besinnung und Einkehr auf. So schrieb er beispielsweise zum Karfreitag 1935: »Es ist nicht Heldentum, sondern Protzentum, an den tiefen Geheimnissen des Lebens vorüberzutänzeln. Auch im neuen Frühling unseres Volkslebens brauchen wir den Gang nach Golgatha, nicht nur der Einzelne, sondern auch ein ganzes Volk, denn auch ein Volk lebt von dem, was für alle geschehen ist, und für alle geschah der Tod des Einen am Kreuz. Ohne die Kraft der Erlösung muß auch ein Volkstum schließlich zerfallen. Gerade das deutsche Volk sollte um das tiefste Geheimnis seines Lebens wissen. Das Kreuz Christi ist auch hier die Lösung im Zeichen der Erlösung.« [16]

In dieser Weise hat der Hamburger Landesbischof bis zum Ende des Krieges gegen den Zeitgeist gekämpft, zunächst in Predigten, dann in Zeitschriftenartikeln, Rundbriefen und in vielen persönlichen Schreiben. Was in seiner Macht stand, wollte er tun, um die Getreuen zu stärken, den Zweifelnden und Suchenden Gottvertrauen zu geben und ihnen Mut zuzusprechen. Da er der einzige hohe Amtsträger der Deutschen Christen war, der seinen Irrtum offen eingestanden hatte und durch sein Tun wiedergutzumachen versuchte, gab er auch außerhalb Hamburgs Anstöße zur Umkehr. Einem Schweinfurter Dekan, der ihm Zustimmung signalisierte, schrieb er 1936: »Ich schäme mich nicht, zu bekennen, daß man weiser geworden ist, wenn man vom Rathaus kommt, als ehe man dort hinging, und ich möchte mir wünschen, daß mit mir auch recht viele andere Verantwortliche in der Deutschen Evangelischen Kirche den Mut zu einem offenen Bekenntnis in dieser Richtung beweisen würden.« [17] Nach dem Scheitern seiner kirchenpolitischen Pläne war seine ganze Arbeit darauf gerichtet, sich »mit der Gemeinde unter das Wort Gottes [zu] stellen und zugleich die Not der Zeit mit [zu] tragen«.[18]

So weit sich auch der Bischof während seiner Amtszeit von seinen volkskirchlichen Vorstellungen löste, die ihn in die NSDAP geführt hatten, seinen politischen Anschauungen und Überzeugungen blieb er treu. Das stete Ringen um den Bestand der Kirche, die Bemühungen um die Überwindung der innerkirchlichen Spannungen, die permanenten Auseinandersetzungen mit den religionsfeindlichen Bestrebungen der Partei, der Kampf um den Religionsunterricht und den Erhalt der kirchlichen Presse und schließlich die Erfüllung seiner seelsorgerischen Pflichten beanspruchten alle seine Kräfte. So ist es verständlich, daß er seine politischen Vorstellungen nicht überprüfte und fortentwickelte. Lange – zu lange – verharrte er auf den Positionen, die ihn zum Eintritt in die NSDAP bewogen hatten.

Wie viele andere Deutsche hatte auch Franz Tügel in den Nationalsozialismus alles das hineininterpretiert, was ihm politisch erstrebenswert erschien, wie er sich Staat und Gesellschaft erhoffte. Es war die Idee vom starken Staat, der, geachtet in der Völkerfamilie, zum Wohle des Volkes seine Interessen vertreten sollte. Geprägt hatte ihn ganz nachhaltig das Erlebnis des August 1914. Damals schien ihm die Volksgemeinschaft verwirklicht zu sein, und für die Wiederherstellung dieser Gemeinschaft hatte er sich nach 1918 eingesetzt und schließlich in den Reihen der Nationalsozialisten gestritten. Sie schien ihm, von Hitler neu geschaffen, ein so wertvolles Gut zu sein, daß sie unter keinen Umständen gefährdet werden durfte. Tügel klammerte sich eher fester an seine politischen Ideale, nachdem er seine kirchenpolitischen verloren hatte. Dieser lutherische Bischof lebte in zwei Reichen. Im März 1938 schrieb er einem Ratsuchenden: »Bleiben Sie der Sache des Führers treu, und bleiben Sie der Sache der Kirche treu!... Beides [die Treue zur Kirche und zur Sache des Führers] muß zu vereinigen sein, sonst ist das deutsche Volk verloren.«[19] In diesen und anderen Zeugnissen wird die Anstrengung sichtbar, wenigstens die politische Vorstellungswelt vor dem Zusammenbruch zu bewahren.

Als sich im September 1938, auf dem Höhepunkt der Sudetenkrise, ein Vertreter des schweizerischen evangelischen Hilfswerks an die hamburgische Landeskirche mit der Bitte wandte, zugunsten des im Konzentrationslager erkrankten Martin Niemöller vorstellig zu werden, lehnte Tügel jede Unterstützung ab. »Das Evangelium, wie wir Männer der Kirche Martin Luthers es verstehen«, so belehrte er den Schweizer Amtsbruder, «fordert von uns, der Obrigkeit untertan zu sein. Es fordert aber auch, daß wir Geistliches und Weltliches nicht unheilvoll vermischen...« Gerade das aber hatte nach seiner Meinung Niemöller getan, und dafür verurteilte er ihn. Statt dessen bedauerte Tügel in seiner Antwort, «daß sich die Welt außerhalb meines deutschen Vaterlandes nicht viel mehr [als über Niemöllers Haft] ...über die namenlosen Leiden und Qualen unserer sudetendeutschen Brüder [aufregt], die einem wahnsinnigen Regiment eines hirnverbrannten politischen Abenteurers ausgeliefert sind.«[20]

Wenn wir diese und andere Äußerungen bis in die Kriegszeit hinein angemessen beurteilen wollen, müssen wir uns immer wieder an die starke nationalstaatliche Prägung des deutschen Protestantismus erinnern. Der gläubige Lutheraner war stets auch ein treuer, zur Unterordnung bereiter Staatsbürger, und da er Staat und Volkstum als feste Größen in der göttlichen Schöpfungsordnung ansah, schien es ihm unmöglich, den Staatsorganen im politischen Bereich Widerstand entgegenzusetzen. Es kostete viel Zeit und Mühe, diese alte Hypothek abzutragen. Jene bereits erwähnte, nach der Reichsgründung entstandene Verbindung aus Nationalismus und Protestantismus hielt noch immer und verbaute der Mehrheit des Kirchenvolkes den Weg zu neuen Erkenntnissen.

Das dauerhafteste Bindemittel war dabei nach dem klugen Urteil Friedrich Meineckes der Antisemitismus. Ich spreche hier bewußt von Antisemitismus, weil die theologischen Aussagen, mit denen sich die Christen seit Jahrhunderten von den Juden abgegrenzt hatten, seit dem Ende des 19. Jahrhunderts zunehmend mit politischen Argumentationen angereichert oder gar von ihnen überlagert wurden. Das ist nur wenigen bewußt geworden, und kaum ein Theologe hat darüber reflektiert. Kirchlicher Antijudaismus und politischer Antisemitismus haben zu jener Bewußtseinstrübung geführt, die so schlimme Folgen für die Juden hatte. Die meisten Christen sahen im November 1938 ziemlich teilnahmslos die Synagogen brennen. Für sie waren diese keine Gotteshäuser.

Als im Januar 1939 im »Schwarzen Korps«, in der Zeitung der SS, die Hannoversche Landeskirche infam angegriffen wurde, weil sie dem ehemaligen Superintendenten Leo nach wie vor Pension zahlte, obwohl ihn die Staatspolizei während des Novemberpogroms verhaftet und als »Juden« in ein Konzentrationslager verschleppt hatte, verteidigte Tügel seine Kirche und den Amtsbruder auf Anfrage nur sehr halbherzig. Es gab kein Wort des Bedauerns für den evangelischen Geistlichen in der Gewalt der SS, im Gegenteil: Tügel schloß seinen Brief mit dem Bekenntnis: »Ich stehe persönlich auf einem scharfen antisemitischen Standpunkt. Ich habe diesen Standpunkt seit mindestens dreißig Jahren vertreten, also längst, ehe er sich in unserem Volk durchgesetzt hatte.« Aber nicht auf seine Einstellung komme es an. Entscheidend sei in diesem Zusammenhang allein die Tatsache, »daß gerade die evangelische Kirche immer die Vorkämpfer gegen das Judentum im deutschen Volke in ihren Reihen gehabt« habe.[21]

Diese judenfeindliche Auffassung vertrat Tügel, der in der Vorstellung vom Streben der Juden nach Einfluß und Vorherrschaft in Staat und Gesellschaft lebte und ihnen eine antichristliche Haltung unterstellte, unbeirrt bis zum Ende des Kriegs. Im März 1940, als die Diskriminierung der Juden schon bedrohliche Formen angenommen hatte, als die ersten Deportationen aus Wien und Stettin bereits erfolgt waren und Pfarrer Grüber sich verzweifelt um die Rettung der Christen jüdischer Herkunft bemühte, beharrte Tügel unbewegt auf seiner Position: »Wenn der Staat unseres Führers heute die Juden ausschließt, so segnen wir ihn dafür, aber wir lassen niemals die Rede aufkommen, als ob die Kirche, jedenfalls die Kirche Luthers, irgend etwas anderes von sich aus für richtig gehalten hätte.«[22] Mit dieser Einstellung befand sich der Hamburger Bischof nicht nur in Übereinstimmung mit der Mehrheit seiner Geistlichen, sondern auch mit einem großen Teil der Bekenntnispfarrer. Wie immer gab es auch für Tügel die Ausnahme, die die Regel bestätigte. Seinem Schulfreund Bernhard Bothmann, der wegen seiner Ehe mit einer jüdischen Frau aus dem Pfarramt in Wandsbek entlassen worden war, hielt er bis zum Schluß die Treue, und darin schloß er auch dessen Ehefrau mit ein.

Nach Beginn des Krieges gegen die Sowjetunion, als die Kirche immer stärker bedrängt wurde, als ständig neue Nachrichten über Gewalttaten eintrafen und die Deportation der Juden in die Vernichtungslager begann, schwand Tügels Vertrauen in das Regime langsam, wurde er zusehends von Zweifeln geplagt. Er hat dann – entschlossener wohl als andere – mit sich gerungen und nach neuen Positionen gesucht. Aber ein solcher Ablösungsprozeß brauchte Zeit, besonders wenn, wie in seinem Fall, die Verstrickung in den Zeitgeist stark gewesen war. Diese Zeit blieb dem kranken Mann nicht mehr. Er gelangte zwar zur Einsicht in den verbrecherischen Charakter des Regimes, fand aber für sich keine Erklärung dafür, wie es sich hatte etablieren und eine so erschreckende Effizienz erlangen können. Der Bischof war enttäuscht, er fühlte sich betrogen, glaubte aber nach wie vor, selbst richtig gedacht und gehandelt zu haben. »Nicht wir haben uns geändert«, schrieb er in einem Brief an einen schlesischen Pfarrer, »sondern andere haben sich geändert.«[23]

Da Franz Tügel mit soviel Idealismus, Opferbereitschaft und gutem Willen gearbeitet und gestrebt hatte, vermochte er nicht zu begreifen, daß er einer schlechten Sache gedient, das Unheil ungewollt gefördert hatte. Er dachte dabei nicht nur an sich, sondern auch an so viele treue Gläubige, die gleich ihm und nach seinem Beispiel gestrebt und gehandelt hatten. Kritische Überlegungen, die ihm der hochbetagte Ludwig Schneller im September 1944 in einem Brief nahezubringen versuchte, fielen auf keinen fruchtbaren Boden. Der ehemalige Leiter des syrischen Waisenhauses in Jerusalem schrieb mit deutlichem Bezug auch auf das Verhalten Tügels, den er gleichwohl sehr schätzte: »Den Ton bei dieser Abwendung von Gott haben einzelne Männer angegeben. Aber die Schuld unseres Volkes besteht darin, daß es mit Begeisterung mitgemacht hat, wenigstens in seiner überwältigenden Mehrheit. Die 2000, die ihre Knie nicht vor Baal gebeugt haben, wurden zum Stillschweigen gezwungen. Kann Gott diesem Volk, ehemals Volk der Reformation, den Segen des Sieges geben? Würde es dadurch nicht nur noch schlimmer werden?«[24]

Soweit sich erkennen läßt, hat Tügel in den allerletzten Jahren seiner Amtszeit seine Mitverantwortung für das Geschehen am Beginn des Dritten Reiches langsam geahnt und sich mit diesem Schatten auch auseinandergesetzt. Deshalb wahrscheinlich wehrte er ab, als ihm 1944 aus Anlaß seines 10jährigen Bischofsjubiläums Glückwünsche zugingen. Er wollte den Tag in Stille begehen, und in einem Brief an einen Vertrauten sprach er davon, daß ihn wohl »eine spätere Zukunft zu den tragischen Gestalten rechnen« würde.[25]

Wie seine eigene Gewissenserforschung auch ausgefallen sein mag, nach dem Ende des Unrechtsregimes stellte er sich als Seelsorger in gewohnt entschlossener Art vor seine Gemeinde und wies alle Schuldvorwürfe zurück. Als ein Hamburger Kaufmann, der selbst kurze Zeit in das Geschehen verstrickt gewesen war, den Vorschlag machte, den 1. September – den Jahrestag des Kriegsausbruchs – zum allgemeinen Bußtag auszurufen, reagierte Tügel – zu dieser Zeit noch im Amt – ablehnend. Seiner Meinung nach bestand für die Kirche keinerlei Anlaß zur Buße. »Wir würden damit zugeben«, erklärte er, »das deutsche Volk sei allein schuld an dem unseligsten und grausigsten aller Kriege. Das aber ist vor Gott und der Geschichte eine Lüge.« Seiner Meinung nach lag die Verantwortung primär bei den Siegermächten des Ersten Weltkrieges, die Deutschland einen unerträglichen Frieden diktiert hatten. Nach wie vor ganz in den Denkmodellen der Vergangenheit befangen, wiederholte er die vom nationalen Bürgertum und von den Nationalsozialisten immer wieder propagierte These: »Vor der Geschichte läßt sich schon heute sagen, daß die Hauptschuldigen an diesem Kriege... die Sieger von 1918 und 1945 sind. Niemals aber das deutsche Volk.« Am Ende sicherte er seine Ausführungen auch noch unter Einsatz seiner Amtsautorität ab: »Vor Gott liegen die Dinge nicht anders. Würden wir als Kirche das Urteil der Weltgeschichte übersehen und in dem berechtigten Streben, unsere Schuld zu bekennen, die Schuld an diesem Kriege unserem Volk allein zuschieben, so wären wir vor dem Höchsten Gauner und Komödianten. Niemals könnte ich mich dazu hergeben, die Männer, die in Deutschland diesen Krieg gewollt haben – und so schätze ich Hitler und seine Trabanten ein –, mit dem deutschen Volke gleichzusetzen.«[26]

Immerhin ist bemerkenswert, daß Tügel trotz seines vehementen Widerspruchs dem Streben nach Schuldanerkennung nicht die Berechtigung abspricht und auch eine Mitverantwortung der Deutschen am Kriege nicht völlig leugnet. In seiner Argumentation findet sich jedoch kein Hinweis auf die Taten des Regimes in Deutschland, an der Bevölkerung selbst: Kein Wort über die Zerstörung der Rechtsordnung, die geistige Verführung und moralische Verwüstung, die Gewalttaten und Tötungen und den millionenfachen Mord an den Juden. Unter dem Schock der Niederlage, angesichts einer dunkel verhangenen Zukunft, kam nur der Krieg und sein furchtbares Ende, also das nationale Unglück, ins Blickfeld. Diese verengte Sicht teilte der Bischof in der unmittelbaren Nachkriegszeit mit der Mehrheit des Volkes. An den Reaktionen auf die Stuttgarter Erklärung der Evangelischen Kirche in Deutschland vom Oktober 1945 läßt sich zudem ablesen, daß auch die Mehrheit derer, die nach dem Krieg in der Kirche Verantwortung trugen, nicht sehr viel anders dachte. Der Weg zur Einkehr war für alle weit und beschwerlich.

Der Schriftsteller und gläubige Lutheraner Jochen Klepper schrieb am

4. Oktober 1938 in einer Stunde schwerer Bedrängnis und wachsender Sorge um seine jüdische Frau in sein Tagebuch: »Was an den Juden geschieht, ist eine schwere, schwere Glaubensprüfung – für die Christen.«[27] Das war für ihn und seine christlichen Freunde jüdischer Herkunft eine verständliche Einsicht, weil sie sich aus der Gemeinschaft der Gläubigen weitgehend ausgeschlossen sahen. Die meisten evangelischen Christen empfanden jedoch damals wie auch später keinen Anlaß, ihren Glauben und ihr Gewissen einer Prüfung zu unterziehen – weder im Blick auf ihr Verhalten gegenüber den Juden noch hinsichtlich ihres Versagens als verantwortliche Staatsbürger. Warum sollte eine solche Prüfung auch erforderlich sein, hatten sie sich doch – wie die älteren Generationen – im Besitz des rechten Glaubens gefühlt und dafür teilweise sogar Nachteile hingenommen oder Verfolgung erlitten.

Im Bewußtsein ihrer untadeligen Motive und Ziele war es ihnen kaum möglich, zu der Erkenntnis vorzudringen, daß sie durch ihr Eingebundensein in fragwürdige theologische und geistige Traditionen die Errichtung eines Unrechtsregimes erleichtert und sein Tun begünstigt hatten. Im Gegensatz zu den Vätern, deren Lebensleistung unbestritten war, obgleich sie in den gleichen Vorstellungen und Irrtümern befangen gewesen waren, wurden sie in eine Zeit hineingestellt, mit deren Herausforderungen sie mit den tradierten Glaubensinhalten nicht fertig wurden. Sie waren wehrlos, als das Regime Hitlers ihre Tugenden und Schwächen mißbrauchte und in den Dienst seiner verbrecherischen Ziele stellte. Diesen Zusammenhang zu erkennen, kostet Mühe. In dem Ringen um Erkenntnis, das ja noch immer im vollen Gange ist, werden wir am besten vorankommen, wenn wir uns jeder vordergründigen und leicht eingängigen Anklage oder Verteidigung enthalten und uns statt dessen allein der schweren Aufgabe der Glaubens- und Gewissensprüfung verpflichtet fühlen.

Evangelische Kirche und politische Neuorientierung in Deutschland 1945

Mit dem gleichen unerbittlichen Fanatismus, mit dem Hitler den Staat erobert und seinen Zielen dienstbar gemacht hatte, zerstörte er ihn auch, als seine Politik gescheitert war. Auf den totalen Krieg folgte im Mai 1945 die totale Niederlage. Mit dem politischen System war auch die staatliche Bürokratie zusammengebrochen, hatten sich alle zentralen Institutionen und Organisationen aufgelöst. Lediglich die Kirchen, die sich der Eingliederung in die nationalsozialistische Herrschaftsordnung widersetzt hatten, überstanden den Untergang des Dritten Reiches mit einer relativ intakten Organisation.[1] Ihnen fielen damit in der unmittelbaren Nachkriegszeit besondere Aufgaben zu. Repräsentanten der Kirchen stellten die ersten Kontakte zum Ausland her, ermöglichten den Austausch über Provinz- und Zonengrenzen hinweg, vor allem aber standen die Geistlichen der Bevölkerung in ihren Nöten und Bedrängnissen bei.

Daß die evangelische Kirche 1945 als eigenständige Kraft »auf der politischen Bühne« erschien und dort stark beachtet wurde, war eine Folge des Kirchenkampfes und kennzeichnet den Wandel, der sich als Folge der nationalsozialistischen Herausforderung vollzogen hatte. Die Verfassung der unterschiedlich und eigenständig geprägten lutherischen, reformierten und unierten Landeskirchen zu Beginn des Jahres 1933 ist hier nicht zu beschreiben. Die evangelischen Christen begegneten einander, bedingt durch jahrhundertelange provinzielle Abgeschiedenheit und partikularistische Tradition, mit Mißtrauen und Vorbehalten. So waren die Voraussetzungen für ein gemeinsames Vorgehen zunächst sehr schlecht. Ein weiterer Grund für den geringen gesellschaftlichen Einfluß lag in der Tatsache begründet, daß die evangelische Kirche eine Behördenkirche war, deren leitende Gremien – hoffnungslos überaltert – kaum einen Rückhalt in den Gemeinden besaßen. Endlich unterband die enge Verflechtung zwischen kirchlichen Amtsträgern und gesellschaftlicher Oberschicht eine wirklich lebensvolle kirchliche Arbeit, insbesondere bei der Gewinnung und Aktivierung der sozial schwachen Bevölkerungsgruppen.

Was im theologischen und kirchlich-organisatorischen Bereich an Gemeinsamkeit fehlte, war im politischen weitgehend vorhanden. Die Mitglieder der Kirchenleitungen, die Superintendenten und Pröpste, Pastoren und aktiven Gemeindemitglieder huldigten fast ausnahmslos einem antidemokratischen Konservatismus deutschnationaler oder völkischer Prägung.[2] Diese starke Verstrickung in die nationale Ideenwelt des deutschen Bürgertums verleitete zahlreiche evangelische Theologen zu der absurden Gleichsetzung von »nationalen Interessen« mit »protestantischem Geist«. Damit gerieten die evangelischen Kirchen in einen immer schärferen Gegensatz zu jener Volksmehrheit, die völkischen Radikalismus und antidemokratischen Nationalismus verurteilten, was wiederum die immer engere Anlehnung der evangelischen Christen an die Parteien der Rechten zur Folge hatte. So begrüßten sie ohne große Skrupel den Nationalsozialismus, versprach er doch die Beseitigung der Klassengegensätze, eine »nationale Wiedergeburt« und damit wirksamen Schutz vor demokratischem Sozialismus, revolutionärem Marxismus und antichristlichem »Materialismus«.

Als Hitler, durch den Eifer und die Förderung seiner Partei seitens der deutschen Protestanten ermutigt, die Eingliederung der evangelischen Kirchen in sein Herrschaftssystem versuchte, stieß er jedoch auf unerwarteten Widerstand. Im Zentrum der Opposition standen Karl Barth und ein kleiner Kreis junger Theologen, die bereits nach dem Ende des Ersten Weltkrieges den Kampf gegen die »Vorherrschaft säkularer Ideologien und gegen alle schriftwidrige Pseudoprophetie« aufgenommen hatten.[3] Sie fanden Unterstützung bei Pastoren und Laien, denen an erster Stelle die Methoden der Nationalsozialisten widerwärtig waren. Ihnen schloß sich eine Gruppe alter Konservativer an, die einem patriarchalisch-ständischen Leitbild verpflichtet war und die Hitlerpartei haßte, weil sie Gruppeninteressen und gesellschaftliche Vorrechte mißachtete.

Die Tatsache, daß gerade in der evangelischen Kirche, deren Widerstandskraft recht gering eingeschätzt worden war, kleine und entschlossene Gruppen mit wachsendem Erfolg den nationalsozialistischen Gleichschaltungs- und Verfolgungsmaßnahmen trotzten, als alle anderen Institutionen und Organisationen vor Hitler kapitulierten, erregte im In- und Ausland Aufsehen.[4] Die Bekennende Kirche wurde in der Folgezeit zum Sammelbecken aller Opponenten aus dem bürgerlichen und nationalen Lager. Wer nach dem Verbot der Deutschnationalen Volkspartei, der Gleichschaltung des Stahlhelms und aller »vaterländischen Verbände« noch seinen Vorbehalt gegen die NSDAP artikulieren wollte, suchte Anschluß an die Bekennende Kirche. Sie fand besonders starken Rückhalt bei überzeugten Monarchisten[5], dem Gros des mittel- und ostdeutschen Adels, besonders bei den Patronatsherren[6], bei pensionierten und aktiven Offizieren[7], namhaften Gelehrten, hohen Staatsbeamten und einflußreichen Vertretern der Wirtschaft.[8] Die meisten trieb zweifellos echte Gewissensnot zur Auflehnung gegen die nationalsozialistische Kirchenpolitik. Aber es erwies sich gleichwohl als folgenschwer, daß sich in der Bekennenden Kirche die national-konservativen, ja sogar die gemäß ihrem Selbstverständnis »reaktionären« Personen und Gruppen sammelten[9], dort ein merkliches Übergewicht erhielten und sich somit eine Basis zur Sicherung ihres Einflusses schufen.[10]

Als die Nationalsozialisten erkannten, daß sich »auf dem Boden der Kirchen« ein großer Teil ihrer »weltanschaulichen Gegner« zusammenfand[11], verschärften sie ihre Kampf- und Verfolgungsmaßnahmen. Sie wollten mit der evangelischen Kirche zugleich »eine der stärksten Säulen einer überholten deutschen Gesellschaft« zerstören.[12] Von wenigen Ausnahmen abgesehen, ist dies aber weder den Geistlichen noch den Laien in der Bekennenden Kirche bewußt geworden. Sie sahen im Nationalsozialismus allenthalben eine »durch und durch undeutsche und unchristliche Gewaltherrschaft«[13], die alle Werte nationalstaatlicher Tradition pervertierte, den Idealismus des Volkes mißbrauchte und eine im Prinzip begrüßenswerte staatliche Machtpolitik durch rüde Methoden diskreditierte. Vielfach widersetzten sich Mitglieder der Bekennenden Kirche überhaupt nur der Kirchen- und Kulturpolitik des Regimes, während sie der Außenpolitik und anderen Maßnahmen Beifall zollten. So schwankten sie nicht selten zwischen Zustimmung und Ablehnung hin und her. Der bürgerlich-konservativen Herkunft der Mitglieder der Bekenntnisgemeinschaft entsprechend wurden etwa die antisemitischen Maßnahmen bis hin zur planmäßigen Vernichtung der Juden weitgehend toleriert. Nur gelegentlich erhob sich Widerspruch.[14] In den »Schicksalsfragen der Nation«, besonders während des Krieges, wurde die Regierung Hitlers in aller Regel loyal unterstützt[15], zumal den strengen Lutheranern eine konsequente Auflehnung gegen die »Obrigkeit« ohnehin sehr schwerfiel. Trotz aller Schwankungen und Halbheiten ist es der Bekennenden Kirche gleichwohl gelungen, die Gemeindearbeit zu aktivieren und ein Zusammengehörigkeitsgefühl bekenntnistreuer Christen wachzurufen. Auf diese Weise wurde der Einfluß der Amtskirche vorübergehend zurückgedrängt, die spezifische Sonderart der einzelnen Landeskirchen eingeschränkt und ein »enormer Schritt zur kirchlichen Einung« getan.[16]

Außerhalb der Kirche stehende Volksschichten konnten allerdings kaum angesprochen oder gewonnen werden. Der Grund dafür lag in der gesellschaftlichen Exklusivität der Leitungsgremien wie der engagierten Gemeindemitglieder der BK und daraus resultierend in deren ablehnender Einstellung gegenüber allen sozialen und emanzipatorischen Bestrebungen der Zeit.[17] Die Leitungsgremien erkannten nur selten, daß einfache Gemeindemitglieder, besonders auf dem Lande und in den Kleinstädten, sich deshalb nicht in die Bekenntnisfront einreihten, weil ihnen die Kirche vornehmlich »in der Figur des Pastors und des gutsherrlichen Kirchenpatrons« begegnete, diese aber mit »jedem Fortschritt feindlichen Repräsentanten im Bunde« zu sein schienen.[18] So verschlossen sie sich auch der Einsicht, daß der Erfolg der deutschen Christen zu Beginn der nationalsozialistischen Ära nicht zuletzt deshalb so groß war, weil mündig gewordene Christen gegen eine veraltete und verhärtete kirchliche Ordnung und eine unzeitgemäße Verkündigung protestierten.

Da die leitenden Gremien der Bekennenden Kirche vornehmlich damit beschäftigt waren, nationalsozialistische Übergriffe und Drangsalierungen abzuwehren oder zu mildern, fanden sie kaum Zeit zur Überprüfung überkommener Positionen und gesellschaftlicher Leitbilder. Dabei wurde in den Bruderräten der »zerstörten« Kirchen zweifellos die fruchtbarste Arbeit geleistet, obwohl hier oft die Möglichkeiten zur Verwirklichung neuer Denkansätze gering waren. Die Leitungen der »intakten« lutherischen Kirchen beschränkten sich hingegen darauf, zu taktieren und jeden Konflikt zu vermeiden. Damit ließ sich zwar der Totalitätsanspruch der Nationalsozialisten nicht abwehren, aber doch annähernd der Besitzstand sichern. Eine grundlegende Erneuerung der Kirche von der Gemeinde her blieb jedoch der Zukunft vorbehalten.[19] Die entscheidende Frage war, wie einflußreich die durch Karl Barth geprägte und im Kirchenkampf profilierte Theologengeneration war und welchen Rückhalt die Bruderräte in der Bevölkerung gefunden hatten. Würde nach dem Untergang des Dritten Reiches, da der äußere Zwang gewichen war, eine fundamentale Erneuerung gelingen?

Die äußeren Voraussetzungen dafür waren relativ gut. Die evangelische Kirche genoß – ebenso wie die katholische – bei den Besatzungsmächten in den drei westlichen Besatzungszonen großes Vertrauen. Die kirchliche Arbeit wurde keinen Beschränkungen unterworfen. Selbst bei der Ämterbesetzung in den Kirchenleitungen und bei der Berufung in die Synoden besaß die Kirche das Recht, nach freiem Ermessen zu entscheiden. Zudem konsultierten die alliierten Dienststellen die kirchlichen Repräsentanten immer wieder hinsichtlich der Neuordnung im politischen und gesellschaftlichen Bereich. Vor allem aber wandte sich die Bevölkerung infolge des Fehlens politischer Gremien und zentraler Verwaltungsinstanzen in Fragen von allgemeiner Bedeutung ratsuchend an die Geistlichen. Der evangelischen Kirche fiel gerade damit vorübergehend eine Aufgabe zu, die sie aus eigener Kraft nie erlangt hätte[20], die aber auch ganz besonders verantwortungsvoll war.

Zur Bewältigung der andrängenden Aufgaben begann sogleich die Wiederherstellung einer funktionsfähigen Verwaltung. In den »intakten« Landeskirchen war das kein Problem, denn dort wurden die sogenannten bewährten Männer – von wenigen Ausnahmen abgesehen – in den Konsistorien oder Kirchenämtern belassen. In allen anderen Fällen zogen die Vertreter der BK in die Konsistorien ein, wobei wiederum die Konservativen die Mehrheit stellten. Die Errichtung funktionsfähiger Ämter erforderte alle Kraft und Aufmerksamkeit. Der Frage nach der Verantwortung für die Zukunft ließ sich leicht mit dem Hinweis auf die Erfordernisse der Stunde ausweichen. Wie aber mit altem Personal und alten Organisationsformen die in den Bruderräten während des Kirchenkampfes so dringlich geforderten Reformen eingeleitet werden sollten, wußte niemand zu sagen.[21] So wurden schon die ersten Möglichkeiten vertan, die wirklich realen Chancen, die der totale Zusammenbruch des politischen und sozialen Gefüges in Deutschland bot, für eine generelle Neuordnung zu nutzen. Erhaltung und Ausbau des Überlieferten galt weithin als erstes Erfordernis.[22] Für die ältere Generation in den kirchenleitenden Positionen gab es eine »heile kirchliche Welt« überhaupt nur, wenn die Kirchenbehörden reibungslos funktionierten.[23] Nach dem Ende des nationalsozialistischen Systems war der Wunsch nach »normalen Verhältnissen« übermächtig. Überall wurde – bewußt oder unbewußt – an die Formen angeknüpft, die bis 1933 bestanden und sich – angeblich – bewährt hatten.[24]

Damit waren aber auch schon die Weichen hinsichtlich der Auseinandersetzung mit dem Nationalsozialismus und der eigenen Vergangenheit gestellt. Sobald Organisationsformen und Amtsträger aus der Vergangenheit beibehalten wurden, konnte unmöglich der Geist, in dem die Behörden geführt wurden, total verworfen werden. Dabei war nicht wenigen Pastoren und Synodalen der Bekennenden Kirche bewußt, daß eine kritische Auseinandersetzung mit der kirchlichen Tradition durchaus geboten war. Sie wußten um die Faktoren, die zum Aufstieg des Nationalsozialismus geführt hatten, und auch um die eigene Verantwortung dafür. Die erste Synode der Bekennenden Kirche von Berlin, die vom 29. bis 31. Juli 1945 stattfand, hat in einem Wort an die Pfarrer und Gemeinden nachdrücklich darauf hingewiesen. »Wir müßten«, so heißt es in diesem Schreiben, »weit zurückgehen in der Geschichte des deutschen Geistes, um darzutun, warum wir uns so leicht haben verführen lassen. Eine Fehlentwicklung von langer Hand her hat uns dahin gebracht, daß wir in der Stunde der Versuchung versagt haben.«[25]

Dieses Eingeständnis bot gute Vorbedingungen für weitergehende Analysen, die zur Überwindung fragwürdiger Traditionen führen konnten. Die meisten Bischöfe, Kirchenräte und Pastoren unterließen es aber, eben diese geschichtliche Fehlentwicklung eindeutig zu präzisieren, die eigene Verantwortung zu bestimmen und Konsequenzen daraus zu ziehen. Sie wären dabei auf ihre eigene völkische oder deutschnationale Vergangenheit und ihre Mitwirkung an der Diffamierung und Zerstörung der Weimarer Republik gestoßen.[26] Dazu waren sie aber ebensowenig bereit wie alle jene Volkskreise, die sich in einer ähnlichen Lage befanden. War es denn nötig, Irrtümer so hoch zu veranschlagen angesichts der Verbrechen des nationalsozialistischen Systems? Wog das eigene Versagen nicht gering, wenn man das Gewissen durch Schandtaten unbelastet wußte und ehrlich bekennen konnte, sie niemals gewollt zu haben? So konzentrierte sich die Vergangenheitsbewältigung wesentlich darauf, das nationalsozialistische Schuldkonto aufzurechnen, die Frage aber zu unterdrücken, wie Hitler in einem Volk, »das zu 90% aus getauften Christen bestand«, hatte an die Macht gelangen, »zwölf Jahre regieren und sechs Jahre Krieg führen können«.[27]

Der Weg zur Selbsterkenntnis war nicht zuletzt deshalb so schwer zu beschreiten, weil sich die evangelischen Christen seit dem Ende des Ersten Weltkrieges im Verband der ideologischen Gegner des Bolschewismus besonders stark engagiert hatten. Durch den Sieg der Sowjetunion sahen sie sich nun unmittelbar mit einer Besatzungsmacht konfrontiert, für deren Niederringung sie jahrzehntelang gebetet und schließlich zu einem großen Teil auch den Nationalsozialismus toleriert oder unterstützt hatten.[28] Aus Furcht vor den Kommunisten übernahmen die meisten Bischöfe und Pastoren nun wieder sehr bereitwillig die Rolle als Hüter »der nationalen Interessen« des deutschen Volkes.[29] Der württembergische Landesbischof Wurm, der sich in dieser Hinsicht schon vor 1933 exponiert hatte, trat auch nun wieder in den Vordergrund. Bereits in seinem ersten Vortrag nach dem Zusammenbruch des Hitlerreiches, Ende Mai 1945 in Tübingen, sprach er sich gegen eine zu entschiedene Abkehr von der Vergangenheit aus. Dabei lag ihm gerade im Hinblick auf eine Eindämmung möglicher kommunistischer Aktivitäten eine behusame Behandlung der ehemaligen Nationalsozialisten am Herzen. Jedes generalisierende Verfahren bei der Entnazifizierung sei vom Übel und daher zu verwerfen. »Pg. ist nicht gleich Pg., und selbst SS ist nicht gleich SS«, so erklärte er.[30] Er sprach damit aus, was andere Deutsche damals nur dachten. Sie wähnten sich, auch als Angehörige der NSDAP und ihrer Gliederungen, in ein unergründliches »Schicksal« verwickelt, persönlich aber in keiner Weise belastet. Die Bereitschaft zur Einsicht war nur mangelhaft entwickelt.[31] Die evangelische Kirche hatte gerade hier eine gesamtgesellschaftliche Aufgabe wahrzunehmen und dafür zu sorgen, daß nicht die individuelle Verantwortung für die Errichtung und Funktionsfähigkeit eines inhumanen Herrschaftssystems mit dem Mantel der Nächstenliebe zugedeckt wurde. Das schloß eine gerechte und differenzierte Beurteilung der Verantwortung des einzelnen in keiner Weise aus.

Die ersten Erklärungen oder Stellungnahmen einzelner Bischöfe oder kirchlicher Amtsträger zu diesem Problem waren zumeist private Meinungsäußerungen und besaßen keinerlei Verbindlichkeit hinsichtlich der Gesamtkirche. Es war nun die entscheidende Frage, auf welchen Kurs sich die gesamtkirchlichen Leitungsgremien festlegen, in welchem Geist sie ihr Amt führen würden. Vom Zusammentritt der ersten gesamtdeutschen Kirchenkonferenz waren also wesentliche Entscheidungen zu erwarten. Sobald die technischen Voraussetzungen dafür geschaffen waren, lud Landesbischof Wurm als ältester amtierender Bischof und Leiter des »Kirchlichen Einigungswerkes« alle evangelischen »Kirchenführer« sowie die maßgeblichen Persönlichkeiten der Bruderräte zu einer Konferenz nach Treysa ein. Sie fand vom 27. bis 31. August 1945 statt und führte zur Errichtung der »Evangelischen Kirche in Deutschland« sowie zur Annahme einer vorläufigen Ordnung. Als oberstes Leitungsgremium der EKD beriefen die etwa 100 Delegierten einen aus zwölf Mitgliedern bestehenden »Rat«.[32]

Um den Einfluß derjenigen Theologen und Laien, die dem Nationalsozialismus kompromißlos widerstanden hatten, in den gesamtkirchlichen Gremien voll zur Geltung zu bringen, konstituierte sich kurz vor der Konferenz von Treysa der Reichsbruderrat in Frankfurt. An seine Spitze trat wieder Martin Niemöller, der sofort entscheidenden Einfluß auf die Festlegung der Grundsätze nahm, die beim künftigen Kurs der EKD unbedingt verwirklicht werden sollten.

Es kennzeichnet die Grundhaltung zahlreicher in Treysa versammelter Theologen, daß der aus langer Konzentrationslagerhaft befreite Niemöller kühl, mitunter sogar ablehnend empfangen wurde. Sein festes Auftreten empfanden viele – da es sie an Versäumnisse und eigenes Fehlverhalten erinnerte – als beunruhigend.[33] Als »Mangel an Takt« bezeichnete es zudem eine Gruppe, daß der Reichsbruderrat zur Beratung in Frankfurt und zur Teilnahme an der Konferenz in Treysa Karl Barth geladen hatte und daß der bedeutende Theologe, dem die evangelische Kirche so viel zu danken hatte, dieser Einladung mit größter Selbstverständlichkeit gefolgt war. Barths Erscheinen forderte viele der Versammelten zur Gewissensprüfung heraus, der sie gern hatten entgehen wollen. Sie bezeichneten es als »unangebracht«, daß ein Mann, »der in den entscheidenden Jahren an der äußeren und inneren Not unseres Volkes keinen persönlichen Anteil gehabt hatte, nun als erbetener oder unerbetener Lehrmeister auftreten sollte«.[34]

Klarer konnte die ungebrochene völkische oder deutschnationale Grundposition einiger in Treysa anwesender »Kirchenführer« kaum zum Ausdruck gebracht werden. Barth, der entschiedene Gegner des Nationalsozialismus, galt noch immer – wie 1932 – als Ausländer, der deutscher Art und Mentalität verständnislos gegenüberstehe.[35] Die obrigkeitsgläubigen Lutheraner, die den ihnen von der NSDAP aufgezwungenen Kampf ohnehin immer nur widerwillig und halben Herzens geführt hatten, waren der Herausforderung nun ganz und gar überdrüssig. Sie wollten nicht mehr an die Vergangenheit, an das, was sie getan oder unterlassen hatten, in neuen intensiven Auseinandersetzungen erinnert werden. Sie bestimmte ausschließlich »die Sehnsucht nach Ruhe, nach Rückkehr gewohnter Verhältnisse«.[36]

Der Vorsitzende der Treysaer Konferenz, Bischof Wurm, mußte bei dieser Sachlage bestrebt sein, einen mittleren Kurs zu steuern, um das Ziel eines festen und dauerhaften Zusammenschlusses aller Landeskirchen nicht zu gefährden. Er beschwor folglich die große Not, in der sich das deutsche Volk nach der Niederlage befand, die nur durch vereinte Anstrengungen zu mildern und zu überwinden sei. Er bezeichnete es als dringendes Erfordernis, »gemeinsam den Grund [zu] legen für eine Neuordnung unter Verwertung aller Erfahrungen der Kampfjahre«. Auf eine Präzisierung seiner Neuordnungsvorstellungen verzichtete er allerdings. Der allgemeinen Absage an den Gedanken einer Restauration ließ er jedoch unverzüglich die Warnung vor zu weitgehenden Neuerungen folgen. Seiner Auffassung nach bargen alle Pläne für generelle Veränderungen revolutionäre Absichten in sich. Das Beispiel des Nationalsozialismus habe ja gerade erwiesen, »daß mit der Losung der Kompromißlosigkeit und der revolutionären Geschichtslosigkeit die schwersten Probleme« der Zeit in keiner Weise zu meistern seien. Es gelte deshalb, jedem zu weit gehenden Erneuerungswillen gegenüber festzubleiben. Nach Wurms Auffassung hätten gerade die Christen allen Grund, sich vor »Experimenten zu hüten«.[37]

Der 76jährige württembergische Bischof, der nach der Konstituierung der »Evangelischen Kirche in Deutschland« und der Verabschiedung ihrer vorläufigen Ordnung zum ersten Ratsvorsitzenden gewählt wurde, artikulierte auch hier wieder die Mehrheitswünsche. Er gab mit seiner Warnung vor allen Experimenten einer ganzen Generation das Stichwort und die entscheidende Orientierungshilfe. Es konnte nicht ausbleiben, daß hinfort »weite Kreise« des Volkes »mit wirklichem Vertrauen auf die evangelische Kirche« schauten.[38]

Es war nur zu verständlich, daß sich die Bevölkerung in Notzeiten nach Ruhe und Stetigkeit sehnte. In den Kirchenleitungen mußte aber dennoch die Frage erörtert und geprüft werden, ob die Kirche diesem Wunsch nachgeben, ob sie sich grundsätzlich auf die Seite der konservativen Ordnungspartei stellen sollte. Konnte ein grundsätzlicher Verzicht auf Experimente, selbst wenn er für den Augenblick großen Gewinn versprach, für die Zukunft nicht neue schwere Krisen heraufbeschwören? Auch bei einem entschlossenen Reformwillen mußte damit gerechnet werden, daß sich in den Gliedkirchen der EKD Kräfte regten, die sich der Restauration verschrieben, gerade um das seitens der Bevölkerung in sie gesetzte Vertrauen zu rechtfertigen.[39]

Allen restaurativen Bestrebungen wollten die in Treysa anwesenden Vertreter des Reichsbruderrates energisch begegnen. Schon von Frankfurt aus hatten sich Martin Niemöller und seine Freunde in einem Schreiben an die Pfarrer gewandt, in dem sie darlegten, welche Vorstellungen sie von einem Wiederaufbau in Deutschland hatten. »Moralische Maßstäbe reichen nicht aus«, so hieß es in dem Brief, »um die Größe der Schuld, die unser Volk auf sich geladen hat, zu ermessen... In diesem Abgrund unserer Schuld ist Leib und Seele unseres Volkes vom Tode bedroht. Wir bekennen unsere Schuld und beugen uns unter der Last ihrer Folgen.«[40] Diese Erkenntnis erfordere Einkehr und Umkehr: Lösung der engen Verquickung der Kirche mit der Staatsgewalt, Beseitigung der Bürokratisierung des kirchlichen Lebens. Die Kirche sollte von unten, von den Menschen und Gemeinden her neu aufgebaut werden. In den politischen Sprachgebrauch übersetzt, hieß das Demokratisierung des kirchlichen Lebens. Der verantwortungsbewußte, mündige Christ sollte sich seiner Fähigkeiten und Kräfte bewußt werden und – ohne Anforderung seitens der Obrigkeit – Aufgaben übernehmen und mitbestimmen.[41]

Die Vorstellungen des Bruderrates präzisierte Martin Niemöller dann in Treysa in seiner Stellungnahme zu dem Grundsatzreferat Bischof Wurms. Er warnte vor Halbheiten und Kompromissen. Eine Einigkeit über »Führung und Weg« der evangelischen Kirche werde sich nur auf »dem Boden einer gemeinsamen Einstellung und Haltung« erzielen lassen. Diese lasse sich aber in Treysa noch nicht erkennen. Es helfe überhaupt nicht, über die Not der Zeit zu klagen, die nicht eine Folge der Niederlage, nicht einmal eine solche nationalsozialistischer Gewalttaten und Verbrechen, sondern ein Ergebnis des Fehlverhaltens der Kirche sei. Die Mitglieder der Bekennenden Kirche hätten ja frühzeitig erkannt, welche Entwicklung sich anbahnte, daß der »Weg ins Verderben führte«, es gleichwohl aber unterlassen, sich mit aller Kraft und mutiger Entschlossenheit dagegen aufzulehnen.[42] Unter diesen Umständen könne die Kirche nicht mehr das »traditionell Übliche« tun, um den »Bestand zu wahren«. Der Bestand der einzelnen, unter den gegenwärtigen Umständen vielfach anachronistischen Landeskirchen sei völlig unerheblich geworden. Vielmehr gelte es, sich für neue Formen und Aufgaben bereitzuhalten.

Weiterhin müsse sich die Kirche von allen Persönlichkeiten trennen, die dem Nationalsozialismus Zugeständnisse gemacht hätten. Alle »Kirchenführer«, die sich jemals »so über den Nationalsozialismus und seine Weltanschauung ausgesprochen haben, daß der kleine Mann dadurch das gute christliche Gewissen bekam, sich der Partei anzuschließen«, müßten den kirchlichen Dienst verlassen.[43] Versuche die Kirche, Männer zu halten, die kompromittiert seien, verliere sie ihre Glaubwürdigkeit in der Bevölkerung. Überzeugen könne einzig und allein die Entschlossenheit, in allen Bereichen »von Grund auf ein Neues« zu bauen. Dazu gehöre auch die Verwerfung einer bedingungslosen Gehorsamspflicht des Christen gegenüber dem Staat und die Besinnung auf die öffentliche Verantwortung der Kirche.

Die Mehrheit der in Treysa Versammelten ließ sich von der Notwendigkeit einer Reform an Haupt und Gliedern nicht überzeugen. Es bestand keine Bereitschaft, von der traditionellen landeskirchlichen Ordnung abzuweichen oder gar das System der Behördenkirchen aufzugeben. Über die Forderung schließlich, leitende Persönlichkeiten wegen ihrer Zugeständnisse an den Nationalsozialismus zur Rechenschaft zu ziehen und aus den Ämtern zu entfernen, weil sie größere Einsicht und Verantwortung besessen und ihre Handlungen mithin verhängnisvollere Folgen gezeitigt hatten, gingen nahezu alle Kirchenleitungen zur Tagesordnung über.

Über eine Tatsache freilich konnte sich in Treysa niemand hinwegsetzen. Niemöller war »in der Welt ein Sinnbild des deutschen Widerstandes gegen das Naziregime geworden«, er war deshalb unentbehrlich, um die evangelische Kirche im Ausland zu »repräsentieren«, wo man »allem, was deutsch war, noch in bitterer Feindseligkeit gegenüberstand«.[44] Sein Wort fiel zudem bei den Besatzungsmächten entscheidend ins Gewicht, zumal seine Vorstellungen von einer Neuordnung in wesentlichen Bereichen dem entsprachen, was ihnen vorschwebte. So wählte die Versammlung in Treysa Niemöller zum stellvertretenden Ratsvorsitzenden und Leiter des kirchlichen Außenamtes. Er sollte die evangelische Kirche gegenüber den Militärregierungen abschirmen, im Ausland um Vertrauen werben, damit um so unangefochtener unter seinem Schirm im Innern die Restauration erfolgen konnte.

Die Konferenz von Treysa hatte mit dem Zusammenschluß aller Landeskirchen und der Annahme einer vorläufigen Ordnung der Evangelischen Kirche in Deutschland die Unsicherheit und Ratlosigkeit der unmittelbaren Übergangsperiode beendet. Die Kirche »lebte« wieder, entwickelte starke Aktivitäten, und durch den Zusammenschluß gewann sie stärkeren Einfluß und damit auch wieder Selbstvertrauen. Den Kirchenführern war seither bewußt, daß zwar »etwas Neues geschaffen« werden, das Neue aber »irgendwie das Alte sein« sollte.[45] In den Landeskirchenämtern kam es kaum noch zu generellen Umbesetzungen. Folglich bestand auch keine Handhabe und logischerweise auch kein Grund, engagierte deutsche Christen und Mitglieder der NSDAP aus den Pfarrämtern zu entfernen. Sofern sich der einzelne Geistliche nicht gerade illoyal gegenüber bekenntnistreuen Amtsbrüdern verhalten hatte, wurden seine Irrtümer und Verfehlungen nachsichtig beurteilt. In der hamburgischen Landeskirche versetzte die nach dem Rücktritt des deutschchristlichen Bischofs gebildete einstweilige Kirchenleitung lediglich drei Geistliche in den Ruhestand. Sie ließ es sich sogar angelegen sein, bei der Militärregierung zugunsten der Geistlichen, die der NSDAP angehört hatten, zu intervenieren. Bischof Schöffel lag daran, die »zum Teil tüchtigen Geistlichen, die einst nur aus falschem Idealismus, meistens aus dem Wunsch, den Bolschewismus zu bekämpfen«, Nationalsozialisten geworden waren, nach Möglichkeit zu schützen.[46]

Ähnlich gestalteten sich die Verhältnisse in den neugebildeten Synoden. Sie gingen in der Übergangsperiode nicht aus Wahlen hervor, sondern wurden aus den Resten der alten Synoden und den noch vorhandenen Kirchenvorständen gebildet. Dabei ergab sich zumeist eine bemerkenswerte Kontinuität. Maßgeblich waren dort Männer vertreten, die schon vor 1933 kirchlich aktiv gewesen waren, wobei wiederum nationale Verbandsführer und deutschnationale Politiker ein starkes Kontingent bildeten.[47] Auch einige ehemalige Nationalsozialisten befanden sich unter ihnen.

Nachdem die Kirche einmal damit begonnen hatte, ehemalige Nationalsozialisten zu rechtfertigen und »zu schützen«, strömten ihr sehr viele Menschen zu, die eben diesen Schutz und Rückhalt suchten. Neben der aktuellen Hilfe bei der Entnazifizierung benötigten sie vor allem einen Ort der Geborgenheit, an dem sie die Beruhigung der politischen Verhältnisse abwarten konnten.

Diese Entwicklung ist seitens der kirchlichen Stellen oft falsch gedeutet worden. Man konstatierte Einkehr und Reue auch dort, wo es sich nur um geschickte Tarnung und krassen Opportunismus handelte. So irrten alle diejenigen, die die Auffassung vertraten, eine »religiöse Welle« habe Deutschland erfaßt und diese werde zu einer »Erneuerung des religiösen

Bewußtseins« führen, wie man sie »seit den großen religiösen Bewegungen des 16. und 17. Jahrhunderts nicht mehr gesehen hat«.[48] Wie bereits 1933 war auch jetzt wieder das Schlagwort von der »Stunde der Kirche« in vieler Munde, obwohl gerade die Erinnerung an den großen Irrtum des Jahres 1933 zur Zurückhaltung hätte mahnen müssen, aus einem verdoppelten oder verdreifachten Kirchenbesuch und einer auffälligen »Wiedereintrittsbewegung« zu optimistische Schlüsse zu ziehen. Zahlreiche Angehörige der gesellschaftlichen Führungsgruppen aus Staat und Wehrmacht, Wirtschaft und Wissenschaft lehnten sich an die Kirche an, um auf diesem Wege einen möglichst reibungslosen Übergang vom Dritten Reich in das folgende politische System zu finden. In vielen Fällen wurde die Kirche überhaupt nur als Sprungbrett in neue Ämter und Führungspositionen benutzt.[49]

Nun ist es sicherlich Amtspflicht jedes Geistlichen, allen Notleidenden und Bedrängten beizustehen. Es verdient aber festgehalten zu werden, daß eben dieser Beistand allen denen kaum gewährt wurde, die nach 1933 verfolgt und entrechtet wurden oder die nun als Überlebende einer zwölfjährigen Verfolgung wieder eine menschenwürdige Existenz aufbauen und sich in die Gesellschaft eingliedern wollten. Es war also vornehmlich die Übereinstimmung im politisch-ideologischen Bereich, die Geistlichen und kirchlichen Amtsinhabern nahelegte, ehemalige Beamte und Offiziere und die vielen Nationalsozialisten in einflußreichen Positionen zu entlasten.[50] Dabei war es den einzelnen Geistlichen nur in Ausnahmefällen möglich, die politische Wirksamkeit und das Maß der Verantwortung eines Belasteten zuverlässig zu beurteilen. Selbst diejenigen Beamten, die während der nationalsozialistischen Zeit den Gottesdienst besucht hatten, konnten doch in ihrem Amt das System voll unterstützt und Verbrechen begangen haben. Die evangelische Kirche hat zweifellos durch ihre übermäßige Hilfsbereitschaft bei der Entnazifizierung und der Rehabilitierung von Personen und ganzen Berufszweigen der Restauration starken Vorschub geleistet.[51] Anstatt über die eigene Schuld und Verantwortung nachzudenken, sie zu bekennen und neue Wege zu suchen, konzentrierten sich die meisten ihrer Glieder darauf, andere zu entlasten.

Der stark angestiegene Gottesdienstbesuch, die Wiedereintrittsbewegung waren – das ist nur wenigen Geistlichen bewußt geworden – an erster Stelle eine Folge der ideellen und materiellen Hilfsbereitschaft der Kirche, nicht der Glaubenskraft ihrer Anhänger und Repräsentanten. Da man sich aber größtenteils dieser Einsicht verschloß, wurde als Erfolg des Glaubens verbucht, was allein Erscheinung der Krisenkonjunktur war. Dabei schien ja gerade dieser »Erfolg« alle diejenigen zu widerlegen, die der evangelischen Kirche nur eine Zukunft voraussagten, wenn sie sich von Grund auf erneuerte.[52] Eben diese reformwilligen Kräfte aus den Bruderräten wurden durch diese Entwicklung so stark in die Defensive gedrängt, daß sie sich auch zahlenmäßig kaum noch durchsetzen konnten.

Wieweit sich bereits im Laufe des Jahres 1945 die Gewichte innerhalb der evangelischen Kirche zugunsten der konservativen Gruppierungen verschoben hatten, wurde bei der Reaktion auf die Stuttgarter Erklärung des Rats der EKD sichtbar. Da die in Treysa versammelten Repräsentanten der evangelischen Kirche angesichts der Fülle anstehender Organisationsfragen keine Zeit mehr gefunden hatten, sich mit einer grundlegenden Erklärung an die Öffentlichkeit zu wenden, sollte das anläßlich der ersten Sitzung des Rats in Stuttgart nachgeholt werden. Gleichwohl stand dieses Problem aber von der Tagesordnung her gesehen keineswegs im Mittelpunkt der Beratungen. Die Notwendigkeit zu einer derartigen grundsätzlichen Stellungnahme ergab sich erst aus der Tatsache, daß in Stuttgart eine Abordnung der Ökumene erschien, um mit der Evangelischen Kirche in Deutschland wieder Kontakte aufzunehmen. Die psychologischen Voraussetzungen für eine erneute Zusammenarbeit waren aber in dieser Zeit nur zu schaffen, wenn der Rat der EKD ein offenes Wort an die evangelischen Christen in der Welt richtete.

Diese Erklärung wurde nach gründlicher Beratung am 19. Oktober 1945 von allen anwesenden Ratsmitgliedern abgegeben und veröffentlicht. Die zentrale und später am meisten umstrittene Passage dieses Stuttgarter Bekenntnisses lautete: »Der Rat der Evangelischen Kirche in Deutschland begrüßt bei seiner Sitzung am 18. und 19. Oktober 1945 in Stuttgart Vertreter des Ökumenischen Rates der Kirchen. Wir sind für diesen Besuch um so dankbarer, als wir uns mit unserem Volk nicht nur in einer großen Gemeinschaft der Leiden wissen, sondern auch in einer Solidarität der Schuld. Mit großem Schmerz sagen wir: Durch uns ist unendliches Leid über viele Völker und Länder gebracht worden. Was wir unseren Gemeinden oft bezeugt haben, das sprechen wir jetzt im Namen der ganzen Kirche aus: Wohl haben wir lange Jahre hindurch im Namen Jesu Christi gegen den Geist gekämpft, der im nationalsozialistischen Gewaltregiment seinen furchtbaren Ausdruck gefunden hat; aber wir klagen uns an, daß wir nicht mutiger bekannt, nicht treuer gebetet, nicht fröhlicher geglaubt und nicht brennender geliebt haben.«[53] Die Ratsmitglieder erklärten ihre Bereitschaft zum gemeinsamen Dienst der Kirchen, um »dem Geist der Gewalt und der Vergeltung in aller Welt zu steuern«.

Diese Erklärung war das Ergebnis langjähriger Überlegungen einzelner Männer und Gruppen in der Bekennenden Kirche, ihrer Kontakte mit Vertretern des Ökumenischen Rates und mehrerer Beratungen innerhalb der Ökumene. Dabei war dahingehend Übereinstimmung erzielt worden, daß deutscherseits die Verantwortung der Kirche offen bekannt werden müsse. Im Mittelpunkt der 1942 eingeleiteten Diskussion stand dabei besonders das Eingeständnis der Mitverantwortung an der Verfolgung und Vernichtung der Juden.[54] Visser't Hooft, der Generalsekretär des Ökumenischen Rates der Kirchen, der nach Kriegsende eine lange und fruchtlose Diskussion um die Verantwortung für den Krieg mit allen seinen Verbrechen wie nach 1918 vermeiden wollte, setzte sich für eine gemeinsame Schulderklärung aller Seiten ein. Er konnte sich damit angesichts der deutschen Verbrechen und besonders des millionenfachen Judenmords aber nicht durchsetzen. Die Mehrheit der Mitglieder des ökumenischen Rates bestand darauf, daß die deutsche evangelische Kirche den ersten Schritt tun müsse. Die Standpunkte waren also klar, als in Stuttgart mit den Gesprächen begonnen wurde. Der Ratsvorsitzende der EKD, Bischof Wurm, der die Vertreter des Ökumenischen Rates begrüßte, meldete gleichwohl Vorbehalte an, indem er, wie die Mehrheit der Deutschen, das eigene harte Los beklagte, kaum aber auf das einging, was anderen Völkern durch Deutsche zugefügt worden war. Die Deutschen besäßen nur eine geringe Freiheit unter den Besatzungsmächten, sie würden, so in Not und Unfreiheit gehalten, ungeduldig werden. Schon fände das »Wort der Kirche« nicht mehr »in gleicher Weise Aufnahme« bei der Bevölkerung wie in den ersten Wochen nach Kriegsende. Es besteht mithin berechtigte Sorge, daß in dieser Not die »große Stunde der Rechristianisierung« ungenutzt verstreiche.[55] Namens des Ökumenischen Rates ging Visser't Hooft auf die Begrüßung Wurms ein und sagte die Hilfe der Ökumene zu, wenn der Rat der EKD eine entsprechende Erklärung abgeben würde. Er bat die deutschen Vertreter nachdrücklich: »Helfen Sie uns, daß wir Ihnen helfen können ...«

Obwohl sich die Mitglieder des Rates der EKD durchaus bewußt waren, daß ihre Stellungnahme Mißdeutungen ausgesetzt sein konnte, ja Hans Asmussen es sogar als gefährlich ansah, »so zu reden«, wie es dann in der Erklärung geschah, waren sich doch alle ihrer Verantwortung bewußt. Einstimmig billigten sie den Text der Erklärung, der in den entscheidenden Passagen die Handschrift Martin Niemöllers trug. Die Kirchen der Ökumene nahmen dieses befreiende Wort an, ja, das deutsche Bekenntnis löste sogar eine ebensolche Erklärung der holländischen Kirchen aus. Der Weg der Versöhnung mit den anderen Völkern konnte beschritten werden.

Das deutsche Volk und die Mehrheit der evangelischen Christen haben dagegen wenig Verständnis und Einsicht gezeigt.[56] Die Stuttgarter Erklärung wurde sofort in einer wahrscheinlich von den Besatzungsbehörden genehmigten Form unter der Überschrift »Evangelische Kirche bekennt Deutschlands Kriegsschuld« in Presse und Rundfunk veröffentlicht.[57] In dem Vorspann zum Text der Erklärung hieß es: »Zum ersten Male haben führende Männer der deutschen Kirche Deutschlands Kriegsschuld bekannt, von gemeinsamer Schuld für endlose Leiden gesprochen und von dem Mangel an mutigem Widerstand durch die Kirche gegen das Nazi-Regime.« Diese Nachricht über den Schritt des Rates der EKD löste sofort Kritik, teilweise sogar ungezügelte Empörung aus. Das deutsche Volk hatte nach der Überzeugung dieser Kritiker weder Verbrechen einzugestehen noch gar eine Schuld zu bekennen. In einem penetranten Selbstmitleid bejammerten diese Christen ausschließlich ihr eigenes Los und das ihres Volkes: die Folgen des Luftkrieges, die Vertreibung der Deutschen aus den Ostgebieten, Übergriffe und Maßnahmen seitens der Besatzungsmächte, die schlechte Versorgungslage der Bevölkerung, die Beschlagnahme und Bereitstellung von Wohnraum für Verfolgte und Überlebende aus den Konzentrationslagern und vieles andere mehr. Was vor und während des Krieges politischen Gegnern und den Menschen in den besetzten Ländern angetan worden war, schien denjenigen, die so lautstark gegen »Stuttgart« protestierten, überhaupt nicht bewußt zu sein. Da sie stets nur auf die eigene Not blickten, verdrängten sie das Bewußtsein von allen schuldhaften Handlungen, die die Ursache dieser Not waren.[58]

Charakteristisch für diese Haltung ist das Protestschreiben, das Präses Halfmann an die Kanzlei der EKD richtete. »Die Feinde haben«, so schrieb er aufgrund der ihm vorliegenden Zeitungsnotiz über die Stuttgarter Erklärung, »das aufsteigende Wort der Buße uns in den Hals zurückgestoßen. Das ist vielleicht ihre schlimmste Tat. Wenn man aber jetzt unter Deutschen von Schuld redet, dann soll man bedenken, daß unser Volk sich im Zustand des Ermordetwerdens befindet«.[59] Ähnlich reagierten viele Geistliche und kirchliche Gremien, die es – wie etwa der Deutsche Evangelische Missionsrat – grundsätzlich ablehnten, sich das Stuttgarter Bekenntnis zu eigen zu machen.

Führte die ablehnende Haltung schon bei den Geistlichen zu solchen Entgleisungen, so nahm sie bei einem Teil der konservativen Laien krankhafte Züge an. Ein »überzeugtes Mitglied« der evangelischen Kirche in Norddeutschland sah in der Stuttgarter Erklärung »ein Verbrechen am deutschen Volk und eine Sünde gegen Gott«, denn das deutsche Volk habe unter dem Nationalsozialismus selbst am meisten gelitten, mithin auch keinerlei Schuld zu bekennen. Nach altbewährtem deutschnationalem Vorbild wurden dann die Regierungen der Weimarer Republik für den Aufstieg des Nationalsozialismus verantwortlich gemacht, weil sie unfähig gewesen seien, die ihnen gestellten Aufgaben zu meistern. Es folgten dann die Attacken gegen die Regierungen des Auslandes, die der Weimarer Republik nicht geholfen und später mit Hitler paktiert hätten und somit die entscheidende Verantwortung für die Hitlerherrschaft tragen müßten. Bis »auf eine ganz kleine Schicht führender Nazis«, so behauptete dieser engagierte Protestant, seien die Deutschen unbelastet. Im Gegenteil, jetzt erweise sich erst recht, »daß das deutsche Volk Gottes auserwähltes Volk« sei, »weil es von allen Völkern der Erde so besonders unschuldig leiden« müsse.[60]

Hanns Lilje, einer der Mitunterzeichner der Stuttgarter Erklärung, fragte alle diejenigen, die nun so vehement protestierten – und ihre Zahl war sehr groß –, warum sie zum Terror der Nationalsozialisten geschwiegen hätten. Er sprach denen, die nationalsozialistische Gewalttaten widerspruchslos hingenommen hatten, das Recht ab, die Handlung der kirchlichen Leitungsgremien zu tadeln.[61] Gleichwohl waren diese Menschen mit den robusten Gewissen, die kein Wort über die Judenvernichtung, die Konzentrationslagergreuel, die Verbrechen in den von Deutschland besetzten Gebieten verloren und über die Verfolgungsmaßnahmen und Rechtsbeugungen der Nationalsozialisten in Deutschland selbst ohne ein Wort zur Tagesordnung übergingen, nicht zum Schweigen zu bringen. Sie fanden Beistand bei Pastoren, die selbst gläubig und mit gutem Gewissen für Hitler und seinen Sieg gebetet hatten.[62]

Solche weitverbreiteten Reaktionen des Unmutes über das Schuldbekenntnis veranlaßten nach und nach zahlreiche Kirchenleitungen und schließlich auch einige Mitunterzeichner, von der Erklärung abzurücken. Der Ratsvorsitzende selbst hat zwar niemals Vorbehalte gemacht, aber er war doch in der Folgezeit darum bemüht, durch sein Engagement in Fragen der Entnazifizierung den Eindruck abzumildern, den die Stuttgarter Erklärung hinterlassen hatte.[63] Der bayerische Landesbischof gab seinen Pastoren den Wortlaut der Erklärung erst nach längerer Zeit bekannt, und dazu bemühte er sich auch noch, durch seine Stellungnahme ihre Bedeutung herunterzuspielen.[64] Vor allen Dingen ließ er sich vom Kassationshof im bayerischen Staatsministerium für Sonderaufgaben bestätigen, daß die bayerische Landeskirche »eisernen Widerstand« gegen den Nationalsozialismus geleistet und somit stets in der Front der Hitlergegner gestanden habe.[65] Damit wurde der Versuch gemacht, durch eine Heroisierung des Kirchenkampfes den Stuttgarter Schritt abzuschwächen oder sogar zu annullieren. Auch Hanns Lilje hat die Erklärung durch Interpretationen eingeschränkt[66], die von vielen Lutheranern übernommen wurden.[67] Sehr weit ist auch Hans Asmussen von seiner ursprünglichen Position abgerückt, wobei er insbesondere mit der Dämonisierung der nationalsozialistischen Zeit, die er aus dem Ablauf der Geschichte weithin herauslöste, allen Förderern und Bundesgenossen des Nationalsozialismus aus bürgerlichen Kreisen ein willkommenes Alibi gab.[68]

Ein Mitglied des Rates der EKD hat die Stuttgarter Erklärung überhaupt nur widerstrebend unterschrieben und sich den Geist, aus dem heraus sie entstanden war, nie zu eigen gemacht: der Berliner Bischof Otto Dibelius. Schon am Vorabend des Stuttgarter Treffens hatte er in zwei öffentlichen Predigten seinen völkisch-nationalen Gefühlen freien Lauf gelassen, indem er das Gespenst einer Dezimierung des deutschen Volkes durch die Politik der Besatzungsmächte heraufbeschwor.[69] In seinem Entwurf der Stuttgarter Erklärung beschränkte sich dementsprechend der Bischof von Berlin darauf, den Begriff der Schuld in einem rein theologischen Sinne zu verwenden, wie er zu allen Zeiten und überall in der Welt auf jeden Christen anwendbar ist.[70] Die auf Martin Niemöllers Initiative schließlich in den Text aufgenommene Passage, mit der die Schuld konkretisiert wurde, war nicht in Dibelius' Sinn. Es sei ihm, so bekannte er später, nicht leicht geworden, das Eingeständnis einer konkreten deutschen Schuld zu unterschreiben. Er habe als einziges Ratsmitglied den »Einmarsch der Russen am eigenen Leibe erlebt«, ihm hätten die »fürchterlichen Dinge«, die er dabei »mit angesehen und mit durchgemacht« habe, noch immer »in den Knochen« gesteckt. Davon in der Erklärung »mit keinem Wort zu reden« und nur »das Schuldkonto der Deutschen« belasten zu müssen, sei ihm sehr schwergefallen.[71] Für Dibelius war die Nation nächst Gott noch immer höchster Wert. Sie in irgendeiner Weise durch einen Schuldspruch zu belasten, verstieß gegen seine Wertordnung. Deshalb wurde »Stuttgart« so interpretiert, daß es sich dabei nicht etwa um ein »Schuldbekenntnis vor der Welt«, sondern lediglich um ein »in der theologischen Einsamkeit« vor Gott abgelegtes Bekenntnis gehandelt habe.[72] Da auch dies noch nicht ausreichte, weil die Bevölkerung einer solchen differenzierten Betrachtung nicht folgen wollte, wählten auch andere führende Christen den bequemen Weg und rechneten die deutsche Schuld gegen die aller anderen kriegführenden Mächte auf.[73]

So blieb es Martin Niemöller und den entschiedenen Mitgliedern der Bruderräte, den durch Karl Barth geprägten Theologen und einigen im Kirchenkampf geformten jungen Pastoren und Laien vorbehalten, rückhaltlos im Sinne der Stuttgarter Erklärung zu wirken. Sie stellten die Überlieferungen in Frage, um Voraussetzungen für eine Neuordnung des kirchlichen und damit zugleich auch des gesellschaftlichen Lebens in Deutschland zu schaffen. Die Mehrheit der konservativen Bischöfe, Kirchenräte, Geistlichen und Laien setzte sich aber durch, sie empfanden nur Unbehagen angesichts dieses stürmischen Neuerungswillens. Dibelius tadelte rückschauend die kritische Distanz dieser Gruppen zur Tradition, deren Ursache er darin sah, daß sie von »den vaterländischen Empfindungen früherer Generationen« in der Regel nicht mehr viel gewußt hätten, weil sie in der nationalsozialistischen Zeit »im Gegensatz gegen alles aufgewachsen« seien, was »Staat, Amt und Behörde hieß«.[74] Nach den Ursachen dieser

Haltung und der Berechtigung des Strebens nach Reform an Haupt und Gliedern hat er niemals gefragt.

Die landeskirchlichen Eigenarten, die lutherischen Sonderinteressen erwiesen sich angesichts des ausgeprägten Beharrungsvermögens der evangelischen Christen als stärker und dauerhafter, als bei Kriegsende angenommen wurde.[75] Nach wie vor fanden die evangelischen Christen und namentlich die Lutheraner keinen Zugang zu den »Ideen der Demokratie und zu den immer dringlicher sich Gehör verschaffenden sozialen Problemen« der Zeit.[76] Die »Vorherrschaft« des »bürgerlich-konservativen« Geschichtsbildes im Raum der christlichen Verkündigung hatte alle Erschütterungen überstanden.[77] Die Bürde des Antimodernismus war trotz Nationalsozialismus und Weltkrieg nicht abgeworfen worden.

Mit ihrer starken Traditionsgebundenheit hat die evangelische Kirche sehr entscheidend die vielen fruchtbaren Ansätze zu einer geistigen und politischen Neuorientierung des deutschen Volkes zunichte gemacht. Da die Kirche im Jahre 1945 und weit darüber hinaus eine starke und einflußreiche Position im gesellschaftlichen Leben der drei westlichen Besatzungszonen besaß, hat sie damit sehr wesentlich die Voraussetzungen für die Restauration in der Bundesrepublik schaffen helfen. Die Reformer drangen nicht durch; die Hoffnung, dem deutschen Volk mit der Stuttgarter Erklärung »eine Hilfe für die Besinnung« zu geben und es zu veranlassen, »über seinen Weg in den vorausgegangenen zwölf Jahren« nachzudenken, hat getrogen. »So wurde«, wie es Gustav Heinemann am 1. Dezember 1950 in einem Vortrag in Bern feststellte, für die evangelischen Christen und das deutsche Volk »das in Hybris und Katastrophe, in Gericht und Gnade Erlebte aufs Ganze gesehen nicht ein Anlaß zur Umkehr und neuer Besinnung«.[78]

Die deutsche evangelische Kirche und die Politik in der Nachkriegszeit 1945–1950

Im ersten Nachkriegswinter 1945/46 informierte Pastor Werner Koch die Öffentlichkeit im evangelischen Nachrichtendienst des Londoner Rundfunks über die Lage im zerstörten und besetzten Deutschland.[1] Er wollte mit diesen Ansprachen seine deutschen Hörer – namentlich die Kriegsgefangenen, Flüchtlinge und Ausgebombten – aus der Lethargie reißen und ihnen wieder eine Zukunftsperspektive zeigen. Der Alltag der völlig überforderten und unzureichend versorgten Bevölkerung sei trostlos, so argumentierte er, Ansätze für einen Wiederaufbau und einen politischen Neubeginn seien nicht vorhanden, auf jeden Fall nicht erkennbar. In dieser geistigen und materiellen Not sei es nun aber ein Trost, daß wenigstens die Kirchen den Untergang der staatlichen Ordnung sowie aller gesellschaftlichen Organisationen und Institutionen überstanden hätten und den Menschen Hilfe und Halt geben könnten. Den evangelischen Christen, die unter den Gegensätzen in ihrer Kirche und oft auch unter den Verirrungen mancher Amtsträger und Pastoren gelitten hatten, böten sich nun endlich neue Möglichkeiten. Ihre Kirche habe sich im Verlauf des ihr von den nationalsozialistischen Machthabern aufgezwungenen Kampfes tiefgreifend verändert. Von ihr gingen nun nach dem großen Läuterungsprozeß weithin neue Impulse aus. »Aufs Ganze gesehen« werde jetzt überall im Lande »anders gelehrt, anders gepredigt, anders geschrieben und anders gehandelt... als es in der evangelischen Kirche der zwanziger und erst recht der dreißiger Jahre der Fall war«.[2]

Koch vertrat hier eine Auffassung, die, unterschiedlich nuanciert, in weiten Kreisen des deutschen Protestantismus vorherrschte. Sie war zweifellos begründet, da nach den Jahren der Benachteiligung und Verfolgung endlich wieder frei gesprochen und gepredigt werden konnte. Aber es war nicht nur das Gefühl der Erleichterung und Befreiung, das sich nach dem Wegfall des Druckes ausbreitete, sondern auch ein verhaltener Stolz, daß sich die bekenntnistreuen Christen gegen ein allmächtiges Regime behauptet hatten. Die Macht war gescheitert, der Glaube aus allen Prüfungen gestärkt hervorgegangen. Diese bemerkenswerte Zuversicht stellte sich selbst bei Geistlichen ein, die zeitweilig mit den Machthabern zusammengearbeitet und weitgehende Zugeständnisse gemacht hatten. So schrieb der Hamburger Bischof Tügel, der als Deutscher Christ in sein Amt gekommen war, am 28. Mai 1945 in seinem letzten »Kriegsbrief«: »Hat die Kirche noch etwas zu melden? Mit einem Schlage hat diese Frage ... eine unerhört klare Antwort gefunden. Tatsächlich ist die Kirche die einzige Macht, die alle gefallenen Größen überdauert und – was wichtiger ist – deren Sache in erhobener Weltüberlegenheit sich selbst zu Wort meldet«.[3]

Die Mitglieder der Bekennenden Kirche konnten zudem sehr selbstbewußt auf bemerkenswerte Taten verweisen. Innerhalb kurzer Zeit war es gelungen, die zerstörten Landeskirchen wieder aufzurichten und handlungsfähig zu machen. Darüber hinaus war Ende August 1945 in Treysa die Evangelische Kirche in Deutschland mit einem allseits akzeptierten Leitungsgremium an der Spitze etabliert worden. Die EKD klammerte damit das in vier Besatzungszonen aufgeteilte Land notdürftig zusammen. Sie betrachtete sich deshalb mit Recht als Wahrerin der nationalen Einheit und hat in der Folgezeit geduldig und konsequent für deren Erhaltung gestritten. Das haben nicht nur Christen in allen vier Besatzungszonen und später in den beiden deutschen Staaten anerkannt. Sie hielten sich an die Kirche, weil sie den Menschen trotz der Teilung helfen und übergroße Härten mildern konnte. Im Oktober 1945 stellte der Rat der EKD in Stuttgart die Verbindung mit der Ökumene wieder auf eine feste Grundlage und durchbrach damit die Isolierung, in die Hitler die Deutschen geführt hatte. Es gab mithin gute Gründe, hoffnungsvoll in die Zukunft zu schauen. Und die Kirche war Trägerin vielfacher Hoffnungen.

Nun konnte sich bei aller Genugtuung darüber, daß Kirche endlich wieder Kirche sein konnte, doch niemand mit dem Stand des Erreichten zufrieden geben. Mit der institutionellen Erneuerung waren ja doch nur die Voraussetzungen für die »notwendigen und sehr einschneidenden inneren Reformen« geschaffen. Ohne sie ließ sich auch der Öffentlichkeitsauftrag der Kirche nicht neu bestimmen, das Verhältnis zur staatlichen und gesellschaftlichen Ordnung schwerlich von Grund auf revidieren.[4] Viele glaubten an die Bewältigung eines so großen Auftrags. Sie vertrauten dabei auf die Entschlossenheit und Konsequenz der Bekenntnispfarrer, die ja nun in den Kirchenleitungen zu Einfluß gelangt waren und – wie Optimisten glaubten – in der EKD »die Führung« übernommen hatten.[5]

In der Realität war der Einfluß der Exponenten der Bekennenden Kirche in der EKD keineswegs bestimmend. Dazu kam, daß sie sich in der Abwehr der nationalsozialistischen Ideologie und namentlich der Kirchenpolitik einig gewesen waren, ihre politischen und sozialen Zukunftsvorstellungen aber weit voneinander abwichen. Das konnte auch nicht anders sein, waren sie doch durch sehr verschiedenartige Traditionen und Erfahrungen geprägt worden, und der Kirchenkampf, in dem permanent auf Maßnahmen des Staates und Herausforderungen der Partei reagiert werden mußte, hatte kaum Zeit gelassen, die allgemeinen geistigen Voraussetzungen des Handelns zu reflektieren und zu revidieren. Ein solcher bewußtseinsverändernder Prozeß brauchte Zeit. Sie hatte aber vor 1945 gefehlt und sie stand auch nun, angesichts der Fülle neuer Aufgaben und Forderungen, nicht hinreichend zur Verfügung. Eine Neubestimmung des kirchlichen Verhältnisses zum Staat und zu den gesellschaftlich relevanten Kräften konnte also nur langfristig und in steter Auseinandersetzung mit den gesellschaftlichen Realitäten erfolgen.

Der Wille zur grundlegenden Erneuerung der Kirche stieß aber auch auf das Beharrungsvermögen der Institutionen. Die Ämter und Werke erlangten ihre Leistungsfähigkeit so rasch zurück, weil sie zum großen Teil ihre erfahrenen Beamten und Leiter behalten hatten. Sie arbeiteten souverän, jedoch nach Prinzipien, über deren politische und gesellschaftliche Voraussetzungen sie selten bewußt nachgedacht hatten. Ihnen lag der reibungslose Ablauf der Arbeitsgänge oft mehr am Herzen als das Interesse der Gemeinden. Dabei überwucherte nicht selten auch ein übersteigertes Amtsverständnis die Erfordernisse geistlichen Lebens. Bei der Bewertung dieser Faktoren darf allerdings nicht übersehen werden, daß Pfarrer und Gemeinden während des Kirchenkampfes die Kirchenämter und die selbstgewählten Vertretungskörperschaften nachdrücklich zur Behauptung ihrer Positionen gegen Staat und NSDAP aufgefordert hatten. Oft erwiesen sich kirchliche Amtsstellen zudem als kompetenter und souveräner als staatliche Behörden, die namentlich im Krieg an Auszehrung gelitten hatten und von der Partei entmachtet worden waren.[6] Das hatte das Selbstvertrauen der kirchlichen Administration ebenso gestärkt wie der Kompetenzwirrwarr in der Schlußphase des Krieges im staatlichen Bereich, der nicht selten zur Lähmung der Kräfte beigetragen hatte.

Die Fülle der Aufgaben, die die Landeskirchen nach 1945 bei der Meisterung extremer Notsituationen zu lösen hatten, verstärkte das Schwergewicht der Verwaltung zwangsläufig noch einmal. So war es wohl verständlich, wenn Martin Niemöller bereits am 22. Juni 1946 in einem Brief an Hans Asmussen darüber klagte, daß die EKD »einen bürokratischen Charakter anzunehmen« drohe und auch in den Landeskirchen die Gemeinden »zugunsten eines unevangelischen Verständnisses des Amtes bzw. der Ämter« mehr und mehr »entmündigt« würden.[7] Diese Sorge war sicher nicht unberechtigt. Aber ebensowenig läßt sich das Argument des Ratsvorsitzenden der EKD, Bischof Wurm, entkräften, auch in der Kirche sei die Bürokratie »nirgends zu entbehren, wo die Einzeldinge sachlich und sorgfältig angefaßt werden sollen«.[8]

In dieser Kontroverse handelte es sich letztlich nicht um eine Ablehnung oder Verteidigung der kirchlichen Ämter und Institutionen – die Spannung zwischen der Verwaltung und einer dynamischen und lebensnahen Gemeindearbeit konnte ja auch fruchtbar sein –, sondern um den Geist, in dem sie arbeiteten. Und hier hegten Niemöller und alle, die für eine Erneuerung der Kirche stritten, den Verdacht, daß die Kirchenämter Bastionen der Reaktion und Restauration seien. Sicherlich wurden die Amtsinhaber von der Last der Arbeit erdrückt und nicht selten auch von einer Verpflichtung zur anderen »gehetzt«. Bei der Fülle der Anforderungen fehlten die Ruhe zur Einkehr und schon recht die Zeit für menschliche Zuwendung. Vor allen Dingen aber blieb nur wenig Zeit, über Versäumnisse und Unterlassungen in der Vergangenheit und neue Erfordernisse in der Gegenwart nachzudenken. So wirkten – um nur ein Beispiel zu nennen – Kirchenbeamte bei der Wiedergutmachung schweren Unrechts und der Beseitigung nationalsozialistischer Willkür mit, die vorher unter Berufung auf Gesetze und Erlasse solche Maßnahmen hingenommen oder gar mit durchgeführt hatten.

Am schwersten ließ sich der Wille, »ein Neues zu pflügen und die Erkenntnis der vergangenen zwölf Jahre mit ihren Konsequenzen ernst zu nehmen«, aber den Gemeinden vermitteln. Und dort vollzog sich ja das Leben der Kirche. Die Mehrheit der kirchentreuen Menschen sah die Notwendigkeit einer Erneuerung nicht ein und verstand auch nicht, welche Konsequenzen aus der Vergangenheit gezogen werden sollten. Sie besaßen nicht jenen Erkenntnis- und Erfahrungsstand wie Niemöller und die maßgeblichen Mitglieder der Brüderräte, der sie zu einem solchen Neuanfang befähigt hätte. Sie dachten nicht darüber nach, ob ihr Tun »restaurativen« oder »reaktionären« Tendenzen Vorschub leistete, sie waren schlichte Christen, die am Hergebrachten festhalten wollten. Das gab ihnen Sicherheit und hatte sie auch in der Zeit des Nationalsozialismus vor vielen Versuchungen bewahrt.

Die meisten Synodalen und das Gros der Kirchenvorsteher, die ihre Kirche gegen Übergriffe der NSDAP und ihrer Gliederungen verteidigt hatten, waren konservativ und Anhänger des Nationalstaates. Sie hatten mehrheitlich das Hitlerregime begrüßt, weil sie sich von ihm entweder die Wiederherstellung der nationalen Größe, auf jeden Fall aber eine Überwindung der inneren Spannungen erwartet hatten. In der Regel war damit die Hoffnung verbunden gewesen, daß auch die Kirche von einer solchen Entwicklung neuen Auftrieb erhalten könnte. Als sie ihren Irrtum erkannten, lehnten sie sich gegen ideologische Gleichschaltung und gegen Rechtlosigkeit auf. Sie versuchten – mehr oder weniger entschlossen – in ihrem Einflußbereich Terror und Willkür einzudämmen und menschliche Not zu lindern. Aber sie waren bei alledem ihrer politischen Grundüberzeugung treu geblieben. Sie räumten nicht ein, daß sie sich geirrt hatten, sondern beschuldigten die braunen Machthaber des Wortbruchs und Verrats.

Es waren konservative Traditionen und Werte, für die protestantische Beamte und Offiziere, Grundbesitzer und Unternehmer, Wissenschaftler und Künstler einstanden und die sie zur Zurückweisung nationalsozialistischer Maßnahmen veranlaßten. Sie haben damit Hitler immer wieder zur Zurückhaltung in der Kirchenpolitik gezwungen. Aus eben diesem unreflektierten konservativ-traditionalistischen Erbe heraus gewannen Bauern, Handwerker und Angestellte die Kraft, ihren Pastoren in den Auseinandersetzungen mit Parteistellen und Staatsorganen den Rücken zu stärken. Sie stritten oft sehr entschlossen für den christlichen Religionsunterricht in den Schulen, für die Erhaltung kirchlicher Einrichtungen und einen unbehinderten Gottesdienst.[9]

Im Alltag des Dritten Reiches dominierte die große Zahl der Menschen, die Parteigenossen waren, in Einzelbereichen aber doch abweichende Auffassungen vertraten. So sind auch viele gläubige Christen bis Kriegsende Mitglieder der NSDAP und ihrer Gliederungen geblieben, und viele haben dabei keinerlei Unbehagen empfunden. Das traf namentlich für die Angehörigen der jüngeren Generation zu, die in das NS-Herrschaftssystem hineingewachsen waren und es als gegeben hinnahmen. Sie hatten ehedem Staat und Kirche lebensvoller und dynamischer gestalten wollen, weil ihnen die Republik in der schweren Wirtschaftskrise zu inaktiv erschienen war und kaum Zukunftsperspektiven gelassen hatte. Diese Christen hatte die Losung von der jugendlichen Kirche, die der Generalsuperintendent der Kurmark 1930 ausgegeben hatte, beeindruckt und überzeugt. Zur Begründung seines Vorstoßes hatte Dibelius in einem Rundbrief am 30. Oktober 1930 geschrieben, die evangelische Kirche sei »im Grunde eine Kirche der Älteren, die nicht nach Kampf, sondern nach Trost, nicht nach Arbeit, sondern nach Ruhe verlange«.[10] Um dieses Erscheinungsbild zu ändern, hatte er die jungen Menschen angesprochen. Da er davon überzeugt war, daß nur »ein starker, fortreißender Wille« junge Menschen motivieren könne, hoffte er – wie viele andere Geistliche –, die Antriebskraft einer neuen politischen Partei auch für die Kirche nutzen zu können. Wenn die Kirche gegen sie Position beziehe, laufe sie Gefahr, an Einfluß zu verlieren und ins Abseits zu geraten.

Welche Motive die vielen staatstreuen, patriotischen Protestanten auch immer gehabt hatten, im Dritten Reich auf ihrem Platz zu bleiben und das zu tun, was sie für ihre Pflicht hielten, es machte ihnen nun große Mühe, das Geschehen zu begreifen und zu deuten. Sie vermochten nicht einzusehen, daß die Ideale, die sie beseelt, die Vorstellungen, die sie gehegt hatten, falsch gewesen waren, weil sie die Nationalsozialisten mißbraucht und pervertiert hatten. Wer davon überzeugt war, sein Bestes getan und anständig gehandelt zu haben, der weigerte sich, zu verdammen, was er vordem anerkannt hatte.

Die Schwierigkeit, sich nach dem Untergang des nationalsozialistischen Regimes in dem verwüsteten und besetzten Land zurechtzufinden und neu zu orientieren, galt für Christen und Nichtchristen gleicherweise. Ausländische und außenstehende Beobachter haben das viel klarer gesehen als die Deutschen selbst und namentlich die ungestüm auf Erneuerung und Umkehr drängenden Exponenten des kirchlichen und politischen Widerstandes. So schrieb Robert Weltsch, der langjährige Chefredakteur der »Zionistischen Rundschau«, der das Land sieben Jahre nach seiner Flucht wieder besuchte, am 5. Dezember 1945 in einem Brief an Martin Buber: »Deutschland ist grauenhaft vernichtet, die besten Beschreibungen (die ich ja vorher alle gelesen hatte) können das nicht wiedergeben. Das Volk findet anscheinend gar keine Orientierung, weder geistig noch politisch«.[11] Zu dieser Verwirrung und Ratlosigkeit trugen zweifellos auch Handlungen und Fehlentwicklungen der Besatzungsmächte bei, wie dies selbst Karl Barth besorgt registrierte.[12] Sie haben aber doch nur die Neigung zur geistigen Resistenz vieler Deutscher verstärkt. Um nicht den Halt zu verlieren, verschanzten sich viele Deutsche hinter den Wällen der Grundsätze und Doktrinen, hinter denen sie sich bislang sicher gefühlt hatten.

Berlins Bürgermeister Ernst Reuter trifft das Problem ganz zentral, wenn er 1946 nach der Rückkehr aus der Emigration schrieb: »Sicher ist das Volk politisch noch sehr konservativ, hat wohl immer noch nicht ganz verstanden, was eigentlich passiert ist, und kann das wohl auch bei dem ständigen Kampf um das tägliche Brot kaum ganz verstanden haben… Schlimmer ist, daß wie ein Mehltau auf dem ganzen Lande die Untätigkeit liegt, die zwangsläufig dadurch entsteht, daß die Initiative trotz aller guten Absichten gelähmt wird… Die zahlreichen moralischen Belehrungen sind auch nicht sehr zweckvoll«.[13]

Das Beharrungsvermögen, das die evangelischen Christen mit anderen Gruppen und Kräften des Volkes teilten, erhielt aber deshalb größeres Gewicht, weil viele Menschen, und nicht zuletzt die Besatzungsmächte, auf zukunftsweisende Impulse und Anstöße der Kirche hofften. Sie hatte als einzige Institution dem Totalitätsanspruch der Nationalsozialisten getrotzt und schien deshalb berufen, besondere Verantwortung bei der Schaffung einer neuen politischen Ordnung im Nachkriegsdeutschland zu übernehmen.

Es ist hier nicht der Platz, die Bedeutung des Kirchenkampfes zu erörtern. Auf eine Tatsache muß aber mit Nachdruck hingewiesen werden: Die Kirche hatte in den Jahren der Anfechtung und der massiven Bedrohung viele halbherzige Mitglieder und zahlreiche unentschiedene und profillose Diener verloren. Die Folge war, daß von den übrigen während des Zweiten Weltkrieges größere Entschiedenheit ausging und »mehr Evangelium gepredigt« wurde als während des Ersten Weltkrieges und in den Jahren danach.[14] Das förderte eine nüchterne und sachlichere Betrachtung und Beurteilung der staatlichen und gesellschaftlichen Ordnungen und Systeme.

Der Staat, einmal in den Dienst von Parteiinteressen gestellt und zum Vollstrecker einer menschenfeindlichen Ideologie gemacht, hatte viel von der Würde verloren, die ihm früher zuerkannt worden war. Da die evangelischen Christen aber nach wie vor an der Auffassung festhielten, daß der Staat nach Gottes Schöpfungsplan Zusammenleben und Wohlfahrt der Menschen auf dieser Welt zu gewährleisten habe, mußte er wieder seine alten freiheitsschaffenden und rechtsetzenden Funktionen erhalten. Voraussetzung dafür war nach der Auffassung vieler Christen, daß er vor dem Einfluß der Parteien und organisierten Gruppen bewahrt würde. Der Staat sollte mithin auch künftig über eine hinreichende Autorität verfügen, um nicht der Beeinflussung oder gar Fremdbestimmung durch organisierte Massen zu erliegen.

Noch ganz im Banne der Erfahrungen des Dritten Reiches, in dem Hitler jeden Widerstand gegen sein Regime durch das Aufgebot der ihm blind folgenden Massenpartei gebrochen und auch die Kirche immer wieder durch Massenaktionen unter Druck gesetzt hatte, zielte nun alles auf eine Bändigung dieser gefürchteten Massen ab. Sie wurden für alles Ungemach verantwortlich gemacht und als das Übel der Zeit angesehen. Deshalb mußte es, wie es Gerhard Ritter schon im August 1945 während der Konferenz der Bruderräte formulierte, zu der ersten und wichtigsten seelsorgerlichen Hilfe der Kirche für das deutsche Volk gehören, es »aus der Vermassung« herauszuführen und alle Anstrengungen zu unternehmen, um der Entstehung neuer Massenorganisationen entgegenzuwirken.[15] Während 1933 die demonstrierenden und jubelnden Anhänger Hitlers als Repräsentanten des Lebenswillens der Nation, als Garanten einer besseren Zukunft angesehen und begrüßt worden waren, traf sie nun der Schuldspruch. So hat Gerhard Ritter in seinem 1948 erschienenen Buch »Europa und die deutsche Frage« an erster Stelle das »Massenmenschentum der modernen Industriegesellschaft« für Aufstieg und Erfolg Hitlers verantwortlich gemacht. Vor allen Dingen diese »Massen« – der Begriff war bald in aller Munde und Ortega y Gassets »Aufstand der Massen« gehörte in den folgenden Jahren zu den meistgelesenen und -diskutierten Büchern – hätten mit den Freiheitsrechten der Verfassung nichts anfangen können, seien bereit gewesen, jedem Agitator zuzujubeln, »der in die Einförmigkeit ihres Lebens eine gewisse Bewegung gebracht und ihnen zudem ein besseres Auskommen versprochen« und »ihrem Selbstgefühl zu schmeicheln« verstanden habe.[16]

Diese Auffassung, der die Mehrheit der kirchlichen Amtsträger und viele Pastoren zuneigten, macht die Reserve allen demokratischen Neuordnungsvorstellungen gegenüber erklärlich. Der Staat müsse – nach dem überlieferten konservativen Leitbild – über den Parteien stehen, dürfe nicht gesellschaftlichen Gruppeninteressen ausgeliefert werden. Bischof Dibelius brachte die noch immer weitverbreitete Auffassung auf einen Nenner. Ein Staat, den »man selbst mit aufgerichtet hat«, könne »nie dieselbe Autorität haben« wie einer, den »man als gegeben vorfindet«. Da Hitler nun aber den Staat ausgehöhlt und endlich zerstört hatte, konnte ein neuer nur durch die gemeinsame Anstrengung aller Menschen geschaffen werden. Dieser, so Dibelius, werde nicht mehr »die Autorität für den Staatsbürger« darstellen, sondern dieser umgekehrt »die Autorität für seinen Staat« sein.[17] Allerdings hoffte Dibelius, der neu zu errichtende Staat werde dadurch, daß er das Gesamtleben des Volkes ordne und Gerechtigkeit gegen jedermann übe, wieder eine starke, unangefochtene Position erlangen. Der Vollzug der Gesetze und die Arbeit zum Wohle der Gemeinschaft würden den Staatsorganen dann bald wieder »eine besondere Stellung geben, einen Anflug von Autorität«, die sich sonst im gesellschaftlichen Bereich nicht entwickeln lasse. Diese Autorität, die allein der Dienst für den Staat und damit für alle Glieder des Volkes verleihe, müsse aber auch ständig »neu erwachsen, wenn das Leben der Nation nicht Schaden leiden« soll.[18]

Nun hatten die Erfahrungen der Vergangenheit aber gezeigt, welche Allmacht ein moderner Staat erlangen kann, wenn er immer mehr Bereiche des menschlichen Lebens kontrolliert und reglementiert. Er war dann in der Lage, die Bürger bis in den privaten Bereich hinein zu überwachen und zu beherrschen. Deshalb lag den Vertretern der Amtskirche daran, die Macht des Staates zu begrenzen. Dibelius formulierte, was eine Mehrheit der deutschen Protestanten mehr oder weniger bewußt dachte. »Der Staat hat immer mehr Lebensgebiete an sich gezogen«, so argumentierte er in den »Prolegomena zu einer Neugestaltung der Staatsidee« 1948, »und mit dem Geist der Macht erfüllt. Und damit ist seine eigene Macht größer und größer geworden, bis schließlich der totale Staat da war, der nun grundsätzlich die gesamte Existenz eines Volkes und jedes einzelnen Bürgers mit den Mitteln seiner Macht beherrscht und als Werkzeug seiner Macht gebraucht. Macht ist wie Meerwasser; je mehr man davon trinkt, um so durstiger wird man. Das hat sich nirgends so deutlich gezeigt wie in der Entwicklung des modernen Staates«.[19]

Die Macht und das Bemühen um deren Mehrung wurden also als Triebkraft staatlicher Politik ausgemacht. Sie zu bändigen und zu begrenzen, sah die Kirche als eine ihrer künftigen Aufgaben an. Diesem Ziel wurde höchste Priorität zugesprochen, weil jeder Macht die Dämonie innewohne und das Volk nie wieder einer solchen schutzlos ausgeliefert werden dürfe. Damit wichen nun allerdings die Protestanten – darunter auch maßgebliche Repräsentanten der Bruderräte – einer Analyse der Ursachen für die Entstehung und Entwicklung des Hitlerschen Herrschaftssystems aus. Die Frage nach der Verantwortung einzelner Menschen, sozialer Gruppen, politischer Parteien und auch der Kirche für das Geschehen wurde durch die ständige Beschwörung der dämonischen Kräfte übertönt, die das Individuum und das Volk überwältigt hätten. Gegen Menschen war Widerstand möglich, gegen Dämonen nicht.

Um nun im neuen Staat jede »Dämonie der Macht« zu bannen, sollten seine Machtbefugnisse beschnitten und alle die »Lebensgebiete« bestimmt werden, die künftig »dem Arm des Staates wieder entwunden« und frei von ihm gestaltet werden mußten. Ein solcher Prozeß, der ja einer tiefgreifenden »Neubildung der großen Lebensformen« gleichkam, ließ sich aber nur mit Hilfe von starken »Kräften des christlichen Glaubens« einleiten und durchführen. Damit war die Kirche gefordert, ihr sollte eine besonders große Aufgabe zufallen.[20] Nicht demokratische und parlamentarische Institutionen sollten den Staat und seine Organe kontrollieren, sondern eine starke und geschlossene Kirche hatte diese Funktion zu erfüllen. In völliger Unabhängigkeit vom Staat war ihr die Aufgabe zugedacht, seine Macht nicht nur zu begrenzen, sondern auch seine Arbeit »wegweisend« zu begleiten. Die kirchlichen Leitungsgremien registrierten es deshalb mit Wohlwollen, wenn Politiker wie der sozialdemokratische Hamburger Bürgermeister Max Brauer »die Kirche als das Gewissen des Staates« bezeichneten. Sie sahen darin nicht zuletzt auch eine Bestätigung, ja sogar einen Erfolg aller Anstrengungen zur Rechristianisierung des Volkes, die mit aller Kraft weitergeführt werden sollte. Diese Rechristianisierung betrachteten viele Protestanten als das dringendste Gebot der Zeit, weil sich ihrer

Meinung nach »in einer säkularisierten Welt sittliche Ordnungen nicht aufbauen« ließen.[21] Nicht zuletzt deshalb verhielten sich die evangelischen Christen der Demokratie gegenüber so reserviert und ablehnend, weil sie auch nichtgläubigen Minderheiten und Fürsprechern der Säkularisation Schutz und Entfaltungsmöglichkeiten zusicherte. Daß darin nun auch wieder eine Überhebung über Andersdenkende und Andersgläubige lag, ist in kirchlichen Kreisen wohl kaum bewußt geworden.[22]

Weil die Kirche in der Weimarer Republik von glaubenslosen Kräften in Frage gestellt, von der organisierten Freidenkerbewegung oft sogar hart attackiert worden war, die Nationalsozialisten ihrem Haß freien Lauf gelassen hatten, wurde nun den Indifferenten und Glaubenslosen die Verantwortung für alles politische Ungemach und letztlich auch für den Staat Hitlers angelastet. Die Frage nach den Versäumnissen und Fehlern der Christen kam nur selten auf. Die Erlebnisse des Kirchenkampfes, in dem sich die Christen gegen den Ungeist aufgelehnt hatten, beherrschten das Denken. Damit standen die Christen allerdings nicht allein, in den Parteien und sozialen Gruppen dominierte diese perspektivische Verzerrung ebenfalls.

Ein Konzept, wie nun eine Rechristianisierung des Volkes eingeleitet und durchgeführt werden sollte, gab es aber nicht. An erster Stelle stand der Wunsch, Einfluß auf die Erziehung der Jugend zu nehmen. Für den Gedanken, Einfluß in den Parteien und über die Parteien auszuüben, konnten sich zunächst nur wenige Protestanten erwärmen. Ihre Mehrheit wollte von Parteien überhaupt nichts wissen, weil sie noch immer unter dem Eindruck des »Parteienstreits« der Weimarer Republik stand. So fand ein engagiertes Mitglied der »Arbeitsgemeinschaft christlich-demokratischer Gruppen« in Hamburg viel Zustimmung, als er in einer Sitzung Ende August 1945 erklärte: »Noch heute werde weiten Kreisen unseres Volkes elend, wenn sie das Wort Partei hörten«.[23] Nicht wenige sträubten sich auch gegen eine Neubildung von Parteien, weil sie ihrer Auffassung nach erneut der »Vermassung« Vorschub leiste. Sie plädierten – so besonders Gerhard Ritter – für die »Bildung von politisch verantwortlichen Notabeln-Gruppen«.[24] Da sich aber schon bald die Erkenntnis durchsetzte, daß dies nicht praktikabel war und die Bevölkerung nicht wieder entmündigt werden konnte, zumal die einfachen Bürger oft instinktsicherer und verantwortungsbewußter gehandelt hatten als Angehörige der Bildungsschicht, mußten Parteien als notwendig akzeptiert werden. Dazu trug auch die Erfahrung bei, daß angesichts der allgemeinen Lage selbst die Gemeinden jede Predigt »politisch« hörten. So entschlossen sich die kirchlichen Leitungsgremien zögernd Empfehlungen zur Mitarbeit und Unterstützung der Parteien zu geben, mehrheitlich zugunsten der CDU.

Die Entscheidung zugunsten der CDU wurde vielen Protestanten dadurch erleichtert, daß mit einer Union etwas Neues entstand, in der Namensgebung der Wille zum Zusammenschluß zum Ausdruck kam und dies Zukunft zu haben schien. Damit verband sich auch die Hoffnung auf eine Eindämmung der Ideologien, die ohnehin als überlebt betrachtet wurden. Den Ausschlag für eine mehrheitliche Entscheidung zugunsten einer neuen christlichen Partei gab schließlich die Sorge, die nach 1945 eingeleiteten Gespräche und Verhandlungen zwischen Sozialdemokraten und Kommunisten könnten endlich doch noch zu einer Vereinigung der beiden Parteien und damit zu einer erdrückenden Übermacht der organisierten Arbeiterschaft in einem neuen Staat führen.

Hier war ein neuralgischer Punkt berührt. Die Vorbehalte gegen die Sozialdemokraten und die Gewerkschaften waren auch nach der zwölfjährigen nationalsozialistischen Herrschaft noch nicht überwunden. Noch immer herrschte Mißtrauen, weil es starke Kräfte in der sozialistischen Arbeiterschaft gegeben hatte, die der Kirche mit harter Kritik begegnet waren, ja sie sogar abgelehnt und bekämpft hatten. Es gab nicht wenig protestantische Theologen und Laien, die noch immer im Widerspruch zu den Realitäten glaubten, die »Linksparteien und vor allem auch die SPD« hätten durch ihr Festhalten am Klassenkampfgedanken zur Auflösung menschlicher Bindungen, zur Unterhöhlung der Gemeinschaft beigetragen und damit dem glaubensfeindlichen Nationalsozialismus den Aufstieg erleichtert.[25] Es gab aber doch schon zahlreiche Christen, die die Erfahrungen anders deuteten. Sie konstatierten, gegenüber dem NS-Regime hätten Gläubige wie Ungläubige »versagt«. In der Begründung zu dieser Stellungnahme heißt es dann: »In Christus hat nur der Glaube Geltung, der seine Wirksamkeit durch die Liebe erweist. Im Glauben ohne Liebe liegt die Schuld der Christen und ihr Beitrag zu dem allgemeinen Niedergang. Darum steht der Glaube des Christen genauso vor der Entscheidung wie der Unglaube des anderen«.[26]

Eindeutig grenzten sich die kirchlichen Amtsstellen von den Kommunisten ab. Von ihnen ging nach weithin übereinstimmender Überzeugung die Gefahr einer Entchristlichung der Kultur aus.[27] Das schien das Verhalten der im Gefolge der Roten Armee in die sowjetisch besetzte Zone zurückgekehrten Kommunisten ebenso zu bestätigen wie viele Einzelerscheinungen in Ost und West. Auch wenn die Erfahrungen, die Dibelius und zahlreiche Synodale und Pastoren im Umgang mit der sowjetischen Besatzungsmacht und deren deutschen Parteigängern gemacht hatten, in ihrem Gewicht richtig eingeschätzt werden, ist doch nicht zu übersehen, daß der antibolschewistische Kurs der Kirche – der die Ängste unter den Gläubigen noch verstärkte – die Christen im anderen Teil Deutschlands in

Bedrängnis brachte. Er beförderte zudem eine neue Polarisierung der Gesellschaft und führte zu einer Annäherung an Kräfte, die im Lager der Nationalsozialisten aktiv gewesen waren.[28]

Das Verharren in bürgerlich-nationalen Traditionen zeigte sich auch im starken Engagement zugunsten der Kriegsgefangenen, Vertriebenen und der von der Entnazifizierung betroffenen Menschen. Dabei spielte die Sorge, diese Millionen der Kirche zu erhalten oder zurückzugewinnen, eine ausschlaggebende Rolle. Noch vor Kriegsende hatten Geistliche besorgt auf die Gefahr hingewiesen, daß den Flüchtlingen mit dem Verlust der Bindung an die Heimat auch »der letzte Halt« im Väterglauben verlorenzugehen drohe.[29] So nahmen sich die Gemeinden mit großer Hilfsbereitschaft der Entwurzelten und Gedemütigten an, versorgten sie mit Kleidung und Hausrat, leisteten Beistand bei der Arbeitssuche und bei Nachforschungen über das Schicksal von Angehörigen und Verwandten. Es war eine selbstverständliche Pflicht der kirchlichen Hilfswerke, den Gefangenen, Internierten und aus der Bahn Geworfenen sowie deren Familien beizustehen.

Hilfe und Zuwendung durfte nach christlichem Verständnis gewiß auch den Nationalsozialisten nicht versagt werden, die aus ihren Ämtern und Stellungen entlassen waren und nicht selten in Sorge um die Zukunft ihrer Familien lebten. Das Verfahren, das die Besatzungsmächte anwandten, um Deutschland vom Geist des Nationalsozialismus und Militarismus zu befreien, war sicherlich nicht zweckmäßig und verursachte viele Härten. Sehr oft wurden weniger verantwortliche Mitläufer härter betroffen als maßgebliche Funktionäre. Gleichwohl konnten es Bevölkerungskreise, die unter dem Nationalsozialismus gelitten hatten, nicht verstehen, warum die Kirchenleitungen und viele Pastoren sich so engagiert für Anhänger Hitlers einsetzten, zumal sie selbst auf solches fürsorgliches Interesse nicht immer rechnen konnten. Nicht zu Unrecht wurde hier ein Bestand an nationaler Gemeinsamkeit vermutet, der Christen und Nationalsozialisten trotz kirchenpolitischer Gegensätze verband. Zur Stärkung dieses Zusammengehörigkeitsgefühls hatte besonders der Krieg beigetragen, der das Wiedererwachen nationaler Solidarität in der Bekennenden Kirche nachhaltig gefördert hatte.[30] In der Schlußphase des Krieges hatte angesichts des drohenden Untergangs ein Gefühl schicksalhafter Verbundenheit Christen und Nationalsozialisten geeint.[31]

Bei allem Verständnis für die Irrtümer und Illusionen vieler Nationalsozialisten war doch an einer Tatsache nicht zu zweifeln: Sie hatten ein Regime gestützt, dessen Unrechtscharakter im Laufe der Jahre auch ihnen bewußt geworden war. Das zeigt die im Mai 1945 weitverbreitete Furcht vor der »Rache« der Sieger. Deshalb erregte es Befremden, als Landesbischof Wurm 1947 in einem öffentlichen Brief das Entnazifizierungsverfahren einen »unblutigen Bürgerkrieg« nannte. Anschließend rechnete er die deutsche Schuld gegen die des Auslandes auf. Die ausländischen Regierungen hätten, so schrieb er, »durch ihre große Nachgiebigkeit gegen Hitler« dessen innenpolitische Autorität gestärkt und damit »wesentlich mitverschuldet, daß viele Deutsche mit einer langen Dauer des ihnen unsympathischen Systems rechnen mußten und um der Erhaltung ihrer wirtschaftlichen Existenz willen den Anschluß an die Partei suchten«.[32]

Eine solche Stellungnahme enttäuschte und empörte sogar viele Kirchenanhänger. So waren der Zulauf zur Partei Hitlers, die Begeisterung der Millionen, der Eifer bei der Ausführung vieler schlimmer Befehle und Aufträge, das Mittun oder zumindest die Passivität angesichts offenkundiger Unrechtshandlungen und der Terrorisierung Andersdenkender und Andersgläubiger nicht zu erklären. Zudem waren die ausländischen Regierungen Hitler entgegengekommen, weil die Deutschen ihn an die Macht gebracht hatten und ihm dann begeistert gefolgt waren. Wurm erleichterte damit den Nationalsozialisten und der großen Schar ihrer Mitläufer die Rechtfertigung, entband sie von der Notwendigkeit zur Einkehr und Buße.

Im Gegensatz zu diesem Eintreten für die Anhänger und Gefolgsleute des Regimes stand die weitgehende Teilnahmslosigkeit, die die Kirche den Gegnern und Opfern des Dritten Reichs gegenüber bewies. Das betraf nicht nur die Überlebenden der Konzentrationslager, die Verurteilten und körperlich Geschädigten, sondern auch diejenigen, die sich der Verfolgung durch die Emigration ins Ausland entzogen hatten und die nicht selten im Krieg von einem Zufluchtsland ins andere gehetzt worden waren. Sie erfuhren wenig Entgegenkommen, in der Regel begegneten sie vorsichtiger Distanz, nicht selten sogar Mißtrauen.[33] Offenbar ist die zentrale Aufgabe, durch Wiedergutmachung und Wiedereingliederung der Verfolgten für die Wiederherstellung des Rechts in Deutschland zu sorgen, nicht erkannt worden.[34] Gerade das war aber um so bemerkenswerter, als sich die Bekennende Kirche entschieden gegen die Zerstörung des Rechts gewandt hatte. Die größten Schwierigkeiten bereitete es Kirchenleitungen, Pastoren und Gemeinden, das Verhältnis zu den Juden zu überdenken und neu zu bestimmen. Die hier vorhandene geistige Not ist nicht auf Reformunwilligkeit zurückzuführen, sondern auf die Unfähigkeit, eine in Jahrhunderten entstandene Legierung aus theologischen Lehrmeinungen, gesellschaftlichen Vorurteilen und politischen Doktrinen als verhängnisvoll zu erkennen. Nichts zeigt deutlicher, wie tief das deutsche Volk in das Geschehen des Dritten Reichs verstrickt war. Hitler hatte mit seinem Entschluß, die Juden aus der deutschen Gesellschaft auszuschließen, vielen geheimen, aus ganz unterschiedlichen Motiven gespeisten Wünschen und

Hoffnungen des Volkes Rechnung getragen, wenn auch die Mehrheit nicht an Gewalttat und Mord dachte.

Teilnahmslosigkeit und Gleichgültigkeit dem Schicksal der Juden gegenüber, die Überzeugung von ihrer Verwerfung und Schuld bis hin zum politisch und sogar rassisch motivierten Antisemitismus waren unter evangelischen Christen bis weit in die Reihen der Bekenntnisfront hinein verbreitet.[35] Diese Positionen sind unter dem Eindruck des Geschehens von einzelnen modifiziert oder aufgegeben worden, zu einer öffentlichen Stellungnahme gegen die Aktionen des Regimes seitens einer Gruppe oder Amtsstelle ist es aber nicht gekommen. Die Maßnahmen der rechtlichen und sozialen Ausschließung der Juden aus der deutschen Lebensgemeinschaft wurden akzeptiert.[36] Noch die »Vorschläge für eine Lösung der Judenfrage in Deutschland«, die sich in der Anlage zu der am Kriegsende entstandenen bedeutenden Denkschrift des Freiburger Bonhoeffer-Kreises befinden, verraten eine große Voreingenommenheit und Verhaftung in überlieferten Traditionen.[37]

Das Ringen Bonhoeffers um neue theologische Positionen, seine und seiner Freunde Mahnungen sind während des Kirchenkampfes kaum rezipiert und damit auch nicht fruchtbar geworden.[38] So blieb es bei der Vorstellung, das Aufkommen des Ungeistes in keiner Weise mitverschuldet zu haben. Diese Überzeugung findet ihren Niederschlag in einem Satz der Denkschrift, die die vorläufige Leitung der Bekennenden Kirche im Mai 1936 an Hitler sandte. Dort hieß es: »Wenn dem Christen im Rahmen der nationalsozialistischen Weltanschauung ein Antisemitismus aufgedrängt wird, der zum Judenhaß verpflichtet, so steht für ihn dagegen das christliche Gebot der Nächstenliebe«.[39]

Es ist hier weder der Platz für den Nachweis, daß der Antisemitismus den Christen nicht aufgedrängt wurde, noch für einen solchen, wie bescheiden das Gebot der Nächstenliebe Juden gegenüber praktiziert wurde. Die in dem Satz der Denkschrift von 1936 vertretene Überzeugung kehrt auch in der Aussage der Stuttgarter Erklärung vom Oktober 1945 wieder, daß die kirchentreuen Protestanten »lange Jahre hindurch im Namen Jesu Christi« entschlossen gegen jenen »Geist« gekämpft hätten, »der im nationalsozialistischen Gewaltregime seinen furchtbaren Ausdruck gefunden« habe.[40]

Es wurde deshalb kein Anlaß gesehen, zum Verhalten der Kirche den Juden gegenüber Stellung zu nehmen. Wie dringend aber hier ein grundsätzliches und wegweisendes Wort sofort nach Kriegsende gewesen wäre, läßt sich an den zahlreichen Beispielen aus der praktischen Gemeindearbeit nachweisen. So notierte ein noch ganz in seiner Überlieferung befangener Pfarrer, der aufrechtes Mitglied der Bekennenden Kirche gewesen war, am

22. Mai 1945 nach der Lektüre eines »Bußgedichtes« von Franz Werfel im »Nachrichtenblatt der Militärregierung« in sein Tagebuch: »Gegenüber der jüdischen Journaille, bis hin zu Werfel, möchte man ein stillschweigendes Einverständnis des deutschen Volkes wecken, sie vollkommen abzulehnen, wie überhaupt die Juden«.[41]

Diese Auffassung war weit verbreitet. Sie zeugte von einem belasteten Gewissen, zumal sie zumeist mit der Befürchtung einherging, die geflüchteten und geretteten Juden könnten zurückkehren, um Rechenschaft zu fordern oder Rache zu nehmen.[42] Da seit Jahrzehnten – von Ausnahmen abgesehen – kein wirkliches Gespräch zwischen Christen und Juden stattgefunden hatte, die Protestanten auch immer nur postulierten, wie sich Juden in Deutschland zu verhalten hätten, herrschte tiefe Unsicherheit. Es fiel schwer, den Juden zu begegnen, nach dem furchtbaren Geschehen angemessene Antworten zu finden. So gab es für die Mehrheit weiterhin eine »Judenfrage«. Sie rangierte nach Auffassung des Hamburger »Lutherischen Gemeindeblattes« in der Rangfolge hinter der Aufgabe »einer völligen Neuorganisation der menschlichen Gesellschaft« sowie der Beherrschung der »Atomenergie« an dritter Stelle.[43] Diese hohe Eingruppierung zeigt, wie stark die Verantwortung für die Überlebenden der Vernichtungslager empfunden wurde, jene in Notunterkünften untergebrachten jüdischen »Displaced Persons« aus allen Staaten Europas, deren Zahl durch Flüchtlinge aus Osteuropa hoch vermehrt wurde, weil sie dort erneut verfolgt wurden.

Aus einer traditionellen theologischen Position oder aus neuer Unsicherheit heraus, beunruhigt auch durch das Wiedererstehen antisemitischer Ressentiments, schien es für die Kirche nur eine Lösung des Problems zu geben: die Mission. 1948 legte Otto von Harling im »Amtsblatt der Evangelischen Kirche in Deutschland« ein den Zeitverhältnissen angepaßtes Konzept der »Judenmission« vor.[44] Der Hamburger Pastor Weber verstärkte die Forderung und lieferte zugleich auch die Begründung für die Notwendigkeit dieses kirchlichen Auftrages. Er war der Auffassung, daß es »Gott, unserem Antisemitismus zum Spott und unserer Schuld zum Trotz, in seiner Güte gefallen hat, unser Vaterland unversehens zum Judenmissionsgebiet zu machen, wie es Deutschland wohl kaum je gewesen ist: Es gibt in unserem Vaterlande jetzt nicht nur die in unseren Städten zerstreut wohnenden erschütternd spärlichen Überreste der deutschen Judenschaft, sondern daneben eine große Zahl von geschlossen in Lagern lebenden Juden, die als Verschleppte, Flüchtlinge, Auswanderer unfreiwillig in Deutschland hängengeblieben sind...«[45] Auf sie alle sollten sich die Bemühungen der christlichen Missionare konzentrieren.

Ob sich diese Juden, die den Holocaust überlebt hatten und denen auch durch Christen schweres Leid zugefügt worden war, überhaupt missionieren lassen wollten, ist – soweit sich erkennen läßt – nicht erörtert worden. Sie spürten dazu angesichts der mangelnden Bußbereitschaft der meisten Pastoren und Gemeinden wenig Neigung, und zudem war ihnen auch das Festhalten an der christlichen Substitutionstheorie und an Restbeständen völkischen Denkens bei Amtsträgern der Kirche nicht verborgen geblieben. So hatte der oldenburgische Landesbischof Wilhelm Stählin in einer Erklärung zur »Judenfrage« im Februar 1948 unumwunden erklärt, daß »die Unterschiede der Herkunft und der völkischen Art in ihrer letzten trennenden Bedeutung« durch die Taufe zwar für die Gottesdienstgemeinschaft, nicht aber »für das öffentliche und kulturelle Leben« beseitigt würden.[46] Er gab den Juden mithin zu verstehen, daß sie auch nach der Taufe keine vollberechtigten Bürger würden.

Eine Entspannung im Verhältnis der evangelischen Christen zu den Juden begann, als der Staat Israel gegründet worden war und sich in einem langen, schweren Krieg gegen seine arabischen Nachbarn behauptet hatte. Die meisten der in Deutschland lebenden Juden verließen das Land, die Verpflichtung, sich mit ihnen und ihrer Existenz, die ja nach Auschwitz eine ständige Herausforderung darstellte, auseinanderzusetzen, wurde nicht mehr als belastend empfunden. Die Voraussetzungen für eine sachliche, emotionsfreie Erörterung einer schwer belasteten Vergangenheit waren geschaffen. Den ersten Vorstoß in dieser Richtung unternahm die EKD-Synode von Weißensee, die am 27. April 1950 eine Erklärung verabschiedete, in der es hieß: »Wir sprechen es aus, daß wir durch Unterlassen und Schweigen vor dem Gott der Barmherzigkeit mitschuldig geworden sind an dem Frevel, der durch Menschen unseres Volkes an den Juden begangen worden ist«.[47]

Diese Erklärung war nur halbherzig, denn sie ließ den aktiven Anteil der Christen am Frevel gegen die Juden außer acht. Zudem zeitigte sie in den Gemeinden auch noch keine nennenswerten Wirkungen. Dennoch leitete sie den Prozeß der Besinnung und des Wandels ein. An zahlreichen Stellen im Lande begannen Diskussionen, in denen Christen Bereitschaft zeigten, auf ihre jüdischen Gesprächspartner einzugehen. Nun erst fingen sie an zu prüfen, was Juden Christen zu sagen und zu geben hatten, unterließen sie es, Verhaltensvorschriften zu machen. Die Last der Tradition konnte behutsam abgetragen werden.

Kurz nach Kriegsende fanden sich die evangelischen Kirchen in Treysa unter einem Notdach wieder zu gemeinsamer Arbeit zusammen. Sie wollten verantwortungsbewußt an der Trümmerbeseitigung mitwirken und einen Weg in eine bessere Zukunft bahnen helfen. Dabei war die entscheidende Frage, ob auf den erhalten gebliebenen Fundamenten aufgebaut werden sollte oder – um der Zukunft willen – vorher auch diese noch zu beseitigen seien. Eine bessere Staats- und Gesellschaftsordnung für Deutschland schien nach einer weitverbreiteten Auffassung nur möglich, wenn von Grund auf erneuert wurde. Bischof Wurm wandte sich in Treysa für die Kirche gegen eine Restauration der früheren Zustände, lehnte aber ebenso entschieden den Bruch mit jeder Tradition ab[48]. Er ließ sich dabei von der Überlegung leiten, daß nach der Zerstörung geistiger und materieller Werte den Menschen nicht auch noch das genommen werden dürfe, was sie bewahrt und gerettet hatten. Das Festhalten an überlieferten Leitbildern und traditionellen Glaubensinhalten hat ohne Zweifel die Entwicklung behindert und die Kräfte der Reform gehemmt. Aber diese waren doch stark genug, um die Traditionalisten ständig herauszufordern.

Da die Kirche nach 1945 auch ihren Öffentlichkeitsauftrag ernst nahm, mußte sie sich ständig mit den Fragen der staatlichen und gesellschaftlichen Entwicklung auseinandersetzen. Und in diesem permanenten Ringen mit Fragen der deutschen Einheit, der Existenz der Christen in zwei Staaten mit unterschiedlichen Gesellschaftssystemen, der Gestaltung eines menschenwürdigen Daseins im eigenen Land vollzog sich schrittweise die Loslösung von fragwürdigen Traditionen. Endlich hat auch die Mitarbeit in der Ökumene zu mehr Weltoffenheit geführt. Die evangelischen Christen erkannten mehr und mehr, daß die Zukunft nicht in der Abgrenzung, sondern in der Öffnung zur Welt lag.

Die Bundesrepublik – ein geschichtsloses Land? Zur Vorgeschichte des Historikerstreits

Der Erlanger Historiker Michael Stürmer hat sich im April 1986 in einem Artikel darüber beklagt, daß wir »ein Land ohne Erinnerung« seien und folglich allzu leicht Irrlehren und eingängigen Ideologien zum Opfer fielen. Diesen Zustand möchte er im Interesse der nationalen Zukunft möglichst rasch beendet sehen, denn die könne in unserem »geschichtslosen Land« nur gewinnen, »wer die Erinnerung füllt, die Begriffe prägt und die Vergangenheit deutet«.[1]

Mit diesem Vorstoß, dem andere folgten, hat sich Stürmer ein Ziel gesetzt, das ein Historiker niemals erreichen kann. Er ist nicht in der Lage, die Erinnerung aller Menschen zu füllen, und schon recht nicht, ein eindeutiges Geschichtsbild zu prägen. Dieser Versuch der Sinnstiftung forderte deshalb zum Widerspruch heraus, zumal er in einem Moment erfolgte, als um die Gestaltung des Museums der deutschen Geschichte in Berlin und des Hauses der Geschichte in Bonn gerungen wurde.

Zunächst einmal ist zu bezweifeln, ob wir wirklich ein Land ohne Erinnerung sind. Es ist doch wohl eher so, daß sich die Bewohner der Bundesrepublik je nach Erfahrung und Erlebnishintergrund an einzelne Epochen und bestimmte Vorgänge in unserer Geschichte in unterschiedlicher Weise erinnern. Wer beispielsweise das Dritte Reich in der Emigration, in einer Haftanstalt oder einem Lager erlebte, der erinnert sich an diese Zeit ganz anders als jener, der erfolgreich war und Karriere machte oder unbehelligt seiner Arbeit nachgehen konnte. Dementsprechend variiert auch das Bild von unserer Geschichte, das sich der einzelne macht, auch wenn es noch so unvollkommen ist.

Zudem ist die Sicht und Interpretation unserer Geschichte unter dem Eindruck der Erfahrungen und Erlebnisse, die wir im Laufe unseres Lebens machen, einem ständigen Wandel unterworfen. Diesen Sachverhalt möchte ich angesichts der Verwirrung, die der Historikerstreit in vielen Köpfen angerichtet hat, eingehender behandeln. Dabei müssen wir von der Erkenntnis ausgehen, daß es ein objektives, zeitlos gültiges und von allen Menschen akzeptiertes Geschichtsbild niemals gegeben hat und auch nicht geben wird, so viel Pein diese Tatsache Stürmer auch immer bereitet. Das menschliche Urteil über die Vergangenheit steht unter dem Eindruck dessen, was wir täglich erfahren und erleben, niemals unwandelbar fest. Mit jeder Veränderung unserer Umwelt- und Lebensbedingungen stellen wir andere Fragen an die Vergangenheit, und auf diese anderen Fragen erhalten wir auch andere Antworten.

Es ist deshalb wichtig, daß jeder, der sich mit der Geschichte auseinandersetzt und über sie urteilt, seine Fragen und das Interesse, das ihn beim Umgang mit der Vergangenheit leitet, klar formuliert. Geschieht das nicht, sind Diskussionen darüber, ob die Taten und Verbrechen des NS-Regimes mit den Untaten anderer Regime verglichen werden können, wenig sinnvoll. Es muß in jedem Fall klargestellt werden, welchem Zweck ein solcher Vergleich dienen soll. Mir ist unverständlich, wie man öffentlich darüber streiten kann, ob der Historiker geschichtliche Ereignisse und Entwicklungen miteinander vergleichen kann. Er hat das zu allen Zeiten getan und wird dies immer wieder tun müssen, um das Besondere einer Erscheinung oder eines Vorganges klar erfassen zu können. Vergleiche bereichern unsere Erkenntnis aber nur, wenn klargelegt wird, was vergleichbar ist, wo es Abweichungen gibt und was unter keinen Umständen verglichen werden kann.

Werden die Ziele und Absichten solcher Systemvergleiche nicht klar und eindeutig festgelegt, dann entsteht der Verdacht, daß mit der so gewonnenen Erkenntnis unser Bewußtsein nicht geschärft, sondern getrübt werden soll. Gerade dieser Vorwurf wurde im Zusammenhang mit der Historikerdebatte wiederholt gemacht. Besonders Ernst Nolte hielt man entgegen – ob mit Recht, soll hier erörtert werden – er wolle bei seinem Vergleich der Verbrechen Hitlers mit denen Stalins die Deutschen durch eine Relativierung des Geschehens entlasten.

Das führt zum Kern der Überlegungen, die uns hier beschäftigen sollen. Beim Streit um die Bewertung unserer jüngsten Geschichte geht es eben nicht um eine akademische Auseinandersetzung, sondern um die Frage der

Verantwortung unseres Volkes für die Taten der Vergangenheit und damit um Probleme unseres heutigen politischen Bewußtseins. Es mag daher der Versachlichung des gegenwärtigen Streits dienen, wenn wir uns vor Augen führen, wie das Urteil über die nationalsozialistische Diktatur im Verlauf der Entwicklung seit 1945 selbst Wandlungen unterworfen war.

Als das Dritte Reich und damit auch der deutsche Staat zerstört waren und sich die Menschen neu zu orientieren versuchten, bereitete es große Mühe, das Geschehen dieser zwölf Jahre zu deuten. Wer bisher den Nationalstaat selbstverständlich als gegeben hingenommen, sich in ihm geborgen gefühlt, seine wirtschaftliche Leistungskraft sowie den von ihm ausgehenden kulturellen und wissenschaftlichen Hochstand gepriesen hatte, der konnte sich nur schwer vorstellen, wie es weitergehen sollte. Es war ihm unmöglich zu verstehen, wie der Staat so hatte pervertiert werden können. So war es nur zu verständlich, daß viele sich an die Vorstellung klammerten, daß die Zeit der nationalsozialistischen Herrschaft nur eine Art Betriebsunfall der deutschen Geschichte, eine Abweichung von der Norm einer sonst positiven und stolzen Entwicklung gewesen sei. Die kurze Zeit des Hitlerregimes wurde – wie es Theodor Heuß einmal formulierte – als ein böses Zwischenstück in der langen Kette einer ehrenvollen, bedeutsamen Tradition gesehen.[2] Daher konzentrierten sich die Anstrengungen darauf, dieses schlechte Glied zu überbrücken und in dem, was für die Zukunft geschaffen werden sollte, an das Vorangegangene anzuschließen. Nur dadurch, so glaubten viele, lasse sich die Zukunft gewinnen, ohne Belastungen und Gefahren.

Die zwölf Jahre nationalsozialistischer Herrschaft wurden also als anormal aus dem Entwicklungsprozeß der Geschichte ausgeklammert, die vorangegangenen Perioden als konstruktiv und zukunftsweisend aufgewertet und dargestellt. Ich erinnere in diesem Zusammenhang nur daran, wie nachhaltig in den ersten anderthalb Jahrzehnten nach 1945 der Staat von Weimar wegen seiner vorbildlichen Verfassung und der in ihm herrschenden sozialen Gerechtigkeit gepriesen, aber auch das Kaiserreich als rechtsstaatlich und im Innern entwicklungsfähig bewertet wurde. Die Generation, die den Wiederaufbau nach 1945 in Angriff nahm, lebte aus dem Vermächtnis der Vergangenheit. Das erklärt auch, weshalb man lange Zeit jegliche Verantwortung Deutschlands für den Ausbruch des Ersten Weltkrieges leugnete und zarte Ansätze einer Kritik an dieser Position übersah.

Um die nationalsozialistischen »Entartungserscheinungen« zu überwinden, eine gemeinsame Basis mit den Staaten Europas zu finden und zu einer Verständigung mit den Siegermächten zu kommen, knüpften dann Politiker, Publizisten und Historiker sehr bewußt an die großen Traditionen des christlichen Abendlandes an. Durch die Wiederbelebung dieser Überlieferung sollte zudem zum Ausdruck kommen, daß Deutschland schon immer ein Land des Westens gewesen sei, daß es nie einen deutschen »Sonderweg« gegeben habe und Abgrenzungstendenzen gegenüber der westlichen Zivilisation unter Betonung der deutschen Kultur auf Mißverständnissen beruht hätten.

Diese Beschwörung der christlich-abendländischen Tradition erwies sich in mehrfacher Hinsicht als nützlich und zweckmäßig. Wenn das Volk in seiner Mehrheit immer in dieser geistigen Welt des Abendlandes gelebt hatte – und der Anschein sprach dafür, denn die Kirchen fanden einen starken Zulauf nach dem Kriege –, dann konnten die Gewalttaten des NS-Regimes und namentlich der Judenmord nur das Werk einer kleinen Gruppe Abtrünniger, einer Minderheit von Verbrechern gewesen sein. Waren sie – durch Selbstmord, Richterspruch oder Internierung – aus der Gesellschaft ausgeschieden, dann mußte der Normalzustand als wiederhergestellt gelten.

Weiterhin eignete sich die Abendlandsideologie hervorragend zur Abgrenzung gegen die kommunistische Welt des Ostens, von der sich die Mehrheit herausgefordert und bedroht fühlte. Sichtbaren Ausdruck fand diese Distanzierung 1955 anläßlich der Jahrtausendfeiern zum Gedenken an die Schlacht auf dem Lechfeld, in der Kaiser Otto I. die Heere der heidnischen Ungarn besiegt und das christliche Abendland erstmalig vor dem Ansturm unchristlicher Völker gerettet hatte. Dies ist ein wichtiges Beispiel dafür, wie die Geschichte instrumentalisiert und politisch in Dienst gestellt werden kann. Ähnliches geschah 1983 bei der Zweihundertjahrfeier der Befreiung Wiens, als besonders in Polen mit großem Nachdruck betont wurde, daß es der christliche polnische König Johann III. Sobieski gewesen war, der den endgültigen Sieg über die ungläubigen Türken sichergestellt und das Abendland für das Christentum bewahrt hatte.

Schließlich diente die ständige Berufung auf die christlich-abendländische Tradition auch der Legitimierung des Strebens nach einem Zusammenschluß Europas. Mit Eifer wurde nach der Gründung der Bundesrepublik die Geschichte nach Bausteinen abgesucht, die dazu dienen konnten, dem erstrebten neuen Europa ein historisches Fundament zu geben. Als dabei sogar der Versuch gemacht wurde, Karl V., den Kaiser der Reformationszeit, zum »Ahnherrn Europas« zu küren, glaubte der Schweizer Diplomat und Historiker Carl Jacob Burckhardt vor diesem eilfertigen Umgang mit der Geschichte und dem Unsinn einer neuen Sinnstiftung warnen zu müssen. In seinem lesenswerten Essay »Gedanken über Karl V.« schrieb er, daß »aus der geschichtlichen Darstellung [...] der Darstellende und sein Zeitalter [stets] reiner zu erkennen [seien] als der Dargestellte«.[3]

Die bis dahin vorherrschende staats- und ideenbezogene Geschichtsbetrachtung, in der die Gesellschaft kaum ins Blickfeld kam, wurde dann in den sechziger Jahren in Frage gestellt und durch eine moderne Sozialgeschichtsschreibung abgelöst. Der Generationswechsel, der in allen Bereichen der Gesellschaft zu Neuansätzen führte, spielte hierbei die entscheidende Rolle. Da wir uns hier aber mit dem Problem nationaler Identifikation durch Geschichte, d. h. mit konservativen historiographischen Traditionen, befassen wollen, kann ich auf dieses interessante Thema nicht näher eingehen.

Als sich zeigte, daß der Europagedanke nicht die erwartete Integrationskraft entwickelte, daß der Zusammenschluß der europäischen Staaten zu einer engen Gemeinschaft ausblieb, konnte sich die europa-orientierte Geschichtsbetrachtung nicht länger behaupten. Angesichts dieser Rückschläge und Enttäuschungen und der sich verstärkenden Interessengegensätze zwischen den einzelnen Staaten gewannen statt dessen die nationalen Traditionen wieder die Oberhand. Das konnte auch in der Bundesrepublik nicht ohne Einfluß bleiben, besonders nachdem gerade in den Ländern des Ostblocks die Nationalgeschichte wieder stärker betont wurde und namentlich die DDR sich zum Sachwalter preußisch-deutscher Vergangenheit machte, indem sie die Erinnerung an Luther, Friedrich den Großen, die preußischen Reformer, Clausewitz und Bismarck neu belebte.

Besonders aber haben die aufschäumenden nationalen Emotionen in Westeuropa und in den USA auf das historische Bewußtsein der bundesrepublikanischen Bevölkerung gewirkt. Es lag in der Konsequenz dieser Entwicklung, daß auch in der deutschen Öffentlichkeit bald wieder nachdrücklich die Frage nach der nationalen Identität gestellt, die Zukunft der Nation wieder verstärkt diskutiert wurde. Seither sind zahlreiche Versuche unternommen worden, fragwürdige Traditionsbestände aus der deutschen Geschichte zu eliminieren, über Verfehlungen hinwegzusehen und Untaten zu vergessen. Heinrich August Winkler hat Ursprung und Ziel dieser Tendenzen treffend charakterisiert, als er auf die Bedeutung des Vietnam-Krieges auch für diese Entwicklung aufmerksam machte. Viele Deutsche hätten aus der Tatsache, daß sich Regierung und Bevölkerung der USA trotz Vietnam und der dort verübten Verbrechen (My Lai) nicht das gute Gewissen rauben ließen, die Folgerung abgeleitet, daß auch in der Bundesrepublik trotz Auschwitz wieder Nationalstolz erlaubt und möglich sein müsse.[4] Zur Bestätigung dieser Beobachtung finden sich überall Belege in Artikeln und Abhandlungen, in Leserzuschriften, Fernsehdiskussionen und Gesprächen am Rande von Vortragsveranstaltungen. Dieser Aspekt tritt, wie noch zu zeigen sein wird, auch in der Historikerdebatte zutage.

Von noch größerer Bedeutung für das Erkennen der geistigen Situation unserer Zeit war und ist eine andere Entwicklung: die Art, wie die geistig-moralische und die politische Auseinandersetzung mit den Erlebnissen und Erfahrungen des Dritten Reiches geführt wird. Als der Rausch der Hitlerjahre verflogen war, die Hoffnungen und Erwartungen, die das Jahr 1933 geweckt hatte, zerbomt und unter Trümmern begraben worden waren, kostete es viele Menschen große Mühe, nüchtern und sachlich Bilanz zu ziehen. Nur wenigen gelang es jetzt nachzuvollziehen, warum sie mitgelaufen waren und gejubelt hatten, wie es zu der Katastrophe hatte kommen können. Statt dessen wich man ins Irrationale aus. So wurde nach 1945 – besonders in christlich-protestantischen Kreisen – viel von der »Dämonie« gesprochen, der die Bevölkerung erlegen sei. Hans Asmussen – der im Kirchenkampf so aufrecht gestanden hatte – sprach schon in der Sitzung der Bruderräte am 22. August 1945 (also vor der Konferenz von Treysa) von den apokalyptischen Formen der NS-Herrschaft und des Krieges und beschwor dabei immer wieder die dämonischen Kräfte, die die Menschen überwältigt hätten.[5] Dieser Schein-Erklärung begegnen wir in den folgenden Jahren immer wieder, selbst in den Reden vieler Politiker, sogar bei Pragmatikern wie dem Hamburger Bürgermeister Max Brauer. Der Historiker Gerhard Ritter überarbeitete sein 1940 unter dem Titel »Machtstaat und Utopie« erschienenes Buch und ließ es 1947 unter dem neuen Titel »Dämonie der Macht« erscheinen.[6]

Diese vehemente Dämonenbeschwörung behinderte zweifellos eine sachliche Auseinandersetzung mit der Vergangenheit und vor allen Dingen eine rationale Suche nach den Ursachen und Verantwortlichkeiten für den Aufstieg des Nationalsozialismus, seine Funktionsfähigkeit und seine Verbrechen. Dämonen gegenüber waren Menschen machtlos, kein Sterblicher vermochte ihnen zu trotzen. Dementsprechend konzentrierte sich die Auseinandersetzung mit dem Dritten Reich zunächst einmal auf die Machtzentren des Regimes und auf Hitler sowie den engsten Kreis seiner Anhänger, die diese Dämonie entfesselt und die Bevölkerung angeblich vergewaltigt hatten.

Verkörperung dieser Dämonen aber sollten die Massen gewesen sein. Noch ganz im Banne der im Hitlerstaat gemachten Erfahrungen, in dem jeder Widerstand gegen das Regime durch das Aufgebot fanatischer und blind ergebener Parteikader gebrochen worden war, in dem Kirchen und Institutionen den Druck der radikalisierten Parteigenossen zu spüren bekommen hatten, sollte daher alle kommende Politik darauf gerichtet sein, die Massen zu bändigen und den Individuen wieder zur Geltung zu verhelfen. Daher wurde vor allen Dingen eine Rechristianisierung des Landes gefordert. Durch eine Wiederbelebung der großen christlich-abendländischen Tradition wollte man das Volk »aus der Vermassung« herausführen.

Gerhard Ritter wies in seinem 1948 erschienenen Buch »Europa und die deutsche Frage« von diesem Ansatz her dem »Massenmenschentum der modernen Industriegesellschaft« die Verantwortung für den Erfolg Hitlers zu. Die Massen hätten – so argumentiert er – mit den Freiheitsrechten der Weimarer Verfassung nichts anfangen können und seien deshalb bereit gewesen, jedem Agitator zuzujubeln, »der in die Einförmigkeit ihres Lebens eine gewisse Bewegung gebracht und ihnen zudem ein besseres Auskommen versprochen«, darüber hinaus auch noch »ihrem Selbstgefühl zu schmeicheln« verstanden habe.[7]

Die Broschüren- und Zeitschriftenliteratur des ersten Nachkriegsjahrzehnts zeigt sehr deutlich, wie intensiv diese Diskussion damals geführt wurde. Deutschland war keineswegs ein geschichtsloses Land. Ortega y Gassets »Aufstand der Massen« gehörte zu den meistgelesenen Büchern dieser Zeit. Selbst das 1895 erschienene Buch des Franzosen Le Bon über die »Psychologie der Massen« erschien 1950 in einer deutschen Übersetzung und erreichte eine für die damalige Zeit außerordentlich hohe Auflage.

Eine solche einseitige Geschichtsinterpretation blieb aber nicht unbestritten. Zu vielen Staatsbürgern war ja bewußt, daß die Repräsentanten der Oberschicht, die nun die Massen für alles politische Ungemach verantwortlich machten, 1933 und in den Jahren danach die jubelnden und demonstrierenden Anhänger Hitlers als die Repräsentanten des Lebenswillens der Nation, ja sogar als die Garanten einer besseren Zukunft des Volkes gepriesen hatten. Damit war die Frage nach der Verantwortung der deutschen Führungsschichten gestellt, die ja durch ihr Tun oder Unterlassen nicht minder als die »Massen« zum Erfolg Hitlers beigetragen und dann vor allen Dingen die Funktionsfähigkeit seines Regimes garantiert hatten. In den fünfziger Jahren wurden diese Argumente zuerst vorgetragen, wurde Kritik an der bisherigen Interpretation der Vergangenheit laut. Das beruhte nicht zuletzt darauf, daß der Demokratisierungsprozeß in der Bundesrepublik Fortschritte gemacht hatte und Autoritäten nicht mehr so widerspruchslos anerkannt wurden.

Den entscheidenden Einbruch in das vorherrschende Bewußtsein brachte dann das 1961 erschienene Buch Fritz Fischers mit dem Titel »Griff nach der Weltmacht«.[8] Fischer wies nach, daß der Nationalsozialismus keine Ausnahme im Geschichtsprozeß, kein Zwischenglied, gewesen war, sondern daß er vollstreckt hatte, was lange angelegt war. Er wies dabei auf das militante Weltmachtstreben, die nationalradikalen und sozialdarwinistischen Ideologieelemente hin. Seine These lautete vereinfacht: Nicht die traditionslosen, sondern gerade die traditionsbewußten Schichten des Volkes hatten den Weg in das Dritte Reich geebnet durch ihre Berufung auf die bevölkerungspolitische Dynamik und die wirtschaftliche Expansion Deutschlands und den daraus abgeleiteten Weltmachtanspruch. Nicht die Arbeiter und die einfachen Volksschichten waren anderen Völkern mit Hochmut begegnet, sondern gerade die Bildungsschichten hatten sich auf ihre rassische und geistige Überlegenheit viel zugute gehalten. An diesem Hochmut und diesem Überlegenheitsgefühl, das wurde bald immer überzeugender nachgewiesen, hatte die Mehrheit auch nach dem Verlust des Ersten Weltkrieges festgehalten und damit Hitler den Weg bereitet.

Seit dem Erscheinen des Fischerschen Buches ist sehr konzentriert und mit großem Engagement die Geschichte der Parteien, der Verbände und Institutionen und auch der Kirchen erforscht und kritisch aufgearbeitet worden. Dabei wurde nicht selten radikale Kritik geübt. Dieses Infragestellen der Traditionen war zugleich auch Ausdruck eines Reformwillens der Gesellschaft. Es sollte Platz für neue Ideen und Leitbilder geschaffen werden, und deshalb wünschte man den Geist aus den Zwängen alter Vorstellungen und Überlieferungen zu befreien.

Dabei machte die Kritik auch vor dem geistigen und christlichen Erbe der Nation nicht halt. An Hand vieler Beispiele wurde nachgewiesen, daß humanistische Bildung allein keine Sicherung gegen Inhumanität bot und daß unter den Tätern des NS-Regimes viele erfolgreiche Absolventen deutscher Hochschulen und anderer Bildungseinrichtungen gewesen waren. Auch die Kirchen mußten sich sagen lassen, daß es nicht wenige Christen gegeben hatte, die dem nationalsozialistischen Regime bis zum bitteren Ende in verantwortlichen Stellungen gedient hatten. Damit stand außer Zweifel, daß die Säkularisierung und der Abfall vom Glauben keineswegs als alleinige Ursache für die »deutsche Katastrophe« (Meinecke) angesehen werden durften. Im Gegenteil, die Christen hatten nicht selten durch ihr Abgrenzungsbestreben gegen alle, die in ihrem Sinn nicht rechtgläubig waren, besonders gegenüber Kommunisten, Sozialisten und Juden, die politische Diskriminierung und Verfolgung erleichtert. Als Folge dieser breitangelegten Auseinandersetzung mit der Vergangenheit mußten alle Berufsstände, der Staat und seine Organe und auch die Kirchen schmerzhafte Autoritätsverluste hinnehmen, zumal sie Versäumnisse und Fehler zumeist erst verspätet und dann auch nur halbherzig eingestanden. So räumte – um nur ein Beispiel zu nennen – die katholische Deutsche Bischofskonferenz erst nach der Ausstrahlung der Holocaust-Serie im Fernsehen zu Beginn des Jahres 1979 ein, daß sich die Kirche »nicht energisch genug gegen die nationalsozialistischen Verbrechen gewandt« habe und auch die Katholiken an der antisemitischen Tradition Anteil gehabt hätten.[9]

Der Verlauf dieser kritischen Auseinandersetzung mit der jüngsten deutschen Geschichte, die ja kein Beweis für Geschichtslosigkeit, sondern eher für das Gegenteil ist, hat die tiefen gesellschaftlichen Gegensätze in der Bundesrepublik offenbart. Das wachsende Selbstbewußtsein größerer Bevölkerungsschichten, die stolz auf das nach 1945 Geleistete waren, kollidierte mit der immer wieder vorgetragenen Kritik an den Verfehlungen und Versäumnissen der Vergangenheit. Wir kennen die zahllosen Vorwürfe wegen »Nestbeschmutzung« und »Traditionsverletzung«: Immer wieder war zu hören und zu lesen, daß auf die Dauer kein Volk im Widerspruch mit der eigenen Geschichte leben und arbeiten könne.

Eine solche Position läßt sich durchaus vertreten, wenn sie sich gegen eine zu weitgehende und übertriebene Abwertung und Kritik der Geschichte des eigenen Volkes wendet. (Davon hat, wie wir wissen, inzwischen auch die DDR Abstand genommen.) Sie ist aber abzulehnen, wenn sie sich gegen jede kritische Selbstprüfung und gründliche Auseinandersetzung mit den Versäumnissen, Fehlern und Verbrechen der Vergangenheit richtet. Ich bin mit Jürgen Habermas der Auffassung, daß wir nach Auschwitz nationales Selbstbewußtsein nur aus Traditionen entwickeln können, die gründlich und sorgfältig auf ihre Tragfähigkeit hin geprüft worden sind.[10]

Diese Sorgfaltspflicht bei der Prüfung unserer Vergangenheit ist aber im Streben nach einem neuen deutschen Nationalbewußtsein vielfach verletzt oder außer acht gelassen worden. Eine solche Verletzung lag vor – um nur ein Beispiel zu nennen –, als sich Parlamentarier zu Beginn des Jahres 1986 weigerten, über Probleme eines neuen Antisemitismus oder über Restbestände der alten Judenfeindschaft in der Bundesrepublik zu diskutieren. Die Gründe für das Unbehagen, sich derartigen Fragen zu stellen, nannte Friedrich Karl Fromme in seinem Leitartikel in der »Frankfurter Allgemeinen Zeitung« vom 28. Februar 1986. Er erklärte, die Erregung über antisemitische Äußerungen und Vorfälle sei unangebracht, da es ja einen Antisemitismus seit Jahrhunderten gegeben habe und er sich auch in anderen Ländern – sogar in sozialistischen – nachweisen lasse. Zudem sei zu bedenken, daß die Judenvernichtung im Dritten Reich im Verborgenen durchgeführt worden sei, die Deutschen also nicht ahnen konnten, was der »krankhafte Antisemit Hitler« insgeheim anrichten ließ.

Mir ist nicht verständlich, warum es uns hindern sollte, über den Antisemitismus in Deutschland, der ja zum Judenmord führte, nachzudenken, nur weil es auch in anderen Ländern und in früheren Jahrhunderten Judenfeindschaft gegeben hat. Und noch weniger überzeugt die Behauptung, daß die Deutschen nichts ahnten. Es waren leider sehr viele Deutsche beteiligt, und noch mehr wußten davon. Das ist doch der Vorgang, der uns beschäftigen muß.

Entscheidend in unserem Zusammenhang ist aber, daß hier die Entlastungsstrategie der Frankfurter Allgemeinen Zeitung sichtbar wird, nämlich durch Vergleiche, durch den Blick auf Vorgänge in anderen Staaten, die innerdeutschen Auseinandersetzungen, die gesellschaftspolitische Bewußtseinsklärung zu unterbinden oder zurückzudrängen. In der Konsequenz dieser Bemühungen lag es, daß Günther Gillessen am 14. Mai 1986 im selben Blatt mit der Übersetzung eines Artikels des amerikanischen Rechtsanwalts Oppenheimer den Kurs einschlug, auf dem dann Nolte, Fest und andere folgten. Unter der Überschrift »Vorsicht vor falschen Schlüssen aus der deutschen Vergangenheit« warnt uns Oppenheimer vor den »Verführungen einer kollektiven Schuldbesessenheit«. Ganz in den überholten Denkvorstellungen der ersten Nachkriegszeit wird in dem Artikel erneut bestritten, daß der Nationalsozialismus in der deutschen Kontinuität stehe, ja es wird sogar das Vorhandensein eines nennenswerten Antisemitismus in Deutschland vor 1933 geleugnet. Demgemäß habe die deutsche Bevölkerung die Maßnahmen gegen die Juden nach 1933 nicht mitgetragen und die Pogrome vom November 1938 entschieden mißbilligt. Im Kriege sei das deutsche Volk dann wehrlos gewesen gegenüber den Gewalttaten.

Dann lieferte Oppenheimer das Argument, das seither eine so fatale Rolle im Denken der revisionistischen Kreise spielt. Er schreibt: »Stalin und seine Nachfolger haben bis jetzt mehr Unschuldige ausgehungert, gefoltert und ermordet als selbst Hitler, aber wir hören nie von Anschuldigungen gegen die Russen, wie sie ständig gegen die Deutschen geschleudert werden. Und ganz zu Recht. Ebenso wenig, wie die Russen die Verbrechen Stalins aufhalten konnten und die Verbrechen im Gulag, in Afghanistan oder anderswo aufhalten können, konnten die Deutschen die Verbrechen Hitlers aufhalten.« Nachdem der Verfasser dann noch einmal einen Teil des deutschen Volkes einer »Schuldbesessenheit« bezichtigt hat, schließt er seine Ausführungen mit der Behauptung ab, »daß die große Mehrheit der Deutschen keine größere Schuld an Hitlers Verbrechen hatte als andere an denen Stalins von gestern und des lieben Herrn Gorbatschow heute ...«.

Ich versage es mir hier, auf die Mängel und Fehler des Vergleichs näher einzugehen. Der Hinweis auf diese Ausführungen soll nur die Bewußtseinslage zu dem Zeitpunkt deutlich machen, in dem dann am 6. Juni 1986 Ernst Noltes umstrittener Artikel in der Frankfurter Allgemeinen Zeitung erscheinen konnte. Unter dem Titel »Vergangenheit, die nicht vergehen will« schrieb er die Sätze, die immer wieder die Kritik herausforderten: »Aber gleichwohl muß die folgende Frage als zulässig, ja unvermeidbar erscheinen: Vollbrachten die Nationalsozialisten, vollbrachte Hitler eine ›asiatische‹ Tat vielleicht nur deshalb, weil sie sich und ihresgleichen als potentielle oder wirkliche Opfer einer ›asiatischen‹ Tat betrachteten? War nicht der ›Archipel Gulag‹ ursprünglicher als Auschwitz? War nicht der

›Klassenmord‹ der Bolschewiki das logische und faktische Prius des ›Rassenmords‹ der Nationalsozialisten?«

Die Kritiker und Gegner Noltes haben zumeist nicht erkannt, worum es ihm ging. Da er den Nationalsozialismus wie alle faschistischen Bewegungen in Europa als eine Gegenkraft gegen die bolschewistische Revolution sieht, begreift er die gesamte Entwicklung nach Ende des Ersten Weltkrieges als einen Wettkampf der Systeme oder – wie er das in seinem neuen Buch darstellt – als kontinentalen Bürgerkrieg. Nolte sieht das gesamte Geschehen von 1917 bis 1945 als einen steten Prozeß der Herausforderung der einen und der Reaktion der anderen Seite. Er bekennt sich zu der alten These, daß Freiheit und Liberalität in einem Lande dann am größten seien, wenn es mit seinen Nachbarn im Frieden lebe, und Unfreiheit und Terror größer würden, wenn der Staat von außen bedroht sei.

Diese Auffassung enthält sicherlich einen richtigen Kern. Es ist nur die Frage, ob sich auf diese Weise die gesamte Politik Hitlers und die Entwicklung des nationalsozialistischen Staates fassen und begreifen lassen. Einmal ist der Nachweis nicht geführt worden, ob sich die Ideologie Hitlers überhaupt in diesem Bezugssystem unterbringen läßt, zweitens bleibt offen, ob sich so die Kräfte ausmachen lassen, die Hitler den Aufstieg ermöglichten und ihn zum Erfolg führten. Drittens kann unter diesem außen- und machtpolitischen Aspekt nicht erklärt werden, warum nach 1933 auch Volksschichten, die Hitler nicht gewählt oder bejubelt hatten, so tatenlos blieben und die rechtsstaatlichen, humanen und christlichen Traditionen des Landes verleugneten. Nolte übersieht bei seinem Systemvergleich alles das, was bisher über das Denken und Handeln der gesellschaftlichen Gruppen in Deutschland seit dem Kaiserreich zutage gefördert worden ist. Die Forschungen zur deutschen Geschichte seit den sechziger Jahren haben doch zur Genüge gezeigt, daß Hitlers Aufstieg und Erfolg eben kein Zufall und nicht allein eine Reaktion auf die Etablierung der Bolschewisten in der Sowjetunion, sondern sehr viel tiefer in unserer Geschichte angelegt waren. Der braune Diktator hat das deutsche Volk nicht nur getäuscht und überwältigt, sondern er hat es weit mehr, als manchem erwünscht ist, repräsentiert. Er führte aus, was viele – wenn auch nur partiell und aus unterschiedlichen Motiven – gewünscht oder gehofft hatten.

Aber Nolte mißachtet nicht nur die Erkenntnisse und Einsichten zur gesellschaftlichen und ökonomischen Entwicklung. Er bedient sich zur Begründung seiner These vom europäischen Bürgerkrieg auch mancher Argumente aus dem Arsenal der Rechtsradikalen und der Neo-Nazis. So ist es unfaßbar, daß er eine Friedensschrift Kurt Tucholskys aus dem Jahre 1927 zum Beweis seiner Thesen heranzieht, in der dieser – verzweifelt über die neue Kriegsverherrlichung – schrieb, daß es zur Vermeidung eines neuen

Völkermordes besser sei, wenn man gleich Gas in die Spielzimmer der Kinder leite. Auch wer Tucholskys Argumenten mit Skepsis begegnet, wird nicht behaupten können, daß dies ein Zeugnis des geistigen Bürgerkrieges in Europa war, wie Nolte meint. Nicht besser steht es mit dem Hinweis auf den offenen Brief, mit dem Chaim Weizmann als Vorsitzender der Jewish Agency Churchill am 5. September 1939 versicherte, die Juden würden in diesem Krieg an der Seite der Demokraten gegen Hitler kämpfen. Nolte übergeht, daß es sich dabei um eine private Äußerung ohne völkerrechtliche Relevanz handelt und Weizmann allenfalls für seine Organisation sprechen konnte. Er deutet den Brief als eine Kriegserklärung an Deutschland und räumt Hitler deshalb das Recht ein, die Juden aus Deutschland zu evakuieren (nicht zu töten).

Diese Beispiele zeigen, wie fragwürdig die Beweisführung Noltes ist, wie gewaltsam hier Zusammenhänge konstruiert werden. Dies und die weitgehende Vernachlässigung der Ergebnisse der neueren deutschen Sozialgeschichtsforschung müssen uns besorgt machen. Sorge und Wachsamkeit sind vor allen Dingen geboten, weil Noltes Versuche in eine Zeit fallen, in der große Anstrengungen zu einer offiziellen Neuinterpretation unserer jüngsten Geschichte gemacht werden. Gerade dies hat Jürgen Habermas zu seiner Gegenaktion herausgefordert. Er möchte den Schaden, der durch solche Deutungen unserer Geschichte für das Bewußtsein unserer Bevölkerung entsteht, ganz entschieden begrenzen. Dabei hat er allerdings der Sache nicht den besten Dienst erwiesen, weil er die unterschiedlichen Ansätze der vier Kollegen, die er angreift, nicht differenziert genug bestimmt. Andreas Hillgruber zum Beispiel liegen Relativierungstendenzen bezüglich des Judenmordes sicherlich fern, sie lassen sich in seinem Büchlein »Zweierlei Untergang« auch nicht nachweisen.[11] Kritik verdient in dieser Darstellung vor allen Dingen die Begriffswahl. Hillgruber spricht darin von der »Zerschlagung des Deutschen Reiches« und daneben vom »Ende des europäischen Judentums«. Das wirkt verharmlosend, denn es muß schon heißen: Die Ermordung der europäischen Juden, weil sie eine nicht minder gewaltsame Tat war als die »Zerschlagung« des Reichs. Es gibt daneben auch noch andere Punkte, die zur Kritik herausfordern. Gleichwohl erklärt Hillgruber den Völkermord doch primär aus der Konsequenz der nationalsozialistischen Ideologie und Herrschaft.

Wenn wir Bilanz ziehen, dann muß festgestellt werden, daß uns diese Art, Staatensysteme zu betrachten und Systemvergleiche anzustellen, nicht weiterhilft, im Gegenteil: Solche Versuche fördern unsere Einsicht und unsere politische Bewußtseinsbildung in keiner Weise. Wir müssen vielmehr mit großer Sorgfalt nach den Beweggründen menschlichen Handelns und vor allen Dingen nach den Gefährdungen und Versuchungen des Menschen in unserer Zeit fragen. Dabei kommt es darauf an, daß wir das Handeln und die Verantwortung aller gesellschaftlichen Kräfte möglichst konkret beschreiben. Die macht- und staatspolitische Perspektive ohne Berücksichtigung der sozialen Triebkräfte ist unvollkommen und unbefriedigend. Wir können nicht, wie der polnische Publizist und Politiker Wojna schrieb, aus unserer Geschichte »einiges akzeptieren und alles andere unter dem Vorwand zurückweisen, man könne sich nicht dazu bekennen.«[12] Das heißt nun aber, daß neben Weimar eben Buchenwald gebaut wurde und daß dieses Nebeneinander zu unserer Geschichte gehört. Mit der Konstruktion eines europäischen Bürgerkrieges ist das nicht zu erklären.

Nur wenn wir diese Tatsache anerkennen, können wir uns überzeugend mit unserer Geschichte identifizieren, in der es eben nicht nur Leistungen, sondern auch Fehlleistungen, nicht nur Aufstieg, sondern auch Verfall, nicht nur Kultur, sondern auch Unkultur gibt. Sinnstiftungsversuche, die auf Ausgrenzung oder Relativierung bestimmter Perioden und Vorgänge hinauslaufen, behindern eine demokratische Neuorientierung, die uns als dauernde Aufgabe gestellt ist.

Anmerkungen

Akademische Führungsschichten und Judenfeindschaft in Deutschland 1866–1918

1 Constantin Frantz: Die Religion des Nationalliberalismus, Leipzig 1872, S. V f. und 1.

2 Constantin Frantz an den Gesandten Otto von Bismarck am 4. 9. 1852. Constantin Frantz: Briefe, hrsg. von Udo Sautter und Hans Elmar Onnau, Wiesbaden 1974, S. 25.

3 Constantin Frantz: Der Nationalliberalismus und die Judenherrschaft. München 1874, S. 56.

4 Vgl. Anm. 3, S. 64.

5 Constantin Frantz, wie Anm. 1, S. 2 und 250 f.; entschiedener noch Johann Baptist Sigl in der von ihm gegründeten und seit 1869 erschienenen Zeitung »Das Bayerische Vaterland«. Vgl. dazu neuerdings: Rupert Sigl: Dr. Sigl, Ein Leben für das Bayerische Vaterland, Rosenheim 1977, S. 69 ff., 207 ff.

6 Constantin Frantz, vgl. Anm. 3, S. 36.

7 Alfred Dove: Ein Neujahrswort an die deutsche Geistesarbeit, Im neuen Reich 3. Jg., 1873, Bd. 1, S. 1.

8 So klagte Max Weber über seine Kommilitonen gerade hinsichtlich des antisemitischen Engagements im Sommer 1885: »Das Unglaublichste ist jedoch die fabelhafte Unkenntnis in der Geschichte dieses Jahrhunderts bei meinen Altersgenossen.« Max Weber: Jugendbriefe, Tübingen o. J., S. 173 f.

9 Im neuen Reich 7. Jg., 1877, Bd. 2, S. 158.

10 Heinrich von Treitschke: Unsere Aussichten. Preußische Jahrbücher, November 1879; vgl. Der Berliner Antisemitismusstreit, hrsg. von Walter Boehlich, Frankfurt/Main 1965, S. 13.

11 Benno von Polenz: Wilhelm von Polenz als Student in Berlin, Akademische Blätter 43, 15/16. November 1928, S. 143.

12 Vgl. dazu meine Abhandlung »Stoecker als nationalkonservativer Politiker und antisemitischer Agitator«, in: Günter Brakelmann, Martin Greschat, Werner Jochmann, Protestantismus und Politik, Werk und Wirkung Adolf Stoeckers, Hamburg 1982, S. 123–198.

13 Glückauf der deutschen Jugend! Der Staats-Socialist, 4. Jg., Nr. 33, 15. 8. 1881, S. 257.

14 B. v. Polenz, vgl. Anm. 11, S. 145.

15 Stoecker: Ein altes und neues Geschlecht deutscher Politik. Der Staats-Socialist 4. Jg., Nr. 40, Okt. 1881, S. 323 f.

16 Vgl. dazu den folgenden Beitrag, S. 30 ff und das Kapitel »Die Politisierung der Jugend« in der Abhandlung über Stoecker, vgl. Anm. 12, S. 162 ff.

17 Hans-Günter Zmarzlik: Antisemitismus im Deutschen Kaiserreich 1871–1918, in: Die Juden als Minderheit in der Geschichte, hrsg. von Bernd Martin und Ernst Schulin, München 1981.

18 Der Staats-Socialist 4. Jg., Nr. 17, 25. 4. 1881, S. 131. Aus Württemberg, Baden und Hohenzollern kamen rund 7000, aus Bayern ca. 9000 Unterschriften.

19 Staatsarchiv Hamburg, Nachlaß Marr A 35; über die Resonanz der Agitation Marrs gerade unter den Gebildeten berichtet u. a. Dr. Eisenlohr in einem Brief

vom 21.2.1880, A50; der Lehrer an einer Gelehrtenschule in Norddeutschland, A47, zahlreiche andere Pädagogen, Publizisten, höhere Staatsbeamte, Schriftsteller und die Herausgeber von Zeitungen.

20 Von Brockhusen-Langen: Rassenzucht, Deutsche Zeitung, 23.Jg., Nr. 276, 2.Juni 1918.

21 Nachlaß Marr A50, Dr. H. Eisenlohr an Marr vom 21.2.1880; A35, Telegramm Hans von Bülow an Marr 1880 und Briefe.

22 Ein detaillierter Nachweis für die einzelnen Berufsgruppen und sozialen Schichten und die vielen Organisationen und Heimatvereine ist angesichts der Materialfülle nicht zu führen. Die Memoiren, Tagebücher und Briefbände der Zeitgenossen geben darüber ebenso Aufschluß wie die Spalten der »Mitteilungen aus dem Verein zur Abwehr des Antisemitismus« und die umfangreiche Zeitschriftenliteratur. Vgl. Eduard Liepmann: Der Antisemitismus an den deutschen Hochschulen, Mitteilungen aus dem Verein zur Abwehr des Antisemitismus 22.Jg., Nr. 10, 8.Mai 1912, S. 76; Jakob Wassermann schrieb unter dem Eindruck seiner langen und reichen Erfahrungen als weitgereister Schriftsteller und Publizist: »Ein wesentlicher Defekt muß da sein, wenn ein Volk so leichterdings, so gewohnheitsmäßig, so skrupellos, keine Berufung hörend, keiner redlichen Auseinandersetzung zugänglich, keiner großmütigen Regung in diesem Punkt fähig, ein Volk, das unablässig von sich verkündet, in Bildung, Kunst, Forschung und Idealismus an der Tete der Völker zu marschieren, dauernd solche Unbill übt, solchen Hader sät, solchen berghohen Haß häuft.« Jakob Wassermann, Mein Weg als Deutscher und Jude. Berlin 1921, S. 119f.

23 Prinz Carl Hohenlohe-Ingelfingen an Marr, 14.9.1879, Nachlaß Marr A108.

24 Nachlaß Marr A256.

25 Hans Leuß: Die antisemitische Bewegung, Die Zukunft, 7.Bd., Nr. 33, 19.5.1894, S. 328.

26 Reinhold Seeberg an seinen Bruder Alfred am 21.5.1901; Bundesarchiv Koblenz, Nachlaß Seeberg 182.

27 Eduard Lamparter: Evangelische Kirche und Judentum; Ein Beitrag zum christlichen Verständnis von Judentum und Antisemitismus, Stuttgart 1928. Neudruck in: Versuche des Verstehens, Dokumente jüdisch-christlicher Begegnung aus den Jahren 1918–1933, hrsg. von Robert Raphael Geis und Hans-Joachim Kraus, München 1966, S. 284.

28 Die Judenfrage im preußischen Abgeordnetenhaus: Wörtlicher Abdruck der stenographischen Berichte vom 20. und 22.November 1880, Breslau 1880, S. 66.

29 Besonders extrem XXVIII. Jg., 12.Jan. 1896 »Ein Judenprogramm«. Dazu neuerdings »Dr. Sigl, Ein Leben für das Bayerische Vaterland, vgl. Anm. 5.

30 Vgl. dazu u.a. Paul de Lagarde: Über die gegenwärtige Lage des Deutschen Reichs, in: Paul de Lagarde, Deutsche Schriften, München 1924, S. 44ff.

31 Anna de Lagarde: Paul de Lagarde. Erinnerungen aus seinem Leben, Göttingen 1894, S. 105.

32 Deutsch-nationale Worte 1.Jg., Nr. 1, 16.10.1894.

33 Mitteilungen aus dem Verein zur Abwehr des Antisemitismus 22.Jg., Nr. 24, 20.11.1912, S. 199.

34 Julius Langbehn: Rembrandt als Erzieher. Von einem Deutschen, 42. Aufl. Leipzig 1906, S. 170; Bernd Behrendt: Zwischen Paradox und Paralogismus, Weltanschauliche Grundzüge einer Kulturkritik in den Neunziger Jahren des

19. Jahrhunderts am Beispiel August Julius Langbehn, Frankfurt-Bern-New York-Nancy 1984, S. 138 ff. Vgl. den folgenden Beitrag, S. 54 ff.

35 Völkische Hochziele. Deutsche Handels-Wacht 16. Jg., Nr. 11, 1.6.1909; Nr. 12, 15.6.1909; Nr. 15, 1.8.1909.

36 Friedrich Meinecke in der Besprechung des Buches von Walter Frank, Hofprediger Adolf Stoecker und die christlich-soziale Bewegung. Historische Zeitschrift. Bd. 140 (1929), 151 ff.; Wiederabdruck: Friedrich Meinecke, Werke, Band VIII, 445 f.

37 vom Werth, Mainz, an Marr, 21.11.1889, Nachlaß Marr A 282.

Antisemitismus im Deutschen Kaiserreich 1871–1914

1 *Eva G. Reichmann*, Flucht in den Haß. Die Ursachen der deutschen Judenkatastrophe, Frankfurt a. M. [1956], 17; *Joseph Kolkmann*, Die gesellschaftliche Stellung der Juden, Löbau i. Westpr. 1876, 22; *Alfred Dove* in seinem programmatischen Einleitungsartikel zur Zeitschrift Im neuen Reich, I, 1 (1871), 3; *Karl-Georg Faber*, Strukturprobleme des deutschen Liberalismus im 19. Jahrhundert, Vortrag anl. des Historikertages in Braunschweig, Oktober 1974, Manuskript, 17f.

2 Constantin Frantz an Richard Wagner, 18. Februar 1866. *Constantin Frantz*, Briefe, hrsg. von *Udo Sautter* und *Hans Elmar Onnau*, Wiesbaden 1974, 43f. Die Liberalen waren so einseitig auf ihre politischen und besonders die ökonomischen Ziele fixiert, daß sie die Kraft der Tradition und der religiösen Bindungen des Volkes verkannten. Die Gegner fühlten sich dagegen durch das »ganze Zeitalter mit seinem breiten materialistischen Treiben« herausgefordert. Frantz an R. Wagner, 27. März 1866, 50.

3 Wilhelm Berens, Liegnitz, an Marr, 22. Mai 1880, Staatsarchiv Hamburg, Nachlaß Wilhelm Marr (StA Hbg., NL Marr), A 11; Eugen Friese, Dresden, an Marr, 19. Juli 1879, A 66.

4 *Kolkmann*, op. cit., 2f.; *Walter Pohlmann*, Das Judentum und sein Recht, Neuwied–Leipzig 1893, 5.

5 Besondere Beachtung verdient hier der aus einem Bündnis konservativer Gruppen mit dem »Handwerker-Zentral-Waklkomitee« in Berlin hervorgegangene »Preußische Volks-Verein« (1861–1872). Die Konservativen, die ihren Rückhalt in der Bevölkerung verloren hatten, versuchten durch diese Allianz mit den zünftlerisch eingestellten, kirchlich gebundenen Handwerkern neue Mitstreiter zu gewinnen. Der PVV wollte die »historisch bewährten Elemente der Verfassung« gegen den Ansturm der Liberalen verteidigen und zudem den Einfluß der Kirchen auf die Gestaltung des staatlichen Lebens bewahren. Hermann Wagener, der rührigste Propagandist des Volksvereins, trug der Stimmung in den großstädtischen Mittelstandsschichten Rechnung, wenn er forderte, den Staat nicht an »eine Clique von Leuten, die sich zufälligerweise Volksvertreter zu nennen belieben«, auszuliefern (Rede vom 21. September 1863, Berliner Revue, 35 [1863], 5ff.). Nach Wageners Auffassung war der preuß. Verfassungskonflikt Ausdruck einer »Auflehnung des Kapitalismus und der Bürokratie... gegen das Königtum«, die mit allen Mitteln niedergerungen werden müsse. Nachhaltig müsse die »christliche Schule, christliche Ehe und christliche Obrigkeit« gegen den Liberalismus verteidigt und so der dem Volke von der Demokratie drohende Schaden abgewehrt werden (Berliner Revue, 29 [1862], 255ff.). Der PVV trug durch seine Agitation zweifellos zur Tendenzwende zugunsten der Konservativen bei den Wahlen zum Preuß. Abgeordnetenhaus 1866 bei. Die Langzeitwirkung der antisemitischen Propaganda des Vereins ist offensichtlich. Stoeckers Einfluß in Berlin in den siebziger Jahren wäre ohne diese »Vorarbeit« nicht so groß gewesen.

6 Das Handwerk und seine jüdischen Widersacher, Berliner Revue, 22 (1860), 509ff.

7 Der Talmud und die jüdische Reform, a. a. O., 22 (1860), 10; Das Verhältnis der Juden zu den neueren Völkern, a. a. O., 25 (1861), 12.

8 In diesem Sinn werden die von Walesrode herausgegebenen Demokratischen Studien verächtlich gemacht. Die politische Judenschule, a. a. O., 22 (1860), 215 ff. und Noch einmal die politische Judenschule, a. a. O., 23 (1860), 64.

9 Die Judenfrage, a. a. O., 20 (1860), 473. Sehr bewußt wurde immer dem Beharrungswillen größerer Volkskreise Rechnung getragen und der Wert der Tradition gepriesen. Juden und Liberale verspritzten, so hieß es, »das ätzende Gift der Gleichmacherei«, weil sie nur so alles, an dem das Volk hänge, zerstören könnten.

10 Judenverfolgung und Emanzipation der Juden, a. a. O., 26 (1861), 416.

11 *Hermann Wagener*, Staats- und Gesellschaftslexikon, 23 Bde., Berlin 1858 ff.; Besprechungen einzelner Bände in Berliner Revue, 22 (1860), 468 f. und 27 (1861), 366 ff.

12 Friedrich Engels an Karl Marx, 15. August 1870. »Erstens tut Bismarck jetzt, wie 1866, immer ein Stück von unserer Arbeit, in seiner Weise und ohne es zu wollen, aber er tut's doch.« (Der Briefwechsel zwischen Friedrich Engels und Karl Marx 1844 bis 1883, hrsg. von *A. Bebel* und *Ed. Bernstein*, 4. Band, Stuttgart 1913, 319 f.)

13 *Iring Fetscher* (Hrsg.), Marxisten gegen Antisemitismus, Hamburg 1974, 29.

14 Constantin Frantz, der im Kaiserreich nichts anderes als »einen von Zündnadels Gnaden durch bismarcksche Mache in die Welt getretenen und von der berliner Judenschaft aus der Taufe gehobenen Wechselbalg erblicken konnte« (Brief an Hans von Wolzogen, 5. Januar 1878), war darum bemüht, jene Kräfte zu sammeln, »die an den heutigen Zuständen einen herzlichen Ekel empfinden«. Er bemühte sich besonders darum, die partikularistischen Gruppen »zu gemeinsamem Wirken« zu bewegen. »Wird das heutige salva venia Schweinereich zugleich von ökonomischer und philosophischer Seite angegriffen, so muß es endlich wieder fallen.« (Constantin Frantz an Hans von Wolzogen, 18. April 1878, *Frantz*, Briefe, 91, 95.)

15 *Pohlmann*, op. cit., 5; *Alfred Dove*, Im neuen Reich, I, 1 (1871), 2 ff., und: Zum Jahreswechsel im neuen Reich, a. a. O., II, 1 (1872), 7 f.

16 *Friedrich Meinecke*, Alfred Dove und der klassische Liberalismus im neuen Reiche. Einleitung zu *Alfred Dove*, Ausgewählte Aufsätze und Briefe, Bd. I, 1925, VII ff. Wiederabdruck: *Meinecke*, Werke, Bd. VII, Zur Geschichte der Geschichtsschreibung, hrsg. von *Eberhard Kessel*, München 1968, 395.

17 *Alfred Dove*, Im neuen Reich, I, 1 (1871), 3. »Wohl ist die Fortbildung unserer Verfassung in betrübender Weise erschwert; die Summe der Reibung, die zu überwinden sein wird, hat man so sehr erhöht, daß fast ein dauernder Stillstand zu befürchten steht.« Ein Neujahrswort an die deutsche Geistesarbeit, a. a. O., III, 1 (1873), 1, wo Dove vor allen Dingen die »Bekehrung zur Ehrlichkeit in Handel und Wandel« fordert.

18 *Dove*, Ein Neujahrswort, a. a. O., 3: »Aber neben dieser besonnenen Neigung zu ernster philosophischer Neugestaltung macht sich leider auch ein leichtsinniger Hang zu gewagter Spekulation breit, den man durch den Doppelsinn dieses Namens geleitet gar wohl als theoretischen Gründersinn, als Spielwut auf geistigem Felde bezeichnen dürfte.« Ähnlich war auch die Diagnose J. Burckhardts zu Beginn der Gründerjahre. Dazu neuerdings *Wolfgang Hardtwig*, Geschichtsschreibung zwischen Alteuropa und moderner Welt. Jacob Burckhardt in seiner Zeit, Göttingen 1974, 275 f.

19 Constantin Frantz an Richard Wagner, 26. Januar 1866, *Frantz*, Briefe, 41. Die christlich-konservative Argumentation wird in einer anderen Passage des Briefes noch einmal besonders klar. »Ja es ist wohl eine unendliche Aufgabe, deren Lösung sich durch zukünftige Jahrhunderte und Jahrtausende hindurchziehen wird, so gewiß als die deutsche Nation den Kern des ganzen neuen Völkersystems bildet, und den Träger der Entwicklung, gewissermaßen als das auserwählte Volk der christlichen Zeit, wie es in der vorchristlichen das jüdische Volk war, – das einst so hochbegnadigte und dann so tief verworfene Volk, weil es den Messias verwarf, der aus ihm geboren werden sollte für alle Welt. Der hat dann sein Reich im deutschen Gemüte begründet, wovon das heilige römische Reich deutscher Nation die erste Erscheinungsform war, als das Reich des Sohnes, dem nun das Reich des Heiligen Geistes folgen soll. Wer also das deutsche Wesen nicht als etwas ganz Eigentümliches auffaßt, so Eigentümliches wie einst das Judentum, der versteht es nicht, und darum verstehen es auch so wenige. Und so lange wird die deutsche Nation darniederliegen, bis sie selbst wieder zur Erkenntnis ihrer eigentümlichen Würde gelangt, wovon man im Mittelalter wenn auch nicht die Erkenntnis, doch allerdings ein sehr lebendiges Gefühl hatte, welches uns in unserer Zeit je mehr und mehr abhanden kam.«

20 *A. Springer*, Die Politik der nationalliberalen Partei, Im neuen Reich VIII, 2 (1878), 454.

21 *Gottlieb August Schüler*, Die Wurzeln der Judenfrage, Berlin 1881, 34f. Seit »die Emanzipation von 1848« Nichtchristen »das Recht und den Segen zuerkannt hat, die Ämter Gottes zu führen, welche nach christlicher Überzeugung nur im Glauben an diesen Gott treulich geführt werden können (das Volk zu regieren, zu richten, zu lehren, zu beraten in Schule, in Parlament, in Armee, in Presse, in Recht, in Gesetz, in Verwaltung und Regierung): – seit der Zeit ist der christliche Glaube als Grundkraft jeder Amtserfüllung im christlichen Volk, ja jede Religiosität, als Quelle treuer Berufserfüllung, feierlich und gesetzlich vernichtet«. Ähnlich bereits früher Constantin Frantz an Richard Wagner, 26. Januar, 18. Februar und 16. Oktober 1866, *Frantz*, Briefe, 41, 43f., 56.

22 *Siegfried Kaehler*, Stoeckers Versuch, eine christlich-soziale Arbeiterpartei in Berlin zu gründen (1878), Deutscher Staat und deutsche Parteien, München–Berlin 1922, 260.

23 Mit welchem Unverständnis selbst feinsinnige und hochgebildete Intellektuelle dem kirchlichen Leben gegenüberstanden, zeigen einige Artikel *Alfred Doves*. Im neuen Reich, I, 1 (1871), 4, 377f.; II, 1 (1872), 4 und 318. Hier findet sich (S. 4) folgendes bezeichnende Eingeständnis: »In der Tat sind wir modernen Politiker, die wir nur allzu rasch geneigt waren, die kirchlichen Mächte mit so kühler Neugier zu betrachten, wie man etwa erstorbene Fabelwesen wissenschaftlich anschaut, durch das Jahr 1871 empfindlich daran gemahnt worden, daß noch immer eine lebendige Kirchengeschichte vorhanden ist.«

24 *Adolf M. Birke*, Zur Entwicklung und politischen Funktion des bürgerlichen Kulturkampfverständnisses in Preußen-Deutschland, in: Aus Theorie und Praxis der Geschichtswissenschaft. Festschrift für Hans Herzfeld zum 80. Geburtstag, Berlin 1972, 260f., 273.

25 *Birke*, a.a.O., 271.

26 Constantin Frantz an Richard Wagner, 24. Juli 1879, *Frantz*, Briefe, 101.

27 *Birke*, a.a.O., 269.

28 *Jakob Wassermann*, Mein Weg als Deutscher und Jude, Berlin 1921, 39.

29 *Hans-Josef Klauck OFM*, Die Haltung des deutschen Katholizismus zum Judentum im 19. Jahrhundert. Unveröffentl. Manuskript, 76. Ich möchte dem Verfasser an dieser Stelle aufrichtig für die bereitwillige Überlassung seines Manuskripts danken. Vikar Arnold Bongartz, Redakteur der Christlich-sozialen Blätter an Marr, 4. Februar 1880: »Wer hat denn den Kampf gegen die Verjudung am ersten und energischsten aufgenommen? Es war die katholische Presse und gerade der Teil, welcher von katholischen Geistlichen bedient wurde. Diese lernen durch ihren steten Connex mit dem Volke die Juden aus nächster Nähe kennen«, StA Hbg, NL Marr A 27. In vielen anderen Briefen wird darauf hingewiesen, daß katholische Geistliche in der Provinz besonders eifrige antisemitische Agitatoren waren und darüber hinaus antisemitische Zeitungen und Schriften vertrieben, A 8, A 11.

30 *Hans-Josef Klauck OFM*, Die Geschichte von Kirche und Synagoge, in: Wissenschaft und Weisheit, 34. Jg. (1971), 63; *B. J. Fuß-Maastricht*, Wie stellt sich die römische Curie seit jeher zur Judenfrage? Vortrag, gehalten in der Antisemitischen Vereinigung in Aachen, 4. April 1895. Katholische Flugschriften zur Judenfrage, I, Aachen 1895, 3. Bundesarchiv Koblenz (BA Koblenz), ZSg. 113, Nr. 14. Vgl. auch *Hans Köhler*, Die Wirkung des Judentums auf das abendländische Geistesleben, Berlin 1952, 124.

31 *Israel Cohen*, Der Antisemitismus in Deutschland, London 1918, 3; *Hans-Josef Klauck*, Die Geschichte von Kirche und Synagoge, 64; *Hans Leuß*, Die antisemitische Bewegung, Die Zukunft, 7. Bd., Nr. 33 (19. Mai 1894), 327.

32 *Josef Becker*, Liberaler Staat und Kirche in der Ära von Reichsgründung und Kulturkampf. Geschichte und Strukturen ihres Verhältnisses in Baden 1860–1876, Mainz 1973; Ein Leser von Marrs Deutscher Wacht, Kaplan Friedrich Beetz aus Mosbach, Baden, unterbreitete Marr am 6. Februar 1880 in einem Brief »im Interesse der antisemitischen Bewegung, der ich von Herzen zugetan bin«, u. a. folgenden Vorschlag: »Drum meint man hierzuland, eine Repeal-Bewegung gegen die Emanzipationsgesetze wäre das durchschlagendste Mittel, um uns der Juden zu erwehren. Sie brauchen nicht auszuwandern; aber sie sollen mit uns nicht gleiche Rechte genießen; sie sollen gesetzlich wieder in ihre Ghettos zurückgedrängt werden. Diese Maßregel allein wird das so scheußlich verlauste und verkrätzte öffentliche Leben wieder reinigen«, StA Hbg, NL Marr A 8.

33 *Frantz Hitze*, Die sociale Frage und die Bestrebungen zu ihrer Lösung. Mit besonderer Berücksichtigung der verschiedenen socialen Parteien in Deutschland, Paderborn 1877, 242 ff. Hitze hielt die in dem Bändchen veröffentlichten drei Vorträge als 24jähriger Student vor der Studentenverbindung »Unitas« in Würzburg. Sie spiegeln daher nicht so sehr Hitzes Überzeugung wider, sondern mehr die Auffassungen und Stimmungen, die damals in katholischen Schüler- und Studentenkreisen vorherrschten.

34 Vikar Arnold Bongartz, Redakteur der Christlich-sozialen Blätter an Marr, 4. Februar 1880: »Steter Tropfen höhlt den Stein! Darum Kampf, und zwar unablässigen Kampf gegen die Verjudung. Dem christlichen Michel müssen denn doch zuletzt die Augen aufgehen, und kömmt dann die Socialrevolution, so wird sie mit vielen anderen Plagen auch die Judenplage hinwegwischen, und unsere Nachkommen werden dann wenigstens wieder in ihrem Hause Herr«, StA Hbg, NL Marr A 27.

35 *Hans-Josef Klauck OFM*, Die Geschichte von Kirche und Synagoge, a. a. O., 64;

Paul W. Massing, Vorgeschichte des politischen Antisemitismus, Frankfurt a. M. 1959, 13ff.

36 Zur Vertheidigung der Christen gegen Juden und Judengenossen, Germania, XIII, Nr. 178 (8. August 1883).

37 *C. F. Heman*, Die historische Weltstellung der Juden und die moderne Judenfrage. Abdr. aus der Allgemeinen Conservativen Monatsschrift, Leipzig 1881, 54; *H. von Petersdorff*, Der Einfluß der politischen Entwicklung auf die sittlich-religiösen Zustände, in: *Ludwig Weber*, Geschichte der sittlich-religiösen und socialen Entwicklung Deutschlands in den letzten 35 Jahren, Gütersloh 1895, 21ff.

38 *Günter Brakelmann*, Reichsgründung und kirchlicher Protestantismus 1871, Manuskript eines Referats anläßlich einer Tagung der Evangelischen Akademie Berlin 8.–10. Januar 1971; gekürzte Fassung: *Günter Brakelmann*, Gottes Wille: Das deutsche Reich. Der Hofprediger Bernhard Rogge in Versailles, Berliner Sonntagsblatt, 3 (17. Januar 1971), 5.

39 *Heman*, op. cit., 54f.

40 *Alfred Dove*, Humboldt als Judengenoß, Im neuen Reich, I, 1 (1871), 377f.

41 *Cohen*, op. cit., 3; *Köhler*, Die Wirkung des Judentums, op. cit., 124.

42 *von Petersdorff*, a. a. O., 21.

43 *Heman*, op. cit., 39.

44 *Birke*, op. cit., 268; *Heman*, op. cit., 59 und besonders 65; ähnlich auch: Das Judentum im Staate. Sep.-Abdruck aus den Reichsboten, Berlin 1884, 44.

45 *Ludwig Bamberger*, Deutschtum und Judentum (1880), Gesammelte Schriften, Band V, 32.

46 *Kolkmann*, op. cit., 12, warnte als überzeugter Liberaler die Christen nachdrücklich vor der Gefahr, durch ihre unsachlichen Auseinandersetzungen mit dem Talmud die Religionskritiker dazu anzustiften, auch »mit dem Alten Testamente ein solches frevelhaftes Spiel« zu treiben. Bruno Bauer z. B. hat mit seinen antisemitischen Artikeln in der Berliner Revue von Anfang an nicht nur das Judentum, sondern im gleichen Maß auch das Christentum treffen wollen. Sein Kampf galt der Religion ganz allgemein. *Ernst Barnikol*, Bruno Bauer, Studien und Materialien, Assen 1972, 351f.

47 *Arnold Lindwurm*, Im neuen Reich, II, 2 (1872), 569.

48 Mit Recht hat *Bruno Bauer*, Zur Orientierung über die Bismarcksche Ära, Chemnitz 1880, Neudruck Aalen 1969, 142, in bezug auf das Geschichtsbild der Reichsgründungszeit erklärt: »Wir fühlen uns... unter dem Thun und Treiben unserer Vorfahren vom Jahr 920 so heimisch wie in einem Bezirksverein unserer Tage... Arnulf [von Bayern] ist in seinem anfänglichen Widerstand der Mann der bayrisch-patriotischen, Heinrich [I.] als Sieger derjenige der norddeutschen Zeitungen.«

49 Lagarde schrieb am 8. August 1871 an seine Frau: »In Cassel waren auf dem Bahnhofe drei alte hessische Bäuerinnen,... sie hatten sich nichts zu erzählen als Elend und Kummer und sahen mir aus wie auf der Auswanderung vor diesem neuen Deutschland, das so liberal, mächtig und so gänzlich undeutsch ist. Wir beten fremde Götter an: das ist unser Unglück.« (*Anna de Lagarde*, Paul de Lagarde. Erinnerungen aus seinem Leben, Göttingen 1894, 95.)

50 Vgl. u. a. den Bericht über die hessischen Wahlen, Im neuen Reich, III, 2 (1873), 817ff.

51 Brief von Diest-Daber an Marr, 16. August 1879, StA Hbg, NL Marr A 44.

52 Vgl. dazu die Fragmente eines Vortrags von Rabbiner Dr. Joseph Eschelbacher

aus dem Jahr 1907. Veröffentlicht und kommentiert von *Uriel Tal*, Das Wesen des Deutschtums nach jüdischer Auffassung, Michael, Vol. II, Tel Aviv 1973, 180f.

53 Der Begriff »deutsch-national« ist dem Verfasser erstmalig in einem Brief von Constantin Frantz an Richard Wagner vom 18. Februar 1866 begegnet, *Frantz*, Briefe, 44. Ende der siebziger Jahre findet sich der Begriff dann in Briefen an Marr wiederholt. Was nun ein »entschieden deutscher Geist« war, wie »Sinn und Verständnis für das eigentlich Deutsche« erhalten und entwickelt werden sollten, darüber gab es allerdings kaum Einvernehmen. Einigkeit bestand nur – dort aber sehr entschieden – in der Ablehnung des neuen, von Bismarck geschaffenen Reiches.

54 *Franz Böhm*, Antisemitismus im 19. Jahrhundert, in: Bulletin des Leo Baeck Instituts, IV, Nr. 16 (1961), 269.

55 Vgl. unter anderem auch die Zeitanalysen Jacob Burckhardts. Dazu neuerdings *Hardtwig*, op. cit., 275 f.

56 So etwa in *Wilhelm Raabes* 1865 erschienenem Roman Der Hungerpastor.

57 *Alfred Dove*, Zum Jahreswechsel im neuen Reich, Im neuen Reich II, 1 (1872), 6. *Ders.*, Ein Neujahrswort an die deutsche Geistesarbeit, a. a. O., III, 1 (1873), 1 ff.; *von Petersdorff*, op. cit., 22.

58 *Jacob Burckhardt* wies in einem Brief vom April 1872 auf die Nöte hin, »in welche das Geistige überhaupt binnen weniger Jahre geraten wird durch das in heftiger Progression zunehmende materielle Treiben, durch die allgemeine irdische Veränderung, welche mit der bevorstehenden Vertheuerung des Lebens auf das 1½-fache eintreten muß... Es ist schon jetzt an dem, daß die Intelligenzen von Rang, welche noch vor 10 Jahren dem gelehrten, dem geistlichen, dem Beamtenstande etc. zugefallen wären, sichtbarlich zur Partei der Geschäfte übergegangen sind.« Zitiert nach *Hardtwig*, op. cit., 276; ähnlich auch *Dove*, Neujahrswort an die deutsche Geistesarbeit, a. a. O., 3 ff.; gröber und undifferenzierter Wilhelm Marr in einem Bericht über die ersten Bayreuther Bühnenfestspiele 1876. Nachklänge aus Bayreuth, StA Hbg, NL Marr B II c.

59 *Wolfgang Schumann*, Deutsche und jüdische »Schuld« und Aufgabe, Der Jude VIII, Nr. 7 (Juli 1924), 384.

60 Berichte aus dem Reich und dem Auslande. Berliner Briefe, Im neuen Reich, I, 1 (1871), 912 ff.

61 A. a. O., 917.

62 Berichte aus dem Reich und dem Auslande. Vom Reichstage. Aus Berlin, Im neuen Reich, III, 1 (1873), 631: »Die allgemeine Verstimmung gegen dieses mehr oder minder gekannte und durchschaute System ist eine große und berechtigte. Täuscht mich nicht alles, so erleben wir sehr bald eine sehr heftige Reaktion gegen dasselbe auch außerhalb des Reichstages an verschiedenen Zentren des sozialen Lebens und hoffentlich auch in der Presse. Dieses System hat bekanntlich die soziale Physiognomie Berlins bereits zum gerechten Unwillen aller Gebildeten – ich weiß kein Wort, das den Herd der Opposition allgemeiner und besser bezeichnete, – erheblich verändert.«

63 *Franz Perrot*, Das Aktienwesen und -unwesen, Im neuen Reich, III, 2 (1873), 494; Berichte aus dem Reich und dem Auslande. Vom Reichstage, a. a. O., III, 1 (1873), 632.

64 *Alfred Dove*, Zum Jahreswechsel im neuen Reich, Im neuen Reich, II, 1 (1872), 7.

65 *Alfred Dove*, Ein Neujahrswort an die deutsche Geistesarbeit, Im neuen Reich, III, 1 (1873), 1.

66 Das trifft für Marr, Glagau und eine Reihe anderer Publizisten zu. Auch die

Gartenlaube, in der 1874 Glagaus Artikelserie erschien, wurde bis 1874 ganz und gar im nationalliberalen Geist redigiert.

67 Wirtschaftliche Sorgen, Im neuen Reich, V, 1 (1875), 786.

68 Zu den konservativen Opponenten Bismarcks und der Regierung gehörten u. a. *Otto von Diest-Daber* mit seiner Schrift: Geldmacht und Sozialismus, Berlin 1875, und Dr. Franz Perrot, der 1875 in den Ära-Artikeln der Kreuzzeitung Bismarck heftig angriff und beträchtliches Aufsehen erregte. Bismarck hat darauf in der Reichstagsrede vom 9. Februar 1876 scharf reagiert. Vgl. *Otto von Bismarck*, Die gesammelten Werke 11. Bd.: Reden 1869 bis 1878. Bearb. von *Wilhelm Schüßler*, Berlin o. J., 435 f. Perrot hat offen eingestanden, er habe mit seinen Angriffen in der Kreuzzeitung Bismarck »zu einer anderen, unseren gemeinsamen deutschen Interessen entsprechenden Wirtschaftspolitik zwingen« wollen. »Der große Bismarck«, so meinte er, »kann nur mit glühenden Eisen, nicht mit Rosenwasser gezwungen werden.« *Franz Perrot*, Bismarck und die Juden. »Papierpest« und »Ära-Artikel von 1875«. Ergänzt durch Karl Perrot. Neu herausgegeben mit Einleitung und Nachwort von *L. Feldmüller-Perrot*, Berlin 1931, 270.

69 Die Gartenlaube, Jg. 1874, Nr. 49, 788 ff.; *Reinhard Rürup*, Kontinuität und Diskontinuität der ›Judenfrage‹ im 19. Jahrhundert, in: Sozialgeschichte Heute. Festschrift für Hans Rosenberg zum 70. Geburtstag, hrsg. von *Hans-Ulrich Wehler*, Göttingen 1974, 406.

70 *O. M.*, Die jüngste Schwindelperiode in Deutschland, Im neuen Reich VI, 2 (1876), 404 f.

71 *Leuß*, a. a. O., 327; *Max Haushofer*, Das deutsche Kleingewerbe in seinem Existenzkampf gegen die Großindustrie, Berlin 1885, 44.

72 *Friedrich Meinecke*, Alfred Dove und der Klassische Liberalismus im neuen Reich, a. a. O., 411.

73 In diesem Zusammenhang sei nur darauf verwiesen, daß Wilhelm Marr, dessen antisemitische Tätigkeit schon lange bekannt war, seit dem Jahr 1878 eine Fülle zustimmender Briefe erhielt. Nun, da die Opposition gegen den Liberalismus toleriert wurde, boten Gymnasiallehrer, Publizisten, Pastoren und Künstler Mithilfe und Unterstützung jeder Art an. Dr. Eisenlohr, Heidelberg, schrieb Marr am 21. Februar 1880: »Das große und das gebildete Publikum hier ist ganz auf unserer Seite«, StA Hbg, NL Marr A 50; Karl Böttcher, der Direktor der Dt. Evang. Gemeindeschule in Neapel, berichtet Marr am 2. September 1879: »Infolge Ihrer Streitschriften hat sich nämlich unter den hiesigen angesehensten und zahlungsfähigsten Deutschen eine nette Gemeinde gebildet, die mit wahrem Heißhunger Ihre Schriften studiert, sie in vielen Exemplaren verkauft und verteilt und mit wahrer Begeisterung zu Ihrer Fahne schwört«, A 24; aus der Fülle der Beispiele sei nur noch auf die zeitweilige Verbindung Hans von Bülows mit Marr hingewiesen. Auch er hat – wenigstens am Anfang – Marr zugestimmt und seine Schriften empfohlen und verteilt, A 35.

74 Reichsfreiherr v. Fechenbach-Laudenbach nahm am Opportunismus bei Intellektuellen besonders Anstoß. Er sprach in einem Brief an Marr vom 18. Oktober 1884 von den »Halunken, die infolge des Wandels von 1878 über Nacht conservativ wurden«, StA Hbg, NL Marr A 56; ferner auch A 101 und A 109. Sehr groß war die Zahl derer, die die politische Veränderung geschäftlich nutzen wollten und sich als Lohnschreiber anboten.

75 Berichte aus dem Reich und dem Auslande. Antijüdische Agitation, Im neuen Reich, X, 1 (1880), 797 ff.

76 Eugen Friese, Dresden, bat Marr in einem Brief vom 21. Juli 1879, seine Schriften doch dem König von Sachsen und dem Prinzen Georg zu senden, da er »mit ziemlicher Sicherheit« sagen könne, »daß ihnen die Judenfrage bekannt ist«, StA Hbg, NL Marr A 66; in anderen Briefen werden u. a. der Herzog von Braunschweig (»Ich weiß, daß der Herzog persönlich ein großer Feind des Judentums ist«), A 308, die Fürsten von Pleß und Hohenlohe, der Herzog von Ratibor u. a. genannt, A 65; Frh. von Frankenberg stellte Marr 10000 Mark für den Start der Deutschen Wacht namens konservativer Freunde, wohl vornehmlich aus Kreisen der Deutschen Reichs-Partei, zur Verfügung. Es waren im wesentlichen die Kreise, die auch die Post herausgaben und finanzierten. Brief vom 13. August 1879, A 65; Frankenberg bat Marr auch, die Dt. Reichs-Partei im Wahlkampf publizistisch zu unterstützen. »Daß die Partei in der Semitenfrage keine prononcierte Stellung einnimmt, aber nichts weniger als philosemitisch ist, wissen Sie gewiß.« Aus dem Kreis um Bismarck wird Marr besonders von Lothar Bucher unterstützt.

77 Berichte aus dem Reich und dem Auslande. Antijüdische Agitation, Im neuen Reich, X, 1 (1880), 797.

78 *Leuß*, a. a. O., 330. Reichskanzler v. Caprivi erklärte am 12. Mai 1890 im Reichstag: »Nach dem Kriege von 1870 trat eine Periode ein, in der der nationale Geist, ich will nicht sagen, rückläufig wurde, aber zu erlahmen schien.« Stenographische Berichte über die Verhandlungen des Reichstags, VIII. Legislaturperiode, Bd. 114, 41.

79 Lothar Bucher riet Marr in einem Brief vom 21. November 1880: »Dieser Streit und diese Agitation gegen ›die Juden‹ im Allgemeinen trifft nicht das Richtige. Es müßte heißen Preßjuden oder Reformjuden; gegen diese Kategorie den Unwillen des ausgebeuteten deutschen Volkes wachzurufen, wird an leitender Stelle ... für zweckmäßg gehalten«, StA Hbg, NL Marr A 33; *Massing*, op. cit., 45 weist auf Bismarcks Erklärung in der Kabinettssitzung am 14. November 1881 hin, wonach er »nur gegen die fortschrittlichen, nicht gegen die konservativen Juden und ihre Presse« sei.

80 Dr. Müller, Direktor einer Lehranstalt bei Darmstadt, am 5. Dezember 1879 an Marr, StA Hbg, NL Marr A 164; Generalmajor z. D. Petzel, Landsberg/Warthe, schrieb Marr: »Sie werden treue und eifrige Jünger erlangen, eine neue Schule der Reformation bilden und neben, vielleicht noch über Luther für alle Folgezeiten genannt werden«, A 176.

81 Pellens, Leipzig, an Marr, 19. Oktober 1879, StA Hbg, NL Marr A 173.

82 Aus der Fülle der Beispiele seien hier einige nur genannt: Die Herausgeberin des Bayerischen Landboten bedankte sich bei Marr für Artikel, »welche den allgemeinen Beifall bei unseren Lesern finden«. Sie setzte hinsichtlich des Fortbestandes ihrer Zeitung ihr »ganzes Vertrauen« nur auf Marr, StA Hbg, NL Marr A 34; ähnlich äußerten sich auch die Redaktionen der Norddeutschen Presse in Neustettin, A 58, der Schlesischen Warte in Breslau, A 72, der Patriotischen Zeitung in Liegnitz, A 11.

83 Briefe der Redaktion der Schlesischen Warte, Breslau, an Marr, StA Hbg, NL Marr A 72; ferner Friese, Dresden, an Marr, A 66; eine Gruppe junger Männer aus Heilbronn an Marr, A 78; Dr. Müller, Pfungstadt bei Darmstadt, an Marr, A 164, u. a. m.

84 Generalmajor Petzel an Marr: »Ich habe persönlich von Juden nichts Unliebsames erfahren, habe niemals etwas mit einem von ihnen zu tun gehabt, aber jene Stimmung gegen die Juden äußerte mein urgermanisches Blut schon in meinen

Kindesjahren, ebenso bei allen meinen mitheranwachsenden Altersgenossen«, StA Hbg, NL Marr A 176.

85 Prinz Carl zu Hohenlohe-Ingelfingen an Marr 28. Juli 1879, StA Hbg, NL Marr A 108.

86 Prinz Carl zu Hohenlohe-Ingelfingen an Marr 14. September 1879, A 108.

87 *Kurt Wawrzinek*, Die Entstehung der deutschen Antisemitenparteien (1873–1890), Berlin 1927, 23 ff.; *Friedrich Lorenzen*, Die Antisemiten, Berlin-Schöneberg 1912, 9.

88 *Friedrich Meinecke* in der Besprechung des Buches von *Walter Frank*, Hofprediger Adolf Stoecker und die christlich-soziale Bewegung. Historische Zeitschrift Bd. 140 (1929); 151 ff.; Wiederabdruck: *Friedrich Meinecke*, Werke, Bd. VIII, 445 f.

89 Ein Schleusenmeister aus Ostfriesland an Marr: »Die Stöckersche Methode, das Judentum zu bekämpfen, scheint mir am Ende noch den meisten Erfolg zu sichern.« StA Hbg, NL Marr A 80; ähnlich auch in anderen Briefen. Eine große Wirkung erzielte Stoecker auch in Österreich, A 185. Vgl. auch *Karl Buchheim*, Geschichte der christlichen Parteien in Deutschland, München 1953, 262; *Helmut Busch*, Die Stoecker-Bewegung im Siegerland. Ein Beitrag zur Geschichte der christlich-sozialen Partei, Phil. Diss., Marburg/Lahn 1964.

90 *Leuß*, a. a. O., 328.

91 *Wawrzinek*, op. cit., 33; Marr wird immer wieder davor gewarnt, die große Zahl seiner christlichen Anhänger nicht zu verprellen, StA Hbg, NL Marr A 11, A 27, A 80. Viele sind in ihrem Judenhaß allerdings so blind, daß sie die tiefen Gegensätze zwischen atheistischen und christlichen Antisemiten übersehen. Frh. v. Geyso, Dresden, lobt die von Marr entfachte »Bewegung«, der sich seiner Meinung nach jeder »selbstbewußte deutsche Christ gewiß mit hoher Befriedigung anschließen wird«, A 73. Auch namhafte Protestanten, wie Prof. Messner, der Herausgeber der Neuen Evangelischen Kirchenzeitung, erklären sich zur Zusammenarbeit mit Marr bereit, ja sie machen sogar ihre Leser auf dessen Schriften aufmerksam. Brief vom 2. Mai 1879, A 156.

92 Text und Begleitbrief von Bernh. Förster an Marr vom 11. und 17. Juli 1880, StA Hbg, NL Marr A 63.

93 Praktisches Handbuch des Kyffhäuser-Verbandes der Vereine Deutscher Studenten, hrsg. von *Paul Blunck*, Hamburg 1926, 11 ff. und 18 ff.

94 Von Fechenbach-Laudenbach an Marr, 19. Januar und 2. Juli 1882, StA Hbg, NL Marr A 56. Fechenbach kam es sehr bewußt auf die organisatorische Erfassung der Menschen an. »Wir befinden uns selbst im härtesten Kampfe und haben so lange nichts erreicht, als unsere Leute nicht die Majorität im Reichstage haben... Die Handwerker bilden die erste Armee, die ich zu sammeln und zu organisieren habe. Haben wir die Interessen des Volkes erkannt, dann können wir auch auf dasselbe zählen, denn jeder wird seinen Vorteil wollen, wenn er ihn erst kennt. Man kann keine regelrechten Schlachten mit Freischaaren schlagen, darum muß den Aktionen die Sammlung und Organisation der Kräfte vorangehen.«

95 *Cohen*, op. cit., 8.

96 Brief Henricis an Marr vom 14. März 1881, StA Hbg, NL Marr A 99. H. Haug warnt Marr am 15. November 1881 nachdrücklich vor dieser permanenten Aufreizung der »blinden Volkswut«, A 92.

97 Bernh. Förster schrieb am 16. Dezember 1879 an Marr: »Weihnachten bin ich in Naumburg a. S. und werde dort wühlen und hetzen«, StA Hbg, NL Marr A 63; Theodor Fritsch schrieb in einem Brief an Marr 8. Mai 1884 zynisch und offen:

»Im übrigen gehöre ich in Judensachen zu den ›Radikalissimi‹: Ich betrachte es als kein Unglück, wenn man mit roher ›Volksgewalt‹ den ›Blutegeln Salz auf den Schwanz‹ streut. Ich habe aber nichts dagegen, wenn man in der Presse über solche Vorkommnisse einiges Bedauern heuchelt«, A 67.

98 Prinz Carl zu Hohenlohe-Ingelfingen an Marr, 14. September 1879; von Fechenbach-Laudenbach an Marr, 19. Januar 1882, StA Hbg, NL Marr A 108, A 56.

99 Eugen Friese, Dresden, schrieb am 7. Oktober 1879 an Marr: »Vielleicht könnte gesagt werden, ›der Antinihilisten-Partei‹, wobei mir einfällt, daß es gut ist, den Juden den Namen jener russischen Umsturz-Partei zu geben, sie mit einem Wort ›Nihilisten‹ zu nennen und das Volk an diese Benennung zu gewöhnen, mit der ja stets das wirksame Schreckmittel, das gefürchtete rote Gespenst identifiziert wird«, StA Hbg, NL Marr A 66.

100 *Erich Lehnhardt*, Judenthum und Antisemitismus, Preußische Jahrbücher, 55. Bd., 1885, 680.

101 *Köhler*, op. cit., 121.

102 Vgl. die späten Briefe Constantin Frantz', in denen die tiefe Resignation dieser Kreise zu erkennen ist. In einem Brief an H. v. Wolzogen vom 24. Juni 1888 beklagt er den neudeutschen Chauvinismus. »An Wurzeln in der Vergangenheit kein Gedanke, es soll alles nur von gestern sein... Nicht eine Vertiefung, sondern eine Verflachung des deutschen Geistes hat dabei stattgefunden«, *Frantz*, Briefe, op. cit., 153, ähnlich auch 158 ff.

103 Frh. von Frankenberg an Marr, 28. September 1887, StA Hbg, NL Marr A 65.

104 Frh. von Frankenberg an Marr, 1. November 1888. StA Hbg, NL Marr A 65.

105 Theodor Fritsch an Marr, 28. April 1886 und 26. März 1886, StA Hbg, NL Marr A 67.

106 *Pohlmann*, op. cit., 5; *August Oppenheim*, An meine deutschen Glaubensgenossen, Basel o. J., 3.

107 *Erich Lehnhardt*, Judenthum und Antisemitismus, Preußische Jahrbücher, 55. Bd., 1885, 671.

108 Theodor Fritsch an Marr, 20. Juli 1885, StA Hbg, NL Marr A 67.

109 Eugen Friese, Dresden, an Marr, 19. Juli 1879, A 66.

110 *Peter G. J. Pulzer*, Die Entstehung des politischen Antisemitismus in Deutschland und Österreich, 1867–1914, Gütersloh 1966, 135.

111 Carl Maria von Zerbour an Marr, StA Hbg, NL Marr A 302; Hanns Beruth, Herausgeber der Politischen Fragmente, am 11. November 1879 an Marr A 14. Beruth war wohl der erste, der die Spalten seines Blattes den deutschen Antisemiten öffnete. Dr. Psenner an Marr, 21. April 1885, A 185. Der Priester Ludwig Psenner, Redakteur des Österreichischen Volksfreund, hatte keinerlei Bedenken, mit dem Atheisten Marr zusammenzuarbeiten. Er bedankte sich vielmehr für die »ausgezeichneten Artikel, die hier allerseits außerordentlichen Beifall finden und meinem Blatte vorwärtshelfen«. Brief vom 18. Juli 1885; Franz Friedrich Masaidek am 6. Oktober 1879 an Marr, A 150. Über Psenner und sein Wirken auch *Pulzer*, op. cit., 139 ff.

112 Hanns Beruth, Wien, an Marr 7. Juli 1880 und 4. Oktober 1882, StA Hbg, NL Marr A 14.

113 Manifest an die Regierungen und Völker der durch das Judenthum gefährdeten christlichen Staaten, Chemnitz 1882, 8 f. BA Koblenz, ZS g 113, Nr. 15.

114 *Pulzer*, op. cit., 119.

115 Victor von Istóczy an Marr, 9. August 1879, StA Hbg, NL Marr A 115.

116 Victor von Istóczy an Marr, 8. November 1879, a. a. O., A 115.

117 Čenék L. Zásmucky an Marr, 3. Januar 1881, StA Hbg, NL Marr A 300; anonymer Brief an Marr aus Wien, 26. November 1880, A 308 (41).

118 Psenner an Marr, 21. April 1885, StA Hbg, NL Marr A 185.

119 *Stanislas M. v. Propper*, Was nicht in die Zeitung kam, Frankfurt a. M. 1929, 58.

120 Bruno Schwarz an Marr, 28. Juli 1879, StA Hbg, NL Marr A 236. Wilhelm Schernikau, Direktor des Russischen Lloyd in St. Petersburg, an Marr, 5./17. Februar 1883, A 212; anonymer Brief an Marr aus Petersburg, 7. Oktober 1879, A 308 (19). Die deutsche Kolonie in Petersburg hatte Schernikau gebeten, anläßlich des Kaiser-Geburtstages die Festrede zu halten. Er bat Marr, ihm einen Redeentwurf zu schreiben.

121 *Propper*, op. cit., 58.

122 Schwarz an Marr, 28. Juli 1879, StA Hbg, NL Marr A 236.

123 *Propper*, op. cit., 25 f.

124 A. a. O., 68 ff.

125 Die folgenden Darlegungen stützen sich auf die Korrespondenz Ernst Schirmers mit Marr, StA Hbg, NL Marr A 216, sowie auf eine Aufzeichnung von Marr über sein Verhältnis zu General Trepow, die er als Anlage zu seinen Erinnerungen anfertigte, NL Marr B II d. Die sechs Briefe Trepows an Marr, A 263, geben dagegen nicht übermäßig viel Aufschluß über die Kontakte.

126 Trepow hatte den Studenten Bogoljubow, der bei einem Spaziergang im Gefängnishof nicht die Mütze vor ihm gezogen hatte, auspeitschen lassen. Der Student ertrug die ihm angetane Schmach nicht und beging Selbstmord. Darauf verübte die mit B. befreundete Vera Sassulitsch ein Attentat auf Trepow. Er wurde durch den Schuß schwer verwundet, die Attentäterin von einem Geschworenengericht freigesprochen. Vgl. *Propper*, op. cit., 135, der auch von der Erregung der Öffentlichkeit über Trepows Vorgehen berichtet.

127 Brief Schirmers an Marr vom 1. Oktober 1878, StA Hbg, NL Marr A 216.

128 *Johann Maier*, Das Judentum von der biblischen Zeit bis zur Moderne, München 1973, 714. Selbstverständlich wußten auch die deutschen und österreichischen Antisemitenorgane zu berichten, daß die Alliance Israélite Universelle den Tod des Zaren auf dem Gewissen habe. Einen Bericht über die Reaktion der europäischen rechten Presse gibt Der Sozialdemokrat vom 20. März 1881 (Nr. 12).

129 *Propper*, op. cit., 106 ff.

130 Obwohl Stoecker die Lüge vom Ritualmord entschieden verurteilt hat, war er doch bereit, die durch einen wilden Fanatismus 1882 in Tisza-Eszlar in Ungarn erzeugte Erregung agitatorisch auszunutzen. Brief an Marr 28. Juni 1882, StA Hbg, NL Marr A 256; ebenso bereitwillig arbeitete er auch immer wieder mit den Rassenantisemiten zusammen. Er bedauerte sogar, wenn von anderer Seite der Bruch herbeigeführt wurde. Am 12. November 1886 reagierte er auf einen heftigen Angriff Marrs: »Sie können mir nach mancher Richtung hin gar keinen größeren Dienst leisten, als wenn Sie mich von Ihrem Racestandpunkt aus auf das allerschärfste bekämpfen. Persönlich ist mir ein Schnitt zwischen christlicher und nichtchristlicher Anschauung der Judenfrage nur erwünscht. Aber für die Sache? Haben Sie auch recht bedacht, was die Fortsetzung dieser Fehde, die nicht von mir begonnen ist, für Folgen hat? Nichts als eine Schwächung der Bewegung!« Stoecker wirkte auch auf dem ersten internationalen antijüdischen Kongreß an hervorragender Stelle mit und hat dort einen Geist toleriert, den er als christlicher Theologe keinesfalls akzeptieren durfte.

131 Prinz Carl zu Hohenlohe-Ingelfingen an Marr, 3. April 1882: »Einstweilen verfährt die russische Regierung in der Semitenfrage, als ob Stoecker daselbst Kanzler wäre«, StA Hbg, NL Marr A 108.

132 Politisches Handbuch der Nationalliberalen Partei, Berlin o. J. (Dez. 1907), 42.

133 *Lehnhardt*, op. cit., 667.

134 Flugblatt Nr. 1 Wie lösen wir die Judenfrage?, hrsg. im Auftrag des Antisemitischen Comités von Theod. Fritsch, Januar 1886; Fritsch an Marr, 1. Dezember 1885, StA Hbg, NL Marr A 67.

135 Die Absicht, unter Berufung auf einen großen Anhängerkreis und viele Sympathisanten Regierung, Verwaltung und Parlamente unter Druck zu setzen und widerstrebende Kräfte des Bürgertums einzuschüchtern, ist offen eingestanden worden. Fritsch schrieb am 27. November 1885 an Marr: »Aber die ›Kleinen‹ muß man auch mit fischen; sie machen das Netz voll und geben, wenn sie hinter einem stehen, den nötigen Nachdruck«, StA Hbg, NL Marr A 67; kurze Zeit später verstieg sich Fritsch in einem Flugblatt (Nr. 2, etwa Frühjahr 1886) Die Juden und der deutsche Staat zu der massiven Drohung: »Sollten freilich die besseren Kreise der Gesellschaft es verschmähen, durch ehrliche, gründliche Untersuchung den bestehenden Mißständen abzuhelfen, so werden notgedrungen die unteren Schichten des Volkes über kurz oder lang die Frage auf *ihre* Weise zu lösen suchen.« – Über die Methoden der Arbeit geben zahlreiche Rundschreiben Aufschluß. BA Koblenz ZSg 113, Nr. 14. Besonders charakteristisch ist der Brief Fritschs an Marr vom 12. November 1890: »Daß wir die Bewegung auf die Städtchen und Dörfer hinaustragen, ist von ungeheurer Bedeutung! Die Groß-Städte sind die Pfuhle der Corruption; die Gesundheit liegt auf dem Lande! Von dort aus muß reformiert werden! … Wir gehen bei unserer Arbeit mit viel mehr Plan, Umsicht und Menschenkenntnis zu Werke, als Sie ahnen. In der Kleinarbeit liegt der Schwerpunkt! Große Häuser baut man nur, indem man viele einzelne kleine Steine aufeinanderschichtet und richtet. Mit großen ›Zügen‹ – die aber nur pathetische Phrase bleiben, ist's nicht gemacht. Lassen Sie unsere Arbeit erst fertig werden und urtheilen Sie dann! – Gut Ding will Weile haben!«, StA Hbg, NL Marr A 67.

136 Friedrich Raab, später einer der bekanntesten Partei- und Verbandsantisemiten, scheute sich zunächst, mit Marr, den er enthusiastisch verehrte, in Verbindung zu treten, weil er sich als unreifer und unwissender junger Mann nicht blamieren wollte. Er schrieb am 18. Juli 1884 an Marr: »Ich bin nämlich noch durchaus kein ausgewachsener Antisemit, sondern erst im Stadium des dumpfen Vorgefühls der jüdischen Gefährlichkeit, der eigentlich noch nichts weiter für die gute Sache einsetzen kann als die normalen körperlichen Kräfte eines 25jährigen Germanen, weiter bin ich durchaus kein gebildeter Mensch«, StA Hbg, NL Marr A 188; ähnlich der Brief eines Bankangestellten an Marr, A 306. Selbst Fritsch gesteht seinem »Lehrmeister« Marr gegenüber gelegentlich seine Unterlegenheit ein. Brief vom 19. Mai 1885, A 67.

137 Henrici versuchte Marr angesichts des Fiaskos der Antisemitenliga in einem Brief vom 14. März 1881 zu trösten: »Nur Mut, die Jugend wächst heran.« StA Hbg, NL Marr A 99. Äußerungen dieser Art gab es in großer Zahl. Noch eindringlicher waren die Mahnungen besonnener Kreise, die die unabsehbaren Folgen einer planmäßigen Verhetzung der Jugend erkannten. *J. Pestalozzi*, Der Antisemitismus ein Krebsschaden, der am Marke unseres Volkslebens frißt, Leipzig 1891, 90; Juden, Studenten, Professor. Frage- und Antwortspiel. Von *J. H. M.*, Leipzig 1881. Diese Broschüre erschien unter dem Motto: »Diese jugendlichen

Redner sollen in nur wen'gen Jahren unsere lieben Kleinen lehren; soll'n uns richten, uns regieren, von der Kanzel Liebe predigen. O, der ros'gen deutschen Zukunft!«

138 *Cohen*, op. cit., 12; *Lorenzen*, op. cit., 20; in Hessen erreichte die Parteinahme der Beamten zugunsten der Antisemiten Ende der achtziger Jahre ein solches Ausmaß, daß die Regierung einschreiten und eine Beteiligung der Beamten an antisemitischen Aktionen verbieten mußte. Berliner Tageblatt, XVIII, Nr. 642 (18. Dezember 1889); dazu generell auch die Aufzeichnungen Gotheins über seinen Kampf gegen den Antisemitismus, BA Koblenz, Nachlaß Gothein 13.

139 BA Koblenz, Nachlaß Gothein 13.

140 Geheimes Staatsarchiv Preußischer Kulturbesitz Berlin-Dahlem, Rep. 84a, 11948.

141 *Bernhard Guttmann*, Schattenriß einer Generation 1888–1919, Stuttgart 1950, 192; *Max Weber*, Jugendbriefe, Tübingen o. J., 74; Korrespondenz Prof. Adolf Stern mit Adolf Bartels 1890–1896, Privatbesitz.

142 *Franz Oppenheimer*, Erlebtes, Erstrebtes, Erreichtes. Erinnerungen, Berlin 1931, 252.

143 *Benno von Polenz*, Wilhelm von Polenz als Student in Berlin, Akademische Blätter, 43, Nr. 15/16 (November 1928), 145.

144 *Heinemann Stern*, Warum hassen sie uns eigentlich?, Düsseldorf 1970, 25; Max Weber an Hermann Baumgarten, 14. Juli 1885, *Weber*, op. cit., 173f.; Friedrich Thimme an seinen Bruder Karl aus Göttingen, 1891; Privatbesitz; generell dazu: *Felix Goldmann*, Hochschulantisemitismus. Im deutschen Reich, XXVIII, Nr. 3/4 (März/April 1922), 54ff.

145 Professor Adolf Stern an Adolf Bartels, 5. Mai 1896. Stern klagt darüber, daß es bisher schon in verantwortlichen Stellungen skrupellose Streber und »Macher der einen oder anderen Art« gegeben habe, nun aber »eine revolutionäre Jugend« in das Berufsleben eintrete, »die scheinbar zwischen sich und den gesellschaftlichen Machthabern das Tafeltuch zerschneidet, die tiefere und edlere Persönlichkeiten stürmisch fordert, aber jeden, der ihren Jargon redet, für eine solche Persönlichkeit nimmt... Von dieser Jugend werden wir (ich rede hier nicht pro domo, ich spreche für ganz andere und zum Teil bessere Leute als mich selber!) an die Wand gedrängt, aus allen Registern geschmäht, jeden Tag und jede Stunde bedroht.« Privatbesitz.

146 *Lehnhardt*, op. cit., 668.

147 *Pohlmann*, op. cit., 14f.

148 *Hugo Marx*, Werdegang eines jüdischen Staatsanwalts und Richters in Baden (1892–1933), Villingen 1965, 33; *Rudolf Amelunxen*, Ehrenmänner und Hexenmeister. Erlebnisse und Betrachtungen, München 1960, 15; *Werner T. Angress*, Prussia's Army and the Jewish Reserve Officer Controversy before World War I, in: Year Book XVII of the Leo Baeck Institute, London 1972, 42.

149 Auf diese Gefahren hatte 1880 schon *Ludwig Bamberger*, op. cit.,.36, hingewiesen. Publizistisch traten die antisemitischen Lehrer Albert Grimpen und Wilhelm Schwaner hervor. Besonders aktiv betätigten sich Lehrer in den völkischen Bünden. Der norddeutsche Jugendbund Schönerer wurde von dem Hamburger Lehrer Hermann Muthorst geleitet, in anderen regionalen Verbänden gaben Kollegen den Ausschlag. *Eduard Pichl*, Georg Schönerer, 4. Bd., Oldenburg/Berlin o. J., 481; für Süddeutschland ist aufschlußreich der Bericht von Alfred Autenrieth, Stuttgart, BA Koblenz, NS 26/1207; über die Verhetzung der Schuljugend: *Pestalozzi*, op. cit., 69; Plädoyer des Staatsanwalts von Rheinba-

ben im Prozeß gegen Ahlwardt. Der Prozeß Ahlwardt. Ein Zeichen der Zeit und eine lehrreiche Studie. Von einem Deutsch-Nationalen, Berlin o.J., 44; aufschlußreich auch der Artikel: Eine bemerkenswerte Kundgebung jüdischer Lehrer, Neue Preußische Zeitung, Nr. 236 (25. Mai 1891).

150 Ausschreiben des Oberkonsistoriums des Großherzogtums Hessen vom 3. November 1890 betr. die antisemitische Agitation. Allgemeines Kirchenblatt für das evangelische Deutschland, 40, 1891, 110ff.

151 So der Theologe Professor Johannes Hausleiter und andere, in: Adolf Stoecker. Erinnerungsblätter, hrsg. von *Ernst Bunke*, Berlin 1909, 65; vgl. auch die Beiträge in dem Sammelwerk: VDSter. Fünfzig Jahre Arbeit für Volkstum und Staat. Den Vereinen deutscher Studenten zum 6. August 1931 gewidmet von *Karl Maßmann* und *R. P. Oßwald*, Berlin 1931, 115ff.; wie intensiv der Einfluß Stoeckers auf die jüngeren Theologen war und wie lange er fortwirkte, bezeugte nach dem Zweiten Weltkrieg Dibelius. *Otto Dibelius*, Ein Christ ist immer im Dienst. Erlebnisse und Erfahrungen in einer Zeitenwende, Stuttgart 1961, 34ff. und 58.

152 Reinhold Seeberg, in einem Brief an seinen Bruder Alfred vom 19. Oktober 1901, in dem er anregte, Stoecker in Dorpat zu promovieren. Seeberg wies auf die allgemeine Anerkennung hin, die St. bei den Geistlichen genieße. Er stellte ganz besonders die Aktivierung des Gemeindelebens als ein Verdienst Stoeckers heraus. BA Koblenz, Nachlaß R. Seeberg Nr. 182. In vielen Fällen engagierten sich evangelische Geistliche in Wahlkämpfen zugunsten Stoeckers gegen nationalliberale Reichstagskandidaten, wenn diese den hemmungslosen Agitator in die Schranken wiesen. Aufklärungsschriften der deutschsozialen Partei, 5. Jg., Nr. 10 (10. Oktober 1905), ähnlich auch *Pestalozzi*, op. cit., 47, 72ff.

153 Holsten auf dem Berliner Protestantentag. Vgl. *G. C. Nöltingk*, Die christlich-sociale Partei in Deutschland, Bernburg und Leipzig 1882, 4.

154 Die ersten Evangelischen Arbeitervereine wurden 1882 gegründet. Im August 1890 erfolgte der Zusammenschluß aller bis dahin entstandenen Einzelverbände zum Gesamtverband der Evangelischen Arbeitervereine, dessen Vorsitz Pfarrer Lic. Weber übernahm. Dem Gesamtverband gehörten 1906 insgesamt 633 Vereine mit 122197 Mitgliedern an. Bis zum Beginn des Ersten Weltkrieges wuchs die Mitgliederzahl auf etwa 172000 an. Über den Einfluß Stoeckers auf die Arbeitervereine, StA Hannover, Ha 122 a XX, 36 und BA Koblenz, KL. Erw. 277; dort auch der zusammenfassende Bericht Hüpedens von 1926. Grundsätzlich dazu *von Petersdorff*, op. cit., 20f.

155 Bei den »Ritualmordaffären« in Xanten 1891 und Konitz 1900 haben Katholiken und vielfach auch Geistliche zur Aufpeitschung der Leidenschaften beigetragen. Sie wurden dabei von katholischen Blättern, u. a. auch von der Germania unterstützt (vornehmlich die Nummern vom 13.–26. Juli 1892). Vgl. auch *Oscar Lehmann*, Hildesheimers Abwehrtätigkeit, in: Hirsch Hildesheimer. Ein Gedenkbuch, Berlin 1911, 8ff. Aber auch sonst haben katholische Blätter selten eine Gelegenheit vorübergehen lassen, die Erregung gegen die Juden zu schüren. Germania XXII, Nr. 282 (8. Dezember 1892); Rheinische Volksstimme, II, Nr. 127 (5. Juni 1895). In diesem Artikel wird die Judenfrage ausdrücklich als »Racenfrage« behandelt.

156 Neue Bayerische Landeszeitung (Würzburg) Nr. 186 (17. August 1895); Nr. 187 (19. August 1895), besonders der Artikel Die Juden bei Bismarck. Noch entschiedener und radikaler bezog die von Dr. Sigl herausgegebene Zeitung Das Bayerische Vaterland Position. So etwa in dem Artikel Zur Judenfrage, XXVIII,

Nr. 14 und 15 (18. und 19. Januar 1896), der mit der Drohung schloß: »Rußland griff zur zwangsweisen Ausweisung, und wenn wir bei unserer Verfassung zu einem solchen Radikalmittel noch nicht greifen können, so kommt vielleicht einmal die Zeit, in der eine andere Auffassung herrscht.« Einige Zeit später wurde die Diskussion in dem Blatt noch einmal aufgenommen, Nr. 71 (27. März 1896). Dabei wurde abermals konstatiert: »Es handelt sich nicht darum, gegen das Judentum zu hetzen, sondern darum, es möglichst unschädlich zu machen.«

157 So etwa auch in katholischen Arbeitervereinen. Aus dem Tagebuch eines Arbeiterpräses. Präsides-Korrespondenz, hrsg. von *August Pieper*, Jg. 15, 1902, 311; Historisch-politische Blätter für das katholische Deutschland, 108. Bd., 1891, 141 ff.

158 Die deutschen Katholiken und die Judenfrage. Der Volksverein. Stimmen aus dem Volksverein für das katholische Deutschland. 1893, Heft 2–3, 36 ff., bes. 46; ähnlich hatte vorher bereits die Kölnische Volkszeitung argumentiert: 33. Jg., Nr. 186 (3. April 1892) und in einer Nummer, die auszugsweise auch in anderen Blättern abgedruckt wurde. Zitiert nach Leipziger Zeitung, Nr. 38 (16. Februar 1892), BA Koblenz, ZSg 113, Nr. 15.

159 *Hermann Greive*, Verspätete Aufklärung und sakraler Nationalismus. Zu den christlichen Voraussetzungen der deutschen Ideologie, 2. Teil, in: Werkhefte. Zeitschrift für Probleme der Gesellschaft und des Katholizismus, 24. Jg. (März 1970), 68.

160 *Paul de Lagarde*, Über die gegenwärtigen Aufgaben der deutschen Politik. Deutsche Schriften, München 1924, 30. Lagarde sah in der Tatsache, daß die »Juden aus Palästina stammen«, keinen Grund, sie nicht »in den großen Schmelztiegel« der Nation hineinzuwerfen. Was die Einschmelzung der Juden unmöglich mache, sei allein der Umstand, daß bei ihnen »die Nationalität unlösbar mit der Religion verknüpft« sei. Die Juden bildeten eine eigene Nation, und Lagarde hielt es für »unmöglich, eine Nation in der Nation zu dulden«.

161 Sorgen, Die Grenzboten, 50. Jg., I (1891), 385 ff. Der Verfasser des Aufsatzes vertrat die Auffassung, daß »Deutschland im Auslande längst nur noch als der Esel in der Löwenhaut gewürdigt werde«. Es könne diese Geringschätzung nur durch eine aktivere Kolonialpolitik und kein so großes »Entgegenkommen gegen England« beenden. »Wonach man sich sehnt, ist eine Tat, an der sich das politische Ehrgefühl der Nation wieder aufzurichten und zu erfrischen vermöge« (a. a. O., 388).

162 Der christlich motivierte Gedanke, daß Gott die Deutschen zur Begründung seiner Herrschaft auserwählt habe, wie er vor der Reichsgründung etwa von Constantin Frantz vertreten worden war (Brief an R. Wagner vom 26. Januar 1866, siehe Anm. 19), wurde mit fortschreitender Säkularisierung immer mehr materialisiert und vergröbert. Die besten Köpfe glaubten noch an die geistig-kulturelle Mission der Deutschen, die Mehrheit dagegen allein an die biologische Volkskraft, die zu besonderen militärischen und politischen Leistungen befähige. Dieser Vorstellung lag mehr oder weniger bewußt bereits der von einer Minderheit vertretene Gedanke der rassischen Überlegenheit des deutschen Volkes zugrunde. Bernhard Förster war in seinen 1883 veröffentlichten »Gedanken« über das »Deutschland der Zukunft« schon davon überzeugt, »daß mit dem Bayreuther Werke alle gesunden Reformgedanken – keineswegs bloß auf dem Felde der Kunst – zusammenhängen: die soziale Frage mit ihrem ganzen Gefolge von ›Fragen‹, und somit auch die Angelegenheit der deutschen Kolonien ... Nun gibt

es keine sichereren Symptome der Lebenskraft und Lebensfähigkeit eines Organismus als den Trieb nach Ausdehnung, Vergrößerung, Erweiterung seines Wesens. Wenn die Fortpflanzungsfähigkeit der natürlichste und untrüglichste Maßstab für die Gesundheit, Kraft und Lebensfähigkeit eines Menschen ist, so gilt für ein Volk die Tatsache, daß es als gesund und normalen Zustandes zu betrachten ist, solange es sich zu vergrößern und zu erweitern... trachtet und vermag.« (*Bernhard Förster*, Ein Deutschland der Zukunft, Bayreuther Blätter, 6. Jg. [1883], 45.)

163 Lagarde in einem Brief an den Prinzen, späteren Kaiser Wilhelm vom 6. April 1886. L. überreichte dem Prinzen als dem geborenen »Führer der jetzigen Jugend« die im gleichen Jahr erschienene Gesamtausgabe seiner Deutschen Schriften. (*Anna de Lagarde*, op. cit., 105.)

164 Die herrschende Unzufriedenheit und ihre Gründe, Die Grenzboten, 52. Jg., II (1893), 529.

165 Der Zusammenschluß aller Ordnungsparteien, Die Grenzboten, 50. Jg., I (1891), 98.

166 *Anna de Lagarde*, op. cit., 106.

167 Der Zusammenschluß aller Ordnungsparteien, Die Grenzboten, 50. Jg., I (1891), 99ff., bes. 102; *Leuß*, a. a. O., 332.

168 *Walter Bußmann*, Wandel und Kontinuität der Bismarck-Wertung, in: Revision des Bismarckbildes. Die Diskussion der deutschen Fachhistoriker 1945–1955, hrsg. von *Hans Hallmann*, Wege der Forschung, Bd. CCLXXXV, Darmstadt 1972, 489.

169 *Pohlmann*, op. cit., 10: »Bei dem Judenhaß der gebildeten Klassen wirkt noch etwas anderes mit, was man füglich als irregeleitete Vaterlandsliebe oder Chauvinismus bezeichnen könnte.« Da das Volk nach der Reichsgründung kein hohes nationales Ziel mehr besaß, habe es »in seinem dunklen Drange nach einer Betätigung der ihm innewohnenden Lebenskraft« gesucht. »So ist es denn gekommen, daß Tausende hochgebildeter Deutscher in der Bekämpfung des Judentums ein hohes nationales Ziel gefunden zu haben glauben.«

170 Der Kampf mit geistigen Waffen gegen die Sozialdemokratie, Die Grenzboten, 49. Jg., IV (1890), 500.

171 *Arthur Obst*, Geschichte der Hamburgischen Bürgervereine. Festschrift zur Feier des 25jährigen Bestehens des Zentralausschusses Hamburgischer Bürgervereine am 10. Juni 1911, Hamburg 1911, 115; vor der Reichsgründung war Marr wegen eines antisemitischen Zeitungsartikels zum Ausscheiden aus seinem Bürgerverein gezwungen worden (a. a. O.). In den neunziger Jahren waren die Bürgervereine mehrheitlich bereits so antisemitisch und nationalistisch, daß die Sozialdemokraten ihren Mitgliedern rieten, sich von ihnen völlig fernzuhalten. Andere Beispiele: Deutsches Blatt, Nr. 86 (27. Oktober 1897); *Adolf Bartels*, Aufgaben der Heimatkunst, Der Kunstwart, 14. Jg. (November 1900), 131; über die Arbeit des Deutschen Jugendbundes in Kassel gibt der Bericht Hüpedens guten Aufschluß. BA Koblenz, Kl. Erw. 227; Deutsch-nationale Warte, 1. Jg., Nr. 1 (16. Oktober 1894); autobiograph. Bericht Alfred Autenrieths, Stuttgart, über seine Lehrzeit. BA Koblenz, NS 26/1207.

172 *Theodor W. Adorno*, Zur Bekämpfung des Antisemitismus heute, in: Das Argument, Nr. 29 (1964), 89.

173 Die deutschsoziale Bewegung, Die Grenzboten, 52. Jg., III (1893), 386ff.; Der Antisemitismus wie er ist. 1. Die soziale Seite. Die Grenzboten, 53. Jg., II (1894), 12ff. und 3. Ausblicke, 249ff.; *Alexander Burger*, Geschichte der Par-

teien des deutschen Reichstags, IV, Die Parteien der wirtschaftlichen Vereinigung, Gautzsch b. Leipzig 1910, 11; Der wildgewordene Kleinbürger und Bauer und die Wahlen, Die Neue Zeit, XI. Jg., Nr. 40 (1892/93), 389ff.

174 Die Fehler der nationalliberalen Partei, Die Grenzboten, 51. Jg., IV (1892), 345f.

175 Der Stadtmissionar Irwahn und der um ihn versammelte Kreis junger Menschen waren von Stoecker stark beeinflußt. Sie standen zudem in ständigem Gedankenaustausch mit Marr, von dem vor allem Raab programmiert worden war. Der Kern der Gründungsmannschaft des DHV kam aus diesen Kreisen. StA Hbg, NL Marr A 114, 188; vgl. auch *Iris Hamel*, Völkischer Verband und nationale Gewerkschaft. Der Deutschnationale Handlungsgehilfen-Verband 1893–1933, Veröffentlichungen der Forschungsstelle für die Geschichte des Nationalsozialismus in Hamburg, Bd. VI, Frankfurt a. Main 1967, 52 ff.

176 Johannes Irwahn anläßlich des ersten außerordentlichen Verbandstages in Hamburg am 1. Dezember 1895, Deutsche Handels-Wacht, 3. Jg., Nr. 3 (1. Februar 1896).

177 1893 gegründet, zählte der DHV 1900 bereits 40205, zehn Jahre später 108795 und 1914 insgesamt 144217 Mitglieder. Der DHV im Jahre 1931. Rechenschaftsbericht erstattet von seiner Verwaltung, Hamburg 1932, 39. Auf die Vorarbeit der evangelischen Vereine ist auch später immer wieder hingewiesen worden, so etwa von *Paul Bröcker*, Adolf Stoecker, Deutsche Handels-Wacht, 35. Jg., Nr. 3 (10. Februar 1928), 41; eine Überprüfung einiger Dutzend Lebensläufe früherer DHV-Mitglieder bestätigt dieses Bild eindeutig. Alfred Roth, Notizen für eine Biographie, Archiv Forschungsstelle Hamburg (Fst Hbg), 11 R 14; Lebenslauf Eugen Clauß von 1936, Fst Hbg 12 C 21; *Hans Irwahn*, Bilder aus der Urgeschichte des DHV, Hamburg o. J., 13ff.; StA Hbg, Polizeibehörde, Abtlg. IV, 4013, Vol. II.

178 *Max Maurenbrecher*, Zwischen zwei Feuern. Deutsche Zeitung, 27. Jg., Nr. 537 (30. November 1922); Mitteilungen aus dem Verein zur Abwehr des Antisemitismus (Mitteilungen), XXIII, Nr. 4 (12. Februar 1913). Der DHV bot vor allen Dingen die »Ausbildungsgelegenheit« für den antisemitischen »Führernachwuchs«. Der nationalsozialistische Gauleiter Murr, der selbst aus dem DHV kam, war stolz auf seine ideologische Herkunft und erklärte 1933 aus besonderem Anlaß, daß die »DHVer die Nationalsozialisten der Vorkriegszeit« gewesen seien. Max Warming in dem Geburtstagsartikel für Eugen Clauß, Fst Hbg, 12 C 21.

179 *P. K. Rosegger*, Der Bauernstand unsre Rettung, Die Grenzboten, 51. Jg., I (1892), 514f.; der schlesische Pächter Ruprecht hatte in dem Aufruf, der das Signal zur Gründung des BdL gab, dazu aufgefordert, »rücksichtslose und ungeschminkte Interessenpolitik« zu treiben. Zitiert nach: Antisemiten-Spiegel, 2. Aufl., Danzig 1900, 57; generell dazu: *Hans-Jürgen Puhle*, Agrarische Interessenpolitik und preußischer Konservatismus im wilhelminischen Reich (1893–1914). Ein Beitrag zur Analyse des Nationalismus in Deutschland am Beispiel des Bundes der Landwirte und der Deutsch-Konservativen Partei, Hannover 1966, 33.

180 BA Koblenz, Kl.-Erw. 230–1; *Puhle*, op. cit., 111ff.

181 Unsere Bewegung, Antisemiten-Kalender 1898, 45; Politisches Handbuch der Nationalliberalen Partei, Berlin o. J. [Dezember 1907], 42; *Friedrich Lorenzen*, Die Antisemiten, Berlin-Schöneberg 1912, 20f.; Neue Erkenntnisse bringt auch das Einleitungskapitel der Arbeit von Rudolf Rietzler, Kampf in der Nordmark.

Das Aufkommen des Nationalsozialismus in Schleswig-Holstein, Neumünster 1982; das Zitat aus der Broschüre von *[Raphael Löwenfeld]*, Schutzjuden oder Staatsbürger? Von einem jüdischen Staatsbürger, 3. Aufl., Berlin 1893, 4, ist dort nur auf Stoecker bezogen, gilt aber viel allgemeiner.

182 Der hessische Antisemit Böckel, der die Junker nicht minder als die Juden haßte, hat dem BdL in der ihm eigenen brutalen Form vorgeworfen, er »führe Polacken und sonstiges Stimmvieh schnapsbenebelt zur Wahlurne«. Er meinte damit die polnischen und deutschen Arbeitskräfte in den großen landwirtschaftlichen Betrieben in den preußischen Ostprovinzen. Die Antisemiten im Reichstag, Berlin 1903, 19; *Hellmut von Gerlach*, Von rechts nach links, Zürich 1937, 22ff.; Deutsche Sozialgeschichte. Dokumente und Skizzen, Band II, 1870–1914, hrsg. von *Gerhard A. Ritter* und *Jürgen Kocka*, München 1974, 188ff. und 417f.

183 Die bedeutendste Persönlichkeit, die sich abwandte, war zweifellos A. Wagner. Er hat sich wiederholt in Veranstaltungen der Christlich-Sozialen vom Antisemitismus und auch von seinem Freund Stoecker distanziert. Kölnische Volkszeitung, Nr. 241 (2. Mai 1892); selbst Treitschke hat sich in den neunziger Jahren stärker zurückgehalten. Für Antisemiten wie den Frh. von Fechenbach waren Fritsch und Ahlwardt reine Revolutionäre, mit denen er keinen Kontakt haben wollte. Auch Marr trennte sich 1893 von den Antisemiten, nachdem er sich 1891 über das »Gesindel« beklagt hatte, das sich im antisemitischen Lager gesammelt hatte, StA Hbg, NL Marr A 56 (18. Oktober 1884); A 65 (9. April 1891 und 6. Juni 1893).

184 Hellmut von Gerlach berichtet, daß ihm Liebermann v. Sonnenberg auf die Frage nach grundsätzlichen Positionen der Partei geantwortet habe: »Erst wollen wir eine politische Macht werden. Dann wollen wir uns die wissenschaftliche Grundlage für den Antisemitismus suchen.« *von Gerlach*, op. cit., 112; Adolf Stern, der selbst mit dem Antisemitismus sympathisierte, schrieb am 12. Mai 1896 resigniert an Adolf Bartels: »Ich sehe... eine Jugend an der Arbeit, die in der Tat das Programm der sozialen Reform hat, die aber ihrem Wesen, ihrer Majorität nach eine kapitalistische Clique ist und sich der Vorteile ihrer günstigen äußeren Position mit vieler Brutalität bedient, die noch über die Brutalität der Börsenspekulanten hinauswächst.« Privatbesitz.

185 Vgl. dazu *Peter Zimmermann*, Der Bauernroman. Antifeudalismus-Konservativismus-Faschismus, Stuttgart 1975; *Adolf Bartels*, Heimatkunst. Ein Wort zur Verständigung, München/Leipzig 1904; das umfangreiche Schrifttum, meist recht unbedeutend, aber doch nicht ohne Einfluß, ist registriert in *Bartels* Deutsches Schrifttum, 1909ff.; ich verweise hier nur auf die Romane von Bartels, Löns, Sohnrey, Polenz, Burte und vielen anderen. Ernst von Wildenbruch sprach 1894 angesichts des Streits um ein Heinedenkmal bereits von einem »geistigen Pauperismus«, der sein »Caliban-Gesicht über Deutschland zu erheben beginnt«. Frankfurter Journal, Nr. 163 (9. April 1894).

186 *Friedrich Lange*, Reines Deutschtum, 4. Aufl., Berlin 1904; *Rudolf Küster*, Wesen und Ziele des Deutschbundes, Magdeburg 1895; *Ludwig Schemann*, Gobineau und die Gobineau-Vereinigung, Beilage zum IV.–VI. Stück der Bayreuther Blätter, 1902; *ders.*, Fünfundzwanzig Jahre Gobineau-Vereinigung 1894–1919, Straßburg–Berlin 1919; Alldeutsche Blätter, 29. Jg., Nr. 7 (15. Februar 1919). Die Gobineau-Vereinigung wurde zunächst getragen vom Bayreuther Patronatsverein, dann aber von einer Gruppe von Vereinigungen gefördert, u. a. vom Deutschbund, der Gesellschaft für Rassenhygiene, dem Bund für Heimatschutz,

der Gesellschaft für deutsche Vorgeschichte, dem DHV, dem VdSt sowie dem Alldeutschen Verband.

187 *Theodor W. Adorno*, Zur Bekämpfung des Antisemitismus heute, a. a. O., 104.

188 Constantin Frantz beklagte sich in einem Brief an Hans v. Wolzogen am 24. Juni 1888 über den Glauben an geschichtliche Gesetzmäßigkeiten und die vorherrschende Meinung, »als ob dies Reich lediglich auf einer Reihe gewonnener Schlachten beruhe. Daher die zahllosen Siegesdenkmale, Kriegerfeste nebst Sedanfeiern«. *Frantz*, op. cit., 153; noch mehr beklagte er die Widersprüchlichkeit und Ungereimtheit der gesamten Kulturpolitik (22. November 1888): »Weiter in Berlin treffen wir am Schlosse auf den Triumphbogen des Septimius Severus. Er sieht wie der versteinerte Hochmut aus. Und das soll nun die Wohnung eines christlichen Herrschers sein?... Von wem ist denn aber aller dieser heidnische Unfug protegiert oder geradezu ausgegangen? Fühlt man denn gar nicht den inneren Widerspruch, wenn man einerseits das Christentum dem Volke erhalten wissen will, während andererseits die bildende Kunst dem Volke nur Heidentum vor Augen stellt?« (a. a. O., 159); grundsätzlich dazu *Fritz Stern*, The Politics of Cultural Despair (Deutsche Ausgabe: Kulturpessimismus als politische Gefahr, Bern–Stuttgart–Wien 1969).

189 Die Klage, daß nur noch der Erfolg, nicht mehr die Mittel, die eingesetzt werden, beachtet werden, findet sich allenthalben. Brief Sterns an Bartels vom 4. September 1896, Privatbesitz. Grundsätzlich dazu auch ein Brief Fontanes an Moritz Lazarus vom 2. November 1894, veröffentlicht von *Ingrid Belke*, Der Mensch ist eine Bestie... Ein unveröffentlichter Brief Theodor Fontanes an den Begründer der Völkerpsychologie, Moritz Lazarus, in: Bulletin des Leo Baeck Instituts, XIII, Nr. 50 (1974), 36f.

190 *Dibelius*, op. cit., 29.

191 *Hildegard Milberg*, Schulpolitik in der pluralistischen Gesellschaft. Die politischen und sozialen Aspekte der Schulreform in Hamburg 1890–1935, Hamburg 1970, 51.

192 *Milberg*, op. cit., 52f.; Der Kampf mit geistigen Waffen gegen die Sozialdemokratie, Die Grenzboten, 49. Jg., I (1890), 502.

193 *Milberg*, op. cit., 53; *Clara Menck*, Die falsch gestellte Weltenuhr. Der »Rembrandtdeutsche« Julius Langbehn, in: Propheten des Nationalismus, hrsg. von *Karl Schwedhelm*, München 1969, 89.

194 Rembrandt, Breughel, Dürer als Erzieher, Die Grenzboten, 49. Jg., IV (1890), 601 ff.; *Menck*, op. cit., 88.

195 *Julius Langbehn*, Rembrandt als Erzieher. Von einem Deutschen, 47. Aufl., Leipzig 1906, 170; *Walter Mohrmann*, Antisemitismus. Ideologie und Geschichte im Kaiserreich und in der Weimarer Republik, Berlin (DDR), 1972, 57.

196 *Ludwig Woltmann*, Die Germanen und die Renaissance in Italien, Leipzig 1905. Reichhaltiges Material gibt die von Woltmann gegründete, seit 1902 erschienene Politisch-Anthropologische Revue. Aus der Fülle der Beispiele seien hier nur noch genannt die seit 1895 erschienene Zeitschrift Heimdall, *Wilhelm Schwaners* Germanenbibel (1904) und seine Zeitschrift Der Volkserzieher sowie *Ernst Wachlers* Flugschrift Über die Zukunft des deutschen Glaubens (1900).

197 Fritsch teilte am 23. März 1886 Marr mit, daß an den ersten Nummern der Antisemitischen Korrespondenz Kritik geübt worden sei. »Manchem ist sie allerdings zu frei und scharf. Einige Pastoren und adlige Herren haben sich bereits auf die Hinterbeine gesetzt... Die nächste Nummer kann ja wieder etwas frömmer sein. Man muß die Leute erst allmählich an die Akkorde der Zukunftsmusik

gewöhnen.« StA Hbg, NL Marr A 67; die Kompromißbereitschaft der christlich-sozialen und konservativen Protestanten ging oft sehr weit; sie haben damit gerade die radikalen atheistischen Kräfte gefördert, die sich seit 1933 gegen sie wandten. Die deutsch-soziale Bewegung und die konservative Partei, Die Grenzboten, 50. Jg., III (1891), 337 ff.

198 Der Wegfall des Sozialistengesetzes, Die Grenzboten, 49. Jg., III (1890), 339; selbst gläubige Protestanten hatten oft wenig Bedenken bei der Wahl ihrer Mittel und scheuten nicht davor zurück, die Obrigkeit unter Druck zu setzen. Ich weise in diesem Zusammenhang nur auf Stoeckers berüchtigten »Scheiterhaufenbrief« vom 14. August 1888 hin. *Walter Frank*, Hofprediger Adolf Stoecker und die christlich-soziale Bewegung, 2. Aufl., Hamburg 1935, 318 f.; hier speziell der Artikel Die Judenfrage, in: Deutsche Evangelische Kirchenzeitung, 5. Jg., Nr. 22 (30. Mai 1891).

199 Bericht Hüpedens über die Tätigkeit der evangelischen Arbeitervereine und der Antisemiten im Raum Kassel in den Jahren 1890–1895, BA Koblenz, Kl.-Erw. 227.

200 E. von Werth, Mainz, der engen Kontakt zu Dr. Perrot hatte, schrieb am 21. November 1889 an Marr, daß Perrot die »Mobilisierung der ganzen Nation noch vielleicht für das einzige Mittel« halte, um mit den Juden fertig zu werden. »Unsere Potentaten, Nationalliberale, Gründer, Großbesitzer und... die Juden fürchten diese Mobilisierung und haben sie seit 20 Jahren zu unterdrücken gewußt«, StA Hbg, NL Marr A 282.

201 Haug an Marr, 19. Januar 1881, StA Hbg, NL Marr A 92; Andeutungen dieser Art auch in den Briefen des Frh. v. Frankenberg an Marr, A 65; mit Abscheu kommentierte Frh. v. Fechenbach-Laudenbach das Treiben Ahlwardts, BA Koblenz, ZSg 113, Nr. 13.

202 Auf die Folgen der »kompletten Desorientierung der öffentlichen Meinung« und der Unterminierung der Staatsautorität wies Justizrat Dr. Horwitz im Auftrag des Berliner Magistrats unter anderem im Prozeß gegen Ahlwardt hin. Der Prozeß Ahlwardt. Ein Zeichen der Zeit und eine lehrreiche Studie. Von einem Deutsch-Nationalen, Berlin o. J., 46 f., BA Koblenz, ZSg 113, Nr. 13; bezüglich der »Verbrüderung des Antisemitismus mit dem Anarchismus« der sachlich nicht überzeugende Artikel der Frankfurter Zeitung, 34. Jg., Nr. 126 (6. Mai 1890).

203 *Leuß*, a. a. O., 332.

204 Die deutschsoziale Bewegung, Die Grenzboten, 52. Jg., III (1893), 285.

205 *von Gerlach*, op. cit., 111 ff. Frh. von Fechenbach hatte schon im März 1889 notiert: »Dr. Böckel nun auch mit dem Dr. med. König überworfen. So nimmt die Rauferei unter den Antisemiten-Häuptlingen nie ein Ende. Kein anständiger Mensch gibt sich mehr dazu her, zu irgendeinem von ihnen geführten Haufen zu gehören. Die antisemitische Bewegung ist nur durch ihre eigenen Führer ruiniert worden«, BA Koblenz, ZSg 113, Nr. 18; *Hermann Bahr*, Der Antisemitismus, Berlin 1894, 3.

206 *von Gerlach*, op. cit., 112; Offene Frage Otto Böckels an Liebermann von Sonnenberg, veröffentlicht im Reichsherold, 2. Jg., Nr. 124 (7. August 1888); *Massing*, op. cit., 85.

207 *Hermann Ahlwardt*, Mein Programm, verkündet in einer Rede am 20. Dezember 1894 in den Germania-Sälen in Berlin, Der Bundschuh, ein Wochenblatt für das deutsche Volk, 2. Jg., Nr. 2 (9. Januar 1895), BA Koblenz, ZSg 113, Nr. 13.

208 Der Antisemitismus wie er ist. 3. Ausblicke, Die Grenzboten, 53. Jg., II (1894), 248.

209 Die deutschsoziale Bewegung, Die Grenzboten, 52. Jg., III (1893), 386f.; Die deutsch-soziale Bewegung und die konservative Partei, Die Grenzboten, 50. Jg., III (1891), 339ff.

210 Die deutsch-soziale Bewegung und die konservative Partei, 339.

211 *Karl Buchheim*, Geschichte der christlichen Parteien in Deutschland, München 1953, 281; *Friedrich Lorenzen*, Die Antisemiten, Berlin-Schöneberg 1912, 16f.

212 *Conrad Valentin*, Die conservative Partei unter Kaiser Wilhelm II., Berlin 1890, 88f.; Die Stellung der konservativen Partei zum Antisemitismus, Die Grenzboten, 52. Jg., I (1893), 51.

213 So der Oberpräsident von Schlesien, Graf von Zedlitz-Trützschler, in einem Gespräch. *Eugen Schiffer*, Ein Leben für den Liberalismus, Berlin 1951, 102.

214 Konservatives und Antisemitisches. Zuschrift eines altpreußischen Konservativen, Norddeutsche Allgemeine Zeitung, 32. Jg., Nr. 347 (27. Juli 1893).

215 Norddeutsche Allgemeine Zeitung, 31. Jg., Nr. 180 (16. April 1892).

216 Austritt Hüpedens aus der konservativen Reichstagsfraktion 1895, BA Koblenz, Kl. Erw. 227, hier besonders der Brief von Pastor Arndt aus Volmarstein vom 13. Dezember 1895, vgl. auch *Dieter Düding*, Der Nationalsoziale Verein 1896 bis 1903, München–Wien 1972, 29f.

217 *Puhle*, op. cit., 121.

218 Die Stellung der konservativen Partei zum Antisemitismus, Die Grenzboten, 52. Jg., I (1893), 52; *Graf Westarp*, Konservative Politik im letzten Jahrzehnt des Kaiserreiches, 1. Band: Von 1908 bis 1914, Berlin 1935, 21 und 403.

219 Die Antisemiten im Reichstag, Berlin 1903, 20f.; Antisemiten-Kalender 1896, 47.

220 Die deutsch-soziale Bewegung und die konservative Partei, Die Grenzboten, 50. Jg., III (1891), 340f.; *Puhle*, op. cit., 121.

221 Max Weber klagte in einem Brief vom 14. Juli 1885 an Hermann Baumgarten über den Eintritt antisemitischer Kreise in die Nationalliberale Partei (»hier in Berlin sind Wähler Stoeckers in Masse im Nationalliberalen Verein und dem Vorstand desselben«) und den Gesinnungswandel in der Partei. (*Weber*, Jugendbriefe, op. cit., 170f.).

222 Der »Rassenforscher« Otto Ammon erwarb zum Beispiel Mitte der neunziger Jahre die Badische Landeszeitung. *Berta Berblinger-Ammon*, Das Lebensbild eines Rasseforschers, Halle/Saale o. J., 12f.

223 Die Fehler der nationalliberalen Partei, Die Grenzboten, 51. Jg., IV (1892), 345f. Besonders kritisch war die Lage der Nationalliberalen auch in Kurhessen und in Hessen-Darmstadt, nur machten dort die zuständigen Parteigremien keine Zugeständnisse. Vgl. auch *Bamberger*, op. cit., 13.

224 Der Antisemitismus wie er ist, 3. Ausblicke, Die Grenzboten, 53. Jg., II (1894), 249.

225 Centrum und Antisemiten, Leipziger Zeitung, Nr. 38 (16. Februar 1892).

226 Kölnische Volkszeitung, 33. Jg. (3. April 1892); 34. Jg. (24. März 1893).

227 Ich möchte in diesem Zusammenhang nur auf die distanzierte Haltung des Zentrums gegenüber dem DHV und namentlich dem Bund der Landwirte hinweisen. *Puhle*, op. cit., 191f.; Der Antisemitismus wie er ist, 1. Die soziale Seite, Die Grenzboten, 53. Jg., II (1894), 15; 2. Die einzelnen Richtungen, 151ff.

228 Ein Judenprogramm, Das Bayerische Vaterland, XXVIII. Jg., Nr. 9 (12. Januar 1896).

229 *Puhle*, op. cit., 192.

230 So Theodor Mommsen in seinem Interview mit Hermann Bahr. *Bahr*, op. cit., 28f.; aufschlußreich dazu der Vorbehalt Ernst Haeckels, a.a.O., 66, und die Hinweise Heinrich Rickerts, a.a.O., 89.

231 Theodor Barth in einem Interview mit Hermann Bahr, *Bahr*, op. cit., 18; *Wilhelm Liebknecht*, Sozialismus und Antisemitismus, Beilage zu Nr. 87 der Münchner Post (16. April 1893); *August Bebel*, Antisemitismus und Sozialdemokratie. Rede anläßlich des Parteitages in Köln. Protokoll über die Verhandlungen des Parteitages der Sozialdemokratischen Partei Deutschlands, abgehalten in Köln vom 22. bis 28. Oktober 1893, 223ff.

232 Der wildgewordene Kleinbürger und Bauer und die Wahlen, Die Neue Zeit, XI. Jg., II. Bd. (1893), 390.

233 A.a.O., 390f.; Die deutschsoziale Bewegung, Die Grenzboten, 52. Jg., III (1893), 387f.; *Philipp Scheidemann*, Wandlungen des Antisemitismus, Die Neue Zeit, XXIV. Jg., II. Bd. (1906), 632. »Nun mag man den Antisemitismus noch so hart verurteilen, ein Verdienst hat er sich dennoch erworben: er hat es verstanden, Schichten unserer Bevölkerung politisch zu interessieren, die in Bewegung zu setzen zuvor keiner anderen Partei gelungen war.«

234 Zunftgeist in den »modernen« Gewerkschaften. Antisemitische Korrespondenz, 18. Jg., Nr. 798 (3. Dezember 1903); Mitteilungen, XXII, Nr. 14 (3. Juli 1912), 112.

235 *Peter Nettl*, Rosa Luxemburg, Köln–Berlin 1968, 48; anläßlich des Dresdener Parteitages kamen die Vorbehalte gegen die Intellektuellen, die »roten Primadonnen«, offen zum Durchbruch. Vgl. dazu auch *Oppenheimer*, op. cit., 186.

236 Der Antisemitismus wie er ist. 1. Die soziale Seite, Die Grenzboten, 53. Jg., II (1894), 11.

237 A.a.O., 13; *Pulzer*, op. cit., 92, 162.

238 *Bahr*, op. cit., 199.

239 Jules Simon im Gespräch mit Bahr, *Bahr*, op. cit., 111: »Wer ihnen nicht paßt, heißt jetzt Jude.«

240 Sehr zutreffend wurde schon zu Beginn der neunziger Jahre festgestellt: »Es ist wirklich etwas Sonderbares um den Haß! Schachert der Jude, so schimpft man ihn, schachert er nicht, so schimpft man erst recht.« (*Pohlmann*, op. cit., 42.)

241 Völkische Hochziele (2. Folge), Deutsche Handels-Wacht, 16. Jg., Nr. 12 (15. Juni 1909) und (4. Folge), 18. Jg., Nr. 15 (5. August 1911).

242 *Friedrich Solger*, Der nationale Geist als Naturerscheinung. Vortrag im Werdandibunde am 25. Februar 1909, o. O. o. J., 15.

243 Völkische Hochziele (1. Folge), Deutsche Handels-Wacht, 16. Jg., Nr. 11 (1. Juni 1909).

244 Zitiert nach Deutschtum und Judentum, Mitteilungen, XXII, Nr. 22 (23. Oktober 1912).

245 Völkische Hochziele (3. Folge), Deutsche Handels-Wacht, 16. Jg., Nr. 15 (1. August 1909).

246 Völkische Erneuerung, Deutsch-Soziale Blätter, 27. Jg., Nr. 86 (26. Oktober 1912).

247 Deutschtum und Judentum, Mitteilungen, XXII, Nr. 20 (25. September 1912).

248 *Hans-Ulrich Wehler*, Sozialdarwinismus im expandierenden Industriestaat, in: *Imanuel Geiss* und *Bernd Jürgen Wendt* (Hrsg.), Deutschland in der Weltpolitik des 19. und 20. Jahrhunderts. Fritz Fischer zum 65. Geburtstag, Düsseldorf 1973, 133ff.

249 Völkische Hochziele (1. Folge), Deutsche Handels-Wacht, 16. Jg., Nr. 11

(1. Juni 1909); Deutschvölkische Erneuerung, Deutsch-Soziale Blätter, 27. Jg., Nr. 86 (26. Oktober 1912).

250 Wohin steuern wir? Monatsbericht des Reichsverbandes der deutschsozialen Partei, 9. Jg., Nr. 11 (November 1908).

251 Sitzung des Preußischen Herrenhauses am 31. März 1908. Stenographische Berichte über die Verhandlungen des Preußischen Herrenhauses in der Session 1907/1908, 225; op. cit., 403.

252 Ich verweise auf die deutschkirchlichen Bestrebungen des Flensburger Hauptpastors Andersen, besonders seine Schriften. Beträchtlich war der Einfluß der Schriften und namentlich der literarhistorischen Interpretationen von Bartels im Deutschunterricht der Schulen. Sein Plan einer »Weimarer Nationalbühne« fand starke Beachtung. Unzureichend untersucht wurden bisher die unterschwelligen antisemitischen Ressentiments im Dürerbund, im Bund für Heimatschutz und in den Heimatvereinen; ich nenne hier nur – ein zufällig vorliegendes Exempel – den Oberlausitzer Heimatbund. Oberlausitzer Heimatkalender für das Jahr 1913, 32ff. Der Heimatdichter Diedrich Speckmann schrieb an Bartels am 9. Oktober 1908 [!]: »Wir jüngeren... Leute sehen nun einmal mit Stolz zu Ihnen als zu unserem Führer auf.« Privatbesitz.

253 *Dirk Stegmann*, Die Erben Bismarcks. Parteien und Verbände in der Spätphase des wilhelminischen Deutschlands, Köln–Berlin 1970, 218.

254 *Heinrich Claß* (Ps. *Daniel Frymann*), Wenn ich der Kaiser wär' – Politische Wahrheiten und Notwendigkeiten, Leipzig 1912, 13f.

255 »Allerdings tragen die letzten Reichstagswahlen, die Judenwahlen, wie sie im Volke genannt werden, einen großen Anteil an der Wiederbelebung und Schärfung des deutschen Gewissens.« Deutschvölkische Erneuerung, Deutsch-Soziale Blätter, 27. Jg., Nr. 86 (26. Oktober 1912).

256 *Claß*, op. cit., 35, 74f.; vgl. auch *Uwe Lohalm*, Völkischer Radikalismus. Die Geschichte des deutschvölkischen Schutz- und Trutz-Bundes 1919–1923, Hamburger Beiträge zur Zeitgeschichte, Bd. VI, Hamburg 1970, 38ff.

257 Die Breslauer Burschenschaften lehnten die Teilnahme an einer Goethe-Gedenkfeier mit der Begründung ab, »daß der Mann der nationalen Bewegung kein Verständnis entgegengebracht und zur Förderung der deutschnationalen Sache nichts getan habe«. Mitteilungen, XXII, Nr. 24 (20. November 1912), 199; über die Ausbreitung des Rassenantisemitismus in der Studentenschaft, a. a. O., Nr. 22 (23. Oktober 1912), 177; vgl. auch *Cohen*, op. cit., 16.

258 *Stegmann*, op. cit., 296.

259 Chamberlain schrieb am 9. Dezember 1912 an Adolf von Harnack, der ihn von seinem extremen Standpunkt in der »Judenfrage« abzubringen suchte und auf die Christenpflicht zur Versöhnung und Liebe hingewiesen hatte: »...ich begreife aber nicht die Aufforderung das Schlechte, das Schändliche, das Gemeine, dasjenige, was alle Tage auf allen Gebieten alles, was mir hoch und heilig ist beschmutzt, vergiftet, niederreißt, damit alles Edle an unserem lieben armen großen Europa rettungslos dem Untergang weihend – ich begreife nicht die Aufforderung, es zu lieben; mit allen Kräften meiner Seele hasse ich es und hasse es und hasse es!« (*Houston Stewart Chamberlain*, Briefe 1882–1924 und Briefwechsel mit Kaiser Wilhelm II., 1. Band, München 1928, 217.)

260 Vom »Krieg als Retter« ist in dieser Zeit mehr oder weniger offen gesprochen worden. *Friedrich von Bernhardi*, Deutschland und der nächste Krieg, Stuttgart–Berlin 1912; *Stegmann*, op. cit., 281; General von Gebsattel hatte 1913 an Claß geschrieben: »Ich ersehne den erlösenden Krieg.« (*Lohalm*, op. cit., 29.)

261 *Hartmut Pogge-v. Strandmann*, Staatsstreichpläne, Alldeutsche und Bethmann Hollweg, in: *Hartmut Pogge-v. Strandmann* und *Imanuel Geiss*, Die Erforderlichkeit des Unmöglichen. Deutschland am Vorabend des ersten Weltkrieges, Frankfurt 1965, 16ff.

262 Archiv Fst Hbg. 412 A V; *Pogge-v. Strandmann*, op. cit., 17.

263 *Pogge-v. Strandmann*, op. cit., 21, 24f.; *Lohalm*, op. cit., 43.

264 Deutsch-Soziale Blätter, 27. Jg., Nr. 58 (20. Juli 1912); zum zehnjährigen Bestehen des Verbandes gegen die Überhebung des Judentums e. V.; vgl. die Monatsschrift des Verbandes Auf Vorposten, 10. Jg. (Januar–April 1922), 2ff.; Mitteilungen, XXII, Nr. 12 (5. Juni 1912), 98f.

265 Archiv Fst. Hbg, 412 Reichshammerbund; Bericht Rüttingers vom 19. April 1937, BA Koblenz, NS 26/886; Mitteilungen, XXII, Nr. 12 (5. Juni 1912), 91.

266 In vielen Teilen des Reiches bildeten die Jungdeutschen Bünde die Kernzellen des Reichshammerbundes. Aufzeichnungen von Eugen Haug zur Vorgeschichte der NSDAP, BA Koblenz, NS 26/166; Deutsch-Soziale Blätter, 27. Jg., Nr. 95 (27. November 1912).

267 Antisemitische Strömungen in der Jugendbewegung, Mitteilungen, XXIII, Nr. 25 (3. Dezember 1913); Der Antisemitismus in der Jugendbewegung, a. a. O., Nr. 27 (31. Dezember 1913); Der Kampf um die Jugend, a. a. O., XXIV, Nr. 7 (8. April 1914); Die Wandervogel-Interpellation im preußischen Abgeordnetenhaus, a. a. O., Nr. 16 (20. Mai 1914); Der Streit um das deutsche Wesen im Wandervogel. Beilage aus: Der Hammer, 13. Jg., Nr. 284 (15. April 1914); Wandervogel und Judentum, Der Kunstwart 27. Jg. (17. Juni 1914), 297ff.; grundsätzlich dazu: *Klaus Saul*, Der Kampf um die Jugend zwischen Volksschule und Kaserne. Ein Beitrag zur »Jugendpflege« im wilhelminischen Reich, Militärgeschichtliche Mitteilungen, 1/1971, 97ff.

268 Bericht Rüttingers vom 19. April 1937 zur Vorgeschichte der NSDAP in Franken, BA Koblenz, NS 26/886; vertrauliche Berichte des Germanenordens, Archiv Fst. Hbg. 412; dem Hamburger Germanenorden gehörten ein Pastor, einige Rechtsanwälte, ein Unternehmer und mehrere Beamte, sogar einer aus den Reihen der politischen Polizei, an.

269 Ein besonderes Beispiel ist die Agitation des Mitarbeiters der Staatsbürger-Zeitung, Rudolf Lebius, im Reichsverband gegen die Sozialdemokratie. BA Koblenz, Nachlaß Bülow 108; Geheimes Staatsarchiv Berlin-Dahlem StM 2415; *Stegmann*, op. cit., 277ff.; *Lohalm*, op. cit., 43ff.; Mitteilungen, XXII, Nr. 12 (5. Juni 1912), 93 über die antisemitischen Tendenzen im Wehrverein.

270 *Moritz Goldstein*, Deutsch-jüdischer Parnaß, Kunstwart 25. Jg. (11. März 1912), 281ff. Dieser Artikel löste in der Zeitschrift eine lebhafte Diskussion aus. Sie wurde in der Öffentlichkeit stark beachtet. Die Judenfrage im Kunstwart, Deutschsoziale Blätter, 27. Jg., Nr. 73 (11. September 1912); Der Kunstwart und die Judenfrage, Mitteilungen, XXII, Nr. 19 (11. September 1912).

271 *Zimmermann*, op. cit.; aufschlußreich ist die keineswegs vollständige, insgesamt aber doch recht charakteristische Zusammenstellung »guter deutscher Bücher« in den nach dem Krieg erschienenen Deutschvölkischen Jahrbüchern. Ich stütze mich hier zu einem Teil auf die Staatsexamensarbeit von *Klaus Schedukat*, Adolf Bartels und die völkische Bewegung. Eine Analyse seines politischen Denkens und Wirkens, Hamburg 1969, und auf die Sammlungen im Archiv Fst. Hbg. 11 B 9, 16, 17; *Ulf Thorstein*, Hermann Löns und seine völkische Sendung, Minden 1937; interessant ist der 1912 in Leipzig erschienene Roman von *Hermann Burte*, Wiltfeber, der ewige Deutsche. Die Geschichte eines Heimatsuchers;

Klaus Bergmann, Agrarromantik und Großstadtfeindschaft, Meisenheim am Glan 1970; als charakteristisches Beispiel dieser Literatur sei hier auf den Oberlausitzer Heimatkalender für das Jahr 1913 verwiesen.

272 *Klaus Epstein*, Matthias Erzberger and the Dilemma of German Democracy. Princeton 1959, 402; Mitteilungen, XXII, Nr. 11 (22. Mai 1912), 83. Unter dem Eindruck der Januarwahl 1912 sprach Erzberger vom »dominierenden Einfluß des Judentums im Reichstage«. Er versicherte nach der Manier so vieler Intellektueller, daß er »keine antisemitische Ader« habe, polemisierte dann aber gegen die Mitarbeit der Juden in den Kommissionen des Reichstages, die er stark übertrieb, um mit der demagogischen Phrase der Antisemiten zu folgern, »wenn bei der Entscheidung der Lebensfragen der Nation sich das jüdische Element in den Vordergrund drängt, dann mögen jene recht haben, die da meinen, das Ende dieses Reichstages werde eine antisemitische Hochflut sein, die selbst den Hansabund hinwegfegen könne«.

273 *Heinrich August Winkler*, Mittelstand, Demokratie und Nationalsozialismus, Köln 1972, 52.

274 *Winkler*, op. cit., 53; *Dirk Stegmann*, op. cit., 360 ff.

275 *Thomas Nipperdey* in der Rezension von *Stegmann*, Die Erben Bismarcks, Historische Zeitschrift, 215, 165 ff.; *Konrad Schilling*, Beiträge zu einer Geschichte des radikalen Nationalismus in der Wilhelminischen Ära 1890–1909, Phil. Diss., Köln 1968.

276 Rundschreiben und Gründungsaufruf der Deutsch-Völkischen Vereinigung vom 27. Oktober 1913. BA Koblenz, NS 26/883.

277 Ludwig Schemann zur Begrüßung der Tagung des Landesverbandes Baden des Alldeutschen Verbandes am 13. und 14. Juni 1931. Archiv Fst. Hbg. 412 AV.

278 *Reinhard Rürup*, Kontinuität und Diskontinuität der Judenfrage im 19. Jahrhundert, in: *Wehler*, Sozialgeschichte Heute, 405.

279 *Bahr*, op. cit., 76; ähnlich auch *Anatole Leroy-Beaulieu*, a. a. O., 117: »Aber sie täuschen sich über die Ursache des Übels. Es sitzt viel tiefer, als sie denken, und wären alle Juden von Frankreich, ja aus Europa vertrieben, die Laster, unter denen wir leiden, blieben die gleichen.«

280 *Rürup*, a. a. O., 405.

281 *Bebel*, op. cit., 231 f.

282 A. a. O., 232.

283 *Hans-Günter Zmarzlik*, Der Sozialdarwinismus in Deutschland als geschichtliches Problem, Vierteljahrshefte für Zeitgeschichte, 11. Jg. (1963), 255; *Stern*, op. cit.; besonders aufschlußreich auch *Ludwig Schemann*, Lebensfahrten eines Deutschen, Leipzig und Hartenstein 1925.

284 *Lehnhardt*, op. cit., 667.

285 Deutsche Helden und deutsches Epigonentum. Ein Epilog zur Jahrhundertfeier. Schlesische Freikonservative Partei-Korrespondenz, 1. Jg., Nr. 3 (12. Oktober 1913).

286 A. a. O.; Chamberlain am 26. Dezember 1911 an die Deutsche Dichter-Gedächtnis-Stiftung, *Chamberlain*, op. cit., 199 ff.

287 BA Koblenz, NS 26/883. Der »Mahnruf« war am 5. Oktober 1913 in Eisenach beschlossen und am 27. Oktober 1913 versandt worden. Er wurde zahlreichen Tageszeitungen zugeleitet und in »Massenauflage« verbreitet.

288 Das Katastrophengeschrei war in diesen Kreisen in den Jahren vor Ausbruch des Weltkrieges an der Tagesordnung. Chamberlain schloß seinen Brief an die Deutsche Dichter-Gedächtnis-Stiftung vom 26. Dezember 1911 mit dem Satz:

»Heil denen, die dieser Katastrophe entgegenwirken.« (*Chamberlain*, op. cit., 201.)

289 *Pogge-v. Strandmann*, op. cit., 24.

290 A. a. O., 24; Archiv Fst Hbg 412 A V.

291 *Reichmann*, op. cit., 69, 113 ff.; *Helmut Genschel*, Die Verdrängung der Juden aus der Wirtschaft im Dritten Reich, Göttingen–Berlin––Frankfurt–Zürich 1966, 33.

292 *Hans-Joachim Bieber*, Gewerkschaften in Krieg und Revolution. Arbeiterbewegung, Industrie, Staat und Militär in Deutschland 1914–1920, Tl. I, Hamburg 1981, 82 f.

293 A. a. O..

294 Theodor Barth in seinem Interview mit Hermann Bahr, *Bahr*, op. cit., 18.

295 *Hans Tramer*, Die Hamburger Kaiserjuden, in: Bulletin des Leo Baeck Instituts, III, Nr. 11 (1960), 179.

296 *Walter Pohlmann*, Judenhaß und Umsturz, Im deutschen Reich, I, Nr. 1 (Juli 1895), 13.

Die Ausbreitung des Antisemitismus in Deutschland 1914–1923

1 Aufruf vom 1. August 1914, Archiv Forschungsstelle für die Geschichte des Nationalsozialismus in Hamburg [Fst. Hbg.] 623.

2 Walther Rathenau an Wilhelm Schwaner, 24. August 1914, Bundesarchiv Koblenz, [BA Koblenz], Nachlaß Rathenau Nr. 3.

3 *Nahum Goldmann,* Der Geist des Militarismus, in: Der Deutsche Krieg, Hrsg. *Ernst Jäckh,* 52. Heft, Stuttgart/Berlin 1915.

4 *Houston Stewart Chamberlain,* Kriegaufsätze, München 1915, 46. »... Deutschland zählt aber zehnmal so viele Juden [wie England], und wo sind sie jetzt? Wie weggeputzt von der gewaltigen Erhebung; als ›Juden‹ nicht mehr auffindbar, denn sie tun ihre Pflicht als Deutsche vor dem Feinde oder daheim ...«

5 Rundschreiben vom 28. August 1914, Fst. Hbg. 412, Reichshammerbund. »Die Juden arbeiten fieberhaft nach einem bestimmten Plan, dessen Durchführung das Erscheinen eines neuen Buches nach dem Kriege ›Die Juden im Heer‹ zum Endzweck hat. Da müssen auch wir rechtzeitig auf dem Posten sein. Wir wollen ›Kriegsermittlungen‹ anstellen ... Wir müssen uns darüber heute schon völlig klar sein, daß die Judenfrage nach dem Kriege brennend wird. Die Juden werden zu allen ihnen verfügbaren Mitteln greifen, um ihre alte Forderung dem deutschen Heere gegenüber durchzusetzen.« – *Alfred Roth,* der Bundeswart des Reichshammerbundes, veröffentlichte 1919 unter dem Pseudonym *Otto Armin* die Tendenzschrift »Die Juden im Heer«. Vgl. unten Anm. 59.

6 *Franz Oppenheimer,* Antisemitismus, Neue Jüdische Monatshefte, II (10. Oktober 1917), 3.

7 Ein bekannter Publizist hörte bereits zu Beginn des Jahres 1915 von einem konservativ-agrarischen Politiker, »daß man von dieser Seite sich mit dem Gedanken trage, die Aktion gegen die Händler durch eine solche gegen die Juden, weil diese ›populärer‹ sei, zu ersetzen«. Versammlung des Vereins zur Abwehr des Antisemitismus, Mitteilungen aus dem Verein zur Abwehr des Antisemitismus [Mitteilungen], XXV, Nr. 24 (1. Dezember 1915).

8 Die Deutsch-Sozialen Blätter wurden sofort nach Kriegsbeginn umbenannt. Mit der Nr. 83 des 29. Jahrgangs vom 17. Oktober 1914 trugen sie der Änderung des Parteinamens Rechnung und firmierten als Deutschvölkische Blätter.

9 Beispiele dieser Art: Deutschvölkische Blätter, XXIX, Nr. 83 (17. Oktober 1914) und folgende Nummern. Vgl. auch Mitteilungen, XXV, Nr. 7 (7. April 1915).

10 Dr. Sellentin, Darmstadt, an General von Beseler, Warschau, vom 10. September 1915, BA Koblenz, H 08–30/27; General Frh. von Gebsattel an das Königl. Bayerische Staatsministerium vom 30. August 1915, Bayerisches Hauptstaatsarchiv, Geh. Staatsarchiv [Bayer. HStA, Geh. STA.] Ma 97948.

11 Sellentin an Beseler, a. a. O. Bezeichnend ist in diesem Zusammenhang die Randbemerkung General v. Beselers: »Man kann sie doch nicht totschlagen!«

12 *S. Adler-Rudel,* Ostjuden in Deutschland 1880–1940. Zugleich eine Geschichte der Organisationen, die sie betreuten, Schriftenreihe wissenschaftlicher Abhandlungen des Leo Baeck Instituts, Bd. 1, Tübingen 1959, 22. Danach lebten 1900 laut amtlicher Statistik 823 000 Ausländer in Deutschland, von denen 41 000 (5 %) Juden waren, 1910 waren es 1 259 000 Ausländer, darunter 79 000 (6,3 %) Juden.

13 So in der Denkschrift Gebsattels vom 30. August 1915, a. a. O., Anm. 10. Die Antisemiten ließen keine Gelegenheit ungenutzt, in Zeitungen und insbesondere Zeitschriften immer wieder die Ostjudenfrage zu diskutieren. Vgl. u. a. *Theodor Fritsch,* Die fremde Rassenflut, Hammer, XIV, Nr. 319 (1. Oktober 1915); *Wolfgang Heinze,* Ostjüdische Einwanderung, Preußische Jahrbücher, 162. Bd. (Oktober 1915), 98 ff.; *Georg Fritz*, Die Ostjudenfrage. Zionismus und Grenzschluß, München 1915. Über die Absichten dieser Diskussion vgl. u. a. *Gustav Landauer*, Ostjuden und Deutsches Reich, Der Jude, I (Oktober 1916), 433 ff., und Mitteilungen, XXV, Nr. 22 (3. November 1915), 109.

14 *Adler-Rudel,* op. cit., 34 ff. Die Probleme, die ostjüdische Arbeiter in Deutschland verursachten, waren zu einem Teil durch die deutschen Behörden geschaffen worden. Man warb die Arbeiter an, setzte sie ohne Rücksicht auf Eignung oder Fähigkeit bei Arbeiten ein, denen sie oft nicht gewachsen waren. Oft ließen auch Betreuung und Versorgung zu wünschen übrig. Kam dann noch ein ausgesprochener Judenhaß in der deutschen Umgebung hinzu, so wird es verständlich, warum zahlreiche Ostjuden ihre Arbeitsplätze verließen und in die Städte flüchteten, wo sie andere Arbeit zu finden hofften. 1915/16 kamen rund 10–15 000 ostjüdische Arbeiter nach Deutschland. Bei Kriegsende 1918 befanden sich ca. 160 000 ausländische Juden in Deutschland und zwar ca. 90 000, die bereits vor 1914 im Reichsgebiet lebten (davon etwa 10–11 000 aus Ländern Westeuropas), ca. 35 000, die als Arbeiter in Rußland und Polen angeworben oder von dort verschleppt worden waren und ca. 35 000, die der Krieg in Deutschland überrascht hatte und die zunächst interniert wurden oder als Kriegsgefangene nach Deutschland kamen.

15 Frh. von Gebsattel an den Reichskanzler, 5. Mai 1915. Veröffentlicht in: Deutsche Zeitung, XXII, Nr. 267 (27. Mai 1917). »Mein Gewissen gebietet mir, vor solch einem Verzicht zu warnen – es wäre der verhängnisvollste politische Fehler, der gemacht werden könnte, und seine nächste Folge wäre die Revolution. Dies Wort muß ausgesprochen werden! Bedenkt man, welch eine Schuldenlast nach dem Kriege auf dem Reich ruhen wird, so ist klar, daß die Steuern ins ungeheure wachsen müssen, wenn das Kriegsergebnis unzulänglich ist; man versetze sich in die zurückkehrenden Krieger, von denen jeder sich bestimmt seine Hoffnungen auf irgendwelchen Lohn macht: statt dieses Lohnes finden sie eine wesentlich gewachsene Steuerlast... Eine ungeheure Enttäuschung und Erbitterung wird das Ergebnis sein – es wird keinen Halt geben und das nach solchen Leistungen enttäuschte Volk wird sich erheben. Die Monarchie wird gefährdet, ja gestürzt werden; damit wird das Schicksal unseres Volkes besiegelt sein.«

16 Fritsch sandte seine Denkschrift vom 22. August 1916 durch Vermittlung des Generals Frh. von Gebsattel am 26. August 1916 auch an den König von Bayern. Bayer. HStA, Allgem. StA, M Inn 66 327.

17 Schreiben Fritschs, a. a. O., 5 und 9; vgl. auch den Brief des Verlegers J. F. Lehmann an H. St. Chamberlain vom 11. September 1915, in: Verleger J. F. Lehmann. Ein Leben im Kampf für Deutschland, München 1935, 133 f. Dort auch zahlreiche andere Belege.

18 Dazu die zahlreichen »Belegstücke« zu der Eingabe von Theodor Fritsch, Bayer. HStA, Allgem. StA, M Inn 66 327. In diesem ganzen Material gibt es kaum eine Angabe, die überprüfbar war. Es handelte sich in fast allen Fällen um Behauptungen, um Berichte aus zweiter und dritter Hand ohne Ortsangabe und oft sogar – wie auch eingestanden wird – um bloße Vermutungen.

19 In dieser Hinsicht taten sich seit 1915 außer dem Hammer, den Deutschvölki-

schen Blättern namentlich die Kreuz-Zeitung, das Deutsche Tageblatt sowie zahlreiche Partei- und Verbandskorrespondenzen unrühmlich hervor. Vgl. dazu u.a. Mitteilungen, XXV, Nr. 24 (1. Dezember 1915) und die folgenden Hefte. Die Zensurbehörden mußten immer wieder gegen diese Verhetzung einschreiten und antisemitische, alldeutsche und sogenannte unabhängige Korrespondenzen verbieten, Bayer. HStA, Allgem. StA, M Inn 65 614.

20 Daß es sich bei den zahlreichen Eingaben und »Beschwerdebriefen« an die Reichs- und Landesbehörden im Jahr 1916 um eine zentral gesteuerte Aktion handelte, bezeugt der Bundeswart des Reichshammerbundes und spätere Hauptgeschäftsführer des Deutschvölkischen Schutz- und Trutz-Bundes, Alfred Roth, in mehreren Briefen und Schriften. »Im Frühjahr 1916 war es, daß ich... gemeinsam mit dem Altmeister der völkischen Bewegung der Vorkriegszeit, Theodor Fritsch, zunächst den Kaiser, die Bundesfürsten, die Abgeordneten, die leitenden Persönlichkeiten der Staatsämter und andere Stellen auf jene Gefahren [des Überhandnehmens des jüdischen Einflusses] in immer wiederholten Eingaben und Aufrufen hinwies und auf Abhilfe drängte.« Aus der Kampfzeit des Deutschvölkischen Schutz- und Trutz-Bundes. Eine Erinnerungsschrift vom ehemaligen Hauptgeschäftsführer *Alfred Roth*, Hamburg 1939, 13. Vgl. auch Hammer-Flugblatt Nr. 189: »Eingabe an die deutschen Fürsten gegen den Kriegswucher« [1916]. Außer Fritsch, Roth, Frh. von Gebsattel und anderen Völkischen tat sich in dieser Hinsicht schon früh Franz von Bodelschwingh, der berüchtigte Agitator des Bundes der Landwirte, hervor. So z.B. sein als Handschrift gedruckter Brief an den Reichskanzler vom 27. November 1915 und sein Schreiben an den Innenminister von Loebell vom 25. Februar 1916, BA Koblenz, P 135/1296 sowie eine Eingabe an die bayerische Staatsregierung vom Sommer 1916. In der Anlage zu diesem Schreiben befindet sich ein Flugblatt, das die Antisemiten zur Aufhetzung der Bevölkerung verschickten, Bayer. HStA, Geh. StA, MA 97668.

21 F. v. Bodelschwingh an Innenminister v. Loebell, 25. Februar 1916, BA Koblenz, P 135/1296.

22 So ein nichtgezeichneter Brief an den König von Bayern vom September 1916. Ferner ein als »vertraulich« bezeichnetes Schreiben, das »eine Anzahl hochachtbarer Männer« angeblich zu unterzeichnen bereit seien, Bayer. HStA. Geh. StA, MA 97668. – Bodelschwingh an den Reichskanzler, BA Koblenz, P 135/1296 und die »Denkschrift« von *Junius Alter* [d. i. *Franz Sontag*] »Das deutsche Reich auf dem Wege zur geschichtlichen Episode«, deren Verbreitung am 6. Juni 1916 vom Kriegsministerium verboten wurde, Bayer. HStA, Allgem. StA, M Inn 65 614.

23 Vgl. die Dokumente Anm. 22. Ferner die sogenannten »Belegstücke« zur Eingabe von Theodor Fritsch an den König von Sachsen und das Sächsische Innenministerium vom 22. August 1916, Bayer. HStA. Allgem. StA, M Inn 66 327.

24 F. v. Bodelschwingh an Innenminister v. Loebell, 25. Februar 1916, BA Koblenz, P 135/1296.

25 Lehmann an seine Frau, 16. Juni 1915, in: Verleger J. F. Lehmann, 132.

26 So schreibt ein angeblicher Großkaufmann aus Süddeutschland: »In unserem Volk besteht bereits eine große Kluft zwischen der gut deutschen – ich will mich kurz ausdrücken – Militärpartei und der Regierungsgesellschaft. Diese Kluft wird sich noch erweitern und ich will hoffen, daß die Militärpartei, die ihre Sprachrohre in den großen nationalen Zeitungen hat, die Oberhand gewinnt, sonst treiben wir mit Sturmschritt in den Judenstaat hinein, der eigentlich jetzt

schon besteht. Juda herrscht! Nur eine Militärdiktatur kann uns vom jüdischen Elend noch befreien.« Belegstücke zur Eingabe von Fritsch, 22 August 1916, Bayer. HStA, Allgem. StA, M Inn 66 327.

27 *F. G[oldstein]*, Alldeutsch oder international, Im deutschen Reich, XXIII (Dezember 1917), 503. Zahlreiche Belege in dem Bericht über »Kriegswucher«, in: Mitteilungen, XXV, Nr. 24 (1. Dezember 1915). Ferner *Leo Lippmann*, Mein Leben und meine amtliche Tätigkeit, hrsg. von *Werner Jochmann*, Hamburg 1964, 217, 219, 222 ff.; *Willy Albrecht*, Landtag und Regierung in Bayern am Vorabend der Revolution von 1918. Studien zur gesellschaftlichen und staatlichen Entwicklung Deutschlands von 1912–1918, Berlin 1968. Albrecht bringt zu diesem Thema wichtiges neues Material. Grundsätzlich: *Gerald D. Feldman*, Army, Industry and Labor in Germany 1914–1918, Princeton 1966.

28 *Emil Lederer*, Zur Soziologie des Weltkriegs, Archiv für Sozialwissenschaft und Sozialpolitik, 39. Bd., 1915, 375 f.; *Karl Heinrich Höfele*, Epochengefühl und Wandlungsbewußtsein im Ersten Weltkrieg, Zeitschrift der Savigny-Stiftung für Rechtsgeschichte, Germanist. Abt., 10. Bd., 1958, 157 f.; umfangreiches Material findet sich in den Zeitschriften und Zeitungen der Zeit, so z. B. in der Deutschen Zeitung. Wir zitieren hier nur den aufschlußreichen Artikel »Aufstieg und Niedergang«, XXII, Nr. 300 (15. Juni 1917). In den drei Kriegsjahren, so heißt es dort, sei namentlich den Mittelstandsschichten der »Boden unter den Füßen fortgezogen« worden. Diese Bevölkerungsgruppen sähen dem Kriegsende und dem Frieden mit Unruhe und Besorgnis entgegen. Vgl. auch *Francis L. Carsten*, Der Aufstieg des Faschismus in Europa, Frankfurt 1968, 10 f.

29 Diese Tatsache löste bei den deutschen Juden, die sich bisher jeder Kritik an Regierungs- und Behördenmaßnahmen enthalten hatten, zum Teil heftige Reaktionen aus. Herausforderung und Entgegnung erreichten 1916 bereits eine Schärfe, wie sie vor Kriegsbeginn kaum denkbar gewesen war. Die Judenfrage nach dem Kriege, Mitteilungen, XXV, Nr. 22 (3. November 1915); der sozialdemokratische Reichstagsabgeordnete Eduard David notiert am 15. August 1916 in sein Tagebuch: »Zorn über die verblendete Agitation der konservativen und nationalliberalen Annexionspolitiker; Heydebrand, Westarp, Fuhrmann, Gebsattel; der naive Glaube an die Allmacht der Gewalt; dabei empörende Versagung fortschrittlicher Forderungen. Die Reaktion glaubt allen Ernstes, ihre Zeit sei gekommen ...« *Eduard David*, Das Kriegstagebuch des Reichstagsabgeordneten Eduard David 1914 bis 1918, in Verbindung mit *Erich Matthias* bearbeitet von *Susanne Miller*, Quellen zur Geschichte des Parlamentarismus und der politischen Parteien, Bd. 4, Düsseldorf 1966, 193; *Julius Simon*, Die Juden und die Gebildeten unserer Tage, Mitteilungen, XXVI, Nr. 6 (23. März 1916). Die Redaktion veröffentlichte diesen Artikel mit der Vorbemerkung, daß er »Empfindungen widerspiegelt, die heute Tausende von deutschen Juden bewegen, die gehofft hatten, daß die schöne Stimmung der Versöhnlichkeit ... zu Anfang des Krieges den bisherigen konfessionellen und Rassenkämpfen ein Ende machen werde und nun durch das Wiederaufleben des alten verbitternden und unser ganzes politisches und gesellschaftliches Leben vergiftenden Kampfes schwer enttäuscht worden sind.«

30 Notiz Davids vom 14. März 1916: »Nachmittags: Sitzung der Steuerkommission: Haase, Landsberg, Cohn und Dittmann an einem Strang. Todmüde. Gehe nicht mehr zur Vorstandssitzung. Gradnauer muß mich ablösen. Er ist der letzte der Juden, auf den ich noch Vertrauen setze.« *David*, op. cit., 165. Ferner auch 17. Mai 1916, 176 und die sachlich unbegründete Notiz vom 6. Juni

1916: »Die Juden Cohn, Haase, Davidsohn besorgen wieder mal gründlich die Geschäfte der Antisemiten« (a. a. O., 181).

31 *Wolfgang J. Mommsen*, Die deutsche öffentliche Meinung und der Zusammenbruch des Regierungssystems Bethmann Hollweg im Juli 1917, Geschichte in Wissenschaft und Unterricht, XIX (1968), 666f.; *Wolfgang J. Mommsen*, Die Regierung Bethmann Hollweg und die öffentliche Meinung 1914–1917, Vierteljahrshefte für Zeitgeschichte, XVII (1969) 151.

32 Eine solche Stellungnahme seitens der Reichsregierung war zu dieser Zeit kaum noch möglich, da sich der Kanzler bereits so starkem Druck seitens der öffentlichen Meinung, der OHL und maßgeblicher Regierungskreise ausgesetzt sah, daß er zurückwich. *Wolfgang J. Mommsen*, Die deutsche öffentliche Meinung, a. a. O. Bezeichnend auch, daß Rathenau vom Kriegsministerium Schutz gegen Verleumdungen und öffentliche Angriffe zugesagt wurde, das Ministerium aber kaum etwas unternahm. Rathenau an Schwaner, 15. Februar 1916, BA Koblenz, Nachlaß Rathenau Nr. 4.

33 Bereits am 1. Februar 1916 wandte sich der bayerische Kriegsminister an seine Ministerkollegen mit der Anregung, alle Kräfte aufzubieten, »die an der Hebung und Neubelebung der Volksstimmung außerordentlich wirksam mitzuarbeiten vermöchten. Es darf hier insbesondere auf die Geistlichen, Beamten, Lehrer und Lehrerinnen hingewiesen werden: Auch vaterländisch gesinnte Leiter von Organisationen, Gesellschaften und Vereinen ... werden in hervorragendem Maße zur Aufmunterung beitragen können.« Am 22. März 1916 regten dann auch Reichskanzlei und das Reichsamt des Innern die geistige »Mobilmachung« der Bevölkerung an. Bayer. HStA, Allgem. StA, M Inn 66327. – Vgl. auch *Wolfgang J. Mommsen*, Die Regierung Bethmann Hollweg und die öffentliche Meinung 1914–1917, a. a. O., 150, dort besonders Einzelheiten aus einem Protokoll vom 30. August 1916, »Meinungsaustausch darüber ... in welcher Weise durch ein planmäßiges Vorgehen in den einzelnen Verwaltungen die Festigung der Volksstimmung und Stärkung des Volkswillens zu siegreicher Durchführung des Krieges weiter gefördert werden könnte«. Danach sollte jedes Ressort auf seinem Gebiet und in seiner Weise diese »Kriegsaufklärung« durchführen. Über die Kriegsaufklärung in Norddeutschland und die dort tätigen Propagandisten, siehe Fst. Hbg. 11 – D 24. Einige Einblicke in die bislang noch nicht erforschte Materie bringt neuerdings *Karl-Ludwig Ay*, Die Entstehung einer Revolution. Die Volkstimmung in Bayern während des Ersten Weltkrieges, Berlin 1968.

34 Beispiele für die Unterstützung der Antisemiten in ihrem Kampf gegen die Politik der Reichsregierung durch Universitätsprofessoren, Richter, Lehrer und andere einflußreiche Beamte vgl. Fst. Hbg. 11 – C 2. Ferner die vielen Beispiele in den Mitteilungen, insbesondere XXVI, Nr. 17 (23. August 1916), Antisemitische Richter; a. a. O., XXVI, Nr. 19 (20. September 1916), Politik in der Schule; a. a. O., XXVII, Nr. 17 (5. September 1917), Universität und Antisemitismus. Ferner der bereits genannte Aufsatz von *Julius Simon*, Die Juden und die Gebildeten unserer Tage, a. a. O., XXVI, Nr. 6 (23. März 1916) und Nr. 18 (6. September 1916).

35 Justizrat Cassel in seinem Bericht »Die Juden im Heer« anläßlich der Hauptversammlung des Centralvereins deutscher Staatsbürger jüdischen Glaubens am 4. Februar 1917, Stenographischer Bericht, 10f. Laut Geschäftsbericht des Vereins zur Abwehr des Antisemitismus vom 26. November 1915 hatten unvollständigen Informationen zufolge bis Anfang November 1915 bereits 5000 jüdische

Soldaten das Eiserne Kreuz, 650 andere Auszeichnungen erhalten. Beim preußischen Kontingent waren bis dahin ca. 500, beim bayerischen 200, beim württembergischen 10 jüdische Offiziere ernannt worden. Mitteilungen, XXV, Nr. 24 (1. Dezember 1915).

36 *Julius Simon*, Die Juden und die Gebildeten unserer Tage, a. a. O. Bald wurden auch antisemitische Filme an der Front gezeigt. Stenographischer Bericht über die Hauptversammlung des C. V. am 4. Februar 1917, 56.

37 An dieser Besprechung Ende 1915 nahmen von antisemitischer Seite teil: Adolf Bartels, Schmidt-Gibichenfels, Theodor Fritsch, Graf Reventlow, Hofrat Lehmann und der Generalsekretär der Deutschvölkischen Partei, Johannes Henningsen, Vgl. Im Deutschen Reich, XXIV (Januar 1918), 16 ff., und *Georg Davidsohn* (MdR – SPD), Neu-Orientierung, Neue Jüdische Monatshefte, II (25. Januar 1918), 172.

38 Zu den wenigen höheren Offizieren, die hier eine andere Position bezogen, gehörte General Walther Reinhard. Dieser schrieb anläßlich seiner Versetzung ins preußische Kriegsministerium am 3. November 1918 an seine Frau: »Ich gehöre als Württemberger eigentlich nicht dorthin, dann fühle ich, daß ich zu viel Wärme und zu wenig Kühle für eine halbpolitische Rolle habe und schließlich nehme ich in der Judenfrage eine andere Stelle ein – volle Rechtsgewährung, auch Offiziersernennung –, die vielleicht von mir anders erwartet wird.« *Fritz Ernst*, Aus dem Nachlaß des Generals Walther Reinhard, Stuttgart 1958, 5.

39 Abschrift des Briefes, den ein junger jüdischer Industrieller von der Front schrieb, als Anlage zum Schreiben von I. Stern an Gothein (Anlage II) vom 3. April 1917, BA Koblenz, Nachlaß Gothein Nr. 31 und 54.

40 Auf eine Beschwerde beim Kriegsministerium erhielt der Abg. Gothein von General v. Wrisberg im Auftrage des Kriegsministerium am 15. September 1916 eine Antwort, in der es heißt: »Es erweist sich im Gegenteil, daß der Vicewachtmeister Wolff seine Beförderung zum Offizier, die er durch Geeignetheit und sittliche Reife nicht hat erreichen können, nun durch Ausnutzung des Umstandes, daß er Jude ist, durchzusetzen versucht.« BA Koblenz, Nachlaß Gothein Nr. 54. Ebenso auch ein Schreiben aus dem Staatssekretariat des Reichsmarinemates an Gothein vom 9. November 1917. In einigen Fällen wurden auch Beschwerdebriefe, die von den Abgeordneten dem Kriegsministerium übersandt wurden, an die Regimenter gesandt, die dann Strafverfahren gegen die Beschwerdeführer einleiteten. Brief Gotheins an das Kriegsministerium vom 24. Oktober 1917, BA Koblenz, Nachlaß Gothein Nr. 54.

41 Verhandlungen des Reichstags, Stenographische Berichte, Bd. 308, Heine in der Sitzung am 3. November 1916, 2047 f.; Stern an Gothein, 3. April 1917, BA Koblenz, Nachlaß Gothein Nr. 31.

42 Schon in der Besprechung Ende 1915 (siehe oben Anm. 36) hatte es sich um die Frage der »Verwendung des umfangreichen belastenden Materials, das der Weltkrieg gegen das Judentum ergeben hat«, gehandelt. Damit war der Hetzfeldzug gegen die Juden eingeleitet worden. Im deutschen Reich, XXIV (Januar 1918), 15 ff.

43 *Julius Simon*, Die Juden und die Gebildeten unserer Tage, a. a. O., bringt eine Fülle solcher Belege; vgl. auch *Julius Marx*, Kriegstagebuch eines Juden, Frankfurt/Main 1964, 21 (7. September 1914), 32 (5. Oktober 1914), 112 (12. Mai 1916), 113 (3. Juni 1916), 118 (2. September 1916).

44 Der Münchener Rabbiner Prof. Werner berichtete auf der Hauptversammlung des C. V. am 4. Februar 1917 über ein Gespräch mit dem bayerischen Kriegsmi-

nister. Sein Ministerium werde, so erklärte der Minister, mit Denunziationen und Beschwerden über jüdische Drückeberger, mit Behauptungen über schlechte soldatische Leistung der Juden etc. geradezu überschwemmt. Stenographischer Bericht über die Hauptversammlung, 23; vgl. auch *Otto Armin* [d. i. *Alfred Roth*], Die Juden im Heer, München 1919, 11.

45 Dr. Heinz Potthoff an Gothein am 1. September 1916, BA Koblenz, Nachlaß Gothein Nr. 54, und Mitteilungen, XXVI, Nr. 22 (1. November 1916) und Nr. 23 (15. November 1916).

46 *Otto Armin*, Die Juden im Heer, 11f.

47 Deshalb hatten die jüdischen Organisationen, namentlich der Centralverein deutscher Staatsbürger jüdischen Glaubens und der Verein zur Abwehr des Antisemitismus schon frühzeitig begonnen, statistisches Material über die Teilnahme der jüdischen Soldaten am Kriege, ihre Leistungen und Auszeichnungen, den Kriegseinsatz der Juden in der Heimat, Unterlagen über Kriegswucher und die Kriegsgesellschaften zu sammeln. Bereits 1915 waren sie mit einem Aufruf zur moralischen Unterstützung dieser Aktion und Beschaffung geeigneter Materialien an die Öffentlichkeit getreten. Versammlung des Vereins zur Abwehr des Antisemitismus am 26. November 1915, Mitteilungen, XXV, Nr. 24 (1. Dezember 1915); Schreiben Heinz Potthoff an Gothein vom 1. September 1916, BA Koblenz, Nachlaß Gothein Nr. 54; Umschau, Im deutschen Reich, XXIV (Januar 1918), 16.

48 *Georg Gothein*, Die Judenzählung in den Kriegsgesellschaften, Mitteilungen, XXVI, Nr. 22 (1. November 1916).

49 Zentrum-Parlaments-Korrespondenz, zitiert nach *Gothein*, a. a. O.

50 Auf diesen Umstand hat u. a. der Abgeordnete Stücklen (SPD) im Reichstag hingewiesen. Verhandlungen des Reichstags, Stenographische Berichte, Bd. 308, 72. Sitzung, 2. November 1916, 2012.

51 Verhandlungen des Reichstags, Stenographische Berichte, Bd. 308, Sitzung vom 3. November 1916, 2048ff.; *Franz Oppenheimer*, Die Judenstatistik des preußischen Kriegsministeriums, München 1922; über die unmittelbare Wirkung u. a. Stenographischer Bericht über die Hauptversammlung des C. V. am 4. Februar 1917, 14ff.

52 Darauf wies besonders der Abgeordnete Heine (SPD) in der Reichstagssitzung vom 3. November 1916 hin, a. a. O., 2049.

53 Der Abgeordnete Dr. Quarck (SPD) hat in der Reichstagssitzung vom 3. November 1916 Details über die Handhabung der Statistik beim XVIII. Armeekorps mitgeteilt. Über die Art der mildesten »Zählung« an der Front vgl. *Julius Marx*, op. cit., 138 (2. November 1916).

54 Verhandlungen des Reichstags, Stenographische Berichte, Bd. 308, 2049ff., namentlich die Reden der Abgeordneten Heine und Dr. Haas.

55 *Franz Oppenheimer*, Die Judenstatistik..., 14. Dr. Quarck (SPD) sprach schon am 3. November 1916 im Reichstag von einer »konfessionellen Tendenzstatistik«. Stenographische Berichte, Bd. 308, 2053.

56 Der Reichstagsabgeordnete Dr. Ludwig Haas (Fortschrittliche Volkspartei), selbst jüdischer Offizier und kurze Zeit Kompanieführer, erklärte in der Reichstagssitzung vom 3. November 1916, in den vielen Briefen, die er erhalten habe, klänge überall das »Nun-sind-wir-gezeichnet« an.

57 Großherzoglicher Oberrat der Israeliten an das Großherzogliche Ministerium des Kultus und Unterrichts, 15. November 1916, BA Koblenz 43 I/2192. *Ernst Simon*, Unser Kriegserlebnis, in: Jüdische Jugend, hrsg. vom Kartell jüdischer

Verbindungen und von der jüdischen Turnerschaft, Heft 1, Berlin 1919, 43. Für die wachsende »Popularität« des Antisemitismus ließe sich eine Fülle von Belegen bringen. Der Verfasser verweist hier nur im akademischen Bereich auf die Wingolfblätter, das Organ der evangelischen Studentenvereine, auf die katholische Studentenzeitschrift Unitas, auf Diskussionen in wissenschaftlichen Gremien und Gesellschaften. Mitteilungen, XXVI, Nr. 17 (23. August 1916) und alle weiteren. *Hans Ehrenberg*, Weltkrieg, Geschichtsstaat und Judenfrage, Nord und Süd. Eine deutsche Monatsschrift, hrsg. von *Ludwig Stein*, XLII, Bd. 163 (Oktober / Dezember 1917), 260ff. setzt sich besonders mit antisemitischen Äußerungen von Professor Bauch und Vorgängen in der Kant Gesellschaft auseinander. Weitere Belege in der Zeitschrift Im Deutschen Reich, im Stenographischen Bericht über die Hauptversammlung des C. V. vom 2. Februar 1917.

58 *Franz Oppenheimer*, Die Judenstatistik..., 5; *Otto Armin*, Die Juden im Heer, 90.

59 *Otto Armin*, Die Juden im Heer, München 1919; *Otto Armin*, Die Juden in den Kriegsgesellschaften und in der Kriegswirtschaft, München 1921.

60 Rathenau an Schwaner, 4. August 1916, BA Koblenz, Nachlaß Rathenau Nr. 4. Die Resignation Rathenaus, der nach dem Zeugnis seiner Schwester erst »durch den Krieg« wieder »an seinem Judentum gelitten« habe (*Harry Graf Kessler*, Tagebücher 1918–1937, Frankfurt 1961, 557f.) kommt namentlich in den ersten Sätzen dieses Briefes zum Ausdruck: »Versuche nicht, die Leute zu überzeugen; ihr Glaube an die Verworfenheit der anderen dient ihnen zum Leben... Wenn Du ihnen diesen Glauben nimmst, so nimmst Du ihnen etwas, das Du nicht ersetzen kannst; auch wenn es Haß ist, so wärmt er sie fast so wie Liebe. Übrigens trennt sich keiner so leicht von dem Gespenst, an das er sein Leben gehängt hat; und willst Du es ihm rauben, um ihn gesund zu machen, so ist es vergeblich, und seine Rache unerbittlich.«

61 So sprach Justizrat Dr. Horwitz in der Eröffnungsansprache der Hauptversammlung des C. V. am 4. Februar 1917 davon, daß man nach Friedensschluß mit den Gegnern »Abrechnung« halten werde. Stenographischer Bericht, 4. *Sigbert Feuchtwanger*, Grundsätzliches zur deutschen Judenfrage, Neue Jüdische Monatshefte, I (10. August 1917), 615 erklärte, in Zukunft gehe es nicht mehr an erster Stelle »um die Verwirklichung der gesetzlichen Gleichberechtigung der deutschen Staatsbürger jüdischen Glaubens«, sondern vielmehr »um die gedankliche Neuorientierung, die Erziehung der Geister zu wahrhafter Staatsgesinnung«.

62 Ausnahmen unter denen, die dann in der Revolutionszeit 1918 / 19 hervortraten, bildeten Gustav Landauer, der stets seine Zugehörigkeit zum Judentum betonte und sich auch mit der Judenfrage literarisch auseinandersetzte, oder z. B. Oskar Cohn, der aktiv am jüdischen Leben teilnahm.

63 »Ein Preuße« an den König von Bayern, September 1916, Bayer. HStA, Geh. StA, Ma 97668. »Unser Land steht vor einem Abgrund. Ruchlose Volksverräter treiben unser deutsches Reich dem Untergang entgegen.«

64 Diesen Plan propagierte, soweit sich erkennen läßt, zuerst Alfred Roth im Hammer, XV, Nr. 337 (1. Juli 1916). Geistiger Urheber und intensivster Vorkämpfer war aber der Vorsitzende des Alldeutschen Verbandes, Justizrat Claß. Er drängte Herzog Johann Albrecht von Mecklenburg und andere einflußreiche Persönlichkeiten, an die Spitze dieses »Volksratets« zu treten. Er war gedacht als eine Zusammenfassung der großen nationalen Verbände (Alldeutscher Verband, Flottenverein, Volksbund für das Deutschtum im Ausland bis hin zu allen regionalen

Gruppen und – antisemitischen – Vereinigungen), die gegen die »unfähigen Regierungen des Reiches und der Bundesstaaten« Front machen und gegenüber »dem Versagen der Volksvertretungen… dem nationalen Willen rücksichtslos Ausdruck verleihen« sollten. Fst. Hbg. 11 – C2.

65 So u. a. die ersten, 1916 bereits eingeleiteten Versuche, in der Fichtegesellschaft eine Art »völkische Führerschaft« zu organisieren. Brief O. Gräff an Schwaner vom 8. August 1916, BA Koblenz, Nachlaß Rathenau Nr. 4 und weitere »Einigungsversuche« von Claß. Fst. Hbg. 11 – C2.

66 A.a.O. Fst Hbg. 11 – C2.

67 A. a. O. Am 1. April 1917 ging die Deutsche Zeitung in den Besitz des Alldeutschen Verbandes über. Schon seit 1916 erschien die Monatsschrift des Verbandes gegen die Überhebung des Judentums mit dem Titel »Auf Vorposten« neu. Ebenfalls seit 1917 erschien im J. F. Lehmann Verlag die Zeitschrift Deutschlands Erneuerung. Über andere Aktivitäten siehe u. a. Mitteilungen, XXVII, Nr. 6 (21. März 1917).

68 *Wolfgang J. Mommsen*, Die deutsche öffentliche Meinung, a. a. O., 667ff.

69 A. a. O., 665.

70 Fst. Hbg. 11 – C2. Vgl. auch Anm. 24. Claß hatte unter dem Eindruck des sozialdemokratischen Erfolges bei den Reichstagswahlen 1912 unter dem Pseudonym *Daniel Fryman* ein Buch geschrieben: Wenn ich der Kaiser wär' – Politische Wahrheiten und Notwendigkeiten, Leipzig 1912. Darin entwickelte er seine Pläne, die darauf abzielten, jede weitere Demokratisierung Deutschlands zu verhindern und die bereits eingeleiteten Entwicklungen rückgängig zu machen. Claß forderte u. a. die Aufhebung der Judenemanzipation; Verhinderung jeder jüdischen Einwanderung, Ausweisung aller nichteingebürgerten Juden und ein Fremdenrecht für alle deutschen Juden (a. a. O., 74ff.).

71 Fst. Hbg. 11 – C2. Für Claß war es seit Ende 1916 sicher, daß Zentrum, Fortschrittliche Volkspartei und SPD »die Umbildung der Bismarckschen Verfassung in der Richtung des ausgesprochenen westlerischen Parlamentarismus« erstreben. Dies war in seinen Augen ein Verbrechen.

72 Claß wurde in dieser Auffassung vornehmlich von seinen Stellvertreter im Vorstand des Alldeutschen Verbandes, General der Kav. z. D. Konstantin Frh. von Gebsattel, und einigen anderen Offizieren seines Kreises, wie Admiral v. Grapow, bestärkt. Fst. Hbg. 11 – C2 und 412 –Alldeutscher Verband.

73 Fst. Hbg. 11 – C2 und 412 –Alldeutscher Verband.

74 Kriegsminister von Stein wies den Gedanken an eine Militärdiktatur oder ein aktives Eingreifen in politische Fragen weit von sich und erklärte Claß: »Wir haben unsere Soldatenpflicht getan und nie Politik getrieben.« Fst. Hbg. 11 – C2.

75 In einer Throneingabe schrieb Claß am 7. Mai 1917: »Was kommen wird, erfüllt die wahren Getreuen des Kaisertums mit Sorgen – nicht mit Furcht – und der zunächst entfesselte Kampf Aller gegen Alle im Innern des Vaterlandes verpflichtet sie, sich um den Träger der Kaisergewalt zu scharen…« Fst. Hbg. 11 – C2.

76 Reichskanzler Michaelis in einem Gespräch mit Claß am 24. Oktober 1917. Fst. Hbg. 11 – C2.

77 *Prinz Max von Baden*, Erinnerungen und Dokumente, Berlin und Leipzig 1927, 112.

78 Wortlaut der Friedensresolution bei *Prinz Max von Baden*, op. cit., 115; zur Vorgeschichte und Geschichte der Entstehung vor allem: Der Interfraktionelle Ausschuß 1917/18, hrsg. von *Erich Matthias* unter Mitwirkung von *Rudolf*

Morsey, Quellen zu Geschichte des Parlamentarismus und der politischen Parteien, 1. Reihe, Bd. 1, Teil 1, Düsseldorf 1959, 110ff.

79 *Heinrich Claß* im Leitartikel der Deutschen Zeitung, XXII, Nr. 167 (1. April 1917).

80 Kundgebung des Alldeutschen Verbandes, Deutsche Zeitung, XXII, Nr. 220 (1. Mai 1917).

81 *Konstantin Frh. von Gebsattel*, Alldeutsch – vielleicht alljüdisch?, a. a. O., XXII, Nr. 305 (18. Juni 1917). Gebsattel hatte diesen Aufsatz zwar gezeichnet, geschrieben hatte ihn aber Claß selbst, um, wie er schrieb, »das Gelände aufzuklären«. *Uwe Lohalm*, Völkischer Radikalismus. Die Geschichte des Deutschvölkischen Schutz- und Trutz-Bundes 1919–1923, Hamburg 1970, 49. Nach Claß hat Heinrich Rippler, der alldeutsche Chefredakteur der Täglichen Rundschau, das Schlagwort »alljüdisch« erstmalig geprägt. Zu dieser Gegenüberstellung gelangten die Alldeutschen mit dem Hinweis darauf, sie und ihre Bestrebungen würden publizistisch in Permanenz vom Berliner Tageblatt, der Frankfurter Zeitung und vom sozialdemokratischen Zentralorgan Vorwärts bekämpft. Das trifft ohne Zweifel zu, denn alle drei Organe nahmen eindeutig gegen die wilden Annexionspläne Stellung und forderten eine Liberalisierung und Demokratisierung Deutschlands. Da alle drei Zeitungen in jüdischem Besitz waren oder jüdische Chefredakteure und Redakteure hatten, schien den Alldeutschen der Beweis erbracht, daß hier nach einem einheitlichen Plan »gehandelt werde«. Worum sie sich selbst stets bemühten, um eine Zusammenfassung und zentrale Leitung aller Gruppen und Kräfte der »nationalen Opposition«, das unterstellten sie ganz selbstverständlich ihren Gegnern, auch wenn es absurd war.

82 Die Losung gab wiederum Heinrich Claß mit einem Artikel, den er abermals seinen Freund und Stellvertreter im Alldeutschen Verband, Frh. von Gebsattel, veröffentlichen ließ: Deutsche Saat – Fremde Ernte, Deutsche Zeitung, XXII, Nr. 366 (22. Juli 1917).

83 Über den »Geist«, der bei der Gründung der Partei vorherrschte, gibt eine Auswahl aus Reden, Kundgebungen und Resolutionen im gesamten Reichsgebiete Aufschluß. Die Vaterlandspartei, Mitteilungen, XXVII, Nr. 22–26 (19. Dezember 1917).

84 *K. von Gebsattel*, Judenwahlen – Judenfriede?, Deutsche Zeitung, XXII, Nr. 480 (21. September 1917). Gebsattel behauptet unter Berufung auf das Kaiserbuch seines Freundes Claß (*Frymann*, Wenn ich der Kaiser wär!), die Mehrheitsparteien des Reichstages hätten mit Hilfe jüdischen Geldes und unterstützt durch die jüdische Presse 1912 ihren Wahlsieg errungen.

85 *Franz Oppenheimer*, Der Antisemitismus, Neue Jüdische Monatshefte, II (10. September 1918), 529; Im deutschen Reich, XXIV (Januar 1918), 15ff.

86 Aufstieg und Niedergang. Die Not des Mittelstandes, Deutsche Zeitung, XXII, Nr. 300 (15. Juni 1917); Sozialpolitik nach dem Kriege – für wen? Hebung des Mittelstandes, a. a. O., XXII, Nr. 331 (3. Juli 1917); Die wirtschaftliche Zukunft unseres Beamtenstandes, a. a. O., XXIII, Nr. 7 (4. Januar 1918), u. a. m.

87 *Georg Fritz*, Deutschtum und Judentum, a. a. O., XXII, Nr. 321 (28. Juni 1917).

88 Rassenzucht, Deutsche Zeitung, XXIII, Nr. 276 (2. Juni 1918). Der Verfasser der Zuschrift, von Brockhusen-Langen, forderte: »Nicht für die Masse ist zu sorgen, sondern für den Wohlgeborenen.« Wie die Wohlgeborenen ohne die »Masse« allerdings einen Volkskrieg führen wollten, wußte er nicht zu sagen.

89 *Hans-Günther Zmarzlik*, Der Sozialdarwinismus in Deutschland als geschichtliches Problem, Vierteljahrshefte für Zeitgeschichte, XI (1963), 253.

90 *Franz Oppenheimer*, Antisemitismus, Neue Jüdische Monatshefte, II (10. Oktober 1917), 5.

91 *Houston Stewart Chamberlain* spricht bereits im Oktober 1917 von den beiden Deutschland, die miteinander im Widerstreit leben. Das eine und das andere Deutschland, Deutsche Zeitung, XXII, Nr. 513 (11. Oktober 1917).

92 Julius Marx besuchte am 5. Mai 1917 in Valenciennes einen französischen Bekannten aus der Vorkriegszeit. Dieser erklärte ihm aufgrund seiner Gespräche mit vielen, auch hohen deutschen Offizieren: »Ein Volk, das so wenig Toleranz besitzt, in dem so wenig Einigkeit besteht, das zuerst nach Stand und Geld und Glaube fragt und dann erst nach der Vaterlandsliebe, ein solches Volk kann den Krieg nicht gewinnen.« *Julius Marx*, Kriegstagebuch eines Juden, Frankfurt/Main 1964, 166f. (5. Mai 1917).

93 Schon am 8. August 1916 schrieb der aus einem antisemitischen Flügel der Jugendbewegung hervorgegangene Leutnant O. Gräff: »... denn selbst wenn es so wäre, daß er [W. Rathenau] unser Retter ist, eine Schande wäre es fürs deutsche Volk, daß ein Semit es sein muß. Ich glaube an Friedrich Ludwig Jahns Wort: Den Deutschen kann nur durch Deutsche geholfen werden, fremde Helfer bringen uns immer tiefer ins Verderben.« Brief an Schwaner, BA Koblenz, Nachlaß Rathenau Nr. 4. Über die Forderung des Ausschlusses der Juden aus öffentlichen Ämtern, Hochschulen, den Forschungsstätten etc. Deutsche Judenordnung in der Zeitschrift Auf Vorposten, VI (Juli-September 1918) 72ff.

94 *Franz Oppenheimer*, Der Antisemitismus, Neue Jüdische Monatshefte, II (10. September 1918), 528. »Auch die Klasse selbst spürt, daß ihre Sturmflut naht. Und gerade darum nutzt sie die letzte Frist ihrer Hegemonie aus, um womöglich noch das Schicksal zu wenden, indem sie einen Damm errichtet, und versucht, wenigstens noch vor dem Sturz ihr Mütchen zu kühlen. Das ist die sozialpsychologische Wurzel des neuen Antisemitismus oder der neuen Woge des Antisemitismus. Man bereitet für jeden Fall einen Sündenbock vor, den das Volk an Stelle des wirklich Schuldigen in die Wüste jagen mag...« Die Auffassung, daß die Antisemiten die Juden als »Blitzableiter« für den Unmut des verängstigten Mittelstandes brauchten, findet sich zuerst bei *Georg Davidsohn*, Neu-Orientierung, a. a. O., II (25. Januar 1918), 173.

95 *Sigbert Feuchtwanger*, Grundsätzliches zur deutschen Judenfrage, a. a. O., I (10. August 1917), 619.

96 So Prof. Dietrich Schäfer, wenn er das Berliner Tageblatt als »schmutziges Judenblatt« bezeichnete, der Straßburger Staatsrechtler Erich Jung, der in der antisemitischen Zeitschrift Deutschlands Erneuerung die Phrase von der jüdischen Weltverschwörung übernahm, Prof. Hans von Liebig in seinen zahlreichen Broschüren und politischen Traktaten. Vgl. *Klaus Schwabe*, Wissenschaft und Kriegsmoral, Göttingen 1969, 152ff. Auf zahlreiche andere Beispiele in der Verwaltung und den Parlamenten wird weiter unten noch eingegangen.

97 Gründungsaufruf der Deutschen Arbeiter- und Angestelltenpartei in der Deutschen Zeitung, XXIII, Nr. 149 (22. März 1918). Ferner insbesondere der unvollständige Bericht über die »Organisierung des Rassen-Antisemitismus« in den Mitteilungen, XXVIII, Nr. 10/11 (12. Juni 1918).

98 A. a. O. Erstmalig weist *Georg Davidsohn*, Neu-Orientierung, Neue Jüdische Monatshefte, II (25. Januar 1918) 173, auf die Tendenzen zum Zusammenschluß der antisemitischen Organisationen hin.

99 Der sozialdemokratische Reichstagsabgeordnete Georg Davidsohn fragte nach dem Erscheinen der Arbeiter-Schutz-Zeitung, Organ eines neu gegründeten Ar-

beiter-Schutz-Bundes, bei den Behörden an, namentlich dem Oberkommando in den Marken, wer Geld, Papier und Genehmigung für das Erscheinen dieser Pogromzeitung gegeben hätte. »Auf zum Pogrom!«, a.a.O., II (25. März 1918), 268. Er erhielt, wie nicht anders zu erwarten, keine Auskunft.

100 Der Kaiser hatte anläßlich seines 30. Regierungsjubiläums davon gesprochen, daß der Weltkrieg ein Kampf zweier Weltanschauungen sei. Dieses Wort griff Claß sofort auf und sprach davon, daß es auch in Deutschland Anhänger der fremden Weltanschauung gäbe. *Heinrich Claß*, Der Kampf der Weltanschauungen, Deutsche Zeitung, XXIII, Nr. 309 (20. Juni 1918). Gebsattel führte diesen Gedanken sofort weiter. Der Kampf der Weltanschauungen in der inneren Politik, a.a.O., XXIII, Nr. 326 (29. Juni 1918). In der Sprache des primitiven Verbandsantisemitismus hieß es dann: »Deutsch-aristokratische und jüdisch-demokratische Weltanschauung.« Auf Vorposten, VI, (Juli-September 1918), 46ff.

101 *Konstantin Frh. von Gebsattel,* Das »Ferment der Dekomposition«, Deutsche Zeitung, XXIII, Nr. 526 (15. Oktober 1918).

102 A.a.O. »Wir... sprechen... von dem Geiste, von dem Gifte der Zersetzung, der von dem Judentum ausgeht – nicht in dem Sinne etwa, als ob eine böse Absicht, noch viel weniger, als ob teuflische Bosheit die Träger dieses zersetzenden Geistes treibe und veranlasse, ihre staatsgefährdende Tätigkeit auszuüben. Sie ist etwas Tatsächliches, an den guten oder bösen Willen nicht Gebundenes, geradezu etwas Naturgesetzliches, das als Erbe einer jahrtausendelangen Entwicklung mit dem Judentum nun einmal untrennbar verbunden ist.«

103 Auch dieser Artikel wurde wieder von Claß und Gebsattel gemeinsam konzipiert, wobei Gebsattel nicht mehr als seinen Namen beigesteuert hat, da er zu dieser Zeit krank war.

104 Protokoll der Sitzung der Hauptleitung und des Geschäftsführenden Ausschusses am 19. und 20. Oktober 1918 in Berlin, Deutsches Zentralarchiv [DZA] Potsdam ADV 121; Fst. Hbg. 412 AV.

105 Protokoll..., a.a.O.

106 A.a.O.

107 *Heinrich v. Kleist*, Germania an ihre Kinder. Dort heißt es: »Schlagt ihn tot! Das Weltgericht fragt euch nach den Gründen nicht!«

108 Belegstücke zur Eingabe Theodor Fritschs an den König von Sachsen, das Innenministerium, den König von Bayern vom 22. August 1916. Schreiben eines kgl. Forstmeisters an Fritsch, Bayer. HStA, Allgem. StA, M Inn 66327. Es gab in dieser Zeit genügend Anzeichen dafür, in welcher Weise der jahrelange Grabenkrieg gerade jüngere Soldaten geformt hatte. Vgl. dazu neuerdings *Karl Heinrich Höfers*, op. cit., 151, »Der Krieg erzeugte sozusagen den Kämpfer an sich, der nicht mehr nach Ziel und Zweck des Kampfes fragt, für den der Kampf Eigenwert besitzt... Dieser neue Typus des Krieges... grübelt nicht über Recht und Unrecht, Gut und Böse, er packt einfach zu und kämpft, um zu kämpfen. Ein Menschenleben bedeutet für ihn nichts Heiliges, Unantastbares; Menschen zu töten ist für ihn eine Kleinigkeit, da sie ja doch einmal sterben müssen.«

109 So Claß in seinen Schlußworten, Protokoll..., a.a.O.

110 Die Verzerrung des Nationalismus, Mitteilungen, XXVI, Nr. 7 (5. April 1916).

111 Vgl. dazu u.a. *Eduard Lamparter*, Evangelische Kirche und Judentum – Ein Beitrag zu christlichem Verständnis von Judentum und Antisemitismus, Gotha 1928. Neudruck in: Versuche des Verstehens. Dokumente jüdisch-christlicher Begegnung aus den Jahren 1918–1933, hrsg. von *Robert Raphael Geis* und *Hans-Joachim Kraus*, München 1966, 299.

112 *Hugo Preuß*, Die Improvisierung des Parlamentarismus, Norddeutsche Allgemeine Zeitung vom 26. Oktober 1918. Zitiert nach: *Hugo Preuß*, Staat, Recht und Freiheit, Hildesheim 1964, 361 ff.

113 *Konst. Frh. von Gebsattel*, Das »Ferment der Dekomposition«, Deutsche Zeitung, XXXIII, Nr. 526 (15. Oktober 1918).

114 J. F. Lehmann an die Frau eines Freundes, 25. Oktober 1918, in: Verleger J. F. Lehmann, 150.

115 Bericht des Königl. Bayer. Militärbevollmächtigten im Gr. Hauptquartier an den Kriegsminister. Sonderbericht Nr. 8 geh. vom 7. Oktober 1918, Bayer. HStA, Kriegsarchiv, MKr 1832.

116 Ballin schrieb von einem kurzen Aufenthalt in Eilsen am 19. September 1918 an Harden: »Ich bin in großer Sorge um das, was werden soll. Dabei spielt hier von morgens bis abends spät Musik, und die Leutchen sind seelenvergnügt und denken nicht an den Winter des äußersten Mißvergnügens, der ihnen bevorsteht. Warum sind wir nicht Optimisten geworden? Optimist und Korpsstudent, damit läßt sich alles ertragen.« BA Koblenz, Nachlaß Harden Nr. 7.

117 Leutnant Reinhold Mosgau an Maximilian Harden, 3. Oktober 1917, BA Koblenz, Nachlaß Harden Nr. 75.

118 Denkschrift mit Begleitschreiben vom 5. November 1918 im DZA Potsdam, Nachlaß Westarp, Fst. Hbg. 7533.

119 Über die passive Haltung der Parteileitung wurde in den letzten Kriegsjahren überall Beschwerde geführt. Vgl. auch *Annelise Thimme*, Flucht in den Mythos. Die Deutschnationale Volkspartei und die Niederlage von 1918, Göttingen 1969, 9 ff., besonders auch Zitat Anm. 5, 162.

120 Ballin an Harden, 4. Januar 1918, BA Koblenz, Nachlaß Harden Nr. 7.

121 *Georg Simmel*, Deutschlands innere Wandlung. Rede in Straßburg am 7. November 1914, Straßburg 1914, 5.

122 Vgl. das Kapitel Das große Hassen in dem Werk von *Joseph Wohlgemuth*, Der Weltkrieg im Lichte des Judentums, Berlin 1915, 51 ff.

123 *Leo Plaut*, Über Antisemitismus, Der Jude, VIII (Juli 1924), 425.

124 *M. R. [Moritz Rosenthal]*, Die Revolution, Neue Jüdische Monatshefte, III (10./25. November, 16. Dezember 1918), 49.

125 *Amitai [Nahum Goldmann]*, Chronik, Der Jude, III (Januar 1919), 449 f.

126 *M. R.*, Die Revolution, a. a. O., 50; Amitai, Chronik, a. a. O., 451.

127 *M. R.*, Die Revolution, a. a. O., 50. Der Ansatz zur Verständigung sollte vornehmlich im kulturellen Bereich gesucht werden. »Die an sich ja zweifellos vorhandene starke Verbundenheit weiter Kreise des Judentums mit der deutschen Kultur wird jetzt erst sich frei äußern und auswirken können ...«

128 *Amitai*, Chronik, a. a. O., 450. Auf die besondere Aufgabe der Juden als »Mittler der Nationen« hat Eduard Bernstein schon während des Krieges hingewiesen. *Eduard Bernstein*, Von den Aufgaben der Juden im Weltkriege, Berlin 1917, bes. 23 f. Dieser Vortrag Bernsteins löste in der SPD unerfreuliche antisemitische Reaktionen und Ressentiments aus. *David*, op. cit., 112 f. (14. März 1915). Die Antisemiten haben die Äußerungen Bernsteins später tendenziös entstellt und agitatorisch ausgenutzt. Sie verbreiteten auch das Büchlein von *Emil Kloth*, Einkehr. Betrachtungen eines sozialdemokratischen Gewerkschaftlers über die Politik der deutschen Sozialdemokratie, München 1920.

129 *Martin Buber*, Die Revolution und Wir, Der Jude, III (November/Dezember 1918), 346.

130 *Adler-Rudel*, op. cit., 58; vgl. auch *Bertha Badt-Strauss*, Rosa Luxemburg, Der Jude, VIII (März 1924), 188.

131 So bezeichnete es z. B. Wieland Herzfelde als das Ziel seines und des Freundes George Grosz' Wirkens, »alles, was den Deutschen bisher lieb gewesen sei, in den Dreck zu treten«, d. h. alle abgelebten »Ideale« zu beseitigen, um freie Bahn und frische Luft zu schaffen. *Kessler*, op. cit., 114.

132 *Amitai*, Chronik, a. a. O., 452.

133 *Adolf Leschnitzer*, Geschichte der deutschen Juden vom Zeitalter der Emanzipation bis 1933, in: Judentum. Schicksal, Wesen und Gegenwart, hrsg. von *Franz Böhm* und *Walter Dirks*, Bd. 1, Wiesbaden 1965, 278. »Die ›freieste demokratische Verfassung der Welt‹ wurde geschaffen für ein Volk, das Demokratie bisher nur vom Hörensagen kannte. Manche Sicherung wurde eingebaut, um eine Wiederkehr der feudalen Mächte zu verhüten. Jeder Schutz fehlte gegen etwas Neues und doch Uraltes, mit dessen Kommen keiner der Baumeister gerechnet hatte, gegen die demagogische Aufwühlung der Massenleidenschaften, die schon so oft in der Geschichte zum Sturz einer Demokratie und der Aufrichtung einer Tyrannis geführt hat.«

134 *Hans Reichmann*, Der Centralverein deutscher Staatsbürger jüdischen Glaubens, in: Festschrift zum 80. Geburtstag von Leo Baeck am 23. Mai 1953, London 1953, 67.

135 Justizrat Stolte, ähnlich auch Claß und Jacobsen. Protokoll der Sitzung, Fst. Hbg. 412 AV.

136 Justizrat Stolte, a. a. O.: »Eine Unzahl von Agitatoren muß in den Gewerkschaften arbeiten und wir müssen auf die Straße gehen... Derartige Demonstrationen wirken nach außen hin, in die Provinz, suggestiv.«

137 *Claß*, a. a. O. Wie weit die Alldeutschen in ihren Bemühungen um die Anwerbung primitiver Demagogen gingen, mag ein Beispiel zeigen. Frh. von Gebsattel schrieb persönlich an den Sekretär einer rheinischen Genossenschaft, den »Hochwohlgeborenen« Herrn Heinrich Dolle, der in dem Arbeitsblatt der Bezugs- und Absatzvereinigung der Kleinviehzüchter zu Moers am 1. Oktober 1918 einen groben antisemitischen Artikel geschrieben hatte, und forderte ihn zur Mitarbeit im alldeutschen Judenausschuß auf. »Arbeitsblatt« und Brief Gebsattels an Dolle vom 6. November 1918, Fst. Hbg. 11 – D25.

138 Fst. Hbg. 412; über die »Notwendigkeit« der taktischen Zurückhaltung in der täglichen Agitation äußerte sich Claß auch an anderer Stelle. Fst. Hbg. 11 – C2. Auf die Tatsache, daß das Volk für die Alldeutschen nur die »Canaille« war, wies der C. V. wiederholt hin, so u. a. Im deutschen Reich, XXIV (Dezember 1918), 456. Hinsichtlich der Praktiken alldeutscher Führer heißt es, sie seien »Machtpolitiker mit steinhartem Gewissen, die alle Kniffe und Pfiffe der Demagogie kennen und anwenden, ohne sich selber in die ›Drecklinie‹ zu stellen« (a. a. O., 457).

139 Den Vorsitz in diesem Ausschuß hatte Frh. von Gebsattel, sein Vertreter war Georg Fritz. Ihm gehörten an: vom Geschäftsführenden Ausschuß des Alldeutschen Verbandes Bacmeister, Calmbach, Gebhard, Joerges, Lehmann, Lohmann, Pezoldt und Schlüter. Aus dem Vorstand des Alldeutschen Verbandes wurden entsandt: Jacobsen, Langhans, Lucius, Roth und v. Vietinghoff-Scheel. Später wurden noch Adolf Bartels und Ferdinand Werner berufen. *Lohalm*, op. cit., 51 ff.

140 Fst. Hbg. 11 – C2; Gebsattel an Dolle, 6. November 1918, Fst. Hbg. 11 – D25; *Lohalm*, op. cit., 55.

141 Hans-Ulrich Schweizer an Georg Gothein vom 14. November 1918, BA Koblenz, Nachlaß Gothein Nr. 30.

142 Hugo Schey an Gothein vom 12. Januar 1919, BA Koblenz, Nachlaß Gothein Nr. 54. In Berlin wandte sich namentlich der »Arbeiter-Schutz-Bund« an die heimkehrenden Soldaten. Im deutschen Reich, XXIV (Dezember 1918), 455 ff. Völlig berechtigt wird dort in der »Umschau« festgestellt: »Es weht Pogromluft in Deutschland.« Über die planmäßige Verhetzung der Truppen siehe Mitteilungen, XXIX, Nr. 17 (21. August 1919).

143 *Georg Davidsohn*, Die Mentalität der Sentimentalität, Neue Jüdische Monatshefte, III (25. August 1919), 467.

144 Bayer. HStA, Allgem. StA, M Inn 66 138; einen wichtigen Einblick gewähren die Schreiben und Denkschriften des Kaufmanns Hans Knodn, Angehöriger des Freikorps Epp, an Ministerpräsidenten von Kahr vom 16. April 1920, Bayer. HStA, Allgem. StA, M Inn 66 282; vgl. *Alfred Wiener*, Gegenrevolution, Im deutschen Reich, XXVI (April 1920), 130 ff. Besonders aufschlußreich sind die Zeugnisse der Soldaten und Offiziere über Hitlers »Aufklärungstätigkeit« in Lager Lechfeld im Sommer 1919. *Ernst Deuerlein*, Hitlers Eintritt in die Politik und in die Reichswehr, Vierteljahrshefte für Zeitgeschichte, VII (1959), 177 ff., besonders 197–201.

145 Max Schacht, Warnemünde, an Gothein am 22. Februar 1919: »Die Wohlhabenden und die vom Stande wünschen heute lieber als morgen den Zustand herbei: Terror gegen Terror.« Sie setzten ihre Hoffnungen besonders auf Ludendorff. BA Koblenz, Nachlaß Gothein Nr. 130.

146 So verteilte die kleine, kaum einige hundert Mitglieder zählende »Deutsche Erneuerungsgemeinde« Theodor Fritschs von November 1918 bis Ende März 1919 allein 2 Millionen Flugblätter. Mitteilungen, XXIX, Nr. 7 (1. April 1919). Der Deutschvölkische Bund, der Verband gegen die Überhebung des Judentums und viele andere Gruppen übertrafen sie noch weit. Bericht des Staatskommissars für die Überwachung der öffentlichen Ordnung vom 2. September 1919, BA Koblenz, R 43 I 2193.

147 A. und S. Rat von Augsburg an das Bayerische Innenministerium über Zwischenfälle in Augsburg am 21. Februar 1919, Bayer. HStA, Allgem. StA, M Inn 65 617.

148 Fst. Hbg. 412 – Wulle: Der Stern Judas, Deutsche Zeitung, XXIV, Nr. 111 (13. März 1919).

149 Sturmzeichen, Deutsche Zeitung, XXIV, Nr. 158 (7. April 1919).

150 Erklärung des Alldeutschen Verbandes. *Werner Jochmann*, Nationalsozialismus und Revolution. Ursprung und Geschichte der NSDAP in Hamburg 1922–1933. Dokumente, Frankfurt 1963, Dok.: 2, 10 ff. Diese Erklärung wurde in rund 300 000 Exemplaren gedruckt und den großen nationalen Zeitungen beigegeben, so der Täglichen Rundschau, der Deutschen Zeitung, der neuen Preußischen (Kreuz-)Zeitung, der deutschen Tageszeitung, dem Hannoverschen Kurier, den Hamburger Nachrichten und der Süddeutschen Zeitung. Vgl. *Lohalm*, op. cit., 19 und 337.

151 Bamberger Erklärung, a. a. O., 22.

152 A. a. O., 17, »Diese machtpolitische Voraussetzung staatlicher Wiedergeburt findet auf dem Gebiete innerpolitischer, sittlicher und kultureller Fragen sein Gegenstück in der Notwendigkeit, den jüdischen Einfluß zurückzudämmen; der Alldeutsche Verband wird alle Bestrebungen zu fördern versuchen, die ruhig und bestimmt dafür eintreten, daß Deutschland den Deutschen gehört, und daß

es demgemäß in allen inneren, äußeren, kulturellen und wirtschaftlichen Fragen geleitet werde. Sein Verhalten in dieser Frage gründet sich auf die unbestreitbare Tatsache, daß die Juden ein volksfremder Bestandteil der Reichsbevölkerung sind, und daß die Zurückweisung ihrer Machtansprüche mit Glaubensfragen gar nichts zu tun hat.« Da die Alldeutschen sich als die wahren Repräsentanten des Volkes fühlten, war alles fremd, was sie nicht verstanden oder was ihren Auffassungen widersprach.

153 Denkschrift Hans Knodn an Ministerpräsidenten von Kahr vom 11. Mai 1920, Bayer. HStA, Allgem. StA, M Inn 66282.

154 *Max Wundt*, Was heißt völkisch?, Langensalza 1924, 6ff.

155 A.a.O., 14.

156 A.a.O., 10 und 14f. Hier begegnet uns der von protestantischen Konservativen so stark betonte Gedanke der christlichen Schöpfungsordnung in besonders klarer Form. »Es ist der Gedanke des Berufes, wie ihn uns Luther hat verstehen lassen, da jeder zu seinem bestimmten Werke von Gott berufen ist, einem Werk, in dem das Beste seines Innern, sein ganzes sittliches Streben und Wollen, seinen Ausdruck findet. Damit entsteht der Reichtum und die Mannigfaltigkeit des Volkstums.«

157 Kampf, Im deutschen Reich, XXV (Oktober 1919), 407; Die richtige Behandlung der Judenfrage, Deutsche Zeitung, XXIV, Nr. 450 (6. Oktober 1919). Besonders charakteristisch sind folgende Ausführungen: »Unsere Gesundung hängt davon ab, daß wir bewußt an die eigene Vergangenheit anknüpfen, das Eigene organisch weiterentwickeln, uns freihalten von der Vorstellung, daß irgendeine, auch noch so eindringlich verfochtene Idee allgemein gültig sei. Es handelt sich um das Abwerfen jedes Respektes vor internationalen Strömungen: dazu gehört die Abkehr von den Trägern des Internationalismus im eigenen Land. Und diese Träger sind nun einmal in erster Linie die Angehörigen des Volkes ohne Vaterland... Es handelt sich gar nicht darum, ob prozentual mehr Juden gewuchert und weniger gefochten haben als Deutsche: nicht wegen Kriegswuchers oder Drückebergerei gibt es eine Judenfrage, sondern wegen der Notwendigkeit, den Prozeß der Heilung unseres Volkskörpers dadurch zu beschleunigen, daß man das erneute Einsickern von Säften verhindert, die den unseren nicht homogen sind. Diese Säfte sind nicht die bloße Anwesenheit, selbst nicht die Zuwanderung von Juden, sondern ihre Ideen, ihre unausrottbare Gesinnung, die selbstverständliche Voraussetzung ihres Denkens, daß alles in allen Ländern gleichmäßig zu sein habe und daher das eine Land die Einrichtungen des anderen nachzuahmen und zu übernehmen berufen sei.«

158 Vgl. u.a. hier nur *M.R.*, Die Revolution, a.a.O.: »Die Parteien und Richtungen, die sie [die Revolution] herbeigeführt haben und durch sie zur Macht gelangt sind, haben seit jeher das Prinzip der wahrhaften und restlosen Gleichberechtigung vertreten und gegen den Antisemitismus des alten Regimes gekämpft. Ein Deutschland, in dem diese Richtungen und Kräfte vorherrschend sein werden, wird ein Deutschland sein, in dem die Frage der Gleichberechtigung der Juden nicht mehr existieren wird.«

159 Vgl. dazu *Roths* während des Zweiten Weltkrieges geschriebenen, im Januar 1944 als Privatdruck veröffentlichten Lebensbericht »Auf gerader Linie. Ein Rückblick auf 45 Jahre Kampf ums Deutschtum.« Im Anhang befindet sich ein Verzeichnis aller Schriften Roths mit Auflagenhöhe.

160 *Alfred Roth*, Unser Wollen – unsere Arbeit. Eine Antwort auf die Frage nach Zweck und Ziel des Deutschvölkischen Schutz- und Trutz-Bundes, Hamburg 1921. Der Verfasser verweist hier besonders auf die umfassende und gründliche

Arbeit über den Deutschvölkischen Schutz- und Trutz-Bund von *Uwe Lohalm*, op. cit., 77ff.

161 Die Mitglieder des Beirats unterzeichneten, um dem Bund den raschen Durchbruch in alle Kreise zu ermöglichen, das erste Flugblatt des Bundes. Deutschland den Deutschen. In: *Werner Jochmann*, Nationalsozialismus und Revolution, Dok. 3, 25ff. Zu den Unterzeichnern gehörten u. a. Adolf Bartels, Franz von Bodelschwingh, Alfred Brunner, Theodor Fritsch, E. v. Hertzberg-Lottin, J. F. Lehmann, Georg v. Stößel, Ferdinand Werner.

162 Ein – wenn auch sehr unzureichendes – Verzeichnis deutschvölkischer Vereine, Bünde und Orden mit Gründungsdaten, Tätigkeitsbereichen und – gelegentlich – Mitgliederzahlen gibt *Roth* in: Deutschvölkisches Jahrbuch, 1920, 232. Der Bund zur Pflege nordischer Kunst und Wissenschaft war eine Tarnorganisation des Germanenordens. Von den Mitgliederzahlen her gesehen waren alle diese Bünde unbedeutend. An der Spitze stand der Reichshammerbund mit ca. 5000 Mitgliedern und der Deutschvölkische Bund, die Nachfolgeorganisation der Deutschvölkischen Partei. Diese Partei hatte im Dezember 1918 ihre Verschmelzung mit der DNVP beschlossen, jedoch die alte Organisation als »Bund« weitergeführt und auch die alten Parteiblätter weiter herausgegeben.

163 *Lohalm*, op. cit., 78ff. Die Leitung der Gemeinschaft bestand aus den Professoren Kloß und Langhans und aus Alfred Roth.

164 Daneben wurden in diesem Kreis immer wieder erbitterte Fehden ausgetragen. Roth hat später die inneren Zwistigkeiten der Völkischen heftig beklagt: »Jeder [Völkische] glaubt, das allein seligmachende Heilmittel für die völkische Gesundung gefunden zu haben, und wird dadurch zum schlimmsten Dogmatiker, der keine anderen Götter neben sich duldet.« *Alfred Roth*, Einsichten und Bekenntnisse, Stuttgart 1924, 28.

165 Schließt die Reihen! Eine Anregung zum Zusammenschluß völkischer Vereine und Verbände. Deutsche Zeitung, XXIV, Nr. 393 (28. August 1919).

166 Von diesen Organisationen hatte namentlich der Anfang 1919 gegründete Deutsche Volksbund, in dem sich der radikale Jürgen von Ramin besonders hervortat, traurige Berühmtheit erlangt. Die Pogromhetze, Mitteilungen, XXIX, Nr. 14 (10. Juli 1919).

167 Fst. Hbg. 412; *Lohalm*, op. cit., 89ff. *Roth* selbst gibt die Mitgliederzahl zur Zeit des Verbots mit rund 280000 an. Aus der Kampfzeit des Deutschvölkischen Schutz- und Trutz-Bundes. Eine Erinnerungsschrift vom ehemaligen Hauptgeschäftsführer Alfred Roth, Hamburg 1939, 11. Dabei muß berücksichtigt werden, daß eine starke Fluktuation herrschte, viele Mitglieder schon nach kurzer Zugehörigkeit sich wieder anderen Gruppen anschlossen, viele Offiziere, Soldaten, Beamte und Staatsbedienstete aus Furcht vor Entlassungen, namentlich nach dem Kapp-Putsch, und der z. T. verschärften Überwachung nach der Ermordung Erzbergers wieder austraten oder die Mitgliedschaft ruhen ließen.

168 Vgl. die Geschäftsberichte und die Korrespondenz des Hauptgeschäftsführers Roth, Fst. Hbg. 412 und 11 – R 14. Die stärksten Ortsgruppen des Deutschvölkischen Schutz- und Trutz-Bundes bestanden in München (3900 Mitglieder), Berlin (3702), Hamburg (3579), Hannover (3024), Stettin (2464).

169 So sprach u. a. wiederholt auf Veranstaltungen des Bundes General v. Lettow-Vorbeck, so etwa in Halle, Berlin, Hamburg, Hamburger Nachrichten, Nr. 149 (29. März 1922); desgleichen muß hier auf die Professoren Freytagh-Loringhoven, Jung, von Liebig, Passarge und Roethe hingewiesen werden. Besonders aktiv waren im Bund und für den Bund protestantische Pastoren tätig, allen

voran der Flensburger Hauptpastor Friedrich Andersen. Unter den Industriellen trat besonders Geheimrat Kirdorf aktiv hervor, viele andere förderten die Bestrebungen des Bundes sehr nachdrücklich, ebenso wie Angehörige ehemals regierender Häuser und zahlreiche Großgrundbesitzer. Fst. Hbg. 11 – C2 und 412. Dazu auch der Bericht des Staatskommissars für die Überwachung der öffentlichen Ordnung über die von ihm bisher getroffenen Maßnahmen zur Bekämpfung der antisemitischen Hetze vom 2. September 1919, BA Koblenz, R 43 I/2193; vgl. auch *Lohalm*, op. cit., 127ff. und 290ff.

170 Die Pogromhetze, Mitteilungen, XXIV, Nr. 14 (10. Juli 1919); *Alfred Wiener*, Gegenrevolution, Im deutschen Reich, XXVI (April 1920), 130ff.; Zeitschau, a. a. O., XXVI (Juli/August 1920), 233ff.; und viele andere Beispiele Fst. Hbg. 412.

171 Fst. Hbg. 11 – C2 und 412; *Lohalm*, op. cit., 100ff.

172 1920 verteilte der Bund laut Geschäftsbericht allein 7,6 Millionen Flugblätter, 4,7 Millionen Handzettel und 7,8 Millionen Klebemarken. Geschäftsbericht für das Jahr 1920, Fst. Hbg. 412.

173 Diese Zeitschrift war 1902 von Ludwig Woltmann gegründet worden. Schmidt-Gibichenfels übernahm die Redaktion 1911.

174 Judas Schuldbuch. Eine deutsche Abrechnung von *Wilhelm Meister*, München 1919. Wie viele andere Antisemiten stand *Bang* nicht mit seinem Namen für diese Schrift ein. Sie erschien im März 1919 in erster Auflage und erreichte bis August 1920 insgesamt 6 Auflagen mit über 30000 Exemplaren. Mitteilungen, XXX, Nr. 16/17 (21. August 1920).

175 *Hans Reichmann*, Der Centralverein deutscher Staatsbürger jüdischen Glaubens, a. a. O., 68.

176 Eine »kleine Liste« dieses Schrifttums ist im Anhang des Deutschvölkischen Jahrbuchs 1920, 242ff. zusammengestellt; *Alfred Falb*, Luther und die Juden, München 1921; *August Rohling*, Der Talmud-Jude, Hamburg 1920; *Richard Wagner*, Das Judentum in der Musik, Weimar 1914 – Neudruck 1920; Der Blutmord in Konitz, Hamburg 1920. Auch von der berüchtigten Schrift von *H. Naudh* [d. i. *Johannes Nordmann*], Die Juden und der Deutsche Staat, in 1. Aufl. 1859 erschienen, kam 1920 eine Neuausgabe heraus.

177 Die erste Auflage dieses Romans erschien – der Zeitpunkt ist bezeichnend – im Dezember 1917. Sie war bald vergriffen, so daß im September 1918 die zweite erscheinen mußte. In den Jahren 1919 und 1920 folgten rasch aufeinander 12 weitere Auflagen, Ende 1920 waren 100000, im Herbst 1922 bereits 200000 Exemplare verkauft. C. V.-Zeitung, I (14. September 1922), 234. »Die Sünde wider das Blut« war der 1. Teil einer Trilogie. Der 2. Band »Die Sünde wider den Geist« erschien 1921, von ihm wurden noch im Erscheinungsjahr 100000 Exemplare verkauft. Der 3. Band »Die Sünde wider die Liebe«, 1922, fand nicht mehr so viele Käufer.

178 Hauptpastor Felden-Bremen, Bericht in der Hamburger Hauptversammlung des Vereins zur Abwehr des Antisemitismus am 18. September 1921, Mitteilungen, XXXI, Nr. 21 (23. Oktober 1921). Felden schrieb, da er die Entwicklung Dinters und seines Judenhasses seit der gemeinsamen Schüler- und Studentenzeit genau kannte, einen Abwehrroman, der aber bezeichnenderweise nicht einmal in demokratischen Kreisen Beachtung fand. *Emil Felden*, Die Sünde wider das Volk, Berlin 1921. – Andererseits verdient Erwähnung, daß eine Parodie, *Artur Sünder [Hans Reimann]*, Die Dinte wider das Blut. Ein Zeitroman, Hannover-Leipzig 1921, damals hingegen einen erheblichen Erfolg hatte. Zur Verbreitung

dieses Bändchens trug zweifellos die geistreiche Art der Auseinandersetzung und die überlegene Ironie des Verfassers bei. Die Schrift wurde von allen Gegnern der Völkischen begrüßt, hat aber wohl keinen Schwankenden überzeugt. Wer auch nur geringfügig vom Antisemitismus infiziert war, der lehnte sie natürlich als unsachlich und unseriös ab. Gerade die Schwankenden, die Halbverführten, die Felden erreichen wollte, ließen sich durch Reimanns Parodie nicht überzeugen.

179 Die Geheimnisse der Weisen von Zion. Herausgegeben von *Gottfried zur Beek* [d. i. *Ludwig Müller von Hausen*]. Die erste Auflage erschien im Juli 1919 im Verlag »Auf Vorposten«, benannt nach der gleichnamigen Zeitschrift des Verbandes gegen Überhebung des Judentums. Louis Müller, vor dem Ersten Weltkrieg lange Jahre im Vorstand der Konservativen Partei, war Mitbegründer des Verbandes (1912) und seither unter dem Schriftstellernamen Ludwig Müller von Hausen dessen eigentlicher Vorsitzender (Politisches Archiv des Auswärtigen Amtes [PAAA Bonn], Deutschland 126 Nr. 2: Berliner Presse, Bd. 19). Bis zum Herbst 1923 erschienen insgesamt 8 Auflagen. 1929 ging der Verlag »Auf Vorposten« in den Parteiverlag der NSDAP über. Im Vorwort zur 9. Auflage, Pfingsten 1929, betonte der Eher-Verlag: »Es ist selbstverständlich, daß unser Verlag in noch viel größerem Maße die Geheimnisse der Weisen von Zion verbreiten wird, als dies bisher möglich war, denn hinter unserem Parteiverlag steht die Kraft und die Energie der bestorganisiertesten und diszipliniertesten Partei Deutschlands: der nationalsozialistischen Bewegung.« Zur Geschichte der Fälschung zunächst ihre erste wichtige Entlarvung, die vom C. V. veröffentlichte Gegenbroschüre, *B[injamin] Segel*, Die Protokolle der Weisen von Zion kritisch beleuchtet. Eine Erledigung, Berlin 1924 (populäre Fassung: Welt-Krieg. Welt-Revolution. Welt-Verschwörung. Welt-Oberregierung, Berlin 1926); und Anti-Anti, 7. Auflage, Berlin o. J., [1932], 76a. Grundsätzlich *Hermann Bernstein*, The Truth about »the Protocols of Zion«, New York 1935 und *Emil Raas – Georges Brunschvig*, Vernichtung einer Fälschung. Der Prozeß um die erfundenen »Weisen von Zion«, Zürich 1938; und das neueste, grundlegende Werk von *Norman Cohn*, Warrant for Genocide. The Myth of the Jewish World-Conspiracy and the Protocols of the Elders of Zion, London 1967, Deutsche Ausgabe: Die Protokolle der Weisen von Zion. Der Mythos von der jüdischen Weltverschwörung, Köln-Berlin 1969.

180 *Alex Bein*, Die Judenfrage in der Literatur des modernen Antisemitismus als Vorbereitung zur »Endlösung«, in: Bulletin des Leo Baeck Instituts, VI (1963), 28 ff.; *Norman Cohn*, Die Protokolle der Weisen von Zion, 170 ff.

181 *Adam Röder*, Reaktion und Antisemitismus, Berlin 1921, 27; *Rabbiner Samuel*, »Der Stern Judas ist die Revolution«, Im deutschen Reiche, XXVI (Februar 1920), 49 ff.

182 Judas Schuldbuch, 13 ff.; *Alfred Roth*, Judas Herrschgewalt, Fst. Hbg. 412; *Otto Kernholt* [d. i. *Otto Bonhard*, Schriftleiter der Alldeutschen Blätter], Vom Ghetto zur Macht. Die Geschichte des Aufstiegs der Juden auf deutschem Boden, Leipzig/Berlin 1921. Ferner *Prof. Hans Frh. von Liebig*, Der Betrug am deutschen Volke, München 1919 und sein unter dem Pseudonym *Dr. Walter Liek* erschienener Artikel: Der Anteil des Judentums an dem Zusammenbruch Deutschlands, Deutschlands Erneuerung, III (1919), 29–43. Dieser Artikel wurde vom Alldeutschen Verband und anderen Organisationen als Sonderdruck mit einer hohen Auflage verbreitet.

183 *Jakob Scherek*, Die »Schuld« der Juden, Im deutschen Reich, XXV (Januar 1919), 1 ff.; Umschau, a. a. O., XXV (September 1919), 308.

184 So Alfred Roth in einer »Protestkundgebung« des Deutschvölkischen Schutz- und Trutz-Bundes, im Zirkus Busch, Berlin am 7. Mai 1922. Fst. Hbg. 412 und Deutsche Zeitung, XXVII, Nr. 208 (8. Mai 1922).

185 A. a. O., XXVII, Nr. 208 (8. Mai 1922); andere Beispiele Fst. Hbg. 412.

186 Paul Bang schrieb: »Volk kann überhaupt nicht Willensträger oder Willensbildner sein, wie es als solches auch kein Organ des Denkens hat. Nur das Empfindungsleben spielt für das Volk eine Rolle, und zwar eine verhängnisvolle. Es sind nicht Willens- und Verstandesregungen, sondern die blinden Mächte der Leidenschaften, die das sturmgepeitschte Meer des Volkes treiben.« Volkswille, a. a. O., XXVII, Nr. 155 (4. April 1923).

187 *Ferdinand Werner*, Staatsgerichtshof, a. a. O., XXIII, Nr. 618 (5. Dezember 1918).

188 Hauptgeschäftsführer Roth an den Reichspräsidenten, 24. Januar 1920, Fst. Hbg. 11 – R 14. Nach der üblichen Methode drohten die Völkischen mit Gewalt, für die nicht sie, die dazu aufriefen, sondern die Politiker die Verantwortung zu tragen hätten, die vor diesen Drohungen nicht zurückwichen. »Der Deutschvölkische Schutz- und Trutz-Bund hat es stets als seine Aufgabe betrachtet, bei der Verfolgung seiner Ziele nur gesetzliche Mittel anzuwenden und wir haben demgemäß auch stets vor Gewalttätigkeiten gewarnt. Es ist uns aber nicht zweifelhaft, daß das empörte Volk diese Warnungen in den Wind schlagen würde, wenn es seine Ehre vollends preisgegeben oder gar verloren sähe.«

189 Flugblattsammlung Deutschvölkischer Schutz- und Trutzbund und Tätigkeitsbericht des Bundes für das Jahr 1920/1921, Fst. Hbg. 11 – R 14. – Kautsky wird auch hier wieder fälschlich als Jude bezeichnet.

190 So u. a. Alfred Roth in einem Artikel am 24. September 1921: »An uns liegt es, uns dagegen bis zum Äußersten zu wehren. Die Stunde naht, da wir gewogen werden. Deutschvölkische seid bereit!« Und am 13. Februar 1922 hieß es: »Wir harren der kommenden Dinge; erklären aber mit aller Deutlichkeit, daß in Deutschland für einen Trotzky-Rathenau keine Statt ist. Wir sind zum Äußersten entschlossen und bereit.« *Alfred Roth*, Rathenau. »Der Kandidat des Auslandes«, Hamburg 1922, 20 und 32. Diese Schrift, in der zahlreiche Artikel Roths zusammengefaßt sind, erschien einen Monat vor dem Mord an Rathenau. Konsequenterweise haben daher die Länderbehörden und endlich auch das Reichsgericht wegen dieser und zahlreicher anderer Schriften und Handlungen dem Schutz- und Trutz-Bund die Verantwortung für den Mord zugesprochen und Roth selbst wegen »geister Urheberschaft« verurteilt. Fst. Hbg. 412 u. 11 – R 14.

191 So warnte der Potsdamer Pastor Wagner schon 1920 den Schutz- und Trutz-Bund davor, skrupellos nach dem Grundsatz zu handeln: »Der Zweck heiligt die Mittel... Wenn man... aufbauen will, dann darf man niemals Kräfte in seinen Dienst stellen, die nichts weiter können, als niederreißen und zerstören... Wenn Sie in Ihrer bisherigen Kampfesweise fortfahren, dann werden auch Sie einmal ausrufen müssen: Die Geister, die ich rief, nun werd' ich sie nicht los.« Nochmals: Was wollen wir Deutschvölkischen? Deutsche Zeitung XXV, Nr. 452 (28. September 1920).

192 So war der Kaufmann Christian Karl Ilsemann, der bei der Vorbereitung des Mordes an Walther Rathenau eine wichtige Rolle spielte, Angestellter des Deutschvölkischen Schutz- und Trutz-Bundes. Der Buchhändler Albert Grenz, der den Oberleutnant Walter Ankermann und den Landwirt Herbert Weichardt für das Attentat auf Maximilian Harden gewann und sie vor der Tat in Berlin besuchte und mit Geld versorgte, war Vorsitzender des Schutz- und Trutz-Bun-

des in Oldenburg. Grenz gab offen zu, seinen Auftrag »ernst genommen« zu haben. Er sei »schon lange geistig darauf eingestellt« gewesen, Gewalt anzuwenden und sich »vor der Judengefahr selbst [zu] schützen«. Grenz bedauerte deshalb vor Gericht das Attentat nicht, sondern erklärte, es sei für ihn die »Ausführung eines Rechtsanspruchs« gewesen. BA Koblenz, Nachlaß Harden Nr. 127.

193 *Lohalm*, op. cit., 210ff.

194 *Alfred Wiener*, Die Pogromhetze, Im deutschen Reich, XXV (Juli/August 1919), 289.

195 Fst. Hbg. 412 und 11 – R 15. Aufzeichnungen Roths über den Prozeß.

196 Roth an den Vorstand des Reichshammerbundes in Stuttgart, 19. April 1919; Roth an Berlin, 21. April 1919 sowie zahlreiche andere Belege, Fst. Hbg. 11 – R 14.

197 *Alfred Roth*, Das sollt ihr tun! Vorschläge und Anregungen für die Tätigkeit in den Gliederungen des Deutschvölkischen Schutz- und Trutz-Bundes, 1921, 18.

198 *Iris Hamel*, Völkischer Verband und nationale Gewerkschaft. Der Deutschnationale Handlungsgehilfen-Verband 1893–1933, Veröffentlichungen der Forschungsstelle für die Geschichte des Nationalsozialismus in Hamburg, Bd. VI, Frankfurt 1967; Umschau, Im deutschen Reich, XXV (Januar 1919) 11ff. Dazu weitere Belege in der Korrespondenz von Alfred Roth, Fst. Hbg. 11 – R 14.

199 Dazu u. a. die Flugschrift: Der DHV und die Judenfrage. In vielen Fällen wurden Mitglieder des DHV, des Landesbundes zu den Grundungsversammlungen des Schutz- und Trutz-Bundes eingeladen. Sie warben unter ihren Gesinnungsfreunden für die völkischen Organisationen. Ganz besonders tat sich in dieser Beziehung die einflußreiche Presse des Reichslandbundes hervor. Fst. Hbg. 412 u. 11 – R 14 und 15.

200 *Alfred Wiener*, Die Pogromhetze, a. a. O., 292ff.

201 Unser Offizierskorps und die Revolution. Zuschrift eines von der Front zurückkehrenden Stabsoffiziers, Deutsche Zeitung, XXIII, Nr. 593 (21. November 1918).

202 *Generalmajor von Wrisberg*, Über die Angriffe gegen den Offizierstand, Militärwochenblatt. Zeitschrift für die deutsche Wehrmacht, 103. Jg., Nr 113 (25. März 1919).

203 *Wrisberg*, a. a. O., »Hinter der deutschen Revolution steht ein Teil der Judenschaft. Kein Wunder, wenn dieser Stamm alles daransetzt, den Stand zu vernichten, der ihm schon lange ein Dorn im Auge war. Wohl waren während des Krieges viele brave tapfere Juden Offiziere geworden. Das genügte aber nicht. Der Stand hatte sich vor dem Kriege und während desselben der Aufnahme vieler ungeeigneter Elemente widersetzt, das genügte.«

204 Vgl. dazu u. a. die Dokumentation von *Ernst Deuerlein*, Hitlers Eintritt in die Politik und die Reichswehr, Vierteljahreshefte für Zeitgeschichte, VII (1959), 197ff.

205 Alfred Roth erklärte sich in einem Brief an Major Krecker am 24. März 1919 bereit, eine Werbestelle für das Freikorps Dohna einzurichten. Fst. Hbg. 11 – R 14.

206 Unter anderem die Kommandantur Berlin. Roth an Major Frh. v. Schimmelmann vom 19. April 1919, Fst. Hbg. 11 – R 14; das Korps Lettow-Vorbeck vgl. *Werner Jochmann*, Nationalsozialismus und Revolution, Dokument 5, 33f., und bei den Truppen des Grenzschutzes Ost. *Alfred Wiener*, Die Pogromhetze, a. a. O., 292f.

207 *Alfred Wiener*, Die Pogromhetze, a.a.O., 292f. und Mitteilungen, XXIX, Nr. 17 (21. August 1919); siehe auch Tagesbefehl des Korps Lettow-Vorbeck vom 16. Juli 1919 und Anlage. Staatsarchiv Hamburg, Senatskommission für Reichs- und auswärtige Angelegenheiten V 27b.

208 Leutnant Hermann Jäger vom Pionier Batl. 16 in Wittenberg. Brief an Roth vom 3. Mai 1920, Fst. Hbg. 11 – R 14 und der Hauptmann i. G. Baumann von der Reichswehr-Brigade 24 in Nürnberg, der der Bundesleitung des Schutz- und Trutz-Bundes am 24. November 1919 sogar eine längere Denkschrift mit Vorschlägen »für die praktische antisemitsche Arbeit« sandte. Fst. Hbg. 11 – R 14. Auf andere Beispiele weisen der Verein zur Abwehr des Antisemitismus und der C. V. hin. Vgl. Mitteilungen XXIX, Nr. 17 (21. August 1919) und *Alfred Wiener*, Die Pogromhetze, a.a.O., 292 sowie *Alfred Wiener*, Gegenrevolution, Im deutschen Reich, XXVI (April 1920), 132; vgl. dazu auch den Brief J. F. Lehmanns an seinen Pflegesohn vom 15. Mai 1919 über seine Erfahrungen bei den württembergischen Truppen und namentlich über sein Gespräch mit General Haas, in: Verleger J. F. Lehmann, 174.

209 Rittmeister Jürgen von Ramin in einem Vortrag im Alldeutschen Verband Berlin. Deutsche Zeitung, XXIV, Nr. 694 (7. November 1919); Bericht über den Stand der antisemitschen Bewegung in Nordbayern, Polizeistelle von Nordbayern, den der Reichskommissar für die Überwachung der öffentlichen Ordnung am 26. November 1919 an den Reichskanzler sandte, BA Koblenz R 43 I/2193; Die antisemitsche Hetze in der Reichswehr, Im deutschen Reich, XXV (September 1919), 375; *Max Maurenbrecher*, Völkische Einigung, Deutsche Zeitung, XXVIII, Nr. 513 (21. November 1923).

210 Über Einwohnerwehren vgl. Beschwerde Israel. Kultusverein Rosenheim an die Landesleitung der Einwohnerwehren Bayerns vom 17. Mai 1920 und die folgende Korrespondenz, Bayer. HStA, Allgem. StA, M Inn 66 138; für Nord- und Mitteldeutschland zahlreiche Belege, Fst. Hbg. 412, 4132, 4133. Allgemein Fst. Hbg. 32 823, Fasc. I und II und Bericht des Reichskommissars für die Überwachung der öffentlichen Ordnung über die von ihm getroffenen Maßnahmen zur Bekämpfung der antisemitschen Hetze vom 2. September 1919, BA Koblenz R 43 I/2193.

211 *Alfred Wiener*, Die Pogromhetze, a.a.O., 292; Mitteilungen, XXIX, Nr. 17 (21. August 1919); Beschwerde über Ausschreitungen von Grenztruppen in Schlesien, BA Koblenz R 43 I/2193.

212 Bericht des Staatskommissars für die Überwachung der öffentlichen Ordnung über die von ihm bisher getroffenen Maßnahmen zur Bekämpfung der antisemitschen Hetze vom 2. September 1919, BA Koblenz R 43 I/2193; Brief von Walther Hoffmann, Hamburg, an Gustav Pott vom 12. August 1919 in: *Werner Jochmann*, Nationalsozialismus und Revolution, Dok. 5, 39f. Grundsätzlich auch *Lohalm*, op. cit., 215 ff.

213 *Alfred Wiener*, Gegenrevolution, Im deutschen Reich, XXVI (April 1920), 131 ff.

214 Bayer. HStA, Allgem. StA, M Inn 66 282.

215 Hans Knodn am 11. Mai 1920 an Ministerpräsidenten von Kahr, Bayer. HStA, Allgem. StA, M Inn 66 282.

216 Hugo Haase in der 67. Sitzung der Nationalversammlung am 26. Juli 1919, Stenographische Berichte Bd. 328, 1969; Beschwerdebrief des demokratischen Parteisekretärs Seyffert, Breslau, an Reichsminister Gothein vom 4. November 1919, BA Koblenz, Nachlaß Gothein Nr. 30.

217 *Francis L. Carsten*, Reichswehr und Politik 1918–1933, Köln–Berlin 1964, 270.

218 *Karl Dietrich Bracher*, Deutschland zwischen Demokratie und Diktatur, Bern–München–Wien 1964, 91.

219 So wurden z. B. in Hamburg zahlreiche Mitglieder des Freikorps Schleswig-Holstein in die Ordnungspolizei übernommen.

220 Reichswehrminister Noske beklagte sich in einer Rede vom 26. Juli 1919 in der Nationalversammlung, daß bei Aktionen gegen die Antisemiten die Polizei »nicht immer so funktioniert, wie das wünschenswert ist«. Stenographische Berichte, Bd. 328, 1970. In Hamburg war der Beamte der politischen Polizei, der den Deutschvölkischen Schutz- und Trutz-Bund zu überwachen hatte, selbst Mitglied antisemitischer Verbände. Er hat deshalb alles getan, um den Bund vor Behelligung zu schützen. Fst. Hbg. 11 – R 14; in München schirmte die Polizei besonders wirksam die Antisemiten ab. Bayer. HStA, Allgem. StA, M Inn 66281; Georg Davidsohn an Harden, 25. Juni 1921, BA Koblenz, Nachlaß Harden Nr. 27.

221 Vgl. dazu das insgesamt sehr problematische Erinnerungsbuch von *Alf Krüger*, Der Weg, auf dem wir angetreten, Berlin 1938.

222 Winke für die Arbeit in den Gliederungen des Deutschvölkischen Schutz- und Trutz-Bundes. *Alfred Roth*, Unser Wollen – unsere Arbeit, Hamburg 1921, 14 ff.: »Unsere Mitglieder sind anzuhalten, an Vereinen sich zu beteiligen, die als Träger, Heger und Pfleger deutscher Kultur und Sitte wirken wollen. Deren Wirksamkeit muß mit deutsch-völkischem Geiste durchsetzt werden ... Das gleiche gilt natürlich auch für Vereine zur körperlichen Ertüchtigung der Jugend und für Vereine zur Jugendpflege.« Diese Frage diskutierten Hauptleitung und geschäftsführender Ausschuß des Alldeutschen Verbandes wiederholt. Fst. Hbg. 11 – C 2 und 412 sowie das Material im Sonderbestand Vereinigte Vaterländische Verbände.

223 *G. von Hertzberg* – Berlin, Nur Einigkeit verbürgt den Sieg, Deutsche Zeitung, XXV, Nr. 295 (1. Juli 1920), *Max Maurenbrecher*, Völkische Einigung, a. a. O., XXVIII, Nr. 513 (21. November 1923).

224 Staatsarchiv Hamburg, Cl I Lit. T Nr. 1 Vol. 57 Facs. 4 Conv. I. Bericht des Polizeipräsidenten Campe an Senator Hense vom 6. Dezember 1922, Fst. Hbg. 11 – C2 und 412. Vgl. auch die Aufzeichnungen von *Ludolf Haase*, Aufstand in Niedersachsen. Der Kampf der NSDAP 1921/1924, 2, vermehrte und verbesserte Niederschrift (Maschinenschrift) 1942.

225 *Alfred Wiener*, Die Pogromhetze, a. a. O., 289.

226 *Reinhold Wulle*, Burschen heraus! Zeitbilder der Deutschen Zeitung, Ausgabe A, XXIII, Nr. 4 (27. November 1918).

227 *Hans Stelter*, Studenten! Schließt die Reihen!, a. a. O., XXIII, Nr. 655 (25. Dezember 1918).

228 *cand. jur. Grote*, Studenten und nationale Parteien!, a. a. O., XXIII, Nr. 655 (25. Dezember 1918).

229 Schwarz-Rot-Gold. Burschenschaft und Studentenschaft, a. a. O., XXIV, Nr. 7 (4. Januar 1919).

230 *Oskar Franz Scheuer*, Burschenschaft und Judenfrage. Der Rassenantisemitismus in der deutschen Studentenschaft, Berlin 1927; *Felix Goldmann*, Hochschulantisemitismus, Im deutschen Reich, XXVIII (März/April 1922) 54 ff.

231 *Felix Goldmann*, a. a. O., 58 f.

232 Wir nennen hier nur die Professoren Jung, von Liebig, von Below, Wundt, von

Freytag-Loringhoven, Roethe, Passarge.

[233] *Max Lohan*, Was spricht heute Treitschke zu den deutschen Studenten?, Das junge Deutschland, Beilage zur Deutschen Zeitung XXIV, Nr. 184 (23. April 1919).

[234] *Walter Fischer*, Der Hochschulring deutscher Art als Pflegestätte des deutschen Nationalbewußtseins, a. a. O., XXV, Nr. 227 (26. Mai 1920). Besonders große Erfolge hatten die Hochschulringe bis zu diesem Zeitpunkt in Greifswald, Berlin, Breslau, Göttingen, Hannover und Darmstadt.

[235] Deutsche Zeitung, XXV, Nr. 240 (2. Juni 1920), und Nr. 344 (28. Juli 1920).

[236] *Felix Goldmann*, Hochschulantisemitismus, a. a. O., 57; [Rechtsanwalt] *Braubach*, »Jugend und Antisemitismus«. Vortrag in der Außerordentlichen Hauptversammlung des Vereins zur Abwehr des Antisemitismus, Mitteilungen, XXXI, Nr. 4/5 (24. Feburar 1921), 29f.

[237] *Foerder* – Breslau, Antisemitismus, Jugend und Erzieher. Im deutschen Reich, XXVIII (März/April 1922), 71. Besondere Rohheiten ließen sich Studenten in den Selbstschutzverbänden in Oberschlesien zuschulden kommen. Sie drohten den Juden auf offener Straße an, sie »in ihrem eigenen Blut zusammen mit den Polen ersäufen« zu wollen. Bayer. HStA, Allgem. StA, M Inn 66281.

[238] *[Ludwig] Foerder* – Breslau, Antisemitismus, Jugend und Erzieher, a. a. O., 67ff.; *Braubach*, Jugend und Antisemitismus, a. a. O.; *Arnold Zweig*, Der Antisemitismus und die deutsche Jugend. Der Jude, VI (Dezember 1921), 146. Von grundsätzlicher Bedeutung ist die Auseinandersetzung von *Oskar Baum* mit *Hans Blühers* Schrift »Secessio judaica« und dem Geist der Jugendbewegung in dem Aufsatz: Die jüdische Gefahr, Der Jude, VII (Juli 1923), 416ff.

[239] *Alfred Roth*, Unser Wollen – unsre Arbeit, Hamburg 1921 besonders die »Winke für die Arbeit in den Gliederungen des Deutschvölkischen Schutz- und Trutz-Bundes«. Die Hauptgeschäftsstelle des Bundes empfahl den Gauen und Ortsgruppen die Errichung besonderer Deutschvölkischer Schulämter, die Arbeitsgemeinschaften mit allen Jugendgruppen zur Pflege deutscher Art ins Leben rufen sollten. Vgl. auch den Brief von Roth an Bucher vom 21. April 1919, Fst. Hbg. 11 – R 14.

[240] *Felix Goldmann*, Hochschulantisemitismus, a. a. O., 54.

[241] *Braubach*, Jugend und Antisemitismus, a. a. O.; Max M. Warburg an Staatsrat A. Zinn am 12 Juli 1922, Staatsarchiv Hamburg B I; Zeitschau, Im deutschen Reich, XXVI (Juli/August 1920), 234ff.

[242] *Adam Röder*, Reaktion und Antisemitismus. Zugleich ein Mahnwort an die akademische Jugend, Berlin 1921, 28; *RA Foerder*, Antisemitismus, Jugend und Erzieher, a. a. O., 71; *Joachim Seligsohn*, Der »Allgemeine Deutsche Burschenbund« und die Juden, Im deutschen Reich XXVI (Februar 1920), 81: »*Diese* akademische Jugend ist als künftige Führerin des deutschen Volkes undenkbar! Sie würde uns ganz zum Ruin führen.«

[243] Fst. Hbg. 412, Gedanken zur deutschvölkischen Frauenarbeit, hrsg. vom Deutschvölkischen Schutz- und Trutz-Bund Orsgruppe Erfurt. Die Zahl der weiblichen Mitglieder des Bundes war recht beträchtlich.

[244] Aufruf des Deutschvölkischen Schutz- und Trutz-Bundes vom Jahre 1920, Fst. Hbg. 412 und 11 – R 14. Es ist bezeichnend, daß ein radikaler völkischer Sektierer, der Augsburger *Otto Dickel*, sich berufen fühlte, einen »Anti-Spengler« zu schreiben: Die Auferstehung des Abendlandes. Die abendländische Kultur als Ausfluß des planetarischen Weltgefühls. Entwicklung und Zukunft, Augsburg 1921.

245 So u. a. *Hans Blüher*, Secessio Judaica. Philosophische Grundlegung der historischen Situation des Judentums und der antisemitischen Bewegung, Berlin 1922, 23 ff. und 53; vergleiche dazu auch *Oskar Baum*, Die jüdische Gefahr, Der Jude, VII (Juli 1923), 426.

246 *Wolfgang Scheumann*, Deutsche und jüdische »Schuld« und Aufgabe, Der Jude, VIII (Juli 1924), 384.

247 *Alfred Roth*, Das sollt Ihr tun! gibt auf Seite 17 folgende Anweisungen für den Schutz- und Trutz-Bund: »Kampf gegen Schmutz in Wort und Schrift. Es ist eine unserer wichtigsten Aufgaben, dem entsittlichenden Treiben jüdischer Schriftsteller und Künstler und ihnen gleichgearteter Schmutzfinken mit aller Tatkraft entgegenzuwirken. Rücksichtslos muß gegen solche schamlosen Darbietungen und ihre Verbreitung vorgegangen werden. Theater- und Kinovorführungen, Einzelvorträge solcher Art, sowie die Ausstellungen von Bildern, Büchern und sonstiger Kunstwerke sind daraufhin zu überwachen. Man lasse sich nicht durch das echt jüdische Geschrei über die Freiheit der Kunst oder Kunstschnüffelei irre machen. Die Kunst bietet keinen Freibrief für gemeine Darbietungen. Sie soll erheben, nicht niederziehen und die Volksseele vergiften.« – Siehe hierzu auch *Lohalm*, op. cit., 155 ff. Vgl. ebenfalls das Gespräch des Grafen Kessler mit dem Schauspieler Moissi. *Kessler*, op. cit., 317 (14. Mai 1922); grundsätzlich dazu u. a. *Friedrich v. Oppeln-Bronikowski*, Antisemitismus? Eine unparteiische Prüfung des Problems, Charlottenburg 1920, 59 ff.

248 Roth an den Vorstand des Reichshammerbundes Stuttgart am 19. April 1919, Fst. Hbg. 11 – R 14.

249 *Felix Goldmann*, Antisemitismus und Religion, Im deutschen Reich, XXIV (März 1918), 103.

250 *Eduard Lamparter*, Evangelische Kirche und Judentum, 1928, Neudruck in: Versuche des Verstehens, hrsg. v. *Robert Raphael Geis* und *Hans-Joachim Kraus*, München 1966, 284.

251 *Friedrich G. Friedmann*, Judentum und Christentum. Brief an Karl Rahner, in: *F. G. Friedmann*, Politik und Kultur, München 1969, 29.

252 *Max Wundt*, Der ewige Jude (Sonderdruck aus: *Wundt*, Deutsche Weltanschauung, München 1926), 22 f. unternimmt den Versuch, die völkische Ideologie religiös zu verbrämen. »Zwei Geister ringen um die Seele des deutschen Volkes, der Christusgeist und der Judengeist... Dem Deutschen ist heute vor anderm die Bewahrung des christlichen Geistes anvertraut... Stoßen wir Christus von uns, so wie die Juden ihn von sich stießen, weil er ihr König sein wollte, so werden wir das Schicksal der Juden teilen. Dann wird der lebendige Quell auch unseres Daseins versiegen und unser Volkstum von innen heraus verdorren.«

253 *Alfred Roth*, Das sollt Ihr tun, 18: »Einflußnahme auf die Kirchenwahlen. Die bedauerliche Tatsache, daß vielfach Geistliche sich zu Wortführern des Judentums aufwerfen, macht es uns zur Pflicht, überall da, wo es möglich ist, auf die Berufung von Geistlichen Einfluß zu nehmen. Das geschieht am besten dadurch, daß die Gliederungen versuchen, die Wahlen zu den Kirchenbehörden im Sinne unserer deutschvölkischen Bestrebungen zu beeinflussen. Es darf keine kirchliche Wahl mehr stattfinden, ohne daß unsere Gesinnungsfreunde mit Macht sich daran beteiligen.«

254 *Friedrich Andersen*, Der deutsche Heiland (Neuauflage des »Anticlericus«), München 1921. Die deutschkirchliche Sekte wurde bereits kurz vor Beginn des Ersten Weltkrieges von Andersen, der ein prononcierter Alldeutscher war, gemeinsam mit Adolf Bartels ins Leben gerufen. Sie erreichte erst nach 1919 stär-

kere Ausdehnung, als Andersen als eifriges Mitglied des Deutschvölkischen Schutz- und Trutz-Bundes dort einen völkischen Anhängerkreis gewann. »Der deutsche Heiland« war eine Art Programmschrift dieser völkisch-kirchlichen Gruppe. In ihr fehlen auch die unsinnigsten antisemitschen Thesen nicht. Seine Kenntnis vom Judentum hat Andersen aus antisemitschen Hetzbroschüren bezogen. Vgl. auch *Lamparter*, op. cit., 287f. Andersen war Mitbegründer des Deutschvölkischen Schutz- und Trutz-Bundes in Flensburg und später auch der NSDAP, deren erster Stadtverordneter er in Flensburg war. Der Hauptpastor stellte dem Bund und später der NSDAP kirchliche Räume für Versammlungen und Gruppenveranstaltungen zur Verfügung und schirmte die völkischen Aktionen gegenüber den Behörden ab. Handschriftlicher Bericht Friedrich Andersens: »Die nationalsozialistische Bewegung in Flensburg 1919–1932.« Stadtarchiv Flensburg, Mappe Andersen.

255 Hauptpastor Felden in der Hauptversammlung des Vereins zur Abwehr des Antisemitismus am 18. September 1921, Mitteilungen, XXXI, Nr. 21 (23. Oktober 1921).

256 Der Pastor Egbert Vierow war Schriftleiter der Zeitschrift Auf Vorposten und propagierte dort die Thesen des skrupellosen Müller von Hausen. Im Deutschvölkischen Schutz- und Trutz-Bund betätigten sich zahlreiche Pastoren, so Hauptpastor Andersen – Flensburg, Pastor Ebert – Hamburg und andere mehr. BA Koblenz, Nachlaß Gothein, Nr. 54, Fst. Hbg. 11 – R 14 und 412. Vgl. auch *Lohalm*, op. cit., 172ff.

257 Mitteilungen, XXXII, Nr. 8 (26. April 1922), und Fst. Hbg. 412.

258 So die Allgem. Evangel.-Luth. Kirchenzeitung, deren Herausgeber, Pfarrer Dr. W. Laible, immer wieder die Lügen von den Geheimnissen der Weisen von Zion verbreitete und das Stuttgarter Sonntagsblatt, das nach Berichten gut unterrichteter Kreise für antisemitsche Ausschreitungen in Memmingen im Jahre 1921 verantwortlich war. Vgl. den Bericht des Hauptpastors Felden in der Hauptversammlung des Vereins zur Abwehr des Antisemitismus vom 18. September 1921, Mitteilungen, XXXI, Nr. 21 (23. Oktober 1921), und a. a. O., XXXI, Nr. 11/12 (20. Juni 1921); weitere Belege Fst. Hbg. 11 R 14 und 412.

259 Vgl. dazu die (ungedruckte) Dissertation von *Ino Arndt*, Die Judenfrage im Licht der Evangelischen Sonntagsblätter von 1918–1933, Phil., Diss., Tübingen 1960. Weitere Belege in Hamburger Kirchenblätter Fst. Hbg. 7533 und 631.

260 So u. a. das Paderborner, von einem katholischen Geistlichen geleitete Wochenblatt »Leo«. Vgl. Umschau, Im deutschen Reich, XXV (Oktober 1919), 421 und zahlreiche andere Beispiele.

261 Aufruf des Oberrats der Israeliten Badens vom 1. Oktober 1919, BA Koblenz, R 43 I/2192.

262 Hier seien nur genannt: Die Deutsche Zeitung, das Organ des Alldeutschen Verbandes, die Deutsche Tageszeitung, die Tägliche Rundschau, die Hallesche und Süddeutsche Zeitung.

263 Außer den Verbandsorganen der völkischen Gruppen und Bünde sind u. a. zu nennen: Deutsches Wochenblatt, Hammer, Reichswart, Deutscher Volkswart, Deutsche Wochenschau, Deutscher Vorwärts, Münchener Beobachter, Miesbacher Anzeiger, Staatsbürger-Zeitung, Sturm.

264 Daß die Völkischen von Anfang an bemüht waren, die Presse zu beeinflussen, geht aus einem Brief Roths vom 12. April 1919 an Baurat Lucius hervor, Fst. Hbg. 11 – R 14; später richtet der Deutschvölkische Schutz- und Trutz-Bund Presseausschüsse ein, um namentlich die Tageszeitungen mit Nachrichten,

Berichten und »Informationen« zu versorgen, da »die Einwirkung auf die Presse als eine der ersten Voraussetzungen für eine erfolgreiche Arbeit der Gliederungen des Bundes betrachtet werden muß«, *Alfred Roth*, Das sollt Ihr tun!, 16.

265 *Wolfram Selig*, Paul Nikolaus Cossmann und die Süddeutschen Monatshefte von 1914– 1918, Osnabrück 1967, 67 – Ironischerweise war Cossmann selbst jüdischer Herkunft, ein Repräsentant des nicht seltenen jüdischen Selbsthasses. Er ist 1942 deportiert worden und im Konzentrationslager Theresienstadt zugrunde gegangen.

266 *Sigbert Feuchtwanger*, Grundsätzliches zur deutschen Judenfrage, Neue Jüdische Monatshefte, I (10. Juli 1917), 547ff. Feuchtwanger spricht von dem »Kryptoantisemitismus« der Presse, die sich äußerlich neutral gibt, insgeheim aber doch antisemitsche Ressentiments nährt.

267 Roth an Dr. Beutel, 21. April 1919, Fst. Hbg. 11 – R 14.

268 Roth an Masius, 8. April 1919, Fst. Hbg. 11 – R 14.

269 So u. a. *Hans Blüher*, op. cit., 21 »Es spielt sich noch ein... geschichtliches Ereignis ab: die Ablösung der Juden von den Gastvölkern, genannt secessio judaica. Die Juden haben versucht, sich auf Deutschland aufzupfropfen, so daß man die Verwachsungsstelle nicht mehr sieht. Sie lieben die deutsche Rasse mit einer unglücklichen Leidenschaft... Wir stehen heute im Zeichen der Ablösung, und diese ist ein rein historisches Ereignis, für das die wachsende antisemitsche Bewegung der empirische Ausdruck ist.«

270 *Alfred Wiener* wies bereits im Sommer 1919 darauf hin, daß sich die Völkischen in ihrer Propaganda besonders auf Handwerker, Lehrer, Geistliche, Schüler und Studenten, Anwälte, Ingenieure und die Frauen konzentrierten, Die Pogromhetze, Im deutschen Reich, XXV (Juli / August 1919), 293. Über die Ergebnisse dieser Bemühungen wird schon ein Jahr später eingehend berichtet, Zeitschau, Im deutschen Reich, XXVI (Juli / August 1920) 234ff. Die erste grundlegende Untersuchung über die soziale Herkunft der Mitglieder eines völkischen Verbandes gibt *Lohalm*, op. cit., 110ff.

271 Bericht der Polizeistelle von Nordbayern, Bamberg, über den Stand der antisemitischen Bewegung in Nordbayern vom Herbst 1919, BA Koblenz, R 43 I/ 2193. »Die antisemitsche Bewegung ist auch in Nordbayern alltenthalben in der Zunahme begriffen. Sie beschränkt sich nicht... auf einen kleinen Kreis weit rechts stehender (reaktionärer) Persönlichkeiten, sondern auf alle Schichten des Volkes und umfaßt Angehörige aller politischen Parteien bis hinein in die radikale Linke...« Vgl. dazu *Lohalm*, op. cit., 308ff.

272 *Anton Drexler*, Mein politisches Erwachen, München 1919; Alldeutsche Blätter, XXIX, Nr. 44 (1. November 1919); Deutsche Zeitung, XXIV (5. November 1919); mit Nachdruck wird für die 2. Aufl. geworben. Siehe Alldeutsche Blätter, XXXI, Nr. 1 (8. Januar 1921).

273 Die nationalsozialistische Deutsche Arbeiterpartei, Deutsche Zeitung, XXV, Nr. 204 (10. Mai 1920).

274 *Otto Helmut Hopfen*, Nationalsozial, Deutsche Zeitung, XXV, Nr. 383 (19. August 1920).

275 *Werner Maser*, Die Frühgeschichte der NSDAP, Hitlers Weg bis 1924, Frankfurt-Bonn 1965, 233, 236ff.; Hitlers erste Einladung nach Berlin, Geh. Staatsarchiv Preußischer Kulturbesitz Rep. 320, 334 und 337.

276 Der erste »Deutsche Tag« fand Anfang Oktober 1920 in Weimar, der zweite 1921 in Detmold, der dritte 1922 in Coburg statt. *Lohalm*, op. cit., 128f. und 285ff.

277 Deutscher Tag 1920. Deutsche Zeitung, XXV, Nr. 463 (5. Oktober 1920). Da-

nach verwies man besonders auf das Vorbild der Arbeiterschaft im politischen Kampf. Daraus sollten alle lernen, namentlich »wie man Versammlungen beherrscht«. Vgl. auch die Bericht Fst. Hbg. 412.

278 *Ludolf Haase*, op. cit., 112 ff. Besonders aufschlußreich ist auch der Bericht des Gründers der Ortsgruppe Hannover der NSDAP, Gustav Seifert, über den Deutschen Tag in Weimar. Niedersächs. StA Hannover, Hann. Des. 310 I G 1. Vgl. auch *Werner Jochmann*, Kommentar zu Ausgewählte Dokumente zur Geschichte des Nationalsozialismus 1933–1945, hrsg. von *Hans-A. Jacobsen* und *Werner Jochmann*, Bielefeld 1966, 15 ff. Ausführlich *Lohalm*, op. cit., 283 ff. und 301 ff.

279 *Otto Helmut Hopfen*, Nationalsozial, Deutsche Zeitung, XXV, Nr. 383 (19. August 1920) stellt bereits fest, einzelne national-sozialistische Ortsgruppen seien »als Fortsetzung des Schutz- und Trutz-Bundes anzusehen«.

280 *Lohalm*, op. cit., 290 ff.

281 Bayer. Staatsministerium des Innern an die Reg. Präsidenten, 5. Oktober 1920, Staatsarchiv Speyer, Landratsamt Pirmasens IV D 1; *Jochmann*, Kommentar..., 25 f., *Lohalm*, op. cit., 289 ff.

282 *Ludof Haase*, op. cit. 113; dazu auch Hitlers Denkschrift »Der völkische Gedanke und die Partei« von 1922 (Ausgewählte Dokumente zur Geschichte des Nationalsozialismus und *Jochmann*, Kommentar..., 25 f.).

283 Nach dem Verbot des Deutschvölkischen Schutz- und Trutz-Bundes forderten Gebsattel und G. von Hertzberg die Mitglieder auf, sich der NSDAP anzuschließen, Fst. Hbg. 11 – C 2; seit 1922 sympathisierte auch der Verband gegen Überhebung des Judentums mit Hitler. Auf Vorposten, X (Januar/April 1922), 3; für die vaterländischen Verbände vgl. Deutsche Zeitung, XXVIII, Nr. 459 (19. Oktober 1923), und zahlreiche andere Belege, Fst. Hbg. 4131.

284 Bericht der Polizeistelle von Nordbayern über den Stand der antisemitischen Bewegung und Begleitschreiben des Reichskommissars für die Überwachung der öffentlichen Ordnung an den Reichskanzler vom 26. November 1919, BA Koblenz, R 43 I/2193.

285 *Walter Graef*, Der Werdegang der Deutschnationalen Volkspartei 1918–1928, in: Der nationale Wille. Werden und Wirken der Deutschnationalen Volkspartei 1918–1928, hrsg. von *Max Weiß*, Berlin 1928, 16 f., 41 f.; vgl. dazu jetzt auch *Ernest Hamburger*, One Hundred Years of Emancipation, in: Year Book XIV of the Leo Baeck Institute, London 1969, 32 ff.

286 So namentlich die Landesverbände Berlin, Potsdam I und II, Hamburg, Hannover, Leipzig, Schleswig-Holstein, Fst. Hbg. 11 – D 9 Korrespondenz Nachlaß Diller; *Gottfried Traub* in der Rundschau der von ihm herausgegebenen Eisernen Blätter, I, Nr. 7 (17. August 1919), 105 ff.

287 Alfred Roth, Jürgen von Ramin, Ferdinand Werner und viele andere mehr, Fst. Hbg. 11 – R 14 und die Korrespondenz, Fst. Hbg. 11 – D 9; siehe dort auch das Programm der Staatspolitischen Arbeitsgemeinschaft der DNVP.

288 Umschau, Im deutschen Reich, XXV (Juli/August 1919), 303 ff.; *Gottfried Traub*, ›Rundschau‹, Eiserne Blätter, I, Nr. 7 (17. August 1919), 108. Bezeichnend für die Einstellung der sogenannten »Gemäßigten« in der DNVP sind folgende Ausführungen Traubs: »Das deutsche Volk kann und will nicht vergessen, daß die spartakistische Welle hauptsächlich von Juden getragen worden ist. Es wäre unverständlich, wenn sich in ihm nicht etwas von Zorn regte bei dem Anblick der ersten Ministerbank in Weimar. In der Zeit des Selbstbestimmungsrechts der Völker ist es eine Selbstverständlichkeit, daß das deut-

sche Volk den Anspruch erhebt und durchsetzt, von Deutschen regiert zu werden.«

289 *Oppeln-Bronikowski*, op. cit., 6ff. weist besonders auf den Druck hin, den die fanatischen Anhänger und Wähler auf die Parteileitung und eine kleine »intelligente Minderheit«, die sich dem radikalen Antisemitismus widersetzte, ausübten. – Allerdings waren selbst für gemäßigte Deutschnationale wie Oppeln-Bronikowski nur deutsch gesinnte Juden konservativen Schlages akzeptabel. Siehe hierzu seine spätere Broschüre, in der die Juden zur Abkehr vom Liberalismus und zum Anschluß an die »Nationale Bewegung« aufgefordert werden, *Gerechtigkeit! Zur Lösung der Judenfrage*, Berlin 1932. Über die Geschichte dieser Schrift siehe *Arnold Paucker*, »Gerechtigkeit!«. The Fate of a Pamphlet on the Jewisch Question, in: Year Book VIII of the Leo Baeck Institute, London 1963, 238–251.

290 Fst. Hbg. 7533: »Die DNVP steht auf dem Boden des deutschen Volkstums. Von dieser Grundlage aus kämpft sie gegen jeden zersetzenden undeutschen Geist, mag er von jüdischen oder anderen Kreisen ausgehen. Sie wendet sich insbesondere gegen die Vorherrschaft des Judentums, die seit der Revolution in Regierung und Öffentlichkeit immer verhängnisvoller hervortritt.« Vgl. auch die Umschau in: Im deutschen Reich, XXV (Juli/August 1919), 303ff.

291 Am 27. September 1919 erklärte der deutschnationale Parteivorsitzende Hergt während einer Parteiversammlung in Greifwald: »Die antisemitische Welle werde den kommenden Wahlkampf für die Deutschnationalen aber ganz außerordentlich erleichtern.« Fst. Hbg. 7533; dazu ferner der Bericht, Die Hoffnung auf die antisemische Welle, Mitteilungen, XXIX, Nr. 21 (16. Oktober 1919), und die Rede von Georg Gothein anläßlich der ordentlichen Generalversammlung des Vereins zur Abwehr des Antisemitismus am 16. November 1919, Mitteilungen XXIX, Nr. 24 (24. November 1919).

292 Zeitschau, Im deutschen Reich, XXVI (Juli/August 1920), 233, und zahlreiche Belege, Fst. Hbg. 7533.

293 *Ulrich Kahrstedt*, Kritik, Eiserne Blätter, I, Nr. 50, 864ff. und die anschließende Diskussion in dieser Zeitschrift z. B. II, Nr. 4, 55 und II, Nr. 6, 84. Vgl. dazu auch *Werner Liebe*, Die Deutschnationale Volkspartei 1918–1924, Düsseldorf 1956, 64ff.

294 *Graef*, Der Werdegang der Deutschnationalen Volkspartei, a. a. O., 41; zum Übertritt der Abgeordneten von Kardorff, von Dewitz und Dr. Arendt von der DNVP zur DVP vgl. *Liebe*, op. cit., 59ff.

295 So erklärte Ferdinand Werner während des Deutschen Tages in Weimar 1920, es sei »Sache des Schutz- und Trutz-Bundes, die Parteien in seinem Sinne zu beeinflussen«. In der DNVP wüchse die »Erbitterung« über die Vernachlässigung des völkischen Gedankens so sehr, daß eine Spaltung drohe. Dann würde endlich »auf den Trümmern zermorschter Parteigebilde« eine neue deutsche »Freiheitspartei« entstehen. Deutsche Zeitung, XXV, Nr. 463 (5. Oktober 1920).

296 Vgl. Die vertraulichen Rundschreiben der Parteileitung, Fst. Hbg. 11 – D 9.

297 *Rabbiner Samuel*, »Der Stern Judas ist die Revolution«, Im deutschen Reich, XXVI (Februar 1920), 51; zahlreiche Belege auch Fst. Hbg. 7533.

298 Eiserne Blätter, II, Nr. 31, 495f.

299 Antisemitismus und Sozialismus lenkten beide »die Fähigkeit des Hasses gegen den Nachbarn im Innern statt gegen den auswärtigen Fronvogt; gegen den Juden, gegen den Arbeitgeber, statt gegen den Engländer und Franzosen.« *Ulrich Kahrstedt*, Nochmals zum Antisemitismus, Eiserne Blätter, II, Nr. 4, 55. Ähnlich auch in der Vorbemerkung zum zweiten Jahrgang, Nr. 1, dieser Zeitschrift.

Kahrstedt hatte schon vor dem 1. Parteitag der DNVP »Vorschläge zu politischen Aktionen« gemacht, in denen er vorschlug, mit allen Mitteln den Haß gegen die Siegermächte des Krieges zu schüren. Er schrieb am Schluß seiner Denkschrift an den Parteivorstand: »Wenn die deutsche Nation bis zum Platzen angefüllt wird von einer hysterischen Wut gegen alles, was französisch, englisch, polnisch, tschechisch ist, findet zugleich eine wohltätige Ablenkung des Haßbedürfnisses von den eigenen Volksgenossen anderer Bildungsklassen und anderer Berufsstände statt.« Fst. Hbg. 7533.

300 Prof. Otto Hoetzsch an Prof. Pflug, Staatspolitische Arbeitsgemeinschaft der DNVP vom 24. Juli 1922. Abschrift in den Akten der AG, Fst. Hbg. 11 – D9: »Mit dem nationalen Gedanken und der Arbeit für ihn ist, wie die Dinge nun einmal liegen, der Antisemitismus aufs engste verbunden, wobei wir uns darüber klar sind, daß dieses Programm als nur negativ allein nicht ausreicht und daß es praktisch-politische Ziele nur in der Ostjudenfrage hat, daß der Kampf also nur auf geistig-ethischem und wirtschaftlichem Gebiet liegen kann. Wir sind uns ebenso einig darüber, daß es eine Negierung unseres ganzen Staates bedeutet, wenn man die Aufhebung der politischen Gleichberechtigung der Juden fordert, und daß der Kampf im antisemitischen Sinne nur in anständigen Formen, mit reinen Waffen – und nicht zu vergessen mit Verstand – geführt werden darf. Der Gegensatz in der Partei ist nicht der zwischen schärferem und gemäßigterem Flügel..., sondern dieser Kampf ist einmal der Gegensatz zwischen einem völlig bedingungs- und hemmungslosen, jeder Vernunft baren und jedes Maß vermissen lassenden Radikalismus und dem Willen zur positiven Mitarbeit am Staat auf Grund der Verfassung, aber unter Wahrung unserer Grundsätze, und andererseits vor allem... der Kampf zwischen den anständigen und unanständigen Leuten. Das letztere ist die Hauptsache und zwingt daher alle anständigen Leute, in diesem Kampf rücksichtslos bis zum Schluß zu gehen, weil... unsere Partei tatsächlich in der Gefahr ist, daß die anständigen Leute ihr den Rücken kehren.«

301 Vgl. Denkschrift Hoetzsch an den Grafen Westarp vom 5. November 1918, DZA Potsdam, Nachlaß Westarp, Fst. Hbg. 7533.

302 Dies auf jeden Fall hatte Hoetzschs Parteifreund Friedrich v. Oppeln-Bronikowski schon zu Beginn des Jahres 1920 festgestellt. Vgl. seine Schrift Antisemitismus? 21, 25 ff., 66 ff.

303 Vertrauliches Rundschreiben (Nr. 28) des Parteivorstandes der DNVP vom 1. Juli 1922, Fst. Hbg. 11 – D9.

304 Rundschreiben des Parteivorstandes der DNVP an die Mitglieder der Parteivertretung vom 3. Juli 1922, Fst. Hbg. 11 – D9.

305 Unmittelbar nach dem Rathenaumord hob die DNVP die Fraktionsgemeinschaft mit dem Abg. Henning auf. Bald darauf erklärten sich die Abg. Graefe und Wulle mit Henning solidarisch und schieden ebenfalls aus der Fraktion aus. Deutsche Zeitung, XXVII, Nr. 312 (20. Juli 1922); ferner Fst. Hbg. 7533.

306 Sitzung des engeren Ausschusses der Staatspolitischen Arbeitsgemeinschaft der DNVP am 25. Juli 1922. Diskutiert wurde die Frage, ob es notwendig sei, »daß eine Trennung der völkischen Kreise Wullescher Art von der Partei eintritt«. Eine kleine Gruppe trat – wenn auch zurückhaltend – für eine Trennung ein. Die Mehrheit war anderer Meinung. »Aus den Äußerungen der zur Parteileitung gehörigen Herren Graef, v. Jecklin und v. Lindeiner ging hervor, daß man die Hoffnung hat, mit dem Ausscheiden der Herren Henning, v. Graefe und Wulle werde nicht eine Absplitterung größerer und wertvoller Kreise von der Partei erfolgen, und daß man die Aufgabe erkennt, den positiv völkischen Ge-

danken ... in der Partei zu läutern und alle Kreise mit ihm zu erfüllen.« Fst. Hbg. 11 – D9.

307 Den Vorsitz des Ausschusses übernahm der Abg. Graef, später Prof. v. Freytagh-Loringhoven. Dem geschäftsführenden Ausschuß dieses Gremiums gehörten ferner u. a. an: Ferdinand Werner, Baron v. Vietinghoff-Scheel, Alfred Roth, Robert M. Gerstenhauer, Walther Lambach sowie Jenne, Steinhoff und Knauer. In den 7 Unterausschüssen wirkten weitere völkische Extremisten mit. Protokoll über die Verhandlungen des Reichsausschusses am 22. April 1923. Fst. Hbg. 7533, Sonderbestand Deutschvölkischer Reichsausschuß.

308 A. a. O., Korrespondenz einzelner Mitglieder.

309 Fst. Hbg. 11 – C 2 und Bestand Dv.-Freiheitspartei.

310 Protokoll über eine Besprechung im Preußischen Ministerium des Innern am 25. März 1923, BA Koblenz, R 43 I/2678, ferner das von der Hamburger Polizei gesammelte Material, StA Hamburg, Cl I Lit. T No 1 Vol. 57 Facs. 13; weitere Zeugnisse Fst. Hbg. Bestand Dv.-Freiheitspartei.

311 *Hauptmann Engelbrecht*, Wir fordern Einigkeit in der Führung!, Deutsche Zeitung, XXVII, Nr. 508 (16. November 1923). »Die völkische Bewegung hat heute die weitesten Volkskreise ergriffen ... Es ist die Bewegung unseres Volkes ...«; Es gärt, Deutsche Zeitung, XXVIII, Nr. 52 (31. Januar 1924); *Claß* zieht in einem Artikel, Um den deutschen Staat, Deutsche Zeitung, XXVIII, Nr. 100 (2. März 1924) nach dem mißglückten Hitler-Putsch Bilanz: »Es wird kein Kunststück sein, mit der Demokratie jüdisch-marxistisch-ultramontaner Färbungen fertig zu werden ...« Das völkische Lager müsse nur einig und entschlossen sein und »bei fortgesetztem Krieg in anderer Form alles daran setzen, die Parlamentsherrschaft zu beseitigen, die Parteien zu erdrücken und die äußerste Zusammenfassung des Volkswillens in der nationalen Diktatur zu erreichen«. Kurz darauf, bei den Reichstagswahlen im Mai 1924 erzielten die antisemitischen Parteien große Erfolge: DNVP 96 Abgeordnete, Völkischer Block (Dv.-Freiheitspartei und NSDAP) 32 Abgeordnete, Deutsch-Soziale Partei des berüchtigten Richard Kunze 4 Abgeordnete. Wie stark bis 1924 die völkische Flut gestiegen war, wurde auch in allen Landtagswahlen sichtbar. Vgl. dazu u. a. Mitteilungen, XXXIV, Nr. 3/4 (25. Februar 1924).

312 Umschau, Im deutschen REich, XXV (Januar 1919), 11 ff. Bericht des Staatskommissars für die Überwachung der öffentlichen Ordnung über die von ihm bisher getroffenen Maßnahmen zur Bekämpfung der antisemitischen Hetze vom 2. September 1919, BA Koblenz, R 43 I/2193.

313 Brief des H. D. Brachmanns Verlags, Schweidnitz, an Georg Gothein, 13. Januar 1920, BA Koblenz, Nachlaß Gothein Nr. 16.

314 Großloge B'nai B'rith, Professor Timendorfer, an Arnold Rechberg, 21. Juli 1922, BA Koblenz, Nachlaß Rechberg Nr. 89.

315 Die parteipolitischen Neubildungen in Deutschland und die Juden, Stenographischer Bericht über einen Erörterungsabend des Verbandes der jüdischen Jugendvereine Deutschlands am 18. Dezember 1918 in Berlin, Berlin 1919, Diskussionsbeitrag von Ludwig Holländer, 33 ff. »Aber wir haben es gerade seit dem Beginn der Revolution erlebt, daß wir in der Zentrumspresse vielfach mit einem geradezu schrecklichen Judenhasse *und mit der Aufforderung zum Judenhasse* zu rechen haben.« Vgl. auch *Hamburger*, One Hundred Years of Emancipation, a. a. O., 31.

316 Umschau, Im deutschen Reich, XXV (Januar 1919), 15.

317 Die Pogromhetze, Mitteilungen, XXIX, Nr. 14 (10. Juli 1919); Die »Germania«

auf den Spuren der Pogromhetze, Im deutschen Reich, XXV (Juli/August 1919), 300ff.

318 Justizrat Werner Bamberg an den bayerischen Minister des Innern vom 25. April 1919, Bayer. HStA, Allgem. StA, M Inn 65 617.

319 So engagieren sich der Zentrumsabgeordnete Professor Martin Faßbender und andere Parteifreunde u. a. bei den Protesten gegen die Aufführung von Schnitzlers »Reigen« in Berlin. Fst. Hbg. 7533.

320 *Eugen Fuchs*, Was nun?, Neue Jüdische Monatshefte, III (10./25. Januar 1919), 138f.

321 Graf Bernstorff an Harden, 5. Juli 1919, BA Koblenz, Nachlaß Harden Nr. 14.

322 Im Dezember 1918 wird darüber von Dr. Cora Berliner erstmalig Beschwerde geführt. Die parteipolitischen Neubildungen in Deutschland und die Juden, Stenographischer Bericht über einen Erörterungsabend des Verbandes jüdischer Jugendvereine Deutschlands am 18. Dezember 1918 in Berlin, Berlin 1919, 39. In der Folgezeit traten diese Tendenzen noch viel stärker in Erscheinung. Vgl. u. a. Schwierigkeiten der Judenfrage. Von einem Süddeutschen, Eiserne Blätter, II, Nr. 6 (8. August 1920), 84f.

323 Die parteipolitischen Neubildungen in Deutschland und die Juden, a. a. O., Diskussionsbeitrag von Ludwig Holländer, 32; Parteisekretär Seyffert, Breslau, an Georg Gothein, 4. November 1919, BA Koblenz, Nachlaß Gothein Nr. 30.

324 Otto Fischbeck, Preußischer Minister für Handel und Gewerbe, an Georg Gothein, 3. August 1920, BA Koblenz, Nachlaß Gothein Nr. 20.

325 A. a. O.

326 A. a. O., »Fühlen sich aber die Herren Dr. Nathan und Genossen etwa völkisch zu den ausländischen Juden hingezogen, so hat der Antisemitismus gewonnenes Spiel, dann gehören solche Kreise selbst unter das Fremdenrecht, das ist die unerbittliche Logik.« Fischbeck fand es »sehr erfreulich«, daß sein Parteifreund Koch – Weser als Reichsinnenminister so energisch und entschlossen gegen die Ostjuden vorging. Er hielt es für »dringend erforderlich, daß wir auch parteipolitisch diese Linie inne halten«.

327 So z. B. der »Fränkische Volksfreund«, Mitteilungen, XXV, Nr. 18 (8. September 1915), und andere Beispiele.

328 *David*, op. cit., 112f (18. März 1915), 165 (14. März 1916), 181 (6. Juni 1916).

329 *August Winnig*, Glossen zur Ratifizierung, Die Glocke, V, Heft 16 (19. Juli 1919), 500f., die Antwort von Georg Landsberg, a. a. O., Heft 20 (16. August 1919), 638 und Winnigs unsachliche Polemik gegen Landsberg in der Glosse »Trotz alledem«, a. a. O., Heft 21 (23. August 1919), 703. Wie weit sich Winnig den Rassenantisemiten genähert hatte, zeigen folgende Sätze seiner ersten Glosse: »Es erscheint... nötig, einmal ein offenes Wort über das Gebaren der nichtdeutschen Mitglieder unserer Partei zu sagen. Wir haben eine ganze Anzahl solcher Männer und Frauen an führenden Stellen der Partei... Aber sie sollen... sich in allen Fragen, die nationale Gefühle berühren, zurückhalten und darauf verzichten, dem deutschen Volke da ihren Rat zu erteilen, wo ihnen durch ihre volksfremde Abstammung der Weg zum Verständnis für das Fühlen des Volkes versperrt ist...« (a. a. O., 500). Als ihm G. Landsberg vorwarf, daß er sich antisemitscher Argumente bediente, reagierte Winnig sehr bezeichnend: »Dieser Herr Georg Landsberg wirft mich zu den Antisemiten! Er hat allerdings keine Schuld daran, daß ich's nicht bin – auch in dieser Zeit nicht geworden bin, wo 90 von 100 aller Genossen sich gestehen, daß es ihnen allmählich doch auf die Nerven fällt. Gäbe es nicht so ausgezeichnete Vertreter des nationalen Gedankens in

der Partei, wie z. B. Otto Landsberg es ist und wie Ludwig Frank es war – es gibt ihrer Stammesgenossen viele, die die ganze Partei längst verantisemitet hätten« (a. a. O., 703). Winnig war allerdings zu dieser Zeit bereits ein Außenseiter in der Partei, die er bald darauf verlassen hat. Seine Haltung ist nicht typisch für die große Mehrheit der Sozialdemokraten, aber typisch für den Einfluß des Antisemitismus auf einen Mann, der zuerst seine politische Heimat in der SPD suchte. Seinen damaligen antijüdischen Äußerungen sind auch in der Partei charakteristischerweise nur Juden ausdrücklich entgegengetreten.

330 Bericht der bayerischen Grenzpolizeistelle Salzburg vom 10. Februar 1920 an die Polizeidirektion München, Bayer. HStA, Allgem. StA, M Inn 66282; Vorwärts vom 18. Februar 1924 und Mitteilungen XXXIV, Nr. 3/4 (25. Februar 1924) und zahlreiche andere Beispiele. Besonderes Aufsehen erregte der Übertritt des zeitweiligen sozialdemokratischen Ministerpräsidenten von Braunschweig, Sepp Oerter, zur NSDAP.

331 Referentenmaterial der KPD zur bayerischen Landtagswahl (1924). – Gelegentliche antisemitische Tendenzen oder antijüdische Entgleisungen, die für die junge KPD festzustellen sind, konnten hier nicht gesondert behandelt werden. Beispiele geben *Werner T. Angress*, Stillborn Revolution. The Communist Bid for Power in Germany, 1921–1923, Princeton, New Jersey, 1963, 339–340, und *Hans-Helmuth Knütter*, Die Linksparteien [zur Judenfrage], in: Entscheidungsjahr 1932. Zur Judenfrage in der Endphase der Weimarer Republik. Ein Sammelband hrsg. von *Werner E. Mosse* unter Mitwirkung von *Arnold Paucker*, Schriftenreihe wissenschaftlicher Abhandlungen des Leo Baeck Instituts, Bd. 13, 2. Auflage, Tübingen 1966, 330, 336. Die Frage der Einstellung der KPD zu den Juden wird z. B. hinsichtlich der Nominierung jüdischer Kandidaten jetzt ebenfalls angeschnitten von *Hamburger*, One Hundred Years of Emancipation, a. a. O., 49–51. Hamburgers Aufsatz verdient überhaupt für das Thema des Antisemitismus in der frühen Weimarer Republik Beachtung.

332 Schwierigkeiten in der Judenfrage. Von einem Süddeutschen, Eiserne Blätter, II (8. August 1920), 85: »...aber zu viel[e] jüdische Kandidaten aufzustellen, das erscheint doch auch der Sozialdemokratie im Hinblick auf den Wahlausfall bedenklich.« Vgl. auch *Walter Gross*, Das politische Schicksal der deutschen Juden in der Weimarer Republik, in: *Hans Tramer* (Hrsg.), In Zwei Welten. Siegfried Moses zum fünfundsiebzigsten Geburtstag, Tel Aviv 1962, 549.

333 Parteisekretär Seyffert, Breslau, an Gothein, 4. November 1919, BA Koblenz, Nachlaß Gothein Nr. 30; Hugo Haase am 26. Juli 1919 in der Nationalversammlung. Stenographische Berichte, Bd. 328, S. 1969, 67. Sitzung: Umschau, Im deutschen Reich, XXV (September 1919), 370f.; Aufzeichnungen über eine Besprechung im Reichsjustizministerium am 14. April 1923, BA Koblenz, R 43 I/2678.

334 So der preußische Staatsminister, spätere Ministerpräsident Otto Braun. Fischbeck an Gothein, 3. August 1920, BA Koblenz, Nachlaß Gothein Nr. 20; Ministerpräsident Braun an den Reichskanzler, 5. November 1923, BA Koblenz, R 43 I/2193; ebenso Gustav Noske und andere maßgebliche Sozialdemokraten, Ausführungen des preußischen Innenministers Heine, der seine maßvolle Politik in der Frage der ostjüdischen Einwanderung gegen harte Angriffe auch seitens seiner Parteifreunde verteidigen mußte. Aufzeichnungen Heines vom 23. Februar 1920, Fst. Hbg. 11 – S 2 und *C. Z. Klötzel*, Razzia!, Neue Jüdische Monatshefte, IV, (10./25. März 1920), 242.

335 Otto Landsberg in der ordentlichen Generalmitgliederversammlung des Vereins

zur Abwehr des Antisemitismus am 16. November 1919, Mitteilungen, XXIX, Nr. 24 (24. November 1919), 182 f.

336 Staatsrat Cohn-Dessau in der Hauptversammlung des C. V. am 20./21. November 1921, Im deutschen Reich, XXVIII (Januar/Februar 1922), 6.

337 Rudolf Breitscheid bat im Dezember 1918 die Juden, die antisemitische Propaganda nicht »zu tragisch zu nehmen«. Man griffe zwar die Juden an, meinte aber »die ganze sozialistische Regierung... Ich sage das, damit Sie sich nicht etwa übertriebenen Beängstigungen wegen etwaiger Judenverfolgungen hingeben. Es geht nur gegen die Regierung, die man dadurch zu diskreditieren sucht, daß man die Namen ihrer jüdischen Mitglieder besonders in den Vordergrund stellt und besonders unterstreicht.« Die parteipolitischen Neubildungen in Deutschland und die Juden (a. a. O., 27). Was die SPD zum Schutz der Juden und der Regierung zu tun gedachte, sagte Breitscheid nicht. – Eine ähnliche Bagatellisierung jüdischer Befürchtungen seitens maßgeblicher Männer der SPD ist auch gut belegt für die Spätzeit der Republik. Siehe *Arnold Paucker*, Der jüdische Abwehrkampf gegen Antisemitismus und Nationalsozialismus in den letzten Jahren der Weimarer Republik, Hamburger Beiträge zur Zeitgeschichte, Bd. IV, 2. Auflage, Hamburg 1969, 85, 96, 269 und passim.

338 *Wolfgang Schumann*, Deutsche und jüdische »Schuld« und Aufgabe, Der Jude, VIII (Juli 1924), 382.

339 Am 9. November 1918 bat der christlich-soziale Reichstagsabgeordnete Mumm den Unterstaatssekretär Lewald, »doch das Seinige zu tun, damit nicht... eine große Welle von Schund und Schmutz« über das Land hereinbreche. Lewald fühlte sich nicht berufen, selbst in dieser Hinsicht etwas zu tun, glaubte aber auch nicht, der Rat der Volksbeauftragten werde etwas unternehmen. Seine resignierte Antwort: »Gewiß, die neuen Machthaber werden immer die Schmutzwellen bedauern. Aber sie werden praktisch nichts tun«, gilt weit grundsätzlicher, als es hier zunächst gemeint war. *Reinhard Mumm*, Der christlich-soziale Gedanke, Berlin 1933, 93. Vgl. auch Umschau, Im deutschen Reich, XXV (September 1919) 370.

340 *Hugo Marx*, Werdegang eines jüdischen Staatsanwalts und Richters in Baden, Villingen 1965, 127.

341 So berichtete der Hamburger Senator Stahmer, von 1920 bis 1930 deutscher Botschafter in London, über die Verfassungsberatungen in Weimar an Bürgermeister Predöhl am 26. Februar 1919, Hugo Preuß habe sich zwar »als ein kluger, kenntnisreicher Jurist« erwiesen, er tadelte aber seine Allüren und die Neigung zur »Effekthascherei«, die »in einem Kollegium wie dem alten Bundesrat wenig am Platze waren und mißbilligende Kritik hervorriefen. Auch sonst begegnete seine Persönlichkeit, die den rassereinen Juden nicht verleugnen konnte, vielfach einer gewissen Abwehr.« StA Hamburg, Senatskommission f. Reichs- und ausw. Angelegenheiten IA I a 1. Bd. I.

342 Das Berliner Tageblatt (21. Januar 1922) berichtete, Staatssekretär Bredow vom Reichspostministerium habe am 6. Juli 1921 auf dem Lehrter Bahnhof im Beisein eines jüdischen Kaufmanns zu einem an die See reisenden Jungen gesagt: »Höre... wenn ihr angekommen seid, kaufst du dir am Strand sofort eine große schwarz-weiß-rote Fahne mit einem Hakenkreuz und schlägst alle Juden tot.« Vgl. Mitteilungen, XXXII, Nr. 2 (26. Januar 1922). Ferner der bereits zitierte judenfeindliche Artikel des *Generalmajors v. Wrisberg* im Militärwochenblatt, 103, Jg., Nr. 113 (25. März 1919); Hermann Rosenow berichtet aus Madrid, daß sich der deutsche Geschäftsträger von Hoesch und der Militärattaché von Koss

bei einem Empfang in der britischen Botschaft in Madrid »in scharfer Weise gegen die deutschen Juden« ausgelassen hätten. Hermann Rosenow an Harden, 4. März 1920, BA Koblenz, Nachlaß Harden Nr. 88. Notiz über eine Besprechung im Reichsinnenministerium am 20. Dezember 1918, *Kessler*, op. cit., 76; Umschau, Im deutschen Reich, XXV (Juni 1919), 254f. und (September 1919), 370f.; Bericht der Polizeidirektion München an das Bayer. Staatsministerium des Innern vom 25. November 1919, Bayer. HStA, Allgem. StA, M Inn 66281; Brief Georg Davidsohns an Harden 25. Juni 1921, BA Koblenz, Nachlaß Harden Nr. 27; Halbmonatsbericht des Reg.-Präsidiums von Oberbayern vom 5. Juli 1922, Bayer. HStA, Allgem. StA, M Inn 66304.

343 Dr. Cremer an den Staatssekretär der Reichskanzlei, 22. November 1923, BA Koblenz, R 43 I/2193.

344 U. a. *Foerder*, Antisemitismus, Jugend und Erzieher, Im deutschen Reich, XXVIII (März/April 1922), 71f.; vgl. auch *Lohalm*, op. cit., 160ff.

345 A. a. O.; *Ernst Goth*, Auf Deutschlands hohen Schulen..., C. V.-Zeitung, I (30. November 1922), 341–342; *Foerder*, Antisemitismus, Jugend und Erzieher, 71f.; erforscht werden muß die Stellung der jüdischen Wissenschaftler an den einzelnen Universitäten und in diesem Zusammenhang die Berufungspolitik der Fakultäten. Schon in dieser Zeit verließen anerkannte Wissenschaftler Deutschland aus Protest gegen völkische Barbarei an den Hochschulen. Anfang 1924 protestierte Professor Richard Willstätter in München gegen die antisemitschen Machenschaften in seiner Fakultät, Mitteilungen, XXXIV, Nr. 12/13 (15. Juli 1924)

346 Beschwerde RA Dr. Graf, Leipzig, an Reichskanzler Bauer, 27. Dezember 1919, BA Koblenz, R 43 I/2193; *Hugo Marx*, op. cit., 154; andere Belege Fst. Hbg. 412.

347 Besonders eklatant im Prozeß gegen die Harden-Attentäter. Brief Hardens an den Präsidenten des Schwurgerichts Berlin, 19. April 1924, BA Koblenz, Nachlaß Harden 127. Harden weigerte sich am 2. Prozeß gegen den – später verhafteten – Hauptattentäter teilzunehmen. Im 1. Prozeß sei nicht gegen die Attentäter, sondern gegen ihn verhandelt worden. Er sei nicht »verpflichtet«, sich »vor Gericht von gemieteten Mördern und strebsamen Anwälten besudeln, verdächtigen zu lassen...«

348 Schreiben des Bayer. Staatsminsteriums des Innern an Justizrat Werner in Bamberg, 30. April 1919, Bayer. HStA, Allgem. StA, M Inn 65617.

349 *Ernst von Wrisberg*, Erinnerungen an die Kriegsjahre im Königl. Preußischen Kriegsministerium, Bd. 2: Heer und Heimat, Leipzig 1921.

350 Franz Oppenheimer, der über die Erhebung und Verarbeitung des Judenzählungsmaterials im Kriegsministerium das schärfste Verdammungsurteil ausgesprochen hat, regte eine »unparteiische Nachprüfung« des von den jüdischen Verbänden gesammelten statistischen Materials zur Widerlegung der antisemitischen Verleumdungen an. Seiner Meinung nach »hätte das Reich, um der immer gefährlicher werdenden Hetze ein Ende zu machen, das stärkste Interesse daran, eine solche Prüfung unter allen Kautelen der vollen Unparteilichkeit, also unter Heranziehung der Vertrauensleute der Judenfeinde, so schnell wie möglich zu veranstalten«. (*Franz Oppenheimer*, Die Judenstatistik..., 40f.)

351 *Theodor Behr*, Grenzschutz, Der Jude, III (September 1918), 248; Dr. Hantke, Vorsitzender der Zionistischen Vereinigung von Deutschland, in einer Sitzung im Auswärtigen Amt am 10. April 1919, PAAA Bonn, Nachlaß Sobernheim 202/5.

352 Zeitschau, Im deutschen Reich, XXXVI (Juli/August 1920), 236f., Roth in der Kundgebung des Deutschvölkischen Schutz- und Trutzbundes (siehe Anm. 184).

353 Gottesfrieden, Mitteilungen, XXXII, Nr. 9/10 (16. Mai 1922).

354 *Hugo Marx*, op. cit., 46; Schreiben des Reichsministers des Innern an den Präsidenten des Preußischen Staatsministeriums vom 31. Mai 1920 nebst Anlagen, BA Koblenz, R 43 I/2192.

355 Von August 1914 bis 1922 sind circa 110000 Ostjuden nach Deutschland gekommen. Vgl. dazu grundsätzlich *Adler-Rudel*, op. cit., 146ff.; *Paul Nathan*, Die Einwanderung der Ostjuden, eine Gefahr oder ein sozialpolitisches Problem, Berlin 1920.

356 Charakteristisch dafür sind die Artikel von *Theodor Müller*, Die Einwanderung der Ostjuden, Neue Zeit, XXXIX, Bd. 2, Nr. 13 (24. Juni 1921), 293ff. und Nr. 14 (1. Juli 1921), 325ff.

357 Protokoll über die Sitzung im Auswärtigen Amt am 10. April 1919, PAAA Bonn, Nachlaß Sobernheim 202/5.

358 Der Reichsinnenminister spricht in seinem Schreiben vom 31. Mai 1920 an den Präsidenten des Preußischen Staatsministeriums von einem »Sonderrecht allein zu Gunsten der Ostjuden«, BA Koblenz, R 43 I/2192.

359 *C. Z. Klötzel*, Razzia!, a. a. O., 238ff.

360 So der sozialdemokratische Reichstagsabgeordnete Georg Davidsohn an Harden, 25. Juni 1921, BA Koblenz, Nachlaß Harden Nr. 27.

361 Besonders unrühmlich tat sich dabei das Berliner Polizeipräsidium hervor. Man ließ ganze Hundertschaften die Grenadier- und Dragonerstraße durchkämmen, verhaftete 700 Personen, um endlich einige Personen ohne Papiere oder mit unerlaubten Gütern zu finden. Die Razzia wurde in der Öffentlichkeit bekanntgegeben, die Tatsache, daß dabei zumeist mehr Deutsche als Juden bei Schiebergeschäften ertappt wurden, aber verschwiegen. Die antisemitischen Ressentiments der verantwortlichen Beamten und des sozialdemokratischen Präsidenten Ernst sind klar nachzuweisen. Vgl. Bericht an den Innenminister vom 9. Juni 1920: »Die Ostjudenplage wird, da es sich hier nicht nur um lästige, sondern höchst gefährliche Ausländer handelt, in ihrer jetzigen Duldung und wohlwollenden Behandlung künftighin politisch, wirtschaftlich und gesundheitlich die furchtbarsten Gefahren zeitigen.« Man fordert eine »Beseitigung dieses Krebsschadens«, eine »durchgreifende Regelung« und eine »Ausdehnung der Strafbestimmungen«. BA Koblenz, R 43 I/2192.

362 Für den Polizeipräsidenten Ernst waren die Ostjuden ein »Krebsschaden am deutschen Volkskörper«. Sie seien nach Deutschland gekommen, »um die deutschen Gesetze zu umgehen und das deutsche Nationalvermögen zu schädigen«. Wie die Antisemiten war Ernst der Überzeugung, alle Ostjuden seien »Schieber« und »Bolschewisten«, die jede ehrliche Arbeit hassen und den »Schleichhandel« und noch Schlimmeres auf ihren Schild erhoben hätten. *C. Z. Klötzel*, Razzia!, a. a. O., 239.

363 Materialzusammenstellung des Preußischen Innenministers für eine bevorstehende Besprechung »über die Frage der östlichen Einwanderung« vom 23. Februar 1920, PAAA Bonn, Nachlaß Sobernheim 202/5. Vgl. auch *Klötzel*, Razzia!, a. a. O., 239 und generell *Adler-Rudel*, op. cit., 113ff.

364 Erlaß des Preußischen Innenministers Severing vom 17. Nov. 1920 und 28. Febr. 1921, Fst. Hbg. 11 – S 2. Die Staatsregierung hatte die Internierung der »unerwünschten Ostjuden« gegen die Stimme des Innenministers Severing verfügt.

365 Die jüdische Arbeiterstimme, I, Nr. 6 (1. Juni 1921), »Hölle Stargard«. Nach dem Bericht wurden die Internierten im Lager in der gemeinsten Weise beschimpft, mit Gewehrkolben geschlagen und in überfüllten Baracken ab 20 Uhr gewaltsam eingeschlossen. Die Verantwortung für die Gewalttaten hatte als Preußischer Innenminister nun der Demokrat Dominicus zu tragen.

366 Nach *Adler-Rudel*, op. cit., 114, handelte es sich dabei um etwa 5000 Menschen.

367 Bericht von Augenzeugen über die Ausweisung aus München und die antisemitischen Übergriffe in allen Teilen des Landes. Undatiert, wahrscheinlich Ende Oktober 1923, BA Koblenz, R 43 I/2193.

368 Vgl. dazu u. a. die Ausführungen Breitscheids vom Dezember 1918, siehe oben Anm. 337; Umschau, Im deutschen Reich, XXV (September 1919), 368 und *Kampf*, a. a. O. (Oktober 1919), 407, Aufschlußreich ist auch die selbstkritische Rede Rudolf Wissells auf dem Parteitag der SPD in Weimar am 14. Juni 1919, Protokoll über die Verhandlungen des Parteitages der SPD, abgehalten in Weimar 10.–15. Juni 1919, Berlin 1919, 364f.

369 *Carsten*, Der Aufstieg des Faschismus in Europa, 51.

370 *Heinrich Claß*, Um den deutschen Staat, Deutsche Zeitung, XXVIII, Nr. 100 (2. März 1924).

371 *Arnold Zweig*, Der Antisemitismus und die deutsche Jugend. Der Jude, VI (Dezember 1921), 148; Rudolf Wissell erklärte am 14. Juni 1919 auf dem Parteitag der SPD in Weimar: »Es ist Selbstkritik, die ich hier übe. Aber gerade weil ich mich von dieser Kritik nicht ausschließe, kann ich um so offener aussprechen, daß es uns an dem Geist und an den Ideen gefehlt hat, mit denen wir Herz und Seele des Volkes wecken konnten. Wir haben im wesentlichen in den alten Formen unseres staatlichen Lebens regiert. Neuen Geist haben wir diesen Formen nur wenig einhauchen können. Wir haben die Revolution nicht so beeinflussen können, als daß Deutschland von einem neuen Geist erfüllt erschiene. Das innere Wesen der deutschen Kultur, das gesellschaftliche Leben erscheint wenig verändert. Vielfach nicht zum Besseren. Und das Volk glaubt, daß die Errungenschaften der Revolution lediglich negativen Charakter haben, daß an die Stelle einer militärischen und bureaukratischen Herrschaft einzelner nur eine andere getreten ist, und daß sich die Regierungsmaximen im Wesen nicht von denen des alten Regimes unterscheiden.« Protokoll über die Verhandlungen des Parteitages der SPD, Berlin 1919, 364.

372 So namentlich *Hans Blüher*, Secessio Judaica, 49: »Es ist aber bereits Ereignis geworden, daß jeder Deutsche es im Blute hat: Preußentum und Heroismus gehören zusammen, zusammen gehören Judentum und Geist der Niederlage. Jeder Deutsche weiß, daß die Gesinnung, durch die wir seit der Niederlage verachtet sind, jüdische Gesinnung ist.«

373 Hauptpastor Emil Felden in der Hauptversammlung des Vereins zur Abwehr des Antisemitismus am 18. September 1921 in Hamburg. Mitteilungen XXXI, Nr. 21 (23. Oktober 1921); *Max Maurenbrecher*, Die Republik und die Jugend, Deutsche Zeitung, XXVI, Nr. 128 (19. März 1922).

374 *Walter Gross*, Das politische Schicksal der deutschen Juden in der Weimarer Republik, a. a. O. 546.

375 *Georg Davidsohn*, Die Mentalität der Sentimentalität, Neue Jüdische Monatshefte, III (25. August 1919), 469; *Jakob Wassermann*, Mein Weg als Deutscher und Jude, Berlin 1921, 122f.

376 *Wassermann*, op. cit., 117.

Der Antisemitismus und seine Bedeutung für den Untergang der Weimarer Republik

1 Vgl. dazu meinen Aufsatz: Die Ausbreitung des Antisemitismus in Deutschland 1914–1923, S. 99–170.

2 Denkschrift von Prof. Dr. Otto Hoetzsch über die Zukunftsaufgaben konservativer Politik vom 5.11.1918; DZA Potsdam, NL Westarp, veröffentlicht von Peter-Christian Witt in den Vierteljahrsheften für Zeitgeschichte 21, 1973, S. 337ff., hier 341f.

3 Vgl. dazu die Dokumentation von Ernst Deuerlein, Hitlers Eintritt in die Politik und in die Reichswehr. Vierteljahrshefte für Zeitgeschichte 7, 1959, S. 197ff.

4 So u.a. im 28. Jahresbericht des Ortsausschusses Groß-Hamburg des ADGB, Geschäftsjahr 1924, S. 17.

5 Vossische Zeitung 6.11.1923 »Krawalle im Berliner Zentrum«; Bericht der Nachrichtenstelle der Polizeidirektion Bremen an den Polizeipräsidenten vom 27. Mai 1924. Dort heißt es: »Die Juden benutzten vor allem das Organ des Deutschen Republikanischen Reichsbundes... um der antisemitischen Propaganda entgegenzuwirken und taten dies mehrfach in solcher Schärfe, daß weniger von einer Abwehr, als von Angriffen der Juden auf die völkische Bewegung gesprochen werden kann.« Arnold Paucker, Documents of the Fight of Jewish Organizations against Right-Wing Extremism. Michael. The Diaspora Research Institute Tel-Aviv University, Vol. II, 1973, S. 226.

6 Helene Lange beschwor als Alterspräsidentin der Hamburger Bürgerschaft in der Eröffnungssitzung am 24. März 1919 die «überzeugende und überwindende Kraft«, die von jedem Streben nach »politischer Kraft und sozialem Geist« ausgehe. Vgl. dazu Ursula Büttner, Politische Gerechtigkeit und sozialer Geist. Hamburg zur Zeit der Weimarer Republik. Hamburg 1985, S. 67ff.

7 Aus der Fülle der Dokumente sei hier nur auf das Protokoll der Sitzung des Geschäftsführenden Ausschusses des Alldeutschen Verbandes vom 4. u. 5. Juli 1925 hingewiesen. Dort wird über die Mißstimmung in den einzelnen deutschen Ländern und Provinzen berichtet und an erster Stelle die Arbeit der eigenen, deutschnationalen Volkspartei scharf kritisiert. Archiv der Forschungsstelle 412.

8 Vietinghoff-Scheel, Grundzüge des völkischen Staatsgedankens. Veröffentlicht vom Alldeutschen Verband. Gekürzte Wiedergabe: Hans-Adolf Jacobsen u. Werner Jochmann, Ausgewählte Dokumente zur Geschichte des Nationalsozialismus 1933–1945. Bielefeld 1961–1966.

9 Max Wundt, Was heißt völkisch? Langensalza 1924, S. 6.

10 ebenda S. 13.

11 Wilhelm Stapel, Volk. Untersuchungen über Volkheit und Volkstum. Hamburg 1942, S. 19. Es handelte sich um die 4. Auflage der »Volksbürgerlichen Erziehung«, die 1917 in der ersten, 1920 in einer zweiten und bereits 1927 in der dritten Auflage erschien. Stapel trat nach eigenem Bekenntnis mit der ersten Auflage in Opposition gegen die »Omnipotenz des Staates«, mit der dritten gegen dessen »Impotenz«. Vorwort zur dritten Aufl. S. 13.

12 Friedrich Gogarten, Religion und Volkstum, Tat-Flugschrift 5, schrieb schon

1915: »Uns ist das Volkstum mehr als der Staat, wie uns der Inhalt mehr ist als die Form. Und ein religiöses Leben ohne den Hintergrund des Volkstums ist uns ein Unding.« S. 14; Gogarten hat sich dann in der Folgezeit immer wieder mit dieser Problematik beschäftigt. 1933 erschien in Hamburg seine kleine Schrift »Einheit von Evangelium und Volkstum?«; Gerhard Kittel, Die Judenfrage, Stuttgart 1933; vgl. dazu: Wolfgang Tilgner, Volksnomostheologie und Schöpfungsglaube. Ein Beitrag zur Geschichte des Kirchenkampfes. Göttingen 1966.

13 Ernst Jünger, Über Nationalismus und Judenfrage. Süddeutsche Monatshefte 27.Jg., Heft 12, September 1930, S. 843. Das ganze Heft ist der »Judenfrage« gewidmet.

14 Theodor W. Adorno, Zur Bekämpfung des Antisemitismus heute. Das Argument Nr. 29, 1964, S. 104.

15 Vgl. dazu die nicht gesondert verzeichneten Fälle in dem Band: Emigration. Deutsche Wissenschaftler nach 1933. Entlassung und Vertreibung. Hrsg. von Herbert A. Strauss, Tilmann Buddensieg, Kurt Düwell. Berlin 1987; viel Material enthalten die zahlreichen Arbeiten über die deutschen Universitäten oder zur Geschichte einzelner Institute, so u. a. Uwe Dietrich Adam, Hochschule und Nationalsozialismus. Die Universität Tübingen im Dritten Reich. Tübingen 1977, bes. S. 4ff. Dort auch die Literaturhinweise. Fritz Stern, Einstein und die Deutschen. Die Zeit Nr. 15, 5. April 1985, S. 41–45; auf die weite Verbreitung antisemitischer Gedanken in den verschiedenen Universitätsdisziplinen während der Weimarer Republik weist auch Helmut Heiber hin: Walter Frank und sein Reichsinstitut für die Geschichte des neuen Deutschlands. Stuttgart 1966, S. 478. Für die Forschungsabt. Judenfrage ließen sich Gelehrte aus ganz unterschiedlichen Arbeitsgebieten gewinnen, weil sie sich schon lange in diese Fragen eingearbeitet hatten.

16 Aufzeichnung von Max M. Warburg, der nach diesem Beschluß sofort die Gesellschaft verließ. Privatbesitz.

17 Brief von Löwe an Alexander Rüstow vom 3. März 1929; Bundesarchiv Nachlaß Rüstow 6, vgl. auch Claus-Dieter Krohn, Wirtschaftstheorien als politische Interessen. Die akademische Nationalökonomie in Deutschland 1918–1933. Frankfurt, New York 1981, S. 134.

18 Hans-Jürgen Döscher, Das Auswärtige Amt im Dritten Reich. Diplomatie im Schatten der »Endlösung«, Berlin 1987, S. 57.

19 »Generalkonsul Schlesinger... klagt über die Zurückdrängung der Juden in den Ministerien, im A. A. [ist] er der einzige...« Ernst Feder, Heute sprach ich mit... Tagebücher eines Berliner Publizisten 1926–1932. Hrsg. von Cécile Lowenthal-Hensel und Arnold Paucker, Stuttgart 1971, S. 127 (13.6.1927); ähnlich auch später, 23.4.1930, S. 257.

20 Dr. Martin Carbe, Generalbevollmächtigter des Mosse-Verlages konstatierte am 6. Februar 1928 »die Zurückdrängung der Juden aus allen wichtigen Posten in Staat und Wirtschaft...« Am 25. Jan. 1929 berichtet Ernst Feder über ein Gespräch mit Dr. Immanuel, der darüber klagte, daß er dort »als einziger Jude und Republikaner« einen schweren Stand habe. Ernst Feder, Heute sprach ich mit... S. 155 und S. 208; in den Tagebüchern des Staatssekretärs Hans Schäffer findet sich die Notiz über ein Gespräch mit Geheimrat Bücher, in dem dieser auf antisemitische Attacken gegen die AEG hinweist. Institut für Zeitgeschichte, ED 93, Bd. 7a, S. 373.

21 Frauenarzt Dr. Schöne über seine Erfahrungen in Salzwedel und anderen Städten, 13.11.1926. Ernst Feder, Heute sprach ich mit... S. 84f.

[22] Jan Striesow, Die Deutschnationale Volkspartei und die Völkisch-Radikalen 1918–1922. Phil. Diss. Hamburg 1981; Druck Frankfurt 1981, S. 421 ff.

[23] Warburg erklärte im März 1927 resigniert: »Eigentlich gibt es ja nur Parteien, aus denen man austreten müßte.« Kurze Zeit später gesteht er ein, daß er im Gegensatz zu den anderen drei Firmeninhabern, die Mitglieder der DDP seien, bei der DVP bleibe, »weil er so dem Antisemitismus entgegentreten könne«. Ernst Feder, Heute sprach ich mit... S. 115 (28.3.1927) und S. 122 (22.4.1927).

[24] Moldenhauer, Erinnerungen. Bundesarchiv Nachlaß Moldenhauer 3, S. 22 ff.

[25] Der sächsische Abgeordnete Paul Hesslein beklagte sich 1926 über die Rücksichten, die in der Partei auf antijüdische Ressentiments genommen wurden. Ernst Feder, Heute sprach ich mit... S. 62 (3.7.1926); vgl. dazu grundsätzlich: Hermann Greive, Theologie und Ideologie. Katholizismus und Judentum in Deutschland und Österreich 1918–1935. Heidelberg 1969, S. 100 ff.

[26] Vorstandssitzung der DDP am 14.6.1928. Bundesarchiv Koblenz, R45 III/20.

[27] Beispielhaft dafür die Äußerungen von Landsberg am 20.11.1928 und am 1.12.1929 bei Ernst Feder. Heute sprach ich mit... S. 202 und 230 f.

[28] Arnold Paucker, Der jüdische Abwehrkampf gegen Antisemitismus und Nationalsozialismus in den letzten Jahren der Weimarer Republik. 2. Aufl. Hamburg 1969, bes. das Kapitel »Der drohende Sturm« S. 15 ff.; Paucker, Documents of the Fight... S. 229. Vertrauliches Rundschreiben des Centralvereins deutscher Staatsbürger jüdischen Glaubens.

[29] Paucker, Documents of the Fight... Vertrauliches Rundschreiben S. 230.

[30] Gerald Fleming, Hitler und die Endlösung. Wiesbaden und München 1982, S. 41 f.

[31] Die Rede Adolf Hitlers in der ersten großen Massenversammlung bei der Wiederaufrichtung der NSDAP. Separatdruck S. 10.

[32] ebenda S. 5.

[33] C. V.-Zeitung IX. Jg., 1930, S. 370: »Wir standen mitten im Sturmwind, als in den Parteien, in der großen politischen Presse noch kein Lüftchen verspürt wurde.« 11.7.1930. Paucker, Der jüdische Abwehrkampf S. 14, bes. 22. Vgl. dort auch den Artikel »Gefahr in Sicht« vom 6. Dez. 1929, S. 166 ff.

[34] Hans Mayer, Ein Deutscher auf Widerruf. Erinnerungen I, Frankfurt/Main 1982, S. 129.

[35] Hans Schäffer, Tagebuch 30.7.1931, S. 489 f.; 6.9.1932, S. 835. Institut für Zeitgeschichte ED 93, Bd. 22 a.

[36] Paucker, Der jüdische Abwehrkampf, Dok. 47, S. 216. In einem Aufruf des Centralvereins deutscher Staatsbürger jüdischen Glaubens vom Jahresbeginn 1932 heißt es: »Politische und wirtschaftliche Vernichtung wird uns angedroht. Boykott wird in Groß- und Kleinstädten, auf dem Land gegen uns ausgerufen.« Dok. 39, S. 204.

[37] Das Schwarzbuch. Tatsachen und Dokumente. Die Lage der Juden in Deutschland 1933. Herausgegeben vom Comité des Delegations Juives. Paris 1934, S. 279; Erich Koch-Weser, Und dennoch aufwärts. Eine deutsche Nachkriegs-Bilanz, Berlin 1933, S. 265.

[38] Ursula Büttner, Hamburg in der Staats- und Wirtschaftskrise 1928–1931. Hamburg 1982, S. 365.

[39] Besonders aufschlußreich ist in diesem Zusammenhang der Bericht des pensionierten Polizeiobersten Hans Lange in der Zeitschrift »Die Menschenrechte« Jg. VI, Nr. 10 vom 5. Nov. 1931 S. 189–192.

[40] Paucker, Documents of the Fight... S. 242.

41 ebenda S. 245.

42 Dr. E. Kronenberg, Solingen, an A. Erkelenz am 22.12.1931, Bundesarchiv Koblenz, Nachlaß Erkelenz 62.

43 Ministerbesprechung am 13.4.1932, Bundesarchiv Koblenz R43 I/1455.

44 Kurt Blumenfeld, Erlebte Judenfrage. Ein Vierteljahrhundert deutscher Zionismus. Stuttgart 1962, S. 204.

45 Hans Schäffer, Tagebuch 17.7.1931, Institut für Zeitgeschichte ED93, Bd. 12a S. 382.

46 Tagebuchvermerk Luthers vom 2.12.1931; Bundesarchiv Koblenz NL Luther 425.

47 Leo Lippmann, Mein Leben und meine amtliche Tätigkeit. Erinnerungen und ein Beitrag zur Finanzgeschichte Hamburgs. Hrsg. von Werner Jochmann, Hamburg 1964, S. 590.

48 Eckhard Wandel, Hans Schäffer. Steuermann in wirtschaftlichen und politischen Krisen. Stuttgart 1974, S. 136. Über die antisemitischen Ressentiments Dietrichs empörte sich auch sein Staatssekretär Schäffer wiederholt. Tagebuch vom 17.7.1931. Institut für Zeitgeschichte ED93, Bd. 12a, S. 382.

49 Als am 19. September 1931 im Reichskabinett über eine Verordnung über harte Freiheitsstrafen bei Kapitalflucht gesprochen wird, weist Staatssekretär Trendelenburg den Kanzler darauf hin, daß der Erlaß tunlichst nicht am Versöhnungstag der Juden herauskommen sollte, weil leicht der Eindruck entstehen könne, er sei bewußt gegen sie gerichtet. Brüning reagierte mit einer Bemerkung, die erkennen ließ, daß er gerade sie im Verdacht habe, ihr Geld ins Ausland zu bringen. Schäffer-Tagebuch 19.9.1931; Inst. für Zeitgeschichte ED93, Band 14a S. 804; auch in den Briefen und Tagebüchern Brünings finden sich zahlreiche Beispiele für seine Vorbehalte gegen Juden.

50 Paucker, Der jüdische Abwehrkampf S. 131ff., besonders die Dokumente 53 bis 62, S. 223ff.

51 Julius Bab, Skizze für eine Entgegnung zu dem Grundgedanken von Herrn Stern. Archiv des Leo Baeck Instituts New York, Bab Collection.

52 Die Deutsche Demokratische Partei hat durch ihre Vereinigung mit dem Jungdeutschen Orden zur Staatspartei viele jüdische Mitglieder verloren. Ernst Feder sprach am 30. Dezember 1930 sogar von einer »Entjudung der Staatspartei«. Ernst Feder, Heute sprach ich mit... S. 281 (30.12.1930). Die Haltung Hermann Dietrichs und anderer Mitglieder hat dann nicht wenig zur Distanzierung von jüdischen Mitgliedern beigetragen. Das führte dazu, daß sich prominente Mitglieder zurückzogen. In den Augen einiger Vorstandsmitglieder war das dann wiederum »Verrat«. In einer Sitzung des Geschäftsführenden Vorstandes der Staatspartei am 28. April 1932 erhob ein Mitglied den Vorwurf, die Juden hätten die Partei »in einer schäbigen Weise im Stich gelassen«. Bundesarchiv R45 III/52.

In der SPD wurde Rechtsanwalt Marum, der sozialdemokratische Fraktionsführer im Badischen Landtag, schon 1930 nicht Spitzenkandidat seiner Partei für die Reichstagswahl, weil man den Nationalsozialisten keinen Angriffspunkt im Wahlkampf bieten wollte. Hugo Marx, Werdegang eines jüdischen Staatsanwalts und Richters in Baden. Villingen 1965, S. 220; kurze Zeit später lehnten es die Führungsgremien der SPD Badens ab, den Richter Hugo Marx für die Wahl zum Landeskommissar Mannheim vorzuschlagen, weil es »unter den bestehenden Verhältnissen für die Partei schlechthin untragbar sei, einen Juden für das Amt... in Vorschlag zu bringen«, ebenda S. 222.

53 Erich Koch-Weser, Und dennoch aufwärts! S. 263f.

54 Max M. Warburg an Heinrich v. Gleichen, 28.5.1931; Privatbesitz.

55 Franz Böhm, Antisemitismus. Vortrag gehalten am 12.3.1958, S. 2f.

56 Herbert Liffmann, Auf der Suche nach meiner Identität. Aufzeichnungen eines australischen, in Deutschland geborenen Juden. Frankfurter Rundschau Nr. 22, 27. Januar 1987.

57 Was bleibt? Es bleibt die Muttersprache. Ein Gespräch mit Günter Gaus [1964]. In: Gespräche mit Hannah Arendt, hrsg. von Adelbert Reif. München 1976, S. 20f.

Der deutsche Liberalismus und seine Herausforderung durch den Nationalsozialismus

1 Gregor Straßer, Antikapitalismus, in: Nationalsozialist. Monatshefte, 3. Jg., Heft 28, Juli 1932, S. 1.

2 Ernst Feder, Heute sprach ich mit... Tagebücher eines Berliner Publizisten. 1926–1932, hrsg. von C. Lowenthal-Hensel u. Arnold Paucker, Stuttgart 1971, S. 286 (1.2.1931), weiter zitiert: Feder, Tagebücher; Zweifel an der Lebenskraft des Liberalismus äußerten bereits vor Beginn der Wirtschaftskrise andere liberale Politiker, ebda, S. 180 (22. 5. 1928); S. 198 (20.10.1928).

3 Wolfgang J. Mommsen, Die latente Krise des Wilhelminischen Reiches. Staat und Gesellschaft in Deutschland 1890–1914, in: Militärgeschichtliche Mitteilungen 1/1974, S. 10.

4 Friedrich Stampfer, Erfahrungen und Erkenntnisse, Aufzeichnungen aus meinem Leben, Köln 1957, S. 65.

5 Anton Erkelenz an Julius Bab, 6.6.1928, Bundesarchiv (BA) Koblenz, NL Erkelenz 49.

6 Theodor Schieder, Die Krise des bürgerlichen Liberalismus. Staat und Gesellschaft im Wandel unserer Zeit, 2. Aufl. München 1970, S. 64 ff.

7 Walther Rathenau an Hermann Stehr, 14.8.1914. Hermann Stehr – Walther Rathenau. Zwiesprache über den Zeiten, hrsg. von Ursula Meridies-Stehr, Leipzig u. München 1946, S. 26 f., weiter zitiert: Stehr/Rathenau, Zwiesprache.

8 Edgar Jaffé, Der treibende Faktor in der kapitalistischen Wirtschaftsordnung, in: Archiv für Sozialwissenschaft und Sozialpolitik, 40. Bd., 1915, S. 3 ff. und: Die »Militarisierung« unseres Wirtschaftslebens, ebda, S. 511 ff.

9 Hermann Stehr an Walther Rathenau, 16.1.1916. Stehr/Rathenau, Zwiesprache, S. 31.

10 Emil Lederer, Zur Soziologie des Weltkriegs, in: Archiv für Sozialwissenschaft und Sozialpolitik, 39. Bd., 1915, S. 380.

11 Frh. v. Gebsattel. Der Kampf der Weltanschauungen in der inneren Politik, in: Deutsche Zeitung, 23. Jg., Nr. 326, 29.6.1918.

12 Traub, Herausgeber der »Eisernen Blätter«, Mitbegründer der Vaterlandspartei, mußte aus seiner Partei und Fraktion ausscheiden. Gottfried Traub, Wie ich deutschnational wurde. Deutscher Aufstieg, hrsg. von H. v. Arnim u. G. v. Below, Berlin 1925, S. 423 ff.; vgl. auch Hartwig Thieme, Nationaler Liberalismus in der Krise. Die nationalliberale Fraktion des Preußischen Abgeordnetenhauses 1914–1918, Boppard 1963.

13 Ebert in seiner Reichstagsrede vom 22.10.1918. Friedrich Ebert, Schriften, Aufzeichnungen, Reden. 2. Bd., Dresden 1926, S. 75. Der Artikel von Hugo Preuß, Die Improvisierung des Parlamentarismus, erschien in der »Norddeutschen Allgemeinen Zeitung« vom 26. Oktober 1918.

14 Ebert in seiner Rede zur Eröffnung der Verfassunggebenden Deutschen Nationalversammlung in Weimar am 6.2.1919. Ebert, Schriften, Aufzeichnungen, Reden, 2. Bd., S. 155.

15 Harold Nicolson, Peacemaking 1919; dt.: Friedensmacher 1919, Berlin 1933.

16 Anton Erkelenz an Dr. Rexrodt, 28.6.1929. BA Koblenz. NL Erkelenz 124.

17 Für Wilhelm von Schramm, Radikale Politik. Die Welt diesseits und jenseits des Bolschewismus, München u. Leipzig 1932, S. 53, war die SPD überhaupt nur der »Rest des Liberalismus« in Deutschland. Erkelenz, der 1930 alle seine Ämter in der DDP niederlegte und die Partei aus Protest gegen deren Rechtstrend verließ, schloß sich sofort der SPD an, weil diese seiner Auffassung nach »seit Jahren schon einen großen Teil der Aufgaben übernommen hat, die man ursprünglich der Demokratischen Partei stellen mußte«, BA Koblenz, NL Erkelenz, 132.

18 Reichsinnenminister Dr. E. David am 31. Juli 1919 in der Nationalversammlung. Sten. Ber. über die Verhandlungen der Dt. Nationalversammlung, S. 2194.

19 U. a. Curt Bürger an Kanzow. 5.1.1919, BA Koblenz, NL Gothein 54; Koch-Weser, Tagebuchaufzeichnungen, Weimar, 13.2.1919, BA Koblenz, NL Koch-Weser 17.

20 Werner Jochmann, Die Ausbreitung des Antisemitismus in Deutschland 1914–1923, s. oben S. 141.

21 Hans Delbrück, Die Neuorientierung, in: Preußische Jahrbücher, Bd. 168, 1917, S. 349.

22 Darüber geben die Erinnerungen des der DDP nahestehenden Hamburger Staatsrats Leo Lippmann (Mein Leben und meine amtliche Tätigkeit. Erinnerungen und ein Beitrag zur Finanzgeschichte Hamburgs. Aus dem Nachlaß hrsg. von Werner Jochmann, Hamburg 1964) gute Aufschlüsse. Vgl. besonders S. 359ff., S. 382ff., S. 389ff.

23 Ernst Forsthoff, Verfassungsprobleme des Sozialstaats. Münster 1954, S. 9.

24 Hermann Goldschmidt-Faber, Sterben und Werden des liberalen Bürgertums. Ein Bekenntnis, Berlin 1919, Vorwort S. 6 (Ostern 1919). Die Arbeit wurde vor Ausbruch des Krieges geschrieben, während des Krieges überarbeitet, nach seinem Ende abgeschlossen.

25 Feder, Tagebücher, S. 61f. (2.7.1926); S. 198 (20.10.28).

26 Karl Dietrich Erdmann, Die Geschichte der Weimarer Republik als Problem der Wissenschaft, in: VfZ 3, 1955, S. 9.

27 Der Bankier Felix Somary hat bereits am 16.9.1926 in einem Vortrag an der Universität Wien über »Die Zukunft der Währung« auf diese Tendenz und Gefahr hingewiesen. Felix Somary, Erinnerungen aus meinem Leben, 4. Aufl., Zürich 1959, S. 381.

28 Anton Erkelenz an Gertrud Bäumer, 3.2.1934, BA Koblenz, NL Erkelenz 126.

29 Feder, Tagebücher, S. 121 (21.4.1927).

30 Ebda, S. 266 (12.9.30).

31 Friedrich Meinecke an W. Lenel, 7.5.1933, in: Friedrich Meinecke, Ausgewählter Briefwechsel, hrsg. u. eingel. von Ludwig Dehio u. Peter Classen, Stuttgart 1962 (Meinecke, Werke VI), S. 138.

32 Politik und Wirtschaft. Männer und Probleme. Ausgewählte Abhandlungen von John Maynard Keynes, Tübingen u. Zürich 1956, S. 247.

33 Rudolf Murtfeld, Das Erbe des Liberalismus im Kampf um Kirche und Schule, Berlin-Leipzig 1935.

34 Geschichte des deutschen Liberalismus, Köln u. Opladen 1960, S. 127.

Brünings Deflationspolitik und der Untergang der Weimarer Republik

1 Bundesarchiv Koblenz (BA), Nl Koch-Weser 40.

2 H. Brüning, Memoiren 1918–1934, Stuttgart 1970.

3 K. D. Bracher, Brünings unpolitische Politik und die Auflösung der Weimarer Republik, in: VfZ 19, 1971, S. 113ff.

4 E. Hamburger, Betrachtungen über Heinrich Brünings Memoiren, in: IWK, H. 15, April 1972, S. 32.

5 Hamburger, Betrachtungen, S. 31f.; Das Vorhandensein einer solchen Angst in größeren Volksschichten bestreitet entschieden der schleswig-holsteinische staatsparteiliche Politiker Dr. Bötticher in einem Brief an Dr. Dietrich vom 18.8.1932: »Wir haben nach der furchtbaren Inflation eine noch furchtbarere Deflation bekommen. Ich kann wirklich nicht einsehen, was bei der Wirkung der Deflation eine Furcht vor erneuter Inflation eigentlich bedeutet. Rein agitatorisch zieht dieses Schreckgespenst überhaupt nicht mehr, da es durch die katastrophale Wirkung der Deflation sein Furchtbares verloren hat.« BA, Nl Dietrich 135.

6 L. Volk SJ, Brüning in eigener Sache, in: Stimmen der Zeit, Bd. 187, 1971, S. 124.

7 Anton Erkelenz an Gertrud Bäumer, 3.2.1934, BA, Nl Erkelenz 126; Wilhelm Röpke, der sich während der Krise ebenfalls weithin »auf die Selbstheilungskräfte« der Wirtschaft verlassen wollte und der sehr dezidiert der Meinung war, es sei besser, »nichts zu tun«, als die Krise mit falschen Mitteln zu bekämpfen, hat den Radikalismus der Verzweifelten für die Verschärfung der Krise verantwortlich gemacht. »Es gibt kaum eine größere Ironie als die, daß die Massen, die durch Unterstützung der extremen Parteien die Rettung aus der wirtschaftlichen Not erhofften, damit selbst dazu beigetragen haben, die wirtschaftliche Not in so unerträglicher Weise zu verschärfen.« (Dadurch, daß sie das Ausland in Angst versetzten und zum Abzug der Kredite veranlaßten.) W. Röpke, Gegen die Brandung, Zürich und Stuttgart 1959, S. 55; Dafür, daß auch Demokraten davon überzeugt waren, der Kanzler verordne dem Volke die Not, gibt es viele Belege. Koch-Weser schrieb am 26.3.1932 an Reichsminister a. D. Geßler: »Die Sorge, daß die Regierung in wirtschaftlicher Hilfslosigkeit erstickt und die Not nur verwaltet und zu verteilen sucht, anstatt ihr abzuhelfen, ergreift immer größere Schichten des Volkes.« O. Gessler, Reichswehrpolitik in der Weimarer Zeit, Stuttgart 1958, S. 505.

8 Volk, Brüning, S. 124.

9 H. Brüning, Briefe und Gespräche 1934–1945 und H. Brüning, Briefe 1946–1960, hg. von C. Nix, Stuttgart 1974.

10 W. Grotkopp, Die große Krise, Düsseldorf 1954 und G. Kroll, Von der Weltwirtschaftskrise zur Staatskonjunktur, Berlin 1958; wertvolle Anregungen gaben besonders F. Somary, Erinnerungen aus meinem Leben, 4. Aufl., Zürich 1959; L. A. Hahn, Fünfzig Jahre zwischen Inflation und Deflation, Tübingen 1963; G. Ziemer, Inflation und Deflation zerstören die Demokratie. Lehren aus dem Schicksal der Weimarer Republik, Stuttgart 1971; H. Sanmann, Daten und Alternativen der deutschen Wirtschafts- und Finanzpolitik in der Ära Brü-

ning, in: Hbg. Jahrbuch für Wirtschafts- und Gesellschaftspolitik, 10. Jg., 1965, S. 109 ff.

11 In den folgenden Abschnitten stütze ich mich auf die sorgfältig dokumentierten und grundlegenden, die allgemeine Entwicklung betreffenden Abschnitte der Studie von Ursula Büttner, Hamburg in der Staats- und Wirtschaftskrise 1928–1931, Hamburg 1982. Der Verfasser möchte an dieser Stelle für viele Quellenhinweise sowie für einige entscheidende Anregungen danken.

12 Ziemer, Inflation und Deflation, S. 96.

13 Die Zukunft der Währung, Vortrag, gehalten am 10.9.1926 an der Universität Wien. Somary, Erinnerungen, S. 381 f.

14 Brüning fand zunächst starken Rückhalt in der höheren Beamtenschaft. Vermerk Koch-Wesers 7.12.1931, BA, Nl Koch-Weser 40; über das anfänglich positive Echo in Kreisen der Wirtschaft und Wissenschaft berichtet Prof. Schmalenbach in einem Brief an Staatsminister Saemisch. 7.11.1931, BA, Nl Saemisch 68; Dr. W. Braun, Fa. Hartmann und Braun AG, Frankfurt, schrieb am 14.10.1931 an Dr. Dingeldey: »Wir in der Wirtschaft haben Herrn Dr. Brüning volles Vertrauen entgegengebracht und lange Zeit auch, trotz erheblicher Bedenken, Gefolgschaft geleistet...« BA, Nl Dingeldey 32.

15 M. Habermann, Reichskanzler Heinrich Brüning, in: Politisch-gewerkschaftlicher Zeitungsdienst 10. Jg., Nr. 76, 31.3.1930; Brüning hat auch in den Sitzungen der Reichstagsfraktion des Zentrums wiederholt harte Kritik am Parlament geübt und den Parlamentariern mangelndes Verantwortungsbewußtsein unterstellt. Die Protokolle der Reichstagsfraktion und des Fraktionsvorstandes der Deutschen Zentrumspartei 1926–1933, hg. von Rudolf Morsey. Veröffentlichungen der Kommission für Zeitgeschichte Reihe A, Bd. 9, Mainz 1969, Dok. 608, 9.7.1930, S. 466; Dok. 620, 18.7.1930, S. 475; Dok. 647, 12.12. 1930, S. 500 (künftig zit.: Protokolle).

16 Büttner, Staats- und Wirtschaftskrise, S. 146.

17 Büttner, Staats- und Wirtschaftskrise, S. 147.

18 Büttner, Staats- und Wirtschaftskrise, S. 150; Über die außenpolitischen Ziele Brünings unterrichtet das Werk von W. J. Helbich, Die Reparationen in der Ära Brüning. Zur Bedeutung des Young-Plans für die deutsche Politik 1930–1932, Berlin 1962.

19 Brüning hat in seinen Memoiren das Problem der Massenarbeitslosigkeit mit keinem Wort erwähnt, nicht einmal über die Zahl der Arbeitslosen gibt der Kanzler der Krise Auskunft. Vgl. auch Ziemer, Inflation und Deflation, S. 198 f. Dabei ist er auch in seiner Fraktion ständig auf die Not der Verzweifelten hingewiesen worden, so z. B. in den Sitzungen der Reichstagsfraktionen des Zentrums vom 15.5.1930, 18.3.1931, des Vorstandes der Fraktion am 12.1.1931, am 16.3.1932, vgl. Protokolle, Dok. 583, 648, 669, 695.

20 Berliner Tageblatt Nr. 470, 5.10.1930.

21 Das Tagebuch, 4.10.1930: »Es nennt sich Sanierung« und 14.3.1931 »Nach einem halben Jahr«. L. Schwarzschild, Die letzten Jahre vor Hitler. Aus dem Tagebuch 1929–1933, Hamburg 1966, S. 75 ff., 84 ff.

22 Dr. A. Winbauer, Nun aber Schluß!, Hamburger Anzeiger Nr. 175, 30.7.1931.

23 L. A. Hahn, Kredit und Krise. Ein Vortrag über Aufgaben und Grenzen der monetären Konjunkturpolitik, Tübingen 1931. Gekürzter Abdruck Hahn, Fünfzig Jahre, S. 84 ff.

24 Schwarzschild, Die letzten Jahre, S. 94 ff., hier S. 96.

25 L. A. Hahn an Erkelenz, 11.12.1931, BA, Nl Erkelenz 62.

[26] In der Forschungsstelle für die Geschichte des Nationalsozialismus wird eine Dokumentation zu diesem Gegenstand vorbereitet, in der die wichtigsten Pläne vorgestellt werden sollen. Darüber hinaus wird der Rezeption dieser Gedanken besondere Beachtung geschenkt werden.

[27] Vgl. dazu auch die biographische Einleitung von E. A. G. Robinsohn zur deutschen Ausgabe ausgewählter Vorträge und Schriften Keynes': Politik und Wirtschaft, Männer und Probleme. Ausgewählte Abhandlungen von John Maynard Keynes, Tübingen und Zürich 1956. Daß die Gedanken Keynes' bereits frühzeitig im Regierungslager erörtert und beachtet wurden, zeigt die Niederschrift des Staatssekretärs Schäffer vom 2.9.1931 »Gedanken zur Krisenbekämpfung«. Veröffentlicht im Anhang zu E. Wandel, Hans Schäffer, Stuttgart 1974, S. 310.

[28] Schmalenbach an Staatsminister Saemisch, 7.11.1931; BA, Nl Saemisch 68.

[29] Vermerk Koch-Wesers am 7.12.1931; BA, Nl Koch-Weser 40.

[30] »Man sieht allmählich, daß Brüning in der ganzen Zeit seiner Kanzlerschaft nicht getrieben hat, sondern sich hat treiben lassen.« Vermerk 7.12.1931, ebd.

[31] Archiv IfZ, ED 93, Schäffer-Tagebuch, Bd. 19a, S. 403 (23.3.1932).

[32] Ernst Frey an Dietrich, 21.9.1931, BA, Nl Dietrich 128.

[33] Bürgermeister Dr. Elsas an RA Dr. Hermann Fischer, 5.4.1932, BA, Nl Dietrich 254.

[34] Joseph Schumpeter an Gustav Stolper, 14.9.1931; BA, Nl Stolper 31: »Und in beiden Beziehungen komme ich über einen schweren Vorwurf gegen die gegenwärtige Regierung nicht hinweg. Es ist wie wenn man sich eigens hingestellt hätte, um in Gala abgeohrfeigt zu werden.«

[35] Protokolle, Dok. 699, 12.5.1932, S. 570f.

[36] Bernhard Harms äußerte am 27.1.1932 in einem Gespräch mit Staatssekretär Schäffer starke Zweifel hinsichtlich der Zukunft. Er setzte auseinander, »wie entsetzlich die Deflation und die weitere Unruhe in der Welt auch auf unsere Finanzen wirken müsse. Er sehe nicht, wie wir bis Juni durchhalten könnten«. Archiv IfZ, ED 93, Schäffer-Tagebuch, Bd. 17a, 129. Dietmar Petzina hat bereits wiederholt darauf hingewiesen, daß Brüning bei seinem Sturz im Hinblick auf die Wirtschaftspolitik keineswegs 100 Meter vor dem Ziel gestanden habe. Vgl. Petzina, Grundriß der dt. Wirtschaftsgeschichte 1918 bis 1945. Deutsche Geschichte seit dem Ersten Weltkrieg Bd. II, Stuttgart 1973, S. 740, ders., Zur Interpretation der Weltwirtschaftskrise in Deutschland, Probleme der Geschichtswissenschaft, Düsseldorf 1973, S. 168.

[37] Schäffer an den Reichskanzler, 19.3.1932; Archiv IfZ, ED 93, Bd. 30. Planck, mit dem Schäffer über sein Rücktrittsgesuch und diese Auffassung sprach, stimmte ihm zu; Gespräch vom 23.3.1932, ebd., Bd. 19a.

[38] L. Schwarzschild, Nach einem halben Jahr, 14.3.1931. Die letzten Jahre, S. 85.

[39] Auf die Tatsache, daß Brüning die deutsche Bevölkerung überforderte, ist von vielen Seiten nachdrücklich hingewiesen worden, so in zahlreichen Sitzungen der Zentrumsfraktion und in Gesprächen mit engsten Ratgebern. Tagebuch Schäffers, 23.3.1932, Archiv IfZ ED 93, Bd. 19a. Somary schrieb Ende August 1931 an Stolper: »Ich will Euch in Deutschland arbeitenden nicht das Herz schwer machen – aber Ihr ahnt nicht, wie schlecht es um das Land steht. Die Ereignisse der letzten Wochen haben Deutschland nicht bloß politisch auf die Knie gezwungen. Wenn nicht schon die nächsten Wochen entscheidende Entschlüsse bringen, wird in diesem Winter der Zusammenbruch der Staatsfinanzen nicht vermeidbar sein.« BA, Nl Stolper 32. Besonders eindringlich haben Kom-

munalpolitiker, die die Leiden der Bevölkerung tagtäglich vor Augen hatten, die Regierung auf die Folgen ihrer Politik hingewiesen. Bürgermeister Elsas machte die Finanz- und Wirtschaftspolitik der Regierung dafür verantwortlich, »daß in tausenden von deutschen Gemeinden von der örtlichen Bevölkerung so gut wie gar nichts für diesen Staat und für die Pflege der Staatsgesinnung zugunsten dieses Staates erwartet werden kann.« BA, Nl Dietrich 254. Ein Beispiel dafür, wie weit man bei der Erörterung der Motive der Politik deren reale Ergebnisse aus dem Auge verliert, liefert Kaltefleiter. Er schreibt: »Es ist unwichtig, ob diese Gefahr einer Inflation angesichts der großen Zahl brachliegender Produktionsfaktoren wirklich bestand, wichtig ist, daß die Gefahr von den führenden Politikern damals als real betrachtet worden zu sein scheint.« W. Kaltefleiter, Wirtschaft und Politik in Deutschland, 2. Aufl. Köln und Opladen 1968, S. 85, ähnlich auch S. 86 Anm.

40 Brüning an Dannie Heinemann, 15.9.1937; Briefe und Gespräche, S. 151.

41 Sitzungen der Zentrumsfraktion 1.4.1930; 12.10.1931, 26.3.1931 u.a.m., Protokolle, Dok. 562, S. 331; Dok. 681, S. 547; Dok. 674, S. 527f.

42 Volk, Brüning, S. 126.

43 Ziemer, Inflation und Deflation, S. 200.

44 Darauf hat besonders nachdrücklich E. Hamburger in seiner Auseinandersetzung mit den Memoiren Brünings hingewiesen, vgl. Hamburger, Betrachtungen, S. 24.

45 Sitzung der Zentrumsfraktion 18.7.1930; Vorstandssitzung 12.12.1930 u.a.m., Protokolle, Dok. 620, S. 475; Dok. 647, S. 500.

46 Gespräch Schäffers mit dem Reichstagsabgeordneten Paul Hertz, 27.8.1931, Archiv IfZ, ED 93, Bd. 13a.

47 Gespräch Schäffers mit Minister Dietrich, 14.9.1931, Archiv IfZ ED 93, Bd. 14a.

48 Es ist bezeichnend, daß Brüning an dieser These bis in sein hohes Alter hinein festgehalten hat. Er verwendet diesen Terminus noch in der Gedenkrede am Sarge seines ehemaligen Vizekanzlers Hermann Dietrich in Stuttgart am 9.3.1954; H. Brüning, Reden und Aufsätze eines deutschen Staatsmannes, hg. v. W. Vernekohl, unter Mitwirkung von R. Morsey, Münster 1968, S. 278.

49 Brüning in der Vorstandssitzung der Zentrumsfraktion 12.12.1930, Protokolle Dok. 647, S. 502. Vgl. auch die überaus treffenden Feststellungen Volks bezüglich einiger Bemerkungen in den Memoiren: »Zur Warnung des Vorworts etwa, große Wendungen in der Geschichte auf Intrigen zurückzuführen, steht Brünings Leichtgläubigkeit dubiosen Erklärungsversuchen gegenüber in einem seltsamen Kontrast.« Volk, Brüning, S. 126.

50 Brief Brünings an Sollmann 29.9.1940, Heinrich Brüning im Exil. Briefe an Wilhelm Sollmann 1940–1946, in: VfZ, 22. Jg., 1974, S. 109. Zu diesen Briefen Brünings an Sollmann hat Herbert Weichmann »Kritische Bemerkungen« im gleichen Band der Zeitschrift, S. 458ff. veröffentlicht, in denen die Unhaltbarkeit der Unterstellungen und Verdächtigungen nachgewiesen wird. In seinem Brief an Sollmann (S. 109) fällt Brüning auch ein hartes und ungerechtes Urteil über den preußischen Justizminister Schmidt, der Mitglied der Zentrumspartei war. Ernest Hamburger schreibt in einem Brief an die Schriftleitung der VfZ am 14.6.1974 dazu aus intimer Kenntnis, daß ihm Schmidt stets »als charaktervoller Mann« erschienen sei. »Brüning haßte ihn, wie schon aus den Memoiren hervorgeht. Ihm waren linksstehende Zentrumsleute viel unsympathischer als rechtsstehende Konservative... Er hatte eine vorgefaßte Meinung gegen Schmidt, über

den ihm offenbar rechtsstehende Beamte Material zutrugen.« Nach Auffassung Hamburgers war die Ursache für Brünings Haß gegen diesen Minister seiner eigenen Partei die Tatsache, daß Schmidt eine Personalreform in der preußischen Justiz durchgeführt hatte.

51 Brüning an Erwin Brettauer, 23.1.1941; Briefe und Gespräche, S. 340.

52 A. Paucker, Der jüdische Abwehrkampf gegen Antisemitismus und Nationalsozialismus in den letzten Jahren der Weimarer Republik. Hamburg 1969, S. 93, 130, und die Dokumente S. 217–233.

53 BA, R 43 I/2379, Dr. ten Hompel an den Reichskanzler Brüning, 8.8.1931 und Eingangsbestätigung der RK, 19.8.1931.

54 Wandel, Hans Schäffer, S. 227. In einem Brief an Dessauer vom 3.1.1959 behauptet Brüning, Schäffer habe »schon 1931, wie ich feststellte, den Franzosen alle für sie wichtigen Informationen« gegeben; Archiv IfZ, ED 107, Bd. 2, Bestand Gustav Olef.

55 Brüning bedauert in seinen Memoiren, daß er leider nicht die Möglichkeit gehabt habe, die Veröffentlichung der Arbeiten und Pläne Professor Wagemanns im Institut für Konjunkturforschung zu unterbinden; Brüning, Memoiren, S. 503 f. Vgl. auch Ziemer, Inflation und Deflation, S. 207 f.

56 Protokolle, Dok. 681, S. 547; Dok. 689, S. 599; vor der Fraktion und dem Reichsparteivorstand der Zentrumspartei in Hildesheim am 14.6.1931 erklärte Brüning: »Man propagiere die verschiedensten Methoden. Es werde u. a. vorgeschlagen, eine Inflation zu betreiben. Das sei sicherlich keine Lösung. Das Volk werde keine Inflation in irgendeiner Form mehr ertragen und mitmachen«, Dok. 577, S. 530.

57 Volk, Brüning, S. 125.

58 H. Dräger, Arbeitsbeschaffung durch produktive Kreditschöpfung. Nationalsozialistische Bibliothek, Heft 41, München 1932.

59 Robert Friedlaender-Prechtl an Heinrich Dräger, 30.6.1932; Privatbesitz.

60 Erkelenz an Bäumer, 3.2.1934; BA, Nl Erkelenz 126.

Das Ende der Weimarer Republik. Eine Betrachtung nach fünfzig Jahren

1 Ernst Breit, Der DGB stellt sich der Geschichte, Gewerkschaftliche Monatshefte, Jg. 34 (1983), S. 193–202.

2 Felix Somary, Warnung vor dem Kommen der Weltkrise, Vortrag am 10. Sept. 1926, in: Felix Somary, Erinnerungen aus meinem Leben. 2. Aufl. Zürich 1959, S. 381.

3 Ministerbesprechung am 19.12.1930, Bundesarchiv Koblenz, R43I/1447, S. 382.

4 Joseph Schumpeter an Gustav Stolper, 14.9.1931, Bundesarchiv: Nachlaß Stolper 31.

5 Hans Schäffer an Moritz Julius Bonn, 26.10.1931, Bundesarchiv: Nachlaß Bonn 52.

6 Erich Koch-Weser an Otto Gessler, 26.3.1932, abgedruckt in: Otto Gessler, Reichswehrpolitik in der Weimarer Zeit. Hrsg. v. Kurt Sendtner. Stuttgart 1959, S. 505.

7 Vgl. den Beitrag »Ein lutherischer Bischof zwischen politischen Hoffnungen und kirchlichen Zielen«.

8 Oberpräsident a. D. Batocki an Brüning, 30.12.1931, Bundesarchiv: R43I/1140.

9 Vgl. den Beitrag »Die Bundesrepublik – ein geschichtsloses Land«, S. 333.

10 Dr. W. Braun, Hartmann und Braun AG, Frankfurt an Dingeldey am 14.10.1931, Bundesarchiv, NL Dingeldey 32.

11 Undatierte Anlage zu einem Schreiben von Gertrud Bäumer an Hermann Dietrich vom 6.7.1931, Bundesarchiv, NL Dietrich 127; gedruckt bei: Heinrich Muth, Quellen zu Brüning, in: Geschichte in Wissenschaft und Unterricht 14 (1963), S. 235–236.

Die deutsche Bevölkerung und die nationalsozialistische Judenpolitik bis zur Verkündung der Nürnberger Gesetze

1 Martin Broszat, Hitler und die Genesis der »Endlösung«. Aus Anlaß der Thesen von David Irving. In: Vierteljahrshefte für Zeitgeschichte 25, 1977, S. 739 ff.; Hans Mommsen, Die Realisierung des Utopischen: Die »Endlösung der Judenfrage« im Dritten Reich. In: Geschichte und Gesellschaft 3, 1983, S. 381 ff.; Avraham Barkai, Regierungsmechanismen im Dritten Reich und die ›Genesis der Endlösung‹. In: Jahrbuch des Instituts für Deutsche Geschichte der Universität Tel-Aviv, XIV, 1985, S. 371 ff.; Saul Friedländer, Vom Antisemitismus zur Judenvernichtung: Eine historiographische Studie zur nationalsozialistischen Judenpolitik und Versuch einer Interpretation. In: Der Mord an den Juden im Zweiten Weltkrieg, hrsg. von Eberhard Jäckel und Jürgen Rohwer, Stuttgart 1985. Aufschlußreich sind in diesem Band auch die Diskussionsbeiträge im Anschluß an die Referate; Hermann Graml, Zur Genesis der »Endlösung«. In: Das Unrechtsregime, hrsg. von Ursula Büttner, Band 2, Hamburg 1986, S. 2 ff.; Martin Broszat / Saul Friedländer, Um die »Historisierung des Nationalsozialismus«. Ein Briefwechsel. In: Vierteljahrshefte für Zeitgeschichte 36, 1988, 339 ff.

2 Hitler hat erstmalig in »Mein Kampf« erklärt, daß ein »Organisator« – und das wollte er ja zunächst sein – »den Menschen zu nehmen [habe], wie er ist...« Er dürfe ihn deshalb »ebenso wenig überschätzen wie in seiner Masse gering abtun.« Mein Kampf, S. 650. In diesem Sinne hat er sich bis in den Krieg hinein immer wieder geäußert, und er sagte es nicht nur, sondern er trug dieser Erkenntnis auch in seiner Politik, mehr als alle seine Unterführer, sehr stark Rechnung.

3 Akten der Reichskanzlei. Die Regierung Hitler, I. Teil, Bd. 2, Boppard 1983, S. 865. Reichsstatthalterkonferenz vom 28.9.1933.

4 Kurt Jakob Ball-Kaduri, Vor der Katastrophe. Juden in Deutschland 1934–1939, Tel-Aviv 1967, S. 33. Die Goebbels-Tagebücher bestätigen diesen Eindruck heute überzeugender als andere Dokumente bisher. Keiner der Mächtigen in Partei und Staat handelte ohne ausdrückliche Weisung Hitlers und schon gar nicht gegen eine solche.

5 Das Programm der NSDAP und seine weltanschaulichen Grundlagen von Gottfried Feder. NS-Bibliothek Heft 1, München 1933, S. 19.

6 Uwe Dietrich Adam, Judenpolitik im Dritten Reich. Düsseldorf 1972, S. 28 ff., besonders 34 ff.

7 Dafür gibt es viele Belege. Ich verweise hier nur auf die Erörterungen in der Ministerbesprechung vom 15. März 1933. Akten der Reichskanzlei. Die Regierung Hitler, I. Teil, Band 1, S. 212 ff.

8 Akten der Reichskanzlei, Reg. Hitler I, 1, S. 207.

9 Akten der Reichskanzlei, Reg. Hitler I, 1, S. 261.

10 Ministerbesprechung vom 29. März 1933; Akten der Reichskanzlei, Reg. Hitler I, 1, S. 270 f.

11 Ministerbesprechung am 31. März 1933; Akten der Reichskanzlei, Reg. Hitler I, 1, S. 276.

12 Der Vizepräsident des Reichsbankdirektoriums Dreyse an Staatssekretär Lam-

mers am 31. März 1933. Akten der Reichskanzlei, Reg. Hitler I, 1, S. 282, bes. Anm. 2.

13 Bericht von Staatsrat Dr. Schulz für Bürgermeister Krogmann über die Konferenz der Länderminister in Berlin am 25./26.4.1933. Staatsarchiv Hamburg, Senatskanzlei, Personalabt. I, 1933, Ja 13.

14 Hindenburg hatte sich am 4. April 1933 in einem Brief an Hitler vor allen Dingen für jüdische Kriegsteilnehmer und deren Angehörige eingesetzt. Er schrieb: »Nach meinem Empfinden müssen Beamte, Richter, Lehrer und Rechtsanwälte, die kriegsbeschädigt oder Frontsoldaten oder Söhne von Kriegsgefallenen sind oder selbst Söhne im Feld verloren haben – soweit sie in ihrer Person keinen Grund zur Sonderbehandlung geben – im Dienste belassen werden: wenn sie es wert waren, für Deutschland zu kämpfen und zu bluten, sollen sie auch als würdig angesehen werden, dem Vaterland in ihrem Beruf weiter zu dienen.« Hitler paßte sich in seinem Antwortbrief vom folgenden Tage geschickt an, ohne in der Sache auch nur den geringsten Abstrich zu machen: »Ich bitte Sie, Herr Präsident, überzeugt zu sein, daß ich mich bemühen werde, Ihrem edlen Gefühl im weitesten Umfang gerecht zu werden.« W. Hubatsch, Hindenburg und der Staat. Göttingen 1966, Dokumente, S. 375–377.

15 Hitler am 6. Juli 1933 in der Reichsstatthalterkonferenz. Akten der Reichskanzlei, Reg. Hitler I, 1, S. 632.

16 Ebenda, S. 631.

17 Luise Solmitz, Tagebuch vom 28.4.1933; Archiv der Forschungsstelle Hamburg 11/S 11.

18 Oberregierungsrat Dr. Bernhard Lösener, seit April 1933 zuständig für Rassenfragen im Reichsinnenministerium, in einer Vorlage an Minister Frick vom 30.10.1933; B. Lösener, Als Rassereferent im Reichsministerium des Innern. In: Vierteljahrshefte für Zeitgeschichte 9, 1961, S. 269.

19 Dr. Frerks, Deutsche und Juden. In: Weg und Ziel. Zeitschrift des NS-Ärztebundes, 4. Jg. 1934, S. 162.

20 Zitiert nach einer Denkschrift von Marga Meusel, Zur Lage der deutschen Nichtarier. Vorlage für die 3. Bekenntnissynode der Evangel. Kirche der Altpreußischen Union in Steglitz vom 23.–26.9.1935. In: Wilhelm Niemöller, Die Synode zu Steglitz. Geschichte-Dokumente-Berichte. Göttingen 1970, S. 33.

21 Akten der Reichskanzlei. Reg. Hitler I, 2, S. 865.

22 Tagebuch einer Lehrerin vom 26.6.1934. Privatbesitz.

23 Gauleiter Kube im »Cottbuser Anzeiger« vom 19./20. Mai 1934.

24 Vgl. dazu Werner T. Angress, Die »Judenfrage« im Spiegel amtlicher Berichte 1935. In: Ursula Büttner (Hrsg.), Das Unrechtsregime, Band 2, Hamburg 1986, S. 19ff.

25 NSDAP-Reichsleitung. An die Reichs- und Gauleiter, 19.3.1934; Bundesarchiv Koblenz, NS 6, 216; Akten der Reichskanzlei, Reg. Hitler, I, 2, S. 1224, Anm. 4. In der Anweisung heißt es: »Der Führer hat keinerlei Weisung für einen neuerlichen Boykott jüdischer Geschäfte gegeben. So schwerwiegende Aktionen mit ihren Rückwirkungen im Ausland dürfen nach wie vor nur auf Befehl des Führers vonstatten gehen.«

26 Brief und Bericht Heydrichs an Reichskanzler, z. Hd. Hauptmann Wiedemann, 16. Juli 1935. Hoover Institution, Adjutantur des Führers, Bestand Wiedemann.

27 Rede des Reichsbankpräsidenten und beauftragten Reichswirtschaftsministers

Dr. Schacht auf der Deutschen Ostmesse in Königsberg am 18.8.1935. In: H.A. Jacobsen/W. Jochmann, Ausgewählte Dokumente zur Geschichte des Nationalsozialismus 1933–1945. Bielefeld 1961–1966.

28 Reichsminister des Innern an Landesregierungen, 20.8.1935; Bundesarchiv Koblenz R 58/276.

29 Der Reichsinnenminister an die Landesregierungen, für Preußen an die Standesbeamten und ihre Aufsichtsbehörden am 27.7.1935. Text: H.A. Jacobsen/W. Jochmann, Ausgewählte Dokumente, Quellennachweis S. 14. Diese Anweisung sollte vertraulich behandelt werden, und das Propagandaministerium schärfte in der Pressekonferenz den Journalisten ein, daß weder über diese Weisung noch über »das Thema Mischehe« zur Zeit irgend etwas veröffentlicht werden dürfe. Bundesarchiv Koblenz ZSg 102/1, Mitschriften in der Pressekonferenz 27.7.1935.

30 Otto D. Tolishus, Hitler due the list. New Laws on Jews. In: The New York Times 1.9.1935.

31 Lösener, Als Rassereferent, S. 272 ff.

32 Empfang des amerikanischen Botschafters a.D. S.H. Sharrill am 24.8.1935. Bundesarchiv Koblenz R 18/56 14. Daß der wachsende Unwille im Ausland über die Terrorisierung der deutschen Juden die Durchführung der Olympischen Spiele gefährden könnte, hatte Staatssekretär von Bülow vom Auswärtigen Amt auch in der Chefbesprechung bei Wirtschaftsminister Schacht am 20. August gesagt. Polit. Archiv des Ausw. Amtes, Inl. II A/B 34/3 II.

33 Lösener, Als Rassereferent, S. 274.

34 Reichsgesetzblatt 1935, I, S. 1146.

35 Lösener, Als Rassereferent, S. 278.

36 Die Tagebücher von Joseph Goebbels. Sämtliche Fragmente, hrsg. von Elke Fröhlich – Teil I, Band 2, München-New York-London-Paris 1987, S. 515 (17.9.35).

37 »Die vorhin angekündigte Pressekonferenz bei Minister Frick heute Nachmittag um 5 Uhr über die Auswirkungen der Gesetze ist wieder abgesagt und auf die nächste Woche verschoben worden. Es finden, wie man sagt, zur Zeit noch Besprechungen zwischen Hitler und Frick in München über die Auswirkungen der Gesetze statt... In diesem Zusammenhang wurde nochmals dringend gebeten, Kommentare über die Nürnberger Gesetze zu unterlassen.« Bundesarchiv Koblenz ZSg 102/1, Mitschriften in der Pressekonferenz 20.9.1935.

38 Lösener, Als Rassereferent, S. 281.

39 Die Tagebücher von Joseph Goebbels Teil I, Band 2, S. 540 (15.11.1935). Goebbels wies die Presse an, die Ausführungsbestimmungen zu den Nürnberger Gesetzen nur im Innern der Zeitungen aufzumachen. In den Pressekonferenzen wurden die Journalisten »dringend ersucht, von einer Behandlung der Ausführungsverordnungen zu den Nürnberger Gesetzen in eigenen Kommentaren abzusehen... Am Schluß des Vortrages wurden Fragen gestellt. Die Antworten wurden aber für so vertraulich erklärt, daß sie die in der Konferenz Anwesenden nicht einmal ihren Redaktionen mitteilen dürfen.« Bundesarchiv ZSg 102/1, Mitschriften in der Pressekonferenz 15.11.1935.

40 Vgl. dazu demnächst die Studie meiner Kollegin Ursula Büttner über die Verfolgung und Entrechtung der Mischehen und Mischlinge bis 1945: Die Not der Juden teilen. Christlich-jüdische Familien im Dritten Reich. Beispiel und Zeugnis des Schriftstellers Robert Brendel. Erscheint in den Hamburger Beiträgen zur Sozial- und Zeitgeschichte, Hamburg 1988 (Christians Verlag).

41 Reichs- und Preußisches Ministerium des Innern, Abt. I, »Material zur Lösung der Halbjudenfrage«, 11. Okt. 1935. Hoover Institution, Adjutantur des Führers, Bestand Wiedemann.

42 Hans Mommsen, Die Realisierung des Utopischen: Die »Endlösung der Judenfrage« im Dritten Reich, vgl. Anm. 1, S. 390; zum Diskussionsstand insgesamt vgl. Saul Friedländer und Hermann Graml, vgl. Anm. 1.

43 Saul Friedländer, Vom Antisemitismus zur Judenvernichtung, vgl. Anm. 1, S. 48.

44 Vgl. dazu meinen Aufsatz: »Der Antisemitismus und seine Bedeutung für den Untergang der Weimarer Republik«, oben S. 171 ff.

45 Konteradmiral a. D. B... an Bischof Tügel am 28. 5. 1935; Kirchenarchiv Hamburg B IX b 12. 2.

46 Marga Meusel, Zur Lage der deutschen Nichtarier (der Synode übergeben von Martin Albertz). In: Niemöller, Die Synode zu Steglitz, S. 48. Die dritte Bekenntnissynode der Evangel. Kirche der Altpreußischen Union fand vom 23.–26. Sept. 1935 statt. Obwohl der Inhalt dieser Denkschrift von Frau Meusel so kurz nach der Verkündung der Nürnberger Gesetze besondere Aktualität gewonnen hatte, beschäftigten sich die Synodalen mit dem Problem nicht.

47 Jacob Wassermann, Judentum. In: CV-Zeitung 7. Jg. Nr. 37, 14. 9. 1928. Das Blatt veröffentlichte den Vortrag, den Wassermann vor der »Deutschen Vereinigung für staatswissenschaftliche Fortbildung« gehalten hatte.

Zum Gedenken an die Deportation der deutschen Juden

1 Unterredungen Hitlers mit dem südafrikanischen Verteidigungs- und Wirtschaftsminister Pirow am 24. November 1938 und mit dem tschechoslowakischen Außenminister Chvalkowsky am 21. Januar 1939; Akten der deutschen Auswärtigen Politik 1918–1945, Serie D, Bd. IV, S. 170 und 293.

2 Max Domarus, Hitler. Reden und Proklamationen 1932–1945 Bd. II, 1. Halbband, München 1965, S. 1058.

3 Ebenda, Bd. II, 2. Halbband, S. 1663. Hitler sagte in dieser Rede: »Sie [die Juden] mögen auch heute noch darüber lachen, genauso, wie sie früher über meine Prophezeiungen lachten. Die kommenden Monate und Jahre werden erweisen, daß ich auch hier richtig gesehen habe.«

4 Die Tagebücher von Joseph Goebbels, 9. 7. und 11. 7. 1941 (unveröffentlicht).

5 »Die Juden sind schuld!« Leitartikel in der Wochenzeitung »Das Reich« vom 16. Nov. 1941. Der Artikel wurde am 30. 11. 1941 als Sonderdruck in hoher Auflage verteilt.

6 Ebenda, Sonderdruck.

7 Ebenda, Sonderdruck.

8 Die jüdischen Opfer des Nationalsozialismus in Hamburg. Gedruckt vom Staatsarchiv der Freien und Hansestadt Hamburg, S. 104.

9 Max M. Warburg an Staatsrat Emil Helfferich, 13. 3. 1935, Archiv der Forschungsstelle: 62 631.

10 Marga Meusel, Zur Lage der deutschen Nichtarier, September 1935, abgedr. in: Wilhelm Niemöller, Die Synode zu Steglitz, Göttingen 1970, S. 29–58; Bericht Katja von R. L., Archiv der Forschungsstelle 62 631.

11 Der Reichsminister der Justiz am 18. 7. 1942 an die OLG-Präsidenten und Generalstaatsanwälte. Archiv Hanseat. Oberlandesgericht 401 – 16 / 1.

12 Luise Solmitz, Tagebücher, Archiv der Forschungsstelle 11 / S 12.

13 Oberrabbiner Prof. Dr. Marcus Ehrenpreis gab der Stockholmer Presse aus Anlaß der Feier seines 75. Geburtstages ein Interview, das im Juni 1944 in den vier großen schwedischen Tageszeitungen veröffentlicht wurde. Die Nummern der Zeitungen sind einem Bericht der deutschen Gesandtschaft in Stockholm vom 27. 6. 1944 beigefügt. Polit. Archiv des Auswärtigen Amtes Inl. II A / B – 36 / 2.

14 Ursula Büttner, Hamburg in der Staats- und Wirtschaftskrise 1928–1931. Hamburg 1982, S. 365.

15 Was bleibt? Es bleibt die Muttersprache. Ein Gespräch mit Günter Gaus (1964). In: Gespräche mit Hannah Arendt, hrsg. von A. Reif, München 1976, S. 20 f.

16 H. Frielingsdorf, Tagebücher, 19. 7. 1942. Archiv der Forschungsstelle, 11 / F 3.

17 Günter Brakelmann, Martin Greschat, Werner Jochmann, Protestantismus und Politik. Werk und Wirkung Adolf Stoeckers. Hamburg 1982, Einleitung Werner Jochmann S. 7 ff.

18 Walter Künneth, Lebensführungen. Der Wahrheit verpflichtet. Wuppertal 1979.

19 Jacob Wassermann, Judentum, in: CV-Zeitung, 7. Jg., Nr. 37, 14. 9. 1928.

Antijüdische Traditionen im deutschen Protestantismus und nationalsozialistische Judenverfolgung

1 Tügel an Kurt Woermann am 30.6.1945; Kirchenarchiv Hamburg B IX b 12[7]
2 epd Dokumentation Nr. 42/80, 22.9.1980, S. 2
3 Franz Rosenzweig an Martin Buber am 19.3.1924; Martin Buber, Briefwechsel aus sieben Jahrzehnten. Hrsg. von Grete Schaeder, Band II, 1918–1938, Heidelberg 1973, S. 189
4 Friedrich Gogarten, Religion und Volkstum. Jena 1915, S. 8f.
5 Friedrich Brunstädt, Adolf Stoecker. Wille und Schicksal. Berlin 1935, S. 126f.; vgl. dazu auch Günter Brakelmann, Martin Greschat, Werner Jochmann, Protestantismus und Politik. Werk und Wirkung Adolf Stoeckers, Hamburg 1982.
6 Gogarten, Anm. 4, S. 32
7 Gogarten, Anm. 4, S. 29
8 Gogarten, Anm. 4, S. 33
9 Gogarten, Anm. 4, S. 34f.
10 Wolfgang Tilgner, Volksnomostheologie und Schöpfungsglaube, Göttingen 1966
11 Landesbischof Tügel am 23. März 1940; Kirchenarchiv Hamburg, B IX b 12[6]
12 Evangel. Zentralarchiv Berlin 1/C 3/170, Band 1a
13 Rabbiner Dr. Arthur Posener an das Evangelische Kirchenbundesamt am 3.8. und am 1.9.1932. Ev. Zentralarchiv 1/C 3/170, Band 1a
14 Die nach Amerika gerichtete Rundfunkrede des Herrn Generalsuperintendenten Dibelius vom 4. April 1933. Privatbesitz.
15 Gerhard Kittel, Die Judenfrage. Stuttgart 1933.
16 Propst Rudger Mumssen an OKR Tügel am 28.11.1933; Kirchenarchiv Hamburg B IX b 12[8a]
17 Landesbischof Schöffel an OKR Tügel am 6.12.1933; Kirchenarchiv Hamburg B IX b 12[8a]
18 Günther van Norden, Die Barmer theologische Erklärung und die »Judenfrage«. In: Das Unrechtsregime, hrsg. von Ursula Büttner, Band 1, Hamburg 1986, S. 315ff.; Eberhard Bethge, Barmen und die Juden – eine nicht geschriebene These? In: Das eine Wort für alle. Barmen 1934–1984. Eine Dokumentation. Neukirchen-Vluyn 1986, S. 114ff.; Martin Greschat, Bekenntnis und Politik. Voraussetzungen und Ziele der Barmer Bekenntnissynode. In: Evangelische Theologie, 44. Jg., Nr. 6, S. 524ff.
19 Dietrich Bonhoeffer an Erwin Sutz am 14.4.1933. In: Dietrich Bonhoeffer, Gesammelte Schriften, hrsg. von Eberhard Bethge, Band I, München 1965, S. 37
20 Frankfurter Zeitung, 16.4.1933, »Die Judenfrage und das Christentum. Ein Osterwort.«
21 Diesen Nachweis verdanke ich meinem Kollegen Martin Greschat.
22 Die Denkschrift ist abgedruckt bei Wilhelm Niemöller, Die Synode zu Steglitz. Geschichte – Dokumente – Berichte. Göttingen 1976, S. 29ff., Zitat S. 40
23 Bischof Tügel an Superintendent Böhme, Meißen, am 21. Januar 1938, Kirchenarchiv Hamburg B IX b 12[4]
24 Tügel in einem Schreiben vom 23.3.1940; Kirchenarchiv Hamburg B IX b 12[6]

25 Heinrich Grüber, Erinnerungen aus sieben Jahrzehnten. Köln/Berlin 1968, S. 109
26 Jochen Klepper, Unter dem Schatten Deiner Flügel. Aus den Tagebüchern der Jahre 1932–1942, Stuttgart 1956, S. 672
27 Zitat nach Lucy Dawidowicz, Die Massenvernichtung als historisches Dokument. In: Gott nach Auschwitz, Freiburg/Basel/Wien 1979, S. 62.
28 In der Stunde Null. Die Denkschrift des Freiburger »Bonhoeffer-Kreises«. Eingeleitet von Helmut Thielicke. Freiburg 1979, Anl. 5, S. 146ff.
29 Klepper, Unter dem Schatten, siehe Anm. 26, S. 659f.
30 Bischof Tügel an Thielicke am 22. 2. 1945; Kirchenarchiv Hamburg B IX 12[12]
31 Bischof Tügel an Crusius am 24. 2. 1945; Kirchenarchiv Hamburg B IX b 12[12]
32 Die Schuld der Kirche. Dokumente und Reflexionen zur Stuttgarter Schulderklärung vom 18./19. Oktober 1945, hrsg. von Martin Greschat, München 1982, S. 102
33 Tagebuch eines Hamburger Pastors vom 16. 5. 1945. Privatbesitz
34 Ebenda, 22. 5. 1945
35 Referat auf der ersten Tagung der vorläufigen Gesamtsynode in Rendsburg am 14. August 1945. In: Kurt Jürgensen, Die Stunde der Kirche. Die Evangelisch-Lutherische Landeskirche Schleswig-Holsteins in den ersten Jahren nach dem Zweiten Weltkrieg. Neumünster 1976, S. 270
36 Hermann Albert Hesse, Die Judenfrage in der Verkündigung heute. Stuttgart 1948, S. 8; Diether Koch, Heinemann und die Deutschlandfrage. München 1972, S. 43
37 Erklärung des Bruderrates der Evangel. Kirche in Deutschland, verabschiedet am 8. April 1948 in Darmstadt. Kirchliches Jahrbuch
38 Pastor J. Hahn, Hamburg: Die Judenfrage. Lutherisches Gemeindeblatt Jg. 2, 15, 25. Jahrg. 1948
39 Eberhard Bethge, Kirchenkampf und Antisemitismus. In: Eberh. Bethge, Am gegebenen Ort. Aufsätze und Reden, München 1979, S. 224ff., Zitat S. 236
40 Franz Böhm, Antisemitismus. Vortrag am 12. 3. 1958, S. 5
41 Johann Baptist Metz, Ökumene nach Auschwitz. Zum Verhältnis von Christen und Juden in Deutschland. In: Gott nach Auschwitz, siehe Anm. 27, S. 130
42 Eberhard Busch, Vortrag anläßlich der Gedenkfeier zum 100. Geburtstag von Karl Barth am 20. 4. 1986 in Düsseldorf. Separatdruck S. 23.

Ein lutherischer Bischof zwischen politischen Hoffnungen und kirchlichen Zielen

1 Martin Broszat, Plädoyer für eine Historisierung des Nationalsozialismus, in: Merkur, 39. Jg. (1985), S. 373–385.

2 Tügel an Verlagsbuchhändler Bahn, Schwerin, 14. 2. 1945, Kirchenarchiv Hamburg: B IX b 12.[12]. In diesem Archiv alle im folgenden zitierten unveröffentlichten Dokumente.

3 Franz Tügel, Mein Weg 1888–1946. Erinnerungen eines Hamburger Bischofs, Hamburg 1972, S. 40.

4 Franz Tügel, »Was wir wollen!« In: Die neue Kirche 1919.

5 Peter W. Tügel, Gnade, Wille, Politik. Franz Tügel, Pastor an der Gnadenkirche 1919–1933, in: Gnadenkirche Hamburg 1907–1987. Festschrift zum 80jährigen Jubiläum, Hamburg 1987, S. 47–55.

6 Franz Tügel, Wer bist Du? Fragen der Kirche an den Nationalsozialismus, Hamburg 1932, S. 35.

7 Eberhard Busch, Vortrag aus Anlaß der Gedenkfeiern zum 100. Geburtstag von Karl Barth am 20. 4. 1986 in Düsseldorf, S. 16 f.

8 Pastor Rudgar Mumssen am 28. 11. 1933 an Tügel. B IX b 12[8a].

9 Pastor Lüders an OKR Tügel, 29. 11. 33. B IX b 12[8a]

10 Hauptpastor Knolle an Tügel 27. 11. 33, B IX b 12[8a].

11 An alle DC-Pastoren in Hamburg, 2. 9. 1935. DC 2.

12 Tügel an U. Kunert am 1. 2. 1935; B IX b 12[2].

13 Tügel an Thiele-Uelzen, 12. 3. 35; B IX b 12[2].

14 Tügel an Admiral Bechtel, 17. 6. 1935; B IX b 12[2].

15 Admiral Bechtel an Tügel, 28. 5. 35; B IX b 12[2].

16 Artikel zum Karfreitag 1935; B IX b 12[2].

17 Tügel an Dekan Fabri, Schweinfurt, 2. 5. 36; B IX b 12[3].

18 Brief Tügels an Pastor Ebert, 1. 8. 1944; B IX b 12[7].

19 Tügel an de Buhr, 5. 3. 1938; B IX b 12[4].

20 Tügel an Pastor Vogt, 29. 9. 38; B IX b 12[5].

21 Tügel an J. Ulrich, 26. 1. 1939; B IX b 12[5].

22 Tügel in einem Brief vom 23. 3. 1940; B IX b 12[6].

23 Tügel an Pastor i. R. Pohl, 22. 6. 1941; B IX b 12[6].

24 D. Ludwig Schneller an Tügel, 7. 9. 1944; B IX b 12[7].

25 Tügel an Müsing, 14. 4. 1944; B IX b 12[11].

26 Tügel an Kurt Woermann, 30. 6. 1945; B IX b 12[7].

27 Jochen Klepper, Unter dem Schatten Deiner Flügel. Aus den Tagebüchern der Jahre 1932–1942, Stuttgart 1956, S. 659 f.

Evangelische Kirche und politische Neuorientierung in Deutschland 1945

1 Otto Heinrich von der Gablentz, Die versäumte Reform, Köln und Opladen 1960, S. 79; Werner Weber, Spannungen und Kräfte im Westdeutschen Verfassungssystem, Stuttgart 1951, S. 19.

2 Ernst Wolf, Die evangelischen Kirchen und der Staat im Dritten Reich, Zürich 1963, S. 6; vgl. auch Max Geiger, Der deutsche Kirchenkampf 1933–1945, Zürich 1965, S. 13.

3 Günter Jacob, Die Geschichtsdeutung der Kirche, in: Die Stunde der Kirche, Berlin 1950, S. 89.

4 Hermann Diem, Restauration oder Neuanfang in der Evangelischen Kirche?, Stuttgart 1946, S. 49.

5 Frhr. v. Pechmann an Staatssekretär Dr. Lammers am 4. Mai 1935: »Ich lasse mich in dieser meiner Arbeit und in der Hingebung an Volk und Vaterland durch keinen Wechsel der politischen Verhältnisse beirren. Doch ebensowenig lasse ich mich durch solchen Wechsel in der Treue beirren, die ich meinem König und seinem Hause bewahre und bis zum letzten Hauch bewahren werde.« Pechmann war maßgeblich am Aufbau der BK in Bayern beteiligt. Bayer. Staatsbibliothek München [BStB München], Pechmanniana I, 1.

6 Lagebericht der Zentralabt. I, 1 des Sicherheitshauptamtes des Reichsführers SS für Januar 1938. Bundesarchiv Koblenz [BA Koblenz] R 58/999. Inzwischen veröffentlicht: Berichte des SD und der Gestapo über Kirchen und Kirchenvolk in Deutschland 1934–1944, hrsg. von Heinz Boberach, Veröffentl. der Kommission für Zeitgschichte Reihe A, Bd. 12. Mainz 1971, S. 278. Den »gesamten Adel« des deutschen Ostens hat die Bekennende Kirche allerdings bei weitem nicht für sich gewonnen.

7 Ganz besonders exponierten sich dabei u. a. Generalfeldmarschall v. Mackensen (Reinold von Thadden-Trieglaff, Auf verlorenem Posten? Tübingen 1948, S. 96) und General Frhr. von Watter (Helmuth Groscurth, Tagebücher eines Abwehroffiziers 1938–1940, hrsg. von Helmut Krausnick und Harold C. Deutsch. Quellen u. Darstellungen zur Zeitgeschichte, Bd. 19, Stuttgart 1970, S. 178). Dort auch zahlreiche weitere Belege über die Haltung des aktiven Offizierskorps.

8 Vgl. dazu u. a. Jürgen Schmidt, Martin Niemöller im Kirchenkampf. Hamburger Beiträge zur Zeitgeschichte, Bd. 8, Hamburg 1971, S. 28ff., 436ff., u. a. m.

9 Ernst Wolf, Die evangelischen Kirchen, S. 5; Frhr. v. Pechmann, einer der entschiedensten und mutigsten Streiter für die BK in Bayern, schließt einen Brief an den Hauptschriftleiter des »Fränkischen Kuriers«, Dr. Rudolf Kötter, vom 24. Juli 1934 mit der Versicherung, daß er unbeirrt an seiner Position festhalten und das bleiben werde, was er »in den Augen der Herren Demokraten lebenslang war« und »jetzt erst recht« wieder sei: »ein unverbesserlicher Reaktionär«. BStB München, Pechmanniana I, 1.

10 Max Geiger, Der dt. Kirchenkampf, S. 27; Günter Jacob, Die Geschichtsdeutung, S. 89.

11 Lagebericht des SD für Januar 1938, Berichte des SD und der Gestapo, S. 274.

[12] John S. Conway, Der deutsche Kirchenkampf. Forschungsbericht. VfZG 17, 1969, S. 441 f.

[13] Frhr. v. Pechmann an Rektor D. Dr. Lauerer, 6. Januar 1936, BStB München, Pechmanniana I, 1.

[14] Frhr. v. Pechmann an Landesbischof Meiser, 14. November 1938. BStB München, Pechmanniana I, 1; John S. Conway, Der dt. Kirchenkampf, VfZG 17, 1969, S. 435; Max Geiger, Der dt. Kirchenkampf, S. 46. Hermann Diem, Wider das Schweigen der Kirche zur Judenverfolgung. Offener Brief an Landesbischof D. Meiser. 1943. In: Hermann Diem, Sine vi – sed verbo, München 1965, S. 108 ff.

[15] Frhr. v. Pechmann an Landesbischof Meiser, 19. März 1938. BStB München, Pechmanniana I, 1. Ernst Wolf, Die evangelischen Kirchen, S. 35: »Mit dem Ausbruch des Zweiten Weltkrieges trat dann eine Neubelebung der alten nationalen Einstellung auch in der Bekennenden Kirche ein...« So gab Hanns Lilje 1939 sein »Michaelsbüchlein. Deutsche Kriegsgebete aus sieben Jahrhunderten« (Berlin) heraus. Ihm folgte die Schrift »Der Krieg als geistige Leistung«, Berlin 1941. Landesbischof Marahrens forderte in seinem »Wochenbrief« vom 20. Juli 1943 die Pfarrer und Gemeinden auf, Gott um das Geschenk einer »rücksichtslosen Entschlossenheit« zum totalen Krieg zu bitten. Archiv Forschungsstelle [Fst] 11 M 3. Vgl. auch Hans Gerhard Fischer, Evangelische Kirche und Demokratie nach 1945, Lübeck und Hamburg 1970, S. 37.

[16] Hans Asmussen, Zur jüngsten Kirchengeschichte. Anmerkungen und Folgerungen, Stuttgart 1961, S. 26. Frhr. v. Pechmann forderte in einem Brief vom 14. September 1936 eine gemeinsame Haltung der protestantischen Kirchen zur Abwehr der nationalsozialistischen Schulpolitik. Er bedauerte, daß »lutherischer Partikularismus« noch immer stärker sei als die Bereitschaft zu gemeinsamem Handeln. Für die Lutheraner sei nach wie vor nicht dieses Antichristentum [des NS] der Feind, sondern einzig und allein die katholische Kirche...« Schließlich trete sogar für viele seiner »lutherischen Glaubensgenossen« die Gefahr seitens des Nationalsozialismus zurück »gegenüber der Sorge um unser lutherisches Sondergut und gegenüber der Pflege alter Abneigung und alten Mißtrauens im Verhältnis zu den Reformierten und nun gar zur Union«. BStB München, Pechmanniana I, 1.

[17] Reinold v. Thadden-Trieglaff, Auf verlorenem Posten?, S. 52 f.

[18] Reinold v. Thadden-Trieglaff, Auf verlorenem Posten?, S. 79.

[19] Hermann Diem, Restauration oder Neuanfang, S. 38 f.

[20] Otto Dibelius, Ein Christ ist immer im Dienst, Stuttgart 1961, S. 113; »Alles war zerbrochen. Die Kirche Jesu Christi war geblieben. Mit ihr und in ihr wollte man einen neuen Anfang machen.«

[21] Hermann Diem, Restauration oder Neuanfang, S. 34 f.

[22] Otto Dibelius, Ein Christ, S. 207 ff.

[23] Hanns Lilje, Bischof Dibelius und die evangelische Kirche in Deutschland, in: Die Stunde der Kirche, Berlin 1950, S. 48.

[24] Friedrich-Wilhelm Krummacher, Ein Leben im Dienst der Kirche, in: Die Stunde, S. 17; Verhandlungen der Berlin-Brandenburgischen Provinzialsynode vom 6. bis 9. Oktober 1946, Berlin 1947, S. 35 ff., bes. S. 185 ff.

[25] Treysa 1945. Die Konferenz der evangelischen Kirchenführer, 27.–31. August 1945. Mit einem Bericht über die Synode der Bekennenden Kirche in Berlin-Spandau, 29. – 31. Juli 1945, und über die unmittelbar vorangegangenen Tagungen des Reichsbruderrates und des Lutherischen Rates. Hrsg. von Fritz Söhlmann, Lüneburg 1946, S. 140.

[26] Karl-Wilhelm Dahm, Pfarrer und Politik. Soziale Position und politische Menta-

lität des deutschen evangelischen Pfarrerstandes zwischen 1918 und 1933, Köln und Opladen 1965, S. 148ff. Das von Dahm verarbeitete Material ist unzureichend.

27 Treysa 1945, S. 139; Diether Koch, Heinemann und die Deutschlandfrage, München 1972, S. 18f.

28 Diether Koch, Heinemann, S. 19ff.

29 John S. Conway, Der dt. Kichenkampf, S. 438.

30 Treysa 1945, S. 21.

31 Wilhelm Stählin, Via Vitae. Lebenserinnerungen, Kassel 1968, S. 446f. Stählin war bereits im Sept. 1944 mit der Leitung der Oldenburgischen Landeskirche betraut worden. Am 11. Mai 1945 wurde er offiziell kommissarischer Verwalter des Bischofsamtes, am 23. Oktober fand die Bischofswahl statt. St. hatte im Mai 1945 im Oberkirchenrat einen Beschluß herbeigeführt, den 17. Juni 1945 als »Allgemeinen Buß- und Bettag« zu begehen. Der Oberkirchenrat informierte ihn, »wie unpopulär in dieser Stunde ein Aufruf zur Buße war«.

32 Treysa 1945, S. 96ff.

33 Wilhelm Niemöller, Martin Niemöller, in: Wilhelm Niemöller, Wort und Tat im Kirchenkampf. Beiträge zur neuesten Kirchengeschichte, München 1969, S. 380.

34 Wilhelm Stählin, Via Vitae, S. 502.

35 Emanuel Hirsch, Offener Brief an Karl Barth. Deutsches Volkstum 21, 1932, S. 266ff. »Wahrscheinlich sind Sie daher auch heute noch im formell-rechtlichen Sinne Ausländer. Auch wenn man aber von diesem Rechtlichen absieht, dem Herzen nach sind Sie nicht mit dem deutschen Volke und Staate als dem Volke und Staate Ihrer selbst und Ihrer Familie verbunden.«

36 Reinold v. Thadden-Trieglaff, Auf verlorenem Posten?, S. 160.

37 Kirchliches Jahrbuch für die Evangelische Kirche in Deutschland 1945–1948. Hrsg. von Joachim Beckmann, Gütersloh 1950, S. 9; Treysa 1945, S. 16.

38 Treysa 1945, S. 16.

39 Hermann Diem, Restauration oder Neuanfang, S. 33ff.; Günther Dehn zitiert nach Günter Jacob, Die Geschichtsdeutung der Kirche, S. 81f.

40 KJB 1945–1948, S. 4.

41 KJB 1945–1948, S. 6f.

42 Treysa 1945, S. 23.

43 Treysa 1945, S. 25.

44 Otto Dibelius, Ein Christ, S. 259f.

45 Otto Dibelius, Ein Christ, S. 258.

46 Vertraulicher Vermerk des Landesbischofs a. D. Schöffel vom 13. 11. 1945. Archiv Forschungsstelle für die Geschichte des Nationalsozialismus in Hamburg [Fst Hamb.] 6318. Schöffel, der DNVP nahestehend, war vom Mai 1933 bis zum 1. 3. 1934 Landesbischof in Hamburg. Nach dem Rücktritt seines Nachfolgers Tügel 1945 trat er wieder in die Kirchenleitung ein und war von 1946–1954 erneut Bischof der Ev.-luth. Kirche im Hamburgischen Staate.

47 Archiv Fst Hamb. 633 und 6318. Vgl. dazu auch die Protokolle der Landessynoden in den ersten Nachkriegsjahren. Dort wird wiederholt auf das Problem der Kontinuität nachdrücklich hingewiesen.

48 Hamburger Nachrichten-Blatt der Militärregierung, Nr. 78, vom 11. September 1945.

49 Otto Dibelius, Ein Christ, S. 293; Georg Vogel, Diplomat unter Hitler und Adenauer, Düsseldorf-Wien 1969, S. 147.

50 Besonders nachdrücklich wurde der angeblich immer nur mißbrauchte »Gehorsamseifer« der Beamten und Offiziere verteidigt. Vgl. auch Hans Gerhard Fischer, Evangel. Kirche u. Demokratie, S. 35.

51 Schreiben der Kanzlei der EKD über die bisherige Handhabung der Entnazifizierung. Wiedergabe in: Gesetze, Verordnungen und Mitteilungen der Ev.-luth. Kirche im Hamburgischen Staate, Jg. 1947, S. 29.

52 Archiv Fst Hamb. 6318. Vertraulicher Vermerk des Landesbischofs a. D. Schöffel vom 13. 11. 1945. Schöffel ging es darum, »die Überfremdung [der Kirche] durch den Nationalsozialismus auszumerzen«. Das war seiner Auffassung nach durch die Versetzung von drei Geistlichen in den Ruhestand hinreichend geschehen. Sonst hatte er es sich angelegen sein lassen, die Kirche »frei von allen äußeren Einflüssen« behutsam und »der Tradition gemäß auf dem Boden des lutherischen Bekenntnisses aufzubauen«, das hieß unter Verzicht auf nennenswerte Veränderungen.

53 KJB 1945–1948, S. 26.

54 Zur Vorgeschichte des Stuttgarter Bekenntnisses vgl. die Untersuchung von Armin Boyens, Das Stuttgarter Schuldbekenntnis vom 19. Oktober 1945 – Entstehung und Bedeutung, in: VfZG 19, 1971, S. 378 ff.

55 Armin Boyens, Das Stuttgarter Schuldbekenntnis, S. 390.

56 Wilhelm Stählin, Via Vitae, S. 532, schreibt, das Stuttgarter Bekenntnis habe »der öffentlichen Meinung in Deutschland, auch innerhalb der Kirchen«, so wenig entsprochen wie sein in der oldenburgischen Landeskirche im Sommer veranstalteter »außerordentlicher Bußtag«.

57 Neue Hamburger Presse, Nr. 36, vom 31. Oktober 1945. Unter der gleichlautenden Überschrift und mit einem wörtlich übereinstimmenden Vorspann erfolgte die Veröffentlichung auch im »Kieler Kurier« vom 27. Oktober 1945. Vgl. dazu auch Armin Boyens, Das Stuttgarter Schuldbekenntnis, S. 394.

58 Diether Koch, Heinemann, S. 43.

59 Zitiert nach Armin Boyens, Das Stuttgarter Schuldbekenntnis, S. 394.

60 Brief vom 9. November 1945. Archiv Fst Hamb. 6318.

61 Offener Brief des Oberlandeskirchenrats Dr. Hanns Lilje vom November 1945, Archiv Fst Hamb. 633. Vgl. dazu auch Hamburger Allgemeine Zeitung, Nr. 16, vom 24. Mai 1946: »Kirche und Schuldfrage«.

62 Diether Koch, Heinemann, S. 44 f.; Ernst Wolf, Die evangelischen Kirchen, S. 37. Hermann Diem, Restauration oder Neuanfang, S. 35 f.; Reinold von Thadden-Trieglaff, Auf verlorenem Posten?, S. 17; Hans Gerhard Fischer, Evangelische Kirche, S. 31.

63 KJB 1945–1948, S. 191 ff.

64 Diether Koch, Heinemann, S. 41.

65 Auszug aus dem Amtsblatt der Ev.-luth. Landeskirche in Bayern, Archiv Fst Hamb. 633; Ernst Wolf, Die evangelischen Kirchen, S. 37.

66 Diether Koch, Heinemann, S. 41.

67 Die Kirche im Aufbau. Neue Hamburger Presse, Nr. 45, vom 1. Dezember 1945.

68 Diether Koch, Heinemann, S. 41.

69 Dibelius erklärte in einer Rede in Stuttgart vor Beginn der Ratssitzung am 17. 10. 45: »Man rechnet damit, daß in den vergangenen sechs Monaten und in den vor uns liegenden Wintermonaten etwa fünfmal soviel Menschen hinweggerafft werden, als uns der ganze Krieg gekostet hat.« Es ist schwer vorstellbar, daß Dibelius keine Kenntnis von der Zahl der Opfer des Krieges, der hingemordeten

Juden und politischen Gegner des Regimes hatte. So kann er mit seinen Ausführungen also nur den Zweck verfolgt haben, Emotionen zu wecken. Diether Koch, Heinemann, S. 36.

70 Otto Dibelius, Reden – Briefe 1933–1967, Erlenbach/Zürich/Stuttgart 1970, S. 32.

71 Otto Dibelius, Ein Christ, S. 311.

72 Die Kirche im Aufbau, Neue Hamburger Presse, Nr. 45, vom 1. Dezember 1945.

73 Vgl. dazu auch Diether Koch, Heinemann, S. 36.

74 Otto Dibelius, Ein Christ, S. 261.

75 Reinold von Thadden-Trieglaff, Auf verlorenem Posten?, S. 131. Hermann Diem, Restauration oder Neuanfang, S. 33 ff.

76 Max Geiger, Der deutsche Kirchenkampf, S. 13.

77 Günter Jacob, Die Geschichtsdeutung, S. 81 ff.

78 Vortrag Gustav Heinemanns am 1. 12. 1950 in Bern. Veröffentlicht im Anhang zu Diether Koch, Heinemann, Dok. B, S. 520.

Die deutsche evangelische Kirche und die Politik in der Nachkriegszeit 1945–1950

1 Die Vorträge wurden bald darauf in Deutschland veröffentlicht: Werner Koch, Die Bekennende Kirche, gestern und heute. Stuttgart 1946.

2 Koch a. a. O. 8

3 Vgl. die Protokolle zahlreicher Synoden. Bezeichnend auch die Formel von der »Stunde der Kirche«, die bald in aller Munde war. Am 13. Juni 1948 notierte ein Oberkonsistorialrat: »Ich höre noch Generalsuperintendent Stoltenhoff sagen, welch kirchenpolitisches Ereignis über Jahrhunderte hin Treysa sei.« Privatbesitz. Da der Verfasser skeptisch war, registrierte er diese Einschätzung besonders genau; Gerhard Ritter schrieb in einem Neujahrsgruß 1947: »Wie unendlich groß waren die Hoffnungen, mit denen die evangelische Christenheit auf die Gründung der neuen Evangelischen Kirche Deutschlands in Treysa geblickt hat, wie trostreich das Ereignis, daß hier, über unendliche Hemmungen hinweg, wirklich der Anfang mit einem Neubau gewagt wurde, während sonst alles in Scherben und Trümmer ging!« Amtsblatt der EKD 1. Jg., Nr. 2, Neujahr 1947; Bischof Tügel, 69. Kriegsbrief, 28. 5. 1945. Staatsarchiv Hamburg, Staatsverwaltung E IV A 2

4 Koch a. a. O. 68

5 Koch a. a. O. 70

6 Der Breslauer Oberkonsistorialrat Schwarz klagte ständig über den Instanzenwirrwarr. Die staatliche Verwaltung sei nur noch eine »Ruine«, in der es zwar noch Beamte gäbe, sie seien aber nicht mehr informiert und besäßen zudem oft keinerlei Kompetenzen mehr. Notizen vom Sept. 1941, April 1944, Jan. 1945. Privatbesitz.

7 Zentralarchiv der Ev. Kirche in Hessen und Nassau Best. 36/2

8 ebenda, Brief Wurms an Niemöller vom 14. 7. 1946

9 Ich greife aus der Fülle der Beispiele nur wenige heraus. Der hessische Pfarrer Lenz berichtet, daß die Parteileitung seines Ortes »aktiv auf der Seite der Bekennenden Kirche« gestanden habe. »Der Ortsgruppenleiter [der NSDAP], ein alter Parteigenosse, legte... sein Amt nieder, und das – wie er ausdrücklich betonte – aus Glaubensgründen.« Hans-Friedrich Lenz, »Sagen Sie, Herr Pfarrer, wie kommen Sie zur SS?« Gießen u. Basel 1982, 29. f.; ein Mitglied des schlesischen Konsistoriums notierte am 29. 9. 1941 über die Sitzung der Gemeindeältesten einer Kleinstadt: »Heftige Erregung der einfachen Gemeindeältesten gegen die Einflüsse der HJ und des BdM. Ein Parteigenosse rief die Eltern auf, mutig den Kirchgang für ihre Kinder... zu fordern.« Und am 6./7. Juni 1942 heißt es über die Lage in einer anderen Stadt: »Im Gemeindekirchenrat sitzt der Bürgermeister; der Kantor, der den Kirchenrat leitet, ist Parteigenosse und Amtsträger...« Wojewodschaftsarchiv Wrocław, Slaski Konsyst. Ewang. Wrocław I/2448

10 Der Generalsuperintendent der Kurmark. Rundbrief 6, 1930, 30. Okt. 1930, Archiv Forschungsstelle Hamburg 11 – D 27

11 Martin Buber, Briefwechsel aus sieben Jahrzehnten. Band III: 1938–1965. Hrsg. Grete Schneider. Heidelberg 1975, 96

12 Karl Barth an Rabbiner Robert Raphael Geis am 15. 2. 1946: »Im übrigen hört und liest man aus Deutschland leider vieles, was Grund zur Sorge gibt. Die Alliierten

haben dort bis jetzt keine sehr weise Politik getrieben und das Resultat ist, daß die Reaktion vielfach aufs Neue Feld gewonnen hat.« Leiden an der Unerlöstheit der Welt. Robert Raphael Geis 1906–1972. Briefe, Reden, Aufsätze. München 1984, 107

13 Brief vom 12. Dezember 1946 an Fritz Neumark. Ernst Reuter, Schriften – Reden. 3. Band. Artikel – Briefe – Reden 1946–1949. Bearbeitet von Hans J. Reichhardt. Berlin 1974, 80

14 Notiz OKR Schwarz vom März 1943. Wojewodschaftsarchiv Wrocław, Slaski Konsyst. Ewang. Wrocław I/2448

15 Protokoll der Bruderratssitzung am 22.3.1945. Zentralarchiv der Ev. Kirche in Hessen und Nassau Best. 36/1

16 Gerhard Ritter, Europa und die deutsche Frage. Betrachtungen über die geschichtliche Eigenart des deutschen Staatsdenkens. München 1948, 188

17 Otto Dibelius, Prolegomena zu einer Neugestaltung der Staatsidee. Festgabe zum 80. Geburtstag von Landesbischof D. Th. Wurm. Beilage zum Amtsblatt der EKD Jg. 1948, Heft 11

18 Dibelius a. a. O.

19 Dibelius a. a. O.

20 Dibelius a. a. O.

21 Auf die Äußerung von Bgm. Brauer wird hingewiesen in dem Artikel »Christlicher Anarchismus?« Lutherisches Gemeindeblatt 3. Jg., Nr. 5, Hamburg 6.3.1949; Otto Dibelius, Kirchliches Jahrbuch 1945–1947, 214ff.

22 Erwin Gross weist 1947 in einem Artikel auf diesen Zusammenhang bei der Erörterung der Stuttgarter Erklärung hin. »Man schilt heute in der Kirche auf das vergangene Jahrhundert, man sieht darin nur Irrtum, der die Kirche überfremdet habe. Man malt in weiß und schwarz. Das taten, wenn man sich recht besinnt, auch die Kulturpolitiker des Dritten Reiches auf ihre Weise. Wie damals politisch, so scheint man auch heute in einer möglichst weitgreifenden Verurteilung dieses Geistes den Nachweis der eigenen theologisch-kirchlichen Zuverlässigkeit erbringen zu wollen. Aber niemand kommt auf den Gedanken, daß die Kirche und ihre Theologie mit ihrem Griff nach der Grenze und ihrem Schritt über die Grenze, die Gott gezogen hat, gerade dasselbe tut, was jene taten! Keiner erwägt den Gedanken, daß die Kirche damit in ihrer Sphäre dasselbe ist und übt, was der Nationalsozialismus tat und jede Macht tun wird, die sich überhebt.« Erwin Gross, Die Schuld der Kirche. Fragen an die Bekenner und Bekämpfer des »Stuttgarter Schuldbekenntnisses«. Die Wandlung Jg. 2, 1947, 141

23 Protokoll der Arbeitsgemeinschaft christlich-demokratischer Gruppen in Hamburg v. 30.8.1945. Privatbesitz. In dieser Arbeitsgemeinschaft sammelten sich die Männer und Frauen, die am 1.10.1945 die CDU in Hamburg gründeten.

24 Gerhard Ritter in der Sitzung des Bruderrates am 22.8.1945. Vgl. Anm. 15

25 So Hans Asmussen in einem Brief an den Ratsvorsitzenden, Bischof Wurm, vom 2.11.1946. Zentralarchiv der Ev. Kirche in Hessen u. Nassau 62/539

26 Wo fällt die Entscheidung? Lutherisches Gemeindeblatt 3. Jg., Nr. 5, Hamburg, 6. März 1949

27 Der Generalsuperintendent der Kurmark. Rundbrief 2, 1930, 24.3.1930, Archiv Forschungsstelle 11 – D 27

28 Hermann Diem, Der Antibolschewismus als Frage an die Kirche. In: Sine vi – sed verbo. Aufsätze – Vorträge – Voten. München 1965, 147ff.

29 Superintendent Dr. Moderegger am 16.3.1945. Evangelisches Zentralarchiv Berlin. Generalia EOK IX, Abt. 68, Bd. I, Beiheft 3

30 Ernst Wolff, Die evangelischen Kirchen und der Staat im Dritten Reich. Zürich 1963, 35

31 Notiz des OKR Schwarz am 30. Jan. 1943: »Zehn Jahre! Eine kurze Zeit. Es ist zuviel verlangt, die Reden im Rundfunk zu hören. Eine andere Welt! Wenngleich schon klar ist, daß wir zusammenstehen müssen zum Äußersten gegen die Flut des Ostens, vor der wir alle anderen Dämme zerbrochen haben.« Privatbesitz

32 »Ein unblutiger Bürgerkrieg«. Landesbischof Wurm zur Entnazifizierung. Lutherisches Gemeindeblatt 1. Jg., Nr. 10, Hamburg, 29.6.1947

33 Ich weise hier nur auf einige Beispiele hin. Hans Asmussen in seinem Referat vor der vorläufigen Gesamtsynode am 14.8.1945 in Rendsburg. Er sprach von den Pfarrern der BK, die nach den Jahren der Verfolgung und Haft wieder zu ihrer Arbeit zurückgekehrt seien. Dann fuhr er fort: »Wir legen Wert darauf, daß wir nicht verwechselt werden mit Emigranten, die Rache heischend remigrieren.« Veröffentlicht bei Kurt Jürgensen, Die Stunde der Kirche. Die Evangel.-luth. Landeskirche Schleswig-Holsteins in den ersten Jahren nach dem Zweiten Weltkrieg. Neumünster 1968, 269; ferner Wilhelm Stählin, Via Vitae. Lebenserinnerungen. Kassel 1968, 502; Tagebuch von Pastor W. vom 22.5.1945. Privatbesitz; über Stählins Haltung gegenüber Karl Barth in Treysa vgl. auch A. Smith-von Osten, Von Treysa 1945 bis Eisenach 1948. Göttingen 1986, 107

34 Erik Blumenfeld (CDU) am 23.4.1949 in der Hamburger Bürgerschaft. Hamburg 1947, 20. Grundsätzlich zu dieser Thematik neuerdings: Ursula Büttner, Not nach der Befreiung. In: Das Unrechtsregime. Internationale Forschung über den Nationalsozialismus, Band 2: Verfolgung – Exil – Belasteter Neubeginn. Hrsg. von Ursula Büttner, Hamburg 1986, 372ff.

35 Eberhard Bethge, Barmen und die Juden – eine nicht geschriebene These? In: Das eine Wort für alle. Barmen 1934–1984. Eine Dokumentation, hrsg. von Hans-Ulrich Stephan. München 1986, 114ff.: Heinrich Grüber, Erinnerungen aus sieben Jahrzehnten. Köln – Berlin 1968, 103ff.

36 Materialreich ist hier die Hamburger theologische Dissertation von Wolfgang Gerlach, Zwischen Kreuz und Davidstern. Bekennende Kirche in ihrer Stellung zum Judentum im Dritten Reich. Hamburg 1970

37 In der Stunde Null. Die Denkschrift des Freiburger »Bonhoeffer Kreises«. Tübingen 1979. Anlage 5: Vorschläge für eine Lösung der Judenfrage in Deutschland. 146ff. Helmut Thielicke weist in seiner Einleitung aus dem Jahre 1979 auf den Grad der »Einseitigkeit« und »Zeitgebundenheit« dieser Vorschläge hin, die auch ihn als damaligem Mitglied des Kreises betroffen machte.

38 Neben Bonhoeffer, der von Anfang an klar Position bezog, der aber in Barmen und danach weithin allein blieb, gab es einzelne mutige Pfarrer, die Stellung bezogen oder sich zu Wort meldeten. Ich greife hier nur ein Beispiel für viele heraus. In der Osterausgabe 1933 der »Frankfurter Zeitung« schrieb Pastor Rudolf Wintermann einen Artikel »Die Judenfrage und das Christentum«. Dort hieß es u.a.: »Gottes Wille ist, daß allen Menschen geholfen werde, daß alle zur Erkenntnis der Wahrheit kommen, daß alle die ihnen zugewiesene Aufgabe erfüllen können.« Und später: »Die Judenfrage wird zur Christenfrage, d.h. zu der Frage nach der Echtheit und dem Ernst unseres Christentums«.

Der langjährige Präsident des Ev. Kirchentages, Frh. v. Pechmann, hat seit 1933 mit Bischöfen, Professoren und Amtsträgern gerungen, um die Kirche zu einer klaren Stellungnahme zur Judenverfolgung zu bewegen. Am 15.8.1934 bemerkt er, im Gegensatz zu früher sei er nun für sich »allein ein konzentrierter Verein zur Abwehr des Antisemitismus geworden«. Nach dem Novemberpogrom 1938 drängte er Bischof Meiser, gegen die »Judenverfolgung« zu protestierten, »die für das deutsche Volk eine kaum wieder gutzumachende Niederlage ohnegleichen bedeutet...« Zudem versuchte Pechmann auch immer wieder, den Widerstand der Kirche gegen die unbarmherzige »Judenchristen-Verfolgung« zu wecken. Er fand aber kaum Zustimmung und Unterstützung. Bayer. Staatsbibliothek München, Pechmanniana I, 1

39 Wilhelm Niemöller, Die Bekennende Kirche sagt Hitler die Wahrheit. Die Geschichte der Denkschrift der vorläufigen Leitung vom Mai 1936. Bielefeld 1954, 14

40 Martin Greschat. Hrsg., Die Schuld der Kirche. Dokumente und Reflexionen zur Stuttgarter Schulderklärung vom 18./19. Oktober 1945. München 1982, 102

41 Tagebuch eines Gemeindepastors. Notizen vom 16.5. und 22.5.1945. Privatbesitz

42 Referat von Hans Asmussen am 14.8.1945 in Rendsburg. Vgl. Anm. 32. Auch Bremens zweiter Bürgermeister Dr. Theodor Spitta sprach 1945 wiederholt von den Befürchtungen, die Juden würden aus der Emigration zurückkehren, um Rache zu nehmen. Das Tagebuch wird zur Veröffentlichung vorbereitet

43 Wo fällt die Entscheidung? Lutherisches Gemeindeblatt 3. Jg., Nr. 5, Hamburg, 6. März 1949

44 Otto von Harling, Die Judenmission. Amtsblatt der Evangelischen Kirche in Deutschland. 2. Jg., Nr. 10, 15.5.1948

45 H. Weber, Judenmission heute. Lutherisches Gemeindeblatt 2. Jg., Nr. 15, Hamburg, 25.7.1948

46 Evangel. Presse-Dienst, 5.2.1948. Über die Wirkung, die diese und andere Erklärungen auf überlebende deutsche Juden, besonders auch auf sogenannte »Judenchristen« hatten, vgl. U. Büttner, Anm. 34, 394ff.

47 Zitiert nach E. Bethge, Barmen und die Juden, siehe Anm. 34, 118

48 A. Smith-von Osten, Von Treysa 1945 bis Eisenach 1948, 113

Die Bundesrepublik – ein geschichtsloses Land?

1 Michael Stürmer, Suche nach der verlorenen Erinnerung. Es geht um innere Kontinuität und außenpolitische Berechenbarkeit. Das Parlament 36. Jg., Nr. 20–21, 17./24. Mai 1986

2 Theodor Heuß, Aufzeichnungen 1945–1947. Aus dem Nachlaß herausgegeben von Eberhard Pikart, Tübingen 1966, S. 88

3 Gertrude von Schwarzenfeld, Karl V. Ahnherr Europas. Hamburg 1954; Carl J. Burckhardt, Gedanken über Karl V., München o. J. S. 9

4 Heinrich August Winkler, Auf ewig in Hitlers Schatten? Zum Streit über das Geschichtsbild der Deutschen. »Historikerstreit«, München–Zürich 1987, S. 256

5 Hans Asmussen während der Sitzung des Bruderrates am 22. 8. 1945 in Frankfurt; Kirchenarchiv in Hessen-Nassau, Best. 36/1; vgl. dazu auch die Schrift von Karl Barth, Die evangelische Kirche in Deutschland nach dem Zusammenbruch des Dritten Reiches, Stuttgart 1946, S. 24 und 26

6 Gerhard Ritter, Die Dämonie der Macht. Betrachtungen über Geschichte und Wesen des Machtproblems im politischen Denken der Nazizeit, Stuttgart 1947

7 Gerhard Ritter, Europa und die deutsche Frage. Betrachtungen über die geschichtliche Eigenart des deutschen Staatsdenkens, München 1948, S. 188

8 Fritz Fischer, Griff nach der Weltmacht. Die Kriegszielpolitik des kaiserlichen Deutschland 1914/1918, Düsseldorf 1961

9 Erklärung des Sekretariats der Deutschen Bischofskonferenz vom 31. Januar 1973, Die katholische Kirche und das Judentum. Dokumente 1945–1982. Mit Kommentaren von Ernst Ludwig Ehrlich und Erich Zenger. Hrsg. von Klemens Richter, Freiburg–Basel–Wien 1982, S. 92ff.

10 Jürgen Habermas, Eine Art Schadensabwicklung. Die apologetischen Tendenzen in der deutschen Zeitgeschichtsschreibung. Die Zeit, 11. Juli 1986; Wiederabdruck: »Historikerstreit« München–Zürich 1987. Jürgen Habermas, Eine Art Schadensbegrenzung Edition Suhrkamp, Neue Folge 453, S. 115ff., 132ff.

11 Andreas Hillgruber, Zweierlei Untergang. Die Zerschlagung des Deutschen Reiches und das Ende des europäischen Judentums, Berlin 1986

12 Ryszard Wojna, Nach sechzig Jahren. Polnische Perspektiven Jg. 8, 1978, Heft 7/8, S. 9.

Verzeichnis der Druckorte

Antisemitismus im Deutschen Kaiserreich 1871–1914

Aus: Juden im Wilhelminischen Deutschland.
Ein Sammelband, hrsg. v. Werner E. Mosse und Arnold Paucker.
Leo Baeck Institute – J. C. B. Mohr (Paul Siebeck)
Tübingen 1976, S. 389–477

Die Ausbreitung des Antisemitismus in Deutschland 1914–1923

Aus: Deutsches Judentum in Krieg und Revolution.
Ein Sammelband, hrsg. v. Werner E. Mosse und Arnold Paucker.
Leo Baeck Institute – J. C. B. Mohr (Paul Siebeck)
Tübingen 1971, S. 409–510.

Der deutsche Liberalismus und seine Herausforderung durch den Nationalsozialismus

Aus: Die Krise des Liberalismus zwischen den Weltkriegen, hrsg. von Rudolf von Thadden. Vandenhoeck und Ruprecht Göttingen 1978, S. 115–128.

Brünings Deflationspolitik und der Untergang der Weimarer Republik

Aus: Industrielle Gesellschaft und politisches System, hrsg. von Dirk Stegmann Bernd Jürgen Wendt und Peter-Christian Witt
Verlag Neue Gesellschaft Bonn 1978, S. 97–112.

Evangelische Kirche und politische Neuorientierung in Deutschland 1945

Aus: Deutschland in der Weltpolitik des 19. und 20. Jahrhunderts, hrsg. von Imanuel Geiss und Bernd Jürgen Wendt
Bertelsmann Universitätsverlag Düsseldorf 1973, S. 545–562

Die deutsche evangelische Kirche und die Politik in der Nachkriegszeit 1945–1950

Aus: Die Zeit nach 1945 als Thema kirchlicher Zeitgeschichte, hrsg. von Victor Conzemius , Martin Greschat und Hermann Kocher.
Vandenhoeck und Ruprecht Göttingen 1988, S. 194–212

Alle übrigen Beiträge werden hier erstmalig veröffentlicht.